실전! ARM Cortex-M3
시스템 프로그래밍 완전정복 I

http://www.mangoboard.com/

http://cafe.naver.com/embeddedcrazyboys

Crazy Embedded Laboratory

서언

일명 MICOM이라 불리는 MCU(Micro-Controller Unit)는 단순한 장난감에서부터 항공 우주 분야에까지 다양한 응용에 폭넓게 사용되고 있어 Embedded System 개발자들에게는 매우 친숙한 존재이다. 우리나라 엔지니어들에게는 Intel의 8051, ATMEL의 AVR시리즈, Microchip의 PIC시리즈 등이 친숙하다. 그외 Renesas, NEC, Freescale, TI 등 많은 회사들이 다양한 MCU를 내놓고 있다.

이렇게 많은 MCU들이 난립하고 있으며, 이들이 모두 각 회사의 고유한 아키텍쳐를 가지고 있다 보니, 서로간의 소프트웨어 및 개발환경 호환성이 거의 없는 실정이다. 따라서, 한 MCU를 선택하게 되면 다른 MCU가 특정한 응용에 더 적합하더라도 개발 환경 및 소프트웨어 개발 비용 때문에 선택한 MCU를 계속 사용할 수 밖에 없는 실정이다.

ARM사에서는 이렇게 복잡하고 다양한 MCU 시장을 통합할 수 있는 MCU를 개발하였는데, 그것이 요즘 MCU 시장에서 화제가 되고 있는 Cortex-M 시리즈이다.

M시리즈는, M0, M1, M3 등 다양한 버전이 있으나 모두 똑 같은 명령어와 구조를 가지고 있다. Cortex-M 시리즈는 주변 장치에 대한 인터페이스도 모두 통일해 놓아 서로 다른 회사들이 Cortex-M 시리즈를 라이센스하여 제품을 만들어 내더라도, 개발환경 및 소프트웨어의 많은 부분을 공유할 수 있게 되어 있다. 따라서 지금까지와는 달리, 여러 회사에서 만들어진 다양한 Cortex-M 시리즈 칩을 사용하더라도, 쉽게 원하는 기능을 개발 할 수 있다.

Cortex-M시리즈는 개발 단계에서부터, 저전력 소모, 고성능, 개발환경 통합 및 소프트웨어 호환성, 저가격을 목표로 만들어졌기 때문에 32비트 MCU이면서도 1$ 대의 저가 MCU로부터 많은 기능을 가진 고가 고성능 응용 분야까지 융통성 있는 적용이 가능하다.

또한 STMicroelectronics 및 TI에서 Cortex-M3를 사용한 MCU를 출시한 이래, 수 많은 회사들이 앞다투어 제품을 내 놓고 있어, 향후 MCU 시장에서 Cortex-M 시리즈의 입지는 더욱 커질 것이며, 이 제품에 대한 지식이 있다면, 어떤 응용에도 다양한 Cortex-M 시리즈 중 적절한 제품을 적용할 수 있을 것이다.

우리는 Cortex-M3의 도입 초기 단계부터 다양한 응용 제품을 개발하며 이 MCU의 무한한 가능성을 확인하였다. 또한 2년여에 걸친 커뮤니티 활동을 통해 많은 지식을 축적하여 왔다. 이제 이러한 개발 경험과 지식의 축적이 많은 사람들에게 도움이 되게 하기 위해, 이 책을 만들게 되었다.

이 책에서는 MCU를 처음 접하는 초보자들도 Cortex-M3의 무한한 가능성에 쉽게 접근할 수 있도록 개발환경에서부터 펌웨어 코딩에 이르기까지 단계별로 차근차근 설명하였다. 또한 경험 있는 엔지니어들이 무선통신 및 RTOS 포팅 등에도 도전해 볼 수 있도록, 2.4GHz Zigbee Transceiver를 통한 무선

통신 응용, FreeRTOS 및 uC/OS-II 포팅 과정도 상세하게 다루고 있다.

이 책은 초보자로부터 전문가에 이르기까지 Cortex-M3의 다양한 기능을 체험할 수 있는 안내서로 여기에 실린 모든 코드와 하드웨어는 저자들이 직접 만들고 시험해 본 것이다. 우리 커뮤니티 회원들과 저자들의 실전 경험이 쌓인 이 책이 많은 분들에게 실질적인 도움이 되길 바란다.

http://www.mangoboard.com/
http://cafe.naver.com/embeddedcrazyboys

목차

그림 목차

1. Introduction

이번 장에서는 ARM의 전반적인 역사와 기본 개념 및 Cortex architecture의 개요에 대해서 살펴본 이후, Cortex-M3의 특징 및 ARM7 architecture와의 비교 등을 살펴볼 것이다.

1.1. ARM Architecture History

1.1.1. ARM 초기 제품

ARM Design은 1983년 RISC CPU 만들기 위한 Acorn Computer 회사의 Project로 개발되었다. 1985년 ARM1 불리는 샘플이 완성이 되었다. 하지만, 제품화를 하기 위한 단계까지는 되지 않았다. 다음해에 실제 제품으로 사용 할 수 있는 ARM2가 만들어진다.

ARM2 Feature를 보면 아래와 같은 특징을 가지고 있다.

- 32bit data bus
- 26bit (64Mbyte) address
- 16개의 32bit Register
- non cache

26bit address특징으로 인하여, program counter가 26bit로 제한이 있다. 6bit는 이때는 status flag로 사용했다.

ARM3 Feature를 보면, 4KB cache가 추가 되었다. 성능 면에서 크게 향상이 된다. 그리고, 1980년대 후반부터 Apple Computer와 VLSI Technology는 ARM을 만든 Acorn 회사와 같이 일을 하게 된다. 그리고, Acorn 디자인 팀이 분사를 하여, Advanced RISC Machine Ltd로 불리게 된다. 우리가 많이 알고 있는 ARM 회사가 드디어 생기게 된다.

ARM은 종종 Acorn RISC Machine 대신에 Advanced RISC Machine으로 불리게 된다. 이후 1998년 NASDAQ와 London Stock Exchange에 상장을 하게 된다. 최초 태동부터 약 10년이 걸려서 상장에까지 이른 큰 회사로 성장한 것이다.

그리고, Apple와 ARM은 같이 협업하면서 일을 하게 되는데, ARM4, ARM5를 건너뛰고, ARM6를 발표한다. ARM4, ARM5는 실제 제품으로까지는 이어지지 못하고 내부의 프로젝트의 과정으로만 존재했다. 결국 ARM6를 만들기 위한 과정이었던 것으로 판단된다. 그리고, Apple사는 Apple Newton 모델에 ARM610을 탑재하여 팔기 시작한다.

아래의 사이트를 참조하면 이 제품의 모양을 볼 수 있다.
http://en.wikipedia.org/wiki/Apple_Newton

그림 1-1 Apple Newton 모델 사진

(http://www.winandmac.com/news/preparing-for-the-new-itablet-newton-pdas-original-developer-go-back-to-apple/)

위 그림을 보면, 현재 iPhone과 비교해 놓은 것을 볼수 있다. 크기가 지금 생각해 보면 노트북 정도의 크기가 되는 듯 보인다. 사실 들고 다니기에는 상당한 부담이 있었던 제품이라고 생각된다.

위 제품은 어찌되었던 ARM이 들어간 제품 중에는 거의 처음 만들어진 제품이라 할수 있다. 몇 가지 특징을 살펴 보면, Newton OS에다가 Newton Toolkit(NTK)도 있고, 지금의 환경과 크게 다르지는 않다. 초창기부터도 Apple의 힘을 느낄 수 있는 부분이다.

ARM6의 특징은 아래와 같다.

- Architecture 버전은 ARMv3
- Core는 ARM60, ARM600, ARM610
- 처음으로 32bit address 지원

- coprocessor bus 지원
- 4KB Cache

ARM7의 특징은

- 8KB, 4KB Cache
- ARMv3 Architecture
- 제품은 Acorn Risc PC 시리즈와 Apple eMate 300 출시

하지만 위 제품은 별로 많은 판매고를 올리지는 못하였다. 아무리 기술력이 있다고 해도, 항상 성공을 하는 것은 아니라는 것은 진리에 가까운 말일 것이다.

1.1.2. ARM7TDMI Family부터 ARM9

ARM이라는 이름을 세상에 널리 알리게 한 계기가 되었던 것은 역시 ARM7TDMI Family이다. 이때부터 ARM은 많은 성공을 거두기 시작한다. 대부분의 사람들이 쉽게 접근하는 프로세서가 아마도 ARM7TDMI Family일 것이다.

ARM7TDMI는 ARM7과 다르다. 가장 큰 특징은 아래와 같다.

- Memory 관리 unit인 MMU, MPU 추가
- 8KB cache (없는 것도 있음)
- 3-stage pipeline
- thumb 개념
- Architecture는 ARMv4T와 ARMv5TEJ
- ARM7TDMI는 16Mhz 클럭에 15MIPS(Million instructions per second) 성능 (거의 1 Clock에 1개의 instruction이 수행이 된다는 뜻이다.)

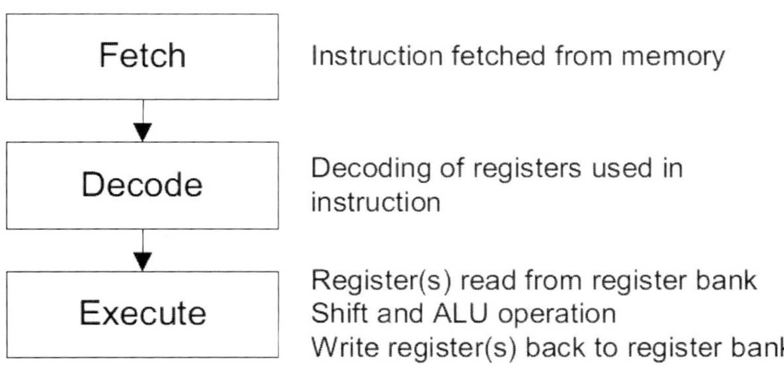

그림 1-2 ARM7 Pipeline

(DDI0210B ARM7TDMI Technical Reference Manual r4p1, Figure 1-1 Instruction pipeline)

위 그림은 ARM7TDMI의 3 stage pipeline에 대해서 간략하게 그림으로 나타내 주고 있는 것이다. 너무나 단순하기 때문에 이해하는 데는 어렵지 않은 것이다.

이때 나온 제품들을 보면 아직도, 많이 본 익숙한 제품들이 있다. ARM7TDMI Core가 들어간 Atmel AT91SAM7과 NXP Semiconductors LPC2000 등이다.

그리고, ARM8이 나온다.

- Architecture는 ARMv4를 사용 했으며,
- 5-stage pipeline을 가진다.
- Branch prediction
- double-bandwidth memory

많이 업그레이드가 되었음에도 불구하고, 제품군이 별로 없다. ARM8을 사용한 제품도 거의 없다. 상당한 실패작이라 할수 있다. 재미있게도 짝수를 가진 제품군은 거의 성공을 거두지 못하고 있다.

이제 ARM9 계열. 또 큰 성공을 거둔다. 정말 수 많은 제품군이 있다. 퀄컴에 MSM 제품 시리즈에 들어가면서, 엄청나게 팔려나간다. 핸드폰 시장이 급 성장하면서 ARM9을 채택한 핸드폰이 기하급수적으로 증가하게 된다. 역시, 홀수 Family군에서 ARM은 다시 한번 큰 성공을 거두게 된다.

ARM9 계열은 ARM9TDMI와 ARM9E 군으로 크게 나누어 진다.

먼저 ARM9TDMI의 특징을 간략히 알아보겠다.

- ARMv4T Architecture를 채택
- Core는 ARM9TDMI, ARM920T (Mango24에 들어간 S3C2443 CPU), ARM922T, ARM940T
- 제품군은 Hewlett Packard HP-49/50 Calculators, Samsung의 S3C2410, S3C2440, S3C2443 시리즈, GP2X(게임기) 등에 들어가게 된다. 지금도 정말 많이 사용하고 있는 제품군 들이다.

그렇다면, ARM9E Family는 어떤 특징을 가지고 있을까?

- ARMv5TE Architecture 채택
- TCMs 추가
- core는 ARM946E-S, ARM966E-S, ARM968E-S, ARM926EJ-S, ARM996HS

여기서 TCM은 tightly coupled memory를 말하는 것이다. cache가 전반적인 속도향상을 시켜주지만 완벽하게 real-time으로 저장이나 로딩이 되지는 않는다. 정확한 시간을 예상 가능하게 해주기 위해

서 TCM을 사용하게 된다. 빠른 SRAM을 core에 밀접하게 위치시킨다. 이것은 instruction이나 data에 대한 access를 몇 clock cycles에 될지에 대해 보장을 해주게 된다. deterministic behavior를 요구하는 real-time algorithms에 있어서 매우 중요한 요소라 할수 있다.

가장 많은 제품군을 가지고 있는 것은, ARM926EJ-S이다.
Mobile Phone 제품군에는 Sony Ericsson에 K, W Series, Texas Instruments OMAP시리즈, 그 유명한 Qualcomm에 MSM6xxx 시리즈, FreeScale에 i.MX2x 시리즈 이외에도 많은 제품군에 들어 갔다.

1.1.3. ARM10과 ARM11 Family

ARM은 ARM10 Family를 발표한다. 특징은 아래와 같다.

- 6-stage pipeline
- ARMv5TE(J) Architeture 채택

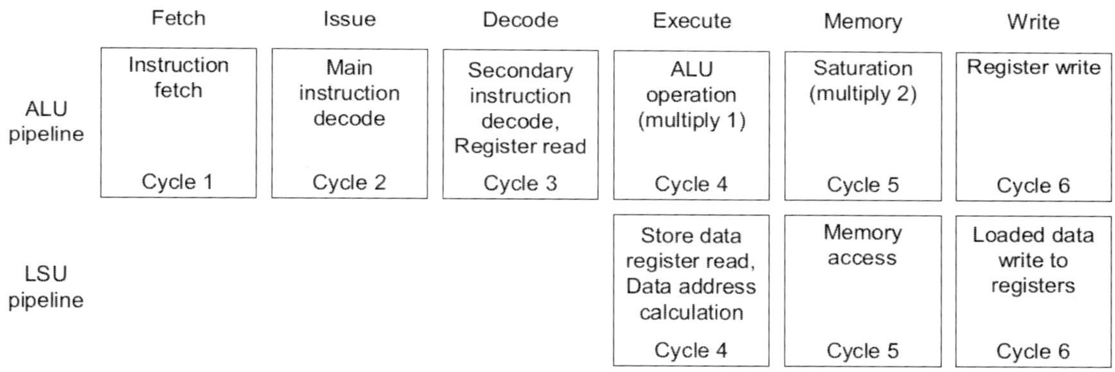

	Fetch	Issue	Decode	Execute	Memory	Write
ALU pipeline	Instruction fetch Cycle 1	Main instruction decode Cycle 2	Secondary instruction decode, Register read Cycle 3	ALU operation (multiply 1) Cycle 4	Saturation (multiply 2) Cycle 5	Register write Cycle 6
LSU pipeline				Store data register read, Data address calculation Cycle 4	Memory access Cycle 5	Loaded data write to registers Cycle 6

그림 1-3 ARM10 Pipeline

(DDI0244 ARM1026EJ-S Technical Reference Manual, Figure 2-2 Pipeline stages of the ARM1026EJ-S processor)

큰 특징은 6-stage pipeline이다. 파이프 라인이 6개로 늘었고, 성능 면에서도 빠른데, 역시 짝수여서 그런지 제품군이 아주 많지는 않다.

XScale은 Marvell에서 만든 ARMv5TE Architecture 로 PXA 시리즈를 만든다. 네비게이션, Smart phone에도 많이 탑재가 된 제품이 되겠다. 삼성 Omnia(Monahans Core 채택)에도 들어간다.

XScale을 살짝 살펴 보겠다.

- Application Processors (with the prefix PXA). XScale Application Processors (PXA210/PXA25x, PXA26x, PXA27x, PXA3xx)

- I/O Processors (prefix IOP)
- Network Processors (prefix IXP)
- Control Plane Processors (prefix IXC).
- Consumer Electronics Processors (prefix CE).

위와 같이 제품군이 다양하다. 상세한 내용은 http://en.wikipedia.org/wiki/XScale을 참조하기 바란다.

그리고, ARM11 Family로 넘어간다. 특징은 아래와 같다.

- 8, 9-stage pipeline
- Thumb-2 지원
- MMU + TrustZone
- ARMv6 Architecture 채택

ARM9을 사용하던 회사들이 모두 ARM11 Family를 채택하여 CPU를 쏟아내었다. 여기서는 pipeline에 대한 부분만 살펴보고 지나가도록 하겠다.

ARM 공식문서 ARM1136 Technical Manual에 보면 2개의 Fetch stage와 Decode, Issue, 4개의 Execute stage로 이루어져 있다.

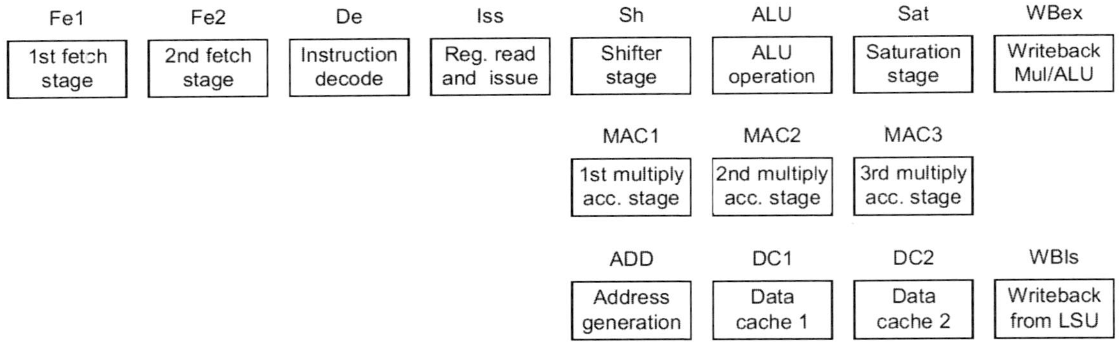

그림 1-4 ARM11 Pipeline – 8-stage

(DDI0301G_arm1176jzfs_r0p7_trm, Figure 1-2 ARM1176JZF-S pipeline stages)

9-stage pipeline은 어떻게 구성이 되어 있는지 간단히 그림으로 보겠다. 3개의 Fetch stage, Decode, Issue, 4 개의 execute pipeline으로 이루어져 있다. ARM11 Family군 중에 ARM1156T2-S Core가 해당된다.

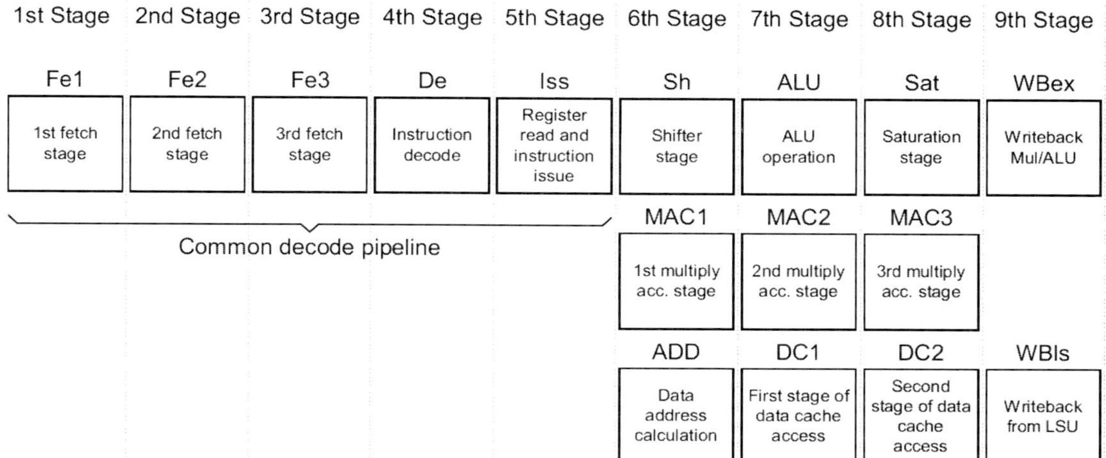

그림 1-5 ARM11 Pipeline – 9-stage

(DDI0290C_arm1156t2fs_r0p0_trm, Figure 1-3 ARM1156T2F-S pipeline stages)

1.2. Cortex Family 개요

이제 ARM Family군 중에 Cortex 시리즈에 대하여 알아보겠다.

코어 이름을 Cortex라고 붙였는데 cortex의 사전적 의미는 대뇌의 피질 부분을 뜻하는 말이다. 인간의 뇌에서 이름을 따옴으로써 가장 중요한 부분이라는 의미와 프로세서에서 뇌의 의미를 동시에 가지려는 의도로 보인다. 필자의 개인적인 생각으로는 참 잘 지은 이름이라는 판단이 든다.

원래는 ARM12가 출시되어야 하는데, 짝수에는 약한 ARM이 정책 상 이름을 Cortex로 바꾸어 버렸는지는 정확히 알수 없으나 Family에 대한 기존부터 계속 사용하던 ARM이라는 이름을 버리고 Cortex라고 이름을 바꾸었다.

1.2.1. Cortex A-, R-, M-series

Cortex의 Family는 3가지이다. 각각 A-series, R-series, M-series이다. 공교롭게도 이 시리즈 이름의 앞 글자를 합치면 ARM이 된다. 정확하지는 않지만 ARM이라는 이름으로 제품군을 만든 것으로 생각된다.

Cortex Family군은 크게 3개로 나누어 진다. ARM Cortex-M, ARM Cortex-R, ARM Cortex-A 3개의 core로 나누어 지게 된다.

ARM Cortex-M 시리즈	● M이 의미하는 것은 Microcontroller이다. ● 저가형 응용프로그램에 최적화된 임베디드 프로세서 계열에 적합하게 설계 ● Thumb-2 명령어 세트만 지원한다. ● Cortex-M3 및 Cortex-M1 FPGA 프로세가 있다.
ARM Cortex-R 시리즈	● R이 의미하는 것은 Real-Time이다. ● 실시간 시스템을 위한 임베디드 프로세서 계열 ● ARM, Thumb 및 Thumb-2 명령어 세트를 지원한다. ● Cortex-R4, Cortex-R4F 및 Cortex-R4X 프로세서가 있다.
ARM Cortex-A 시리즈	● A가 의미하는 것은 Application이다. ● 복잡한 OS 및 사용자 응용 프로그램에 사용하는 응용 프로그램 프로세서 계열 ● ARM, Thumb 및 Thumb-2 명령어 세트를 지원한다. ● Cortex-A8 및 Cortex-A9 프로세서가 있다.

Cortex를 이용해서 개발된 CPU들에 대한 개괄적인 부분을 Wiki에서 쉽게 찾을 수 있다. 아래 자료는 Wiki에서 발췌한 것이다.

Family	Architecture Version	Core	Feature	Cache (I/D)/MMU	Typical MIPS @ MHz	In application
Cortex	ARMv7-A	Cortex-A8	VFP, NEON, Jazelle RCT, Thumb-2, 13-stage superscalar pipeline	variable (L1+L2), MMU+TrustZone	up to 2000 (2.0 DMIPS/MHz in speed from 600 MHz to greater than 1 GHz)	Texas Instruments OMAP3xxx series, SBM7000, Oregon State University OSWALD, Gumstix Overo Earth, Pandora, Apple iPhone 3GS, Apple iPod touch (3rd Generation), Apple iPad (Apple A4 processor), Apple iPhone 4 (Apple A4 processor), Archos 5, FreeScale i.MX51-SOC, BeagleBoard, Motorola Droid, Motorola Droid X, Motorola Droid 2, Motorola Droid R2D2 Edition, Palm Pre, Samsung Omnia HD, Samsung Wave S8500, Samsung i9000 Galaxy S, Sony Ericsson Satio, Touch Book, Nokia N900, Meizu M9, ZiiLABS ZMS-08 system on a chip.
		Cortex-A9	Application profile, (VFP), (NEON), Jazelle RCT and DBX, Thumb-2, Out-of-order speculative issue superscalar	MMU+TrustZone	2.5 DMIPS/MHz	
		Cortex-A9 MPCore	As Cortex-A9, 1-4 core SMP	MMU+TrustZone	10,000 DMIPS @ 2 GHz on Performance Optimized TSMC 40G (dual core) (2.5 DMIPS/MHz per core)	Texas Instruments OMAP4430/4440, ST-Ericsson U8500 / U5500, Nvidia Tegra2, Qualcomm Snapdragon 8X72, STMicroelectronics SPEAr1300
	ARMv7-R	Cortex-R4(F)	Embedded profile, Thumb-2, (FPU)	variable cache, MPU optional	600 DMIPS @ 475 MHz	Broadcom, Texas Instruments TMS570
	ARMv7-ME	Cortex-M4 (codenamed "Merlin")[25]	Microcontroller profile, both Thumb and Thumb-2, FPU. Hardware MAC, SIMD and divide	MPU optional.	1.25 DMIPS/MHz	Freescale Kinetis

그림 1-6 ARM architecture Cortex

(http://en.wikipedia.org/wiki/ARM_architecture)

1.2.2. ARM Licenses

Cortex Processors	Licenses
Cortex-A	33
Cortex-R	17
Cortex-M	51

Classic ARM Processors	Licenses
ARM11 Family	76
ARM9 Family	264
ARM7 Family	173

그림 1-7 ARM Core 라이센스 현황

(http://www.arm.com/products/processors/licensees.php)

ARM에서는 자사 홈페이지에 현재까지 라이센스를 맺은 회사들의 명단을 공개한다. 2010년 현재의 라이센스 상황은 위 그림과 같다.

ARM은 직접 프로세서를 만드는 회사가 아니다. 다만 자신이 가지고 있는 프로세서를 만들기 위한 Core가 되는 부분을 IP (Intellectual Property) 형태로 다른 프로세서를 만드는 회사들과 라이센스 계약을 맺고 공급하게 된다. 때문에 같은 ARM 프로세서 코어를 사용했어도 여러 반도체 회사에서 다른 사양의 CPU가 생산될 수 있다.

microprocessor IP 라이센스 숫자가 Cortex의 경우 현재 101개에 이른다. 이를 상세하게 보여주고 있는 자료가 홈페이지에서 제공되고 있다. 우리는 Cortex-M3를 사용한 많은 회사들 중에서 STMicroelectronics 회사의 STM32F103RB CPU를 기반으로 공부를 진행할 것이다.

1.2.3. M0, M3, R4F, A8, A9 개요

여기서 M0, M3, R4F, A8, A9에 대해서 각각의 구조에 대해서 간략하게 살펴봄으로서 각 시리즈와 거기에 기록된 숫자에 대해서도 그 의미를 되새겨 보도록 한다.

<Cortex-M0>

M0는 가장 작고, 가장 적은 전력 소모를 가지는 가장 energy-efficient한 ARM processor이다. ARM사에서 주장하는 바로는 8 비트 프로세서의 가격으로 32 비트 성능을 낸다고 강조하고 있다.

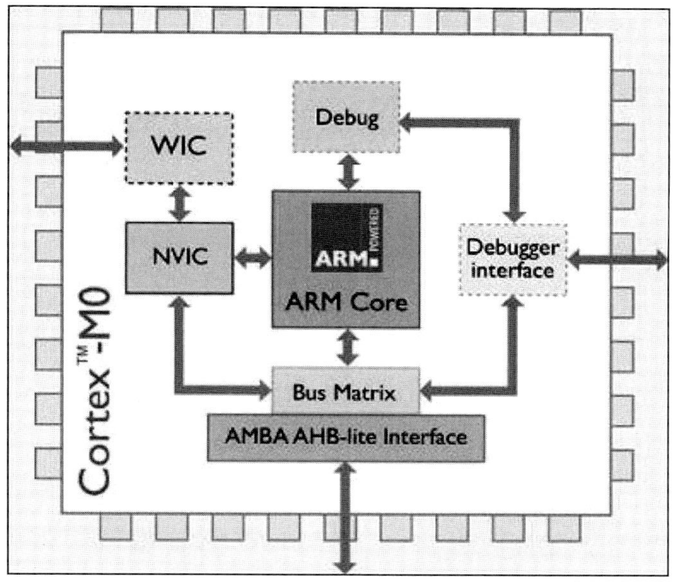

그림 1-8 Cortex-M0 Architecture

가장 작은 실리콘 영역을 차지하고, 적은 power consumption과 code의 크기도 가장 작게 구현할 수 있는 것이다.

PERFORMANCE CHARACTERISTICS		
	0.18 Area Opt	65 nm Area Opt
Typical Application	MCU/Mixed Signal	SoC
DMIPS/MHz	0.90	0.90
Gate Count	12K	12K
Frequency† (MHz)	50	270
Power † (mW/MHz)	0.085	0.012

<Cortex-M3>

ARM Cortex-M3 32-bit processor는 높은 성능을 요구하지만 적은 가격을 가지는 플랫폼에 적용할 수 있는 것이다. microcontroller 부분이나 산업체에서 사용하는 control system과 wireless networking 부분에 사용 가능한 것이다.

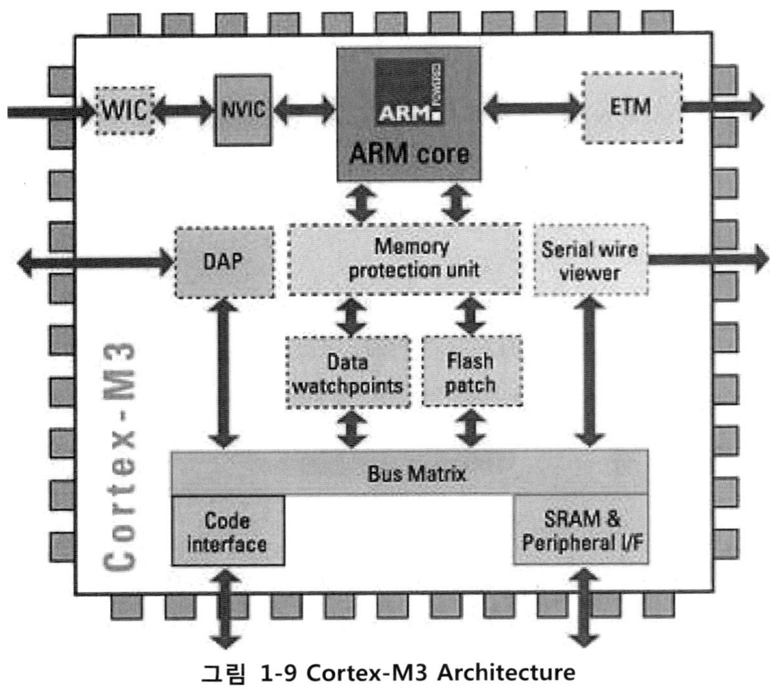

그림 1-9 Cortex-M3 Architecture

프로세서 제작 공정에 따른 성능과 면적 등에 대한 것이 아래 표로 정리되어 있다.

PERFORMANCE CHARACTERISTICS	0.18		0.13		90 nm	
	Speed Opt	Area Opt	Speed Opt	Area Opt	Speed Opt	Area Opt
Standard Cells	Metro	Metro	SAGE-X	Metro	Advantage	Advantage
Frequency* (MHz)	100	50	135	50	191	50
CM3Core Area (mm^2)	0.43	0.35	0.43	0.21	0.21	0.13
CM3Core Power † (mW/MHz)	0.31	0.21	0.14	0.07	0.07	0.04
Area (mm^2)	0.78	0.64	0.74	0.38	0.37	0.25
Power † (mW/MHz)	0.37	0.25	0.165	0.084	0.083	0.047

<Cortex-R4F>

Cortex-R4와 Cortex-R4F processor는 ARMv7 architecture를 기반으로 embedded processors에 깊게 관여하는 core이다. 이것은 매우 여러가지 용도로 활용될 수 있다. hard disk drives, inkjet printers를 포함해서 자동차의 안전 시스템까지 그 활용도는 무척 높은 편이다.

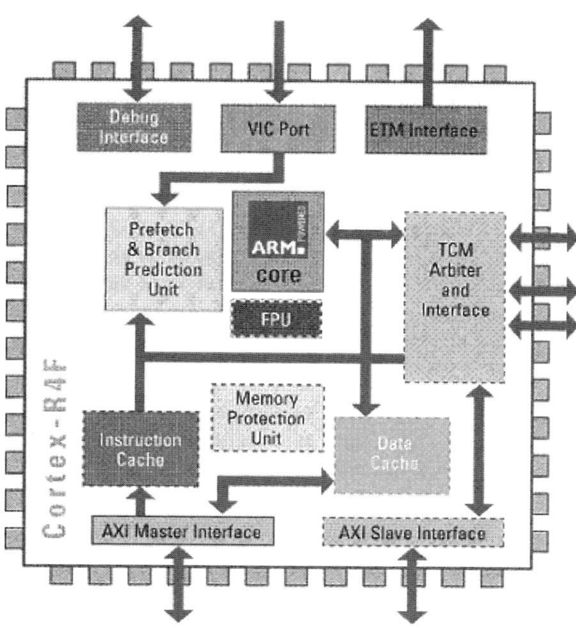

그림 1-10 Cortex-R4F Architecture

비교적 높은 성능과 적은 die size를 가진 중간 정도의 core라 할 수 있다.

PERFORMANCE CHARACTERISTICS	90 nm	
	Speed Opt	Area Opt
Standard Cells	Advantage-HS	Metro
Memories	Advantage	Metro
Frequency* (MHz)	475	210
Area with cache (mm^2)	1.74	1.00
Area without cache (mm^2)	1.30	0.73
Cache Size	8KB/8KB	8KB/8KB
Power with cache† (mW/MHz)	0.32	0.21
Power w/o cache† (mW/MHz)	0.26	0.16
FPU Area (mm^2)	0.51**	0.28**

<Cortex-A8>

Cortex-A8 processor는 높은 성능과 높은 power-efficient processor이다. 600MHz의 speed로부터 1GHz까지 성능을 내면서 300mW보다 적은 파워로 동작하여야 하는 요구사항에 적합하게 개발되어 있다. 2000 Dhrystone MIPS의 성능을 내고 있다.

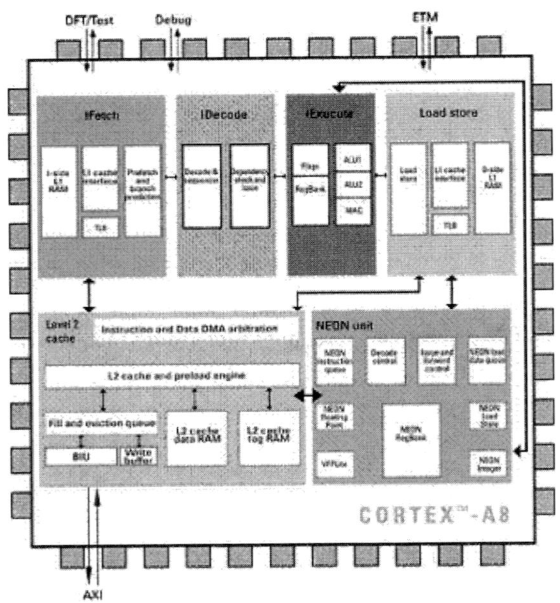

그림 1-11 Cortex-A8 Architecture

mult media와 signal processing을 위한 NEON 기술이 적용되어 있다. Jazelle RCT (Runtime Compilation Target) 기술 또한 적용이 되어서 Java와 다른 bytecode 언어에 대한 효과적인 지원이 가능해졌다.

PERFORMANCE CHARACTERISTICS	65 nm	
	Speed Opt	Speed Opt
Process	65nm (LP)	65nm (GP)
Frequency* (MHz)	650+	1100+
Area with cache (mm^2)	<4	<4
Area without cache (mm^2)	<3	<3
Power with cache† (mW/MHz)	<0.59	<0.45

<Cortex-A9>

Single Core Processor와 Multi Core Processor로 나눌수 있다.

ARM Cortex-A9 Single Core Processor

ARM11 processor 디자인에 들어가는 비슷한 silicon cost와 power budget 내에서 고성능의 프로세서를 디자인할 수 있는 구조를 채택하고 있다고 알려져 있다.

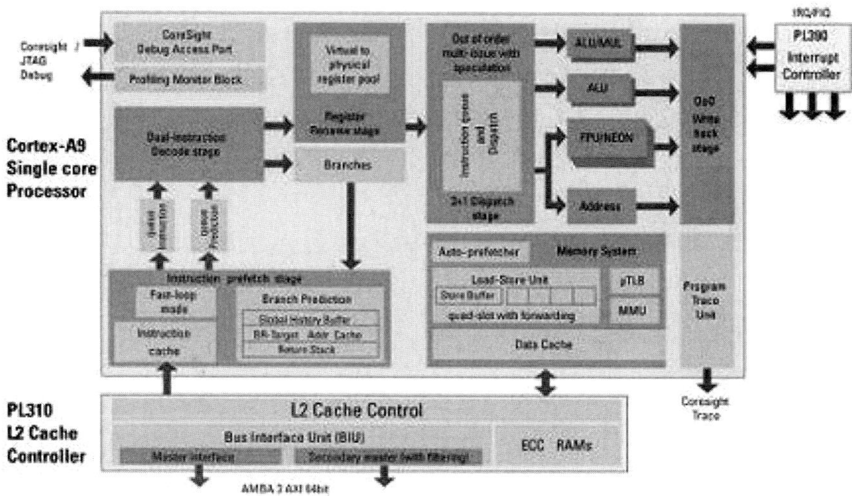

그림 1-12 Cortex-A9 Architecture

ARM Cortex-A9 MPCore

ARM MPCore 기술을 이용해서 여러개의 프로세서 코어를 장착한 것이다. peak performance를 최대로 끌어낼 수 있는 구조를 채택하고 있다고 알려져 있다.

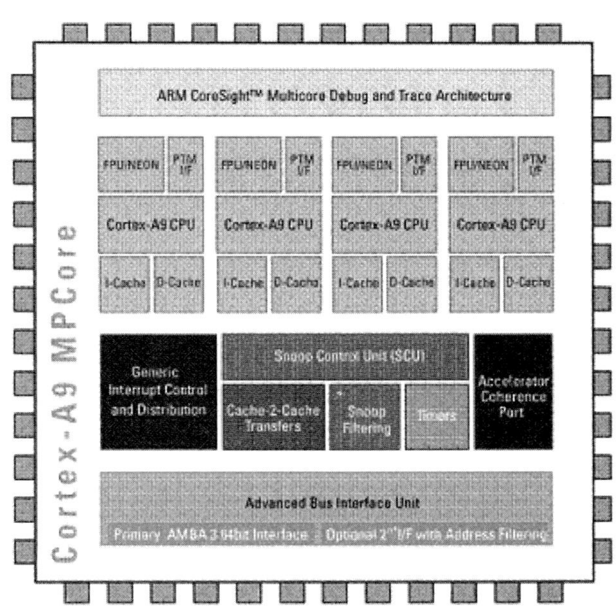

그림 1-13 Cortex-A9 MPCore Architecture

1.3. ARM7 Architecture와 비교를 통한 Cortex-M3 특징

ARM7은 나온지 벌써 10년이 넘었다. Cortex-M3는 최신 시리즈이다. 하지만 이들 둘을 비교하는 것이 유용할 수 있다. Cortex-M3가 최신 architecture인 것은 분명하지만 이것이 적용되는 분야는 현재 ARM7이 적용되는 분야와 일치하기 때문이다. ARM7이 적용되는 것보다 더 저렴하게 더 고성능의 기능을 제공하길 ARM사는 원하고 있는 것이다.

차이점에 대하여 살펴 보도록 하겠다. 먼저 표로 그려서 간단하게 살펴 보면 아래와 같다.

	ARM7TDMI	ARM Cortex-M3
Architecture	ARMv4T (von Neumann)	ARMv7-M (Harvard)
ISA Support	Thumb / ARM	Thumb / **Thumb-2**
Pipeline	3-stage	3-stage + **branch speculation**
Interrupts	FIQ / IRQ	**NMI +1 to 240 physical interrupts**
Interrupt Latency	24 - 42 cycles	**12 cycles**
Inter-Interrupt Latency	24 cycles	**6 cycles**
Sleep Modes	None	Integrated
Memory Protection	None	8 region **MPU**
Dhrystone	0.95 DMIPS/MHz (ARM) 0.74 DMIPS/MHz (Thumb)	**1.25 DMIPS**/MHz
Power Consumption	0.28mW/MHz	**0.19mW**/MHz
Area	0.62mm^2 (Core only)	0.86mm^2 (core + peripherals)

위 표는 ARM 공식 홈페이지에서 제공하는 자료이다.
(http://www.arm.com/products/CPUs/ARM_Cortex-M3.html)

위의 표를 보면 성능 면에서는 Cortex-M3가 월등하다는 것을 알 수가 있다. ARM7TDMI보다 70% 향상된 거라고 보면 맞을 것이다. 성능도 향상되면서 전력 소모의 부분도 줄어들어 있다. 또한 MPU 즉, Memory Protection Unit이 추가되었다. 8개의 region으로 구분해서 메모리를 보호할 수 있다.

1.3.1. Harvard Architecture

Architecture를 보면 ARM7TDMI는 ARMv4T(Von Neumann) Architecture 이다. Von Neumann 구조는 PC의 Architecture이다. 이 구조는 1940대 "John von Neumman" 이라는 인물이 제안 한 것이다. 매우 유명한 사람이다. 암산으로 왠만한 것은 그냥 처리를 했을만큼 똑똑한 사람이었다고 알려져 있다.

Von Neumann 구조를 보면 아래 그림과 같다.

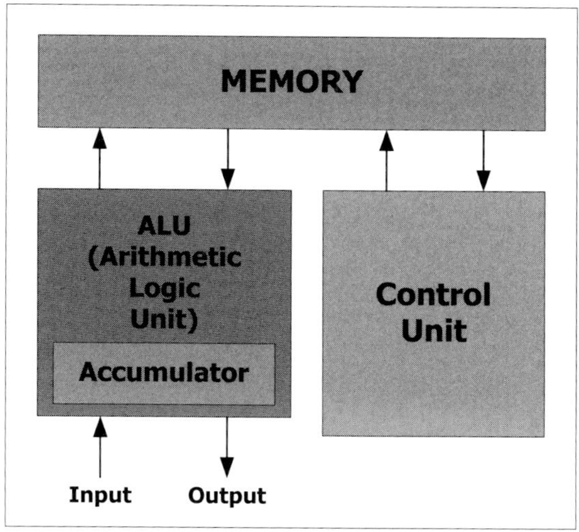

그림 1-14 Von Neumann 구조

ALU Unit과 Control Unit이 같은 메모리를 같이 공유해서 사용한다. 데이타 메모리와 명령어 메모리가 구분되지 않고 하나의 버스를 가지고 있는 구조 이다. 폰 노이만 Architecture 특징 중에 하나 이다. 그럼 어떤 문제가 발생을 할까? 명령어를 읽을때, 데이터를 읽거나 쓸 수가 없는 단점을 가진다.

Cortex-M3 Architecture는 Harvard Architecture기반에 ARMv7-M이라는 것인데 Harvard 구조는 물리적으로 명령용과 데이터용으로 메모리 및 경로를 분할한 구조를 말한다. 즉 Von Neumann 구조와 대비되는 기술은 명령어와 데이터를 동시에 읽을 수 있다. ARM9부터 적용 되었다.

1.3.2. Thumb-2 Instruction Set

ARM7은 ARM, Thumb 명령을 모두 지원하지만, Cortex-M3는 Thumb-2만을 지원한다.

ARM7의 경우 16bit Thumb 명령을 제안함으로서 Code Size를 줄일수 있는 장점을 가졌다. 하지만 ARM 모드와 Thumb mode 사이의 전환에 많은 시간이 소모되는 단점을 지니고 있다. Thumb mode로 동작 중에 interrupt가 발생하면 모든 interrupt는 ARM 모드로 동작되어야 하기 때문에 이러한 모드 전환에 많은 시간이 소모되었다.

Cortex-M3는 16bit 마이컴 시장을 대응해서 만든 제품이다. Thumb-2 Instruction Set Architecture (ISA)를 지원함으로써 위의 단점을 보완하고 있다. Thumb-2는 Thumb에 비해서 무슨 차이가 있을까? Thumb도 명령어 길이가 16bit이다. 하지만 Thumb-2는 명령어 길이가 16bit인 경우와 32bit인 경우를 모두 mode 전환없이 사용이 가능하다. 그래서 시간의 소모도 줄이고 코드의 크기도 줄이는 두마리 토끼를 모두 잡을 수 있도로 ISA를 만든 것이다.

이 부분에 대한 자세한 내용은 다음 장에서 설명하도록 한다.

1.3.3. Pipeline Branch Speculation

Cortex-M3의 pipeline은 3-stage+branch speculation이다. ARM7과 마찬가지로 3-stage 파이프라인 (Fetch->Decode->Execute)을 가지지만 여기에 추가적으로 branch speculation이 수행되고 있다.

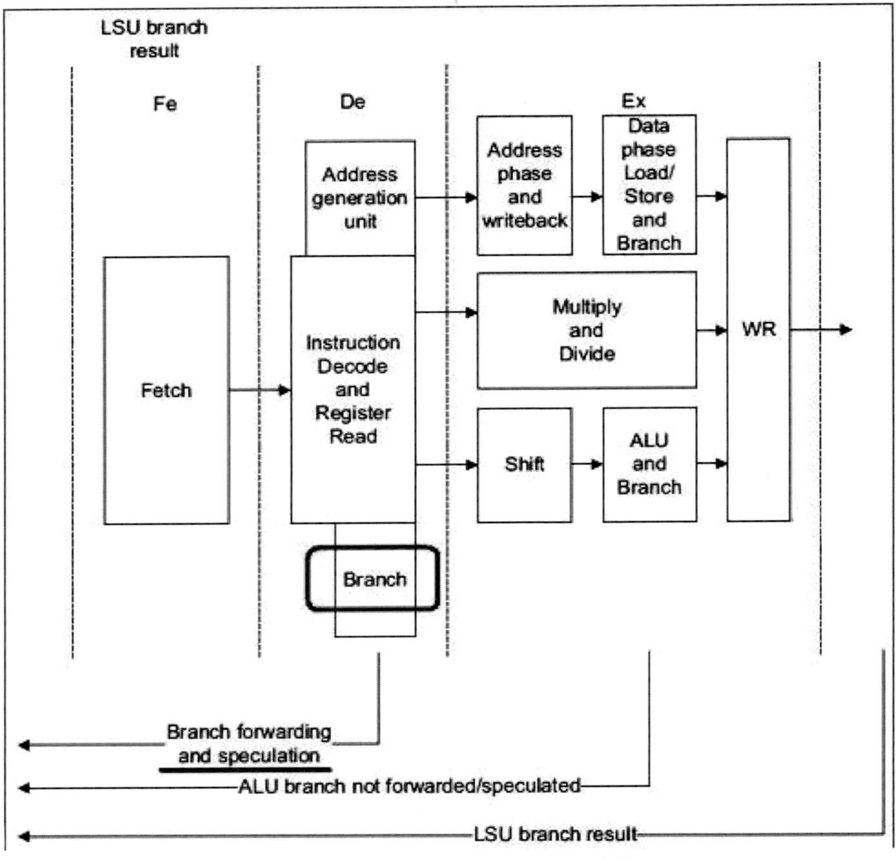

그림 1-15 Branch Speculation 블록도

간단히 설명하면, CPU가 명령의 수행 중에 Branch를 만나게 되면 이전에 pipeline에 저장해 두었던 내용이 의미가 없어지게 된다. 이 경우 파이프라인을 Flush하게 된다. 그리고 다시 Fetch-decode를 수행하고, Execute가 수행되므로, 2 Cycle을 더 수행해야 실행이 되는 것이다. 이것은 많은 낭비를 가져온다.

Cortex-M3는 이러한 부분에 대해서 branch speculation을 포함하고 있다. 이를 통해서 pipeline을 flush하지 않고 바로 수행이 될수 있는 것이다. brance speculation과 관련한 알고리즘은 너무나도 종류가 많고 많은 연구가 수행되는 분야이다. 간단하게 개념 정도만 얘기하면 for loop가 100번을 수행한다고 했을때 대부분의 경우는 branch가 일어나는 경우가 for loop의 처음으로 돌아가는 것이고, 100번째가 for loop를 벗어나는 것이다. 결국 for loop의 끝에서 명령을 fetch해올때 바로 다음의 것을 가져오는 것이 아니라 오히려 for loop의 맨 앞의 명령을 가져오는 것이다. PC의 순서와는 상관없이 이렇게 처리하도록 알고리즘을 만드는 것이다. 그렇게 되면 100번의 수행 동안은 pipeline에 대한 flush 없이 빠른 속도로 처리가 가능하게 되는 것이다.

1.3.4. Cortex-M3 interrupt

Cortex-M3에서는 interrupt와 관련해서 많은 변화가 있었고 이 부분이 아마도 가장 중요한 변화의 부분이라고 말할 수 있다. interrupt와 관련해서는 뒤에서 실제 예제를 통해서 공부를 할때 이에 대한 내용을 아주 자세히 다루게 될 것이다.

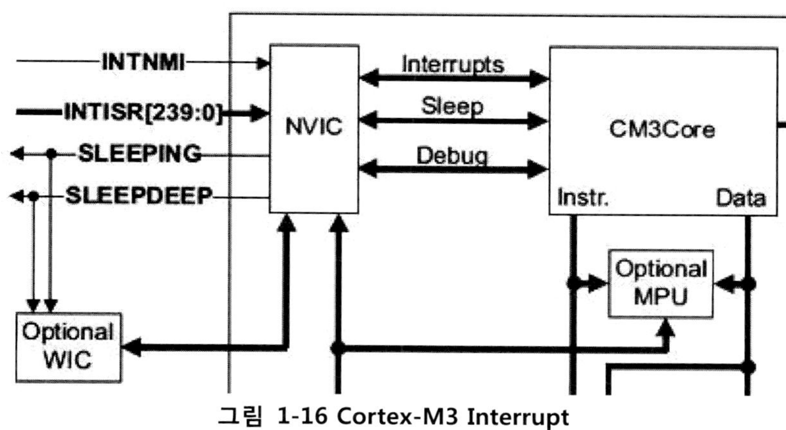

그림 1-16 Cortex-M3 Interrupt

(ARM, DDI0337G_cortex_m3_r2p0_trm, Figure 1-1 Cortex-M3 block diagram)

위 그림은 Cortex-M3의 블럭도 중의 일부이다. 여기서도 알수 있듯이 interrupt를 발생시키는 소스가 획기적으로 늘어났다.

시스템에서 관장하는 16개의 인터럽트를 포함해서 외부 인터럽트로 240개까지 할당할 수 있게 되었다. 이는 칩을 만드는 제조사에서 자유롭게 변경 가능한 부분이 될 것이다. 칩의 크기에 따라서 또 외부 인터페이스에 따라서 여러가지로 변형해서 만들수 있는 것이다.

가장 중요한 변화는 Interrupt Latency의 감소를 얘기할 수 있다.

시스템은 대부분의 경우 인터럽트로 동작한다고 말해도 과언이 아니다. 모든 동작은 인터럽트를 통해서 이루어지고 많은 일들이 인터럽트 없이는 아예 할 수 없는 경우가 많다. 예를 들어 SysTick interrupt의 경우 만약 우리가 1 msec의 빈도를 갖도록 조정한다면 1초에 1000번의 SysTick interrupt

가 발생하는 것이다. 그럼 여기서 이 인터럽트에서 소비되는 시간을 줄일수 있다면 그것은 시스템의 성능에 매우 큰 영향을 미치는 것이다.

ARM7과 비교해서 이 Interrupt Latency는 많게는 4배 적게는 2배 이상 줄어들었다. 일단 먼저 stack operation에 대한 사이클 수가 줄어들었고, 여기에 더해서 tail-chaining과 late-arriving 관련해서 추가적인 알고리즘이 적용되어 보다 빠른 처리를 가능하게 해 준 것이다. 이와 관련해서는 뒤에 자세한 내용이 나올 것이다.

2. Cortex-M3 Architecture

Cortex-M3의 Architecture에 대해서 보다 자세히 살펴보도록 한다.

2.1. Cortex-M3 block diagram

아래 그림은 Cortex-M3의 전체적인 블럭도를 보여주고 있다.

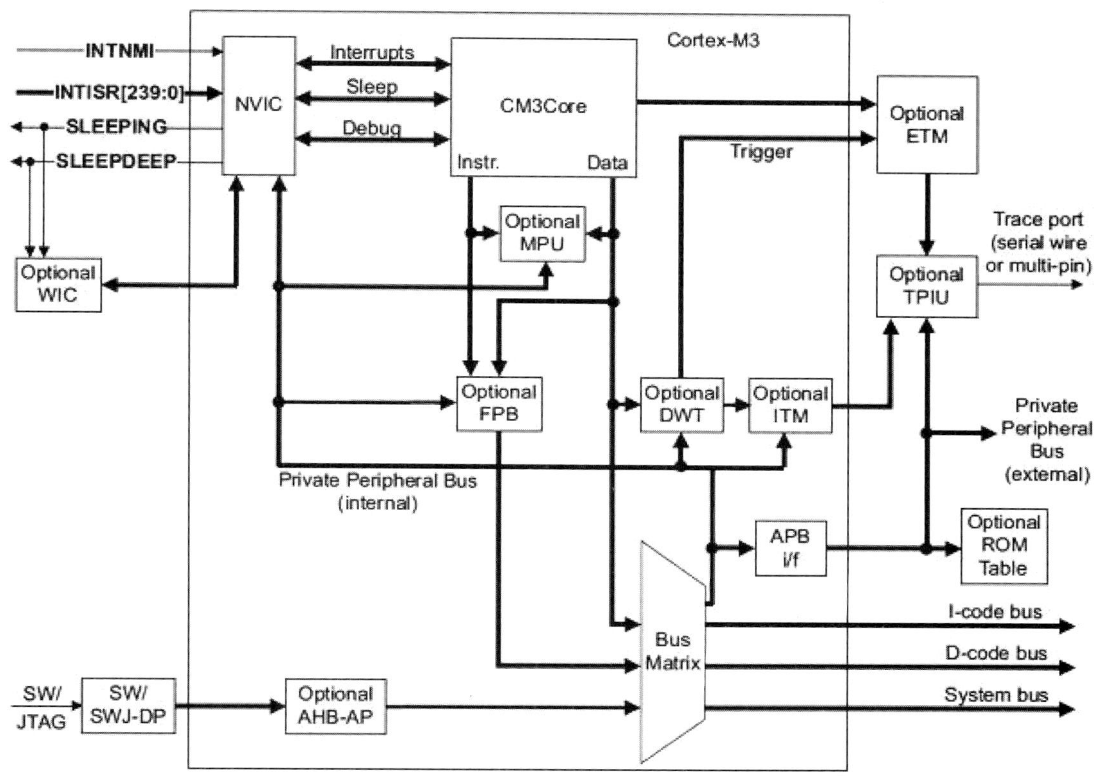

그림 2-1 Cortex-M3 블록도

(ARM, DDI0337G_cortex_m3_r2p0_trm, Figure 1-1 Cortex-M3 block diagram)

왼쪽 위편에 있는 interrupt와 관련한 NVIC 블럭이 보이고, 크게 늘어난 인터럽트의 갯수도 확인을 할 수 있다. 전체적으로 살펴보았을 때 DWT, ITM, ETM 등의 debugging과 trace 관련한 부분들이 매우 많이 포함된 것을 발견할 수 있다.

Optional 부분

이 그림에서 Optional이라고 되어 있는 부분은 필수적인 요소는 아니고 실제로 칩을 만드는 제조사에서 필요에 따라 혹은 칩의 크기나 가격에 따라 부가적으로 장착하지 않을 수도 있다. 실제 우리가 사용하는 STM32의 경우 매우 작고 저렴한 가격을 맞추기 위해서 위의 Optional 부분은 대부분은 들어 있지 않다.

<NVIC>

Nested Vectored Interrupt Controller이다. processor core에 매우 밀접하게 연결되어 있는 블럭이다. 매우 중요한 부분이고 이와 관련해서 이 책 전반에 걸쳐서 계속 설명이 될 것이다.

<Bus Matrix>

Bus 매트릭스는 프로세서와 디버그 인터페이스를 외부 버스와 연결하고, 아래의 외부 버스들과 연결된다.

- I-Code Bus: code 영역에서 명령어와 vector를 fetch하는 32 비트 AHB-Lite bus
- D-Code Bus: code 영역에 대한 data load/store와 debug access를 위한 32 비트 AHB-Lite bus
- System Bus: system 영역에 대한 명령어와 vector fetch, data load/store와 debug access를 위한 32 비트 AHB-Lite bus
- PPB(Private Peripheral Bus) : PPB 영역에 대한 data load/store와 debug access를 위한 32 비트 APB(v3.0) bus

<FPB>

Flash Patch and Breakpoint의 약자이다. 이 unit은 breakpoint와 code patch를 구현하기 위한 것이다. FPB는 hardware breakpoint를 구현하고, code 영역에서 system 영역으로 접근을 patch하게 된다.

<DWT>

Data Watchpoint & Trace의 약자이다. 이 unit은 watchpoint, data tracing, system profiling를 구현하기 위한 것이다.

<ITM>

Instrumentation Trace Macrocell의 약자이다. printf 스타일의 debugging을 지원하게 된다.

<MPU>

Memory protection Unit의 약자이다. 8개의 영역으로 나누어 메모리를 보호할 수 있는 기능을 가지고 있다.

<ETM>

Embedded Trace Macrocell (ETM)은 instruction trace를 위한 것이다. 이것은 instruction trace만을 지원하는 low-cost trace macrocell이다.

<TPIU>

Trace Port Interface Unit (TPIU)은 Trace Port Analyzer (TPA)와의 bridge를 제공한다. TPIU는 ITM, ETM으로부터의 Cortex-M3 trace data와 off-chip Trace Port Analyzer와의 다리 역할을 수행하는 것이다.

<WIC>

Wake-up Interrupt Controller (WIC)는 very-deep-sleep mode에서 깨어날 때 interrupt detection logic 부분에 도움을 준다. power management 부분과도 연관이 높은 블럭이다.

<SW/SWJ-DP>

Debug control과 data access는 Advanced High-performance Bus-Access Port (AHB-AP) interface를 통해서 일어난다. 이 interface는 Serial Wire Debug Port (SW-DP) 또는 Serial Wire JTAG Debug Port (SWJ-DP)에 의해 이루어진다.

2.2. Registers

2.2.1. 프로세서 모드와 Privilege levels

processor Operating modes는 아래와 같이 구분된다.

- Thread mode: application software를 수행하는데 사용된다. reset에서 벗어날 때 processor는 Thread mode로 진입한다. Privileged와 User (Unprivileged) code가 Thread mode에서 실행될 수 있다.
- Handler mode: exception을 처리하는데 사용된다. exception processing을 종료할 때 processor는 Thread mode로 돌아가게 된다. 모든 code는 Handler mode에서는 privileged이다.

Operating states는 아래와 같이 구분된다.

- Thumb state: 이것은 정상적인 실행 상태이다. 16-bit 32-bit halfword aligned된 Thumb instructions이 수행된다.
- Debug State: debug 상태이다.

software 실행에 대한 privilege level은 아래와 같이 구분된다.

- Unprivileged software: MSR와 MRS instructions에 대한 접근에 제한이 있고, CPS instruction을 사용할 수 없다. system timer, NVIC, 또는 system control block을 접근할 수 없다. memory나 peripherals에 대한 접근에 제한이 있다. Unprivileged software는 unprivileged level에서 수행된다.
- Privileged software: 모든 instructions을 사용할 수 있다. 모든 resources에 접근할 수 있다. Privileged software는 privileged level에서 수행된다.

Thread mode에서 CONTROL register는 software 수행이 privileged인지 unprivileged인지를 control한다. Handler mode에서 software 수행은 항상 privileged이다.

오직 privileged software만이 CONTROL register에 write를 할 수 있고, Thread mode에서의 software 수행에 대한 privilege level을 변경시킬 수 있다. Unprivileged software는 SVC instruction을 사용해서 supervisor call을 privileged software로 전달한다.

2.2.2. 스텍

processor는 full descending stack을 사용한다. 이것이 의미하는 것은 stack pointer가 stack memory에서 마지막으로 push된 item을 가리키고 있다는 것이다. processor가 새로운 item을 stack에 push할 때 stack pointer를 먼저 감소시키고, 그 감소시킨 새로운 위치에 item을 write한다는 것을 의미한다.

processor는 2개의 stacks을 구현한다. 하나는 main stack이고 다른 하나는 process stack이다. stack pointer에 대한 독립적인 복사본을 가진다. Thread mode에서 CONTROL register는 processor가 main stack을 사용할지 process stack을 사용할지를 control한다. Handler mode에서 processor는 항상 main stack을 사용한다. processor operations에 대한 옵션은 아래 표와 같다.

Processor mode	Used to execute	Privilege level for software execution	Stack used
Thread	Applications	Privileged or unprivileged	Main stack or process stack
Handler	Exception handlers	Always privileged	Main stack

(ST, PM0056, Cortex-M3 programming manual, Table 1. Summary of processor mode, execution privilege level, and stack use options)

2.2.3. Cortex-M3 Core 레지스터들

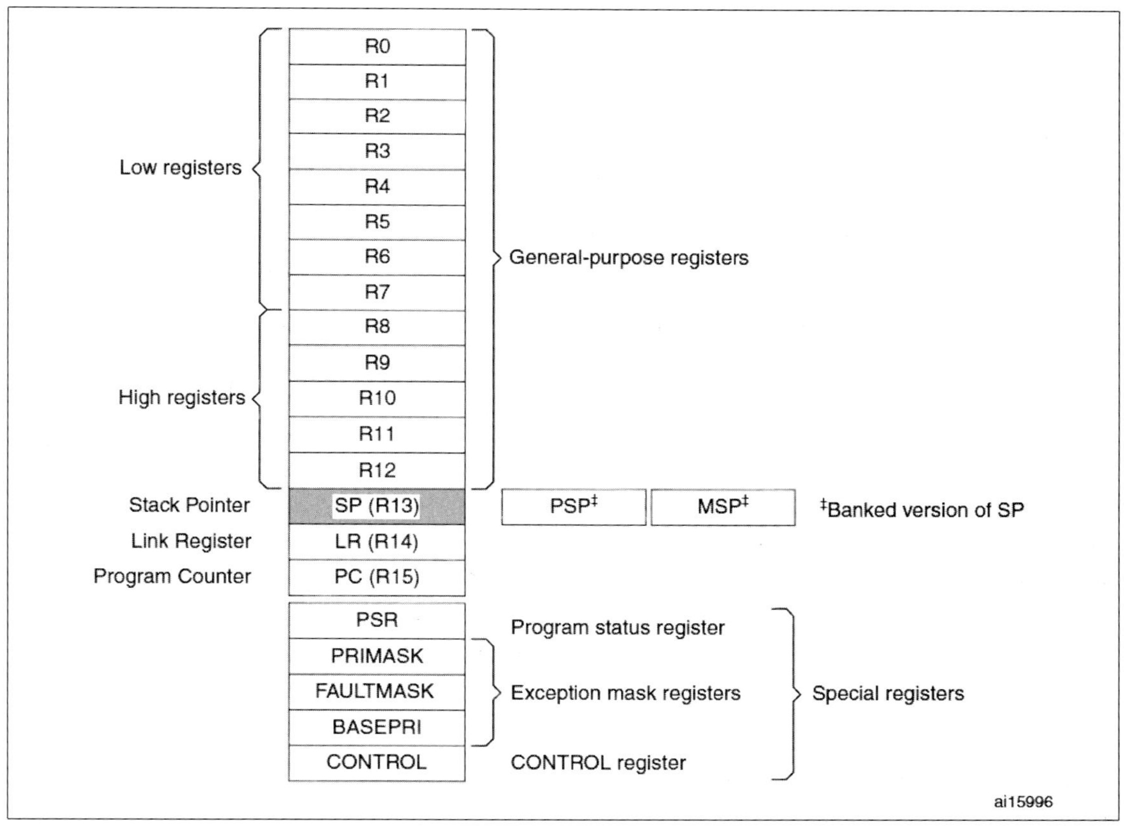

그림 2-2 Cortex-M3 Core 레지스터

(ST, PM0056, Cortex-M3 programming manual, Figure 2. Processor core registers)

우리는 뒤에 RTOS의 포팅 작업을 진행하면서 여기에 있는 레지스터들 중에서 PRIMASK, FAULTMASK,

BASEPRI 레지스터들인 Exception mask register에 대해서는 공부를 할 것이다. 여기서는 이들을 제외한 나머지 레지스터들에 대해서 공부를 해보도록 한다. PRIMASK, FAULTMASK, BASEPRI 레지스터들은 뭔가 인터럽트의 발생을 mask하는 즉, 발생하지 못하도록 설정하는 작업을 수행하는 레지스터들이다.

Name	Type	Required privilege	Reset value
R0-R12	read-write	Either	Unknown
MSP	read-write	Privileged	See description
PSP	read-write	Either	Unknown
LR	read-write	Either	0xFFFFFFFF
PC	read-write	Either	See description
PSR	read-write	Privileged	0x01000000
ASPR	read-write	Either	0x00000000
IPSR	read-only	Privileged	0x00000000
EPSR	read-only	Privileged	0x01000000
PRIMASK	read-write	Privileged	0x00000000
FAULTMASK	read-write	Privileged	0x00000000
BASEPRI	read-write	Privileged	0x00000000
CONTROL	read-write	Privileged	0x00000000

그림 2-3 Core 레지스터 요약

(ST, PM0056, Cortex-M3 programming manual, Table 2. Core register set summary)

위 표에서 Type 부분의 설명에 있어서 read-write나 read-only로 되어 있는 부분은 thread mode와 Handler mode에서 수행되는 프로그램의 access type에 대한 것을 설명하고 있는 것이다. Debug access의 경우에 있어서는 다를 수 있다. Required privilege 부분에 적혀있는 Either라는 것의 의미는 privileged와 unprivileged software 모두에서 레지스터를 접근 가능하다는 것을 나타내고 있는 것이다.

processor 다음의 레지스터들을 가지고 있다.

- 13개의 general-purpose 32-bit registers, R0~R12
- Link Register (LR), R14
- Program Counter (PC), R15
- Program Status Register, xPSR
- 2개의 banked SP registers, R13

<General-purpose registers>

범용 레지스터이다. 대부분의 data 처리 명령어에서 사용하게 된다.

- Low 레지스터: R0~R7은 범용 레지스터를 사용할수 있는 모든 명령어에서 접근 가능하다.
- High 레지스터: R8~R12는 범용 레지스터를 사용할수 있는 모든 32비트 명령에서 접근 가능하다. 16비트 명령은 접근할수 없다.

<Stack pointer>

Stack Pointer (SP)는 register R13이다. Thread mode에서 CONTROL register의 bit[1]은 사용될 stack pointer를 아래와 같이 지정한다.

- 0 = Main Stack Pointer (MSP). 초기 reset value이다.
- 1 = Process Stack Pointer (PSP).

Reset시 processor는 MSP로 address 0x00000000으로부터 값을 load한다.

<Link register>

Link Register (LR)는 register R14이다. 이것은 subroutines, function calls이나 exceptions에 대한 return 정보를 저장하고 있다. Reset시 processor는 LR value 0xFFFFFFFF을 load한다.

<Program counter>

Program Counter (PC)는 register R15이다. 현재의 program 주소값을 가지고 있다. instruction fetch가 반드시 halfword aligned되어 있어야 하기 때문에 Bit[0]는 항상 1이다. Reset시 processor는 reset vector의 값을 PC로 load한다. 이때의 주소값은 0x00000004이다.

<Program status register>

Program Status Register (PSR)은 다음으로 구성된다.

- Application Program Status Register (APSR)
- Interrupt Program Status Register (IPSR)
- Execution Program Status Register (EPSR)

APSR, IPSR, EPSR bit assignments는 아래 그림과 같다.

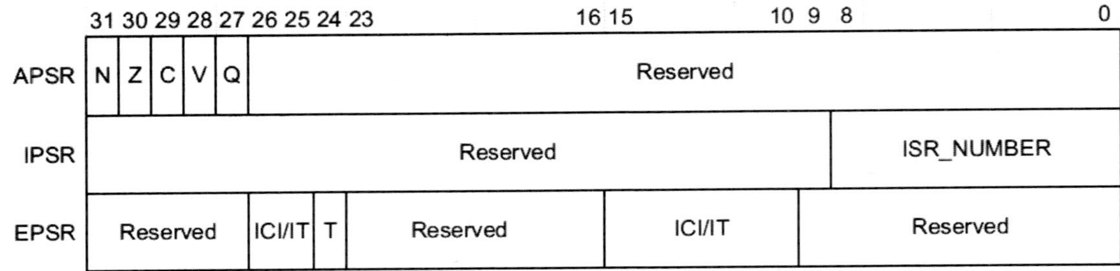

그림 2-4 APSR, IPSR, EPSR bit assignments

(ST, PM0056, Cortex-M3 programming manual, Figure 3. APSR, IPSR and EPSR bit assignments)

이들 3개의 레지스터들은 32-bit PSR에 비트 영역이 서로 겹치지 않는다.

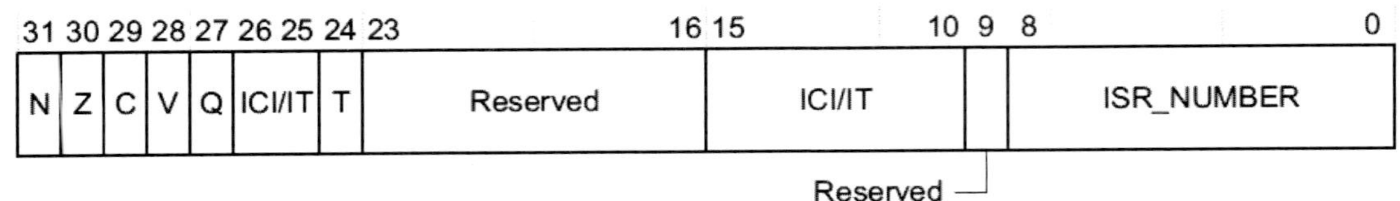

그림 2-5 PSR bit assignments

(ST, PM0056, Cortex-M3 programming manual, Figure 4. PSR bit assignments)

PSR bit assignments는 위 그림과 같다.

이들 레지스터들에 대한 접근은 개별적으로도 가능하고 둘이나 혹은 모든 3개의 레지스터를 한꺼번에 조합해서도 접근이 가능하다. 사용하는 명령에 argument로 각각의 이름을 주면된다. 예를들어 모든 레지스터를 전부 읽을려면 MRS 명령에서 PSR을 사용하면 된다. 만약 ARSR에 write를 하고 싶을 때는 MSR 명령에서 APSR을 사용하면 된다.

Register	Type	Combination
PSR	read-write	APSR, EPSR, and IPSR
IEPSR	read-only	EPSR and IPSR
IAPSR	read-write	APSR and IPSR
EAPSR	read-write	APSR and EPSR

(ST, PM0056, Cortex-M3 programming manual, Table 3. PSR register combinations)

위 내용은 이들을 동시에 접근하는 경우에 해당하는 레지스터 이름을 지정하는 것이다. (1)과 (2)의 의미는 아래와 같다.

(1) processor는 IPSR bits에 대한 write를 무시한다.
(2) EPSR bits에 대한 Read는 0을 return 한다. processor는 EPSR bits에 대한 write를 무시한다.

<Application program status register>

APSR은 이전 instruction 수행으로부터의 condition flags의 현재 상태를 저장하고 있다.
이전의 ARM architecture에서 사용하던 것과 동일한 것이다. 결과가 Negative인지 Zero인지 Carry가 발생했는지, Overflow가 발생했는지 혹은 Saturation이 발생했는지에 대한 정보를 비트 값으로 저장하고 있는 것이다.

Bits	Description
Bit 31	**N:** Negative or less than flag: 0: Operation result was positive, zero, greater than, or equal 1: Operation result was negative or less than.
Bit 30	**Z:** Zero flag: 0: Operation result was not zero 1: Operation result was zero.
Bit 29	**C:** Carry or borrow flag: 0: Add operation did not result in a carry bit or subtract operation resulted in a borrow bit 1: Add operation resulted in a carry bit or subtract operation did not result in a borrow bit.
Bit 28	**V:** Overflow flag: 0: Operation did not result in an overflow 1: Operation resulted in an overflow.
Bit 27	**Q:** Sticky saturation flag: 0: Indicates that saturation has not occurred since reset or since the bit was last cleared to zero 1: Indicates when an SSAT or USAT instruction results in saturation. This bit is cleared to zero by software using an MRS instruction.
Bits 26:0	Reserved.

그림 2-6 Application program status register

(ST, PM0056, Cortex-M3 programming manual, Table 4. APSR bit definitions)

<Interrupt program status register>

IPSR은 현재의 Interrupt Service Routine (ISR)의 exception type 번호를 저장하고 있다.

Field	Name	Definition
[31:9]	-	Reserved.
[8:0]	ISR NUMBER	Number of pre-empted exception. Base level = 0 NMI = 2 SVCall = 11 INTISR[0] = 16 INTISR[1] = 17 . . . INTISR[15] = 31 . . . INTISR[239] = 255

그림 2-7 Interrupt program status register

(ARM, DDI0337G_cortex_m3_r2p0_trm, Table 2-2 Interrupt Program Status Register bit assignments)

<Execution program status register>

EPSR은 Thumb state bit를 가지고 있고, 다음의 두 명령 중 하나에 대한 실행 상태 비트를 가지고 있다.

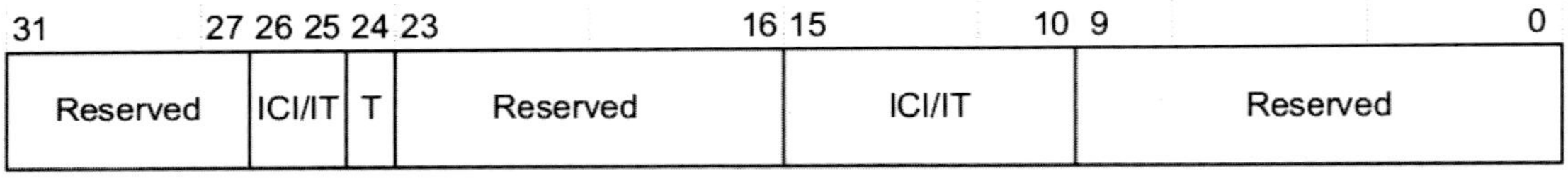

31–27	26–25	24	23–16	15–10	9–0
Reserved	ICI/IT	T	Reserved	ICI/IT	Reserved

(ARM, DDI0337G_cortex_m3_r2p0_trm, Figure 2-4 Execution Program Status Register)

- If-Then (IT) instruction
- interrupted load multiple (LDM) 혹은 store multiple (STM) instruction에 대한 Interruptible-Continuable Instruction (ICI) field

EPSR[26:25]	EPSR[15:12]	EPSR[11:10]	Additional Information
IT[1:0]	IT[7:4]	IT[3:2]	See *ITSTATE* on page A6-10.
ICI[7:6] ('00')	ICI[5:2] (reg_num)	ICI[1:0] ('00')	See *Exceptions in LDM and STM operations* on page B1-30.

(ARM, v7-M Architecture Reference Manual, Table B1-3 ICI/IT bit allocation in the EPSR)

Entry point for:	IT[7:5]	IT[4]	IT[3]	IT[2]	IT[1]	IT[0]	
4-instruction IT block	cond_base	P1	P2	P3	P4	1	Next instruction has condition cond_base, P1
3-instruction IT block	cond_base	P1	P2	P3	1	0	Next instruction has condition cond_base, P1
2-instruction IT block	cond_base	P1	P2	1	0	0	Next instruction has condition cond_base, P1
1-instruction IT block	cond_base	P1	1	0	0	0	Next instruction has condition cond_base, P1
	0b000	0	0	0	0	0	Normal execution (not in an IT block)
	non-zero	0	0	0	0	0	UNPREDICTABLE
	0bxxx	1	0	0	0	0	UNPREDICTABLE

(ARM, v7-M Architecture Reference Manual, Table A4-38 Effect of IT execution state bits)

위 내용은 이 부분에 포함될 수 있는 값들에 대한 비트 위치 정보 및 거기에 저장되는 값에 대해서 나타내주고 있다. 이들 비트들은 ICI/IT로 표시에서도 볼수 있는 것처럼 함께 사용하는 비트 영역이 되겠다. 어떤 경우는 ICI로 어떤 경우는 IT로 사용이 되고 있다.

Load Multiple (LDM)과 Store Multiple (STM) operations은 interruptible하다. EPSR에 들어있는 ICI field는 interrupt가 발생한 point로부터 load 혹은 store multiple을 지속하기 위해 요구되는 정보를 담고 있는 것이다. ICI field와 IT field는 서로 overlap이 되기 때문에, If-Then Block (IT-Block) 내에 존재하는 Load Multiple (LDM)과 Store Multiple (STM) operations은 interrupt-continued될수 없다.

EPSR은 직접적으로 access 가능하지 않다. 2개의 event가 EPSR을 변경할 수 있다.

- LDM이나 STM instruction 동안에 interrupt가 발생하는 경우
- If-Then instruction이 수행되는 경우

<IT instruction>

이 책은 어셈블리에 대해서 자세하게 다루는 책은 아니다. 그래서 많은 부분을 다루고 있지는 않지만 우리가 EPSR을 조금이라도 더 이해하기 위해서 Cortex ARM v-7 architecture에 새롭게 추가된 IT 명령에 대해서 잠시 살펴보도록 한다.

IT <cond> Condition the following instruction

IT<x> <cond>	Condition the following two instructions
IT<x><y> <cond>	Condition the following three instructions
IT<x><y><z> <cond>	Condition the following four instructions

위 내용이 IT 명령을 사용하는 방법이다. <x>, <y> 자리에 오는 값은 T이거나 E이다. T는 then을 의미하는 것이고, E는 else를 의미하는 것이다. 즉, 이전의 명령에 대해서 그 결과에 대해서 조건부의 실행이 되는 것인데 이것을 그룹으로 묶어서 4개까지 IT-Block을 지정해서 처리할 수 있는 것이다.

이제 마지막으로 T 비트에 대해서 살펴본다. 사실 이 T 비트는 기존 ARM architecture에서의 T 비트와 다르지 않다. ARM architecture interworking을 위해서 사용하는 비트이다. ARM state와 Thumb state를 구분하는 비트이다. 다만 약간의 변화가 있기 때문에 그에 대한 것을 볼 필요가 있다.

ARMv7-M은 오직 Thumb instructions을 수행한다. 이것은 16-bit이거나 32-bit일수는 있지만 모두 Thumb state에서 수행이 된다. Thumb state를 가리키는 것이 execution status bit (EPSR.T == 1)에 의해서 나타나 있는 것이다. 하지만 Cortex-M3의 경우는 늘 Thumb state에 있기 때문에 이것은 늘 1이어야 한다. EPSR.T를 0으로 만드는 것은 다음 명령 실행 때 fault가 발생하게 된다. invalid state (INVSTATE) UsageFault가 발생하게 된다.

T-bit를 포함해서 IT/ICI bits는 모두 Reset시 clear 된다.

<CONTROL register>

CONTROL register는 사용되는 stack과 processor가 Thread mode에 있을 때 소프트웨어 실행에 대한 privilege level을 control한다.

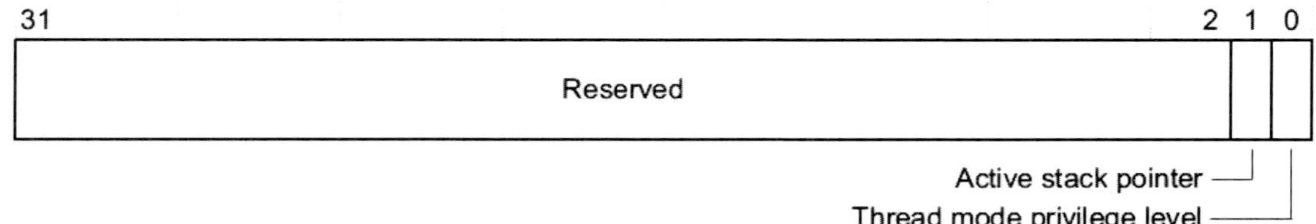

그림 2-8 CONTROL register

(ST, PM0056, Cortex-M3 programming manual, Figure 8. CONTROL bit assignments)

Bit 1 ASPSEL: Active stack pointer selection

현재의 stack을 선택한다.

0: MSP가 현재의 stack pointer

1: PSP가 현재의 stack pointer.

Handler mode에서 이 비트를 읽으면 0이고 write는 무시된다.

Bit 0 TPL: Thread mode privilege level
Thread mode privilege level을 가리킨다.
0: Privileged
1: Unprivileged.

Handler mode는 항상 MSP를 사용하기 때문에 processor는 Handler mode에서의 CONTROL register의 active stack pointer bit에 대한 write는 무시하게 된다. exception entry & return mechanisms이 CONTROL register를 갱신한다. OS 환경에서, Thread mode에서 동작하는 thread는 process stack을 사용하고, kernel과 exception handlers는 main stack을 사용하도록 권고된다.

default로 Thread mode는 MSP를 사용한다. Thread mode에서 사용되는 stack pointer를 PSP로 바꾸려고 하면 MSR 명령을 통해서 Active stack pointer bit를 1로 바꾸어 주어야 한다. stack pointer를 바꿀 때 소프트웨어는 MSR 명령 다음에 즉시 ISB instruction을 사용해야 한다. 이것은 ISB 이후에 실행되는 명령들이 새로운 stack pointer를 사용해서 수행하도록 해준다.

ISB 명령은 Instruction Synchronization Barrier로서, processor의 pipeline을 flush한다. 그래서 모든 ISB 다음의 명령들이 다시 cache나 memory에서 fetch해 오도록 만드는 것이다.

2.3. Thumb-2 Instruction Set Architecture (ISA)

2.3.1. Architecture profile

3가지 profile이 정의되어 있다.

<ARMv7-A - Application profile>
ARM & Thumb instruction sets을 지원한다. memory management model에서 virtual address를 지원한다. Virtual Memory System Architecture (VMSA)

<ARMv7-R - Realtime profile>
ARM & Thumb instruction sets을 지원한다. memory management model에서 physical address만을 지원한다. Protected Memory System Architecture (PMSA)

<ARMv7-M - microcontroller profile>
오직 Thumb instruction set만을 지원한다. 절대적인 성능의 문제 보다는 전체적인 크기나 deterministic operation에 대한 부분이 보다 중요한 부분에서 사용되게 된다.

ARMv7-M은 오직 Thumb instructions을 지원하는데 이것은 ARMv7 Thumb-2 instruction set의 subset이다. Thumb-2는 Thumb execution state에서 16-bit와 32-bit instructions을 둘 다 지원하는 것을 가리킨다.

2.3.2. Thumb-2

Thumb-2에 대해 처음 소개된 것은 ARMv6T2에서이다. ARM과 Thumb instruction sets에 밸런스를 맞추어서 ARM architecture를 microcontroller marketplace에 진출시키고자 하는 의도였었다. M profile에서는 여기서 한 단계 더 나아가서 새로운 모델을 만들어서 오직 Thumb mode에서만 동작하는 것을 만든 것이다. 높은 성능과 real time 임베디드 시장에 적합하도록 한 것이다.

Thumb-2는 Thumb에 비해서 무슨 차이가 있을까? Thumb은 명령어 길이가 16bit이다. ARM mode에서는 명령어 길이가 32 비트이다. 하지만 Thumb-2는 16 비트 명령과 32 비트 명령을 모두 수행하게 된다. 아래 내용은 ARM v7-M Architecture Application Level Reference Manual에서 발췌했다.
16bit가 2개로 나누어져 있는 것이다.

Thumb-2에 관해서 아주 간단하게 이해할 수 있는 그림이 있다.

32-bit Thumb instruction, hw1		32-bit Thumb instruction, hw2	
15 8	7 0	15 8	7 0
Byte at Address A+1	Byte at Address A	Byte at Address A+3	Byte at Address A+2

(ARM, v7-M Architecture Reference Manual, Figure A3-1 Instruction byte order in memory)

메모리 상에서의 Instruction byte order를 나타낸 그림이다. Thumb-2는 모든 instructions에 대해서 16-bit alignment를 강제한다. 이것이 의미한 것은 32-bit instructions의 경우 2개의 half-word로 처리된다는 것을 의미한다. hw1이 low address이고 hw2가 high address가 된다. hw1이나 hw2는 하나의 16 비트 명령이 될 수 있고, 이들 둘을 합쳐서 하나의 32 비트 명령이 되는 것이다.

	hw1 15 14 13 12 11	10 9	8	7	6 5	4	3 2 1 0	hw2 15 14 13 12	11	10	9	8	7 6	5 4	3 2 1 0
General format	1 1 1 1 1	0 0													
PC +/– imm1	1 1 1 1 1	0 0	S	U	size	1	1 1 1 1	Rt	imm12						
Rn + imm12	1 1 1 1 1	0 0	S	1	size	L	Rn	Rt	imm12						
Rn – imm8	1 1 1 1 1	0 0	S	0	size	L	Rn	Rt	1	1	0	0	imm8		
Rn + imm8, User privilege	1 1 1 1 1	0 0	S	0	size	L	Rn	Rt	1	1	1	0	imm8		
Rn post-indexed by +/– imm8	1 1 1 1 1	0 0	S	0	size	L	Rn	Rt	1	0		1	imm8		
Rn pre-indexed by +/– imm8	1 1 1 1 1	0 0	S	0	size	L	Rn	Rt	1	1		1	imm8		
Rn + shifted register	1 1 1 1 1	0 0	S	0	size	L	Rn	Rt	0	0	0	0	0 0	shift	Rm
RESERVED	1 1 1 1 1	0 0		0			Not 1111		1	0		0			
RESERVED	1 1 1 1 1	0 0		0			Not 1111		0	Not 00000					
RESERVED	1 1 1 1 1	0 0				0	1 1 1 1								

그림 2-9 Thumb-2 명령 구조

(ARM, v7-M Architecture Reference Manual, Figure A4-6 Load and store instructions, single data item)

위 그림은 32 비트 명령의 구조를 보여주고 있다. HW1, HW2로 구성이 되어 있다. 사실 모든 것은 16비트로 다룬다고 생각하면 된다. 단 맨 상위 비트가 111인 경우는, 그 아래 16 비트를 정상적인 명령으로 생각하지 않고, 다르게 처리하도록 규칙이 정해져 있는 것이다. (단, 하나의 예외가 상위 비트가 111인 경우 그 다음 비트 2개가 00이면 Unconditional branch로 처리하는 16 비트 명령이다.)

위와 같이 Data, load and Store, Branches, Coprocessor 관련 된 instruction으로 구성이 되어 있다.

hw1<15:11>	Function
0b11100	Thumb 16-bit unconditional branch instruction, defined in all Thumb architectures.
0b111xx	Thumb 32-bit instructions, defined in Thumb-2, see *Instruction encoding for 32-bit Thumb instructions* on page A4-12.
0bxxxxx	Thumb 16-bit instructions.

(ARM, v7-M Architecture Reference Manual, Table A4-1 Determination of instruction length)

0b111xx로 시작하는 것이다. 0b111xx로 시작하는 것과 0b11100을 제외한 것들은 16 비트 명령이다.

0b11100은 Unconditional branch이다.

15	14	13	12	11	10 9 8 7 6 5 4 3 2 1 0
1	1	1	0	0	imm11

2.4. Memory Map

2.4.1. 미리 정의된 Memory Map

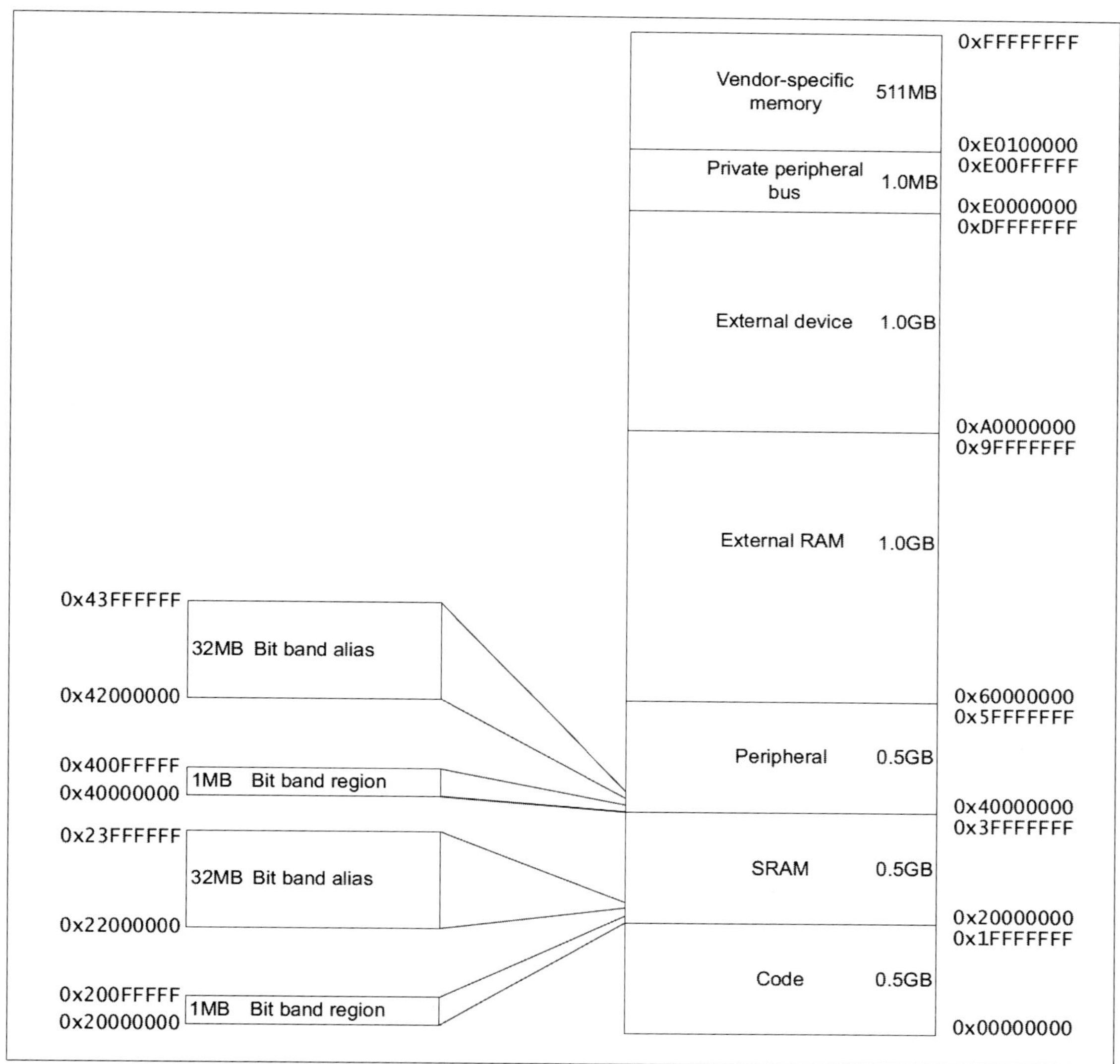

그림 2-10 Cortex-M3 메모리 맵

(ST, PM0056, Cortex-M3 programming manual, Figure 9. Memory map)

Cortex-M3는 메모리 map에 대해서 미리 정의해 놓고 있다. 단순하고 고정된 memory map을 4 Giga bytes의 주소 공간을 할당해서 미리 정의를 내려놓고 있는 것이다. Code (code space), SRAM (memory space), external memories/devices와 internal/external peripherals까지 모든 영역에 대해서 고정된 주소 영역이 할당 되어 있다.

물론 당연히 칩을 만드는 제조사에서 업체에서 특별히 관리해 주어야 하는 영역에 사용할 수 있도록 특별한 영역인 vendor specific 부분도 존재한다.

2.4.2. Bit banding

특징적인 것 중의 하나가 bit banding이라는 기능이다.

Bit banding은 간단하게 말하면 bit operation을 빠르게 해줄 수 있는 방법을 제공하는 것이라고 보면 된다. 즉 어떤 레지스터의 특정 비트를 1이나 0으로 변경하는 것을 매우 빠르고 쉽게 해줄 수 있는 것이다. 이것이 가능한 것은 하드웨어적으로 어떤 특정 비트를 각각 어떤 특정 어드레스에 할당을 해놓고 있는 것이다.

먼저 메모리 맵을 간단하게 살펴본다.

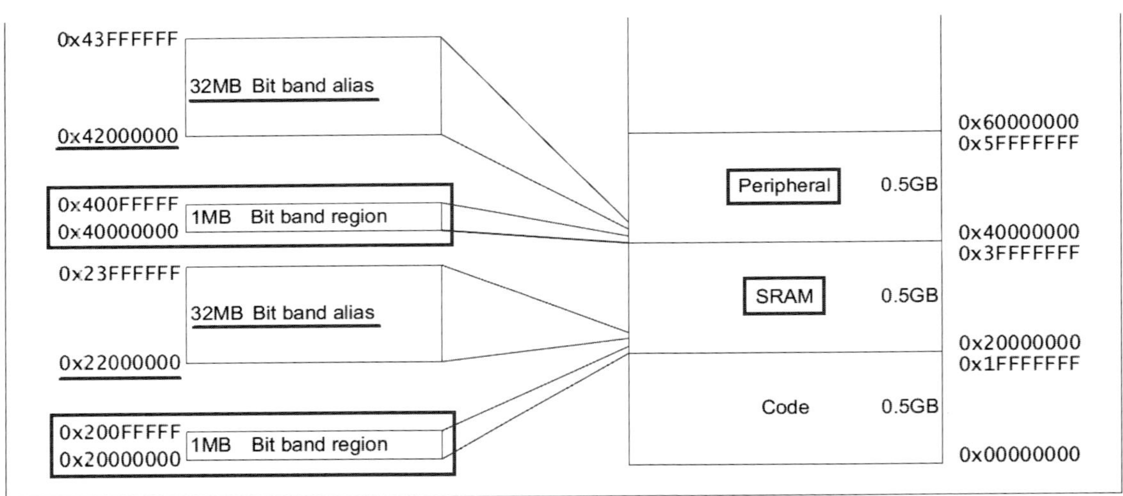

그림 2-11 Bit banding 영역

SRAM 부분과 Peripheral 부분에 이상한 형태의 내용이 있는 것이 보인다. **bit band region**이라는 것이 있고, **bit band alias**라는 내용이 있다. 각각 공간은 1 MB와 32 MB가 잡혀 있다. **alias 영역에 쓰는 행위는 그에 상응하는 bit-band 영역의 특정 비트에 영향을 주는 것이다.**

0x20000000 번지의 1번 비트가 어떻게 되는지 생각해보면 이것은 0x22000004 번지에 할당되어 있다. 무조건 32 비트 (4 바이트)로 증가되기 때문에 하나의 증가가 0x22000004 번지로 4 만큼 증가된 것이다. 0x22000004 번지는 0x20000000 번지의 1번 비트와 연결되어 있다.

그럼 0x20000004 번지의 0번 비트에 해당하는 alias 영역의 번지는 무엇일까? 그것은 당연히 4 바이트씩 증가했을 테니 4 X 32 만큼 떨어진 곳일 것이다. 4 X 32 = 128, 즉 0x80이 된다. 그러니까 0x22000080 번지가 0x20000004 번지의 0번 비트를 변화시킬 수 있는 것이다. 0x20000004 번지의 1번 비트는 0x22000084 번지이다. 자, 그럼 이것은 어떤 식으로 표시할 수 있을 듯 하다.

bit_word_addr = bit_band_base + (byte_offset x 32) + (bit_number × 4)

이것은 alias 영역의 주소값을 찾아주는 식이다. bit_band_base는 위 예에서는 0x22000000이 될 것이고, peripheral register의 경우는 0x42000000이 될 것이다. byte_offset이란 우리가 비트를 찾고 싶은 그 어드레스에서 0x20000000이나 0x40000000을 뺀 값이 될 것이다. 위의 예를 보면 4가 된다. 마지막으로 bit_number는 우리가 원하는 그 비트 번호가 된다. 비트 1이라면 1이 될 것이다.

다시 예를 들어 설명해보면, 만약 0x20000300의 비트 2번을 처리할 수 있는 alias 주소값을 알고 싶을 경우 아래와 같이 계산할 수 있다는 말이다.

0x22006008 = 0x22000000 + (0x300*32) + (2*4)

0x22006008에 값을 쓰면 0x20000300의 비트 2번에 써지게 될 것이고, 0x22006008 값을 읽으면, 0x20000300의 비트 2번의 값에 따라 0이나 1을 반환하게 될 것이다. 이것은 write 뿐만 아니라 read도 적용할 수 있다. 즉, alias의 주소 내용을 읽으면 그와 관련된 bit-band된 곳의 비트 값을 읽을 수 있다는 말이다. 매우 유용한 기능이 될 것이다.

Cortex™-M3는 이런 bit-band 영역이 두 개 존재 한다. peripheral register들과 SRAM 영역이 그것이다.

ARM7, ARM9 CPU에서는 비트 연산을 하기 위해서는 AND나 OR 연산을 통한 방법 외에는 방법이 없었다. READ MODIFY WRITE라고 부른다. 이것은 사실 많은 CPU 타임을 소모하는 것이다. 물론 사람의 생각으로는 엄청 짧은 시간이지만 bit-banding과 비교할 때는 어마어마하게 느린 시간이 된다.

물론 너무나도 당연하게 이러한 bit-banding을 가능하게 하기 위해서는 CPU core에 이와 관련한 내용이 들어있어야 한다. 1 MB의 bit-band 영역을 연결하기 위해서 결국 32 MB의 alias 공간이 필요하게 되는 것이다. 그러한 이유로 복잡도나 크기가 증가할 수 밖에 없다. 하지만 그러한 단점보다 장점이 굉장히 중요하게 부각될 수 있는 것이다.

아래 예가 몇 가지 더 있다. 각자 계산을 해보기 바란다.

Word address = 0x40010C0C
Peripheral bit band base = 0x40000000
Peripheral bit band Alias base = 0x42000000

```
Byte offset from bit band base = 0x40010c0c – 0x40000000 = 10c0c
Bit word offset = (0x10c0c x 0x20) +(8x4) = 0x2181A0
Bit Alias address = 0x42000000 + 0x2181A0 = 0x422181A0
```

소스 코드 상에서 아래와 같은 정의가 있을 수 있다. 이것은 IO port 상의 특정 비트를 정의하는 값이 되는 것이다.

```
#define PortBbit8 (*((volatile unsigned long *) 0x422181A0 ))
PortBbit8 = 1; //led on
```

만약 위의 특정 비트가 LED를 제어하는 부분이라고 한다면, 위의 이런 간단한 코딩으로 LED를 켤 수 있게 되는 것이다.

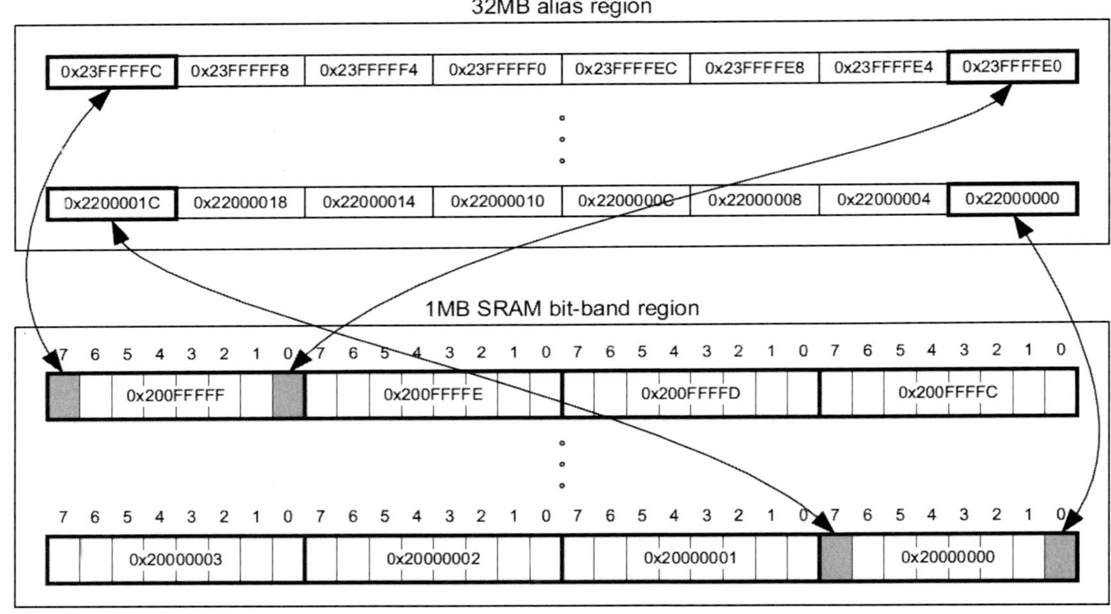

그림 2-12 Bit banding 예제

(ST, PM0056, Cortex-M3 programming manual, Figure 10. Bit-band mapping)

위 그림의 예제는 SRAM bit-band alias region과 SRAM bit-band region 사이의 예를 보여주고 있다.

- The alias word at 0x23FFFFE0 maps to bit[0] of the bit-band byte at 0x200FFFFF: 0x23FFFFE0 = 0x22000000 + (0xFFFFF*32) + (0*4).
- The alias word at 0x23FFFFFC maps to bit[7] of the bit-band byte at 0x200FFFFF: 0x23FFFFFC = 0x22000000 + (0xFFFFF*32) + (7*4).

● The alias word at 0x22000000 maps to bit[0] of the bit-band byte at 0x20000000: 0x22000000 = 0x22000000 + (0*32) + (0 *4).

● The alias word at 0x2200001C maps to bit[7] of the bit-band byte at 0x20000000: 0x2200001C = 0x22000000+ (0*32) + (7*4).

2.4.3. 메모리 Endian

processor는 메모리의 영역을 연속하는 바이트의 모음으로 생각한다. 이것은 0으로부터 시작해서 증가하는 순서로 번호가 매겨져 있는 것이다. 예를 들어 bytes 0-3은 첫 번째 저장된 word가 되는 것이고, bytes 4-7은 두 번째 저장된 word가 되는 것이다.

문제는 이것을 메모리에서 읽어와서 레지스터에 저장할 경우나, 레지스터에 있는 값을 메모리에 저장할 때 발생하게 된다. 메모리의 하위 바이트를 레지스터의 하위 바이트부터 채울 것인지, 아니면 상위 바이트부터 채울 것인지에 따라서 2가지의 방식이 나타나게 되는 것이다.

<Little-endian format>

기본적으로는 Little-Endian 형태를 따른다. word의 least significant byte를 레지스터의 가장 낮은 비트 위치에 저장하고, 역시 같은 순서로 word의 most significant byte를 가장 높은 비트 위치에 저장한다. 이를 그림으로 표현한 것이 아래의 내용이다.

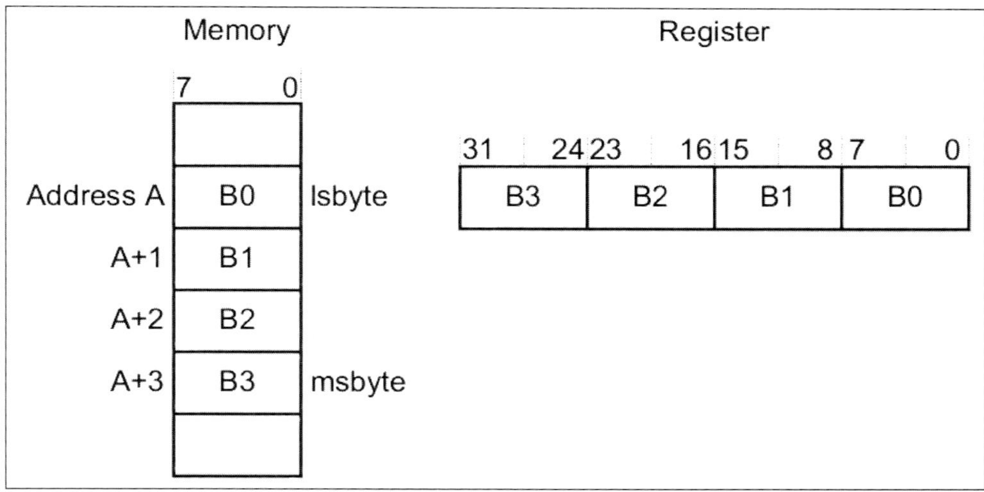

(ST, PM0056, Cortex-M3 programming manual, Figure 11. Little-endian example)

2.5. Exceptions and Interrupts

프로세서를 공부하는 데 있어서 가장 중요한 부분 중의 하나가 바로 인터럽트에 대한 부분이다. 이번 장에서는 이에 대해서 공부해 보도록 한다. 여기서는 개념적인 부분에 대하여서 다루고 있는 것이고 실제적인 내용은 뒤에서 예제를 다루면서 심도 있게 다루게 될 것이다.

2.5.1. Exception 종류

아래의 표는 Cortex-M3 exception을 모두 정리한 것이다.

위치	Exception type	Priority 우선 순위	설명
0	-	-	리셋 시 vector table의 첫 entry
1	**Reset**	–3 (highest)	Power up과 Warm reset시.
2	**Non-maskable Interrupt (NMI)**	-2	pre-empted되지 않는다.
3	**Hard Fault**	-1	모든 종류의 Fault
4	**Memory Management**	Configurable	MPU mismatch
5	**Bus Fault**	Configurable	Pre-fetch, memory fault
6	**Usage Fault**	Configurable	Undefined instruction
7~10	-	-	Reserved
11	**SVCall**	Configurable	System service 호출
12	**Debug Monitor**	Configurable	not halting Debug monitor
13	-	-	Reserved
14	**PendSV**	Configurable	Pendable request
15	**SysTick**	Configurable	System tick timer.
16~255	**External Interrupt**	Configurable	core 밖 외부 interrupt (0~239)

각각에 대한 자세한 내용에 대해서는 뒤에서 실제 예제를 설명하면서 추가적으로 보충 설명이 될 것이다.

exception과 interrupt는 종종 헷갈리기도 하고 혼용하기도 하고 여러가지로 구분해서 다루는데 있어서 어려운 부분이 있다. 사실 이 책에서도 많은 부분에 있어서 혼용을 하고 있기도 하다. 위 표에서 모든 것들은 exception이다. 그 중에서 가장 마지막 부분은 external interrupt다. 즉 외부에서 Core로 뭔가 interrupt로 처리되도록 요청하는 부분을 가리키고 있는 것이다. 그러므로 이와 같은 것을 통틀어 exception이라 부르고 특별히 external interrupt 부분만 interrupt라고 하면 정확한 구분이 될 것이다. 하지만 이 구분은 그다지 중요한 것은 아니다.

2.5.2. Exception Priority & Nested 처리

Cortex-M3는 내부에 NVIC(Nested Vectored Interrupt Controller)가 있어서 각종 인터럽트를 효율적으로 제어할수 있다. 모든 Exception의 우선순위를 결정하고 처리한다. 우선순위는 인터럽트가 동시에 여러 개가 발생할 경우 발생한 인터럽트를 중요도가 높은 작업부터 우선적으로 처리하게 된다.

Nested라는 말에서도 인지할수 있듯이 하나의 인터럽트가 처리되고 있는 중에 이보다 더 높은 우선순위를 갖는 인터럽트가 발생하였을 경우 처리되고 있던 인터럽트는 처리를 잠시 멈추고 새로 발생한 높은 우선순위의 인터럽트가 처리될 수 있다. 이러한 것을 인터럽트가 nested되었다고 말하는 것이고, 이것이 가능하도록 설계되어 있다.

Interrupt 번호가 낮을 수록 높은 Priority를 가진다. Reset은 가장 높은 Priority를 가진다. 우선순위 -3, -2, -1을 가지는 Reset, Non-maskable Interrupt (NMI), Hard Fault는 우선 순위를 변경할 수 없다. 고정된 우선 순위를 가지고 있고, 가장 높은 우선순위를 가진다.

어떤 경우에는 하나의 우선 순위를 공유할 수도 있다. 이를 위해 Preempting Priority와 Subpriority를 두어서 그룹으로 만들어서 관리하는 방법을 제시하고 있다. 이에 대한 설정에 대해서도 뒤에 정리가 되어 있다.

2.5.3. ARM7, ARM9과의 비교

ARM7, ARM9에서는 실제적으로 두 개의 인터럽트만을 지원한다.

실제로 칩에서 수많은 인터럽트가 존재하는데 단 2개만을 지원한다는 것이 잘 와 닿지 않을 수 있다. 하지만 이것은 ARM core에 대한 설명이다. ARM core를 기반으로 CPU 칩을 제조하였고, 그 칩의 내부에는 interrupt controller가 들어 있어서 수많은 인터럽트들을 처리하게 된다. 하지만 ARM core에게 전달되는 인터럽트는 단 2가지 이다. IRQ, FIQ가 그것이다.

물리적으로는 UART, Keypad, USB 등등 많은 peripheral들이 interrupt로 동작하고 있지만 실제 ARM core에는 IRQ나 FIQ로 전달되었던 것이다. 내부에 있는 interrupt controller가 외부 많은 peripheral들의 interrupt를 IRQ나 FIQ로 매핑하는 것이다.

nested와 관련해서 같은 IRQ가 발생하게 되면 이것은 구분이 되지 않기 때문에 ARM core는 하나의 IRQ가 모두 처리될 때까지 다른 IRQ를 받아들이지 않게 된다. 물론 기존 ARM7, ARM9에서도 IRQ가 수행되는 동안에 FIQ가 발생되면 이것은 중첩이 되고 IRQ의 상태가 저장되고 FIQ를 수행하게 된다. 이것은 서로 다른 수행 모드에 대한 처리와도 같다. Cortex-M3에서는 모든 인터럽트가 중첩이 가능하다.

Cortex-M3는 코어 입장에서 255개의 인터럽트를 받아들일 수 있다. 이중 15개는 고정된 코어 내부 인터럽트이고, 240개는 외부에서 코어로 입력되는 인터럽트이다. ARM7, ARM9에서 단 2개밖에 없던 것이서 서로 다른 우선순위를 가지고 nested 처리까지 해주는 매우 강력하게 변한 모습을 가지는 것이다.

240개의 외부 인터럽트에 대한 구현은 제조사에서 결정하게 된다. STM에서도 240개가 모두 구성되어 있지는 않다. 이 또한 STM에서 제공되는 칩의 종류에 따라서도 모두 다르다.

인터럽트 발생시 기존에 수행하던 상태를 Stack에 저장하고, 인터럽트 수행이 종료되면 Stack으로부터 복구되어야 한다. 기존의 ARM7, ARM9에서는 소프트웨어 방식으로 이 저장과 복구를 처리하였고, 이 누분이 프로그램 상에서 반드시 존재했어야 한다. 하지만 Cortex-M3에서는 하드웨어적으로 자동으로 처리가 된다.

2.5.4. STM, LDM 처리시의 Interrupt

STM, LDM 명령어는 여러 개의 레지스터의 내용을 메모리를 저장하거나 메모리의 내용을 여러 개의 레지스터로 로딩하는 용도로 사용되는 명령이다. ARM7, ARM9의 경우에 있어서 인터럽트가 발생했는지의 여부는 각 명령어 실행 단위에서 검사를 하게 되고, 그렇기 때문에 여러 cycle을 소모하는 명령의 경우에 그것이 수행되는 동안에는 인터럽트의 발생 여부를 감지하지 못해서 인터럽트가 지연되는 경우가 발생하게 된다.

Cortex-M3에서는 위의 Status 레지스터에서 살펴보았던 것처럼 EPSR의 Interruptible-Continuable Instruction (ICI) field에 인터럽트가 발생하기 바로 전까지 사용했던 레지스터 번호를 저장하게 되고, 이 정보를 이용해서 인터럽트에서 돌아온 이후에 명령 수행을 계속할 수 있는 것이다.

2.6. Nested Vectored Interrupt Controller

2.6.1. NVIC 특징

<Vector Table은 Address>

ARM7, ARM9의 경우 Vector Table은 명령어이었다. 하지만 Cortex-M3의 경우는 명령이 아닌 주소값이다.

Vector Table에 명령이 존재하게 될 경우에의 문제점은 interrupt의 지연 시간이다. 인터럽트가 발생했을 때 해당 테이블에 존재하는 명령을 fetch해서 가져오면 거기에 다시 분기 명령이 들어있게 되고, 분기하는 처리를 다시 해야 하기 때문에 상당한 지연시간이 발생하게 된다. Cortex-M3에서는 이러한 방식을 사용하는 것이 아니라 직접 주소값을 넣어두고 그것을 PC 값으로 바로 복사함으로써 분기에 따른 지연시간이 상당 부분 감소하게 된다. 과거에도 VIC (Vectored Interrupt Controller)라는 개념으로 이것을 구현한 경우도 있었다. Cortex-M3에서는 이를 하드웨어적으로 기본으로 탑재하게 하면서 nested 기능까지 추가한 것이라고 보면 된다.

또한 하나 변경된 부분이 Reset에 대한 exception Address 주소가 0x0번지가 아니고 0x4번지이다. 0x0번 번지에는 초기 Stack Address가 들어간다. Cortex-M3는 재설정 가능한 (re-locatable) vector table을 사용한다. 여기에는 특정한 interrupt handler를 실행시킬 수 있는 함수의 주소가 저장되어 있다.

vector table은 Reset시 0번 번지에 위치되지만 프로그램에 의해서 재 설정이 가능하다 (이 부분에 대해서도 뒤에 예제에서 다루게 된다). SCB 레지스터를 이용해서 Vector Table이 저장될 주소와 위치 또한 변경이 가능하다. RAM 공간에 넣을 수도 있고, Flash 영역에 저장할 수도 있다.

<Nested Interrupt 지원>

NVIC (Nested Vectored Interrupt Controller)는 이름에서 나타나듯 중첩된 인터럽트를 제어할 수 있다. 모든 exception에 대해서 우선순위가 설정되어 있고 이 우선순위에 따라 interrupt를 처리한다.

이미 정의된 15개의 exception을 포함해서 사용자 Interrupt가 240개까지 지원되기 때문에 ARM7이나 ARM9에서 사용하던 Supervisor 모드 및 다양한 모드들이 2가지 모드로 줄었다. Privileged Mode와 Non-Privileged 모드 두 개이다. 뱅크 레지스터로 사용하던 레지스터의 갯수가 줄었다. 하지만 Interrupt 수가 많아지면서 Interrupt들이 겹쳐서 발생하는 경우가 많아지고 당연히 Nested Interrupt가 지원된다.

<Wait For Interrupt (WFI), Wait For Event (WFE)>

NVIC는 Cortex-M3 processor의 power-management scheme을 위한 부분도 구현하고 있다. Wait For Interrupt (WFI)나 Wait For Event (WFE) instructions이 호출되면 Core는 low-power 상태로 되면서 exception이 발생하기를 기다리게 된다. 가장 낮은 우선순위의 ISR이 종료하자마자 low-power 모드로 진입한다.

다른 exception이 발생할 때까지 Core는 Sleep 상태에 있게 된다. 오직 interrupt에 의해서만이 이 모드를 빠져나갈 수 있기 때문에 이 모드에 진입할 때 System 상태가 복구되지 않게 한다.

<System Tick (SysTick) timer>

System Tick (SysTick) timer를 제공한다. 24-bit count-down timer로서 일정한 시간 간격으로 interrupt를 만들어주는 용도로 사용하게 된다. Real Time OS나 다른 scheduled tasks을 구동하기 위해서 이 기능을 사용하게 된다.

<하드웨어 Stack 처리>

ARM7 프로세서의 경우 여러가지 exception mode가 존재하고 각각의 경우마다 banked 레지스터들이 존재했었다. 하지만 Cortex-M3에서는 이러한 부분들을 거의 없애버리고 단순화시켜서 gate count를 줄이면서 시스템의 복잡도도 줄였다. 대신 이러한 방식을 대신하는 방법으로 stack base의 exception 모델을 제시하고 있는 것이다.

exception이 발생했을 때 프로세서는 자동으로 하드웨어적으로 Program Counter, Program Status Register, Link Register 그리고 R0-R3, R12의 일반 레지스터를 스텍에 저장한다. 이러한 저장 과정은 instruction bus가 vector table로부터 exception vector를 인지하고 exception code의 첫 번째 instruction을 fetch하는 동안에, data bus가 레지스터를 stack에 저장하게 된다. 이렇게 동시에 작업을 진행함으로 인해서 interrupt가 발생하였을 때의 지연시간을 극소화시키는 것이다. stack에 저장하는 것과 instruction fetch가 완료되면 비로소 interrupt service routine이나 fault handler가 실행되는 것이다. 당연히 ISR 처리가 끝나면 stack에 저장된 것들은 복구가 되고 이전 수행 부분으로 돌아가게 된다.

이전 ARM7, ARM9에서 ISR에서 사용하던 stack과 관련한 처리 부분은 이제 필요가 없어진 것이다. hardware가 stack의 처리에 대한 것을 담당함으로써 전통적인 C 함수에서 ISR routine의 경우에 특별히 처리해주던 stack 처리와 관련한 assembler wrappers를 추가하던 부분이 Cortex-M3 processor에서는 필요 없어진 것이다. 그러므로 매우 단순하게 만든 것이다. 고전적인 형태의 ISR routine에 대한 선언과 관련해서 예를 한가지 들어 보겠다.

```
#ifdef __GNUC__ /* gcc */
#ifdef TEST_FIQ
void Timer1_InterruptServiceRoutine(void) __attribute__ ((interrupt("FIQ")));
#else
void Timer1_InterruptServiceRoutine(void) __attribute__ ((interrupt("IRQ")));
#endif
#endif

unsigned int g_timer1_isr_call_count = 0;
#ifdef __ARMCC_VERSION /* armcc (for ADS 1.2) */
void __irq Timer1_InterruptServiceRoutine (void)
#else // __GNUC__ /* gcc */
void Timer1_InterruptServiceRoutine (void)
#endif
```

Timer1_InterruptServiceRoutine()을 ISR 함수로 사용하려고 하는 것이다. ADS V1.2를 사용하는 상황에서는 __irq라는 컴파일러 지시어를 사용해야 하고 GCC를 이용할 경우에는 __attribute__ ((interrupt("IRQ")))와 같은 지시어를 사용해야 하는 것이다. 이러한 지시어는 컴파일러로 하여금 이것이 interrupt service routine이라는 것을 알수 있게 하는 것이다. 그럼으로 인해서 일반 함수들이 호출되는 과정과 ISR에서의 stack에 대한 처리를 구분해서 컴파일 할 수 있도록 해야 한다. 만약 이러한 지시어가 없이 만들어진 함수를 ISR로 사용하게 되면, 처음에 ISR이 호출될 때는 호출이 되지만 return될 때 이상하게 돌아가게 되고 정상적으로 처리가 되지 않는다. 하지만 Cortex-M3에서는 하드웨어가 stack에 대한 부분을 처리해주기 때문에 이러한 지시어가 필요 없어진 것이다.

2.6.2. Tail chaining, late arrival, pop pre-emption

Nested에 대한 지원으로 인해서 이미 처리되고 있는 interrupt가 보다 더 높은 우선순위를 갖는 interrupt에 의해서 언제든 중단될 수 있다. 물론 이들 우선 순위에 대한 것이 영구적으로 고정된 것이 아니라 소프트웨어적으로 변경하는 것도 가능하다.

인터럽트가 현재 처리 중인 상태에서 보다 높은 우선순위의 인터럽트에 의해서 중단되는 경우는 어쩔 수 없이 지금 수행 중이던 인터럽트의 상태를 보존하기 위한 Stack push와 높은 우선순위의 인터럽트 종료 후에 Stack pop을 수행할 수밖에 없다. 하지만 그런 상황이 아닌 경우에 타이밍 상으로 보다 빠르게 인터럽트를 처리할 수 있는 방안들이 여러 개 있을 수 있다.

<Tail Chaining>

동시에 여러 개의 인터럽트가 쌓여 있는 경우에 처리하는 방식이다. back-to-back interrupts라고 부를 수 있다.

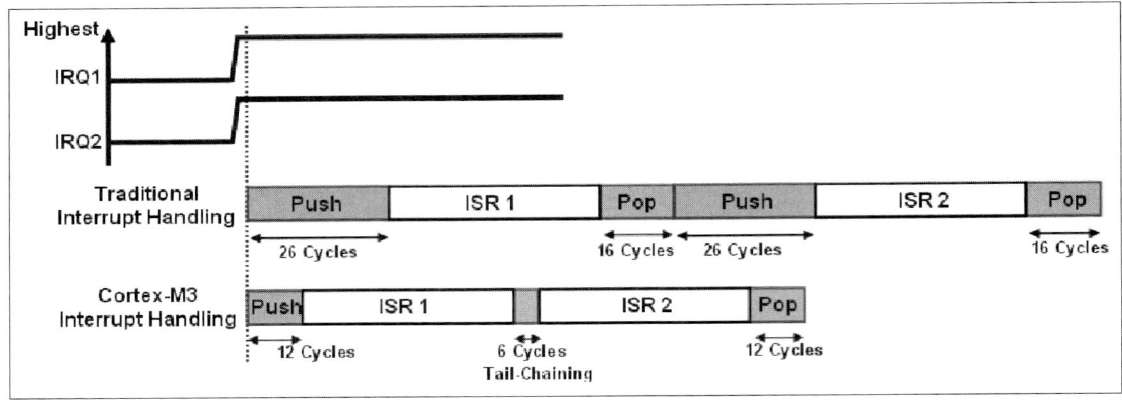

그림 2-13 tail-chining

(ARM, White Paper, Introduction ARM Cortex-M3, Figure 7 Tail chaining in the NVIC)

전통적인 방식에서는 하나의 인터럽트를 처리하면서 Stack push pop이 2회 발생하게 되지만 tail-chaining 방법을 이용해서 이 횟수를 한번으로 줄이는 것이다. 사실 연속된 인터럽트의 경우에 있어서 Stack에 저장하는 데이타는 인터럽트가 발생하기 이전의 정상적인 수행 상태가 될 것이다. 인터럽트의 처리를 위해서 Stack에 저장하고 복구하는 작업을 반복해서 수행해야할 이유가 없는 것이다.

그림은 동시에 도달한 IRQ1과 IRQ2에 대해서 처리를 하는 것을 시뮬레이션하고 있다. 전통적인 방식에서 두 인터럽트의 처리 부분에 대한 실행시간을 제외하고 오버헤드로 붙는 클럭 수가 총 84 cycle이 된다. 하지만 tail-chining을 사용하는 Cortex-M3에서는 30 cycle로 무려 54 cycle을 절약하게 되는 것이다. 이 tail-chaining 기술은 NVIC hardware 내에 구현되어 있어서 보다 빠르고 쉽게 사용할수 있도록 해주고 있는 것이다. 100 MHz 이하의 성능을 가지는 micro-processor 시장에서 이 부분은 획기적인 성능 향상을 가져온다.

<Late Arrival>

이번에는 오히려 보다 높은 우선순위를 가지는 인터럽트가 더 늦게 도착한 경우에 대해서 살펴본다. 보다 낮은 우선순위를 가지는 IRQ2가 먼저 발생을 했고 이를 위해서 현재의 프로세서 상태를 저장하기 위한 Push 작업을 수행하고 있는 동안 (즉, 아직까지 IRQ2의 ISR2가 실행되지 않은 상태인 것이 중요하다) 이때 보다 높은 우선순위를 가진 IRQ1이 발생하게 되면, 이전에 수행하던 Push 작업은 그대로 수행을 하면서 Push 작업이 끝난 이후에 먼저 발생한 ISR2를 수행하는 것이 아니고 ISR1을 먼저 수행하고, 이 이후의 동작은 위에 설명한 tail-chaining과 같이 ISR2에 대한 수행을 이어서 하게 된다.

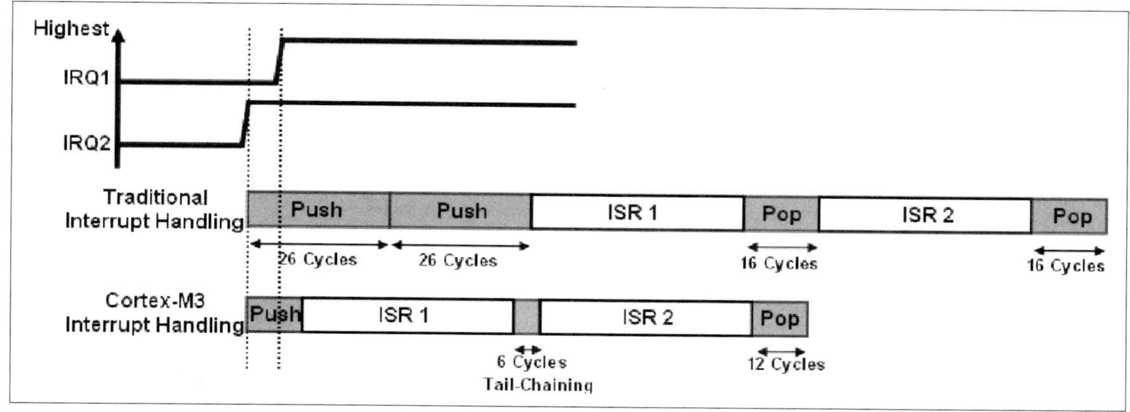

그림 2-14 Late Arrival

(ARM, White Paper, Introduction ARM Cortex-M3, Figure 11 NVIC to late arrival of higher priority interrupts)

<Pop pre-emption>

다음은 ISR 동작을 종료한 이후 이전 상태를 복구하기 위한 Pop을 수행하고 있는 시점에 다른 IRQ가 발생하는 경우를 살펴보도록 한다.

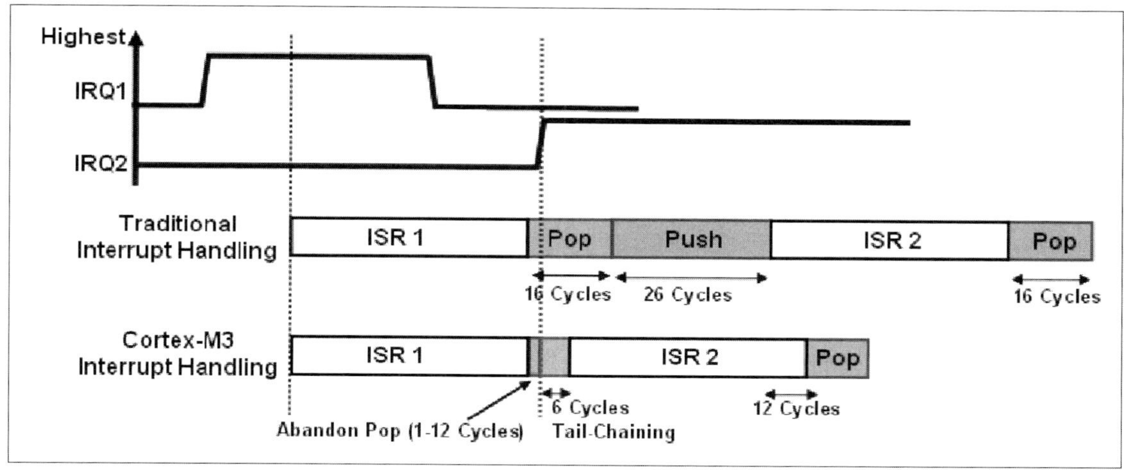

그림 2-15 Pop pre-emption

(ARM, White Paper, Introduction ARM Cortex-M3, Figure 12 Stack pop pre-emption by the NVIC)

이 경우 만약 Pop을 종료하지 않은 상황이라면 이전의 Pop이 되고 있던 상황 자체를 무시하고 Stack pointer도 원래의 자리로 옮기고 Pop이 수행되던 것을 무시하고, 새로 들어온 interrupt를 처리하게 된다. 이 경우 지연 시간 부분에서 Pop을 수행하던 cycle이 얼마나 진행되고 있었는가에 따라서 추가되는 cycle의 수는 달라질 수 있다.

2.7. 기타 특징

- **H/W divide와 single cycle multiply**

32 비트 곱셈을 한 cycle에 수행할 수 있도록 제공하고 있다. 그리고 Hardware divide를 가지고 있는 ALU를 제공한다. 이러한 나눗셈은 2에서 12 cycle 내에 처리가 될 수 있는 divider가 포함되어 있다.

- **완전히 C로만 구현하는 Firmware**

어셈블러로 구현하지 않고 완전히 C만으로도 펌웨어를 작성할수 있다. 이유는 Stack에 대한 주소가 0x0번지에 들어가 있게 됨으로써 ARM7, ARM9에서 기존에 작업을 해야 했던 초기화 작업이 C 언어로도 가능해졌기 때문이다.

이전 ARM7, ARM9에서는 Reset이 된 상태에서 Stack 주소가 초기화 되어있지 않기 때문에 Stack을 초기화 하고 Startup과 관련한 code를 구현해서 (이것을 어셈블리 언어로 작성해야 했다) 이것을 실행해야 하고 그것이 끝난 상태에서 C로 작성된 main 함수로 진입할수 있었다. Stack이 초기화되지 않고서는 C로 구현된 내용이 처리될 수 없었기 때문이다. Cortex-M3의 경우 0x0번지에서 32 비트의 값을 가져와서 Stack 주소를 초기화 한 이후에 Reset을 하기 때문에 이것이 가능해진 것이다.

- **Unaligned data access**

ARM7에서는 align이 맞지 않게 데이타를 접근하게 되면 Abort exception이 발생하게 된다. 하지만 Cortex-M3에서는 4 바이트로 align이 되어있지 않은 데이타 구조에서도 access가 가능하도록 설계되어 있다. 물론 당연히 이와 같이 align이 맞지 않는 접근을 하게 되면 속도에서의 손실을 볼수 밖에는 없다. 속도의 손실을 감수하고도 이러한 것이 가능하게 하도록 한 것의 장점은 물론 메모리 공간에 대한 효율적인 사용 때문이다. 적은 메모리를 사용할수밖에 없는 micro-controller 부분에서는 무척 중요한 기능이라고 할수 있다.

3. STM32 CPU 특징

우리가 사용하고자 하는 Cortex-M3 STM32F103RB와 관련한 하드웨어와 소프트웨어적인 특징들에 대해서 하나씩 살펴보기로 한다.

3.1. Features

Reference	Part number
STM32F103x8	STM32F103C8, STM32F103R8 STM32F103V8, STM32F103T8
STM32F103xB	STM32F103RB STM32F103VB, STM32F103CB

우리가 사용하려는 것은 STM32F103RB이다.

<Core: ARM 32-bit Cortex™-M3 CPU>

- 최대 클럭 주파수는 72 MHz이다.
- 1.25 DMIPS/MHz (Dhrystone 2.1)
- 한 cycle의 곱셈과 hardware 나눗셈을 제공한다.

<Memories>

- 64 혹은 128 Kbytes의 Flash memory를 가진다.
- 20 Kbytes의 SRAM을 내장하고 있다.

<Clock, reset, supply management>

- 2.0V에서 3.6V의 전원 공급이 이루어진다.
- 4 MHz에서 16 MHz까지의 crystal 외부 oscillator를 장착할수 있다.
- 내부에 8 MHz 및 40 kHz 클럭을 포함하고 있다.
- CPU clock을 위한 PLL을 내장하고 있다.
- calibration 기능을 가지고 있는 RTC를 위한 32 kHz oscillator가 있다.

<Low power>

- Sleep, Stop 그리고 Standby mode의 파워 모드를 가진다.
- RTC와 backup register를 위해 VBAT 핀을 통해서 공급받을 수 있다.

<A/D converters>

- 2 x 12-bit, 1 μs A/D converters가 있고 16 channels까지이다.
- 변환 범위는 0 V에서 3.6 V까지이다.
- Dual-sample과 hold 기능을 가지고 있다.

<DMA>

- 7-channel의 DMA controller를 가지고 있다.
- timers, ADC, SPIs, I2Cs, USARTs에서 사용된다.

<Fast I/O ports>

- 80개까지 사용할 수 있다. (26/37/51/80)
- 16 external interrupt vectors에 mapping 가능하며 대부분 5 V-tolerant하다.

<Debug mode>

- Serial wire debug (SWD)
- JTAG interfaces

<Communication interfaces>

Pinout	Low-density devices		Medium-density devices		High-density devices		
	16 KB Flash	32 KB Flash(1)	64 KB Flash	128 KB Flash	256 KB Flash	384 KB Flash	512 KB Flash
	6 KB RAM	10 KB RAM	20 KB RAM	20 KB RAM	48 KB RAM	64 KB RAM	64 KB RAM
144					5 × USARTs 4 × 16-bit timers, 2 × basic timers 3 × SPIs, 2 × I^2Ss, 2 × I2Cs USB, CAN, 2 × PWM timers 3 × ADCs, 1 × DAC, 1 × SDIO FSMC (100 and 144 pins)		
100			3 × USARTs 3 × 16-bit timers 2 × SPIs, 2 × I^2Cs, USB, CAN, 1 × PWM timer 2 × ADC				
64	2 × USARTs 2 × 16-bit timers 1 × SPI, 1 × I^2C, USB, CAN, 1 × PWM timer 2 × ADCs						
48							
36							

그림 3-1 STM32 Communication interfaces

(ST, STM32F103x8 Data Sheet, Table 3 STM32F103xx family)

위 표에서 128 KB Flash, 20 KB RAM을 가진 64 핀의 medium-density device가 우리가 사용하는 STM32F103RB CPU가 된다.

<Memory Protection Unit, MPU>

8개의 영역으로 메모리 영역에 대해서 보호를 할 수 있는 부분이 Cortex-M3의 특징 중의 하나이다. 하지만 STM32의 경우 이 MPU는 장착되어 있지 않다. 실제로 Cortex-M3에서 MPU 부분은 필수적인 요소이기 보다는 선택적인 부분이다. 실제로 MPU나 MMU와 같은 기능은 WinCE나 Linux 등의 High Level OS를 올릴 경우에 필수적으로 필요한 부분이다.

우리가 사용하는 STM32의 경우 타겟으로 하고 있는 영역은 Microcontroller 시장이다. 이 시장에서의 가장 주요한 포인트는 칩의 크기와 가격 및 성능이다. 실제 MPU 기능이 주는 이점에 비해서 칩의 면적에 있어서 차지하는 공간이 크다는 것이 STMicroelectronics사의 설명이다. 비용을 줄여 칩의 가격을 낮추기 위한 어쩔 수 없는 선택이라고 한다.

3.2. STM32F103xx Device overview

우리가 사용하려는 칩의 ID는 **STM32F103RBT6** 이다. 대부분의 칩 제조사와 마찬가지로 STMicroelectronics 회사도 자사의 칩에 대한 이름의 각각의 숫자와 문자들은 의미를 가지고 있다.

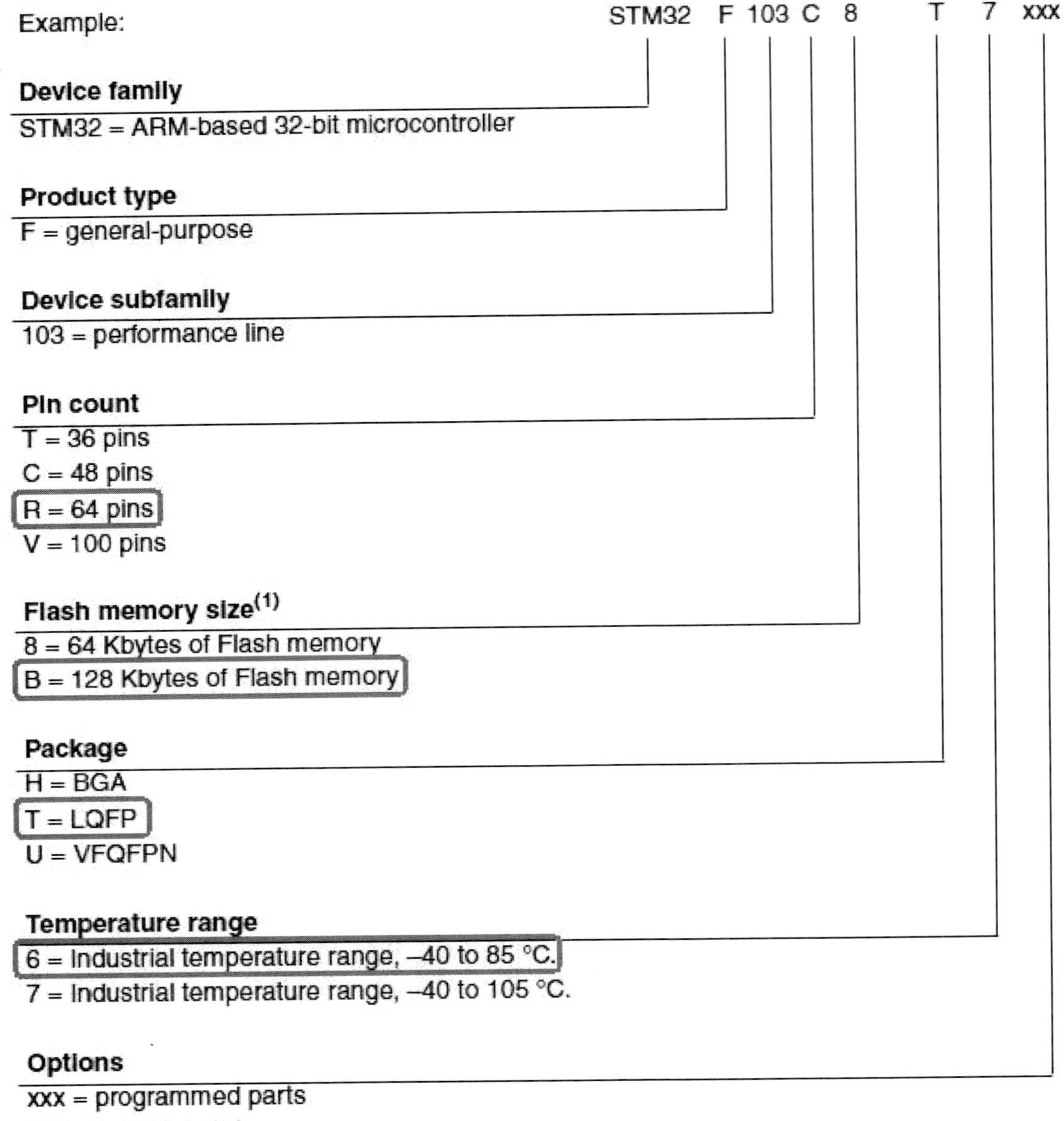

그림 3-2 STM32F103 Ordering information scheme

(ST, STM32F103x8 Data Sheet, Table 57 Ordering information scheme)

위 그림은 STM32F103에 대한 Ordering information scheme 부분이다.

위의 그림에서 우리 칩에 해당하는 부분에 붉은색으로 상자를 그려 넣어 보았다. STM32F103RBT6에서 STM32F103 부분은 동일하기 때문에 그 뒤의 RBT6에 대한 것만 살펴보면 될 것이다.

R은 64 핀을 의미하는 것이고,
B는 내부 Flash memory가 128 Kbytes라는 것을 의미하고,
T는 package type이 LQFP라는 것이고,
6은 온도 범위를 나타낸다.

그림을 하나 더 보도록 한다.

Peripheral		STM32F103Tx	STM32F103Cx		STM32F103Rx		STM32F103Vx	
Flash - Kbytes		64	64	128	64	128	64	128
SRAM - Kbytes		20	20	20	20		20	
Timers	General-purpose	3	3	3	3		3	
	Advanced-control	1	1		1		1	
Communication	SPI	1	2	2	2		2	
	I^2C	1	2	2	2		2	
	USART	2	3	3	3		3	
	USB	1	1	1	1		1	
	CAN	1	1	1	1		1	
GPIOs		26	37		51		80	
12-bit synchronized ADC Number of channels		2 10 channels	2 10 channels		2 16 channels		2 16 channels	
CPU frequency		72 MHz						
Operating voltage		2.0 to 3.6 V						
Operating temperatures		Ambient temperatures: –40 to +85 °C /–40 to +105 °C (see *Table 9*) Junction temperature: –40 to + 125 °C (see *Table 9*)						
Packages		VFQFPN36	LQFP48		LQFP64, TFBGA64		LQFP100, LFBGA100	

그림 3-3 STM32F103xx medium-density device 특징

(ST, STM32F103x8 Data Sheet, Table 2 STM32F103xx medium-density device features and peripheral counts)

위 표는 STM32F103xx medium-density device에 대한 특징들과 peripheral 갯수에 대해서 나타내 주고 있다. 여기서는 SRAM의 크기 (20 Kbytes)와 GPIO 개수, 동작 frequency (72 MHz)도 나타나 있다.

3.3. STM32F103xx block diagram

구분	칩 이름	Flash 크기 범위
Low-density devices	STM32F101xx, STM32F102xx, STM32F103xx	16 ~ 32 Kbytes.
Medium-density devices	STM32F101xx, STM32F102xx, STM32F103xx	64 ~ 128 Kbytes
High-density devices	STM32F101xx, STM32F103xx	256 ~ 512 Kbytes

우리가 사용하는 칩은 128 Kbytes Flash memory를 가지고 있기 때문에 Medium-density devices라고 불릴 수 있다.

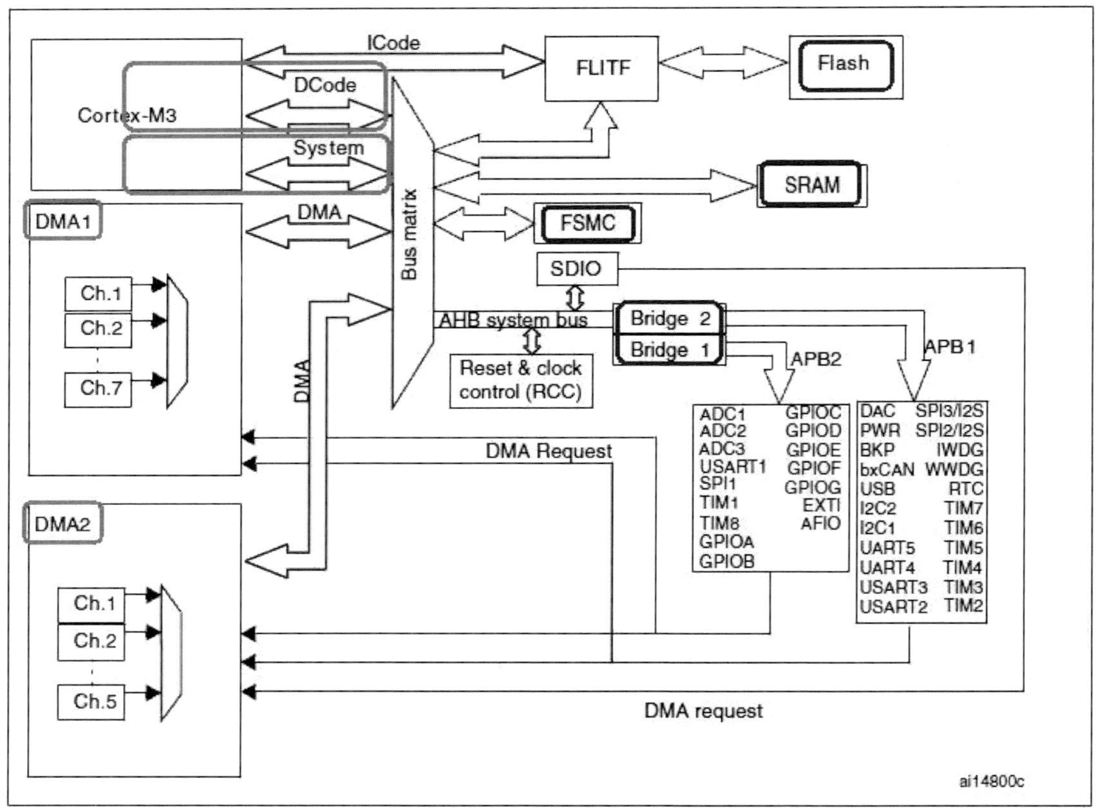

그림 3-4 STM32F103xx block diagram

(ST, RM0008, Reference manual, Figure 1, System architecture)

주요한 시스템 구성 요소는 아래와 같이 4개의 master와 4개의 slave로 구분할 수 있다.

<Four masters>

- Cortex™-M3 core DCode bus (D-bus) & System bus (S-bus)
- GP-DMA1 & 2 (general-purpose DMA)

<Four slaves>

- Internal SRAM
- Internal Flash memory
- FSMC (Flexible static memory controller)
- AHB to APB bridges (AHB2APBx) - 모든 APB peripherals를 연결한다.

위에서와 같이 구성이 되어있는데 이에 대해서 master는 붉은색으로 slave는 푸른색으로 색을 칠해서 구분해 보았다.

3.4. Memory mapping

모든 칩에 대한 공부를 시작할 때 가장 먼저 보아야 할 부분이 memory map이라 할 수 있다. 특히 펌웨어 작업을 하는 경우에 있어서는 memory map이 그 시작일뿐더러 전부라고 해도 과언이 아니다.

아래 내용을 전체적으로 모두 살펴볼 것은 아니다. 우리가 뒤에 실제적인 예제 코드들을 살펴보면서 일부분에 대해서는 매우 자세히 공부를 하게 될 것이다.

이 책에서 다루지 않는 내용도 누구나 reference manual을 살펴보면서 개발을 진행할 수 있을 정도의 내용에 대해서는 이 책에서 자세히 설명하고 있다.

또한 뒤의 2개의 표는 Flash memory와 main memory에 대해서 보다 자세하게 그 내용 및 크기 등에 대해서 표로 표현해 준 것이다.

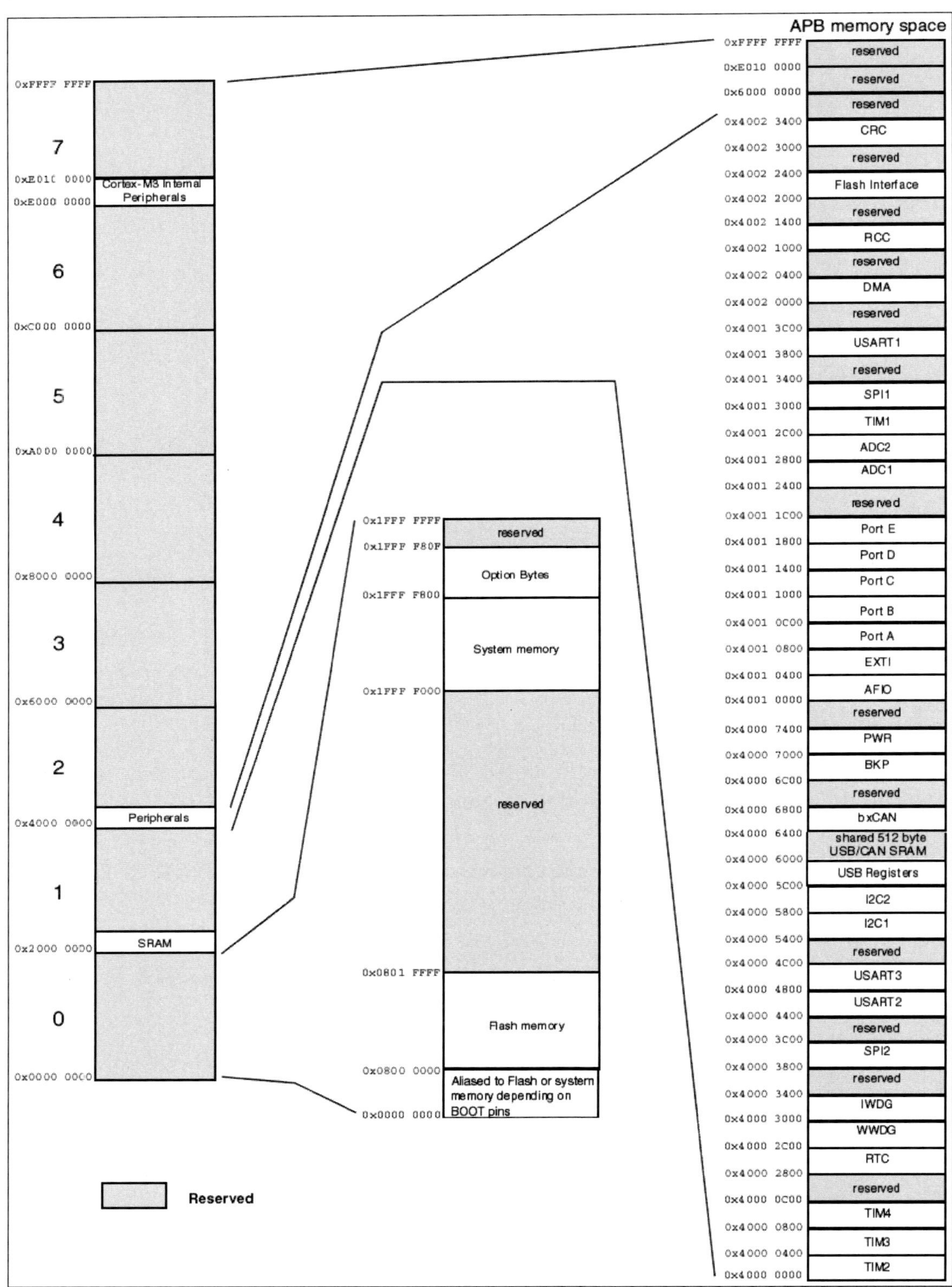

그림 3-5 STM32F103xx 메모리 맵

Block	Name	Base addresses	Size (bytes)
Main memory	Page 0	0x0800 0000 - 0x0800 03FF	1 Kbyte
	Page 1	0x0800 0400 - 0x0800 07FF	1 Kbyte
	Page 2	0x0800 0800 - 0x0800 0BFF	1 Kbyte
	Page 3	0x0800 0C00 - 0x0800 0FFF	1 Kbyte
	Page 4	0x0800 1000 - 0x0800 13FF	1 Kbyte
	. . .	. . .	. . .
	Page 127	0x0801 FC00 - 0x0801 FFFF	1 Kbyte
Information block	System memory	0x1FFF F000 - 0x1FFF F7FF	2 Kbytes
	Option Bytes	0x1FFF F800 - 0x1FFF F80F	16

Block	Name	Base addresses	Size (bytes)
Flash memory interface registers	FLASH_ACR	0x4002 2000 - 0x4002 2003	4
	FLASH_KEYR	0x4002 2004 - 0x4002 2007	4
	FLASH_OPTKEYR	0x4002 2008 - 0x4002 200B	4
	FLASH_SR	0x4002 200C - 0x4002 200F	4
	FLASH_CR	0x4002 2010 - 0x4002 2013	4
	FLASH_AR	0x4002 2014 - 0x4002 2017	4
	Reserved	0x4002 2018 - 0x4002 201B	4
	FLASH_OBR	0x4002 201C - 0x4002 201F	4
	FLASH_WRPR	0x4002 2020 - 0x4002 2023	4

(ST, RM0008, Reference manual, Table 3, Flash module organization [medium-density devices])

3.5. Booting mode

STM32는 3개의 Booting mode가 있다.

- Internal Flash Booting mode
- SRAM Booting mode
- System Memory Booting mode

system memory booting mode는 외부 통신 interface를 통해서 CPU 내부 flash에 FW upgrade 기능을 가지는 booting mode이다. 부트로드 코드는 CPU 내부에 masking 되어있다.

기존의 UART에서만 FW upgrade 기능이 있었던 것과는 달리 STM32F105xx, STM32F107xx에는 CAN 및 USB를 통해서도 CPU 내부 NOR Flash에 코드를 upgrade할수 있는 기능이 추가되어 있다.

위에서 설명한 3가지의 부팅 모드는 BOOT[1:0] 핀에 의해서 선택될 수 있다.

Boot mode selection pins		Boot mode	Aliasing
BOOT1	BOOT0		
x	0	Main Flash memory	Main Flash memory is selected as boot space
0	1	System memory	System memory is selected as boot space
1	1	Embedded SRAM	Embedded SRAM is selected as boot space

(ST, RM0008, Reference manual, Table 5, Boot modes)

이러한 선택은 각각의 boot mode와 연관된 physical memory를 Block 000 (boot memory)에 무엇과 alias를 만들 것인가 하는 부분이다. reset이 일어난 이후에 SYSCLK의 4번째 rising edge에서 BOOT pins의 값이 latch된다. BOOT pins은 Standby mode에서 빠져나올 때도 또한 re-sample된다.

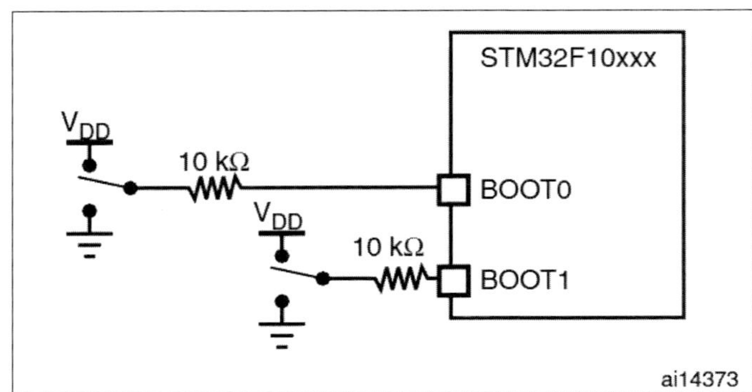

(ST, AN2586, hardware development, Figure 11, Boot mode selection implementation)

위 그림은 이들 boot pin에 어떻게 연결이 되어야 하는 가에 대한 권고 사항이다. 이 부분이 실제 망고보드에서는 어떻게 구현되었는지를 살펴보면 아래와 같다.

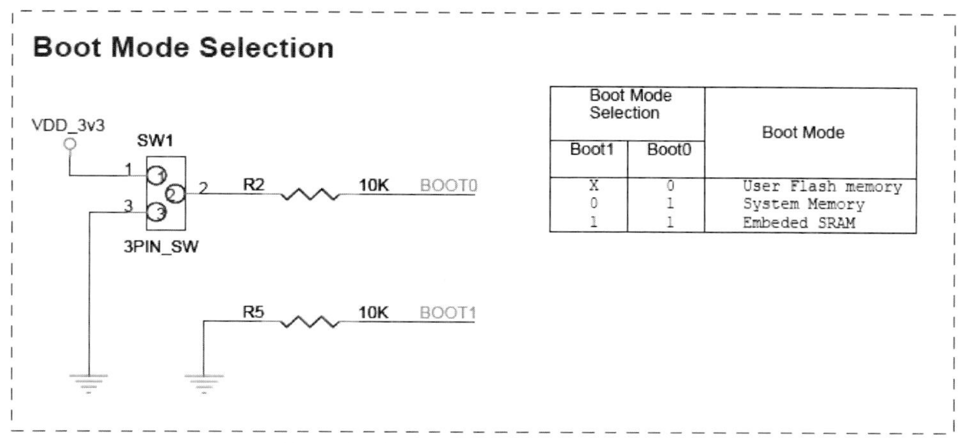

그림 3-6 망고-M32 Booting mode 선택

위 그림은 망고-M32 보드에 적용된 부트 핀에 대한 연결 회로도이다. 여기서 BOOT1은 무조건 ground에 연결되어 늘 0의 값을 갖는 것을 알 수 있다. 보다 단순화시키기 위해서 이렇게 작업을 한 것이다. system memory booting mode를 이용해서 다운로드를 위한 용도로 사용하는 경우와 Flash를 이용해서 부팅하는 2가지 경우만 선택할 수 있도록 설정되어 있다.

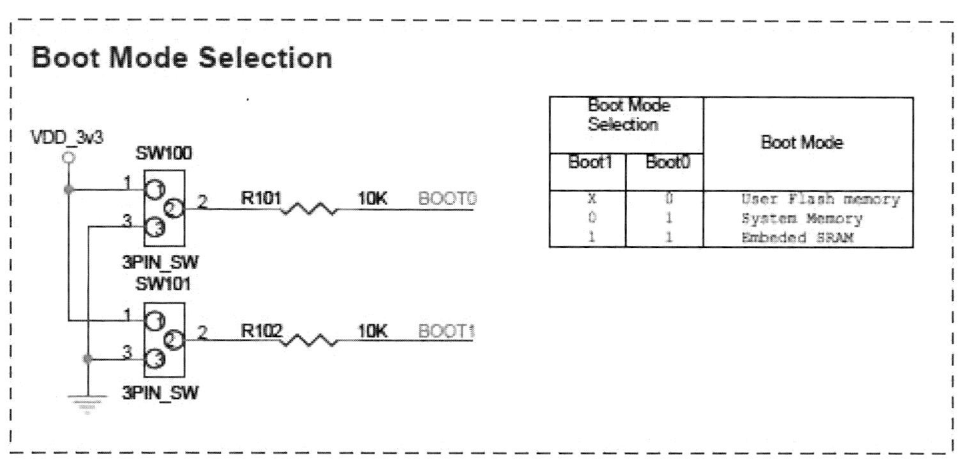

그림 3-7 망고-Z1 Booting mode 선택

위 그림은 망고-Z1 보드에 적용된 부트 핀에 대한 연결 회로도이다. 여기서는 BOOT0, BOOT1 모두를 설정할 수 있도록 스위치가 달려있어서 자유롭게 설정이 가능하다.

3.6. Low-power modes

STM32F103xx performance line은 3가지의 low-power modes를 제공하고 있다.

<Sleep mode>

Sleep mode에서는 오직 CPU만 멈추어있는 상태이다. 모든 peripherals는 계속 동작을 수행하고 있고, interrupt/event 발생시 CPU를 깨울 수 있다.

<Stop mode>

Stop mode는 SRAM과 registers의 값을 유지하고 있는 중에, 가장 낮은 전력 소모를 얻을 수 있는 모드이다. 모든 1.8 V domain에 있는 Clocks은 멈추게 된다. PLL, HSI RC, HSE crystal oscillators는 disabled 된다. voltage regulator는 normal 상태에 있거나 low power mode로 들어갈 수 있다.

Stop mode로부터 device가 깨어날 수 있는 것은 EXTI line의 어떤 것으로부터도 가능하다. EXTI line source는 16 external lines 중의 하나이거나, PVD output, RTC alarm 혹은 USB wakeup이 될 수 있다.

<Standby mode>

Standby mode는 가장 적은 전력 소모를 얻기 위해서 사용한다. internal voltage regulator가 switch off 되기 때문에 모든 전체 1.8 V domain이 power off된다. PLL, HSI RC, HSE crystal oscillators 또한 모두 switch off 된다. Standby mode에 들어간 이후에는 Backup domain과 Standby circuitry에 있는 레지스터를 제외하고, SRAM과 register contents는 모두 소실되게 된다.

Standby mode로부터 벗어나기 위해서는, external reset (NRST pin), IWDG reset, WKUP pin에서의 rising edge, RTC alarm 중의 하나를 받아야 한다. RTC, IWDG, 그리고 해당 clock sources는 Stop이나 Standby mode에 들어감으로 인해서 멈추지 않는다.

3.7. Core peripherals

Private peripheral bus (PPB)의 address map은 STM32 core peripheral register 영역에 있다.

Address	Core peripheral
0xE000E010-0xE000E01F	System timer
0xE000E100-0xE000E4EF	Nested vectored interrupt controller
0xE000ED00-0xE000ED3F	System control block
0xE000ED90-0xE000ED93	MPU type register
0xE000EF00-0xE000EF03	Nested vectored interrupt controller

(ST, PM0056, Cortex-M3 programming manual, Table 33, STM32 core peripheral register regions)

MPU type register 부분은 모두 0으로 설정되어 있다. 위에서도 언급했던 것처럼 STM32에는 MPU가 장착되어 있지 않다. 이 부분이 모두 0으로 설정되어 있는 것은 implement되어 있지 않다는 의미이다. 소프트웨어는 0xE000ED90 위치에 있는 MPU Type Register를 읽어서 memory protection unit (MPU)이 존재하는 가를 검사할 수 있을 것이다.

3.7.1. Nested vectored interrupt controller (NVIC)

NVIC는 다음을 지원한다.

- 68 interrupts까지 지원한다.
- 각 interrupt에 대해서 0부터 15까지 priority level을 지정할 수 있다. 0은 가장 높은 interrupt level이다.
- interrupt signals에 대해서 Level과 pulse detection을 한다.
- interrupt를 Dynamic하게 reprioritization 할수 있다.
- group priority와 subpriority fields로 priority 값을 그룹으로 묶을 수 있다.
- Interrupt tail-chaining을 지원한다.
- 외부 Non-maskable interrupt (NMI)을 지원한다.

processor는 자동적으로 exception entry에서 상태를 stack에 저장하고 (PUSH), exception exit에서 이 저장했던 상태를 un-stack (POP)하게 된다. 이 과정에서 instruction overhead는 없게 된다. 이로 인해서 매우 적은 latency exception handling이 가능하게 된다.

Offset	Register	31	30	29	28	27	26	25	24	23	22	21	20	19	18	17	16	15	14	13	12	11	10	9	8	7	6	5	4	3	2	1	0
0x000	NVIC_ISER0	SETENA[31:0]																															
	Reset Value	0	0	0	0	0	0	0	0	0	0	0	0	0	0	0	0	0	0	0	0	0	0	0	0	0	0	0	0	0	0	0	0
0x004	NVIC_ISER1	SETENA[63:32]																															
	Reset Value	0	0	0	0	0	0	0	0	0	0	0	0	0	0	0	0	0	0	0	0	0	0	0	0	0	0	0	0	0	0	0	0
0x008	NVIC_ISER2	Reserved																												SETENA [67:64]			
	Reset Value																													0	0	0	0
0x080	NVIC_ICER0	CLRENA[31:0]																															
	Reset Value	0	0	0	0	0	0	0	0	0	0	0	0	0	0	0	0	0	0	0	0	0	0	0	0	0	0	0	0	0	0	0	0
0x084	NVIC_ICER1	CLRENA[63:32]																															
	Reset Value	0	0	0	0	0	0	0	0	0	0	0	0	0	0	0	0	0	0	0	0	0	0	0	0	0	0	0	0	0	0	0	0
0x088	NVIC_ICER2	Reserved																												CLRENA [67:64]			
	Reset Value																													0	0	0	0
0x200	NVIC_ISPR0	SETPEND[31:0]																															
	Reset Value	0	0	0	0	0	0	0	0	0	0	0	0	0	0	0	0	0	0	0	0	0	0	0	0	0	0	0	0	0	0	0	0
0x204	NVIC_ISPR1	SETPEND[63:32]																															
	Reset Value	0	0	0	0	0	0	0	0	0	0	0	0	0	0	0	0	0	0	0	0	0	0	0	0	0	0	0	0	0	0	0	0
0x208	NVIC_ISPR2	Reserved																												SETPEND [67:64]			
	Reset Value																													0	0	0	0
0x280	NVIC_ICPR0	CLRPEND[31:0]																															
	Reset Value	0	0	0	0	0	0	0	0	0	0	0	0	0	0	0	0	0	0	0	0	0	0	0	0	0	0	0	0	0	0	0	0
0x284	NVIC_ICPR1	CLRPEND[63:32]																															
	Reset Value	0	0	0	0	0	0	0	0	0	0	0	0	0	0	0	0	0	0	0	0	0	0	0	0	0	0	0	0	0	0	0	0
0x288	NVIC_ICPR2	Reserved																												CLRPEND [67:64]			
	Reset Value																													0	0	0	0

Offset	Register	31	30	29	28	27	26	25	24	23	22	21	20	19	18	17	16	15	14	13	12	11	10	9	8	7	6	5	4	3	2	1	0
0x300	NVIC_IABR0	ACTIVE[31:0]																															
	Reset Value	0	0	0	0	0	0	0	0	0	0	0	0	0	0	0	0	0	0	0	0	0	0	0	0	0	0	0	0	0	0	0	0
0x304	NVIC_IABR1	ACTIVE[63:32]																															
	Reset Value	0	0	0	0	0	0	0	0	0	0	0	0	0	0	0	0	0	0	0	0	0	0	0	0	0	0	0	0	0	0	0	0
0x308	NVIC_IABR2	Reserved																												ACTIVE [67:64]			
	Reset Value																													0	0	0	0
0x400	NVIC_IPR0	IP[3]								IP[2]								IP[1]								IP[0]							
	Reset Value	0	0	0	0	0	0	0	0	0	0	0	0	0	0	0	0	0	0	0	0	0	0	0	0	0	0	0	0	0	0	0	0
:	:	:																															
0x410	NVIC_IPR16	IP[67]								IP[66]								IP[65]								IP[64]							
	Reset Value	0	0	0	0	0	0	0	0	0	0	0	0	0	0	0	0	0	0	0	0	0	0	0	0	0	0	0	0	0	0	0	0
SCB registers																																	
Reserved																																	
0xE00	NVIC_STIR	Reserved																							INTID[8:0]								
	Reset Value																								0	0	0	0	0	0	0	0	0

그림 3-8 NVIC 레지스터

(ST, PM0056, Cortex-M3 programming manual, Table 37, NVIC register map and reset values)

NVIC와 관련한 레지스터들은 위의 표에 정리된 것들이다. 우리는 뒤에 예제를 통해서 공부를 하면서 이와 관련한 부분들을 발췌해서 검토할 것이다.

3.7.2. System control block (SCB)

System control block (SCB)은 system implementation 정보와 system control을 제공한다. 여기에는 system exceptions에 대한 설정, control 및 많은 reporting을 가지고 있다. Cortex-M3 SCB registers의 CMSIS mapping이다.

software 효율을 향상시키기 위해서 CMSIS는 SCB register presentation을 간략화 시켰다. 레지스터 SHPR1-SHPR3에 해당하는 것이 CMSIS에서 byte array SHP[0]부터 SHP[12]까지가 되는 것이다.

Offset	Register	31	30	29	28	27	26	25	24	23	22	21	20	19	18	17	16	15	14	13	12	11	10	9	8	7	6	5	4	3	2	1	0
0x00	SCB_CPUID	Implementer								Variant				Constant				PartNo												Revision			
	Reset Value	0	1	0	0	0	0	0	1	0	0	0	1	1	1	1	1	1	1	0	0	0	0	1	0	0	0	1	1	0	0	0	1
0x04	SCB_ICSR	NMIPENDSET	Reserved		PENDSVSET	PENDSVCLR	PENDSTSET	PENDSTCLR	Reserved		ISRPENDING	VECTPENDING[9:0]										RETOBASE	Reserved		VECTACTIVE[8:0]								
	Reset Value	0			0	0	0	0			0	0	0	0	0	0	0	0	0	0	0	0			0	0	0	0	0	0	0	0	0
0x08	SCB_VTOR	Reserved		TABLEOFF[29:9]																					Reserved								
	Reset Value			0	0	0	0	0	0	0	0	0	0	0	0	0	0	0	0	0	0	0	0	0									
0x0C	SCB_AIRCR	VECTKEY[15:0]																ENDIANESS	Reserved				PRIGROUP[2:0]			Reserved					SYSRESETREQ	VECTCLRACTIVE	VECTRESET
	Reset Value	1	1	1	1	1	0	1	0	0	0	0	0	0	1	0	1	0					0	0	0						0	0	0
0x10	SCB_SCR	Reserved																											SEVONPEND	Reserved	SLEEPDEEP	SLEEPONEXIT	Reserved
	Reset Value																												0		0	0	
0x14	SCB_CCR	Reserved																						STKALIGN	BFHFNIGN	Reserved			DIV_0_TRP	UNALIGN_TRP	Reserved	USERSETMPEND	NONBASETHRDENA
	Reset Value																							1	0				0	0		0	0
0x18	SCB_SHPR1	Reserved								PRI6								PRI5								PRI4							
	Reset Value									0	0	0	0	0	0	0	0	0	0	0	0	0	0	0	0	0	0	0	0	0	0	0	0

Offset	Register	31	30	29	28	27	26	25	24	23	22	21	20	19	18	17	16	15	14	13	12	11	10	9	8	7	6	5	4	3	2	1	0
0x1C	SCB_SHPR2	PRI11								Reserved																							
	Reset Value	0	0	0	0	0	0	0	0																								
0x20	SCB_SHPR3	PRI15								PRI14								Reserved															
	Reset Value	0	0	0	0	0	0	0	0	0	0	0	0	0	0	0	0																
0x24	SCB_SHCRS	Reserved													USG FAULT ENA	BUS FAULT ENA	MEM FAULT ENA	SV CALL PENDED	BUS FAULT PENDED	MEM FAULT PENDED	USG FAULT PENDED	SYS TICK ACT	PENDSV ACT	Reserved	MONITOR ACT	SV CALL ACT	Reserved			USG FAULT ACT	Reserved	BUS FAULT ACT	MEM FAULT ACT
	Reset Value														0	0	0	0	0	0	0	0	0		0	0				0		0	0
0x28	SCB_CFSR	UFSR																BFSR								MMFSR							
	Reset Value	0	0	0	0	0	0	0	0	0	0	0	0	0	0	0	0	0	0	0	0	0	0	0	0	0	0	0	0	0	0	0	0
0x2C	SCB_HFSR	DEBUG_VT	FORCED	Reserved																												VECTTBL	Reserved
	Reset Value	0	0																													0	
0x34	SCB_MMAR	MMAR[31:0]																															
	Reset Value	x	x	x	x	x	x	x	x	x	x	x	x	x	x	x	x	x	x	x	x	x	x	x	x	x	x	x	x	x	x	x	x
0x38	SCB_BFAR	BFAR[31:0]																															
	Reset Value	x	x	x	x	x	x	x	x	x	x	x	x	x	x	x	x	x	x	x	x	x	x	x	x	x	x	x	x	x	x	x	x

그림 3-9 SCB 레지스터

(ST, PM0056, Cortex-M3 programming manual, Table 40, SCB register map and reset values)

SCB와 관련한 레지스터들은 위의 표에 정리된 것들이다. 우리는 뒤에 예제를 통해서 공부를 하면서 이와 관련한 부분들을 발췌해서 검토할 것이다.

3.7.3. SysTick timer (STK)

processor는 24-bit system timer, SysTick을 가지고 있다. reload 값으로부터 0까지 count down해서 감소하게 된다. 0까지 감소하게 되면 다음 clock edge에서 다시 LOAD register에 있는 값으로 재 load가 된다. 이 과정이 반복되게 된다. processor가 debugging을 위해서 halt될 때는 counter의 감소가 발생하지 않는다.

Offset	Register	31	30	29	28	27	26	25	24	23	22	21	20	19	18	17	16	15	14	13	12	11	10	9	8	7	6	5	4	3	2	1	0
0x00	STK_CTRL	Reserved															COUNTFLAG	Reserved													CLKSOURCE	TICK INT	EN ABLE
	Reset Value																0														1	0	0
0x04	STK_LOAD	Reserved								RELOAD[23:0]																							
	Reset Value									0	0	0	0	0	0	0	0	0	0	0	0	0	0	0	0	0	0	0	0	0	0	0	0
0x08	STK_VAL	Reserved								CURRENT[23:0]																							
	Reset Value									0	0	0	0	0	0	0	0	0	0	0	0	0	0	0	0	0	0	0	0	0	0	0	0
0x0C	STK_CALIB	Reserved								TENMS[23:0]																							
	Reset Value									0	0	0	0	0	0	0	0	0	0	0	0	0	0	0	0	0	0	0	0	0	0	0	0

그림 3-10 SysTick 레지스터

(ST, PM0056, Cortex-M3 programming manual, Table 41, SysTick register map and reset values)

4. Hardware Manual

Cortex-M3 강의를 위해, Mango-M32와 Mango-z1 보드를 제작하였다. 두 보드 모두 확장성을 고려하여 설계 하였으며, 확장 커넥터를 잘 활용할 경우 거의 모든 응용에 적용할 수 있다. Mango-M32는 Cortex-M3를 처음 시작하는 엔지니어가 쉽게 접근할 수 있도록 설계 하였다. Cortex-M3에 기반한 STM32F103xx MCU의 거의 모든 기능을 사용할 수 있도록 설계 되었으며, LED와 7-세그먼트 등을 배치하여 사용자가 시각적으로 쉽게 접근할 수 있도록 하였다. Mango-z1의 경우, 2.4GHz Zigbee Transceiver를 장착하여, Sensor Networking 및 각종 근거리 통신 응용에 활용할 수 있도록 설계 되었다.

그럼 이제부터 Mango-M32 및 Mango-z1 각각에 대해 알아 보기로 하자.

4.1. Cortex-M3 기본 EVB (Mango-M32) 하드웨어 매뉴얼

Mango-M32는 Cortex-M3를 내장한 ST Microelectronics사의 STM32F103xx MCU를 사용하여, 다양한 Cortex-M3 응용을 체험할 수 있도록 설계하였다. Mango 보드는 누구나 접근할 수 있는 Easy, Multi-Functional, Cost-Effective Solution을 제공한다는 개념으로 설계 되었는데, Mango-M3의 경우도 Cortex-M3의 풍부한 기능을 쉽게 체험할 수 있도록 설계 하였다.

그림 4-1 Mango-M32 보드 구동 모습

Mango-M32 보드는 위 그림에 보이는 바와 같이, Cortex-M3기반 STM32F103xx MCU 및 7-Segment LED, 각종 버튼 및 USB, RS-232C 등이 장착 되어 있어 다양한 응용을 시험할 수 있다. 또한, 40핀의 확장 커넥터는 표준 HEADER 규격인 2.54mm, 20핀*2열=40핀으로 각종 STM32F103의 GPIO가 할당 되어 있어 확장 보드를 통한 기능 확장이 용이하도록 설계 되었다.

4.1.1. Mango-M32 구조

Mango-M32의 구조는 다음 그림과 같다.

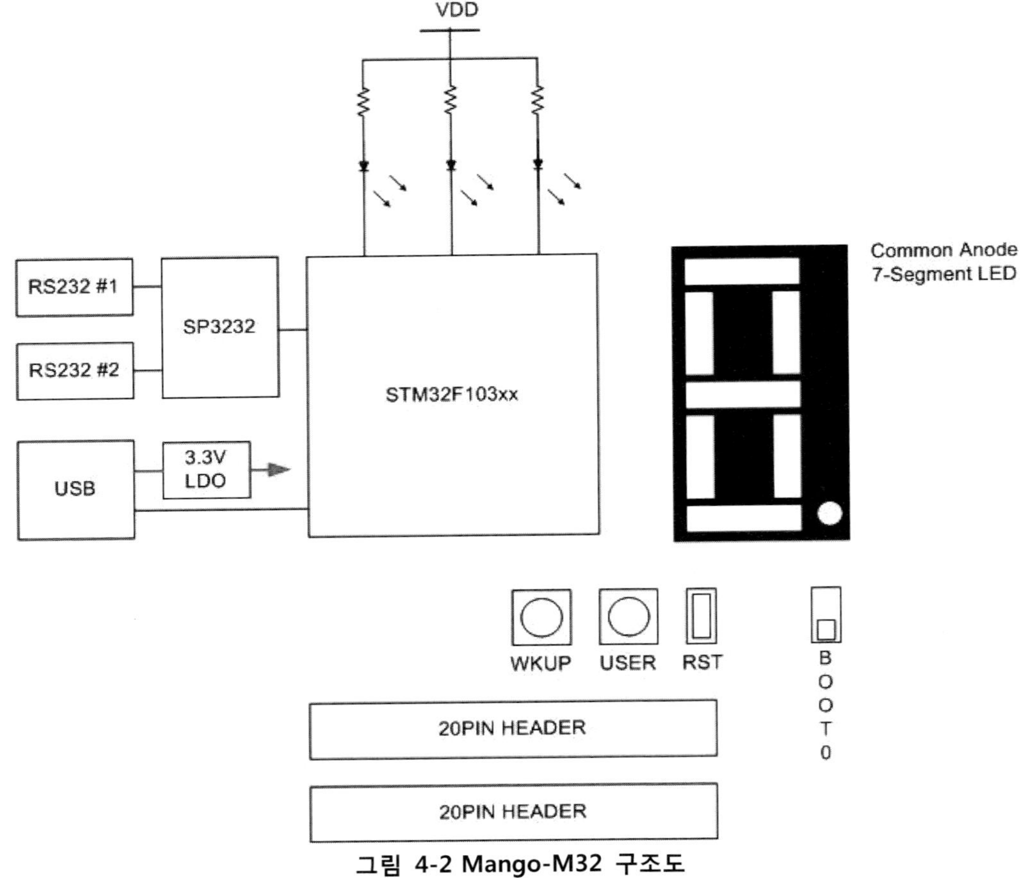

그림 4-2 Mango-M32 구조도

Mango-M32의 사양을 요약하면:

- STM32F103xx MCU: Cortex-M3기반 ST Microelectronics사의 Micro-Controller
  64Kbytes or 128Kbytes Flash Option
- 2-Port RS-232C Interface
- 1 Port USB 2.0 FS Device Interface
- 3 Indicator LEDs
- 1 7-Segment LED
- 1 Power LED
- 2 USER Keys : WKUP, USER

- 1 Reset Key
- 1 Boot Select Switch: System Memory and Main Flash Boot
- 2x20Pin HEADER for Expansion
- **Option: 32.768KHz, 12MHz Crystal Oscillator**

STM32F103xx의 경우, 내부 Crystal Oscillator Circuit으로 클럭 동작이 가능하므로, USB를 사용하지 않을 경우, 외부 Crystal을 장착할 필요가 없다. 따라서, RTC와 USB용 Crystal은 Option으로 처리 하였다. 그러나, 카페(http://cafe.naver.com/embeddedcrazyboys)의 디바이스 상황이 넉넉한 경우 Crystal을 장착할 것이다.

STM32F103xx MCU의 경우, 내부 Flash가 64Kbytes인 것과 128Kbytes인 것을 함께 사용할 것이다. 64Kbyte Flash를 사용하는 경우, Mango-M32-F64, 128Kbytes Flash를 사용하는 경우, Mango-M32-F128로 보드 이름을 정하기로 한다.

Mango-M32는 다양한 응용으로 확장할 수 있도록 대부분의 GPIO를 확장 커넥터에 할당해 두었다. 따라서 Mango-M32를 수용하는 Carrier Board를 제작하고 Mango-M32 보드를 일종의 CPU 보드로 활용할 수 있다. 이렇게 할 경우 Cortex-M3를 이용한 응용을 매우 간단하게 제작하여 테스트해 볼 수 있다.

4.1.2. Mango-M32 부품면 설명

다음 그림은 Mango-M32 부품면의 소자 실장 상태를 보여준다.

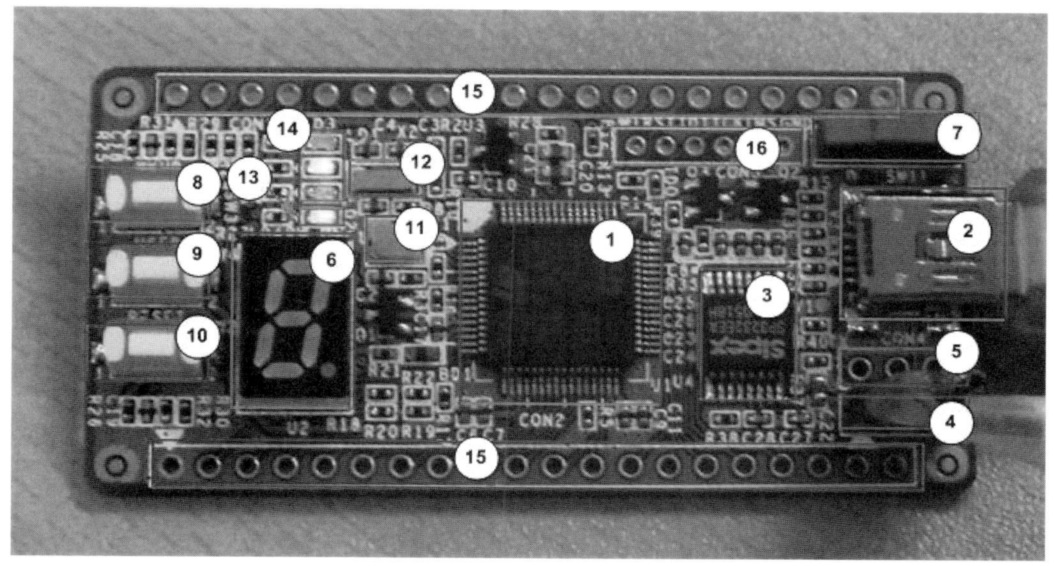

그림 4-3 Mango-M32 부품면

부품면의 각 소자 배치는 다음 표와 같다.

번호	설명	번호	설명
1	STM32F103xx MCU	2	USB mini-B Connector
3	SP3232 UART-RS232C Level Converter	4	RS232C Port #1 (UART 1)
5	RS232C Port #2 (UART 2)	6	7-Segment LED
7	Boot Select Switch (BOOT0)	8	WKUP Button
9	USER Button	10	RESET Button
11	12MHz Crystal	12	32.768KHz Crystal
13	Power LED	14	Indicator LEDs
15	20핀*2열 HEADER Connector	16	JTAG Connector

4.1.3. Part #1 – STM32F103xx MCU

Mango-M32 보드는 STM32F103xx MCU 계열 중 Medium Density Device를 사용한다. STM32F103 데이터시트에서 이 디바이스를 살펴 보면 다음과 같다.

Table 3. STM32F103xx family

Pinout	Low-density devices		Medium-density devices		High-density devices		
	16 KB Flash	32 KB Flash(1)	64 KB Flash	128 KB Flash	256 KB Flash	384 KB Flash	512 KB Flash
	6 KB RAM	10 KB RAM	20 KB RAM	20 KB RAM	48 KB RAM	64 KB RAM	64 KB RAM
144					5 × USARTs 4 × 16-bit timers, 2 × basic timers 3 × SPIs, 2 × I^2Ss, 2 × I2Cs USB, CAN, 2 × PWM timers 3 × ADCs, 1 × DAC, 1 × SDIO FSMC (100 and 144 pins)		
100			3 × USARTs 3 × 16-bit timers 2 × SPIs, 2 × I^2Cs, USB, CAN, 1 × PWM timer 2 × ADC				
64	2 × USARTs 2 × 16-bit timers 1 × SPI, 1 × I^2C, USB, CAN, 1 × PWM timer 2 × ADCs						
48							
36							

그림 4-4 STM32F103xx 디바이스 계통표

Mango-M32 보드에서 사용되는 STM32F103xx의 Medium Density 64핀 디바이스(그림에서 점선의 상자로 표시한 부분)는 Low Density와 High Density Device로 Pin-to-Pin 호환이 가능한 소자로서 이 디바이스로 기능을 구현한 후 가장 적절한 소자를 찾아 바로 대체할 수 있어 매우 편리하다. 이 디바이스는 64KB와 128KB의 Flash를 갖는 2종류가 있는데, Mango-M32는 Flash 용량에 따라, Mango-M32-F64(64KB Flash)와 Mango-M32-F128(128KB Flash)로 구분된다.

4.1.4. Part #2 – USB Connector

Mango-M32의 USB Connector는 전원 공급 및 USB 2.0 FS 모드로 Host와의 데이터 통신 2가지 목적으로 사용된다. 따라서, USB 기능을 사용하지 않더라도 USB 포트를 통해 전원을 공급하여 주어야 한다.

- 전원 공급
  Mango-M32의 USB 전원은 내부 LDO로 연결되어 3.3V 내부 전원을 만든다. 따라서 Mango-M32를 사용하기 위해서는 USB Cable로 Host 또는 기타 USB 전원에 연결하여 주어야 한다. USB 전원에 연결 되면 Power LED (Part #13)가 점등하여 전원이 정상적으로 연결 되었음을 알려 준다.
- USB 2.0 FS Device
  Mango-M32 보드의 STM32F103xx MCU에는 USB 2.0 Full-Speed Device 포트가 장착되어 있다. 이 포트를 통해 Host와 USB를 사용하여 통신을 할 수 있다. 또한 Mango-M32는 GPIO포트를 통해 USB 연결을 제어할 수 있도록 설계되어 있다. 이 부분은 다음 그림과 같이 설계 되어 있다.

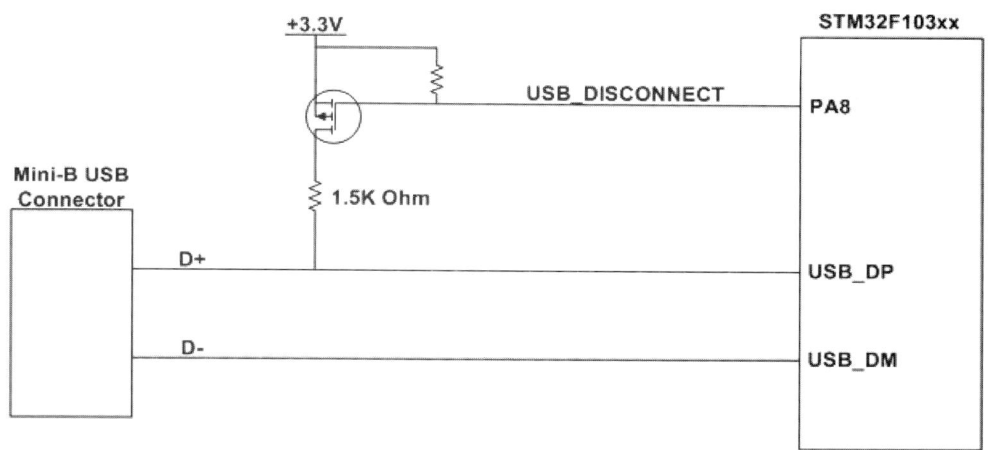

그림 4-5 USB Connect 제어

그림에서 STM32F103xx의 GPIO PA8 포트는 USB 버스 "D+" 신호의 1.5K Ohm Pull-Up 저항을 제어한다. USB 2.0 Full Speed 연결의 경우, D+에 1.5K옴 풀업 저항이 +3.3V 전원과 연결 되어 있으면 USB 연결이 이루어진 것으로 보고, 풀업 되어 있지 않으면 USB 연결이 이루어지지 않은 것으로 본다. 따라서, 위 그림에서 PA8 포트, 즉, USB_DISCONNECT 신호선이 "High" 값이면 풀업이 되지 않아, USB 연결이 끊어(Disconnect)되고, "Low" 값이면, 1.5K옴 풀업이 작용하여 USB 연결이 연결(Connect) 된다.

이것을 이용하여, STM32F103xx MCU가 초기화 과정을 거치는 동안, PA8 포트를 High 또는 High-Impedance 상태로 유지하여 Host PC가 보기에 USB 연결이 되어 있지 않은 것처럼 보여주고, 초기화가 완료되어 USB 명령을 받아 들일 수 있는 상태가 되면, PA8 포트를 "Low"로 설정하여 USB 연결을 시작하게 할 수 있다.

4.1.5. Part #3, #4, #5 – RS232C

Mango-M32는 RS232C 연결을 위해, SP3232(Part #3) Level Converter와 2개의 3핀 HEADER Connector를 제공한다. 각 HEADER Connector의 핀 결선은 다음 그림과 같다.

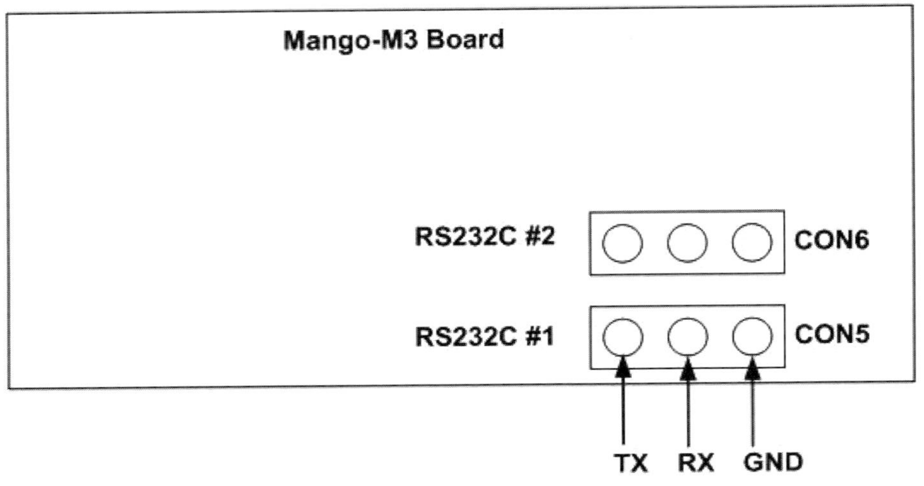

그림 4-6 Mango-M32 RS232C 포트

두 개의 RS232C 포트는 각각 CON5와 CON6에 할당되어 있다. CON5의 RS232C Port #1은 STM32F103xx의 UART Port #1과 Level Converter를 통해 연결되어 있고, CON6의 RS232C Port #2도 Level Converter를 통해 UART Port #2와 연결 되어 있다. CON5, CON6 HEADER의 핀 맵핑은 그림에 보인 바와 같이 왼쪽부터 TX, RX, GND의 순서이다.

4.1.6. Part #6 – 7 Segment LED

Mango-M32는 7-세그먼트 LED를 제공하여, 사용자가 프로그램 상태 표시 및 기타 다양한 용도에 응용할 수 있도록 하고 있다. 세그먼트를 구성하는 각 LED의 Anode가 전원에 연결된 Common Anode 타입으로 해당 GPIO 포트가 "LOW"일 때 점등하게 된다. 7-세그먼트 LED의 결선은 다음 그림과 같다.

그림의 Mango-M32 7-세그먼트 결선을 보면, 7-Segment의 a, b, c, d, e, f, g 세그먼트가 각각, PC0, PC1, PC2, PC3, PC4, PC5, PC7에 연결되어 있음을 알 수 있다. 여기서, PC6가 g 세그먼트에 연결되어 있어야 인식하기 편리한데, PC7이 연결 되어 있음에 주의해야 한다. 7-세그먼트의 DP(Dot Position) 세그먼트는 PC6에 연결되어 있다. 7-세그먼트의 전원부는 PMOS FET를 거쳐서 +3.3V에 연결되어 있는데, 이 전원은 PC8 포트에 의해 제어된다.

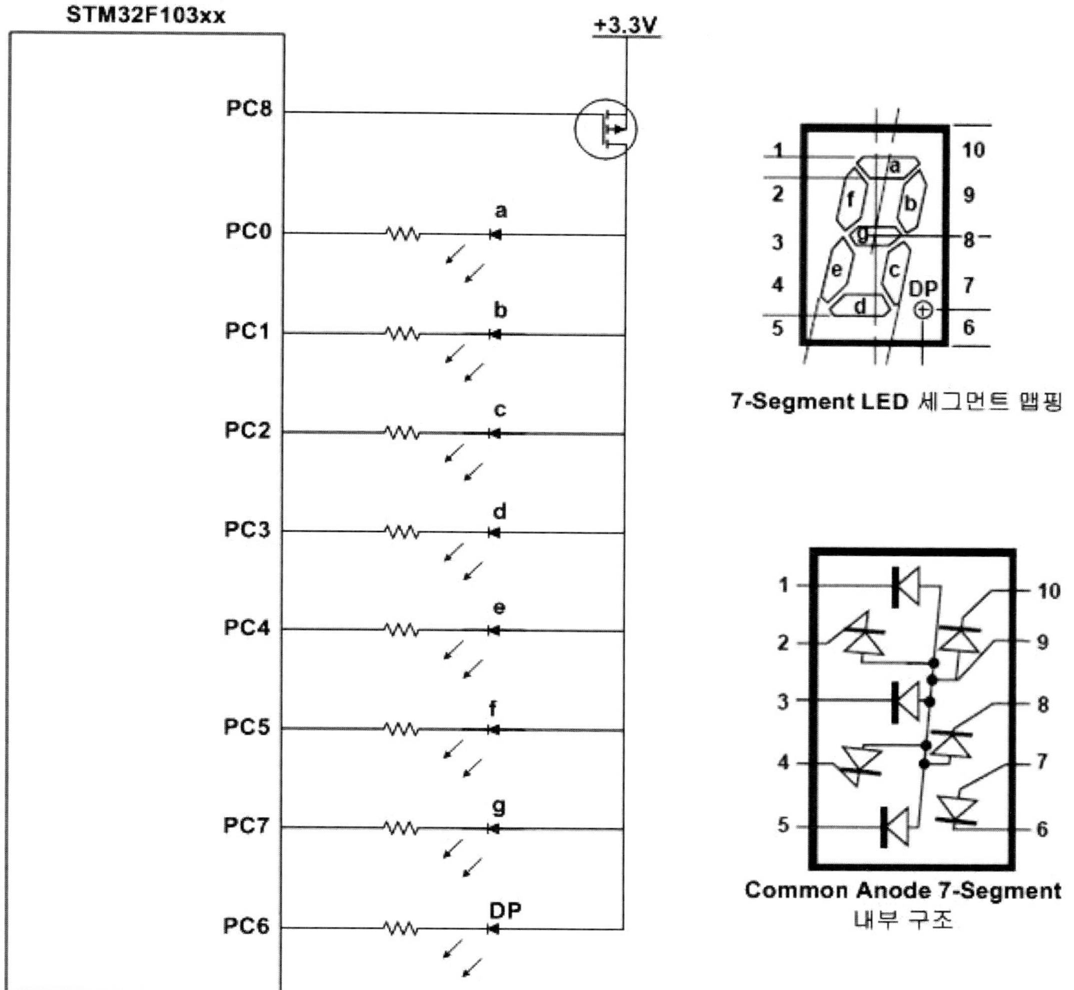

그림 4-7 Mango-M32 7-세그먼트 결선도

7-세그먼트를 켜기 위해서는:

- PC8 포트를 OUTPUT LOW로 설정한다: PMOS가 도통되어 7-세그먼트에 전원이 공급된다.
- 해당 세그먼트의 GPIO 포트를 OUTPUT LOW로 설정한다: 해당 세그먼트가 점등 된다.

세그먼트의 전원을 PC8으로 제어하는 이유는 PC0~7 포트가 세그먼트 점등 이외의 다른 용도로 사용될 때, PC8을 OUTPUT HIGH로 하여 PMOS를 통한 전원 공급을 끊음으로써, GPIO로 사용하는데 문제가 없도록 하기 위해서이다.

4.1.7. Part #7 – BOOT Select Switch

Mango-M32는 STM32F103xx의 3가지 Boot Mode중 Main Flash Memory와 System Memory Boot를 선택할 수 있게 해 준다. STM32F103xx에는 다음 그림과 같이 3가지 Boot Mode가 있다.

Table 5. Boot modes

Boot mode selection pins		Boot mode	Aliasing
BOOT1	BOOT0		
x	0	Main Flash memory	Main Flash memory is selected as boot space
0	1	System memory	System memory is selected as boot space
1	1	Embedded SRAM	Embedded SRAM is selected as boot space

그림 4-8 STM32F103xx Boot Mode

이 중, Main Flash Memory Boot는 STM32F103xx에 내장된 사용자가 Program한 Flash Memory로 부트 Boot하는 것이다. System Memory Boot는 STM32F103xx의 내장 ROM으로 부트의 부트로 주로 UART를 통한 Program 다운로드에 사용된다. 일반적인 경우 이 두 가지의 부트 모드만 사용하더라도 충분하다. 따라서, Mango-M32에서는 BOOT1핀을 LOW로 고정시키고, BOOT0핀을 Boot Select Switch에 할당하여, Main Flash Memory와 System Memory 부트 중 하나를 선택할 수 있도록 하였다.

Mango-M32 보드

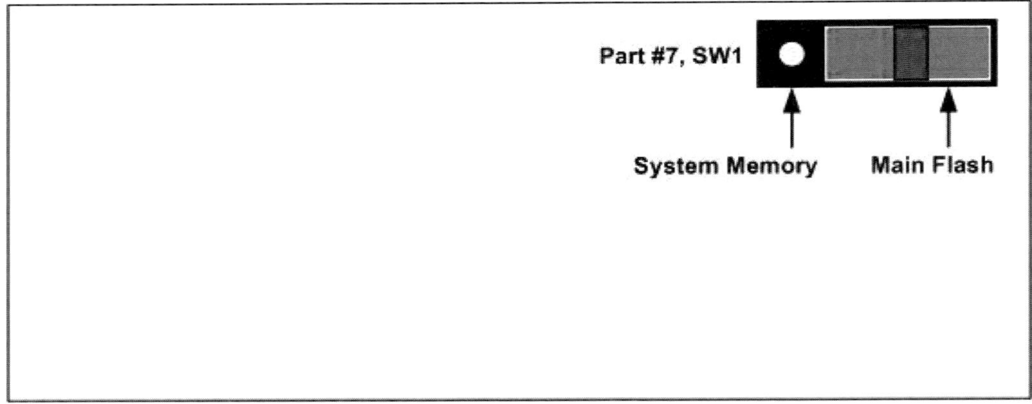

그림 4-9 Mango-M32 Boot Mode 선택

그림의 Mango-M32 Boot Mode 선택 스위치는 STM32F103xx의 BOOT0에 연결되어 있다. 스위치가 오른쪽에 위치해 있을 때는 BOOT0=LOW가 되어 Main Flash memory Boot 모드로 설정되고, 왼쪽에 위치해 있을 때는 BOOT0=HIGH가 되어 System memory Boot 모드로 설정된다.

4.1.8. Part #8, #9, #10 – WKUP, USER, RESET 버튼

Mango-M32는 사용자의 키 입력을 받을 수 있도록 WKUP, USER 버튼을 제공하고 보드 RESET을 위해 RESET 버튼을 제공한다.
WKUP, USER 버튼을 누르면 해당 신호가 High가 된다. 각 신호와 STM32F103xx의 GPIO 맵핑은 다음 표와 같다.

Mango-M32 Button	STM32F103xx GPIO
WKUP	**PA0_WKUP**_U2CTS_ADCIN0_T2CH1_ETR
USER	**PA1**_U2RTS_ADCIN1_T2CH2

표를 보면 각 버튼이 PA0, PA1 GPIO 포트에 연결되어 있음을 알 수 있다. 따라서 사용자는 해당 GPIO를 읽어 보면 버튼의 상태를 알 수 있다. WKUP 버튼의 경우, Wake Up 기능도 가지고 있다. 이 기능은 STM32F103xx가 최소의 전력을 소모하는 상태인 Standby 상태에서 깨어나기 위해 사용된다. 따라서 이 버튼을 이용하여 Standby Mode에 대한 테스트도 할 수 있다.

4.1.9. Part #11, #12 – 12MHz, 32.768KHz Crystal

이 두 소자는 각각 12MHz와 32.768KHz Crystal이다. 각각 시스템 클럭 및 RTC 클럭을 만들기 위해 사용된다.

4.1.10. Part #13 – Power LED

Mango-M32 보드의 파워 공급을 확인하기 위해 사용되는 LED로 파워가 공급 될 때 점등한다. 470옴 저항으로 풀업 되어 있어, 수mA의 전류가 흐르게 된다. 따라서 Mango-M32 보드를 건전지 등으로 장기간 동작 시키고자 할 경우에는 이 LED를 제거하고 사용하여야 한다.

4.1.11. Part #14 – Indicator LEDs

Mango-M32 보드에는 3개의 Indicator LED가 붙어 있다. 위 그림의 결선도를 보면 각 Indicator LED는 STM32F103xx의 PB5, PB9, PB8 GPIO에 각각 연결되어 있음을 알 수 있다. 각 LED는 해당 GPIO가 LOW일 때 점등한다.

Mango-M32 보드
STM32F103xx
LD3
LD1
LD2
PB5
PB9
PB8

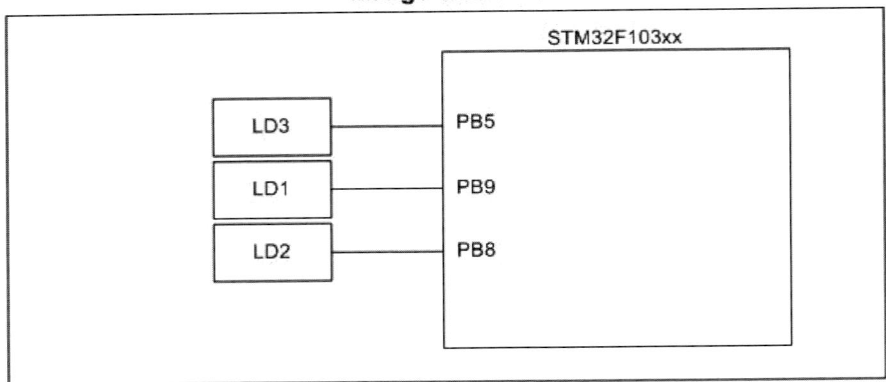

그림 4-10 Mango-M32 Indicator LED 결선

4.1.12. Part #15 – Expansion Connector

Mango-M32에는 2개의 20핀 HEADER 커넥터 홀이 나와 있어 확장 커넥터의 역할을 하도록 되어 있다. 각 커넥터의 GPIO 맵핑은 다음 그림과 같다.

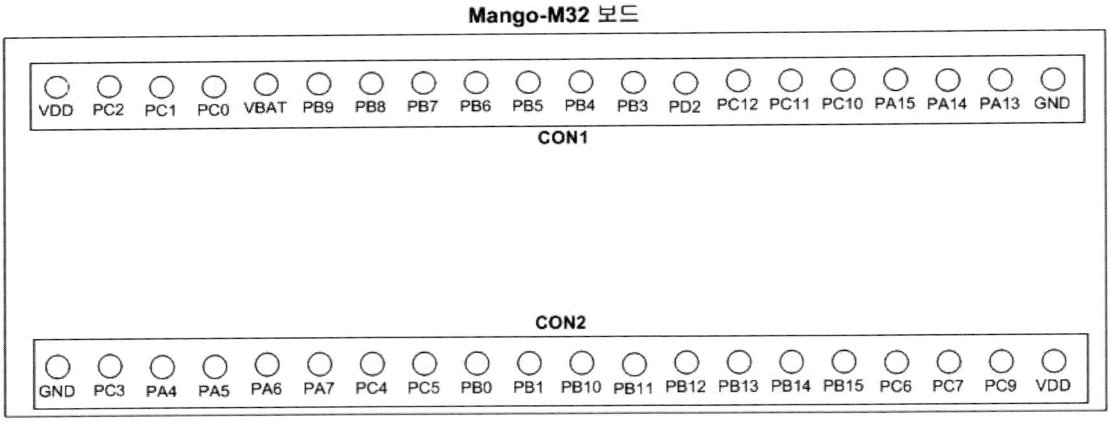

Mango-M32 보드
VDD PC2 PC1 PC0 VBAT PB9 PB8 PB7 PB6 PB5 PB4 PB3 PD2 PC12 PC11 PC10 PA15 PA14 PA13 GND
CON1
CON2
GND PC3 PA4 PA5 PA6 PA7 PC4 PC5 PB0 PB1 PB10 PB11 PB12 PB13 PB14 PB15 PC6 PC7 PC9 VDD

그림 4-11 Mango-M32 보드 확장 커넥터

그림의 GPIO 맵핑에서, VBAT 핀은 외장 RTC용 배터리에서 RTC 전원을 공급할 때 상용되는데, 이 핀으로 RTC용 전원을 공급할 경우에는, Mango-M32 보드에서 STM32F103xx로 공급되고 있는 RTC 전원을 끊어 주어야 한다.

이것은, 0옴 저항 R9을 제거하면 되는데, R9의 위치는 아래 그림과 같다.

그림 4-12 Mango-M32 0옴 저항 R9 위치

4.1.13. Part #16 – JTAG 커넥터

6핀의 JTAG 확장 커넥터로 STM32F103xx의 JTAG 포트를 외부에서 접근할 수 있도록 해 준다. JTAG 확장 커넥터의 핀 맵은 다음 그림과 같다.

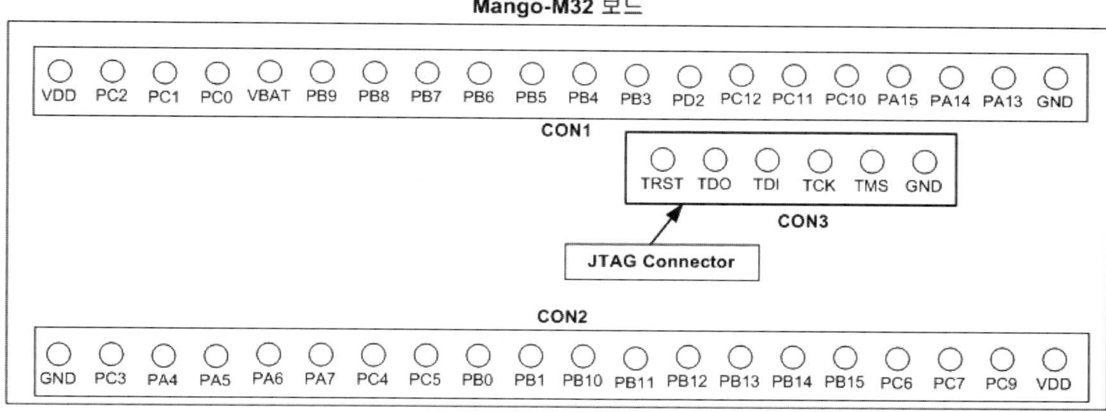

그림 4-13 Mango-M32 Jtag 커넥터

4.2. Cortex-M3 + ZigBee EVB (Mango-Z1) 하드웨어 매뉴얼

Mango-z1 보드는 ARM사에서 개발된 강력한 32비트 MCU인 Cortex-M3에 기반한 ST Microelectronics사의 STM32F103xxx MCU와 Zigbee 통신이 가능한 2.4GHz RF Transceiver인 TI(Chipcon)사의 CC2520을 장착하여, 다양한 MCU 관련 테스트는 물론 센서 넷트웍 (Ubiquitous Sensor Network, 이하 USN) 및 기타 무선을 사용하는 다양한 응용을 테스트해 볼 수 있도록 하였다.

다음 그림은 Mango-z1 보드의 외관 사진으로, 주 CPU인 STM32F103RBT가 중심 부분에 장착되어 있고, 무선통신을 담당하는 CC2520 2.4GHz RF Transceiver IC가 칩 안테나 아래 부분에 장착되어 있음을 볼 수 있다.

그림 4-14 Mango-z1 보드 외관

Mango-z1은 보드 자체로 완결된 테스트 플랫폼을 구축할 수 있도록 하기 위해, RS232C용 커넥터, USB, DC-5V 파워, JTAG등 각종 주변 장치를 모두 일체화 하였다. 따라서, 여러 쪽의 보드로 구성되는 다른 EVB와 달리 하나의 보드만으로 완결된 테스트가 가능하다.

4.2.1. Mango-z1 부품 설명

그림 4-15 Mango-z1 부품 배치도

번호	설명	번호	설명
1	STM32F103RBT6 MCU	2	CC2520 2.4GHz RF Transceiver
3	SP3232 RS232C Level Transceiver	4	D-SUB9 RS232C Connector
5	Mini-B USB Connector	6	DC-5V Input Jack
7	ON/OFF Slide Switch	8	Reset Switch
9	Power Select Shunt	10	Boot Select Switches
11	USB Disconnect Switch	12	Expansion Connector
13	SMA Antenna Connector	14	Chip Antenna
15	Tact Switches	16	JTAG Connector
17	Indicator LEDs		

4.2.2. Mango-z1 보드 구조도

Mango-z1은 MCU, RF 기능 테스트는 물론 Expansion Connector를 통하여 각종 기능을 테스트할 수 있도록 많은 배려를 하였다. 전체적인 구조는 다음 구조도를 참조하면 된다.

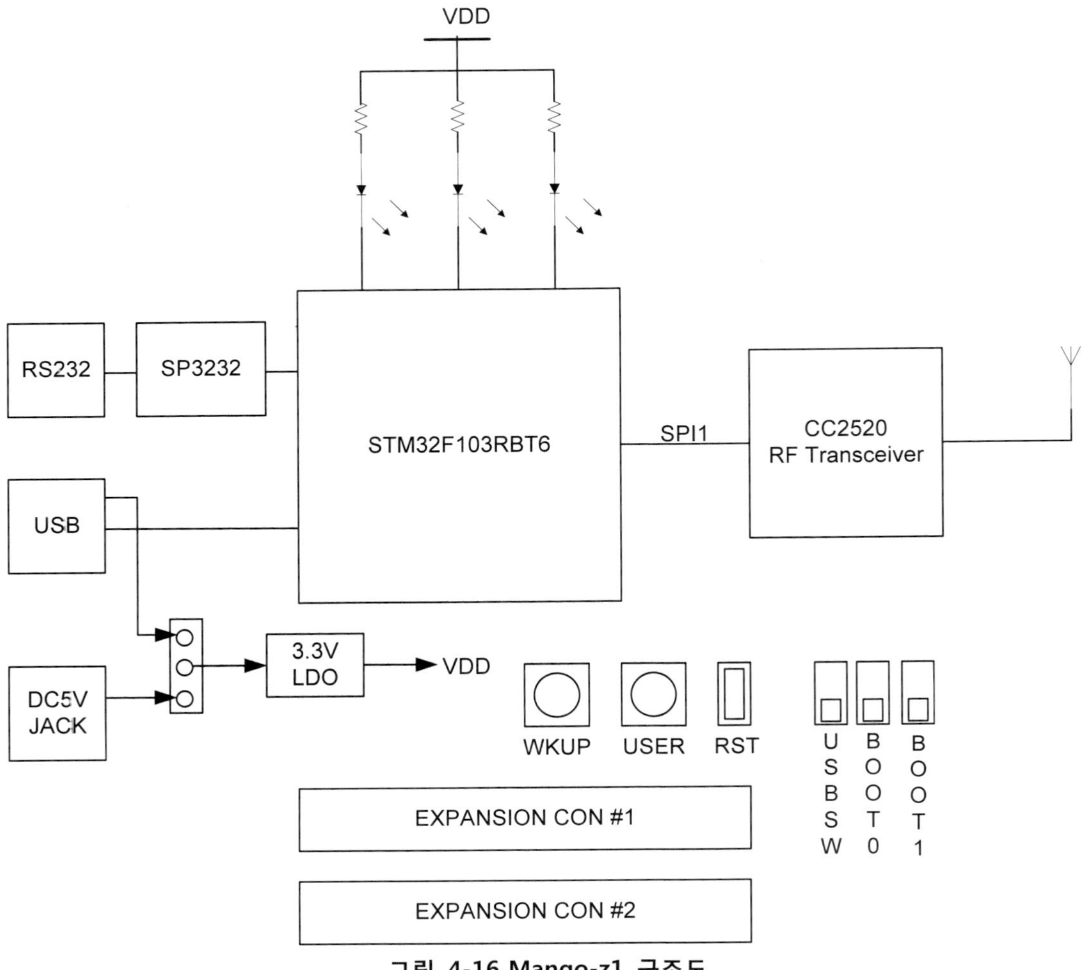

그림 4-16 Mango-z1 구조도

Mango-z1은 USB와 DC5V Jack의 전원을 선택하여 3.3V 내부 전원을 만들어 쓸 수 있다. 또한 3개의 Indicator LED가 있고, 사용자 입력으로 사용할 수 있는 WKUP, USER 스위치를 갖추고 있다. BOOT0, BOOT1 스위치로 부트모드를 선택할 수 있으며, USBSW를 통해, USB 버스를 Disconnect할 수 있는 기능도 갖추고 있다. Host Computer와의 접속은 RS232C 및 USB의 2가지 방법을 모두 쓸 수 있으며, RF Transceiver를 통해 Mango-z1간의 통신도 가능하다. 2개의 Expansion Connector에는 각종 Sensor를 장착하여 Wireless Sensor Network을 구성할 수도 있다.

4.2.3. Mango-z1 보드 하드웨어

이제 Mango-z1 보드의 하드웨어 각 부분에 대해 알아 보기로 하자. Mango-z1 보드는 Cortex-M3에 기반한 STM32F103Rx 마이크로컨트롤러(MCU, Micro-Controller Unit)와 각종 주변 장치로 구성되어 있다. 특히, MCU와 RF Transceiver를 한 보드에 같이 장착함으로써, 다양한 MCU와 무선 결합 응용에 사용할 수 있도록 구성 되어 있다. 앞으로 설명하는 하드웨어의 구조를 잘 숙지하면, 일반 MCU 및 RF 응용뿐만 아니라, 2개의 확장 슬롯에 각종 센서들을 장착하여 Sensor Network등 요즘 화제가 되고 있는 응용 및 각종 Remote Control 응용에도 유용하게 사용할 수 있다.

<MCU>

Mango-z1에는 64핀 STM32F103Rx이 장착되어 있다. 다음 그림의 STM32F103xx family의 계통도를 보면, 64핀 디바이스가 Low-density, Medium-density, High-density를 모두 포괄하는 것을 알 수 있다.

Table 3. STM32F103xx family

Pinout	Low-density devices		Medium-density devices		High-density devices		
	16 KB Flash	32 KB Flash(1)	64 KB Flash	128 KB Flash	256 KB Flash	384 KB Flash	512 KB Flash
	6 KB RAM	10 KB RAM	20 KB RAM	20 KB RAM	48 KB RAM	64 KB RAM	64 KB RAM
144					5 × USARTs 4 × 16-bit timers, 2 × basic timers 3 × SPIs, 2 × I²Ss, 2 × I2Cs USB, CAN, 2 × PWM timers 3 × ADCs, 1 × DAC, 1 × SDIO FSMC (100 and 144 pins)		
100			3 × USARTs 3 × 16-bit timers 2 × SPIs, 2 × I²Cs, USB, CAN, 1 × PWM timer 2 × ADC				
64	2 × USARTs 2 × 16-bit timers 1 × SPI, 1 × I²C, USB, CAN, 1 × PWM timer 2 × ADCs						
48							
36							

그림 4-17 STM32F103xx family 계통도

Mango-z1은 Medium-density 64핀 STM32F103을 사용하여 제작하였으며, 이 제품은 상위 및 하위 디바이스들과 핀 호환이 되므로, 필요에 따라 집적도가 낮거나 높은 디바이스로 교체하기에 유리하다.

그럼 이제 Mango-z1에 사용되는 STM32F103Rx의 기능에 대해 살펴보자. STM32F103Rx는 다음 표에 보이고 있는 Medium Density Device의 한 종류로 Mango-z1에 사용하는 STM32F103RB는 128Kbytes의 Flash Memory와 20Kbytes의 SRAM을 가지고 있다. 또한 각종 타이머와 SPI 2포트, I2C 2포트, USART 3포트, USB, CAN등 각종 시리얼 통신 표준을 제공하고 가용한 총 GPIO가 51채널이 있어 유용하게 사용할 수 있다.

Table 2. STM32F103xx medium-density device features and peripheral counts

Peripheral		STM32F103Tx	STM32F103Cx		STM32F103Rx		STM32F103Vx	
Flash - Kbytes		64	64	128	64	128	64	128
SRAM - Kbytes		20	20	20	20		20	
Timers	General-purpose	3	3	3	3		3	
	Advanced-control	1	1		1		1	
Communication	SPI	1	2	2	2		2	
	I^2C	1	2	2	2		2	
	USART	2	3	3	3		3	
	USB	1	1	1	1		1	
	CAN	1	1	1	1		1	
GPIOs		26	37		51		80	
12-bit synchronized ADC Number of channels		2 10 channels	2 10 channels		2 16 channels		2 16 channels	
CPU frequency		72 MHz						
Operating voltage		2.0 to 3.6 V						
Operating temperatures		Ambient temperatures: –40 to +85 °C /–40 to +105 °C (see *Table 9*) Junction temperature: –40 to + 125 °C (see *Table 9*)						
Packages		VFQFPN36	LQFP48		LQFP64, TFBGA64		LQFP100, LFBGA100	

그림 4-18 STM32F103xx Medium Density Device 기능표

<Boot Mode Selection>

STM32F013xx은 세가지 종류의 부팅 방법을 선택할 수 있다. 다음 그림은 STM32F103xx의 데이터시트에서 부팅 모드에 대한 것을 발췌한 것이다.

Table 5. Boot modes

Boot mode selection pins		Boot mode	Aliasing
BOOT1	BOOT0		
x	0	Main Flash memory	Main Flash memory is selected as boot space
0	1	System memory	System memory is selected as boot space
1	1	Embedded SRAM	Embedded SRAM is selected as boot space

그림 4-19 Boot 모드

그림을 보면, 부팅 모드는 BOOT[1:0] 핀의 설정에 따라, Main Flash memory, System memory, Embedded SRAM의 세 영역을 부트 디바이스로 설정할 수 있다. 이들 각각에 대해 설명하면:

- **Main Flash memory:** STM32F103xx의 Flash memory 영역으로 사용자가 이 영역에 Download 한 프로그램을 실행한다. 즉, 사용자의 응용 프로그램이 Main Flash memory에 Download된 이후에는 부트 설정을 BOOT0="LOW"로 하여 사용자 프로그램을 테스트 할 수 있다.
- **System memory:** 그럼 Main Flash memory에 사용자 프로그램을 다운로드 하기 전에는 어떻게 해야 하는가? 다른 방법이 없다면, JTAG 장비를 이용하여 JTAG 포트를 통해 프로그램을 다운로드 해 주는 방법 밖에 없을 것이다. 이 방법은 JTAG 장비를 필요로 하기 때문에 장비가 없는 경우에는 불편함이 있다. STM32F103xx에서는 이러한 경우에 대비하여, UART를 통해 사용자의 프로그램을 Main Flash memory나 SRAM에 다운로드 할 수 있도록 하는 방법을 제공하고 있다. 이를 위한 프로그램이 System memory(내부 ROM)에 들어 있으며, 이 시스템 메모리를 부트 장치로 사용하게 하는 것이 BOOT[1:0]=0`b01(여기서 0`b는 뒤에 나오는 숫자가 2진수라는 것을 말해준다. 즉, BOOT1="0", BOOT0="1")로 설정하는 것이다. 이렇게 설정하면, 시스템 메모리 내부에 들어있는 ST Micro에서 제공하는 부트 프로그램으로 부팅되어, UART를 통해 사용자 프로그램을 다운로드 할 준비를 하게 된다.
- **Embedded SRAM:** STM32F103xx의 내부 Flash는 자주 덮어 쓰다 보면 Flash 내부가 마모되어 (Flash memory는 Floating Gate라는 곳에 전하를 보관하는 방식으로 데이터를 저장하게 되는데, 자주 쓰다 보면 이 전극들 사이의 산화물이 파손되어 더 이상 동작할 수 없게 된다.) 더 이상의 프로그램이 힘들어 질 수 있다. 크기가 작은 프로그램이라면 SRAM에 저장하여 테스트 하는 것이 이러한 일을 방지하는 한 방법이 될 수 있다.

그럼, Mango-z1에서 부트 설정을 하는 방법에 대해 알아 보기로 하자. 다음 그림과 같이 Mango-z1에는 BOOT0, BOOT1과 연결된 2개의 스위치가 있다.

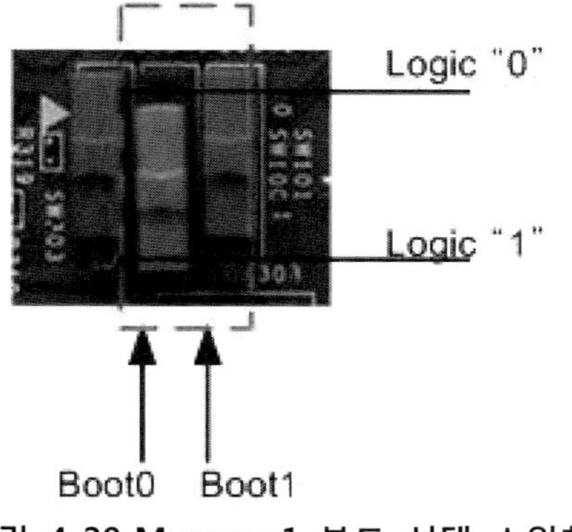

그림 4-20 Mango-z1 부트 선택 스위치

이 스위치의 Logic0, Logic1은 그림에서 "SW100"이란 실크 텍스트 위 아래를 보면, "0", "1"이라고 적힌 글자를 볼 수 있는데 그 위치가 Logic0, Logic1이다. 즉, 파워잭을 아래로 하고 보드를 볼 때, 스위치가 아래로 내려져 있으면 Logic1, 위로 올라가 있으면 Logic0이다. 따라서 지금 그림에 보이는 스위치 위치는 BOOT1[맨 오른쪽 스위치]이 Logic0, BOOT0[가운데 스위치]가 Logic1으로 부트 모드는 System memory boot가 된다. 다른 부트 모드도 이와 같이 설정할 수 있다.

다음 그림은 Mango-z1에서 Main Flash memory로 부팅할 때의 스위치 선택을 나타낸다. 이때 맨 왼쪽에 있는 SW203 스위치는 USB의 연결 설정을 위한 것으로 부트 모드 선택에서는 중요하지 않다. .

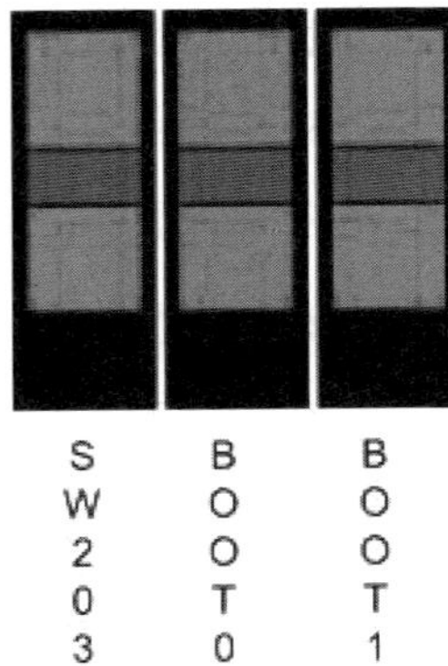

그림 4-21 Main Flash memory 부트 스위치 설정

Main Flash memory 부트를 위해서는 BOOT0가 Logic0가 되어야 하며, BOOT1의 스위치 위치는 "그림 4-19 Boot 모드"에서와 같이 "x" (don't care, 즉, 스위치가 어떤 위치에 있어도 상관 없음)이므로 BOOT0 스위치의 위치만 Logic0 위치인 위쪽으로 되어 있도록 해 주면 된다.

SRAM 부트의 경우, BOOT0, BOOT1이 모두 Logic1 값을 갖고 있어야 하므로, 두 스위치를 모두 아래로 내려 주면 된다. 스위치 설정은 다음 그림과 같다.

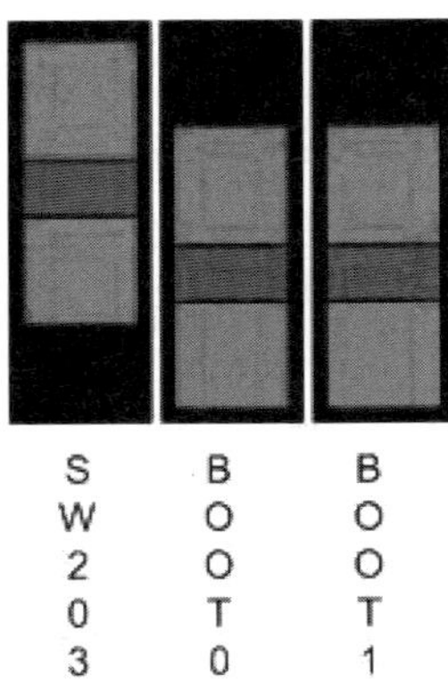

그림 4-22 SRAM 부트 스위치 설정

Mango-z1은 프로그램 다운로드 및 실행을 위한 부트 모드를 STM32F103xx에서 가능한 모든 경우에 대해서 대응할 수 있도록 설계 되어 있다. 따라서 사용자는 STM32F103xx의 모든 부트 모드를 사용해 볼 수 있으며 각 모드의 장단점을 충분히 활용할 수 있다.

4.2.4. User Keys

Mango-z1은 사용자의 키 입력을 위해 두 개의 Tactile 스위치를 제공한다. Mango-z1 보드에서 두 키의 배치는 다음 그림과 같다.

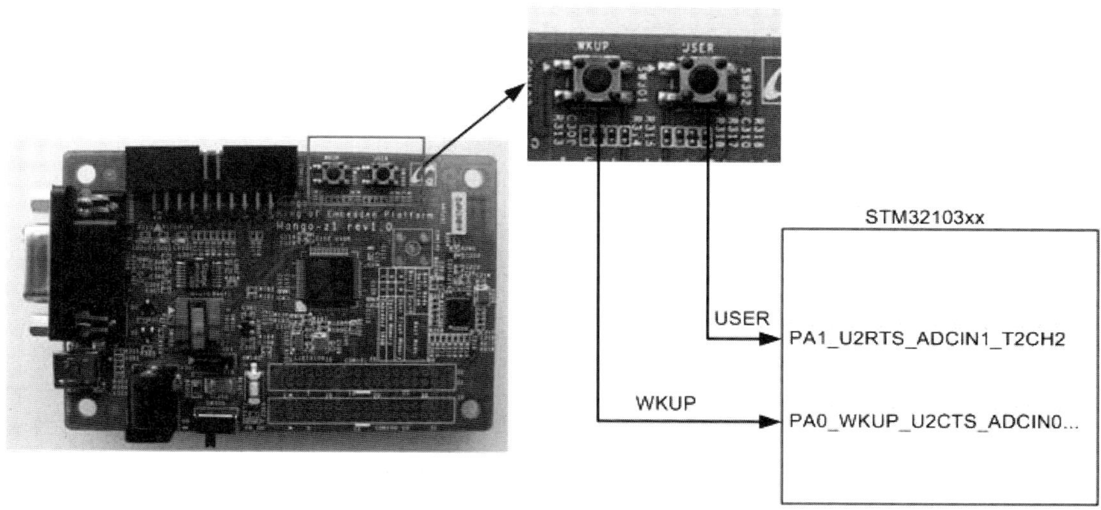

그림 4-23 Mango-z1 키 배치

보드에 배치된 두 개의 키에는 각각 WKUP, USER라는 이름이 붙어 있다. WKUP키의 경우, STM32F103xx의 PA0 GPIO 포트에 장착되어 있는데, 이 포트는 WKUP(Wake Up) 기능도 겸하고 있어, STM32F103xx를 사용자가 프로그램 하기에 따라, 일반 키로 쓰이거나 Wake Up 기능으로 사용할 수 있다. Wake Up 기능은 STM32F103xx의 저전력 모드 중 Standby mode에서 회복하기 위한 한 방법이다. 다음 그림의 STM32F103xx 데이터시트를 참조해 보면 그 내용을 알 수 있다.

Sleep, Stop, Standby의 세 저전력 모드 중, Standby 모드는 가장 적은 전력을 소모하는 모드로, 내부 전원 장치를 OFF하여, SRAM등에 공급되는 전원까지 차단한다. 이 모드에서 깨어나기 위해서는 WKUP핀(PA0 포트와 MUX 되어 있음)에 Rising Edge (Logic 0에서 Logic 1으로의 레벨 전환)의 신호가 가해져야 한다.

Mango-z1에 장착된 WKUP 키는 이 기능을 구현하기 위해, Logic 0 상태에 있다가 키를 누르면 Logic 1 상태가 된다. 따라서 STM32F103xx MCU는 이 신호를 이용하여 Standby 상태에서 깨어날 수가 있다. 이러한 기능의 구현은 상당히 고난도의 프로그램 기술을 요구한다. WKUP 키를 일반 동작에서 사용할 때는 USER 키와 마찬가지로 GPIO에 연결된 단순한 스위치로 생각하며 사용할 수 있다.

2.3.12 Low-power modes

The STM32F103xx performance line supports three low-power modes to achieve the best compromise between low power consumption, short startup time and available wakeup sources:

- **Sleep** mode

  In Sleep mode, only the CPU is stopped. All peripherals continue to operate and can wake up the CPU when an interrupt/event occurs.

- **Stop** mode

  The Stop mode achieves the lowest power consumption while retaining the content of SRAM and registers. All clocks in the 1.8 V domain are stopped, the PLL, the HSI RC and the HSE crystal oscillators are disabled. The voltage regulator can also be put either in normal or in low power mode.
  The device can be woken up from Stop mode by any of the EXTI line. The EXTI line source can be one of the 16 external lines, the PVD output, the RTC alarm or the USB wakeup.

- **Standby** mode

  The Standby mode is used to achieve the lowest power consumption. The internal voltage regulator is switched off so that the entire 1.8 V domain is powered off. The PLL, the HSI RC and the HSE crystal oscillators are also switched off. After entering Standby mode, SRAM and register contents are lost except for registers in the Backup domain and Standby circuitry.

  The device exits Standby mode when an external reset (NRST pin), an IWDG reset, a rising edge on the WKUP pin, or an RTC alarm occurs.

그림 4-24 STM32F103xx Low Power Modes

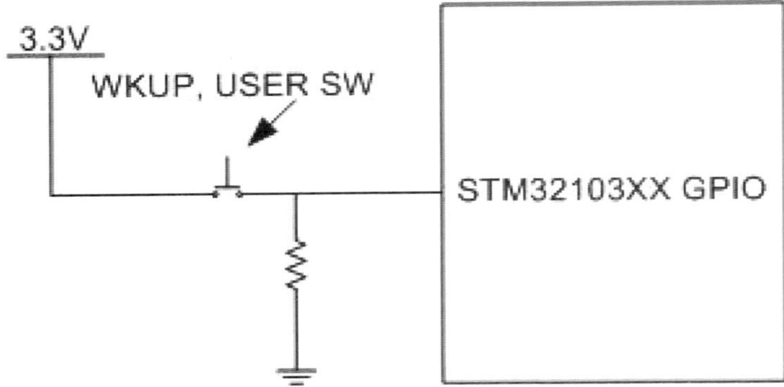

그림 4-25 Mango-z1 WKUP, USER 스위치 구성도

WKUP, USER 스위치는 "그림 4-25 Mango-z1 WKUP, USER 스위치 구성도"와 같이, STM32F103xx의 해당 GPIO에 연결되어 있다. WKUP은 PA0 포트에 USER는 PA1 포트에 각각 연결 되어 있으며, 저항을 통해 Pull-Down 되어 있어, 스위치 동작이 없을 때는 Logic 0를 유지하고 있다.

Key(Switch) 이름	STM32F103 GPIO	Switch Release	Switch Press
WKUP	PA0_WKUP_...	Logic 0	Logic 1
USER	PA1_U2RTS_...	Logic 0	Logic 1

사용자가 해당 스위치를 누르면, 스위치가 3.3V 전원과 GPIO를 연결시켜 주므로, 해당 GPIO는 Logic 1이 된다. 사용자가 스위치를 놓아주면, Tactile 스위치의 특성상 자동으로 스위치를 누르지 않는 상태로 복귀하므로 다시 해당 GPIO는 Logic 0가 된다. 이것을 표로 나타내면 위 표와 같다.

위 표에 보이는 바와 같이, 두 개의 사용자 키 중, 하나는 Wake Up 기능을 겸하고 있어, WKUP이란 이름이 붙어 있으며, 다른 하나는 순수한 키 기능만 있어 USER란 이름으로 표기되어 있다. 이들 키는 사용자가 눌렀을 때 Logic 1 (즉, 3.3V 전압) 값을 가지고, 가만히 두었을 때 Logic 0 (즉, 0V 전압) 값이 된다. WKUP 키가 Wake Up 기능을 할 때는, 키를 누르면 Logic 0에서 Logic 1으로의 전환이 일어나므로, WKUP 핀에 Rising Edge의 신호가 공급 되어 STM32F103이 Standby 상태에서 깨어나도록 한다.

4.2.5. Indicator LEDs

Mango-z1에는 사용자가 여러 용도로 사용하도록 제어할 수 있는 3개의 Indicator LED와 보드에 공급되는 전원을 나타내 주는 전원 LED가 장착되어 있다. 이제 각 LED들에 대해서 알아 보기로 하자.

<User Indicator LEDs>

Mango-z1에는 사용자가 제어할 수 있는 LED 표시기가 3개 있다. 각 LED의 배치는 다음 그림과 같다.

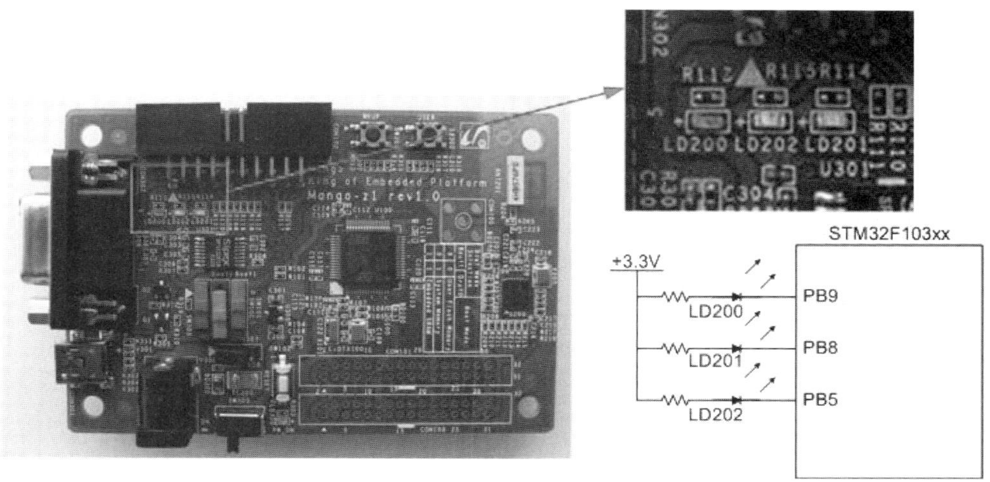

그림 4-26 Mango-z1 Indicator LEDs

LED 배치에서 주의해야 할 점은, 그림을 볼 때, 각 LED가 왼쪽부터 LD200, LD202, LD201의 순서로 배치되어 있다는 점이다. 직관적으로 LED의 배치가 LD200, LD201, LD202의 순서여야 하는데, 실재 배치는 다르게 되어 있으니 주의해야 한다. 이것은 PCB를 설계 할 때 조금 잘못한 것으로 동작에는 문제가 없으니 주의하도록 하자.

LED들은 각각, LD200->PB9, LD201->PB8, LD202->PB5 GPIO 포트에 접속 되어 있으며, 결선은 위 그림과 같다. 그림을 보면 각 LED의 "+"측 단자가 저항을 통해 +3.3V 전원에 연결되어 있음을 볼 수 있다. 이와 같은 접속을 Common Anode라 한다. 즉, 발광 다이오드의 P측에서 전공(+ 전하를 띄는 것으로 가정되는 가상의 입자)가 나오므로 이쪽을 Anode, N측("-"전하를 띄는 전자가 나오므로)을 Cathode라 부르는데, Anode가 하나의 전원에 묶여 있으므로 공통(즉, Common)이 된다. 이러한 접속을 Common Anode라 한다. 물론 이 경우에는 LED가 하나하나 독립적으로 장착되어 있으므로 이렇게 부르는 것이 부적합한 면이 있으나, 7-segment등 LED들을 모듈로 만든 디바이스들은 이러한 용어를 사용한다.

LED들이 이와 같이 접속되어 있을 때 LED를 켜기 위해서는, Cathode쪽을 Low로 만들어 주어 전류가 흐를 수 있도록 해야 한다. 여기서는 LED의 Cathode에 접속된 PB9, PB8, PB5 GPIO 포트를 LOW로 하면 각 LED가 발광하여 사용자가 이를 확인 할 수 있다.

<Power LED>

Mango-z1 보드에는 전원이 공급되고 있는지를 표시하기 위한 LED도 장착 되어 있다. 다음 그림의 상자 안을 보면 LD300이란 표시가 붙은 LED를 볼 수 있다.

그림 4-27 Mango-z1 파워 LED

이 LED는 Mango-z1에 전원이 공급되고 있을 때 발광한다. 따라서, 사용자는 이 LED를 보고 전원이 공급되고 있는지를 판단할 수 있다. 전원이 공급되고 있을 때는 Expansion 커넥터에 다른 보드를 장착 한다던가 하는 작업을 하면 위험할 수 있으므로 반드시 이 LED를 확인한 후 작업하여야 한다.

4.2.6. USB

USB 2.0 FS(Full Speed, 12Mbps의 USB 연결) 인터페이스는 Host PC와 Mango-z1 사이의 통신, Program Download 및 전원 공급 기능으로 사용할 수 있다. USB 디바이스에 흔히 사용하는 Mini-B 타입의 USB 커넥터를 사용하였으며, STM32F103xx MCU가 USB 연결 상태를 조절할 수 있도록 설계되어 필요에 따라 Connect/Disconnect 동작을 자유롭게 실행할 수 있도록 하였다.

그림 4-28 Mango-z1 USB 관련 부품

위 그림은 USB와 관련된 소자들의 배치를 나타낸다. 그림의 Mango-z1의 왼쪽 아래에 배치된 miniB USB Connector는 Host PC와 Mango-z1의 USB 기능을 연결하는 역할을 한다. SW303 USB Connection Control 스위치는 USB 버스의 "D+"라인의 Pull-Up 상태를 조절하여, Host PC와의 접속을 제어하는 역할을 한다. MOS FET 스위치인 Q1, Q2는 USB 버스의 연결 상태와 SW303의 상태를 기반으로 USB Connection을 제어하는 역할을 한다.

<USB Connect/Disconnect 제어>

Host PC가 USB 2.0 FS(Full-Speed) 연결을 인식하기 위해서는 USB Device 측의 "D+" 신호가 1.5K Ohm 저항을 통해 3.3V(3.0~3.6V) 전원으로 Pull-Up 되어 있어야 한다. 다음 그림의 USB 2.0 Electrical Specification을 보면:

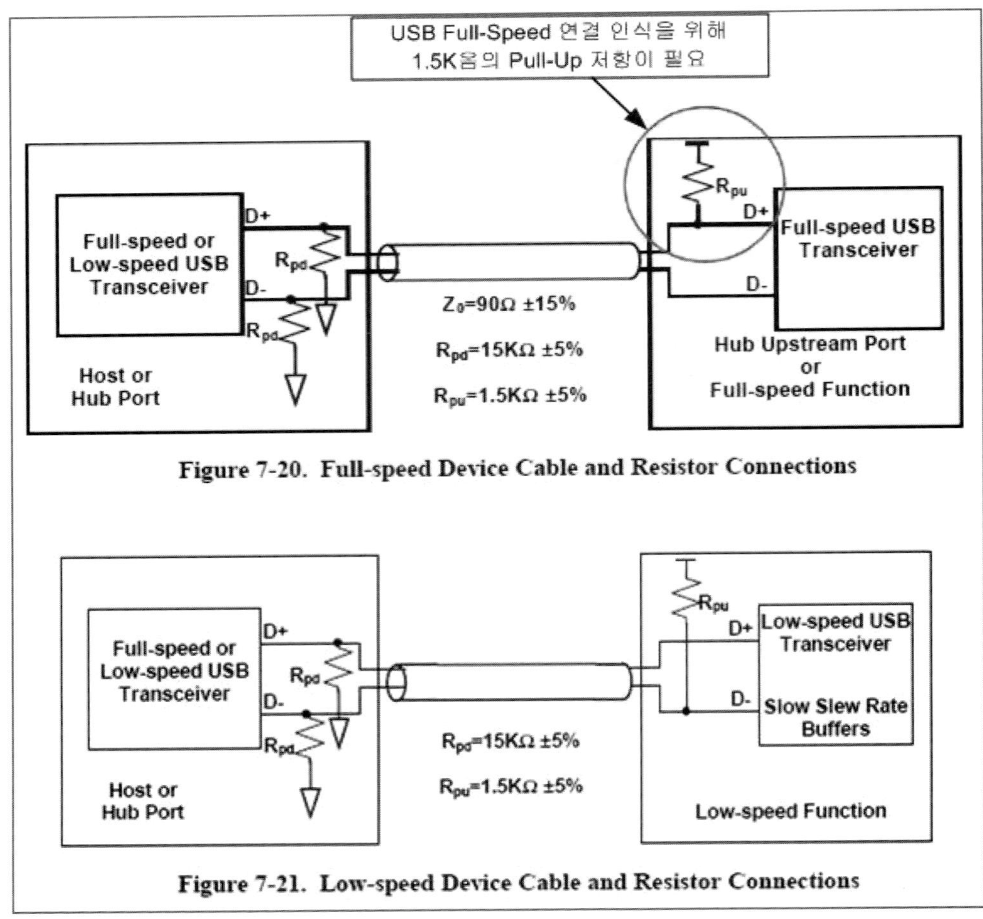

그림 4-29 USB FS, LS 인식 방법

USB Full-Speed Device로 동작할 때는 "D+" 신호에 1.5K Ohm Pull-Up, Low Speed로 동작할 때는 "D-" 신호에 1.5K Ohm Pull-Up 저항을 달아야 함을 알 수 있다. "D+", "D-" 신호 양쪽 모두에 Pull-Up이 없을 경우에는 Host PC가 이 USB Bus에 USB Device가 장착되어 있지 않은 것으로 인식하여 USB 초기화 과정을 실행하지 않는다.

Mango-z1의 STM32F103xx는 USB 2.0 FS를 지원하므로, "D+" 신호선에 1.5K Ohm Pull-Up을 걸어 준다. 이 Pull-Up의 상태를 조절하기 위해 사용되는 스위치가 SW303이다. SW303의 상태에 따라, USB D+ 신호에 대해 항상 Pull-Up을 해 주는 경우와 STM32F103xx의 GPIO 설정에 따라 Pull-Up을 해 주는 경우로 나뉘게 된다.

아래 표는 SW303 스위치의 위치에 따른 USB Bus의 연결 상태를 나타낸다. SW303 스위치가 그림 Mango-z1 USB 관련 부품과 같이 위쪽 방향에 위치해 있으면, STM32F103xx의 GPIO PA8 포트의 Logic 값이 따라 USB Bus의 연결 상태가 결정된다.

	GPIO PA8 "Logic Low"	GPIO GA8 "Logic High"
SW303 Switch Up	Connect (Pull-Up)	Disconnect
SW303 Switch Down	Connect (Pull-Up)	Connect (Pull-Up)

즉, PA8 포트가 Logic High ("1")이면 Pull-Up 저항이 끊어져, Host PC 측에서 볼 때 USB Bus 에 디바이스가 붙어 있지 않은 상태로 인식된다. PA8 포트가 Logic Low ("0")이면 1.5K Pull-Up 저항이 3.3V 전원으로 연결 되어, Host PC 측에서 볼 때 USB Bus 에 디바이스가 연결된 상태로 인식된다. Host PC 는 USB Bus 의 데이터 신호선의 Pull-Up 을 감지하여, "D+" 신호에 대한 Pull-Up 이 감지되었을 때 USB Full-Speed Device 에 대한 초기화 과정을 수행한다. 그러므로, Mango-z1 에서 USB 기능을 사용하고자 할 때는, Mango-z1 이 초기화 된 후 PA8 포트를 출력 설정하여 "LOW" Level 로 하면, Host PC 가 USB 초기화 명령을 내려 보내므로 이때 Host PC 와 통신하여 USB 기능에 대한 초기화를 수행하면 된다.

SW303 스위치가 아래쪽 방향에 위치해 있을 때는 "D+" 신호에 항상 1.5K Ohm Pull-Up 을 가해 주므로, USB Full-Speed 연결이 바로 진행되게 된다. 이때, MCU 의 초기화 과정이 늦으면, USB 초기화에 문제가 있을 수 있다. 따라서 일반적인 경우에는 사용하지 않는 것이 좋다.

4.2.7. RS-232C

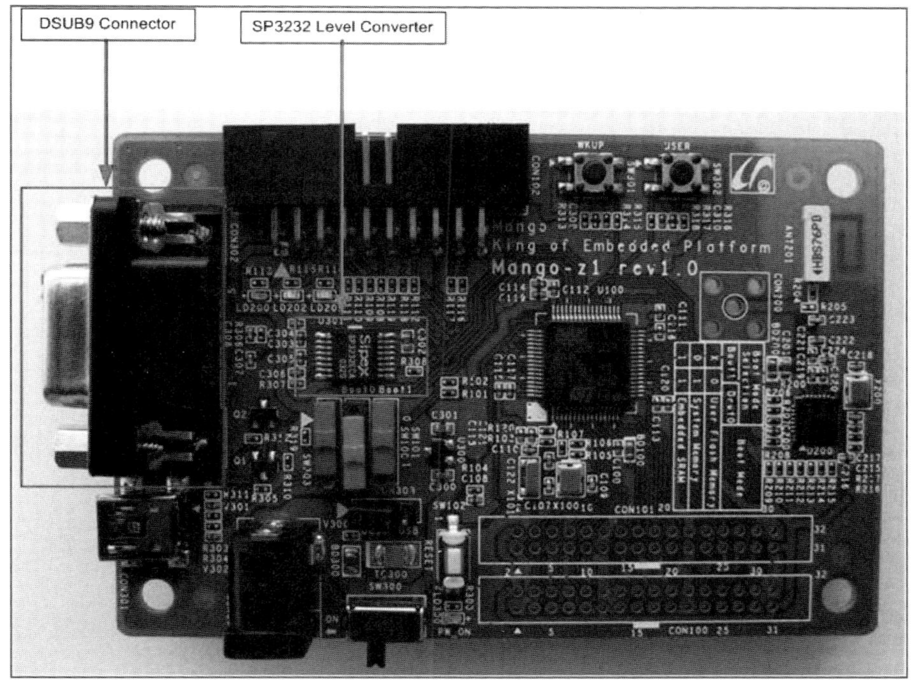

그림 4-30 Mango-z1 RS232C 소자 배치

RS-232C 포트는 Host PC 또는 기타 기기와의 통신 기능 및 프로그램 다운로드 기능을 제공한다. 이 포트는 STM32F103xx의 UART1과 접속 되어 있다. DSUB9의 각 핀은 SP3232 Level Converter를 통해 UART1 포트와 연결 된다. Mango-z1에서는 TX, RX 및 GND 신호만을 이용하여 UART 기능을 구현하였다. 위 그림은 RS-232C 기능 구현을 위한 소자들의 배치를 보여 준다.

Mango-z1의 DSUB9 커넥터는 TX, RX 및 GND의 세 신호만을 사용한다. 각 신호의 결선은 아래 표와 같다.

DSUB9 Pin #	STM32F103xx Signal Name	비고
2	PA9_U1TX_...	TX Data
3	PA10_U1RX_...	Rx Data
5	GND	Signal Ground

Host PC 또는 다른 장치와 연결할 때 이 표를 참조하여, Mango-z1의 TX와 다른 장치의 RX, Mango-z1의 RX와 다른 장치의 TX, 그리고 각각의 Ground 신호가 연결 되게 하여야 RS-232C 통신을 원활히 할 수 있다. 통신에 문제가 있는 경우 이 신호선들의 결선을 다시 한번 살펴 보기 바란다.

Mango-z1의 CPU인 STM32F103xx의 UART 신호선들은 0V~+3.3V의 신호 레벨을 가지는데, 통신 표준인 RS-232C는 -12V~+12V의 신호 레벨을 가진다. 또한, High, Low를 감지하기 위한 최소 신호 레벨이 -3V이하, 또는 +3V 이상이 되어야 하므로, Mango-z1에서 UART 신호를 레벨 컨버터를 통하여 -5V, +5V 정도의 신호로 만들어 주어야 한다. 여기에 사용되는 소자가 SP3232인데, 이 소자는 +12V, -12V까지 가능한 RS-232C 입력을 0~+3.3V까지의 신호로 변환해 주고, 0~3.3V 출력의 UART 신호를 -5V, +5V로 변환하여 외부 기기가 RS-232C 신호로 인식할 수 있도록 해 준다.

이 소자는 내부에 전원 장치를 내장하고 있어, +3.3V 입력만으로도 -5V, +5V의 전원을 만들고 이에 따라 신호의 레벨을 변환해 줄 수 있어 매우 편리하게 사용할 수 있다. 이 소자를 사용할 때 주의할 점은 이 소자가 전달할 수 있는 Bit Rate에 한계가 있다는 것이다.

Mango-z1에 기본 장착된 Level Converter는 SP3232ECA이다. 이 소자의 전기적 특성을 다음 그림에서 살펴보자.

그림에서 원으로 표시한 부분을 보면 Maximum Data Rate이 Minimum 120kbps, Typical 235Kbps인 것을 볼 수 있다. 물론 테스트 조건인 부하 저항 및 용량 값보다 실재 부하의 저항/용량이 더 작으면 Data Rate도 늘어 나지만, RS-232C의 경우, 상당히 긴 거리의 케이블을 사용할 수도 있으므로 부하 저항/용량이 더 클 수도 있다.

ELECTRICAL CHARACTERISTICS

Unless otherwise noted, the following specifications apply for V_{CC} = +3.0V to +5.0V with T_{AMB} = T_{MIN} to T_{MAX}. Typical Values apply at V_{CC} = +3.3V or +5.0V and T_{AMB} = 25°C.

PARAMETER	MIN.	TYP.	MAX.	UNITS	CONDITIONS
RECEIVER INPUTS					
Input Voltage Range	-15		+15	V	
Input Threshold LOW	0.6 0.8	1.2 1.5		V	V_{CC}=3.3V V_{CC}=5.0V
Input Threshold HIGH		1.5 1.8	2.4 2.4	V	V_{CC}=3.3V V_{CC}=5.0V
Input Hysteresis		0.3		V	
Input Resistance	3	5	7	kΩ	
TIMING CHARACTERISTICS					
Maximum Data Rate	120	235		kbps	R_L=3kΩ, C_L=1000pF, one driver switching
Driver Propagation Delay		1.0 1.0		µs µs	t_{PHL}, R_L = 3KΩ, C_L = 1000pF t R = 3KΩ C = 1000pF

그림 4-31 SP3232ECA 전기적 특성

Mango-z1의 테스트에서 일반적으로 115,200bps의 Data Rate을 사용하는데, 이는 약 11.5Kbps로 SP3232ECA의 최소 Maximum Data Rate인 120Kbps에 약간 모자라는 값으로 일반적인 응용에는 아무 문제가 없다. 그러나 이 이상의 데이터를 전송하려 할 때는 SP3232ECA의 Data Rate이 모자랄 수 있으므로 주의하여야 한다.

120Kbps보다 더 큰 Data Rate을 가지기 위해서는 SP3232ECA을 이와 핀 호환이 되는 다른 소자라 대치하면 된다. 이러한 소자로는 SP3232EU가 있다. 다음 그림의 SP3232EU의 데이터시트를 살펴보자.

ELECTRICAL CHARACTERISTICS

Unless otherwise noted, the following specifications apply for V_{CC} = +3.0V to +5.5V with T_{AMB} = T_{MIN} to T_{MAX}, C_1 to C_4=0.1µF. Typical Values apply at V_{CC} = +3.3V or +5.5V and T_{AMB} = 25°C.

PARAMETER	MIN.	TYP.	MAX.	UNITS	CONDITIONS
RECEIVER INPUTS					
Input Voltage Range	-25		+25	V	
Input Threshold LOW	0.6 0.8	1.2 1.5		V V	V_{CC}=3.3V V_{CC}=5.0V
Input Threshold HIGH		1.5 1.8	2.4 2.4	V V	V_{CC}=3.3V V_{CC}=5.0V
Input Hysteresis		0.3		V	
Input Resistance	3	5	7	kΩ	
TIMING CHARACTERISTICS					
Maximum Data Rate	1000			kbps	R_L=3kΩ, C_L=250pF, one driver switching

그림 4-32 SP3232EU 데이터시트

SP3232EU 데이터시트에서 전기적 특성을 발췌한 부분을 보면, 맨 아래 부분에 타원으로 표시한 Maximum Data Rate이 1000kbps(즉, 1Mbps)임을 알 수 있다. 이때 부하저항은 3K Ohm, 부하 용량은 250pF이다. 이것은 SP3232ECA의 부하 용량 1000pF에 비해 1/4 정도의 수치로, RS232C 케이블의 길이가 그만큼 짧아질 수 밖에 없다는 것으로 해석하면 된다. SP3232EU를 사용하여 1Mbps의 데이터 전송을 할 때, 가능한 전송 거리가 120Kbps 전송에 비해 1/4 정도로 짧아 질 수 있다는 것으로 이해하자. 물론 이러한 사항은 실제 상황에 적용할 경우 많은 변수가 있어 그때그때 달라질 수 있다.

4.2.8. Power

Mango-z1은 DC 5V Jack과 USB 파워 중 하나를 선택하여 사용할 수 있다. 각 전원 및 전원 선택 기능의 위치는 다음 그림과 같다.

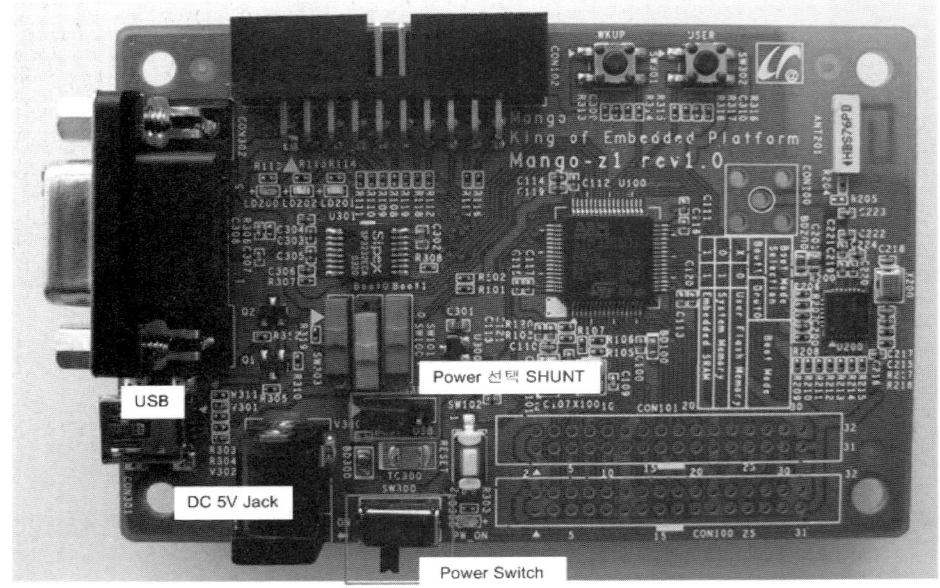

그림 4-33 Mango-z1 파워 관련 소자

Mango-z1을 사용하기 위해서는 먼저 전원을 선택해야 한다. 이것은 "Power 선택 SHUNT"를 설정함으로써 이루어 진다.

그림에서와 같이, SHUNT를 사용하여 USB와 DC-JACK중 하나를 전원으로 선택할 수 있다. USB를 전원으로 사용할 경우, SHUNT를 오른쪽에 배치하고, DC-JACK을 전원으로 사용할 경우 SHUNT를 왼쪽에 배치하면 된다.

보드의 기동은 전원 스위치를 ON 방향으로 켜면 되고, 이때 전원 LED가 발광하게 된다.

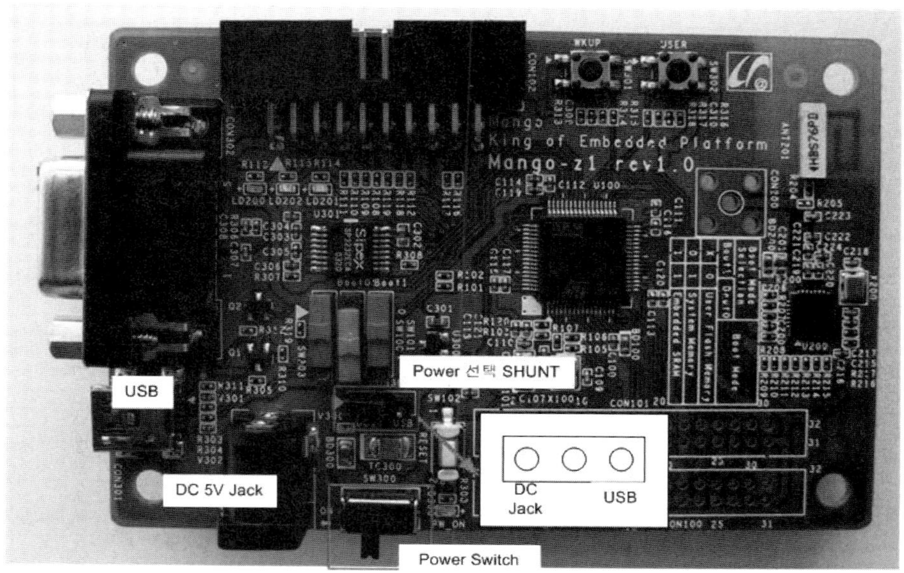

그림 4-34 Mango-z1 전원 선택

4.2.9. RF Transceiver

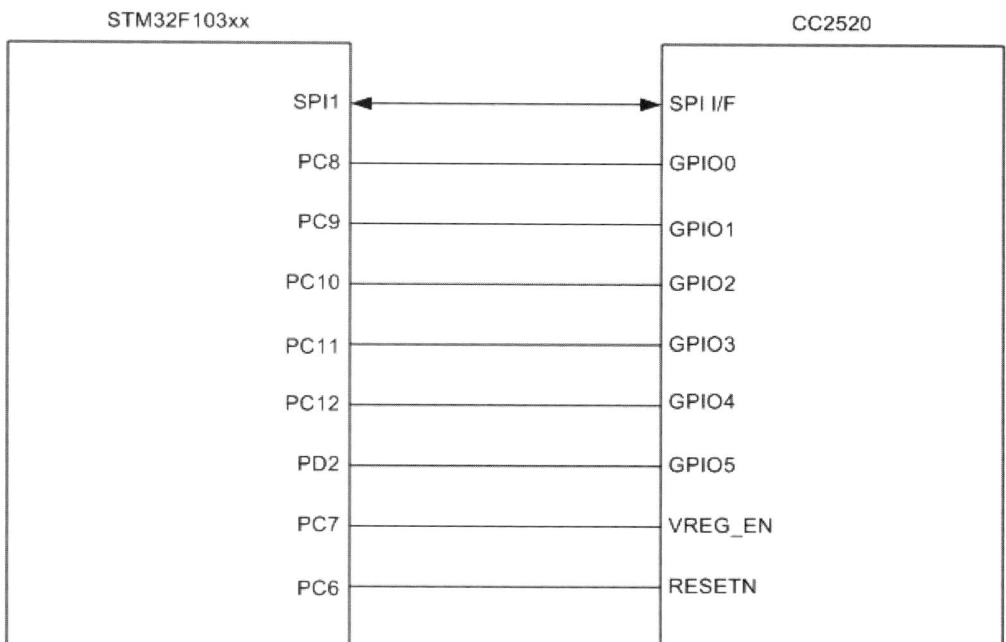

그림 4-35 Mango-z1 RF 결선도

Mango-z1에는 2.4GHz RF Transceiver가 장착되어 있어 근거리 무선 통신이 가능하다. TI사의 CC2520 Zigbee RF Transceiver가 장착되어 있는데, 이를 이용하여 일반적인 RF 통신 및 Zigbee 통신도 가능하다. CC2520은 최대 +5dBm의 출력과 -98dBm의 수신 감도를 가지고 있어 기존의 CC2420에 비해 Link Budget이 8dB가량 향상 되었다. DSSS 방식으로 최고 250kbps의 데이터 전송이 가능하며, SPI 방식으로 Host Processor에 접속한다. CC2520과 STM32F103xx 사이의 결선은 위 그림과 같다.

Mango-z1의 STM32F103과 CC2520은 SPI 포트 1 및 GPIO를 통해 연결된다. 각 GPIO 포트의 기능은 CC2520의 데이터시트를 통해 확인하기 바란다. 각 GPIO 및 SPI 포트와 CC2520 사이에 0옴 저항을 배치하여 통신 상태에 대한 Probing을 쉽게 할 수 있도록 하였다. 이들 저항은 다음 회로를 참조하면 된다.

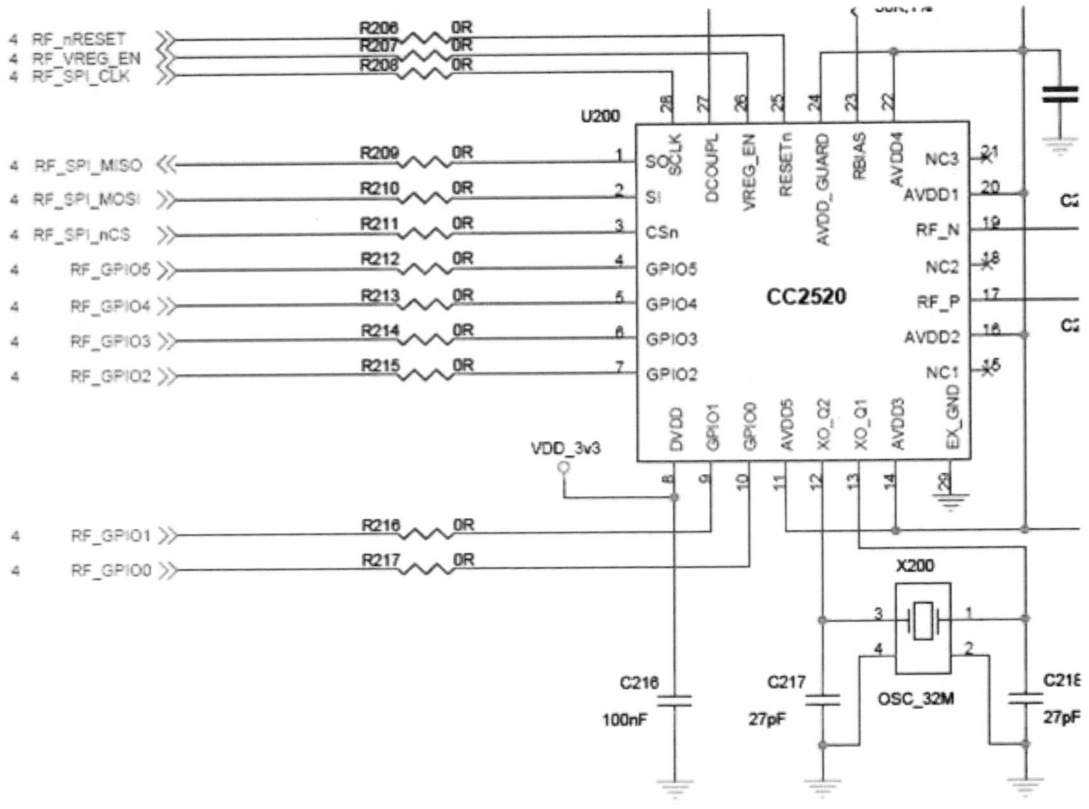

그림 4-36 CC2520 Host Interface 회로

4.2.10. 2.4GHz RF

Mango-z1에는 SMA 안테나 커넥터와 칩 안테나 두 종류가 장착되어 있다. RF 성능 관련한 Conduction Mode의 측정 또는 외장 안테나를 사용할 때는 SMA 커넥터를 장착하여 사용하면 되고 일반적인 이용에는 내장된 칩 안테나를 사용하면 편리하다. 이 부분의 회로는 다음 그림과 같다.

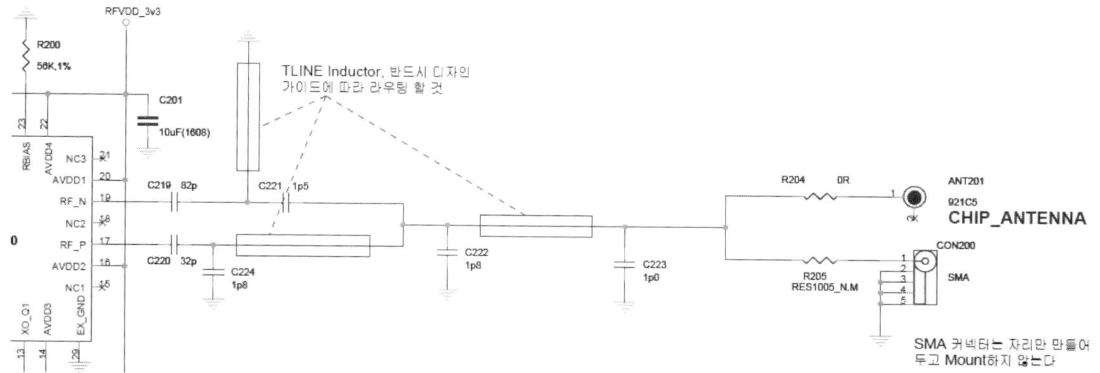

그림 4-37 Mango-Z1 RF 안테나 관련 회로

SMA커넥터와 Chip Antenna를 사용할 때 각각의 경우에 따라, R204, R205를 장착하거나 떼 주어야 한다. Chip Antenna를 사용할 경우에는 R204를 장착하고, SMA 커넥터를 사용할 경우에는 R205를 장착하도록 한다. 이들 저항 및 안테나의 위치는 다음 그림과 같다.

그림 4-38 Mango-Z1 RF 부분 실장 사진

4.2.11. Expansion Slot

Mango-z1에는 2개의 Expansion Slot이 있어 확장 기능을 추가할 수 있다. 이 슬롯의 핀 배치는 둘 모두 동일하다. 다음은 Expansion Slot의 핀 배치이다.

Pin #	Signal Name	Pin#	Signal Name
1	GND	2	+3.3V
3	PC0	4	PB9
5	PC1	6	PB8
7	PC2	8	I2C1_SDA
9	PC3	10	I2C1_SCL
11	+3.3V	12	GND
13	PA0	14	PB5
15	PA1	16	PA8
17	PA2	18	PB15
19	PA3	20	PB14
21	GND	22	+3.3V
23	PC4	24	PB13
25	PC5	26	PB12
27	PB0	28	PB11
29	PB1	30	PB10
31	+3.3V	32	GND

4.2.12. JTAG

Mango-z1은 ARM사의 20핀 표준 JTAG 인터페이스를 제공한다. JTAG Connector의 핀 배치는 다음과 같다.

Pin #	Signal Name	Pin #	Signal Name
1	+3.3V	2	+3.3V
3	TRST_N	4	GND
5	TDI	6	GND
7	TMS	8	GND
9	TCK	10	GND
11	10K Pull Down	12	GND
13	TDO	14	GND
15	RESET_N	16	GND
17	10K Pull Down	18	GND
19	10K Pull Down	20	GND

5. 개발 환경 구축

5.1. IAR workbench 환경 구축

5.1.1. Evaluation version 다운로드

아래의 IAR Systems 의 사이트에 접속하면 evelauation 으로 30 일간 사용할 수 있는 IAR Embedded Workbench for ARM 을 다운로드 받을 수 있다.

http://iar.com/website1/1.0.1.0/68/1/

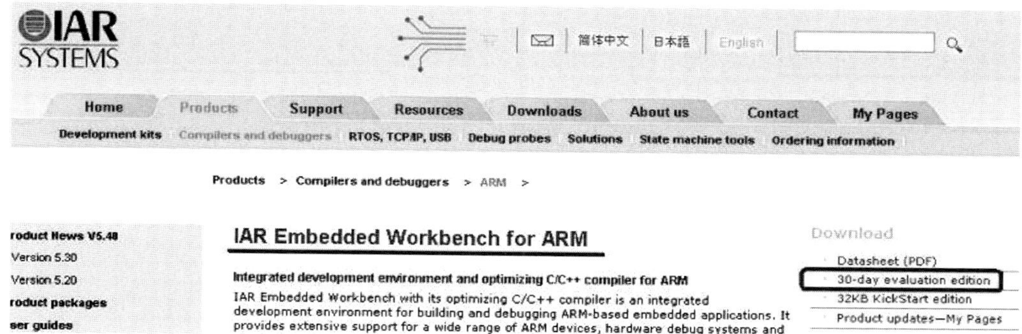

위의 30-day evaluation edition 을 클릭하면 다운을 받을 수 있다.

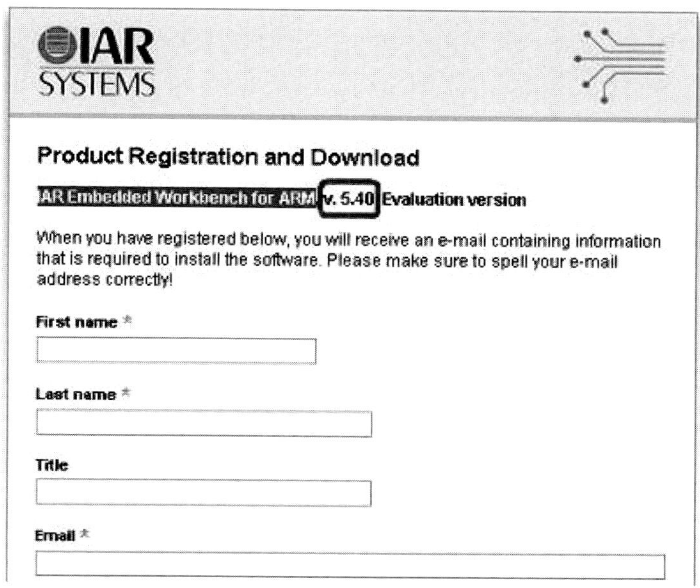

간단한 신상 명세만 작성하면 다운로드가 가능하다. 버전을 보면 v.5.40 임을 알 수 있다. 필자는 v.5.20 을 가지고 있고, 앞으로의 설명은 v.5.20 을 기준으로 설명할 것이다. 낮은 버전에서 사용하는 것이기 때문에 최신 버전과의 호환에는 문제가 없을 것으로 판단한다.

5.1.2. IAR Embedded Workbench for ARM v.5.2 설치

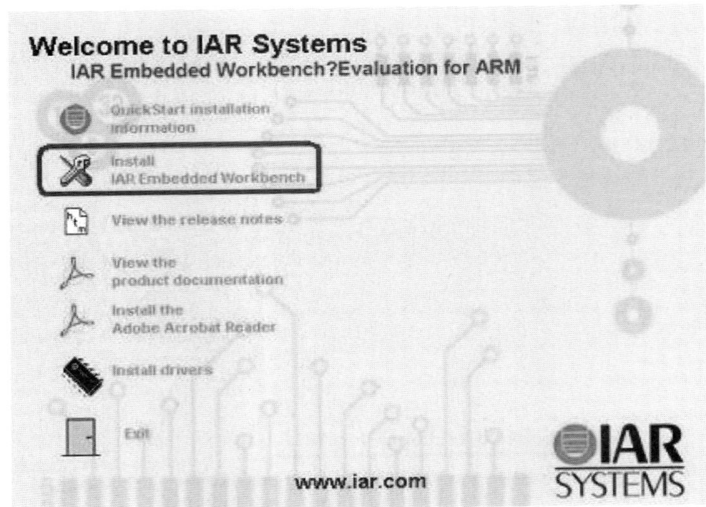

그림 5-1 IAR 설치 화면

Install IAR Embedded Workbench 를 선택한다.

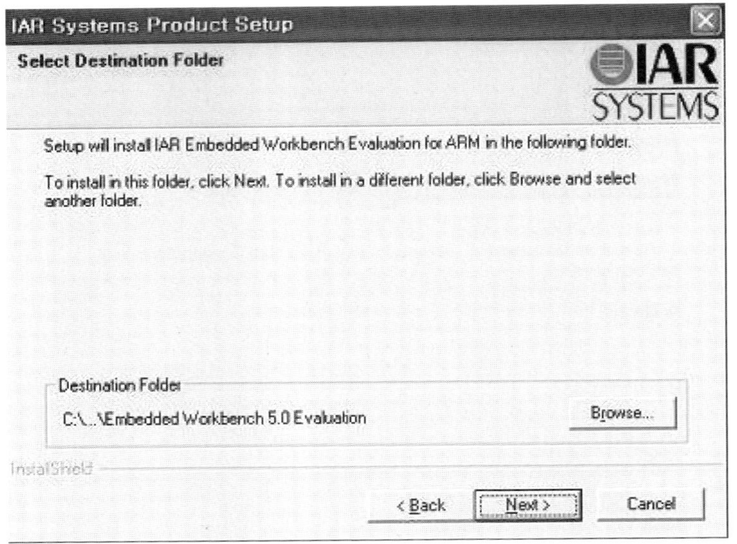

라이센스에 대한 설정 이후 디렉토리 설정은 기본적으로 되어 있는 곳을 그대로 이용한다.
이후는 한참동안 설치 작업이 이루어지고, 특별히 입력할 필요는 없다.

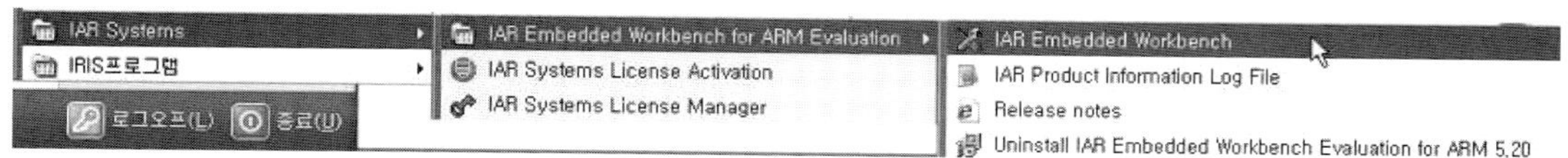

위와 같이 설치된 IAR Embedded Workbench 를 실행한다.

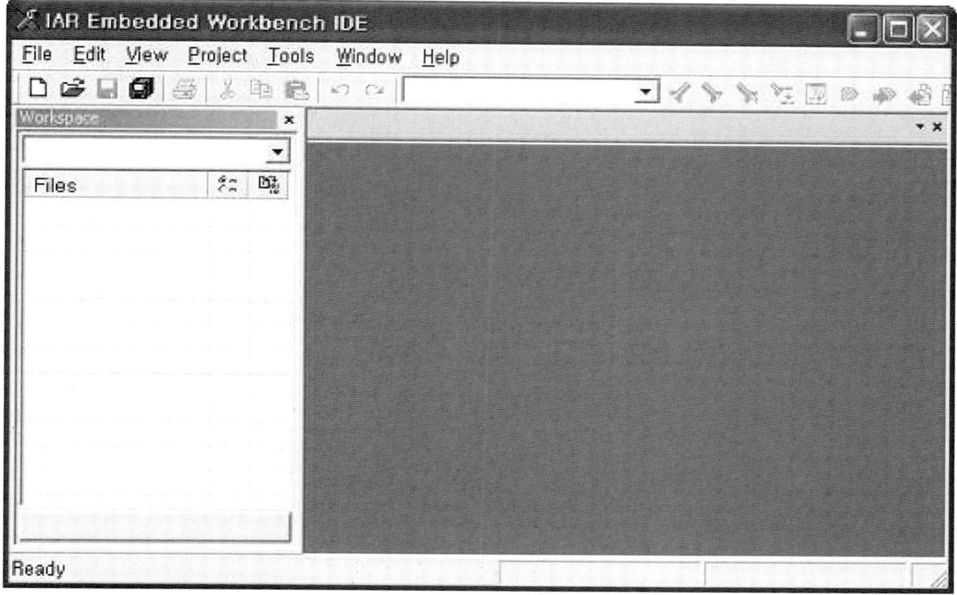

위 화면과 같이 로딩이 되면 정상적으로 설치를 마친 것이다. 실제적으로 프로젝트를 만들고, 빌드를 해보는 것은 뒷 장의 Firmware 부분에서 해볼 것이다.

5.2. RIDE7 환경 구축

5.2.1. RIDE7 다운로드

Raisonance 에서 나온 RIDE7 을 사용하면 무료로 compiler 툴을 사용할 수 있다.
http://www.raisonance.com/mcu_downloads.html

Name	Release date	Limitations	File
Ride7 ☆☆ version 7.30.10.0169	Jun 18, 2010	------------------------------ WARNING: Uninstall any previous version before running the installer! ------------------------------ - Includes RFlasher - Limitations may apply for some families depending on the RKit and hardware tools used.	Ride7_7.30.10.0169.exe Release_notes_Ride7.txt
RKit-ARM ☆☆ version 1.26.10.0130	May 17, 2010	- Unlimited compiler - Unlimited programming - Debugging capability depends on hardware	RKit-ARM_1.26.10.0130.exe Release_notes_RKit-ARM.txt

그림 5-2 RIDE7 다운로드 파일

위 사이트에 접속해서 Ride7_7.30.10.0169.exe, RKit-ARM_1.26.10.0130.exe 를 받으면 된다.
Ride7_7.30.10.0169.exe 를 먼저 설치하고, RKit-ARM_1.26.10.0130.exe 를 설치해야 한다.
둘 다 설치하지 않으면 정상적으로 작동하지 않는다.

5.2.2. Ride7_7.30.10.0169.exe 설치

Ride7_7.30.10.0169.exe 를 실행해서 설치를 진행한다.

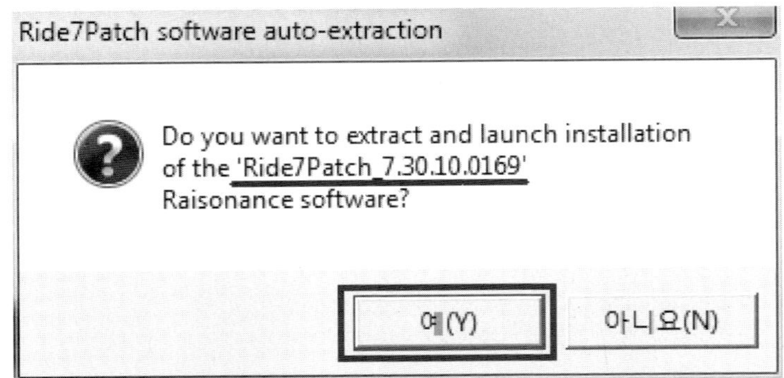

Ride7Patch auto-extraction 이 나타나고 예를 눌러서 설치 진행을 계속한다.

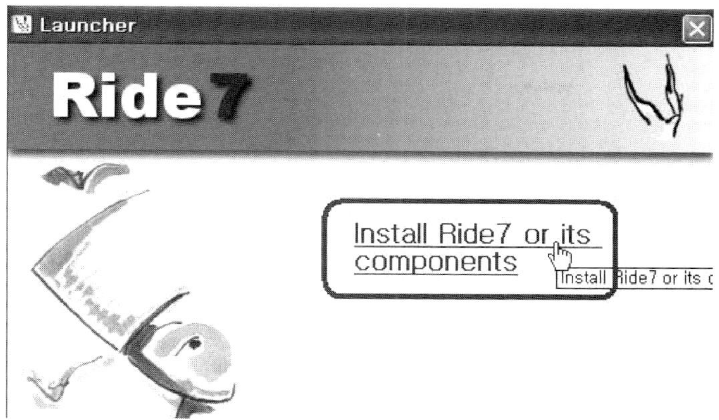

Install Ride7 or its components 를 선택한다.

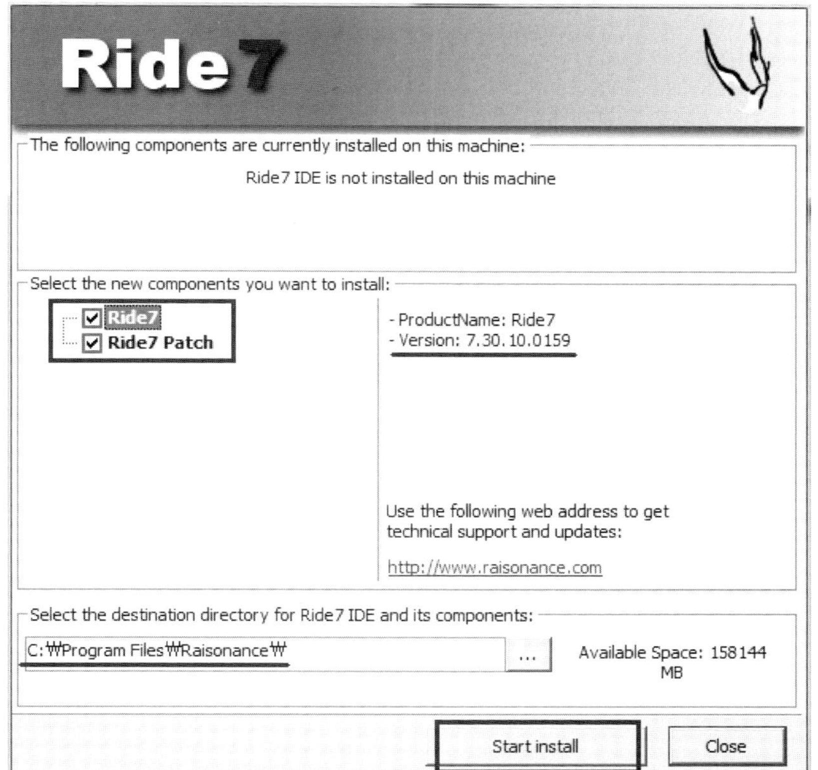

그림 5-3 RIDE7 설치 화면

default 설정을 그대로 둔 상태에서 Start Install 을 수행한다.

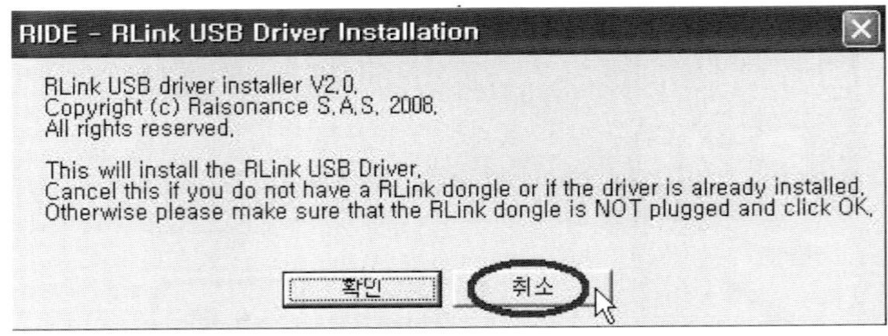

RLink 는 이 회사에서 만든 Jtag debugger 이다. 우리는 이것을 사용하는 것이 아니니까 취소를 선택해도 된다. 이것으로 Ride7_7.30.10.0169.exe 는 설치가 끝났다.

5.2.3. RKit-ARM_1.26.10.0130.exe 설치

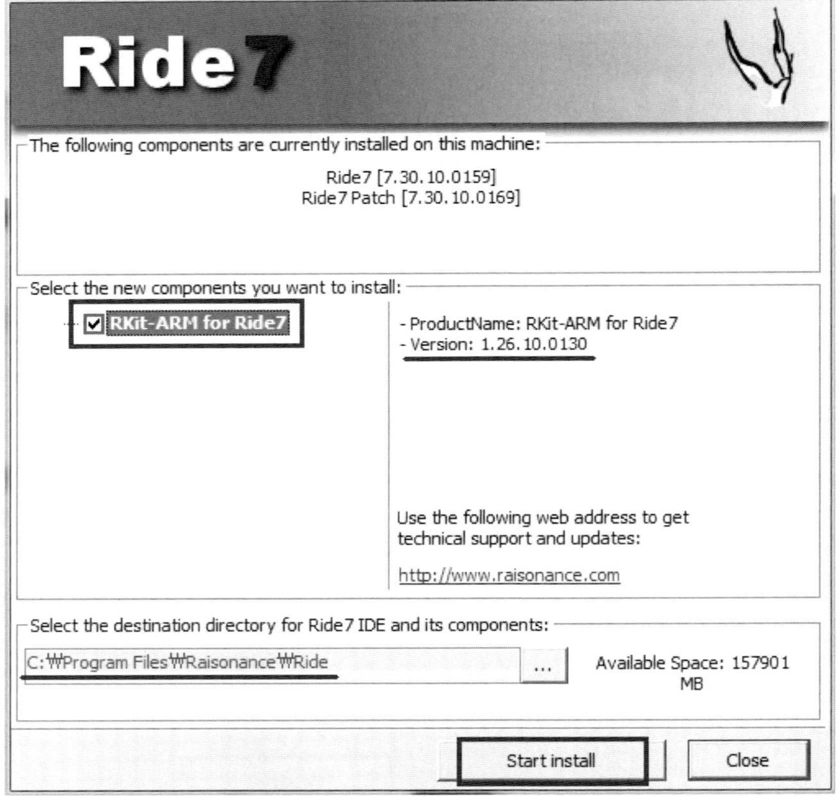

RKit-ARM_1.26.10.0130.exe 의 설치도 크게 다르지는 않다.
별 어려움이 없이 설치를 마칠수 있을 것이다.

5.2.4. RIDE7 프로젝트 구성 예제

STM 에서 자료를 받게 되면 거기에 project 부분에 RIDE 라는 이름으로 들어있는 것이 있다.
이것이 RIDE7 에서 활용할수 있는 프로젝트 파일이다.

예를 들어 STM32₩UsbFsDvLib_V301₩Project₩Audio_Speaker₩RIDE 에 보면
아래의 두 개의 파일을 볼수 있는데
AudioSpeaker.rapp, AudioSpeaker.rprj
여기서 AudioSpeaker.rprj 를 실행하면 RIDE7 이 바로 뜨게 된다.

STM32F103RB로 검색을 하게 되면 공식 STMicroelectronics 사이트를 찾을 수 있다.
http://www.st.com/mcu/devicedocs-STM32F103RB-110.html
위 사이트는 STM32F103RB가 속해있는 모든 관련 파일을 모두 명시한 곳이다.

Firmware

Reference	Description	Version	Date	Size	File	File
STM32F10x_FW_Archive	Archive for legacy STM32F10xxx Firmware Library V2.0.3 and all related Firmware packages	2.0.3	Jul-2009			
STM32F10x_StdPeriph_Lib	ARM-based 32-bit MCU STM32F10xxx standard peripheral library	3.1.0	Jun-2009			
STM32_USB-FS-Device_Lib	ARM-based 32-bit MCU STM32F10xxx USB Device Full Speed Library	3.0.1	May-2009			

위에서 예를 든 라이브러리는 USB FS Library 파일을 받으면 볼수 있다.

5.3. STM Flash Loader 설치

STM32F103RB라고 구글링을 해보면 STMicroelectonics 사이트를 찾을 수 있다. ST Micro의 홈페이지에서 정말 많은 자료들을 발견할수 있다. 아래 이 사이트의 주소를 복사해 놓았다.

http://www.st.com/mcu/devicedocs-STM32F103RB-110.html

STM32F103RB

Medium-density performance line ARM-based 32-bit MCU with 64 or 128 KB Flash, USB, CAN, 7 timers, 2 ADCs, 9 communication interfaces

Datasheet | Reference Manual | Application Note | Brochure / Flyer | Certification | Errata Sheet | Firmware | Press Release | Programming Manual | Quality - Product Documentation | Software - PC | Software for Tools | Technical Article | Technical Note | User Manual |
Development Tools

Generic Part Number	Orderable Part Number		RoHS Compliant
STM32F103RB	Purchase	STM32F103RBH6	
STM32F103RB	Purchase Samples	STM32F103RBT6	

Datasheet

Reference	Description	Version	Date	Size	File	File
STM32F103x8/B	Medium-density performance line ARM-based 32-bit MCU with 64 or 128 KB Flash, USB, CAN, 7 timers, 2 ADCs, 9 communication interfaces	10	Apr-2009			

Reference Manual

Reference	Description	Version	Date	Size	File	File
RM0008	STM32F101xx, STM32F102xx, STM32F103xx, STM32F105xx and STM32F107xx advanced	9	Jun-2009			

그림 5-4 STMicroelectonics 사이트 - STM32F103RB

위 그림은 이들 내용 중에서 앞 부분의 일부만 발췌한 것이다. 일부는 중복된 부분도 많고 버전도 조금씩 안 맞고 많은 사람들이 부분별로 나누어서 작업한 흔적도 있지만 나름대로는 굉장히 자료가 잘 되어 있는 것으로 판단된다.

User Manual

Reference	Description	Version	Date	Size	File	File
UM0424	STM32F10xxx USB-FS-Device development kit	7	May-2009			
UM0685	CEC (consumer electronic control) C library using the STM32F101xx, STM32F102xx and STM32F103xx microcontrollers	1	Mar-2009			
UM0462	STM32F101xx, STM32F102xx and STM32F103xx Flash loader demonstrator	5	Mar-2009			
UM0486	STM3210B-MCKIT Motor Control starter kit	3	Nov-2008			
UM0585	STM32F10xxx DSP library	1	Oct-2008			
UM0412	DfuSe USB Device Firmware Upgrade STMicroelectronics Extension	3	Sep-2008			
UM0435	STM3210B-EVAL demonstration software	4	Dec-2007			

그림 5-5 UM0462 - flash 다운로드

이중 flash에 다운로드를 하기 위해서 사용하는 프로그램이 UM0462에 포함되어 있다. 이것을 다운로드 받아서 설치하면 된다. 다운받은 um0462.zip의 압축을 풀면 2개의 파일이 있다. Flash_Loader_Demonstrator_V2.0_Setup.exe과 version.txt이다. 버전을 살펴보면 V2.0.0이다.

Flash_Loader_Demonstrator_V2.0_Setup.exe를 실행시킨다.

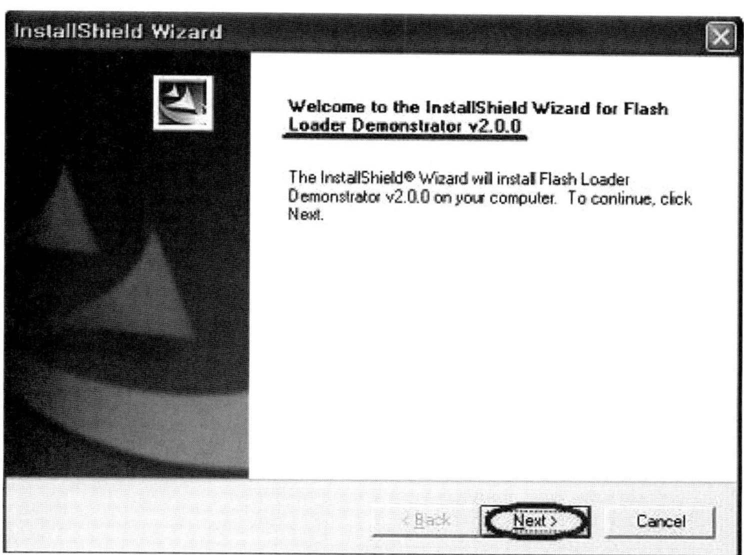

그림 5-6 Flash_Loader_Demonstrator 설치 화면

버전을 확인할 수가 있다. Next를 수행한다.

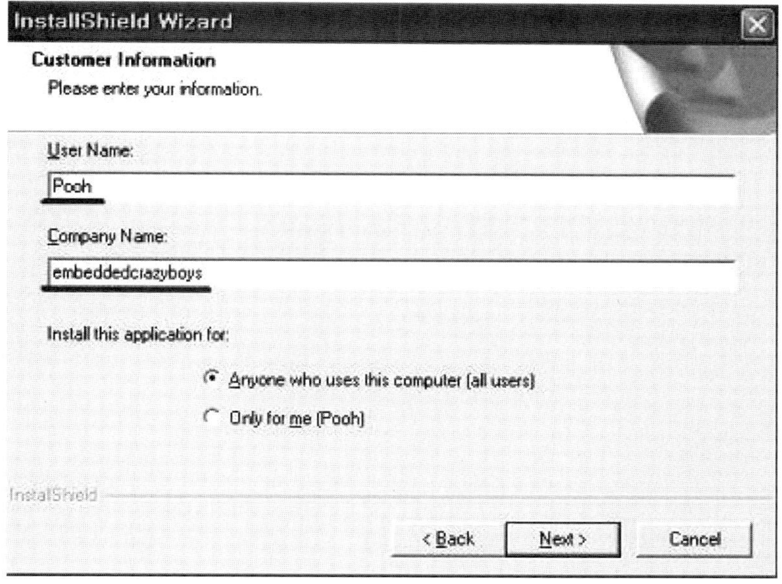

User Name과 Company Name을 설정하고 Next를 누른다.
이후 디렉토리 설정은 default를 유지하고 설치를 진행하면 모두 자동으로 끝나게 된다.

STMicroelectonics에서 Flash Loader Demo를 수행하면 된다.

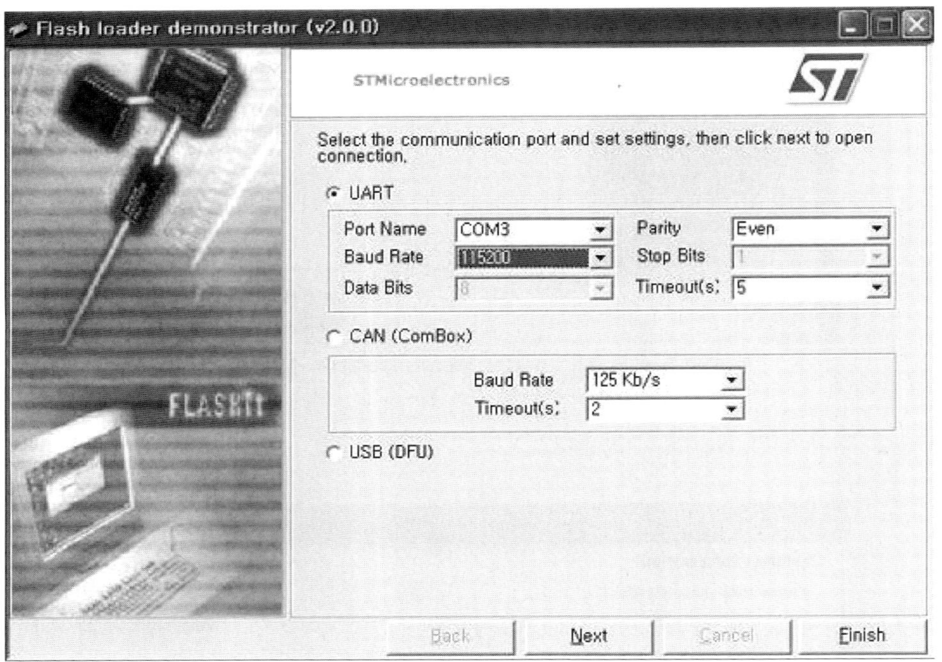

위 그림에서와 같이 세 종류의 다운로드 방법을 지원하는 프로그램을 만날 수 있다. 우리는 일단 주로 UART를 이용한 다운로드 방법을 다룰 것이다. 실제 다운로드와 관련해서는 뒤에 Firmware에 대한 실습을 수행하면서 해보도록 한다.

<Flash Loader Demonstrator 소스>

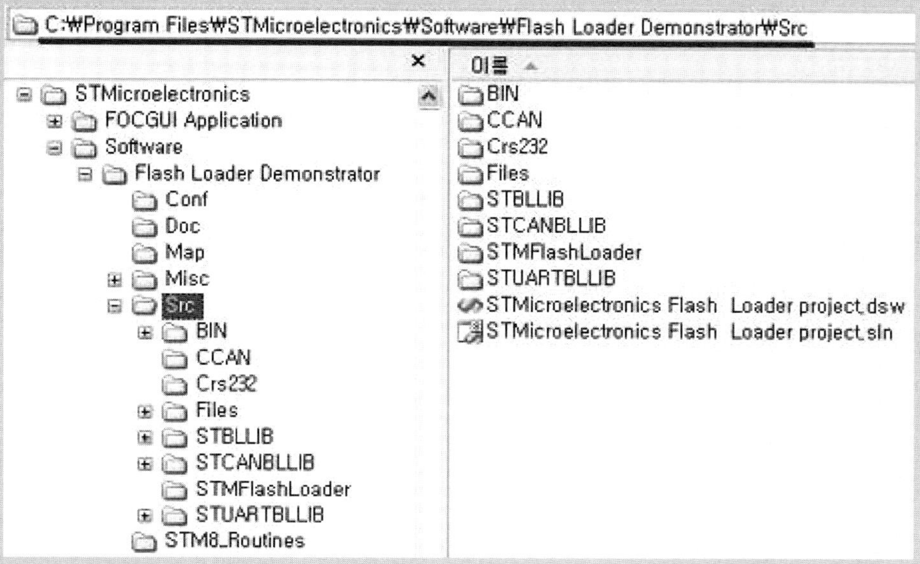

프로그램 디렉토리에 가보면 전체 소스 코드도 함께 포함되어 있는 것을 알 수 있다. 그러니까 자신의 환경에 맞게 customize해서 프로그램 다운로더를 맘대로 바꿀 수 있도록 STMicroelectronics에서 코드까지 제공을 해주고 있는 것이다.

5.4. 터미널 프로그램 설치

시리얼 터미널로 윈도우즈에서 제공해주는 보조프로그램 > 통신 > 하이퍼터미널을 이용할 수도 있다. 하지만 사실 사용하는데 너무나도 불편한 것이 사실이다. 기능에 있어서도 만족스럽지는 못하다. 필자는 오래전부터 통신 프로그램으로 Token2Plus 라는 제품을 사용해 왔다. 물론 상용 프로그램이기는 하지만 30 일 동안 사용할 수 있도록 해주고 있고, 30 일이 지나면 프로그램을 삭제하고 다시 깔면 아무런 제한 없이 사용할 수 있는 프로그램이다. 막강한 성능을 가지고 있고 사용자 편의성에 있어서도 최고라고 생각한다.

이 프로그램이 이제는 사라질 것이고, 새롭게 단장해서 Token2Shell 이라는 이름으로 더욱 막강해졌다. 이 프로그램을 사용해 보도록 하자.

http://www.choung.net/Token2Shell/download

위 사이트에 접속해서 프로그램을 다운로드 받을 수 있다.

Token2Shell.desktop.v560.setup.exe을 받아서 설치를 진행하면 된다. 설치의 과정은 너무나도 간단해서 추가적인 설명은 하지 않도록 한다.

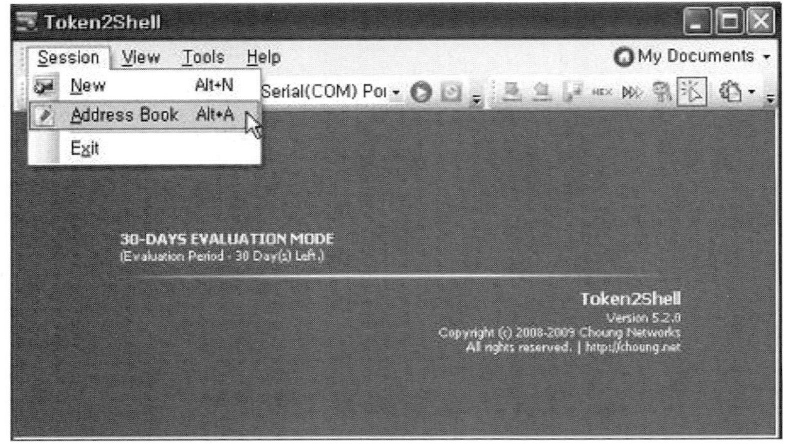

최초로 실행해 보면 30일 evaluation mode로 동작하고 있다는 문구가 보인다. Session을 선택해서 Address Book을 수행한다.

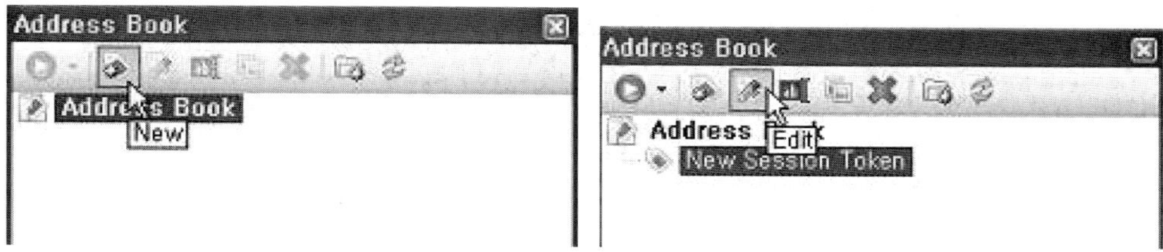

그림 5-7 Token2Shell 설정 화면

New 버튼을 통해서 새로운 연결을 하나 만든다. Edit 버튼을 이용해서 내용을 편집하도록 한다.

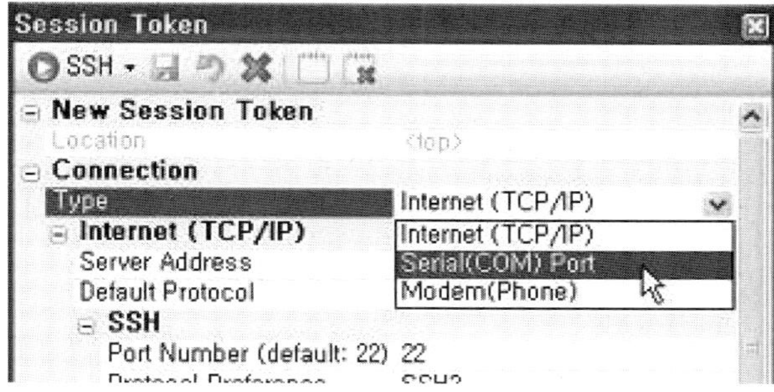

연결 형태를 Serial(COM) Port로 설정한다.

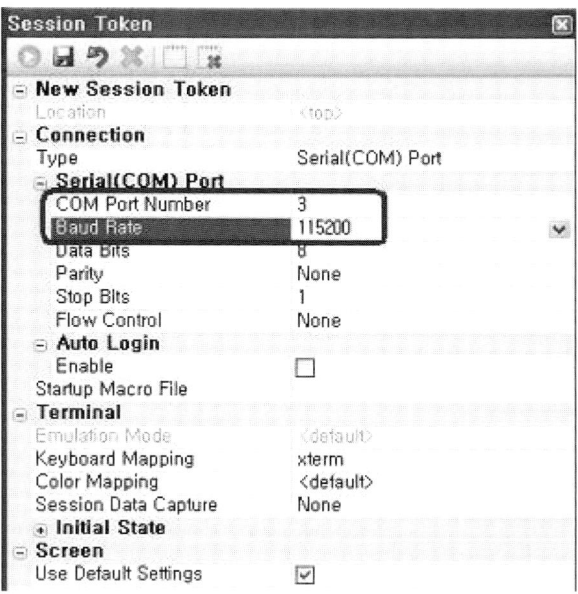

COM Port 번호와 Baud Rate만 적절히 선택하면 나머지 다른 옵션들은 default로 설정된 것을 그대로 사용해도 문제가 없다.

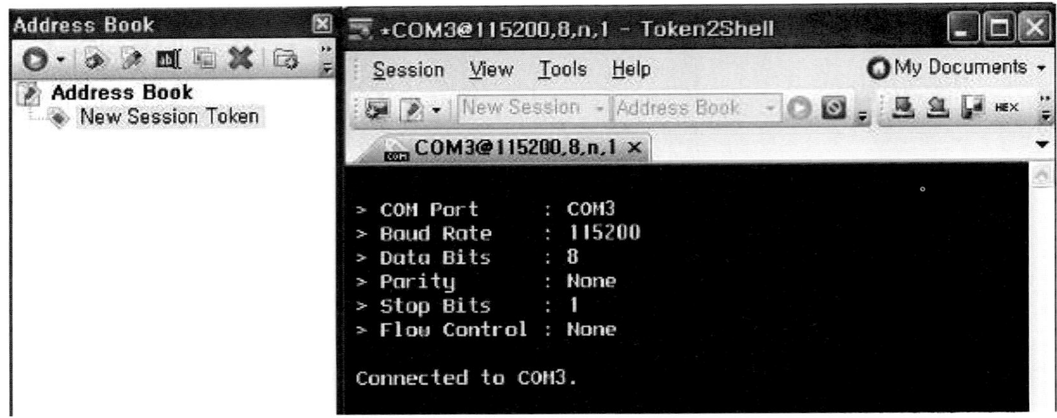

이제 생성된 New Session Token을 더블 클릭하면 오른쪽의 그림과 같이 COM3로 정상적으로 연결된 것을 볼수 있다.

이 프로그램은 이렇게 COM Port serial로 사용할수도 있지만 그 외에 텔넷 등의 용도로 무척이나 다양하게 활용도가 높은 프로그램이다. 앞으로 이 책에서 설명할 시리얼 창에서의 예제들은 이 프로그램을 통해서 서술될 것이다.

5.5. 참고 사항 - Error 사항 대처 방법

5.5.1. File Open error - Fatal Error[Pe005]

Fatal Error[Pe005]: could not open source file "usb_conf.h"
C:₩Wk₩Pjt₩STM32₩UsbFsDvLib_V301₩Libraries₩STM32_USB-FS-Device_Driver₩inc₩usb_type.h 21

위와 같은 에러가 발생하는 경우가 있다. 파일을 open 하지 못한다는 것은 대부분의 경우에 있어서 directory 에 대한 설정이 되어있지 않기 때문이다.

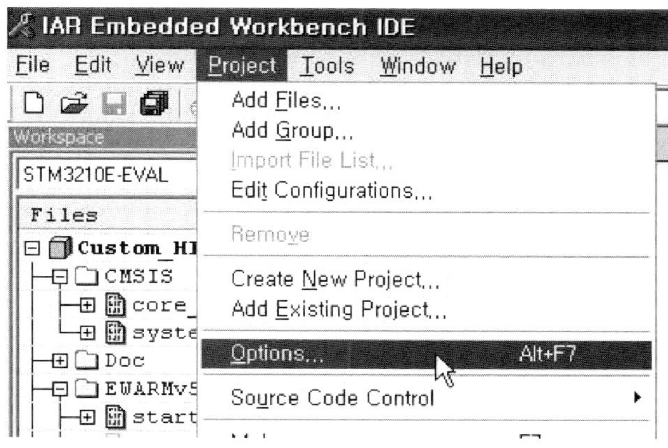

Project > Options 메뉴에서 설정이 가능하다.

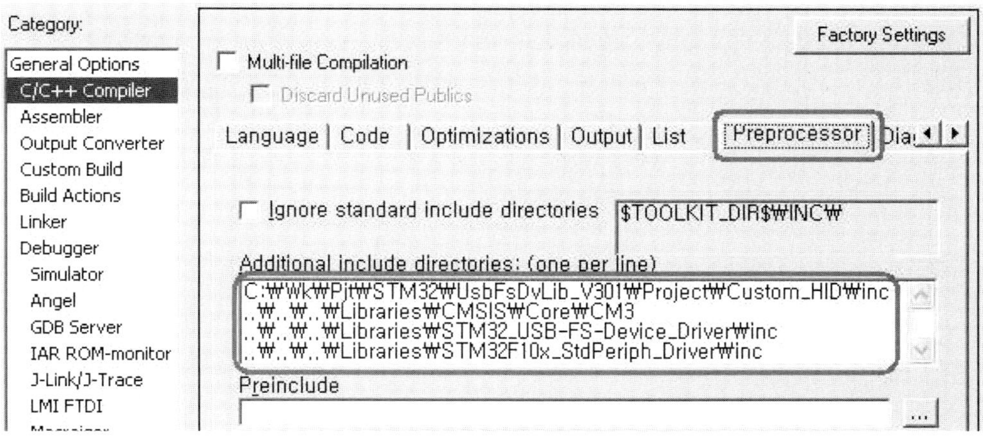

그림 5-8 Project Options 설정

C/C++ Compiler > Preprocessor 탭을 선택해서, Additional include directories: 부분에 위와 같이 입력을 해서 넣어주면 된다. 첫 번째 줄과 같이 절대 경로를 줄 수도 있고, 나머지 줄과 같이 상대

경로를 줄 수도 있다. 상대 경로를 줄 경우 현재의 project file 이 존재하는 위치가 현재 directory 가 된다. 각각의 라인이 하나의 directory 를 나타내도록 편집하면 된다.

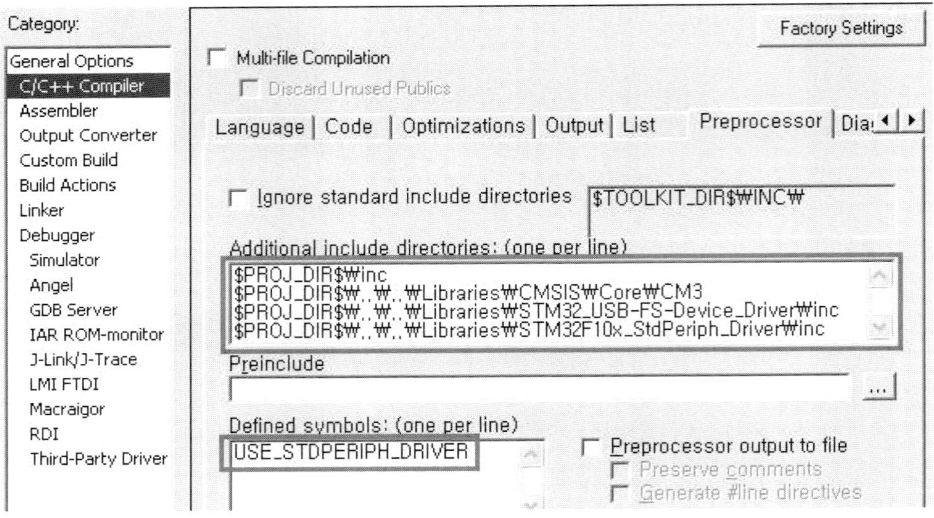

$PROJ_DIR$이라는 것이 eww 파일이 저장되어있는 위치 directory 를 가리킨다. 이것을 기준으로 모든 관련 directory 를 지정하는 것이 유용할 것이다.

5.5.2. "assert_param" error - Error[Li005]

USE_STDPERIPH_DRIVER 없이 빌드를 했을 경우에 아래와 같은 error 를 만나는 경우가 있다.

```
Error[Li005]: no definition for "assert_param" [referenced from
C:₩Wk₩Pjt₩STM32_Pooh₩Project₩Custom_HID₩Debug₩Obj₩
```

이것은 assert_param 이 정의되지 않아서 발생한 것이다. stm32f10x_conf.h 에 보면 아래와 같이 assert_param 에 대해 정의가 되어 있다.

```
#ifdef   USE_FULL_ASSERT
  #define assert_param(expr) ((expr) ? (void)0 : assert_failed((uint8_t *)__FILE__, __LINE__))
  void assert_failed(uint8_t* file, uint32_t line);
#else
  #define assert_param(expr) ((void)0)
#endif /* USE_FULL_ASSERT */
```

assert_param 에 대한 error 를 없애려면 반드시 **stm32f10x_conf.h** 가 include 되어야 한다. 또는 USE_STDPERIPH_DRIVER 옵션을 넣어주어도 된다.

```
#ifdef USE_STDPERIPH_DRIVER
  #include "stm32f10x_conf.h"
#endif
```

이와 같이 정의가 되어 있어서 USE_STDPERIPH_DRIVER 옵션을 넣어주는 것이 stm32f10x_conf.h 를 include 하는 것과 동일한 효과를 나타내는 것이다.

5.5.3. 빌드 Warning [Pa082]

빌드 중에 아래와 같은 warning 을 만날 수 있다. 모든 warning 은 나름대로 다 의미가 있는 것이기 때문에 가능한 모든 warning 은 없애주는 것이 당연한 것이고 또한 공부하는 입장에서 매우 유용한 일이라고 하지 않을 수 없다.

```
Warning[Pa082]: undefined behavior: the order of volatile accesses is undefined in this statement
D:₩WkPjt₩MangoZ1₩mango_z1_FreeRTOS₩FreeRTOS₩Common₩Minimal₩death.c 171
```

사실 volatile 이라는 것에 대해서 완전히 이해를 하고 있는 사람은 많지 않은 듯 하다. 많은 사람들이 이해하기로 뭔가 optimize 가 되기를 원하지 않는 부분에 대해서 volatile 이라는 것을 붙인다 라고만 이해를 하고 있는데, 이것은 약간 불완전하게 이해를 하고 있는 것이다. 먼저 위의 warning 이 발생했던 코드를 살펴보겠다.

```
static portTASK_FUNCTION( vSuicidalTask, pvParameters ) {
    volatile portLONG l1;
    volatile portLONG l2;
................
        /* Do something random just to use some stack and registers. */
        l1 = 2;
        l2 = 89;
        l2 *= l1;
..........
```

l1 과 l2 는 모두 volatile 로 정의가 되어 있다. 이것을 둘을 곱하는 상황이 되는 **l2 *= l1** 문장에서 warning 이 나는 것이다.

"the order of volatile accesses is undefined in this statement" 이 말이 의미하는 것은 volatile 변수들에 대해서 access 하는 순서가 명확하지 않다는 것이다. **volatile 이라는 것이 의미하는 것은 "언제든지 값이 변할 수 있다"는 것이다.**

언제든지 값이 변할 수 있다는 말은 무엇을 의미할까? 우리가 CPU 의 레지스터 변수에는 늘 volatile 을 붙여서 사용한다. 당연히 CPU 레지스터는 언제든 그 값이 변할 수 있는 값이다. 프로그램의 코딩 순서 등과 상관없이 CPU 의 상황에 따라서 값이 달라지는 것이다.

l2 *= l1 문장은 l2 = l2 * l1 를 의미하는 것이고, l2 * l1 를 계산해야 하는 상황에서 컴파일러가 빌드를 해야하는데 과연 어떤 변수를 먼저 읽어와야 하는 가를 판단할 수 없다는 것이다. 물론 위 문장이 수행되는 순간은 너무나도 빠른 순간이지만 상황에 따라 l2 를 먼저 읽어오고, l1 을 읽을때와 그 반대의 경우와 결과는 완전히 달라질 수도 있는 것이다. 컴파일러는 친절하게도 이러한 상황을 고려해서 warning 을 주고 있는 것이다. 그럼 이 warning 을 없애려면 어떻게 해야 할까? 가장 간단한 방법은 그 순서를 명확하게 나타내 주는 것이다. temporary 변수를 선언해서 컴파일러가 어떤 값을 먼저 읽을지를 명확하게 알려주는 것이다. 아래 코드는 warning 이 발생하지 않도록 고친 것이다.

```
static portTASK_FUNCTION( vSuicidalTask, pvParameters ) {
volatile portLONG l1;
volatile portLONG l2;
    portLONG l1_temp;
........
          /* Do something random just to use some stack and registers. */
          l1 = 2;
          l2 = 89;
#if 0
          l2 *= l1;
#else
         l1_temp = l1;
         l2 = l2 * l1_temp;
#endif
```

새로운 변수를 하나 선언해서 l1 의 값을 먼저 읽어서 그 읽은 값을 가지고 계산을 하도록 변경한 것이다. 물론 l2 를 먼저 읽고 싶으면 그에 맞게 변경하면 된다. **volatile 은 영어 단어의 뜻처럼 휘발성의 ... 언제나 변할수 있는 것을 의미한다는 사실을 명심하도록 하자.**

6. Cortex-M3 기본 Firmware 프로그래밍

이번 장과 다음 장에 걸쳐서 우리는 STM32 Cortex-M3 CPU를 이용하는 Firmware를 공부할 것이다. 보드는 2가지 종류이다. 하나는 Mango-M32 이고 다른 하나는 Mango-Z1 이다. 이전 장의 Hardware manual을 통해서 보드에 대한 내용은 대략적으로 익혔을 것으로 판단하고 있다.

필자는 2가지 보드를 이용해서 Firmware를 공부할 때 2가지 다른 방향을 짚어보고자 한다. 즉, 아무것도 없는 빈 상태에서 시작해서 하나하나 요소들을 추가하면서 아주 세세한 내용까지 다루면서 이해하고 진행하는 방향과, STMicroelectronics 사에서 제공하는 여러가지 라이브러리를 이용해서 프로그램을 해나가는 방향의 두 가지 방식을 모두 다루어 볼 것이다.

Mango-M32를 이용해서는 아주 세세한 내용을 하나씩 추가하는 방식으로 다룰 것이고, Mango-Z1을 이용해서는 STMicroelectronics의 라이브러리를 가져와서 이를 이용해서 보드에 적용하는 부분을 해나갈 것이다. 세세한 내용에 대해서 공부하기를 원하는 독자는 이번 장부터 정독을 해나가면 될 것이고, 실제적인 코딩을 먼저 해야 하는 독자는 다음 장부터 공부해도 무리는 없을 것이다.

6.1. LED를 켜 보자 – 무작정 따라하기

모든 기초 프로그래밍에서 빠지지 않고 등장하는 것은 Hello World이다. 하지만 우리는 이것을 하지 않을 것이다. 대신 LED를 켜보는 것으로부터 시작해 보려고 한다. 사실 화면에 뭔가 출력을 하는 단계까지 가는 것도 매우 많은 것들을 알아야 할 수 있는 것이다. 무작정 따라 하다 보면 언제가 고수가 되어있는 자신을 발견할 수 있을 것이다.

6.1.1. 폴더 구조 설정

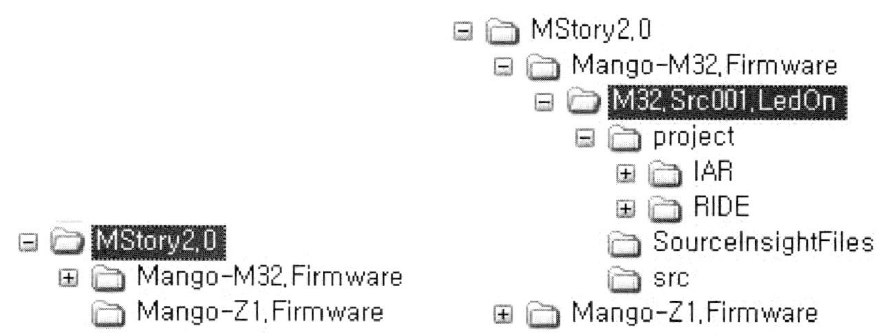

MStory2.0이라는 이름으로 만든 폴더에 두 개의 디렉토리를 만들었고, 이번 장은 Mango-M32.Firmware 부분을 하나씩 채워나갈 것이다.

Mango-M32.Firmware에 M32.Src001.LedOn이라는 이름으로 디렉토리를 만들었다. 그리고 project 폴더를 만들었고, 거기에 IAR과 RIDE의 두 개의 폴더도 만들었다. SourceInsightFiles는 소스 편집을 위해 사용하는 Source Insight라는 툴의 각종 정보 파일들을 저장하는 공간이다. 사용 환경에 따라 이 폴더는 필요 없을 수도 있을 것이다. 각자 자신이 사용하는 에디터를 이용하면 된다. 필자는 거의 모든 경우에 오직 Source Insight만 쓰고 있기 때문에 이러한 디렉토리도 있는 것이다.

모든 폴더는 비어 있고 오직 src 폴더에 main.c만 들어 있다. main.c에 들어있는 내용은 아래와 같다.

<main.c>

```
/* (C) COPYRIGHT 2009 CRZ
 * File Name : main.c
 * Author      : POOH
 * Version     : V1.0
 * Date         : 08/12/2009 */

int main(void) {
      (*(volatile unsigned *)0x40021018) |= 0x8;
      (*(volatile unsigned *)0x40010C04) |= 0x10;

      while(1)
      { ; }
}
```

너무나도 단순하다. 아무런 include도 없고, 오직 두 줄의 알수 없는 문장만이 존재하고 아래 while로 무한 루프를 돌고 있다. main에서 특별한 다른 일은 아무런 일도 하지 않는다. 이것이 실제 빌드되고 동작이 되면 어떻게 될 것인지 해보도록 하겠다. 이것을 그냥 아무 생각 없이 따라서 빌드를 해보도록 하자.

6.1.2. IAR 환경 구성 및 빌드

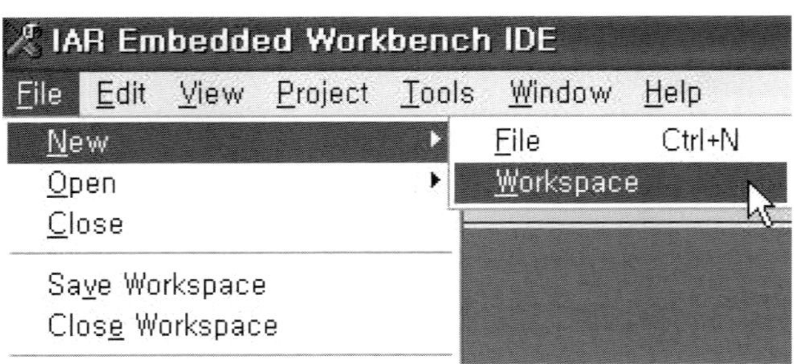

File > New > Workspace를 선택해서 새로운 work space를 생성한다.

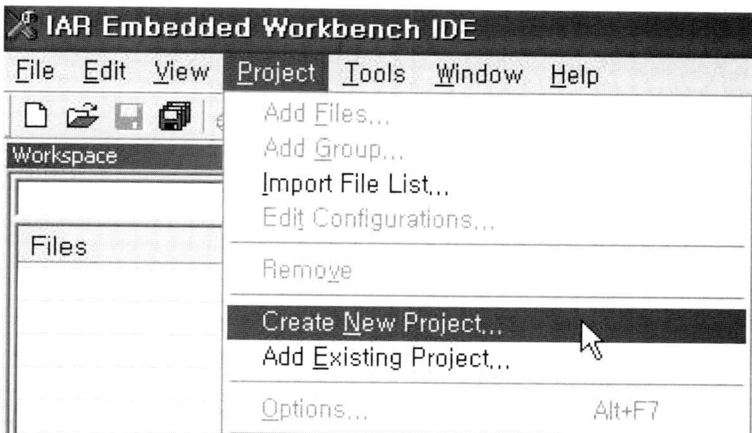

이제 Project > Create New Project...를 선택해서 프로젝트 파일을 새로 생성한다.

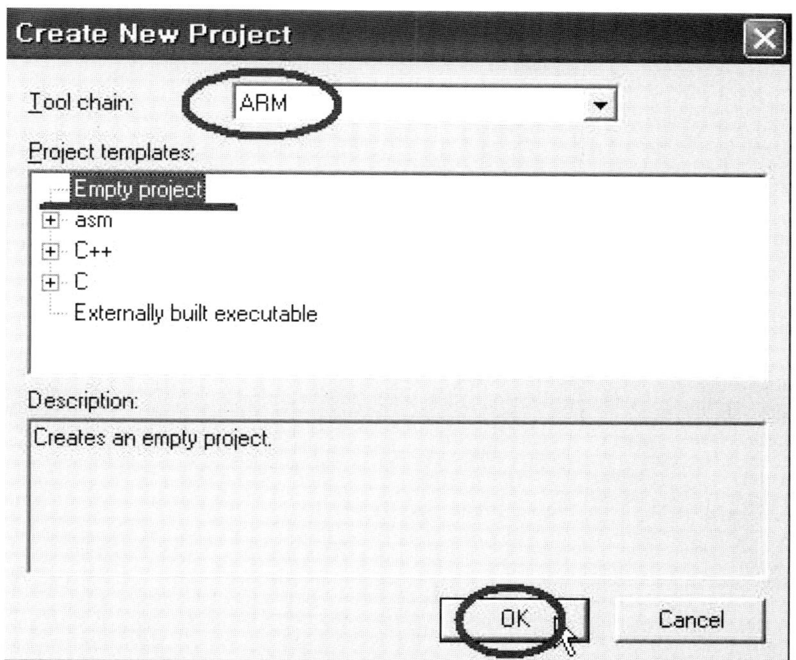

그림 6-1 Create New Project

기본적으로 IAR은 ARM을 위한 것으로 설정이 되어 있다.
Empty project를 선택하고 OK를 누른다.

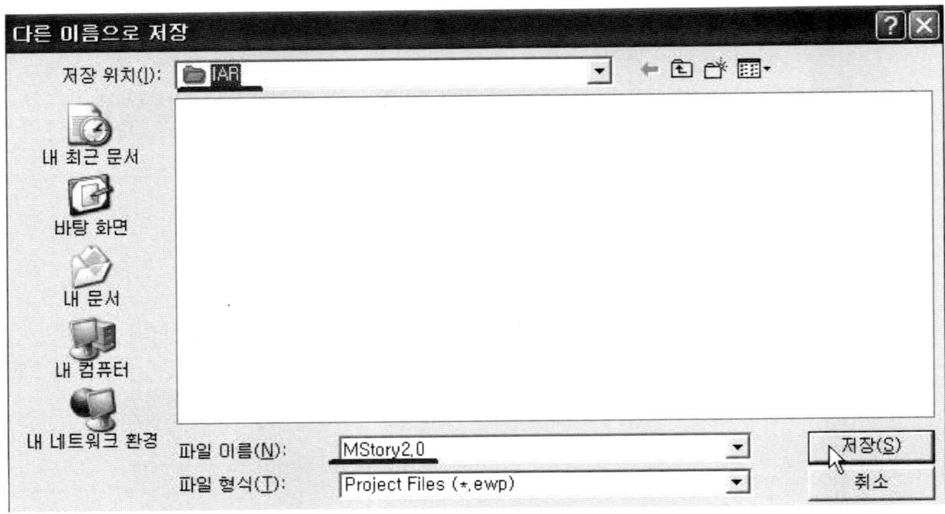

이미 만들어 놓았던 IAR 폴더에 MStory2.0이라는 이름으로 저장을 한다.

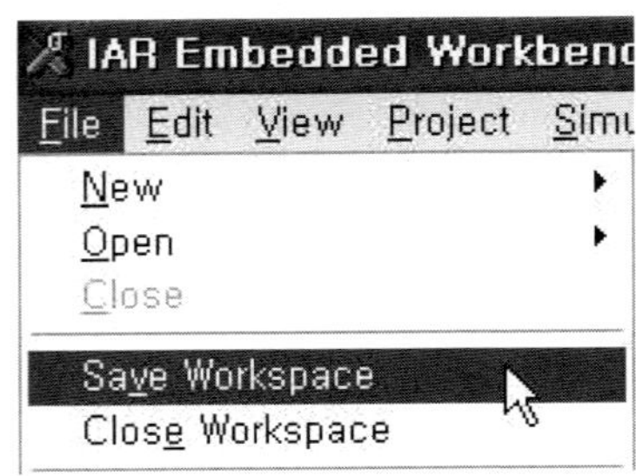

File > Save Workspace를 눌러서 저장을 한다.

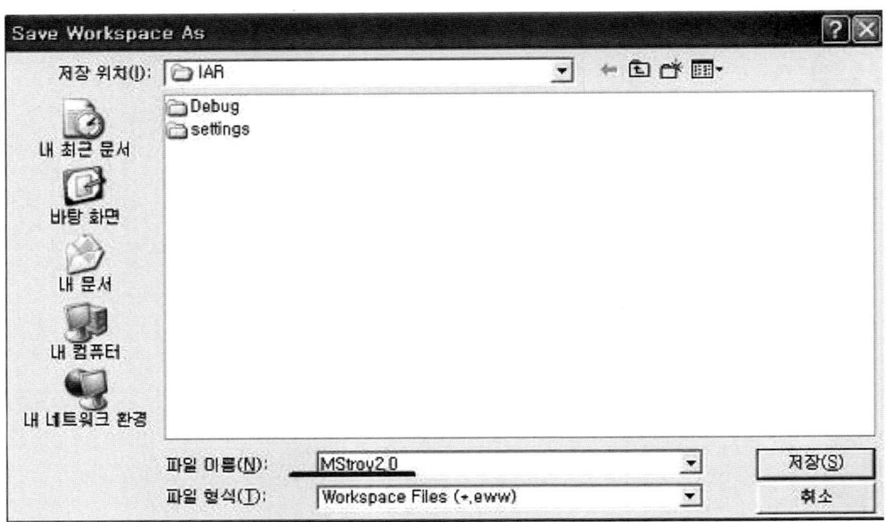

역시 MStroy2.0이라는 이름으로 저장을 한다.
위 프로젝트 파일의 확장자는 ewp였었는데, 여기 workspace의 확장자는 eww이다.

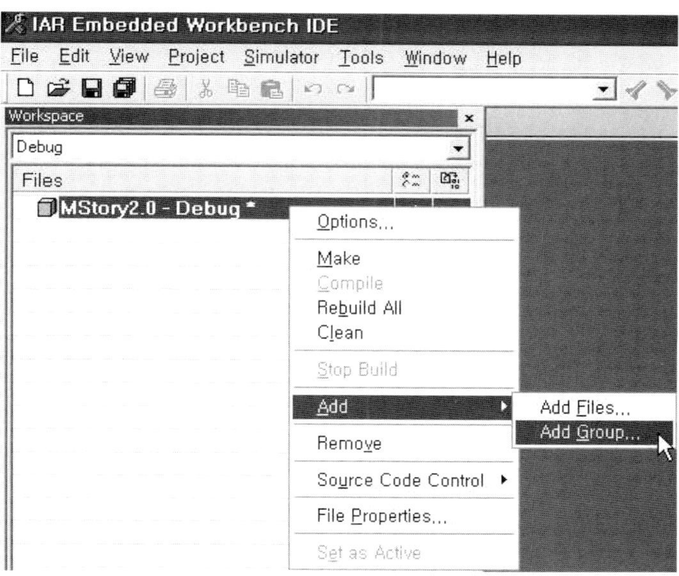

만들어진 곳에서 마우스 오른쪽 버튼을 눌러서 Add > Add Group...을 선택한다.

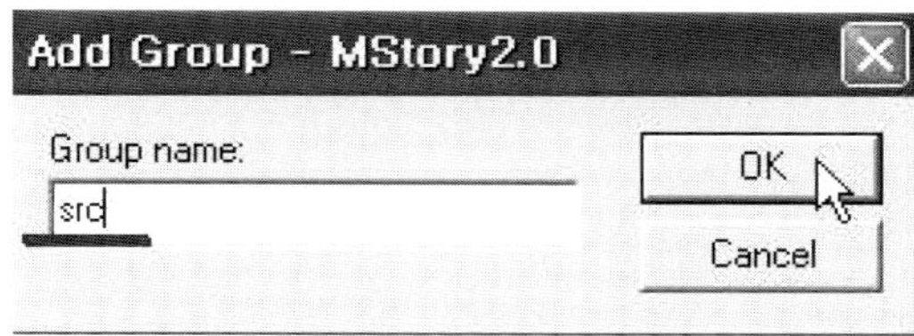

src라는 이름으로 저장을 한다.
우리는 이곳에 이미 만들어져 있었던 main.c를 등록하려고 하는 것이다.

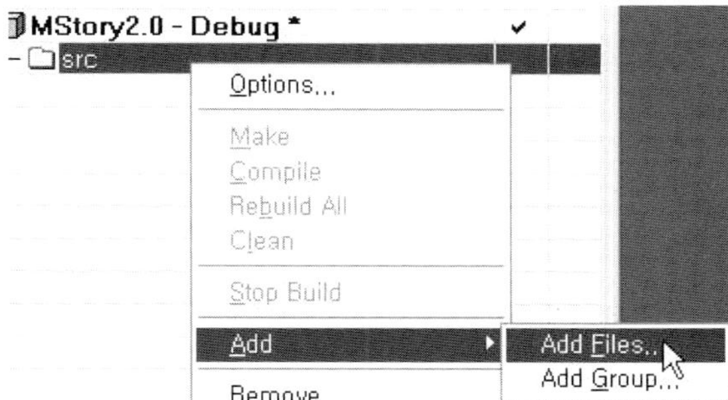

src 부분에서 역시 마우스 오른쪽 버튼을 눌러서 Add Files...를 선택한다. 이미 만들어 놓았던 main.c를 추가한다.

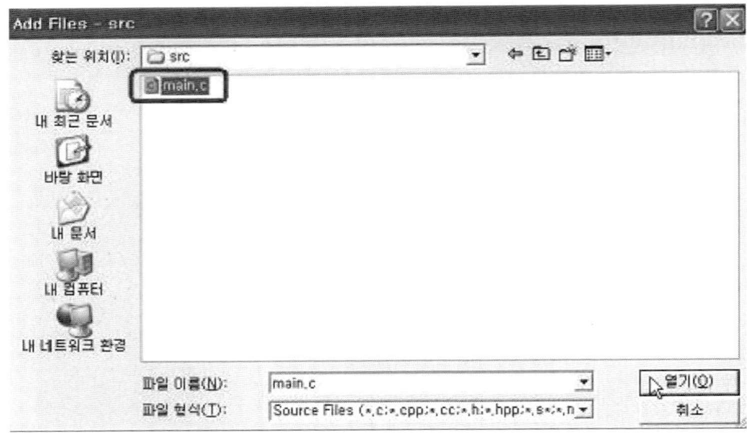

이제 프로젝트의 옵션을 설정해야 한다. Project > Options...를 선택한다.

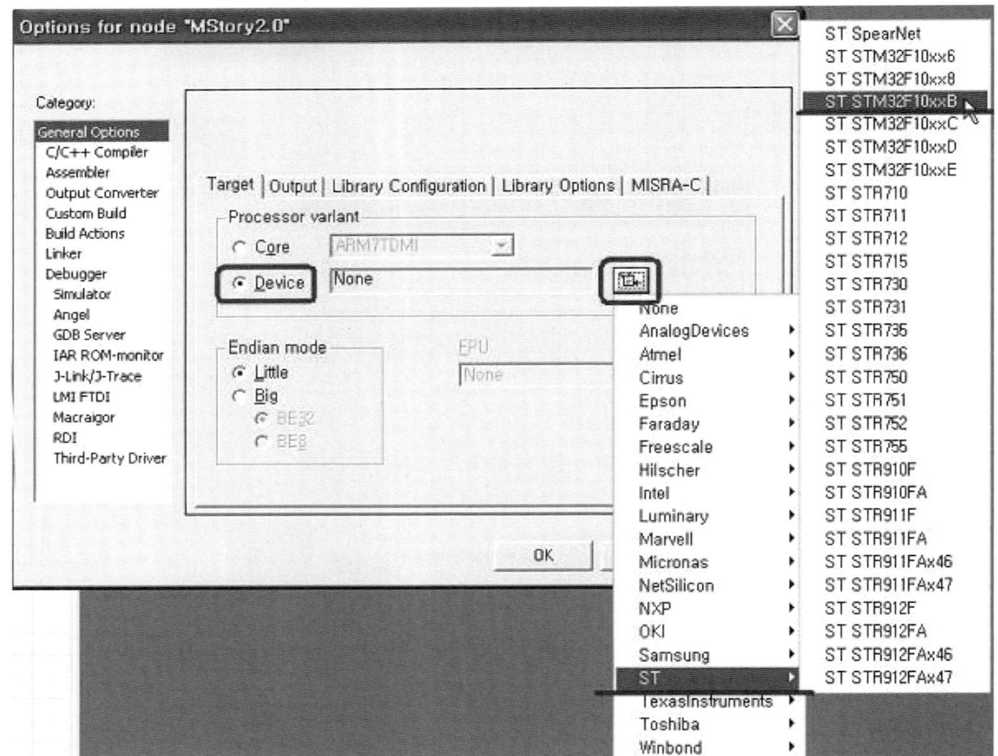

그림 6-2 프로젝트 옵션 – 디바이스 선택

Processor가 default로 ARM7TDMI로 되어있는데 우리가 사용할 것은 STM32F103RB이기 때문에 그에 맞도록 선택해야 한다. Device를 선택하고 오른쪽의 버튼을 누르면 그림처럼 선택을 할 수 있다. Endian mode는 Little Endian을 사용하기 때문에 변경할 필요가 없다.

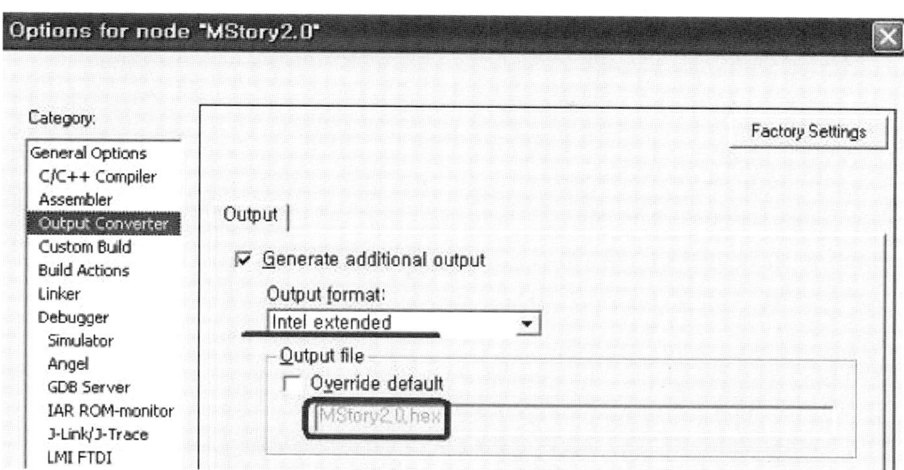

우리가 실제 타겟 보드에 올릴 형태는 binary 파일의 형태이다. 이것을 빌드할때 함께 만들어줄 수 있도록 설정하는 것이다. 이 output 파일의 형태는 binary여도 되고, Intel extended의 hex 형태여도 상관은 없다. 나중에 사용할 ST의 Flash loader 프로그램에서 두 가지 형태를 모두 지원한다.

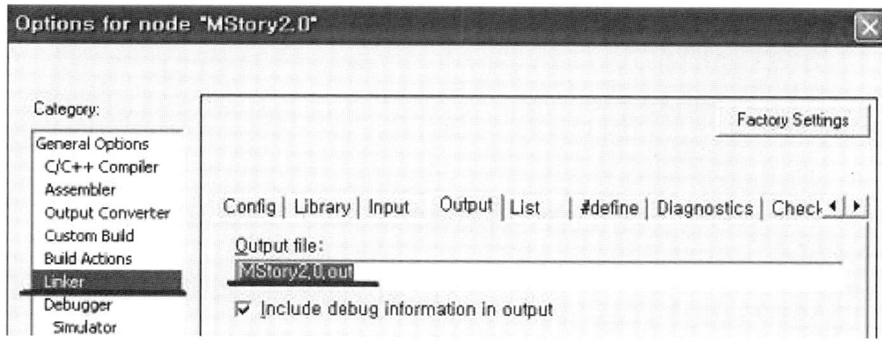

/EXE directory 에 들어있는 out 파일의 이름은 여기서 수정할 수 있다.

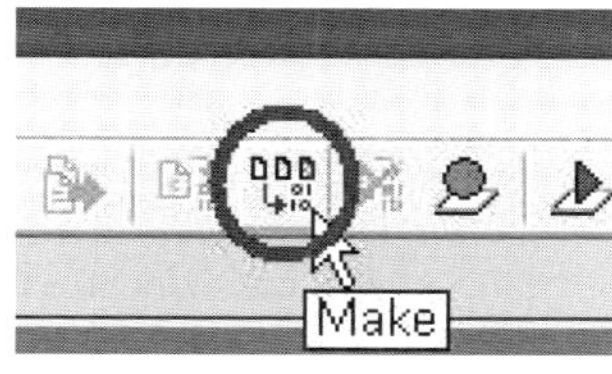

이제 위의 Make 버튼을 눌러서 빌드를 수행한다. Project 메뉴의 Make나 Rebuild All 등의 메뉴를 선택해도 같은 결과가 생성될 것이다.

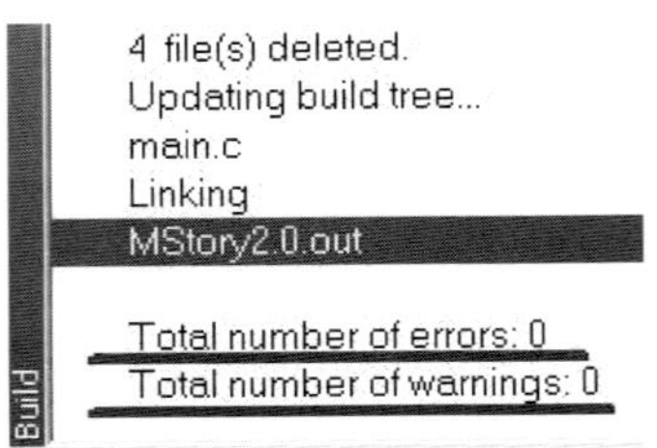

하단에 보이는 메세지 창에 아무런 에러도 warning도 없이 빌드가 성공한 것을 확인할 수 있다. MStory2.0₩M32.Src001.LedOn₩project₩IAR₩Debug₩Exe 부분을 살펴보면 MStory2.0.out과 우리가 추가적으로 생성하기를 원했던 MStory2.0.hex도 생성되어 있는 것을 발견할 수 있다.

현재 상태에서 M32 보드에 올려서 다운 로드를 하게되면 아래와 같은 에러가 발생하게 된다.

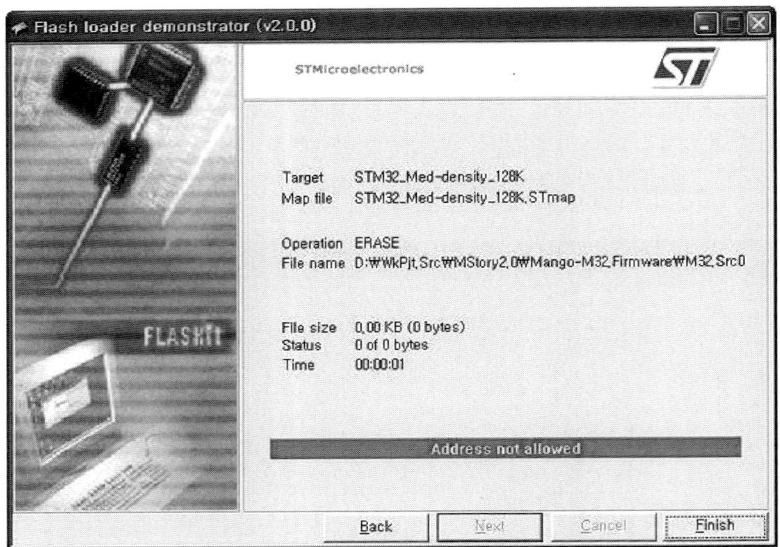

그림 6-3 Flash Download 에러 화면

이 문제는 링커에게 정확한 정보를 주지 않았기 때문에 발생한 문제이다.

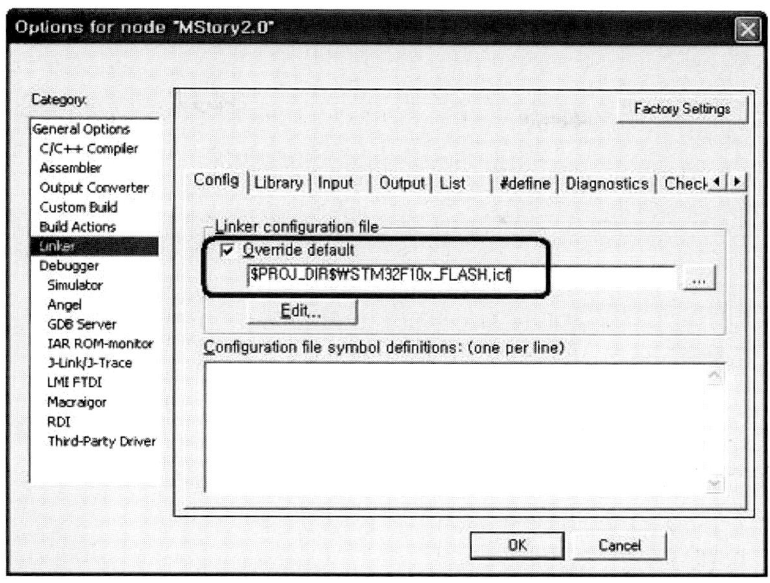

위와 같이 Linker Option에 stm32f10x_flash.icf 정보를 알려주어야 한다.

```
/*###ICF### Section handled by ICF editor, don't touch! ****/
/*-Editor annotation file-*/
/* IcfEditorFile="$TOOLKIT_DIR$₩config₩ide₩IcfEditor₩a_v1_0.xml" */
/*-Specials-*/
define symbol __ICFEDIT_intvec_start__ = 0x08000000;
/*-Memory Regions-*/
define symbol __ICFEDIT_region_ROM_start__    = 0x08000000 ;
define symbol __ICFEDIT_region_ROM_end__      = 0x0807FFFF;
define symbol __ICFEDIT_region_RAM_start__    = 0x20000000;
define symbol __ICFEDIT_region_RAM_end__      = 0x2000FFFF;
/*-Sizes-*/
define symbol __ICFEDIT_size_cstack__    = 0x400;
define symbol __ICFEDIT_size_heap__      = 0x200;
/**** End of ICF editor section. ###ICF###*/
define memory mem with size = 4G;
define region ROM_region = mem:[from __ICFEDIT_region_ROM_start__ to
__ICFEDIT_region_ROM_end__];
define region RAM_region = mem:[from __ICFEDIT_region_RAM_start__ to
__ICFEDIT_region_RAM_end__];
define block CSTACK    with alignment = 8, size = __ICFEDIT_size_cstack__   { };
define block HEAP      with alignment = 8, size = __ICFEDIT_size_heap__     { };
```

```
initialize by copy { readwrite };
do not initialize   { section .noinit };
place at address mem:__ICFEDIT_intvec_start__ { readonly section .intvec };
place in ROM_region    { readonly };
place in RAM_region    { readwrite,
                         block CSTACK, block HEAP };
```

stm32f10x_flash.icf 파일의 내용은 위와 같다. 0x08000000 번지의 주소값이 링크 작업을 하면서 설정되어야 정확하게 다운로드 되어서 실행할 수 있는 것이다.

이제 이 바이너리 파일을 실제 망고보드에 올려서 동작을 시켜보아야 할 것이다. 하지만 그전에 무료 빌드 툴인 RIDE로도 같은 프로그램을 빌드하는 방법에 대해서 먼저 알아보도록 한다.

6.1.3. RIDE7 환경 구성 및 빌드

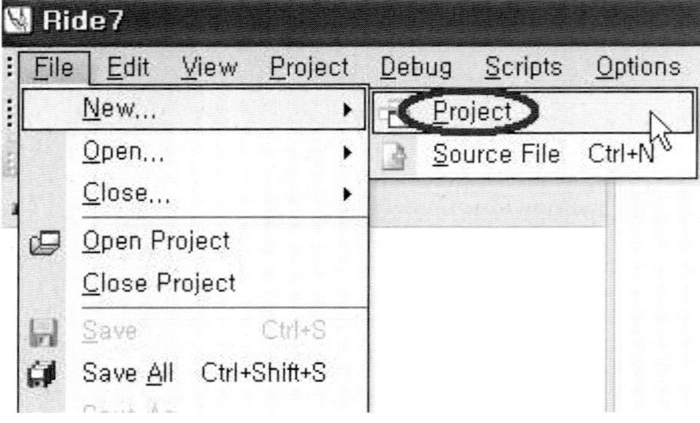

RIDE7 을 띄워서 File > New > Project 를 수행한다.

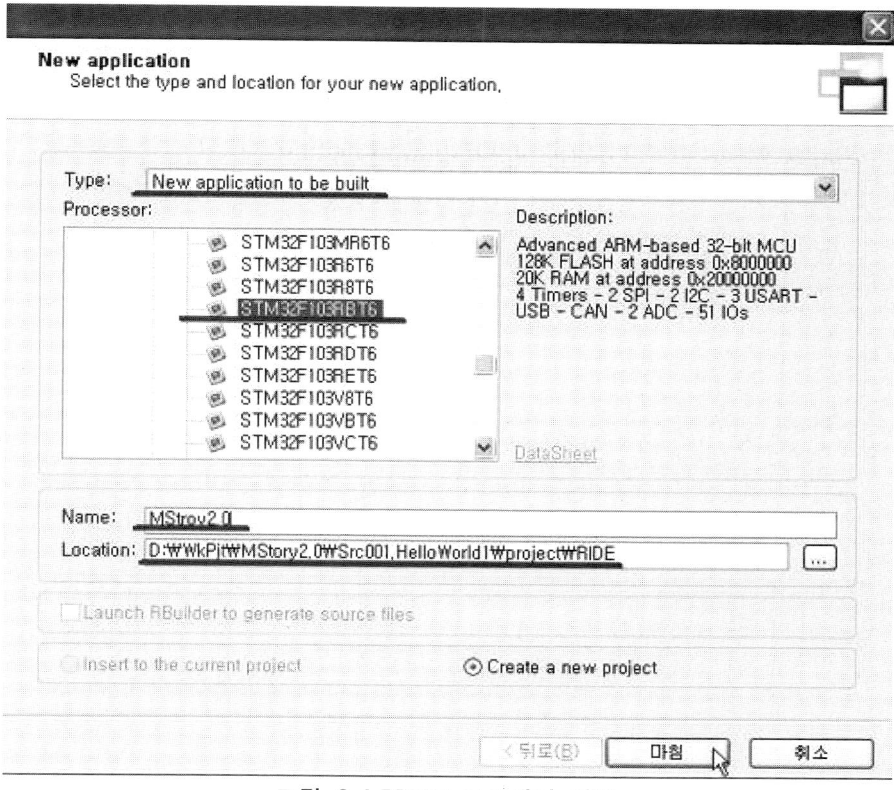

그림 6-4 RIDE7 프로세서 선택

당연히 New application to be built 를 선택해야 할 것이다.
우리가 사용하는 CPU 가 STM32F103RBT6 이기 때문에 이것으로 설정을 한다.
이름이나 위치는 적절히 선택을 하면 될 것이다.

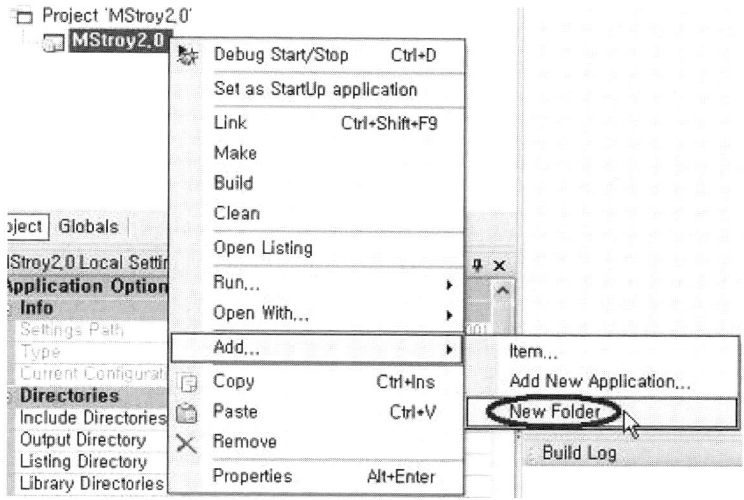

MStory2.0 이라는 이름으로 프로젝트가 생성되어 있을 것이고, 여기서 마우스 오른쪽 버튼을 눌러서 New Folder 를 선택해서 폴더를 만들면 된다. 폴더는 꼭 있어야 하는 것은 아니지만 몽땅 한군데에 넣어두면 당연히 불편하다. 적절한 폴더를 명시해서 프로젝트를 구성하는 것이 향후 보다 큰 프로젝트를 만드는데 유리하고 소스 파일을 찾기도 쉬워진다.

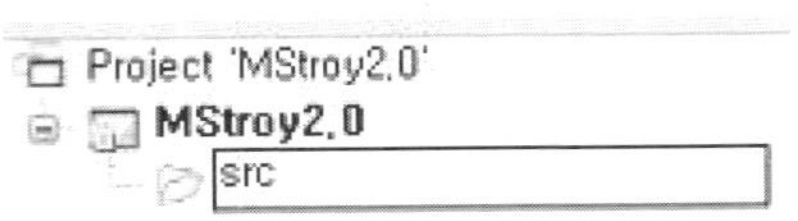

처음에는 그냥 New Folder 라는 이름으로 생성이 될 것이고, 거기서 더블 클릭을 하면 이름을 변경할 수 있다. src 라는 이름으로 폴더를 만든다.

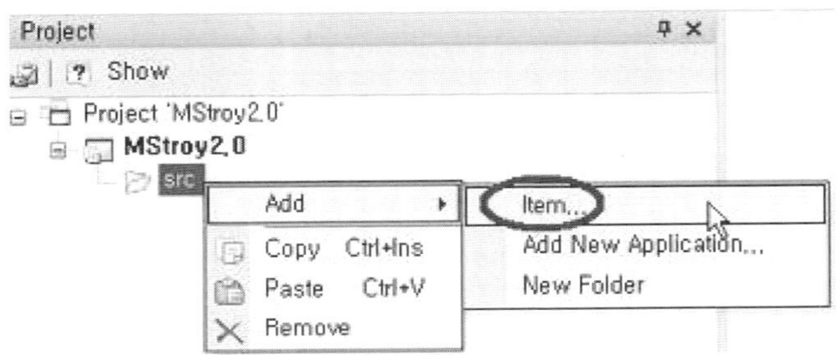

위와 같이 만들어진 src 폴더에서 오른쪽 버튼을 눌러서 Add > Item 을 선택해서 실제 빌드에 사용할 소스 파일을 넣어주면 된다. IAR 의 경우와 마찬가지로 이미 만들어진 main.c 를 추가해 준다.

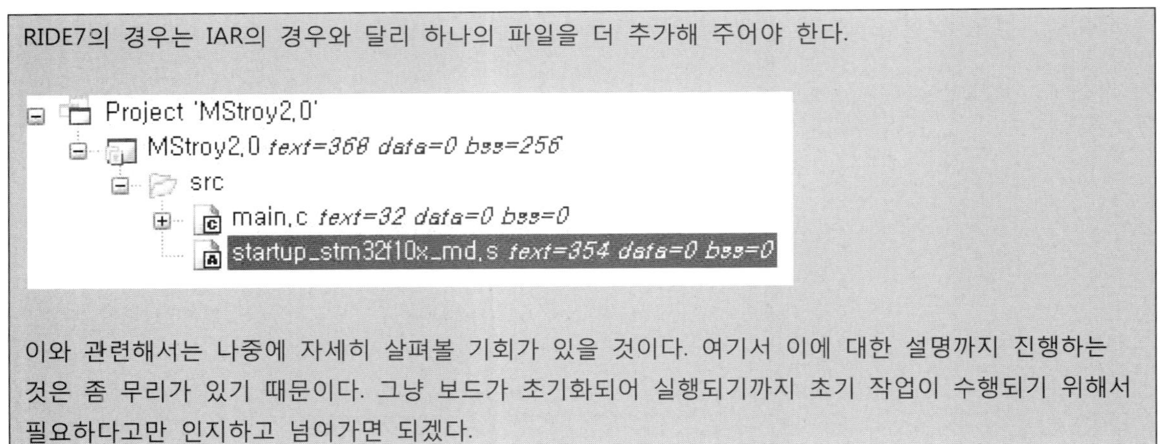
RIDE7의 경우는 IAR의 경우와 달리 하나의 파일을 더 추가해 주어야 한다.

이와 관련해서는 나중에 자세히 살펴볼 기회가 있을 것이다. 여기서 이에 대한 설명까지 진행하는 것은 좀 무리가 있기 때문이다. 그냥 보드가 초기화되어 실행되기까지 초기 작업이 수행되기 위해서 필요하다고만 인지하고 넘어가면 되겠다.

RIDE7 프로젝트의 옵션 부분을 살펴보도록 한다.

프로젝트에서 오른쪽 마우스 버튼을 누르고 Properties 를 수행하면 옵션을 설정할 수 있다.

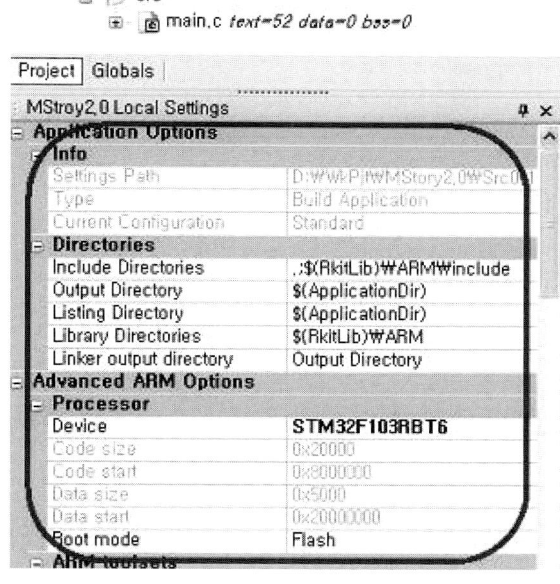

실제로 프로젝트의 창 아래를 보면 mango_z1 Local Settings 라는 이름으로 내용이 있다. 이것이 프로젝트 옵션 부분과 완전히 동일한 것이고 여기서도 편집이 모두 가능하다. 각 파일 별로 따로 설정을 수행할 수도 있다.

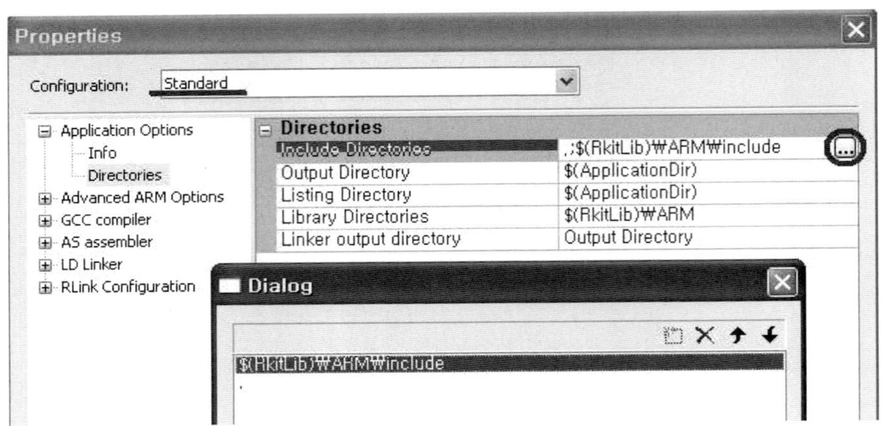

가장 먼저 설정해야 하는 부분은 Include를 위해서 참조할 폴더를 기록한다. 기본적으로 들어있는 부분이 $(RkitLib)₩ARM₩include이다. 이곳은 어디일까?

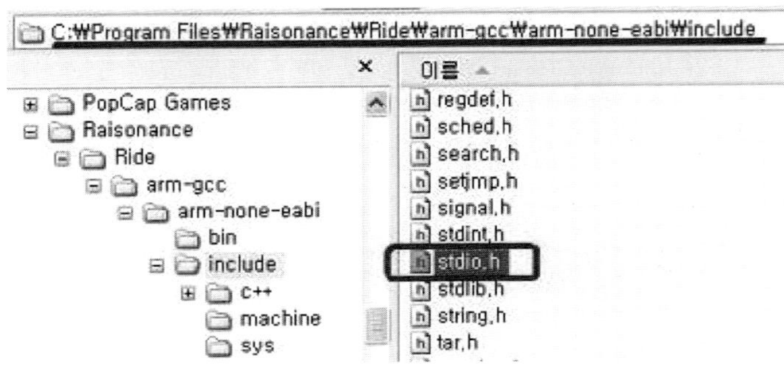

RIDE7C| 원래 설치된 곳에 arm eabi include에 stdio.h가 존재함을 알 수 있다. 여기서는 사용하는 것은 아니지만 나중에 printf 등을 사용할 때 당연히 이곳이 포함되어 있어야 한다. 그 때를 대비해서 굳이 삭제하지는 않고 그대로 두도록 한다.

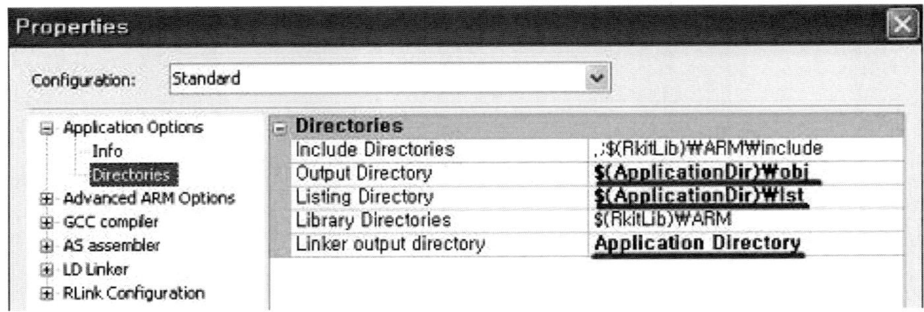

추가적으로 Output Directory, Listing Directory, Linker output directory를 설정한다. $(ApplicationDir)은 RIDE7의 프로젝트 파일이 존재하는 폴더를 가리키게 된다. 그곳에 obj, lst 폴더를 새로 만들어 그곳에 각종 빌드하면서 생기는 파일을 저장할 것이다.

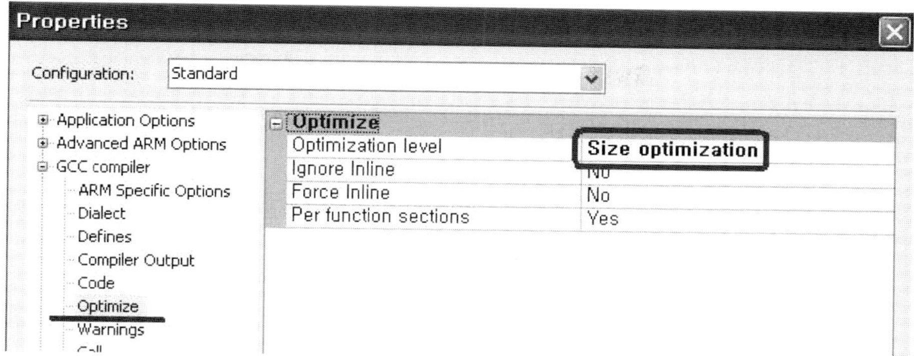

optimize 는 Size optimization 을 지정한다. IAR 에 비해서 바이너리의 크기는 좀 더 커지는 경향이 있다. 크기를 줄이도록 옵션을 설정하는 것이 좀 유리하다.

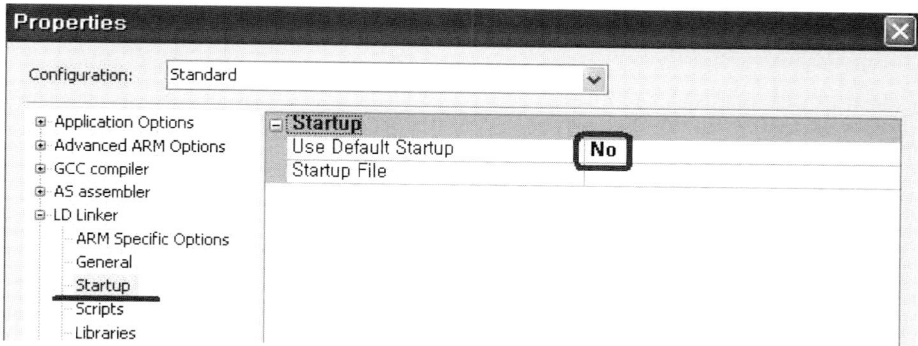

Startup 설정에서 default 로 사용하는 것은 No 로 설정한다. Startup File 로 설정되어 있던 것도 삭제한다.

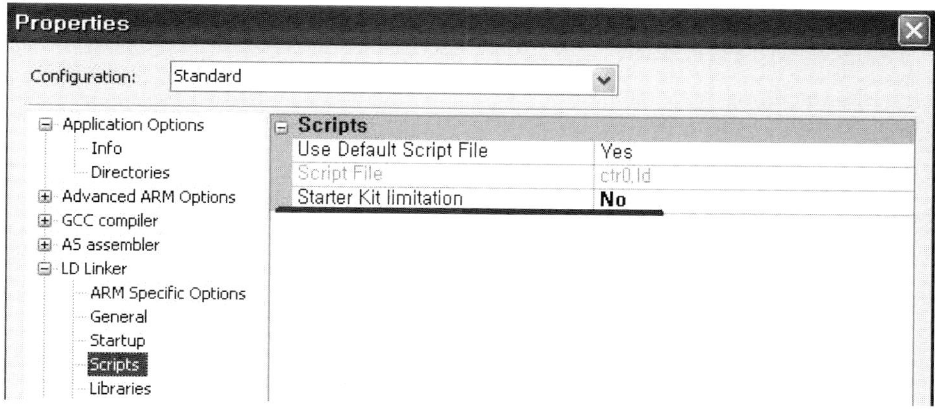

Starter Kit limitation 은 No 로 설정한다.

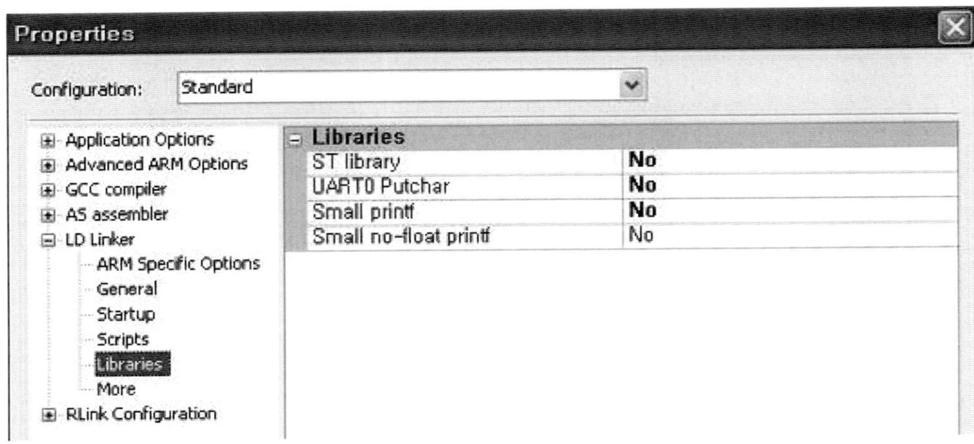

ST library를 비롯해서 이 부분의 것은 하나도 필요한 것이 없다. 모두 No로 하기로 한다. 나중에 printf 등을 사용할 상황이 되면 이곳을 적절히 바꾸어 주어야 한다.

이 외에는 default 로 설정된 부분을 그대로 유지한다.

이 위 버튼을 눌러서 make 를 하거나 메뉴 Project 에서 make 나 build 를 수행하면 빌드가 된다.

```
Building D:₩WkPjt₩MStory2.0₩Mango-M32.Firmware₩M32.Src001.LedOn₩project₩RIDE₩MStroy2.0.rapp
 Running: LD
 ₩"C:₩Program Files₩Raisonance₩Ride₩arm-gcc₩bin₩arm-none-eabi-gcc.exe" -mcpu=cortex-m3 -mthumb -Wl,-T -Xlinker
 ₩"C:₩Program Files₩Raisonance₩Ride₩arm-gcc₩bin₩arm-none-eabi-objcopy.exe" "D:₩WkPjt₩MStory2.0₩Mango-M32.Firr
 ₩"C:₩Program Files₩Raisonance₩Ride₩Bin₩rexrdr.exe" "D:₩WkPjt₩MStory2.0₩Mango-M32.Firmware₩M32.Src001.LedOn₩
 ₩"C:₩Program Files₩Raisonance₩Ride₩Bin₩dwf2xml.exe" "D:₩WkPjt₩MStory2.0₩Mango-M32.Firmware₩M32.Src001.LedOr
 DWF2XML 2.00.01 - Raisonance Dwarf information extractor
 Copyright (c) Raisonance S.A.S. 2007-2009. All rights reserved.

Build successful
```

위와 같이 빌드가 성공하게 되면 ₩project₩RIDE 폴더에 MStroy2.0.hex 가 생겨 있다. 이것을 보드에 다운받아 실행하면 된다.

6.1.4. Flash Download

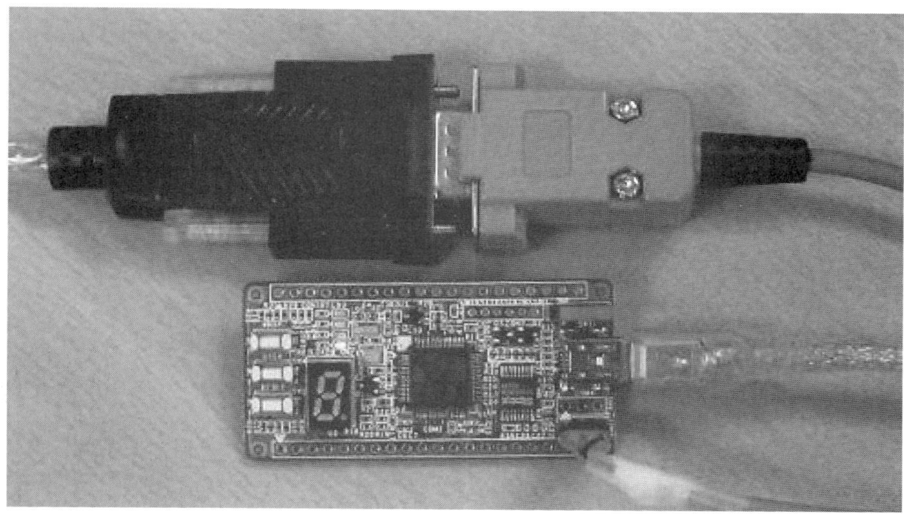

위 그림에서와 같이 USB를 연결하고, Serial Cable을 연결한다. Serial Cable에 연결된 부분은 3개의 라인과 D-sub 9핀 컨넥터를 연결한 케이블을 자체 제작해서 연결하였다. D-sub 9핀 컨넥터는 다시 USB-to-Serial 컨넥터를 통해서 PC와 연결되었다.

그림 6-5 망고M32 Flash 다운로드 사진

오른쪽 상단에 있는 스위치가 STM32의 Boot mode를 제어하는 스위치이다. 이것을 오른쪽으로 이동 시키면 다운로드가 가능한 상태가 된다.

Flash Loader Demo를 수행하면 아래 그림을 볼수 있다.

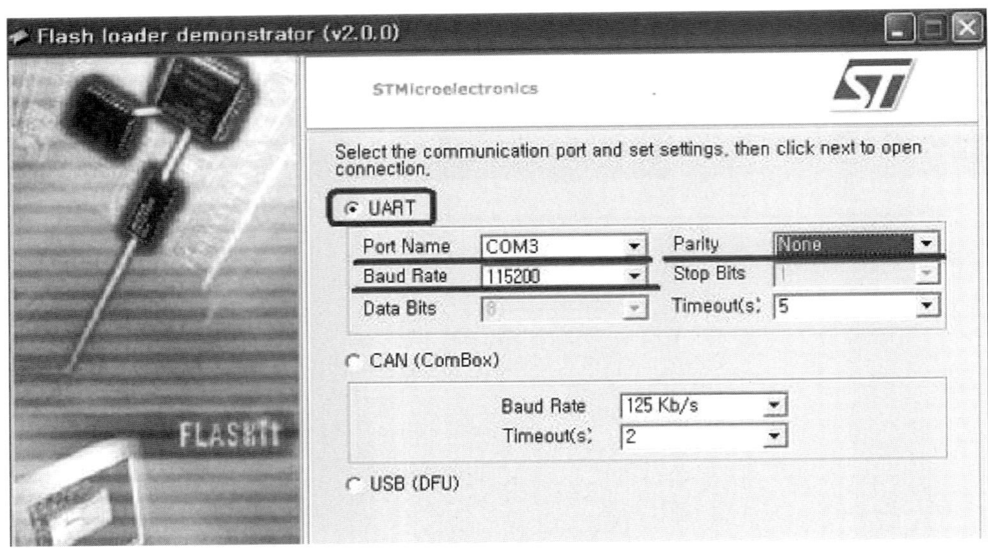

시리얼 포트로 다운로드를 하는 것이기 때문에 적절한 설정이 필요할 것이다. COM port나 기타 설정은 사용자의 환경에 따라서 다를 수 있고 각자의 환경에 대한 것을 이곳에서 설정하면 된다.

<Flash loader 보드 인식 오류 대처방법>

Flash loader demonstrator를 사용하는 중에 아래와 같은 에러가 뜨면서 인식을 못하는 경우가 있다. 이때 간단하게 해결할 수 있는 방법이 있다.

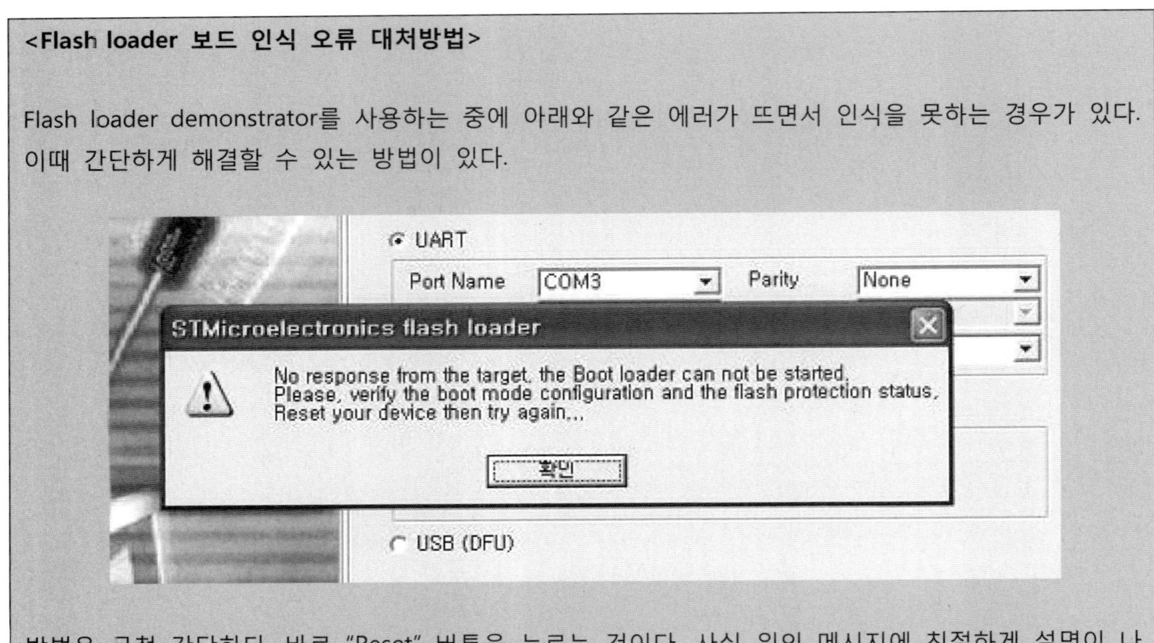

방법은 무척 간단하다. 바로 "Reset" 버튼을 누르는 것이다. 사실 위의 메시지에 친절하게 설명이 나온다.

Please, reset your device then ...

위 상황에서 확인을 누르고, 살짝 reset 버튼을 누르고 다시 한번 Next를 누르면 대부분의 경우 정상적으로 작동을 한다.

> 간단한 팁이지만 혹 같은 상황을 당하면 당황하지 말고 기억해서 reset 버튼을 눌러서 대처하기 바란다.

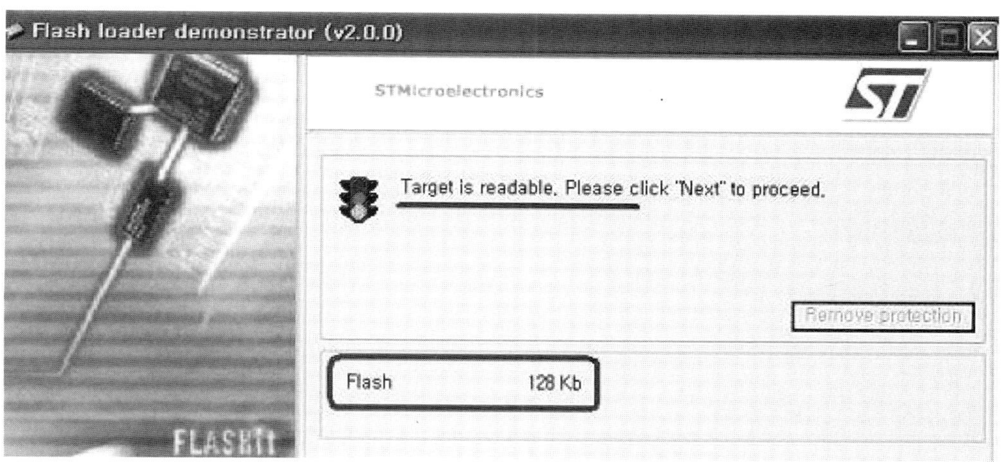

보드가 정상적으로 UART를 통해서 연결이 되면 위와 같은 그림을 만날 수 있다. Flash가 128K로 정확하게 인식하고 있는 것으로 볼 수 있다. STM32F103RB는 128K의 Flash memory를 내장하고 있다.

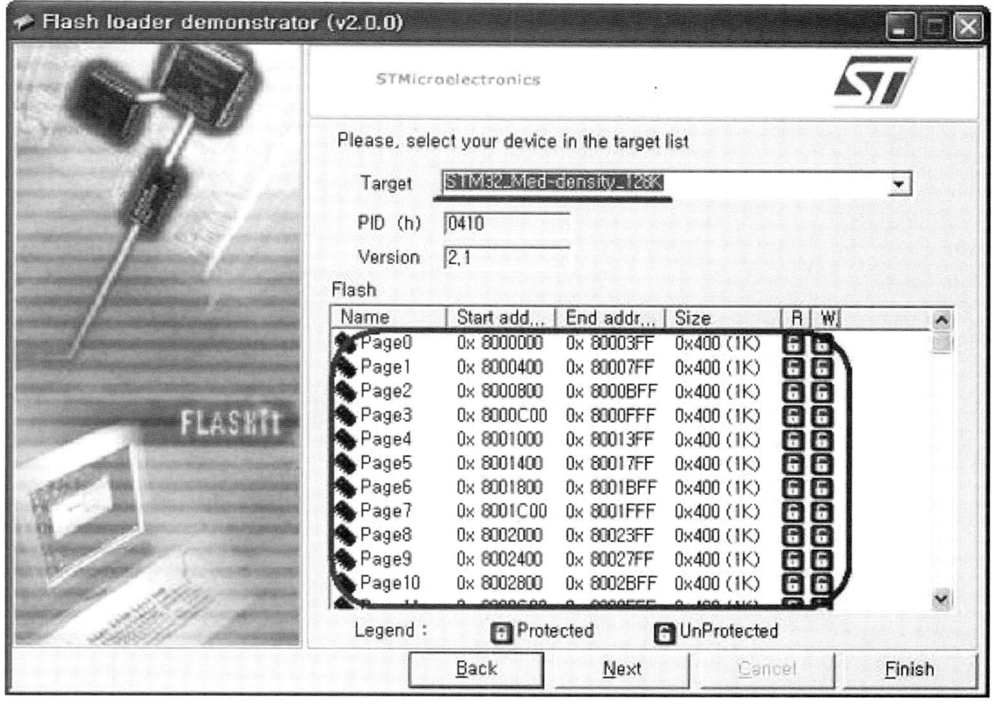

Next를 누르면 다운로드 할 Flash에 대한 내용이 나타나게 된다. Med density 128K로 Target이 나타

나 있다.

STMicroelectronics의 STM32 series를 3 종류로 구분을 하고 있다. 아래의 표는 이것을 간략하게 정리한 것이다. 우리가 사용하는 STM32F103RB의 경우는 128 Kbytes의 Flash memory를 가지는 Medium-density devices가 된다.

Low-density devices	STM32F101xx, STM32F102xx, STM32F103xx	Flash memory density ranges 16 ~ 32 Kbytes.
Medium-density devices	STM32F101xx, STM32F102xx, STM32F103xx	Flash memory density ranges 64 ~ 128 Kbytes
High-density devices	STM32F101xx, STM32F103xx	Flash memory density ranges 256 ~ 512 Kbytes

그림에서는 0x8000000 번지부터 시작되는 Nand Flash에 대한 정보들이 출력되고 있다.

default로 설정되어 있는 것을 아무것도 변경하지 않아도 무리 없이 진행될 수 있다. 이제 Next를 누른다.

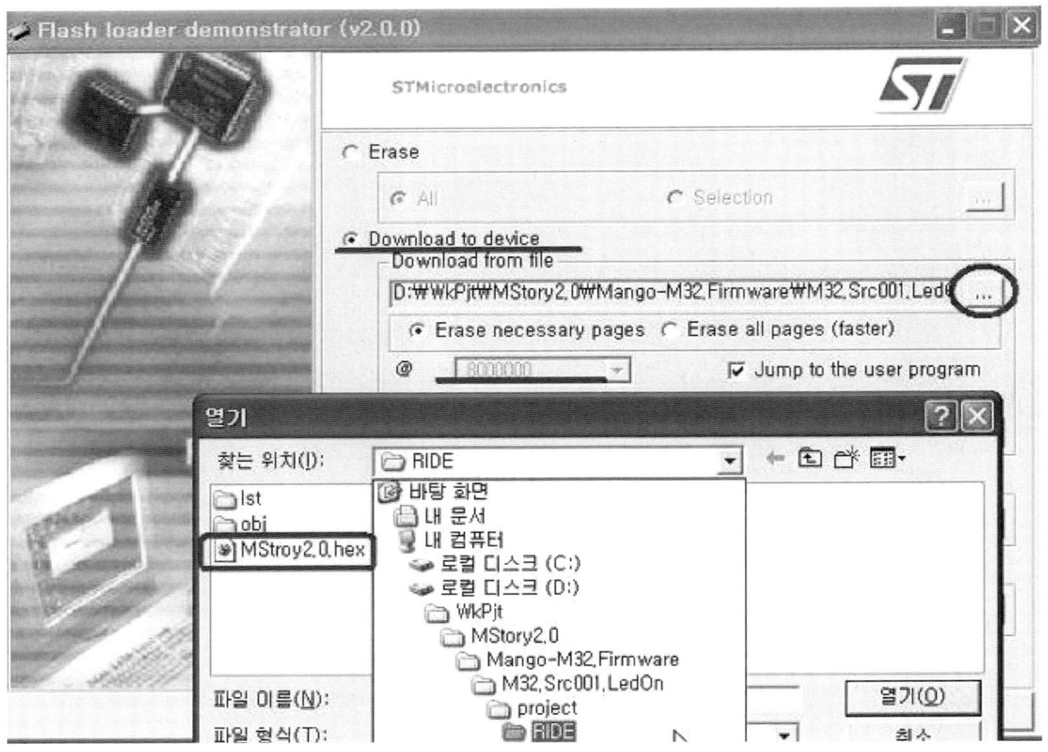

여러 개의 옵션 중에서 Download to device를 선택하고, 다운로드 할 파일을 고른다. 위 그림의 경우

는 RIDE7을 통해 빌드 되었던 binary 파일을 다운받고 있는 것이다.

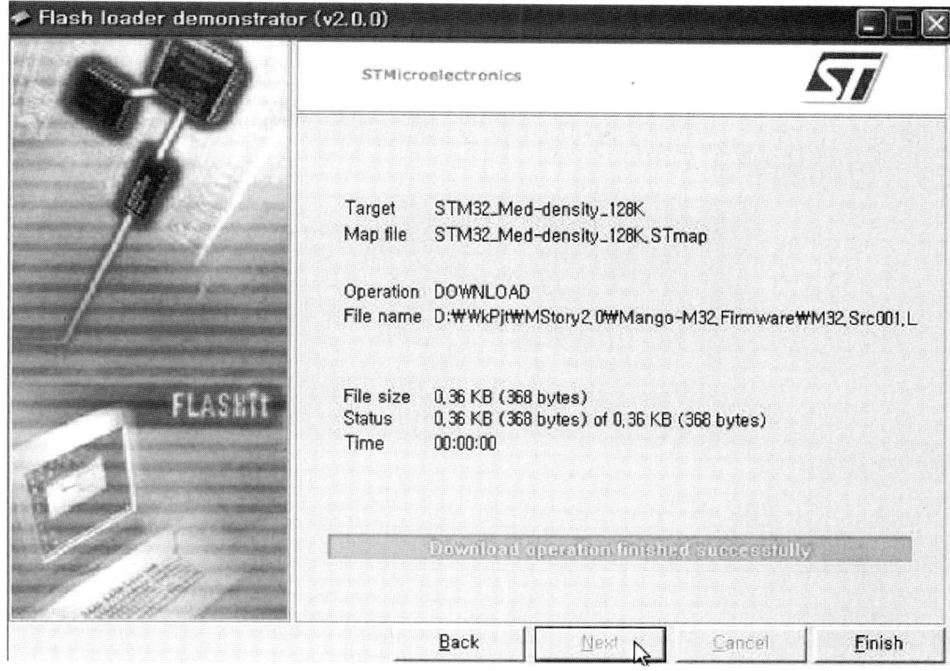

이제 Next를 눌러서 다운로드를 하게 되면 위 그림에서처럼 다운로드가 완료된다. 정상적으로 종료하게 되면 Download operation finished successfully라는 메세지가 나오면서 푸른색 바가 녹색으로 변하게 된다. 경우에 따라 에러가 발생할 수도 있는데 이 경우 재시도를 하면 대부분은 정상적으로 수행이 된다.

<다운로드 옵션 2가지>

다운로드 창의 옵션 중에서 유용하게 사용할 수 있는 옵션이 2개 있다.

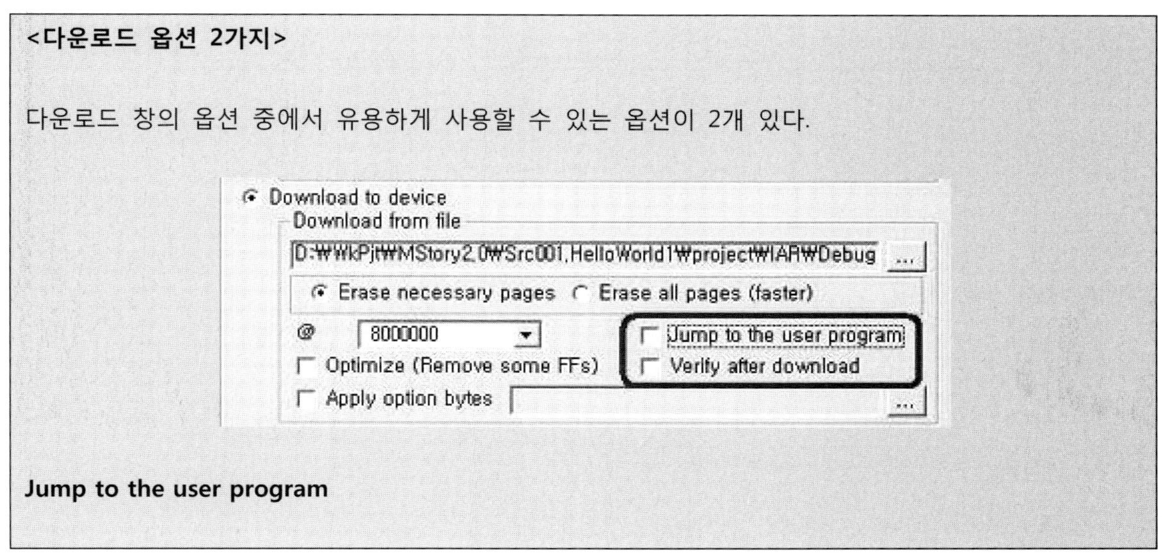

Jump to the user program

이 옵션을 클릭한 후에 다운로드를 하면, 다운로드가 끝난 이후에 바로 방금 다운로드한 주소로 jump해서 실행을 하게 된다. 매우 편리한 기능이라고 할 수 있다. 다운로드를 마치면 아래 그림과 같이 사용하던 통신 프로그램을 Connect해서 사용하면 된다.

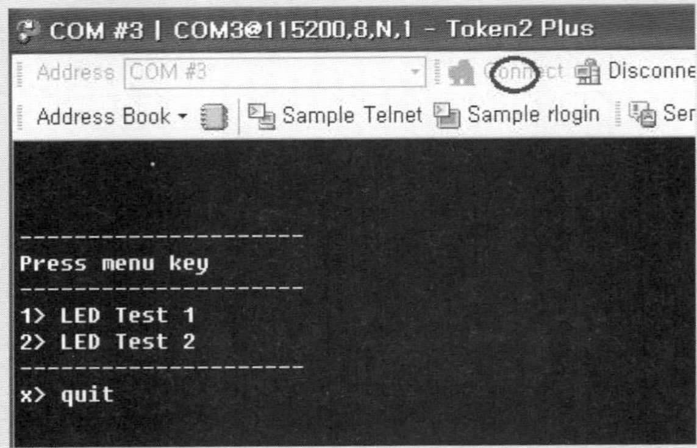

시험을 마치고 다시 다운로드를 해야 하는 상황에서는 반드시 위의 프로그램을 Disconnect해야 하는 것을 잊어서는 안될 것이다.

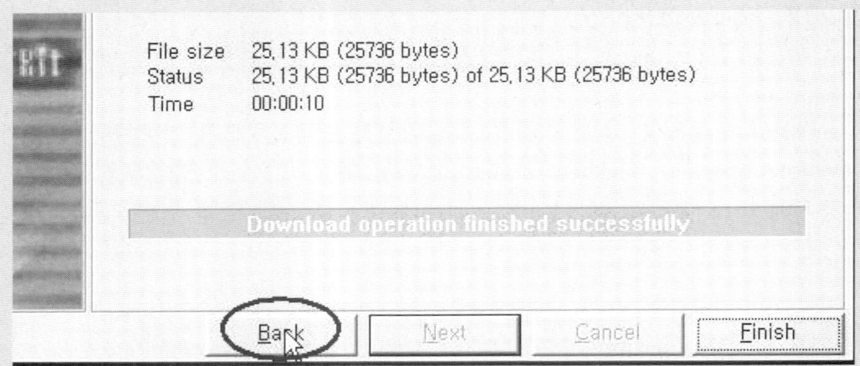

Disconnect한 이후에 위 그림처럼 Flash_Loader_Demo의 Back을 눌러서 재차 다운로드를 수행하면 된다. 이렇게 하면 굳이 스위치를 올렸다 내렸다 하는 번거로움을 피하고도 시험을 수행할 수 있어서 매우 편리하다.

Verify after download

이 옵션을 선택하고 다운로드를 하게 되면 다운로드 한 이후에 그 작업이 정상적으로 되었는지를 재차 점검하게 된다. 정상적으로 다운로드 되었는지를 확인할 수 있기 때문에 역시 매우 유용한 기능이라고 할 수 있다.

하지만 대부분의 경우 다운로드가 에러가 발생하는 경우는 거의 없다. 그러므로 파일이 몇십K 단위로 커졌을 경우 verify하는 시간도 무척이나 길게 느껴질 수 있다. 시간과 정확성 사이에서 trade off 가 있는 것은 어쩔 수 없을 것이다.

6.1.5. 실행

이제 보드를 실행 가능한 상태로 설정한다.

다운로드를 마친 상태에서 스위치의 위치를 왼쪽으로 이동시킨다. 스위치의 위치가 위 그림과 같을 때 실행할 수 있는 상태가 되는 것이다.

USB가 연결되어 있는 것은 전원을 연결한 것이고 실제 수행을 시켜 본다. 왼쪽 하단의 Reset 버튼을 누르면 된다.

위 그림에서와 같이 LED 4개 중에서 중간에 있는 Red LED가 켜져 있는 것을 발견할 수 있다. (맨 아래 LED는 Power LED로서 전원만 들어오면 불이 들어오게 되어 있다)

```
(*(volatile unsigned *)0x40021018) |= 0x8;
(*(volatile unsigned *)0x40010C04) |= 0x10;
```

main.c의 두 개의 간단한 문장이 어떻게 LED를 켤 수 있었을까? 다음 장에서 이 2개의 간단한 문장에 대해서 보다 심도 있는 설명을 진행해 보도록 한다.

6.2. 최초 프로그램 설명

6.2.1. LED 회로도 및 하드웨어 설명

가장 먼저 살펴보아야 할 것은 역시 회로도일 것이다.

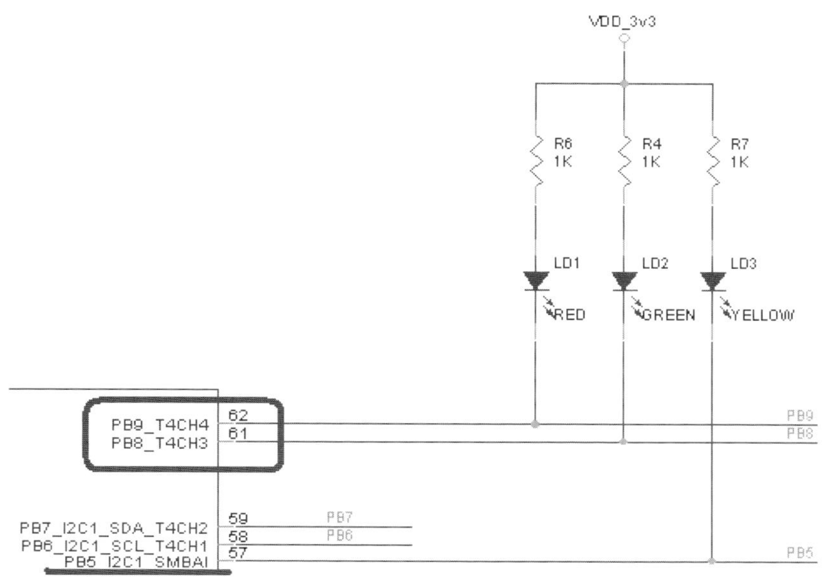

회로도의 내용이 실제로 보드에는 어떻게 적용이 되어 있는 지를 사진으로 살펴보겠다.

회로도 상에서 Green으로 표시된 부분이 가장 아래의 BLUE LED 부분이다. 차례로 RED, YELLOW가 배치되어 있다.

이전 장의 최초 프로그램을 실행하면 빨간색 LED가 켜지는 것을 볼수 있다. 빨간색 LED는 어떻게 연결되어 있는지 위 회로도를 보면서 파악해 보기로 하자.

LD200으로 표시되어 있는 것이 빨간색 LED이다. 연결을 보면 VDD 3.3 V에서 시작해서 저항 R113을 거쳐서 LD200 LED에 연결되고 이것은 PB9_T4CH4라고 명시된 STM32 CPU의 62번 pin과 연결되어 있다.

LED의 경우 빨간색, 녹색, 노란색이 각각 PB9, PB8, PB5에 연결되어 있는데 여기서의 번호는 각각 GPIO 번호를 의미하게 된다. 즉, GPIO Port B의 9번, 8번, 5번 pin에 연결되어 있는 것이다.

6.2.2. (*(volatile unsigned *)0x40021018) |= 0x8

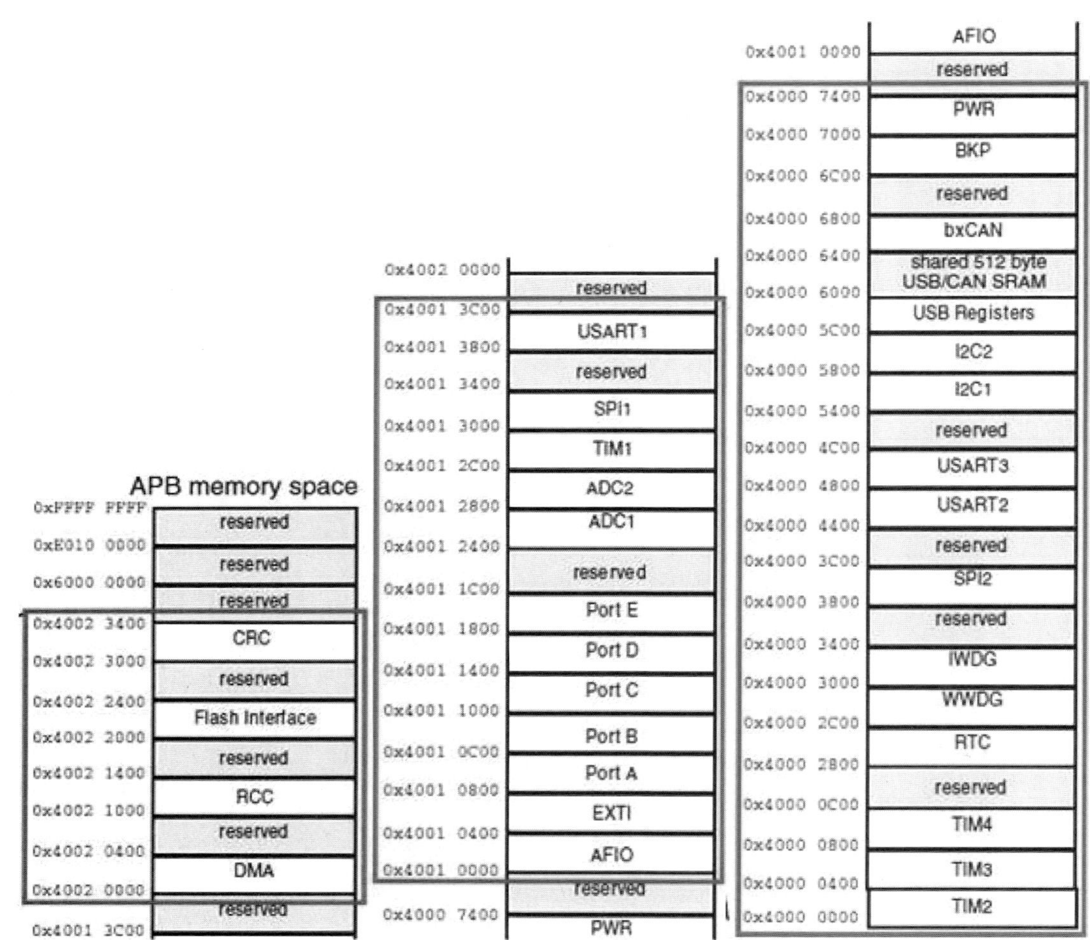

그림 6-6 Peripheral Memory Map

main 함수의 첫 번째 문장을 아예 제목으로 뽑아보았다. 이 한 문장에 대해서 하나씩 설명을 진행해

보도록 하겠다.

설명에 앞서서 STM32 CPU의 Memory Map 중에서 Peripheral 부분에 대해서 살펴보겠다. 가장 먼저 보아야 할 부분은 역시 Memory Map이다. 여기에 나와있는 주소값은 앞으로 공부를 진행하면서 계속 보아야 할 부분이다.

```
(*(volatile unsigned *)0x40021018) |= 0x8;
```

우리의 main 함수에서의 첫 문장은 위의 문장이었다. 이것이 의미하는 것을 여기서 찾을 수가 있다.
위 그림에서 0x40021000보다 크고 0x40021400보다 작은 영역은 RCC 임을 알 수 있다.
그럼 위 코드에서 0x40021018은 RCC를 나타내 주고 있는 것이다.

volatile에 관하여

코드의 앞에 붙어있는 volatile이 의미하는 것은 "휘발성의"라는 뜻의 우리말처럼 언제든 값이 변할 수 있다는 것을 의미한다. 결국 컴파일러에게 뭔가 알려주는 것인데 언제는 값이 변할수 있다고 알려주는 것이다. 언제든 값이 변할 수 있다는 것은 어떤 의미일까???

컴파일러는 소스 코드를 컴파일 하면서 여러가지로 효율적인 방법을 많이 구상하게 된다. 만약 주소값 0x40021018의 값을 읽어오는 상황이나 값을 저장하는 상황이나 여러가지 상황에서 나름 똑똑하다고 생각하는 작업들을 수행한다. 아래의 코드를 살펴보자

1) * (0x40021018) = 1
2) * (0x40021018) = 2
3) A = * (0x40021018)

개념적인 것을 설명하기 위함이니 문법적인 요소는 신경쓰지 말기 바란다. 위 코드를 컴파일러가 해석할때 1)번과 3)번 문장은 왜 이런 쓸데없는 짓을 할까 하면서 삭제를 해버린다. 어찌 보면 나름 똑똑하게 효율적으로 만든다고 생각할 수 있다. 심한 경우 A에 그냥 2를 넣고 끝내버리기도 한다. 아예 이 주소값은 접근조차 안할 수도 있다.

하지만 CPU의 레지스터 입장에서 생각해 보면 어떨까? 레지스터의 어떤 주소값에 1을 넣는 것과 2를 넣는 것은 엄청나게 다른 결과를 나타낼 수 있다. 그리고 1을 넣고 다음에 2를 넣는 행위가 분명하게 의미가 있는 행위일 수 있다. 그런데 컴파일러가 위 코드에서 1)번 문장을 삭제해 버린다면 그것은 반드시 문제가 될 수 있다.

결국 컴파일러에게 이러한 상황에서 절대로 효율적이라고 판단하고 맘대로 하지 말고 적혀있는 그대로 컴파일 하라고 알려주는 keyword가 volatile이 되는 것이다. 여기는 값이 언제든 변할 수 있으니

읽으라고 하면 그때 바로 읽고, 쓰라고 하면 그때 바로 쓰라는 지시를 내리고 있는 것이다.

<Reset and clock control (RCC) 레지스터>

0x40021018이 RCC를 나타내 주고 있는 것을 알았다. 이제 RCC가 뭔지 알아야 하고, 거기서 18번지가 의미하는 것이 뭔지를 알아야 한다. STM32에서 제공해주고 있는 RM0008 Reference manual을 살펴보면 자세한 내용을 알 수 있다.

6.3.7 **APB2** peripheral clock enable register (RCC_APB2ENR)
Address: 0x18

위 내용은 RM0008 Reference manual의 86 페이지 6.3.7절의 내용이다.

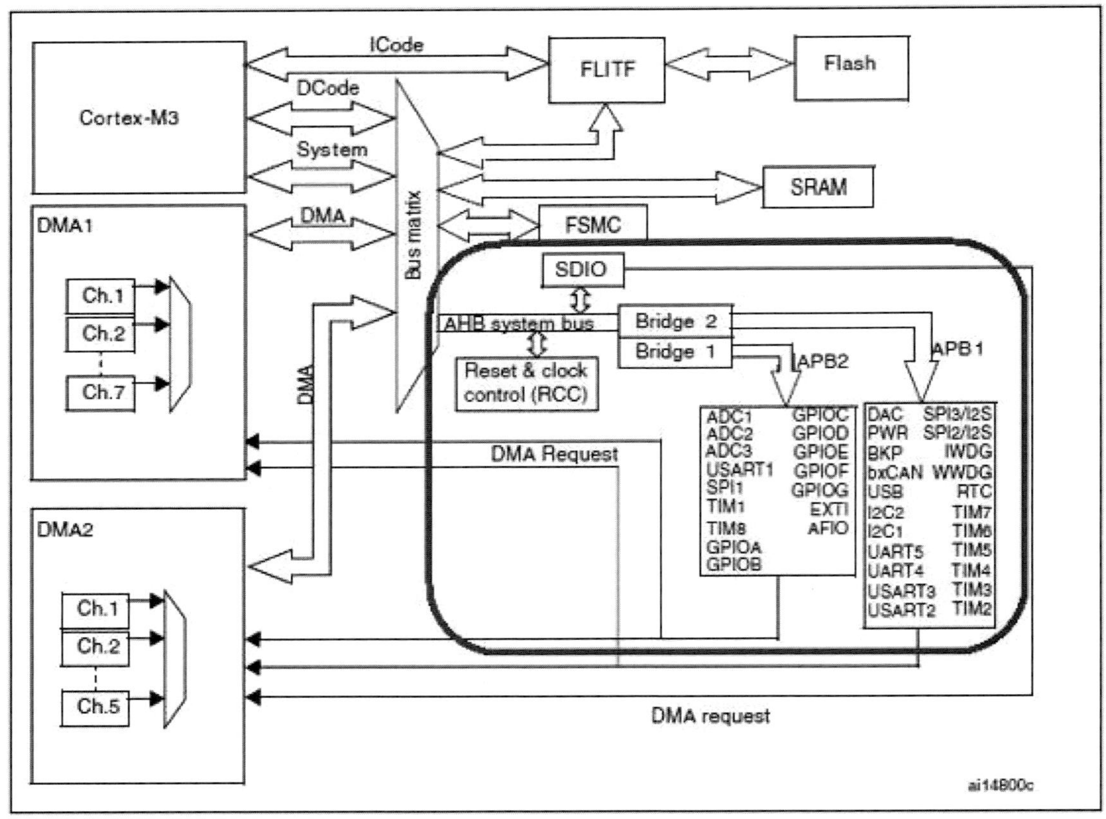

그림 6-7 STM32 시스템 아키텍쳐

여기서 우리는 APB2라는 용어를 잠깐 설명하고 지나가야 할 것이다. 위에서 살펴본 Memory Map 그림을 보면 붉은색 상자를 그려놓았다. 이들을 자세히 살펴보면 가장 오른쪽은 0x4000으로 시작하고 있고, 중간은 0x4001로 시작하고, 가장 왼쪽은 0x4002로 시작하고 있는 것을 알 수 있다. 이것을 가장 오른쪽부터 APB1, APB2, AHB로 부른다. 이것은 이름이 이렇게 되어 있지만 이름보다는 Bus에 대해서 구분하고 있는 것이라고 보면 된다.

여기서 잠깐 System architecture를 살펴보고 넘어 가겠다. 위의 STM32 시스템 아키텍쳐 그림을 보면 AHB system bus에서 Bridge를 거쳐 APB1과 APB2로 연결되어 있는 모습을 명확하게 볼수 있다.

Boundary address	Peripheral	Bus	Register map
0x4002 3400 - 0x4002 3FFF	Reserved	AHB	
0x4002 3000 - 0x4002 33FF	CRC		*Section 3.4.4 on page 44*
0x4002 2000 - 0x4002 23FF	Flash memory interface		
0x4002 1400 - 0x4002 1FFF	Reserved		
0x4002 1000 - 0x4002 13FF	Reset and clock control RCC		*Section 6.3.11 on page 93*
0x4002 0800 - 0x4002 0FFF	Reserved		
0x4002 0400 - 0x4002 07FF	DMA2		*Section 9.4.7 on page 143*
0x4002 0000 - 0x4002 03FF	DMA1		*Section 9.4.7 on page 143*
0x4001 8400 - 0x4001 7FFF	Reserved		
0x4001 8000 - 0x4001 83FF	SDIO		*Section 19.9.16 on page 458*
0x4001 4000 - 0x4001 7FFF	Reserved	APB2	
0x4001 3C00 - 0x4001 3FFF	ADC3		*Section 10.12.15 on page 178*
0x4001 3800 - 0x4001 3BFF	USART1		*Section 24.6.8 on page 638*
0x4001 3400 - 0x4001 37FF	TIM8 timer		*Section 12.4.21 on page 266*
0x4001 3000 - 0x4001 33FF	SPI1		*Section 22.5 on page 559*
0x4001 2C00 - 0x4001 2FFF	TIM1 timer		*Section 12.4.21 on page 266*
0x4001 2800 - 0x4001 2BFF	ADC2		*Section 10.12.15 on page 178*
0x4001 2400 - 0x4001 27FF	ADC1		*Section 10.12.15 on page 178*
0x4001 2000 - 0x4001 23FF	GPIO Port G		*Section 7.5 on page 117*
0x4001 1C00 - 0x4001 1FFF	GPIO Port F		*Section 7.5 on page 117*
0x4001 1800 - 0x4001 1BFF	GPIO Port E		*Section 7.5 on page 117*
0x4001 1400 - 0x4001 17FF	GPIO Port D		*Section 7.5 on page 117*
0x4001 1000 - 0x4001 13FF	GPIO Port C		*Section 7.5 on page 117*
0x4001 0C00 - 0x4001 0FFF	GPIO Port B		*Section 7.5 on page 117*
0x4001 0800 - 0x4001 0BFF	GPIO Port A		*Section 7.5 on page 117*
0x4001 0400 - 0x4001 07FF	EXTI		*Section 8.3.7 on page 129*
0x4001 0000 - 0x4001 03FF	AFIO		*Section 7.5 on page 117*

Boundary address	Peripheral	Bus	Register map
0x4000 7800 - 0x4000 FFFF	Reserved	APB1	
0x4000 7400 - 0x4000 77FF	DAC		*Section 11.5.14 on page 200*
0x4000 7000 - 0x4000 73FF	Power control PWR		*Section 4.4.3 on page 57*
0x4000 6C00 - 0x4000 6FFF	Backup registers (BKP)		*Section 5.4.5 on page 63*
0x4000 6800 - 0x4000 6BFF	Reserved		
0x4000 6400 - 0x4000 67FF	bxCAN		*Section 21.7.5 on page 529*
0x4000 6000 - 0x4000 63FF	Shared USB/CAN SRAM 512 bytes		
0x4000 5C00 - 0x4000 5FFF	USB device FS registers		*Section 20.5.4 on page 489*
0x4000 5800 - 0x4000 5BFF	I2C2		*Section 23.6.10 on page 598*
0x4000 5400 - 0x4000 57FF	I2C1		*Section 23.6.10 on page 598*
0x4000 5000 - 0x4000 53FF	UART5		*Section 24.6.8 on page 638*
0x4000 4C00 - 0x4000 4FFF	UART4		*Section 24.6.8 on page 638*
0x4000 4800 - 0x4000 4BFF	USART3		*Section 24.6.8 on page 638*
0x4000 4400 - 0x4000 47FF	USART2		*Section 24.6.8 on page 638*
0x4000 4000 - 0x4000 3FFF	Reserved		
0x4000 3C00 - 0x4000 3FFF	SPI3/I2S		*Section 22.5 on page 559*
0x4000 3800 - 0x4000 3BFF	SPI2/I2S		*Section 22.5 on page 559*
0x4000 3400 - 0x4000 37FF	Reserved		
0x4000 3000 - 0x4000 33FF	Independent watchdog (IWDG)		*Section 16.4.5 on page 353*
0x4000 2C00 - 0x4000 2FFF	Window watchdog (WWDG)		*Section 17.6.4 on page 358*
0x4000 2800 - 0x4000 2BFF	RTC		*Section 15.4.7 on page 347*
0x4000 1800 - 0x4000 27FF	Reserved		
0x4000 1400 - 0x4000 17FF	TIM7 timer		*Section 14.4.9 on page 335*
0x4000 1000 - 0x4000 13FF	TIM6 timer		*Section 14.4.9 on page 335*
0x4000 0C00 - 0x4000 0FFF	TIM5 timer		*Section 13.4.19 on page 322*
0x4000 0800 - 0x4000 0BFF	TIM4 timer		*Section 13.4.19 on page 322*
0x4000 0400 - 0x4000 07FF	TIM3 timer		*Section 13.4.19 on page 322*
0x4000 0000 - 0x4000 03FF	TIM2 timer		*Section 13.4.19 on page 322*

그림 6-8 AHB, APB1, APB2 주소

(ST, RM0008, Reference manual, Table 1, Register boundary addresses)

위 표는 이들 AHB, APB1, APB2에 대한 주소 부분과 해당 부분에 대한 설명이 존재하는 위치에 대해서 보다 자세하게 나타내 주고 있다. 자주 참조해야 할 부분일 것이다.

SDIO 관련 부분은 어드레스가 좀 이상함을 발견할 수 있다. 위의 그림에서 보아도 AHB에 연결되어 있는데 주소는 0x4001로 시작하고 있다. 이는 아마도 초기 개발 당시에는 APB2에 연결하려고 설계하였지만 속도 등의 문제로 AHB로 직접 연결하도록 변경하면서 주소값은 그대로 가져간 것이 아닌가 추측만 할 뿐이다. STMicroelectronics에 문의해본 것은 아니다. 그냥 필자의 추측일 뿐이다.

자 이제 0x40021018 주소 부분에 0x8을 OR 연산 하는 이유가 무엇인지 알아 보겠다.

<APB2 peripheral clock enable register (RCC_APB2ENR)>

이름에서도 느껴지듯 clock을 enable 하는 레지스터 이다. 그런데 APB2에 해당하는 녀석들의 clock을 담당하는 레지스터이다. 우리가 앞 장의 프로그램에서 했던 일은 LED 하나를 켜는 일이었다. 그 LED는 GPIO를 통해서 control 된다. 그 GPIO가 Port B임을 알았다.

31	30	29	28	27	26	25	24	23	22	21	20	19	18	17	16
Reserved															
15	14	13	12	11	10	9	8	7	6	5	4	3	2	1	0
ADC3 EN	USAR T1EN	TIM8 EN	SPI1 EN	TIM1 EN	ADC2 EN	ADC1 EN	IOPG EN	IOPF EN	IOPE EN	IOPD EN	IOPC EN	IOPB EN	IOPA EN	Res.	AFIO EN
rw	rw	rw	rw	rw	rw	rw	rw	rw	rw	rw	rw	rw	rw		rw

위 그림은 RCC_APB2ENR 레지스터를 간략히 표현해 놓은 그림이다. 여기서 IO Port B를 나타내는 것은 3번 비트 임을 알 수 있다.

Bit 3 IOPBEN: **I/O port B clock enable**
Set and cleared by software.
0: I/O port B clock disabled
1: I/O port B clock enabled

Clock이 들어가지 않고 할 수 있는 일이란 아무것도 없다. 우리는 GPIO B를 사용하기 위해서 이것에 Clock을 공급할 수 있도록 enable 시키려고 하는 것이고 이것이 RCC_APB2ENR 레지스터의 3번 비트를 1로 설정하는 것이다. **3번 비트를 1로 만들기 위해서 0x8을 OR 연산 하는 것이다.**

6.2.3. (*(volatile unsigned *)0x40010C04) |= 0x10

우리는 위에서 GPIO Port B의 Clock을 enable 시켰다. 이제는 실제로 GPIO Port B를 초기화 하는 작업을 진행해야 한다. 위 memory map에서 주소를 살펴보면 0x40010C00부터는 GPIO Port B를 의미하는 것을 알 수 있다.

회로에서 이미 살펴본 것처럼 빨간색 LED는 Port B의 9번 pin에 연결되어 있는 것을 알았다. 이것을 어디서 어떻게 설정하는 지를 살펴보기로 한다.

<Port configuration register 구분>

우리가 설정해야할 레지스터는 Port configuration register이다. 이 Port configuration register는 2가지 종류가 있다.

Port configuration register low (GPIOx_CRL) (x=A..G) Address offset: 0x00, Reset value: 0x4444 4444 **Port configuration register high (GPIOx_CRH) (x=A..G)** Address offset: 0x04, Reset value: 0x4444 4444

GPIOx_CRL, GPIOx_CRH로 두 개의 레지스터가 있는데, 여기서 x=A..G로 표시가 되어 있다. 이것이 의미하는 것은 GPIO Port A부터 G까지를 의미하는 것이다. 레지스터의 주소값은 서로 다르겠지만 GPIO Port A부터 G까지 해당 레지스터의 동작은 동일하기 때문에 한꺼번에 설명을 하기 위해서 위와 같이 표현을 한 것이다.

위 내용에서 Address offset이 의미하는 것은 GPIO Port A부터 G까지 각각의 base address에서 Address offset 만큼을 더한 것이 해당 레지스터의 주소값이라는 것을 나타내 주고 있는 것이다.

이것을 예를 들어서 한번 설명을 해 보겠다.

0x4001 2000 - 0x4001 23FF	GPIO Port G
0x4001 1C00 - 0x4001 1FFF	GPIO Port F
0x4001 1800 - 0x4001 1BFF	GPIO Port E
0x4001 1400 - 0x4001 17FF	GPIO Port D
0x4001 1000 - 0x4001 13FF	GPIO Port C
0x4001 0C00 - 0x4001 0FFF	GPIO Port B
0x4001 0800 - 0x4001 0BFF	GPIO Port A

memory map에서 GPIO Port B가 가리키는 base address는 0x40010C00이다. 그럼 GPIO Port B의 Port configuration register인 GPIOB_CRL, GPIOB_CRH는 각각 **0x40010C00과 0x40010C04**가 되는 것이다. 각 레지스터의 Address offset 만큼을 더한 값이 되는 것이다.

그럼 이 두 개의 Port configuration register는 어떻게 구분하는 것일까? 하나는 low라고 되어 있고, 다른 하나는 high라고 되어 있다. low라고 되어 있는 것은 GPIO Pin 번호가 0부터 7까지 낮은 숫자인 경우를 담당하고, high라고 되어 있는 것은 GPIO Pin 번호가 8부터 15까지 높은 숫자인 경우를 담당하게 된다.

결국 우리가 지금 다루고 있는 GPIO Port B pin# 9에 대한 설정을 하기 위해서는 **0x40010C04**를 설정해야 하는 것임을 찾을 수 있다.

<Port bit configuration>

그럼 GPIOB_CRH에 대해서 자세히 살펴보도록 한다.

31	30	29	28	27	26	25	24	23	22	21	20	19	18	17	16
CNF15[1:0]		MODE15[1:0]		CNF14[1:0]		MODE14[1:0]		CNF13[1:0]		MODE13[1:0]		CNF12[1:0]		MODE12[1:0]	
rw	rw	rw	rw	rw	rw	rw	rw	rw	rw	rw	rw	rw	rw	rw	rw
15	14	13	12	11	10	9	8	7	6	5	4	3	2	1	0
CNF11[1:0]		MODE11[1:0]		CNF10[1:0]		MODE10[1:0]		CNF9[1:0]		MODE9[1:0]		CNF8[1:0]		MODE8[1:0]	
rw	rw	rw	rw	rw	rw	rw	rw	rw	rw	rw	rw	rw	rw	rw	rw

32 비트의 레지스터 내용은 각 Pin 별로 4비트씩 설정을 할 수 있도록 되어 있다. 즉, 0번부터 3번 비트까지가 Pin 8번에 대한 설정이고, 4번 비트부터 7번 비트까지가 우리가 지금 설정해야할 9번 Pin에 대한 설정이 되겠다.

여기는 2가지를 설정해야 하는 것을 알수 있다. CNF와 MODE이다. 먼저 MODE에 대한 것을 살펴보겠다.

MODEy[1:0]: Port x mode bits (y= 0 .. 7)
These bits are written by software to configure the corresponding I/O port.
00: Input mode (reset state)
01: Output mode, max speed 10 MHz.
10: Output mode, max speed 2 MHz.
11: Output mode, max speed 50 MHz.

위에서 Port configuration register의 초기 설명 부분에서 Reset value: 0x4444 4444 라는 부분을 볼수 있다. 즉, 우리가 아무런 설정을 하지 않게 되면 이 각각의 Port Pin에 대한 설정은 4가 된다는 것이고 하위 2비트가 MODE를 나타내기 때문에 0이 되는 것을 알수 있다. 그 경우 이 GPIO pin은 input mode로 동작하게 된다.

우리는 LED를 control해야 하기 때문에 당연히 Output mode로 설정하여야 한다. 그런데 여기서 max speed라는 것을 어떤 값으로 설정해 주어야 할까? Output으로 나오는 신호의 주기를 나타내고 있다. LED를 단순히 켜고 끄는데 있어서 이 주파수 설정은 어떤 것을 해도 문제가 되지는 않는다. 실제 우리 코드에서는 0x01을 선택해서 설정하였다.

다음은 CNF 설정에 대해서 살펴본다.

CNFy[1:0]: Port x configuration bits (y= 0 .. 7)
These bits are written by software to configure the corresponding I/O port.
In input mode (MODE[1:0]=00):
00: Analog input mode
01: Floating input (reset state)
10: Input with pull-up / pull-down
11: Reserved
In output mode (MODE[1:0] > 00):
00: General purpose output push-pull
01: General purpose output Open-drain
10: Alternate function output Push-pull
11: Alternate function output Open-drain

포트가 input mode인지 output mode인지에 따라서 구분이 되어 있다. 위에서 설정한 MODE가 0인 경우만 input mode이기 때문에 MODE[1:0]=00인 경우는 input mode에 대한 설정이 나타나 있다. 01의 경우가 Floating input이 되고, 바로 이것이 reset value 0x4444 4444가 되었을 때 설정이 되는 값이 되겠다. 10으로 설정하게 되면 input 쪽에 pull-up이나 pull-down이 연결되게 된다. (pull-up과 pull-down을 구분하는 것은 GPIOx_ODR 레지스터의 값으로 구분이 된다)

우리는 output mode로 동작시킬 것이기 때문에 아래 부분을 참조하면 된다.

자, 그럼 위의 값들 중 어떤 값으로 설정을 해야 하는 것인가? 값은 4가지 종류가 있고, 구성은 2가지이다. 하나는 General purpose로 사용할 것인지 Alternate function으로 사용할지를 결정하는 것과 output push-pull로 할 것인지 Open-drain으로 할 것인지 이다. 각각에 대해서 살펴보도록 한다.

Pins						Pin name	Type(1)	I / O Level(2)	Main function(3) (after reset)	Alternate functions	
LFBGA100	LQFP48	TFBGA64	LQFP64	LQFP100	VFQFPN36					Default	Remap
A4	46	A3	62	96	-	PB9	I/O	FT	PB9	TIM4_CH4(7)	I2C1_SDA/ CANTX

PB9에 대한 data sheet 상의 설명이 위의 그림이다. 우리가 사용하는 칩은 STM32F103RBT6이다. 이것은 package type이 LQFP64이다. 그러므로 pin 번호가 62번이 되는 것이다. 오른쪽에 보면 Alternate functions라고 쓰여있는 부분이 있다. 우리가 만약 Alternate function으로 사용하도록 설정한다면 이 기능으로 사용할 수 있는 것이다. 이에 대한 자세한 내용을 여기서 모두 다룰 수는 없다. 간단히만 살펴보면, TIM4는 general purpose timer를 의미하는 것이다. Timer 중 #4를 의미한다. 소프

트웨어적인 작업을 거치면 I2C로도 사용이 가능한 것이다.

우리는 단순히 LED 만을 켜고 끄는 작업을 진행할 것이기 때문에 Alternate function으로 사용하는 것은 아니고 General purpose로 사용하도록 설정하면 된다. 그러면 이것을 output push-pull로 할 것인지 Open-drain으로 할 것인지를 결정해야 한다. 결론부터 말하자면 어느 것으로 설정해도 우리의 목적을 이루는 데는 문제는 없다. 사실 Alternate function으로 사용해도 된다. 한가지 실험을 수행해 보자

```
(*(volatile unsigned *)0x40010C04) &= 0xFFFFFF0F;
1) (*(volatile unsigned *)0x40010C04) |= 0x10;
2) (*(volatile unsigned *)0x40010C04) |= 0x50;
3) (*(volatile unsigned *)0x40010C04) |= 0x90;
4) (*(volatile unsigned *)0x40010C04) |= 0xD0;
```

main.c에서 위와 같이 설정을 수행해서 시험을 해본다. 0xFFFFFF0F로 먼저 4비트의 값을 0으로 바꾼다. 이것은 실험을 보다 명확히 하기 위해서 먼저 설정을 진행할 4비트의 값을 0으로 초기화한 상태에서 진행하고자 함이다.

0x10, 0x50, 0x90, 0xD0의 4가지 경우 모두 4~7번 비트에서 4번 비트와 5번 비트는 01을 가지게 된다. 6번 비트와 7번 비트의 값에 따라서 6,7번 비트가 00일 경우는 0x10이 되는 것이고, 01일 경우는 0x50이 되고, 10일 경우는 0x90이 되고, 11일 경우는 0xD0이 된다. 이 **네 가지 모든 경우에 있어서 빨간색 LED가 켜지는 동작에 있어서는 차이가 없다**. 즉, 우리가 하고 있는 LED를 켜는 정도의 단순한 일을 수행하는 데 있어서는 모드에 대한 설정이 큰 영향을 끼치는 것은 아니다.

그럼 여기서 output push-pull와 Open-drain에 대해서 알아봐야 할 것이다. 아래 그림은 standard I/O port의 기본 구조이다. GPIO 하나의 pin에 대한 내부 구조라고 보면 된다. 각각의 pin에 대해서 8가지로 mode를 설정할 수 있는 것이다. 붉은색으로 표시한 부분이 pull-up, pull-down을 구현해 주는 곳이고, 파란색으로 표시한 부분이 open-drain, push-pull을 구현해 주는 것과 관련이 있다.

Push/Pull은 말 그대로 전원 전압으로 밀어(Push) 올리거나, 그라운드로 끌어(Pull) 내린다는 뜻으로, 전원이나 그라운드 쪽으로 내부 스위치를 도통 시킨다는 것인데, 이때 전류는 IO Buffer의 설계에 따라 많게는 수십 mA 이상까지도 설계할 수 있으며 특수한 경우, 100mA 이상도 가능하다. 다만 slew-rate 조절 및 발열 등의 문제로 대개는 4~8mA 정도의 버퍼를 쓰고, MCU의 경우는 LED 등을 직접 드라이브 할 수 있도록 30mA 정도까지도 가능하게 한다.

Open-Drain은 TTL의 Open-Collector와 비슷한 개념으로 P-MOS FET가 항상 OFF로 아래쪽 NMOS FET의 Drain이 Open (즉, 전원 측과 항상 끊어져 있는 상태)라는 것으로, 외부 Pull-up 등으로 High 값을 만든다. 이때, 외부 Pull-Up 저항의 크기에 따라 Low->High, High->Low 전환에 Un-balance가

발생할 수 밖에 없지만, I2C같은 버스 구조에서는 비교적 널리 사용되는 형태이다.

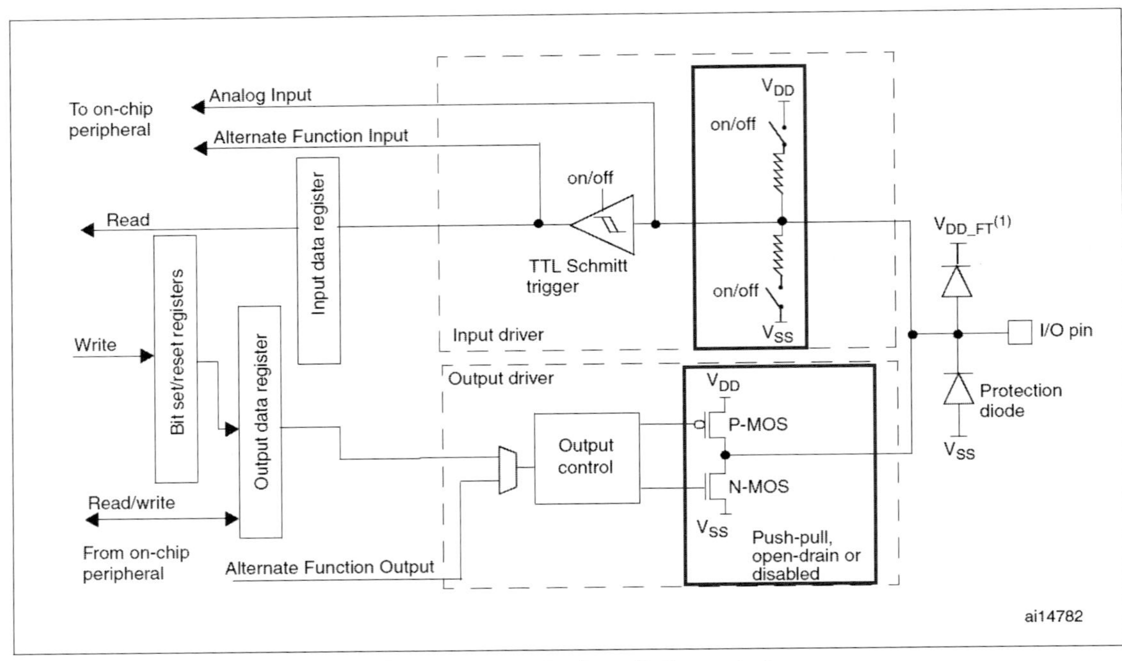

그림 6-9 Output Push-pull Open-drain

최초의 이 단순한 프로그램에 대한 설명을 진행하는데도 많은 지면이 할애되었다. 이렇듯 어떤 하나에 대해서 알아가는 것이 결코 쉽지는 않다. 하지만 겁먹을 필요도 없고, 차근차근 진행을 하다 보면 모두 정복될 수 밖에 없는 것이다.

LED를 켜 보았으니 LED를 꺼 보자.

6.3. LED를 꺼 보자

6.3.1. LED 회로도 분석

회로도를 다시 한번 살펴보기로 한다.

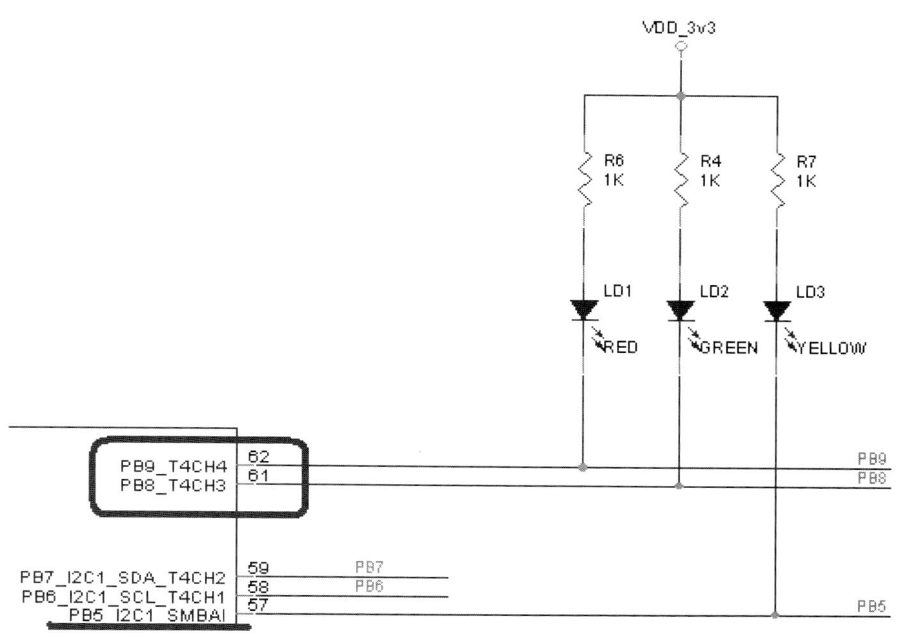

LED가 켜지기 위해서는 어떤 작업이 필요할까? 문제는 전원의 흐름이다. 전기가 흐르지 않고서 LED에 불이 들어올 방법은 없다. LED의 한쪽은 VDD 3.3 V에 연결되어 있고 다른 한쪽은 STM32 CPU에 연결되어 있다. (회로도 상의 PB9이라고 마크되어 있는 부분은 확장 컨넥터에 연결되는 부분이다.) 그럼 결국 전원이 흐르기 위한 방법은 무엇이 있을까?

우리가 지금 작업하고 있는 **빨간색 LED의 경우 CPU 핀 62번 PB9_T4CH4에 0이 가해져야 한다**. 즉 이 핀에 0이 인가되어야 VDD 3.3 V에서 시작된 전류가 LED를 타고 흐르게 되고 그것이 LED의 불을 들어오게 만드는 것이다. 반대로 전기가 흐르지 않게 만들어야 LED를 끌 수 있는 것이다. 그러려면 1을 인가해야 한다.

GPIO의 특정 핀에 1을 넣는 것을 Set이라 부르고, 0을 넣는 것을 Reset이라고 부른다.

6.3.2. 소스 파일 폴더 위치

설명을 하고 있는 책의 장 번호와 동일하게 폴더를 구성해 나갈 것이다. 이전 장은 최초 프로그램에 대한 설명만을 진행했기 때문에 M32.Src002가 없이 **M32.Src003.LedOff**으로 이름이 붙여져 있다.

6.3.3. main.c 변경 사항

일단 먼저 구현되어 있는 main.c의 내용을 살펴보겠다.

<main.c>

```
/*
 * (C) COPYRIGHT 2009 CRZ
 *
 * File Name : main.c
 * Author    : POOH
 * Version   : V1.0
 * Date      : 08/12/2009
 */

static void delay_int_count(volatile unsigned int nTime)
{
    for(; nTime > 0; nTime--);
}

/*
 * Name    : main
 * Input   : None
 * Output : None
```

```
 * Return : None
 */
int main(void)
{
	(*(volatile unsigned *)0x40021018) |= 0x8;
	(*(volatile unsigned *)0x40010C04) |= 0x10;

	(*(volatile unsigned *)0x40010C14) |= 0x200;
	delay_int_count(10000);
	(*(volatile unsigned *)0x40010C10) |= 0x200;

	while(1)
	{
		;
	}
}
```

바뀐 부분은 2 부분이다. delay_int_count라는 새로운 함수가 하나 생겨 있고, 새로운 2개의 레지스터를 설정하고 있다. 이에 대해서 하나씩 살펴보도록 한다.

6.3.4. 수행 결과

위 내용에 대한 것을 자세히 살펴보기에 앞서서 위 프로그램을 빌드해서 실행해 보도록 한다. IAR이나 RIDE7이나 어느 것을 사용해도 상관은 없다.

프로그램을 빌드해서 보드에 다운로드 해서 돌려보면, 빨간색 LED가 잠깐 켜졌다가 꺼지는 것을 알 수 있다. (자세히 보지 않으면 보지 못할 수도 있다.) 전원을 올리면 분명히 빨간색 LED가 잠깐 동안 켜졌다가 바로 꺼진다.

6.3.5. delay_int_count

우리는 새로운 함수를 하나 만들었다. 함수의 이름을 보면 유추가 가능할 수도 있는데 delay 함수 이다. 뭔가 프로그램이 진행되는 과정을 잠시 멈추고 쉬려는 것이다.

```
static void delay_int_count(volatile unsigned int nTime)
{
	for(; nTime > 0; nTime--);
```

```
}
```

함수의 내용은 무척이나 단순하다. nTime에 전달된 값이 0이 될 때까지 계속 빼주는 작업만을 수행하는 것이다.

여기서 한가지 유의해야 하는 부분은 역시 volatile이라는 keyword이다. 여기서 만약 이 keyword가 없다면 문제가 발생할 가능성이 있다. 사용자는 volatile이 없이도 정상적으로 동작할 것이라고 생각할 수 있겠지만 혹시라도 optimize에 대한 설정이 되어 있다면, 컴파일러는 이런 함수는 아예 컴파일을 하지 않을 수도 있다. 어떤 값을 받아서 특별한 작업을 하는 것도 없이 그냥 단순히 값만 계속 빼다가 아무런 값도 return하지 않는다면 컴파일러는 이것은 아무 의미도 없는 작업이라고 생각하고 아예 컴파일 할때 삭제해버릴 수도 있는 것이다.

결국 volatile을 써 줌으로서 컴파일러는 이 nTime이라는 변수가 매우 중요한 (값이 volatile하다는 즉, 언제든지 값이 변할수 있다는) 값으로 인지하고 컴파일 시에 결코 optimize 작업을 수행하지 않게 된다. 그렇게 optimize가 되지 않아야 우리가 원하는 delay 함수로서의 역할을 할 수 있는 것이다.

6.3.6. GPIO Set Reset 레지스터

우리는 위에서 GPIO 핀의 값을 Reset하고 Set하는 작업이 결국 LED를 켜고 끄는 작업이라는 것을 배웠다. 아래의 코드는 이것을 가능하게 만들어주는 작업이 되는 것이다.

```
(*(volatile unsigned *)0x40010C14) |= 0x200;
delay_int_count(10000);
(*(volatile unsigned *)0x40010C10) |= 0x200;
```

(*(volatile unsigned *)0x40010C14) |= 0x200;는 GPIO를 Reset 시키는 것이고, (*(volatile unsigned *)0x40010C10) |= 0x200;는 GPIO를 Set하는 것이다. 각각에 대해서 살펴보도록 한다.

6.3.7. Port bit Reset register

Port bit reset register (GPIOx_BRR) (x=A..G)
Address offset: 0x14
Reset value: 0x0000 0000

처음에 사용한 레지스터는 0x40010C14이다. 0x40010C00 GPIO Port B base address에 address offset 0x14가 더해진 레지스터이다. GPIOx_BRR이라고 표시되어 있다. BRR이라는 것이 Bit Reset Register를 의미하는 것이다.

31	30	29	28	27	26	25	24	23	22	21	20	19	18	17	16
Reserved															
15	14	13	12	11	10	9	8	7	6	5	4	3	2	1	0
BR15	BR14	BR13	BR12	BR11	BR10	BR9	BR8	BR7	BR6	BR5	BR4	BR3	BR2	BR1	BR0
w	w	w	w	w	w	w	w	w	w	w	w	w	w	w	w

내용을 살펴보면 하위 16 비트 각각이 하나의 핀을 Reset 시킬 수 있는 것이다. 우리는 9번 핀을 작업하고 있기 때문에 9번 비트를 1로 설정하여야 한다. 0x200을 OR 연산하는 것이 바로 이 작업을 수행하는 것이다.

6.3.8. Port bit Set Reset register

Port bit set/reset register (GPIOx_BSRR) (x=A..G)
Address offset: 0x10
Reset value: 0x0000 0000

두 번째 사용한 레지스터는 0x40010C10이다. 0x40010C00 GPIO Port B base address에 address offset 0x10이 더해진 레지스터이다. GPIOx_BSRR이라고 표시되어 있다. BSRR이라는 것이 Bit Set Reset Register를 의미하는 것이다.

31	30	29	28	27	26	25	24	23	22	21	20	19	18	17	16
BR15	BR14	BR13	BR12	BR11	BR10	BR9	BR8	BR7	BR6	BR5	BR4	BR3	BR2	BR1	BR0
w	w	w	w	w	w	w	w	w	w	w	w	w	w	w	w
15	14	13	12	11	10	9	8	7	6	5	4	3	2	1	0
BS15	BS14	BS13	BS12	BS11	BS10	BS9	BS8	BS7	BS6	BS5	BS4	BS3	BS2	BS1	BS0
w	w	w	w	w	w	w	w	w	w	w	w	w	w	w	w

그런데 한가지 이상한 점을 발견할 수 있다. 왜 Set Reset 레지스터일까? 이 레지스터 하나로 Set도 처리하고 Reset도 처리한다는 것일까? 답을 먼저 말하면 맞다. 이 레지스터 하나로 Set도 처리하고 Reset도 처리할 수 있다. 왜 이렇게 만들었을까?

대부분의 경우 이러한 중복된 처리 방법이 존재하는 것은 과거의 잔재인 경우가 많다. 이미 있는 레지스터의 내용을 변경하지 않고 추가적으로 새로운 것을 만들면서 그 기능은 그대로 칩에 존재하는 형태가 되겠다. 어느 것이 먼저 만들어졌는지는 모르지만 BSRR의 상위에 존재하는 내용과 BRR의 하위 16비트의 처리 결과는 완벽하게 동일한 결과를 얻게 된다.

(*(volatile unsigned *)0x40010C10) |= 0x200; 처리는 결국 9번 비트를 1로 만들어서 Set 작업을 수행하는 것이다. 이 작업으로 인해서 LED가 꺼지게 되는 것이다.

6.3.9. delay 시간에 관한 설명

```
delay_int_count(10000);
```

우리는 10000이라는 값을 전달해서 delay_int_count 함수를 불렀다. 이것은 얼마만큼의 시간일까? 실제 수행을 시켜보면 정말 말 그대로 눈 깜짝할 시간인 것을 알 수 있다. 10000이라는 수치를 1씩 빼는 작업을 만 번 수행해야 하는 시간인데 이것이 어느 정도의 시간인지 알 수 없으면 어떤 정확한 시간을 측정하는 것이 무척 어려울 수 있다.

만약 1초를 쉬고 싶으면 어떻게 해야 할까? 다음 장에서는 이것에 대한 내용을 공부해 보자.

6.4. 1초 delay_int_count 구현하기

6.4.1. 1초 delay의 정확도

delay_int_count(10000)은 정말 눈 깜짝할 시간이었다. 그럼 1초를 쉴 수 있게 delay 함수를 만든다면 어떻게 해야 할 것인가? 결론부터 말하자면 delay_int_count와 같은 함수로는 정확한 1초를 만들 수 없다. 뭐 사람이 인지할 수준 정도는 아니겠으나 많은 오차를 지니게 된다. 그럼 어떤 방법을 이용해야 완벽한 1초 delay 함수를 만들 수 있을까? 완벽히 말하자면 완벽한 1초를 구현할 수 있는 방법은 없다. 다만 얼마나 오차를 줄일 것인가 하는 부분이고, 1초 보다는 10초, 10초보다는 100초를 얼마나 더 정확하게 만들 수 있는가의 문제일 뿐이다.

오차는 존재할 수밖에 없다. 그것은 우리가 사용하는 PC라도 예외는 아니다. 다만 이러한 시간에 대한 함수를 구현함에 있어서 어떠한 알고리즘을 사용하는가 하는 것은 매우 중요한 부분일 수 있다. 또한 보정에 대한 작업은 필수적이라 하겠다.

예를 들어 엄청나게 정확한 delay_int_count를 만들었다고 가정해 보자. delay_int_count(1)이 1.001 초라고 가정해 보자. 1초의 시간만을 생각해 보았을 때는 이것은 매우 훌륭한 정확도라고 할 수 있다. 하지만 1000 초를 구현해야 한다고 하면 이것은 얘기가 달라진다. delay_int_count(1000);을 했을 때 얻을 수 있는 값은 1001 초가 된다. 1000 초나 1001 초나 이 정도의 시간에서는 사실 문제가 되지 않을 수 있으나 우리가 다루는 시간은 사실 mili sec, micro sec, nano sec의 시간이다. 1초의 시간은 1000 msec이고, 1000000 usec이고, 1000000000 nsec 인 것이다.

6.4.2. delay 함수를 만드는 방법

delay 함수를 만드는 방법에는 어떤 것들이 있을까?

1) delay_int_count와 같은 CPU time 소모 함수

2) system clock tick을 이용한 함수

3) Timer Interrupt를 이용한 함수

이 모든 방법에 대해서 한번에 모두 살펴볼 수는 없다. 이번 장에서는 delay_int_count와 같은 CPU time 소모 함수에 대해서만 살펴보고, 이 방법을 통해서 이전 장에서 구현한 LED On/Off 부분에서 대략적으로 1초를 delay할 수 있는 방법에 대해서만 고민하도록 한다.

여기서 CPU time 소모라는 것의 의미는 무엇일까? 말 그대로 CPU가 time을 소모한다는 것이다. 즉, CPU가 다른 일을 하지 못하고 대기하고 있는다는 의미이다. 우리는 앞서 delay_int_count를 구현하면서 넘겨받은 integer 값을 계속 1씩 빼는 작업을 수행했다. 이것은 사실 우리가 그 값으로 무슨 다른 일을 수행할 것이 아니기 때문에 아무 의미 없는 작업이고 다만 delay를 주기 위함이었다. 하지만

CPU는 이 사실을 알 길이 없다. 즉, delay만을 위한 것이지만 CPU는 자신의 역할을 충실히 수행을 하는 것이다.

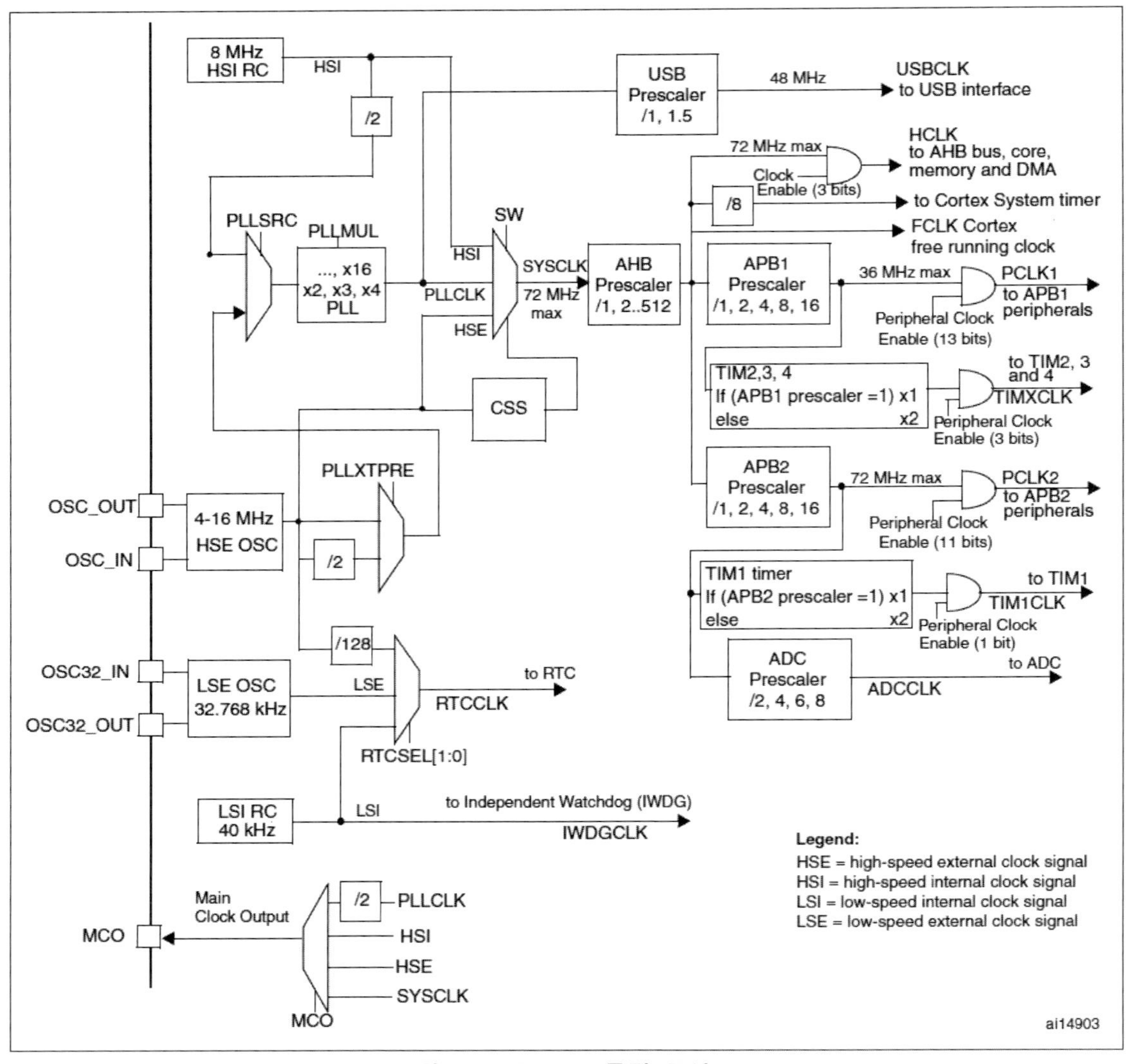

그림 6-10 STM32 클럭 구성도

(ST, STM32F103x8 Data Sheet, Figure 2, Clock tree)

6.4.3. CPU Clock에 관하여

delay_int_count는 CPU time 소모 함수이다. 그렇다면 CPU가 빨리 동작하면 어떻게 될까? CPU가 빨리 동작하면 delay가 적게 될 것이고, CPU가 천천히 동작하면 delay가 많이 될 것이다. 결국 CPU가 동작하는 clock을 정확히 알지 못하면 정확한 delay함수를 구현하는 것이 불가능하다는 말이다.

우리는 CPU clock에 대해 아무런 설정도 하지 않았다. 그렇기 때문에 현재 어떻게 동작하고 있는지 알수가 없다. 아무 설정을 하지 않았기 때문에 default 값으로 모든 것이 동작하고 있을 것이다. 여기서 그 default 값들에 대해서 살펴보면 CPU clock에 대해 약간의 정보를 얻을 수 있을 것이다.

6.4.4. Reset and clock control (RCC)

우리는 앞서서 GPIO clock을 enable하기 위해서 RCC_APB2ENR 레지스터를 살펴본 적이 있다. 이것이 RCC 레지스터 중에 하나이다. CPU 동작을 위해서 가장 중요한 부분이 clock에 대한 것이고 이것을 설정하는 레지스터이기 때문에 RCC 관련 레지스터들을 무척이나 중요한 레지스터들이라고 말할 수 있다.

STM32 클럭 구성도 그림은 Clock Tree이다. STM32에서 사용하는 모든 종류의 Clock에 대해서 한 장의 그림으로 만들어 놓은 것이다. 이 내용에 대해서 두고두고 볼수 있는 기회가 많을 것이다. 여기서는 딱 하나의 부분에 대해서만 살펴보고자 한다.

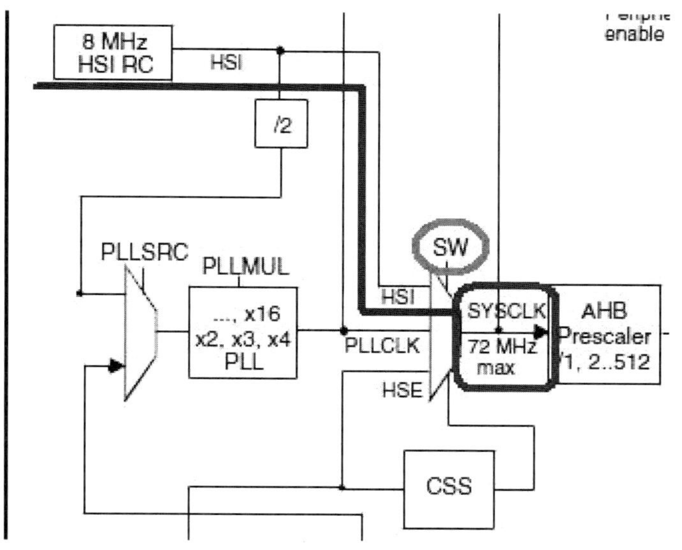

그림에서 SYSCLK 부분만 확대해서 나타내 보았다. 결국 Cortex-M3 ARM core가 동작하는 것은 이 SYSCLK를 이용하는 것이고 그 clock의 크기를 알아야 하는 것이다. 이것이 앞 단에서 어떻게 선택되는가 하는 것은 SW를 통해서이다. 결론적으로 말하자면 내부의 internal HSI 8 MHz가 선택되어서 SYSCLK로 사용되고 있다.

Clock configuration register (RCC_CFGR)
Address offset: 0x04

Reset value: 0x0000 0000

RCC_CFGR이라는 Clock configuration register가 존재한다. 이것의 reset value를 보면 0이다. 즉, 우리가 아무런 값도 설정하지 않았기 때문에 **<u>reset value를 그대로 가지고 있을 것이고, 0이 설정되어 있을 것이다</u>**.

31	30	29	28	27	26	25	24	23	22	21	20	19	18	17	16
Reserved					MCO[2:0]			Res.	USB PRE	PLLMUL[3:0]				PLL XTPRE	PLL SRC
					rw	rw	rw		rw	rw	rw	rw	rw	rw	rw
15	**14**	**13**	**12**	**11**	**10**	**9**	**8**	**7**	**6**	**5**	**4**	**3**	**2**	**1**	**0**
ADC PRE[1:0]		PPRE2[2:0]			PPRE1[2:0]			HPRE[3:0]				SWS[1:0]		SW[1:0]	
rw	rw	rw	rw	rw	rw	rw	rw	rw	rw	rw	rw	r	r	rw	rw

RCC_CFGR의 0번 1번 비트가 바로 위 그림에서 SW 부분이다. 이 SW 부분에 0이 설정되어 있는 것이다.

Bits 1:0 SW: System clock switch
Set and cleared by software to select SYSCLK source.
Set by hardware to force HSI selection when leaving Stop and Standby mode or in case of failure of the HSE oscillator used directly or indirectly as system clock (if the Clock Security System is enabled).
00: HSI selected as system clock
01: HSE selected as system clock
10: PLL selected as system clock
11: not allowed

SW라는 것이 System clock switch를 의미하는 것이고, 이 값이 0이라는 것은 system clock으로 HSI를 사용한다는 말이다. 위에서 보면 3가지 중에 하나를 선택할 수 있다. HSI를 사용하거나, HSE를 사용하거나, PLL을 사용할 수 있는 것이다. 이것은 그림에서도 잘 나타나 있다.

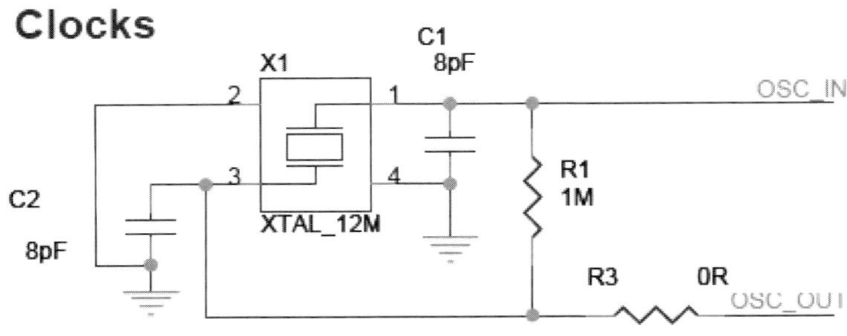

여기서 잠깐 회로도 상의 clock 부분에 대해서 살펴보겠다.

망고보드의 외부에는 12M의 crystal이 달려있다. 내부에도 8M의 clock이 존재하는데 또 그것을 사용해도 뭐든 할수 있는데 왜 외부에 이러한 clock을 달아 놓은 것일까? 이유는 USB 때문이다.

Universal serial bus (USB)
The STM32F103xx performance line embeds a USB device peripheral compatible with the USB full-speed 12 Mbs. The USB interface implements a full-speed (12 Mbit/s) function interface. It has software-configurable endpoint setting and suspend/resume support. **The dedicated 48 MHz clock is generated from the internal main PLL (the clock source must use a HSE crystal oscillator)**.

위 내용은 STM32의 data sheet 상의 내용이다. USB를 위한 48 MHz Clock은 main PLL에서 생성되는데 이를 위한 clock source는 반드시 HSE crystal oscillator를 사용해야만 한다고 적혀있다. 만약 우리가 8 MHz의 HSI를 사용하고 PLLMUL 부분의 값을 6으로 설정하면 6X8=48 해서 48 MHz의 USB clock을 사용할 수 있을 듯 한데 왜 내부 clock을 이용하지 못하고 외부 HSE를 꼭 사용해야만 하는 것일까?

Symbol	Parameter	Conditions	Min	Typ	Max	Unit
f_{HSI}	Frequency			8		MHz
ACC_{HSI}	Accuracy of HSI oscillator	T_A = –40 to 105 °C	–2	±1	2.5	%
		T_A = –10 to 85 °C	–1.5	±1	2.2	%
		T_A = 0 to 70 °C	–1.3	±1	2	%
		T_A = 25 °C	–1.1	±1	1.8	%
$t_{su(HSI)}$	HSI oscillator startup time		1		2	µs
$I_{DD(HSI)}$	HSI oscillator power consumption			80	100	µA

문제는 정확도이다. 내부에 기본적으로 들어있는 HSI oscillator의 정확도는 USB 규격을 만족시킬 수 있을 만큼 정확하지 않다. 그래서 USB를 사용하기 위해서는 내부 HSI를 사용할 수 없고 외부에 보다 정확한 crystal을 달아서 이용할 수밖에 없는 것이다.

USB와 관련해서는 뒤에서 보다 자세히 다룰 기회가 있을 것이다.

6.4.5. delay_int_count 어셈블리 코드

우리는 내부 system clock이 8 MHz로 동작하고 있다는 것을 알게 되었다. 그렇다면 반복하고 있는 코드의 양을 측정하면 한 코드가 대략 한 clock에 수행이 되기 때문에 대략적인 값을 알 수 있을 것이다. 하지만 문제는 그렇게 단순하지가 않다는데 있다.

아래의 두 코드를 비교해 보자

delay_int_count(0x100000);
delay_int_count(0x100000);
delay_int_count(0x100000);
delay_int_count(0x100000);
delay_int_count(0x100000);
delay_int_count(0x100000);
delay_int_count(0x100000);
delay_int_count(0x100000);
delay_int_count(0x100000);
delay_int_count(0x100000);
	for(i = 0; i < 0x400; i++)
	{
	    delay_int_count(10240);
	}

0x100000은 1 M의 크기이다. 이것은 0x400 (decimal 1024)과 0x400을 곱한 값이기도 하다. 사실 위의 두 코드는 같은 결과를 보여줘야 한다. 오차가 있더라도 그리 크지 않은 오차 내에서 결과가 나와야 한다.

왼쪽의 내용은 0x100000을 10회 반복한 것이고, 오른쪽은 0x400을 10번 하는 것을 0x400번 수행하기 때문에 같은 횟수를 수행하고 있는 것이다. 하지만 결과를 살펴보면 왼쪽은 약 13초가 거리게 되고, 오른쪽은 약 5초 정도밖에 안 걸린다. 왜 이런 결과가 나오는 것일까?

6:	9b01	ldr	r3, [sp, #4]	26:	3b01	subs	r3, #1
8:	3b01	subs	r3, #1	28:	2b00	cmp	r3, #0
a:	9301	str	r3, [sp, #4]	2a:	d1fc	bne.n	26
c:	9b01	ldr	r3, [sp, #4]				
e:	2b00	cmp	r3, #0				
10:	d1f9	bne.n	6				

비밀은 컴파일 된 어셈블리 코드에 있다. 왼쪽의 경우와 오른쪽의 경우 delay_int_count가 어떻게 어셈블리로 바뀌었는지를 살펴보도록 하자. 자세한 내용을 검토하려는 것은 아니니까 세세한 내용까지 알 필요는 없다. 다만 오른쪽의 것은 넘겨온 argument가 10240으로 숫자가 작기 때문에 이것을 직접 레지스터에 저장하고 거기서 바로 뺄셈 연산을 수행하고 그로 인해서 무척 적은 수의 instruction 만으로 구현이 되었지만 왼쪽의 경우는 넘겨지는 argument의 값이 크고, 그것을 바로 레지스터에서 연산을 수행하는 것이 아니라 메모리에 저장하고 뺄셈을 수행해서 다시 저장하고 그것을 다시 읽어와서 비교하고 하는 복잡한 연산을 수행하게 된다. 이러한 차이가 결국 소스 코드 상에서는 같은 결

과를 나타낼 것으로 예상되었던 것이 두 배도 넘는 차이를 보이게 되었던 것이다.

6.4.6. 1초 delay_int_count 결론

결국 위의 비교에서도 보았듯이 CPU Time을 이용한 delay의 구현은 매우 많은 변수를 가지고 있다. 부정확한 Clock에서 생성되는 시간에서부터 보다 더 큰 문제는 생성되는 object 어셈블리 코드가 상황에 따라서 매우 크게 변화한다는 사실이다.

```
delay_int_count(806596);
```

806596이라는 결과는 매우 작위적인 느낌이 난다. 하지만 이것은 위 어셈블리 코드의 왼쪽에 있는 코드를 기준한 1초의 delay를 하기 위한 반복 횟수이다. 매우 많은 반복을 통해서 이 횟수가 1초에 근접한 시간을 가리킨다는 것을 실험치로 구한 값이다.

실제적으로 이 값은 향후 아주 많은 활용도를 가지는 값은 결코 아니다. 그리고 실제적인 코드를 작성하는 상황에서 이런 식의 코드를 작성해서도 안 된다. 다만 이것은 여러 가지를 설명하기 위한 용도로만 사용 가능한 값이다. 향후 LED를 가지고 몇 가지 더 코딩을 해 나가는 데 있어서 이 값을 그냥 대략 1초 정도의 delay를 위해서 사용한다고만 생각해 주기 바란다.

향후 우리는 외부의 정확한 Clock을 이용해서 보드에 대한 설정을 다시 할 것이고 그때 Timer를 이용해서 보다 정확한 delay를 구현할 것이다. 그리고 그때는 CPU Time을 소모하지 않고 delay를 구현하는 것도 함께 고민해 볼 것이다.

6.5. LED 모두 깜빡거리기

delay 함수도 대략적으로 만들어 놓았고, 이제 LED를 깜빡 거리게 하는 동작을 구현해 보도록 하자. 그리고 빨간색 LED 뿐만 아니라 다른 LED들도 모두 동작시키고, LED와 관련한 모든 내용을 독립적인 함수로 구현해서 시험을 수행하도록 한다.

6.5.1. 소스 파일 폴더 위치

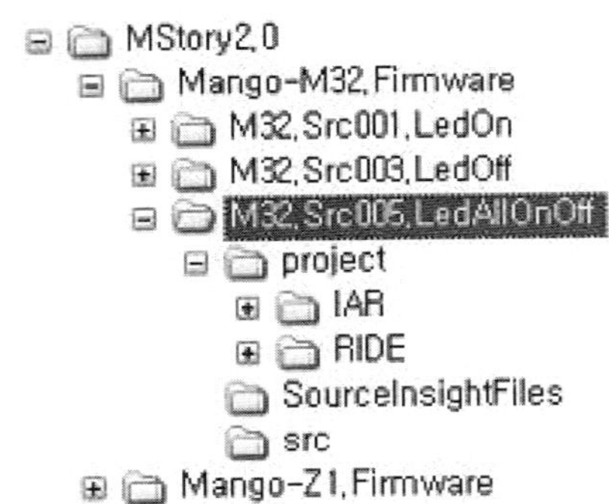

M32.Src005.LedAllOnOff 부분에 소스 파일이 위치해 있다.

6.5.2. LED 회로도 및 위치 설명

회로도를 다시 한번 살펴보기로 한다. 회로도 그림을 또 싣지는 않았다. 이전 장의 그림을 참조하기 바란다.

LED 구분	PCB Silk Name
RED LED	LD200
GREEN LED	LD201
YELLOW LED	LD202

빨간색 LED는 GPIO Port B #9 이었다. 이제 다른 LED들도 모두 불을 밝혀보도록 한다.
Green LED는 GPIO Port B #8 이다. 노란 LED는 GPIO Port B #5 이다.
(Green LED의 경우는 Blue LED가 장착되어 있을 수도 있다.)

위 표를 보고 각각의 LED가 PCB 상에 표현된 LD20x 번호와 매칭해서 살펴보기 바란다.
위 그림을 참조하면 보다 더 쉽게 알아볼 수 있을 것이다.

6.5.3. main.c 변경 사항

일단 먼저 구현되어 있는 main.c의 내용을 살펴보겠다.

<main.c>

```
static void delay_int_count(volatile unsigned int nTime)
{
    for(; nTime > 0; nTime--);
}

void delay_1_second(void)
{
    delay_int_count(806596);
}

int main(void) {
    (*(volatile unsigned *)0x40021018) |= 0x8;

    // PIN #5 setting ...
    (*(volatile unsigned *)0x40010C00) &= 0xFF0FFFFF;
    (*(volatile unsigned *)0x40010C00) |= 0x100000;

    // PIN #9 & #8 setting ...
    (*(volatile unsigned *)0x40010C04) &= 0xFFFFFF00;
    (*(volatile unsigned *)0x40010C04) |= 0x10;
    (*(volatile unsigned *)0x40010C04) |= 0x1;

    (*(volatile unsigned *)0x40010C14) |= 0x200;
    delay_1_second();
    (*(volatile unsigned *)0x40010C10) |= 0x200;
    delay_1_second();
```

```
    (*(volatile unsigned *)0x40010C14) |= 0x100;
    delay_1_second();
    (*(volatile unsigned *)0x40010C10) |= 0x100;
    delay_1_second();
    (*(volatile unsigned *)0x40010C14) |= 0x20;
    delay_1_second();
    (*(volatile unsigned *)0x40010C10) |= 0x20;
    delay_1_second();

    while(1)
    { ; }
}
```

delay_1_second() 함수를 새롭게 구현하였다. 다른 C 파일에서도 실행이 가능하도록 static을 빼고 만들었다. 이전 장에서 살펴본 1초를 delay하는 수치를 적용해서 함수로 만든 것이다.

다른 LED 2개에 대한 것을 처리하는 루틴이 포함되었다. 이를 하나씩 살펴보도록 한다. 이전 장들에서 자세히 설명을 했기 때문에 이해하는 데는 어렵지 않을 것으로 생각한다.

6.5.4. GPIOB_CRL 레지스터 설정

```
// PIN #5 setting ...
(*(volatile unsigned *)0x40010C00) &= 0xFF0FFFFF;
(*(volatile unsigned *)0x40010C00) |= 0x100000;

// PIN #9 & #8 setting ...
(*(volatile unsigned *)0x40010C04) &= 0xFFFFFF00;
(*(volatile unsigned *)0x40010C04) |= 0x10;
(*(volatile unsigned *)0x40010C04) |= 0x1;
```

새로운 레지스터가 하나 등장했다. 0x40010C00.
하지만 사실 새로운 레지스터는 아니다. memory map에서 GPIO Port B가 가리키는 base address가 바로 0x40010C00이다. GPIO Port B에서 address offset이 0x0인 레지스터가 GPIOB_CRL 레지스터이다. GPIOB_CR**L**에서 L이 의미하는 것이 Low이고, 이것은 GPIO Pin 번호가 0부터 7까지 낮은 숫자인 경우를 담당하는 것을 의미하게 된다. 0x40010C04인 GPIOB_CR**H**가 High, 즉, GPIO Pin 번호가 8부터 15까지 높은 숫자인 경우를 담당하게 된다.

GPIOB_CRL 레지스터의 각 비트 별 설정 방법은 GPIOB_CRH 레지스터의 경우와 크게 다르지 않다.

다만 핀 번호만 다를 뿐이다.

31	30	29	28	27	26	25	24	23	22	21	20	19	18	17	16
CNF7[1:0]		MODE7[1:0]		CNF6[1:0]		MODE6[1:0]		CNF5[1:0]		MODE5[1:0]		CNF4[1:0]		MODE4[1:0]	
rw	rw	rw	rw	rw	rw	rw	rw	rw	rw	rw	rw	rw	rw	rw	rw
15	14	13	12	11	10	9	8	7	6	5	4	3	2	1	0
CNF3[1:0]		MODE3[1:0]		CNF2[1:0]		MODE2[1:0]		CNF1[1:0]		MODE1[1:0]		CNF0[1:0]		MODE0[1:0]	
rw	rw	rw	rw	rw	rw	rw	rw	rw	rw	rw	rw	rw	rw	rw	rw

우리가 설정해야 하는 핀은 #5번이고 이것은 비트 20번부터 23번까지를 설정해야 한다. 0xFF0FFFFF를 통해서 이 비트들을 먼저 0으로 만든 이후에 0x100000으로 이 부분에 값을 설정한 것이다.

CNFy[1:0]:을 0으로 만든 것은 00: General purpose output push-pull이고,
MODEy[1:0]: 부분을 1로 만든 것은 01: Output mode, max speed 10 MHz 이다.

0x40010C04인 GPIOB_CRH 레지스터의 설정은 이전에 수행했던 핀 #9번에 대한 것과 함께 핀 #8번에 대한 것도 설정하기 위해서 먼저 0xFFFFFF00로 하위 8비트를 0으로 만든 이후에 각각 1을 설정한 것이다.

6.5.5. GPIOx_BRR GPIOx_BSRR 레지스터 설정

```
(*(volatile unsigned *)0x40010C14) |= 0x100;
delay_1_second();
(*(volatile unsigned *)0x40010C10) |= 0x100;
delay_1_second();
(*(volatile unsigned *)0x40010C14) |= 0x20;
delay_1_second();
(*(volatile unsigned *)0x40010C10) |= 0x20;
```

위 내용은 Green LED LD201 GPIO Port B #8과, Yellow LED LD202 GPIO Port B #5에 대한 설정이다.

31	30	29	28	27	26	25	24	23	22	21	20	19	18	17	16
Reserved															
15	14	13	12	11	10	9	8	7	6	5	4	3	2	1	0
BR15	BR14	BR13	BR12	BR11	BR10	BR9	BR8	BR7	BR6	BR5	BR4	BR3	BR2	BR1	BR0
w	w	w	w	w	w	w	w	w	w	w	w	w	w	w	w

GPIOx_BRR 0x40010C14의 8번 비트를 설정 함으로서 Green LED를 켜고, 5번 비트를 설정 함으로서 Yellow LED를 켜게 된다.

31	30	29	28	27	26	25	24	23	22	21	20	19	18	17	16
BR15	BR14	BR13	BR12	BR11	BR10	BR9	BR8	BR7	BR6	BR5	BR4	BR3	BR2	BR1	BR0
w	w	w	w	w	w	w	w	w	w	w	w	w	w	w	w
15	14	13	12	11	10	9	8	7	6	5	4	3	2	1	0
BS15	BS14	BS13	BS12	BS11	BS10	BS9	BS8	BS7	BS6	BS5	BS4	BS3	BS2	BS1	BS0
w	w	w	w	w	w	w	w	w	w	w	w	w	w	w	w

GPIOx_BSRR 0x40010C10의 8번 비트를 설정 함으로서 Green LED를 끄고, 5번 비트를 설정 함으로서 Yellow LED를 끄게 된다.

6.5.6. 수행 결과

수행 결과는 단순하다.

처음 부팅을 하면 3개의 LED가 모두 켜져 있는 상태가 된다.

1초 후 Red LED가 꺼지게 된다.

다시 1초 후 Green(or Blue) LED가 꺼지게 된다.

다시 1초 후 마지막으로 Yellow LED가 꺼지게 된다.

6.6. 고급스러운 코딩을 하자 1

사실 지금까지 우리가 작성한 코드들은 단순하다는 측면에서는 나무랄 데가 없는 프로그램이다. 하지만 소스 코드의 재활용성이나 가독성의 측면에서 보면 무척이나 떨어지는 코드들이다.

```
(*(volatile unsigned *)0x40010C14) |= 0x100;
```

위 코드를 보면서 이것이 뭘 의미하는지 바로 알아차릴 수 있다면 그건 정말 대단한 것이다. 필자 역시 책을 집필하면서 이전의 코드를 설명하기 위해서 혹은 새로운 코드를 작성하기 위해서 매번 이전에 설명했던 내용을 다시 뒤적이면서 참조를 할 수밖에 없다. 그만큼 위 코드는 소스 코드라기 보다는 암호에 가깝다. 이런 식의 코딩은 지양해야 하는 것일 뿐 아니라, 만약 부하 직원이 이렇게 구현을 해 놓았으면 야단을 쳐야 하는 정도의 구현이라고 말 할 수 있다.

앞으로 2개의 절을 통해서 보다 고급스러운 그래서 향후 재활용성을 높이고 가독성도 훌륭한 코드를 만들어 보고자 한다. 이번 절의 내용보다 다음 절의 내용이 보다 더 고급스러워질 것이다. 단계별로 진행되어 가는 과정을 그대로 기술할 것이니 하나하나 따라해 보는 것도 좋은 방법이 될 것이다.

6.6.1. 소스 파일 폴더 위치

M32.Src006.LedAllOnOff.New1 부분에 소스 파일이 위치해 있다.
inc라는 폴더가 새로 생겨있음을 주목하자. 우리는 여기에 header 파일들을 담아 놓을 것이다.

6.6.2. platform_config.h 구현 - define의 활용 1

먼저 첫 번째 제시했던 암호를 다시 살펴보자.

```
(*(volatile unsigned *)0x40010C14) |= 0x100;
```

이 프로그램은 GPIOx_BRR 0x40010C14의 8번 비트를 설정하는 것이다. 우리는 여기서 한가지 규칙을 발견할 수 있다. 0번 비트는 0번 핀, 1번 비트는 1번 핀, 8번 비트는 8번 핀이다. 결국 이것은 아래와 같이 정의가 가능하다.

```
#define GPIO_Pin_0      ((uint16_t)0x0001)  /*!< Pin 0 selected */
#define GPIO_Pin_1      ((uint16_t)0x0002)  /*!< Pin 1 selected */
#define GPIO_Pin_2      ((uint16_t)0x0004)  /*!< Pin 2 selected */
#define GPIO_Pin_3      ((uint16_t)0x0008)  /*!< Pin 3 selected */
#define GPIO_Pin_4      ((uint16_t)0x0010)  /*!< Pin 4 selected */
#define GPIO_Pin_5      ((uint16_t)0x0020)  /*!< Pin 5 selected */
#define GPIO_Pin_6      ((uint16_t)0x0040)  /*!< Pin 6 selected */
#define GPIO_Pin_7      ((uint16_t)0x0080)  /*!< Pin 7 selected */
#define GPIO_Pin_8      ((uint16_t)0x0100)  /*!< Pin 8 selected */
#define GPIO_Pin_9      ((uint16_t)0x0200)  /*!< Pin 9 selected */
#define GPIO_Pin_10     ((uint16_t)0x0400)  /*!< Pin 10 selected */
#define GPIO_Pin_11     ((uint16_t)0x0800)  /*!< Pin 11 selected */
#define GPIO_Pin_12     ((uint16_t)0x1000)  /*!< Pin 12 selected */
#define GPIO_Pin_13     ((uint16_t)0x2000)  /*!< Pin 13 selected */
#define GPIO_Pin_14     ((uint16_t)0x4000)  /*!< Pin 14 selected */
#define GPIO_Pin_15     ((uint16_t)0x8000)  /*!< Pin 15 selected */
#define GPIO_Pin_All    ((uint16_t)0xFFFF)  /*!< All pins selected */
```

위 내용은 사실 STMicroelectronics의 Standard Peripheral Driver Library 중에서 stm32f10x_gpio.h라는 파일에 정의된 내용이다. 우리는 향후 다음 챕터에서 망고 Z1을 이용한 구현을 공부할 것인데 여기서는 STM 사의 라이브러리를 적극적으로 활용하는 방법들을 적용할 것이다. 그 때 지금 배웠던 부분들이 많은 도움을 줄 것이라고 확신한다.

uint16_t에 대해서 ...

uint16_t은 <stdint.h>인 stdio.h와 마찬가지의 standard type을 정의해 놓은 파일 안에 정의된 것이다. 여기에는 uint16_t을 포함해서 int8_t, uint8_t, int16_t, int32_t, uint32_t, int64_t, uint64_t 등도 정의되어 있다.

그러므로 우리의 경우 platform_config.h에 이와 관련한 define들을 정의하고 있기 때문에 이곳의 앞에 #include <stdint.h>가 반드시 들어 있어야 한다. 이것이 없으면 uint16_t이 정의되지 않았다는 에

```
러 메세지를 만나게 된다.
```

```
(*(volatile unsigned *)0x40010C14) |= GPIO_Pin_8;
```

위와 같이 변경이 가능할 것이다. 여기서 한 단계 더 나아가서 아래와 같이 정의를 하였다.

```
#define GPIO_LED1_PIN          GPIO_Pin_9 /* RED */
#define GPIO_LED2_PIN          GPIO_Pin_5 /* YELLOW */
#define GPIO_LED3_PIN          GPIO_Pin_8 /* GREEN or BLUE */
```

PCB에 장착된 순서대로 LED1, LED2, LED3라고 명명하고 각각이 어떤 GPIO Pin 번호를 갖는지를 define을 이용해서 정의한 것이다. 이렇게 설정하고 난 이후에 위 코드를 바꾸면 더욱 명확해진다.

```
(*(volatile unsigned *)0x40010C14) |= GPIO_LED3_PIN;
```

자, 이제 암호문은 조금은 덜 암호처럼 느껴지게 되었다. 소스를 보면 정확히는 모르겠으나 LED3에 뭔가를 하고 있는 것으로 느껴진다. 내친김에 앞에 있는 레지스터 주소도 뭔가 다른 방법으로 변경을 하는 것이 좋을 듯 하다.

```
#define GPIOB_BSRR          (*(volatile unsigned *)0x40010C10)
#define GPIOB_BRR           (*(volatile unsigned *)0x40010C14)
```

위와 같이 레지스터 주소를 직접 쓰는 것이 아니라 GPIOB_BRR이라고 이름을 붙여주었다. (만드는 김에 BSRR 레지스터에 대한 것도 함께 만들어 보았다.)

```
GPIOB_BRR |= GPIO_LED3_PIN;
```

결국 최종적으로 코드는 위와 같이 변경이 되었다. 상당히 깔끔해졌다. BRR이라는 것이 모르는 사람에게는 낯설 수 있지만 아는 사람에게는 Bit Reset Register라는 것을 의미하기 때문에 코드를 보면서 LED3를 Reset 시키는구나 하는 것을 유추해낼 수 있다.

(*(volatile unsigned *)0x40010C14) |= 0x200; delay_1_second(); (*(volatile unsigned *)0x40010C10) |= 0x200; delay_1_second(); (*(volatile unsigned *)0x40010C14) |= 0x100; delay_1_second();	**GPIOB_BRR |= GPIO_LED1_PIN; delay_1_second(); GPIOB_BSRR |= GPIO_LED1_PIN; delay_1_second(); GPIOB_BRR |= GPIO_LED3_PIN; delay_1_second();**

(*(volatile unsigned *)0x40010C10) |= 0x100; delay_1_second(); (*(volatile unsigned *)0x40010C14) |= 0x20; delay_1_second(); (*(volatile unsigned *)0x40010C10) |= 0x20; delay_1_second();	**GPIOB_BSRR |= GPIO_LED3_PIN;** **delay_1_second();** **GPIOB_BRR |= GPIO_LED2_PIN;** **delay_1_second();** **GPIOB_BSRR |= GPIO_LED2_PIN;** **delay_1_second();**

왼쪽에 비해서 오른쪽의 코드는 한결 명료하고 단순하고 읽기 쉽게 되어 있음을 알 수 있다. 물론 최종적으로 우리가 원하는 고급스러운 코딩이 여기서 종료되는 것은 아니다 위 코드들은 뒤에 함수를 이용한 방식으로 모두 변경될 것이다.

6.6.3. platform_config.h 구현 - define의 활용 2

```
(*(volatile unsigned *)0x40021018) |= 0x8;

// PIN #5 setting ...
(*(volatile unsigned *)0x40010C00) &= 0xFF0FFFFF;
(*(volatile unsigned *)0x40010C00) |= 0x100000;

// PIN #9 & #8 setting ...
(*(volatile unsigned *)0x40010C04) &= 0xFFFFFF00;
(*(volatile unsigned *)0x40010C04) |= 0x10;
(*(volatile unsigned *)0x40010C04) |= 0x1;
```

위의 코드는 이전 절에서 사용했던 코드이다. 이것 역시 위에 사용했던 방법과 동일하게 define을 이용해서 변경하도록 한다.

```
#define RCC_APB2Periph_AFIO              ((uint32_t)0x00000001)
#define RCC_APB2Periph_GPIOA             ((uint32_t)0x00000004)
#define RCC_APB2Periph_GPIOB             ((uint32_t)0x00000008)
#define RCC_APB2Periph_GPIOC             ((uint32_t)0x00000010)
#define RCC_APB2Periph_GPIOD             ((uint32_t)0x00000020)
#define RCC_APB2Periph_GPIOE             ((uint32_t)0x00000040)
#define RCC_APB2Periph_GPIOF             ((uint32_t)0x00000080)
#define RCC_APB2Periph_GPIOG             ((uint32_t)0x00000100)
#define RCC_APB2Periph_ADC1              ((uint32_t)0x00000200)
#define RCC_APB2Periph_ADC2              ((uint32_t)0x00000400)
#define RCC_APB2Periph_TIM1              ((uint32_t)0x00000800)
```

```
#define RCC_APB2Periph_SPI1            ((uint32_t)0x00001000)
#define RCC_APB2Periph_TIM8            ((uint32_t)0x00002000)
#define RCC_APB2Periph_USART1          ((uint32_t)0x00004000)
#define RCC_APB2Periph_ADC3            ((uint32_t)0x00008000)
```

위 내용은 STMicroelectronics의 Standard Peripheral Driver Library 중에서 stm32f10x_rcc.h라는 파일에 정의된 내용이다. GPIOB와 관련한 부분이 0x8로 정의되어 있는 것을 알수 있다.

```
#define RCC_APB2ENR            (*(volatile unsigned *)0x40021018)
```

0x40021018은 APB2에 대한 Clock Enable 레지스터이다. 이것은 위와 같이 정의 한다.

```
RCC_APB2ENR |= RCC_APB2Periph_GPIOB;
```

결국 첫 번째 부분은 위와 같이 변경되게 된다.

이제 나머지 부분들도 같은 방법으로 변경하도록 한다.

```
#define GPIOB_CRL            (*(volatile unsigned *)0x40010C00)
#define GPIOB_CRH            (*(volatile unsigned *)0x40010C04)
```

```
// PIN #5 setting ...
GPIOB_CRL &= 0xFF0FFFFF;
GPIOB_CRL |= 0x100000;

// PIN #9 & #8 setting ...
GPIOB_CRH &= 0xFFFFFF00;
GPIOB_CRH |= 0x10;
GPIOB_CRH |= 0x1;
```

위와 같이 변경을 하였다. 변경을 한 이후 오른쪽에 대입했던 부분들을 살펴보면 역시 숫자들로 되어 있어서 가독성에 문제가 있다. 이것을 적절하게 변경하도록 한다.

GPIOB_CRL과 GPIOB_CRH의 내용에 변경하는 값에 대해서 주요한 부분은 CNFy와 MODEy이다.

```
MODEy[1:0]: Port x mode bits (y= 0 .. 7)
These bits are written by software to configure the corresponding I/O port.
Refer to Table 15: Port bit configuration table on page 97.
```

```
00: Input mode (reset state)
01: Output mode, max speed 10 MHz.
10: Output mode, max speed 2 MHz.
11: Output mode, max speed 50 MHz.
```

먼저 MODEy 부분을 살펴보면 각각의 내용을 아래와 같이 변경할 수 있다.

```
typedef enum
{
    GPIO_Speed_10MHz = 1,
    GPIO_Speed_2MHz,
    GPIO_Speed_50MHz
} GPIOSpeed_TypeDef;
```

위 내용도 역시 STMicroelectronics의 Standard Peripheral Driver Library 중에서 stm32f10x_gpio.h라는 파일에 정의된 내용이다.

CNFy[1:0]: Port x configuration bits (y= 0 .. 7)

These bits are written by software to configure the corresponding I/O port.

Refer to Table 15: Port bit configuration table on page 97.

In input mode (MODE[1:0]=00):

00: Analog input mode

01: Floating input (reset state)

10: Input with pull-up / pull-down

11: Reserved

In output mode (MODE[1:0] > 00):

00: General purpose output push-pull

01: General purpose output Open-drain

10: Alternate function output Push-pull

11: Alternate function output Open-drain

다음은 CNFy 부분인데 이 부분의 변경과 관련해서는 약간은 트릭이 필요하다. 이에 대해서는 나중에 살펴볼 것이고 여기서는 output mode에 대한 설정만 typedef로 만들어 보도록 한다.

```
typedef enum
{
    GPIO_Mode_Out_PP = 0x00,
    GPIO_Mode_Out_OD = 0x01,
```

```
    GPIO_Mode_AF_PP    = 0x10,
    GPIO_Mode_AF_OD    = 0x11
} GPIOMode_Output_TypeDef;
```

STMicroelectronics의 stm32f10x_gpio.h 파일에는 GPIOMode_Output_TypeDef는 정의되어 있지 않다. 그곳에는 GPIOMode_TypeDef만 정의되어 있고, 정의된 값의 내용도 상이하다. 이에 대해서 설명하는 것은 너무 복잡해지기 때문에 일단은 이렇게 정의하고 지나가도록 한다.

이렇게 정의된 2가지의 typedef enum 값을 이용해서 보다 보편적인 함수를 구현해 보도록 한다.

위 define 들을 모두 포함하는 platform_config.h라는 파일을 새로 만들었고 이것을 새로 생긴 inc 폴더에 저장하였다. 당연히 main.c에서는 이 파일을 include 해야 한다. 상세한 부분은 소스 코드를 참조하기 바란다.

6.6.4. GPIO_B_Output_Init 함수 구현

먼저 함수 본체를 모두 기술해 보았다.

```
void GPIO_B_Output_Init(uint16_t pinNum,
        GPIOSpeed_TypeDef speedValE, GPIOMode_Output_TypeDef modeE) {
    uint32_t tmpVal = modeE << 2 | speedValE;
    uint32_t pinpos = 0x00;

    // pin #0 ~ #7
    if((pinNum & 0xFF) != 0) {
        for (pinpos = 0x00; pinpos < 0x08; pinpos++) {
            if (pinNum == ((uint32_t)0x01) << pinpos) {
                pinpos = pinpos * 4;
                GPIOB_CRL &= ~(0xF << pinpos);
                GPIOB_CRL |= tmpVal << pinpos;
                break;
            }
        }
    }

    // pin #8 ~ #15
    else {
        pinNum = pinNum >> 8;
```

```
        for (pinpos = 0x00; pinpos < 0x08; pinpos++) {
            if (pinNum == ((uint32_t)0x01) << pinpos) {
                pinpos = pinpos * 4;
                GPIOB_CRH &= ~(0xF << pinpos);
                GPIOB_CRH |= tmpVal << pinpos;
                break;
            }
        }
    }
}
```

함수의 내용이 무척이나 복잡하게 보이지만 사실 내용은 그다지 어려운 것은 아니다. 지금까지의 레지스터에 대한 설정 작업을 다만 함수로 만들었다는 점만 다를 뿐이다. 이 함수의 주요 목적은 결국은 GPIOB_CRL이나 GPIOB_CRH를 설정하려는 것이다. 다만 이 설정을 일반화된 함수로 만들어서 쉽게 이해할 수 있도록 가독성과 재활용성을 높이려고 하는 것이다.

이 함수의 내용에 대해서 분석을 진행해 보자.

argument로 3가지의 값을 받는다. 하나는 uint16_t pinNum으로 Pin 번호를 넘겨받는다. 그리고 GPIO speed에 대한 정보를 담고 있는 GPIOSpeed_TypeDef 값이 전달되고, 마지막으로 output mode에 대한 GPIOMode_Output_TypeDef 값을 전달 받는다.

```
uint32_t tmpVal = modeE << 2 | speedValE;
```

31	30	29	28	27	26	25	24	23	22	21	20	19	18	17	16
CNF7[1:0]		MODE7[1:0]		CNF6[1:0]		MODE6[1:0]		CNF5[1:0]		MODE5[1:0]		CNF4[1:0]		MODE4[1:0]	
rw	rw	rw	rw	rw	rw	rw	rw	rw	rw	rw	rw	rw	rw	rw	rw
15	14	13	12	11	10	9	8	7	6	5	4	3	2	1	0
CNF3[1:0]		MODE3[1:0]		CNF2[1:0]		MODE2[1:0]		CNF1[1:0]		MODE1[1:0]		CNF0[1:0]		MODE0[1:0]	
rw	rw	rw	rw	rw	rw	rw	rw	rw	rw	rw	rw	rw	rw	rw	rw

GPIOB_CRL을 예로 들어 살펴보면 CNF 부분이 modeE 값이 되고, MODE 부분이 speedValE 값이 된다. 그러므로 modeE 부분을 2 비트 왼쪽으로 shift해서 speedValE와 OR 연산을 통해서 실제로 저장을 할 값을 tmpVal로 임시로 저장을 해 놓는다.

```
if((pinNum & 0xFF) != 0)
```

pinNum에 전달 되는 값은 0x1 부터 0x8000까지 이다. 이것은 GPIO_Pin_0부터 GPIO_Pin_15까지 이다. 우리는 핀 번호가 0~7까지는 GPIOB_CRL에 설정을 저장하고, 핀 번호가 8~15까지는 GPIOB_CRH

에 저장해야 한다. 이를 구분하기 위한 것이다. 0xFF와 AND 연산을 수행한 결과가 0이 아니라면 하위 8 비트에 무슨 값이든 존재한다는 것이고 이것은 핀 번호 0~7까지라는 것을 의미한다.

```
for (pinpos = 0x00; pinpos < 0x08; pinpos++) {
    if (pinNum == ((uint32_t)0x01) << pinpos) {
        pinpos = pinpos * 4;
        GPIOB_CRL &= ~(0xF << pinpos);
        GPIOB_CRL |= tmpVal << pinpos;
        break;
    }
}
```

pinpos라는 변수를 두어 0부터 7까지 증가시키면서, 그만큼 1을 왼쪽으로 shift해서 넘겨져 온 pinNum과 비교를 수행한다. 이것이 만약 같으면 바로 그 시점에서 원하는 위치를 찾게 된 것이고, 설정 작업을 수행한다. pinpos는 pinNum에서 1이 위치한 곳까지의 비트 이동 숫자가 저장되어 있게 된다. 이 값에 4를 곱해야 우리가 원하는 설정을 저장할 위치를 찾을 수 있게 된다.

0xF를 먼저 그 해당 위치만큼 왼쪽으로 shift해서 그것에 NOT 연산을 통해서 비트를 clear할 수 있는 값을 만든다. 예를 들어 pinNum이 0x2인 경우 (Pin # 1이 되겠다.) pinpos는 1이 되어 있을 것이고 0xF를 4만큼 왼쪽으로 이동한 값이 0xF0을 NOT을 붙이면 0xFFFFFF0F가 된다. 이것을 AND 연산을 수행하면 0이 위치한 부분의 값만 0으로 바뀌게 될 것이다.

마지막으로는 pinpos 위치만큼 이전에 저장해 놓았던 실제 설정 값을 왼쪽으로 shift 시켜서 OR 연산을 통해서 적절한 값을 저장할 수 있게 한다.

```
pinNum = pinNum >> 8;
```

핀 번호가 8에서 15까지는 위의 8 비트만큼 오른쪽으로 shift 시켜서 핀 번호를 처리하는 것과, GPIOB_CRL에 저장하던 것을 GPIOB_CRH에 저장하는 것으로 변경한 사항을 제외하고는 0~7번 핀에 대한 처리와 동일하다.

6.6.5. led.c 구현

이제 이번 장에서 구현할 고급스러운 코딩은 거의 끝나간다. 최종적으로 우리는 새로운 파일을 하나 더 만든다. 그것은 led.c 이다. LED와 관련한 시험 함수들을 이곳에 모아 놓는 것이다.

<main.c>

```
int main(void) {
```

```
    RCC_APB2ENR |= RCC_APB2Periph_GPIOB;

    GPIO_B_Output_Init(GPIO_LED1_PIN, GPIO_Speed_10MHz, GPIO_Mode_Out_PP);
    GPIO_B_Output_Init(GPIO_LED2_PIN, GPIO_Speed_10MHz, GPIO_Mode_Out_PP);
    GPIO_B_Output_Init(GPIO_LED3_PIN, GPIO_Speed_10MHz, GPIO_Mode_Out_PP);

    LED_Test();

    while(1)
    { ; }
}
```

위에서 보듯 main 함수는 이제 정말 단순해졌다. 위 절에서 구현한 GPIO_B_Output_Init을 통해서 LED 3개에 대한 초기화 작업을 수행하도록 설정한 이후에 단순히 LED_Test만 호출하고 끝내고 있다.

```
void LED_On_Red (void) {
    GPIOB_BRR |= GPIO_LED1_PIN;
}

void LED_Off_Red (void) {
    GPIOB_BSRR |= GPIO_LED1_PIN;
}

void LED_On_Yellow (void) {
    GPIOB_BRR |= GPIO_LED2_PIN;
}

void LED_Off_Yellow (void) {
    GPIOB_BSRR |= GPIO_LED2_PIN;
}

void LED_On_Blue (void) {
    GPIOB_BRR |= GPIO_LED3_PIN;
}

void LED_Off_Blue (void) {
    GPIOB_BSRR |= GPIO_LED3_PIN;
}
```

이전에 작업했던 LED에 관련한 모든 내용들을 위와 같이 함수로 만들었다. 이제는 함수의 이름만 보면 이것이 무엇을 하는 것인지 단번에 알 수가 있다. LED_On_Red, 빨간 LED를 켜는 함수일 것이라는 생각이 들도록 함수 이름을 지은 것이다. 다른 LED 관련 함수들도 마찬가지이다.

```
void LED_On_All (void) {
    LED_On_Red();
    LED_On_Yellow();
    LED_On_Blue();
}

void LED_Off_All (void) {
    LED_Off_Red();
    LED_Off_Yellow();
    LED_Off_Blue();
}
```

이제 방금 위에서 만든 함수들을 이용하는 새로운 함수도 만들었다. 즉, 모든 LED를 동시에 켜고, 모든 LED를 동시에 끄는 함수를 만든 것이다. 너무나도 쉽다.

```
void LED_OnOffAll_Mult(uint32_t count) {
    for(; count > 0; count --) {
        LED_Off_Red();
        LED_On_Yellow();
        LED_On_Blue();
        delay_1_second();

        LED_On_Red();
        LED_Off_Yellow();
        LED_On_Blue();
        delay_1_second();

        LED_On_Red();
        LED_On_Yellow();
        LED_Off_Blue();
        delay_1_second();
    }
}
```

```
void LED_Test (void) {
#if 0
	LED_On_All();
	delay_1_second();
	LED_Off_All();
	delay_1_second();
	LED_On_All();
#else
	LED_OnOffAll_Mult(30);
#endif
}
```

LED_Test 함수에서는 #if 0를 이용해서 2가지 종류의 시험을 수행해 볼 수 있도록 구현되어 있다. 앞 부분의 것은 전체 LED를 켰다가 1초 후 전체 LED를 껐다가 다시 1초 후 전체 LED를 켜는 동작을 수행하였고, 뒷부분은 LED_OnOffAll_Mult라는 새로 만든 함수를 호출하게 된다.

LED_OnOffAll_Mult 함수는 순차적으로 3개의 LED를 하나씩 끄는 함수이다. 즉, 특정 순간에는 꼭 2 개의 LED만 ON 상태에 있는 것이다. 넘겨져 온 반복횟수만큼 반복한 이후에 종료하는 함수이다.

6.6.6. IAR & RIDE7 빌드

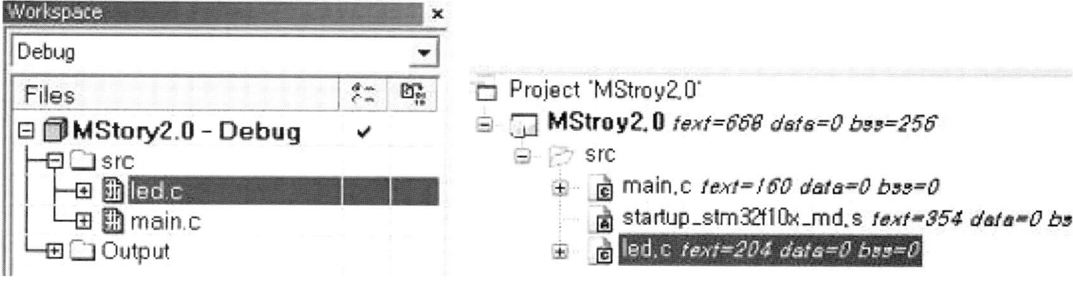

당연히 led.c가 소스상에 포함되어서 빌드 되어야 한다.

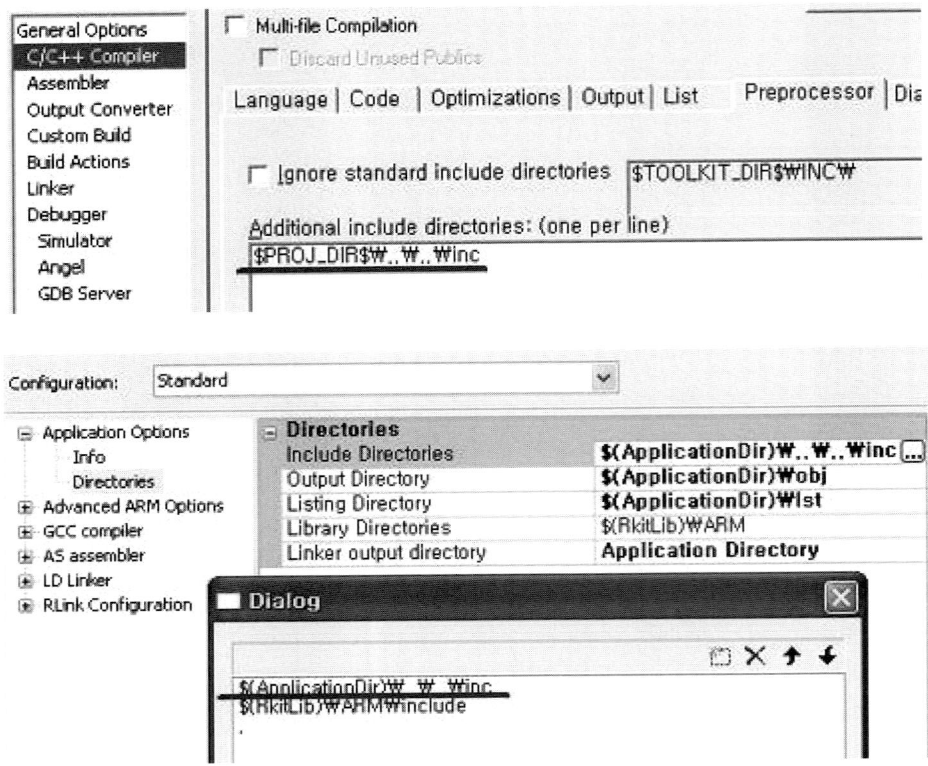

우리가 inc 폴더에 새로운 파일을 만들었고, 이것을 include했기 때문에 위와 같이 해당 디렉토리에 대한 참조를 할 수 있도록 옵션에서 변경해 주어야 한다.

6.6.7. 실행 결과

실행 결과 사진은 생략하도록 한다. 실행 결과는 빨강색 LED만 꺼지고, 나머지 두 LED는 켜져 있는 상태를 1초간 지속한 후, 이번에는 Yellow LED만 꺼지고, 나머지 두 LED는 켜져 있는 상태를 1초간 지속한 후, 다음에는 Blue LED만 꺼지고, 나머지 두 LED는 켜져 있는 상태를 1초간 지속하게 된다. 이것을 계속해서 반복한다.

6.7. 고급스러운 코딩을 하자 2

이번에 바꾸어볼 코드 부분은 아래의 레지스터와 관련한 define 들이다.

```
#define RCC_APB2ENR        (*(volatile unsigned *)0x40021018)
#define GPIOB_CRL          (*(volatile unsigned *)0x40010C00)
#define GPIOB_CRH          (*(volatile unsigned *)0x40010C04)
#define GPIOB_BSRR         (*(volatile unsigned *)0x40010C10)
#define GPIOB_BRR          (*(volatile unsigned *)0x40010C14)
```

위의 내용에서 어떻게 보다 더 고급스러운 코딩을 할수 있을까? 사실 대부분의 펌웨어 코드들은 위 상태에서 종료하고 있다. 실제로 Data Sheet에서도 위 코드의 오른쪽의 수치와 같은 각 레지스터의 주소값을 기재하고 있고, 그 내용이 소스 코드상에서 위와 같은 define 형태로만 존재한다면 더 이상의 코딩은 어려울 수 있다.

하지만 STM32의 경우는 조금 다르다. 이에 대한 부분을 하나씩 살펴보도록 하자.

6.7.1. 소스 파일 폴더 위치

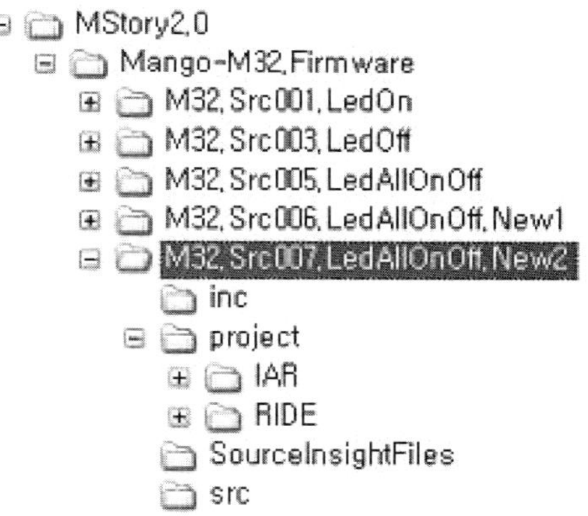

M32.Src007.LedAllOnOff.New2 부분에 소스 파일이 위치해 있다.

6.7.2. 레지스터의 Address Offset - 상대 주소 지정 방식

Port configuration register high (GPIOx_CRH) (x=A..G)
Address offset: 0x04
Reset value: 0x4444 4444

우리는 위 레지스터의 설명 부분에서 Address Offset 부분에 대해 고려해 보고자 한다.

이 레지스터의 설명 부분을 찬찬히 살펴보면 직접적으로 레지스터의 주소값을 명시해 놓은 부분이 없다. 왜 그럴까? 왜 이 레지스터에 대한 주소값을 명시하지 않고 있는 것일까?

다른 칩들은 어떠한지 삼성의 S3C6410을 예로 들어 살펴보도록 하겠다. S3C6410의 data sheet에서 WIN4 COLOR KEY 0 REGISTER를 찾아보았다. (이 레지스터는 그냥 예일뿐 다른 것들도 마찬가지이다.)

14.6.40 WIN4 COLOR KEY 0 REGISTER

Register	Address	R/W	Description	Reset Value
W4KEYCON0	0x77100158	R/W	Color key control register	0x0000_0000

위 그림과 같이 0x77100158이라는 주소값을 명확하게 명시하고 있다. 이 CPU만 독특한 것이 아니고 대부분의 것들이 다 이러한 방식을 따르고 있다. 그렇기 때문에 우리의 코드 상에서도 #define W4KEYCON0 0x77100158 과 같이 정의하고 사용하면 크게 무리 없이 사용할 수 있는 것이다.

삼성의 S3C6410 펌웨어 소스를 살펴보면 비록 data sheet 상에서는 주소값이 그대로 명시가 되어 있는 예전 방식의 기술이 이루어지고 있지만 소스 코드 내에서는 STM32와 같은 형태의 상대적인 주소 접근 방식을 차용하여 구현이 이루어지고 있음을 알 수 있다.

STM32의 data sheet 상에는 직접적으로 레지스터의 주소값을 명시해 놓은 부분이 없다. 그리고 설명 부분에서는 Address Offset으로 상대적인 위치 값에 대한 정보만 적어놓고 있다. 그럼으로 인해서 사실 주소값으로 레지스터에 대한 정보를 찾기가 살짝 불편하다. 하지만 그러한 불편을 감수할 만큼 중요한 장점들이 존재하고 있다.

1) 재사용성에 대한 증가

만약 어떤 블럭의 주소값이 변경되는 상황이 되었다고 가정해보자. STM32 칩 A가 B로 upgrade 되면서 특정 블럭이 보다 큰 블럭으로 대체되면서 주소값이 밀리게 되어 어쩔 수 없이 GPIO 관련 블럭의 주소가 다른 것으로 변경될 수 밖에 없다고 가정해 보자.

GPIO Port B의 base address는 0x40010C00이다. 이것이 0x40010**D**00으로 바뀌었다고 가정해 보겠다. 그럼 만약 GPIO 관련 레지스터들의 설명문에서 위의 GPIOx_CRH 레지스터에서 주소값으로 0x40010C04로 적어 놓았다고 하면 반드시 그 주소값을 0x40010**D**04로 변경해야만 한다. 하지만 그 주소값을 적지 않고 다만 address offset만 적어놓은 상태라면 아무것도 변경할 것이 없는 것이다.

이러한 단순한 경우에 대한 것만 본다면 별것이 아닌 것으로 여겨질 수 있으나 이것은 매우 중요한 요소중의 하나이다. STMicroelectronics 사의 정책에 대한 것과도 일맥 상통할 수 있다. 칩의 개발과 documentation과 소프트웨어까지 통합적인 설계가 이루어지고 있음을 알수 있는 단면이 되겠다.

2) 소프트웨어 구현과의 통합

위에도 얘기한 것처럼 칩의 개발과 documentation과 소프트웨어까지의 통합 부분에서 소프트웨어 대한 부분은 그 무엇보다도 중요하다. 소프트웨어의 개발에 있어서 칩의 변동 사항에서 자유로울 수 있도록 구현하는 것은 버그를 줄이고 코드의 재 사용성을 높이는 데 있어서 무엇보다 중요하다 할 수 있다.

우리는 향후 다음 장에서 STMicro의 라이브러리를 적용해서 공부를 진행할 것이다. 여기서는 그 핵심적인 부분을 먼저 살펴 봄으로서 향후 공부에 도움이 될 수 있도록 할 것이다.

6.7.3. 새로운 typedef - RCC_TypeDef 정의

```
typedef struct
{
  __IO uint32_t CR;
  __IO uint32_t CFGR;
  __IO uint32_t CIR;
  __IO uint32_t APB2RSTR;
  __IO uint32_t APB1RSTR;
  __IO uint32_t AHBENR;
  __IO uint32_t APB2ENR;
  __IO uint32_t APB1ENR;
  __IO uint32_t BDCR;
  __IO uint32_t CSR;
#ifdef STM32F10X_CL
  __IO uint32_t AHBRSTR;
  __IO uint32_t CFGR2;
#endif /* STM32F10X_CL */
} RCC_TypeDef;
```

새로운 typedef인 RCC_TypeDef를 정의하고 있다. 이것은 STM 라이브러리의 stm32f10x.h에 정의된 내용과 동일하다.

```
#define     __IO     volatile                    /*!< defines 'read / write' permissions     */
```

_IO는 위와 같이 volatile로 정의된 것이다. 레지스터의 주소값에 대한 access에는 반드시 volatile을 써야 함에 대해서 이전에 설명을 드렸던 적이 있다.

여기서 STM32F10X_CL은 STM32 Connectivity line devices를 의미한다. 우리가 사용하는 칩은 STM32F103 계열이기 때문에 여기 해당하지 않으므로 아래 2개의 변수는 고려 대상이 아니다.

위의 Structure와 아래의 그림을 비교해볼 필요가 있다.

Offset	Register	31	30	29	28	27	26	25	24	23	22	21	20	19	18	17	16	15	14	13	12	11	10	9	8	7	6	5	4	3	2	1	0
0x000	RCC_CR	Reserved						PLL RDY	PLL ON	Reserved				CSSON	HSEBYP	HSERDY	HSEON	HSICAL[7:0]								HSITRIM[4:0]					Reserved	HSIRDY	HSION
	Reset value							0	0					0	0	0	0	0	0	0	0	0	0	0	0	1	0	0	0	0		1	1
0x004	RCC_CFGR	Reserved					MCO [2:0]			Reserved	USBPRE	PLLMUL[3:0]				PLLXTPRE	PLLSRC	ADC PRE [1:0]		PPRE2 [2:0]			PPRE1 [2:0]			HPRE[3:0]				SWS [1:0]		SW [1:0]	
	Reset value						0	0	0		0	0	0	0	0	0	0	0	0	0	0	0	0	0	0	0	0	0	0	0	0	0	0
0x008	RCC_CIR	Reserved								CSSC	Reserved		PLLRDYC	HSERDYC	HSIRDYC	LSERDYC	LSIRDYC	Reserved			PLLRDYIE	HSERDYIE	HSIRDYIE	LSERDYIE	LSIRDYIE	CSSF	Reserved		PLLRDYF	HSERDYF	HSIRDYF	LSERDYF	LSIRDYF
	Reset value									0			0	0	0	0	0				0	0	0	0	0	0			0	0	0	0	0
0x00C	RCC_APB2RSTR	Reserved																ADC3RST	USART1RST	TIM8RST	SPI1RST	TIM1RST	ADC2RST	ADC1RST	IOPGRST	IOPFRST	IOPERST	IOPDRST	IOPCRST	IOPBRST	IOPARST	Reserved	AFIORST
	Reset value																	0	0	0	0	0	0	0	0	0	0	0	0	0	0		0
0x010	RCC_APB1RSTR	Reserved		DACRST	PWRRST	BKPRST	Reserved	CANRST	Reserved	USBRST	I2C2RST	I2C1RST	UART5RST	UART4RST	USART3RST	USART2RST	Reserved	SPI3RST	SPI2RST	Reserved		WWDGRST	Reserved					TM7RST	TM6RST	TM5RST	TIM4RST	TIM3RST	TIM2RST
	Reset value			0	0	0		0		0	0	0	0	0	0	0		0	0			0						0	0	0	0	0	0
0x014	RCC_AHBENR	Reserved																					SDIOEN	Reserved	FSMCEN	Reserved	CRCEN	Reserved	FLITFEN	Reserved	SRAMEN	DM2AEN	DM1AEN
	Reset value																						0		0		0		1		1	0	0
0x018	RCC_APB2ENR	Reserved																ADC3EN	USART1EN	TIM8EN	SPI1EN	TIM1EN	ADC2EN	ADC1EN	IOPGEN	IOPFEN	IOPEEN	IOPDEN	IOPCEN	IOPBEN	IOPAEN	Reserved	AFIOEN
	Reset value																	0	0	0	0	0	0	0	0	0	0	0	0	0	0		0
0x01C	RCC_APB1ENR	Reserved		DACEN	PWREN	BKPEN	Reserved	CANEN	Reserved	USBEN	I2C2EN	I2C1EN	UART5EN	UART4EN	USART3EN	USART2EN	Reserved	SPI3EN	SPI2EN	Reserved		WWDGEN	Reserved					TIM7EN	TIM6EN	TIM5EN	TIM4EN	TIM3EN	TIM2EN
	Reset value			0	0	0		0		0	0	0	0	0	0	0		0	0			0						0	0	0	0	0	0
0x020	RCC_BDCR	Reserved															BDRST	RTCEN	Reserved					RTC SEL [1:0]		Reserved					LSEBYP	LSERDY	LSEON
	Reset value																0	0						0	0						0	0	0
0x024	RCC_CSR	LPWRSTF	WWDGRSTF	IWDGRSTF	SFTRSTF	PORRSTF	PINRSTF	Reserved	RMVF	Reserved																						LSIRDY	LSION
	Reset value	0	0	0	0	1	1		0																							0	0

그림 6-11 RCC Register Map

(ST, RM0008, Reference manual, Table 14, RCC - register map and reset values)

위 그림은 RCC Register Map이다. 가장 왼쪽에 Address Offset이 명시되어 있고, 그 옆에 레지스터 이름이 적혀 있다. 이 **레지스터 이름과 위에 정의된 RCC_TypeDef structure의 이름과 순서가 정확하게 일치하고 있는 것을 발견할 수 있다**.

즉, 위 structure는 이 RCC 관련 레지스터들을 접근하기 위한 방법으로 사용하기 위한 structure 임을 알 수 있다. 이것을 어떻게 사용하는지 알아보도록 하자.

```
#define PERIPH_BASE        ((uint32_t)0x40000000) /*!< SRAM base address in the bit-band region */

/*!< Peripheral memory map */
#define APB1PERIPH_BASE           PERIPH_BASE
#define APB2PERIPH_BASE           (PERIPH_BASE + 0x10000)
#define AHBPERIPH_BASE            (PERIPH_BASE + 0x20000)

#define RCC_BASE                  (AHBPERIPH_BASE + 0x1000)

#define RCC                       ((RCC_TypeDef *) RCC_BASE)
```

우리는 Memory Map에 대한 것을 공부하면서 APB1, APB2, AHB가 각각 어떤 주소값을 가지고 있는지 살펴보았다. APB1은 0x4000_0000으로 시작하고, APB2는 0x4001_0000으로 시작하고, AHB는 0x4002_0000으로 시작하고 있는 것을 배웠다.

여기서 바로 이에 대한 정의를 먼저 하고 있다. PERIPH_BASE를 0x4000_0000으로 정의하면서 차례로 APB1, APB2, AHB를 0x10000씩 증가하면서 정의하고 있다. 거기에 더해서 RCC는 AHB에 0x1000을 더한 위치에 존재한다.

위 내용의 핵심은 붉은색으로 굵게 되어 있는 부분이다. RCC라는 것을 정의하면서 새로 정의했던 structure의 pointer로서 정의를 하고 있다. **RCC_BASE의 주소를 RCC_TypeDef pointer로 접근**하게 하고 있는 것이다.

이를 코드상에서는 어떻게 활용할 수 있을까? 아래 main 함수에서 변화된 부분을 살펴보자

```
RCC->APB2ENR |= RCC_APB2Periph_GPIOB;
```

이것은 본래 아래의 내용처럼 0x40021018의 주소값에 값을 OR 연산하는 형태였었다.

```
#define RCC_APB2ENR     (*(volatile unsigned *)0x40021018)
RCC_APB2ENR |= RCC_APB2Periph_GPIOB;
```

0x40021018과 RCC->APB2ENR은 어떻게 같은 결과를 얻는 것일까?

비밀은 structure의 구조와 offset에서 발견할수 있다.

typedef struct
{

__IO uint32_t CR;	Offset 0x0
__I int32_t CFGR;	Offset 0x4
__IO uint32_t CIR;	Offset 0x8
__IO uint32_t APB2RSTR;	Offset 0xC
__IO uint32_t APB1RSTR;	Offset 0x10
__IO uint32_t AHBENR;	Offset 0x14
__IO uint32_t APB2ENR;	**Offset 0x18**
__IO uint32_t APB1ENR;	Offset 0x1C
__IO uint32_t BDCR;	Offset 0x20
__IO uint32_t CSR;	Offset 0x24

} **RCC_TypeDef**;

structure가 모두 uint32_t로 구성되어 있음을 인지하기 바란다. uint32_t는 4 bytes이다. 결국 structure의 맨 앞의 주소에서부터 4 바이트씩의 옵셋으로 증가하는 것과 structure의 member data를 access하는 것과 동일한 결과를 가져오는 것이다. **코드 상에서 RCC는 0x40021000이라는 주소값을 가지게 되고 이 주소값을 RCC_TypeDef라는 structure pointer로 type casting이 되어 있고, 그 포인터로 APB2ENR라는 멤버 값을 access하는 것은 결국 0x40021018이라는 주소값을 가리키는 것과 동일하게 된 것이다**.

매우 재미있고 또한 많이 사용하는 방식이다. structure의 특징을 이용해서 특별히 주소를 명시하지 않고도 동일한 효과를 얻을 수 있는 깔끔한 방법이라고 말할 수 있다.

6.7.4. GPIO_TypeDef 정의

```
typedef struct
{
  __IO uint32_t CRL;
  __IO uint32_t CRH;
  __IO uint32_t IDR;
  __IO uint32_t ODR;
```

```
    __IO uint32_t BSRR;
    __IO uint32_t BRR;
    __IO uint32_t LCKR;
} GPIO_TypeDef;
```

이제 GPIO에 대한 것도 살펴보겠다.

Offset	Register	31	30	29	28	27	26	25	24	23	22	21	20	19	18	17	16	15	14	13	12	11	10	9	8	7	6	5	4	3	2	1	0
0x00	GPIOx_CRL	CNF 7 [1:0]		MODE 7 [1:0]		CNF 6 [1:0]		MODE 6 [1:0]		CNF 5 [1:0]		MODE 5 [1:0]		CNF 4 [1:0]		MODE 4 [1:0]		CNF 3 [1:0]		MODE 3 [1:0]		CNF 2 [1:0]		MODE 2 [1:0]		CNF 1 [1:0]		MODE 1 [1:0]		CNF 0 [1:0]		MODE 0 [1:0]	
	Reset value	0	1	0	0	0	1	0	0	0	1	0	0	0	1	0	0	0	1	0	0	0	1	0	0	0	1	0	0	0	1	0	0
0x04	GPIOx_CRH	CNF 15 [1:0]		MODE 15 [1:0]		CNF 14 [1:0]		MODE 14 [1:0]		CNF 13 [1:0]		MODE 13 [1:0]		CNF 12 [1:0]		MODE 12 [1:0]		CNF 11 [1:0]		MODE 11 [1:0]		CNF 10 [1:0]		MODE 10 [1:0]		CNF 9 [1:0]		MODE 9 [1:0]		CNF 8 [1:0]		MODE 8 [1:0]	
	Reset value	0	1	0	0	0	1	0	0	0	1	0	0	0	1	0	0	0	1	0	0	0	1	0	0	0	1	0	0	0	1	0	0
0x08	GPIOx_IDR	Reserved																IDR[15:0]I															
	Reset value																	0	0	0	0	0	0	0	0	0	0	0	0	0	0	0	0
0x0C	GPIOx_ODR	Reserved																ODR[15:0]															
	Reset value																	0	0	0	0	0	0	0	0	0	0	0	0	0	0	0	0
0x10	GPIOx_BSRR	BR[15:0]																BSR[15:0]															
	Reset value	0	0	0	0	0	0	0	0	0	0	0	0	0	0	0	0	0	0	0	0	0	0	0	0	0	0	0	0	0	0	0	0
0x14	GPIOx_BRR	Reserved																BR[15:0]															
	Reset value																	0	0	0	0	0	0	0	0	0	0	0	0	0	0	0	0
0x18	GPIOx_LCKR	Reserved															LCKK	LCK[15:0]															
	Reset value																0	0	0	0	0	0	0	0	0	0	0	0	0	0	0	0	0

그림 6-12 GPIO 레지스터

(ST, RM0008, Reference manual, Table 34, GPIO register map and reset values)

위에서 RCC에 대한 것을 자세하게 다루었기 때문에 GPIO 부분은 상대적으로 쉽게 느껴질 것이다. 당연히 GPIO_TypeDef structure가 GPIO 레지스터들에 대한 것을 모아놓은 것이다. 레지스터 순서와 이름이 여기서도 정확하게 일치하고 있음을 알 수 있다.

```
#define GPIOA_BASE            (APB2PERIPH_BASE + 0x0800)
#define GPIOB_BASE            (APB2PERIPH_BASE + 0x0C00)
#define GPIOC_BASE            (APB2PERIPH_BASE + 0x1000)
#define GPIOD_BASE            (APB2PERIPH_BASE + 0x1400)
#define GPIOE_BASE            (APB2PERIPH_BASE + 0x1800)
#define GPIOF_BASE            (APB2PERIPH_BASE + 0x1C00)
#define GPIOG_BASE            (APB2PERIPH_BASE + 0x2000)

#define GPIOA                 ((GPIO_TypeDef *) GPIOA_BASE)
#define GPIOB                 ((GPIO_TypeDef *) GPIOB_BASE)
```

```
#define GPIOC            ((GPIO_TypeDef *) GPIOC_BASE)
#define GPIOD            ((GPIO_TypeDef *) GPIOD_BASE)
#define GPIOE            ((GPIO_TypeDef *) GPIOE_BASE)
#define GPIOF            ((GPIO_TypeDef *) GPIOF_BASE)
#define GPIOG            ((GPIO_TypeDef *) GPIOG_BASE)
```

GPIO B만 다루었지만 A부터 G까지 모두에 대한 정의를 해 놓았다. #define GPIOB_CRL (*(volatile unsigned *)0x40010C00) 부분을 살펴보면 결국 base 0x4000_0000에서 0x10000을 더한 APB2PERIPH_BASE에서 0x0C00을 더한 GPIO B 부분에서 offset이 0인 것을 가리키는 것임을 알 수 있다.

```
#define GPIO_LED            GPIOB
```

여기에 더해서 GPIO_LED1_PIN와 같이 LED를 가리키는 GPIO가 어떤 것인지를 아예 define으로 정의해 놓게 되면 더욱 편리하게 된다. 이렇게 변경했을 때 소스 코드가 어떻게 달라지는지 보도록 하자

```
void GPIO_B_Output_Init(uint16_t pinNum,
          GPIOSpeed_TypeDef speedValE, GPIOMode_Output_TypeDef modeE) {
    uint32_t tmpVal = modeE << 2 | speedValE;
    uint32_t pinpos = 0x00;

    // pin #0 ~ #7
    if((pinNum & 0xFF) != 0) {
        for (pinpos = 0x00; pinpos < 0x08; pinpos++) {
            if (pinNum == ((uint32_t)0x01) << pinpos) {
                pinpos = pinpos * 4;
                GPIO_LED->CRL &= ~(0xF << pinpos);
                GPIO_LED->CRL |= tmpVal << pinpos;
                break;
            }
        }
    }

    // pin #8 ~ #15
    else {
        pinNum = pinNum >> 8;
        for (pinpos = 0x00; pinpos < 0x08; pinpos++) {
            if (pinNum == ((uint32_t)0x01) << pinpos) {
```

```
                    pinpos = pinpos * 4;
                    GPIO_LED->CRH &= ~(0xF << pinpos);
                    GPIO_LED->CRH |= tmpVal << pinpos;
                    break;
                }
            }
        }
}
```

GPIOB_CRL, 0x40010C00으로 되어있던 부분이 GPIO_LED->CRL로 변경되었고, GPIOB_CRH, 0x40010C04으로 되어있던 부분이 GPIO_LED->CRH로 변경되었다.

```
void LED_On_Red (void) {
    GPIO_LED->BRR |= GPIO_LED1_PIN;
}

void LED_Off_Red (void) {
    GPIO_LED->BSRR |= GPIO_LED1_PIN;
}

void LED_On_Yellow (void) {
    GPIO_LED->BRR |= GPIO_LED2_PIN;
}

void LED_Off_Yellow (void) {
    GPIO_LED->BSRR |= GPIO_LED2_PIN;
}

void LED_On_Blue (void) {
    GPIO_LED->BRR |= GPIO_LED3_PIN;
}

void LED_Off_Blue (void) {
    GPIO_LED->BSRR |= GPIO_LED3_PIN;
}
```

GPIO를 직접 컨트롤 하는 부분도, GPIOB_BSRR, 0x40010C10이 GPIO_LED->BSRR로 변경되었고, GPIOB_BRR, 0x40010C14이 GPIO_LED->BRR로 변경되었다.

6.7.5. 상대 주소 지정 방식 결론

실행 결과는 이전의 결과와 완전하게 동일하다. 논리적인 부분이나 알고리즘의 부분이나 구현 내용에 있어서 달라진 부분은 전혀 없다. 다만 구현 결과로 다가가는 형식적인 부분에서만 변화가 있었을 뿐이다.

레지스터의 주소를 지정하는 방식이 절대적인 주소값을 명시하는 방법에서 상대적으로 offset으로 주소값을 찾아가는, 특별히 structure의 성질을 이용해서 structure의 member data를 access하는 방식으로 주소를 찾아가는 이 방법은 매우 보편적이면서도 많은 사람들이 실수를 하는 부분이기도 하다. 고급스럽게 또한 향후 재활용할 수 있는 멋진 코드를 작성하기 위해서 꼭 배워두어야 하는 기술이기도 하다.

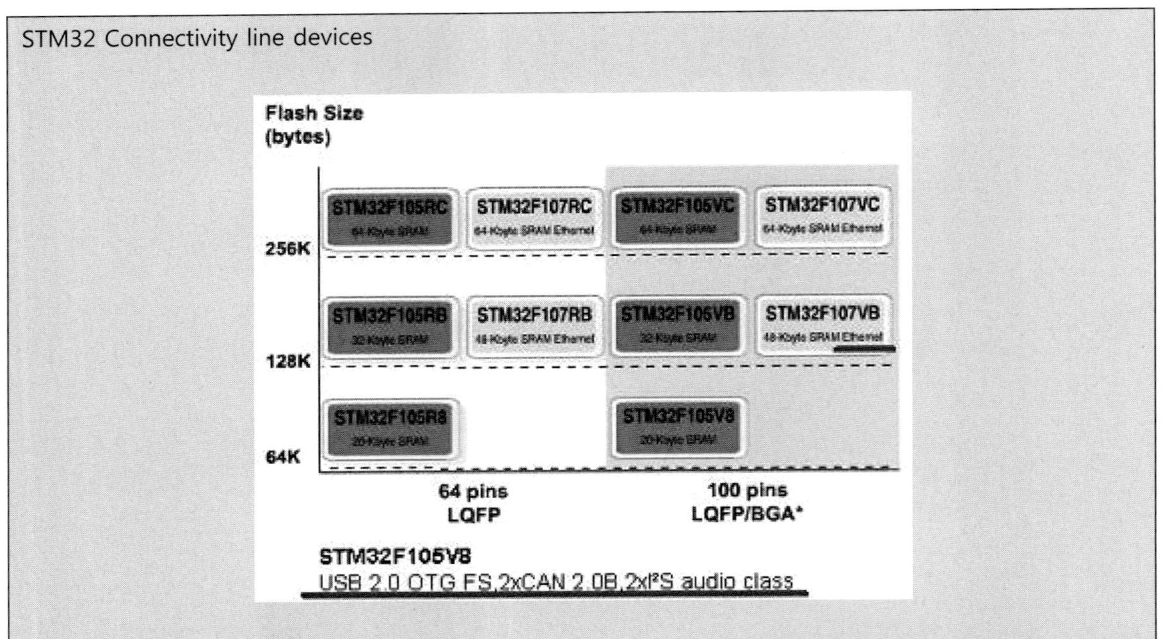

STM32 CL 디바이스는 STM32F105, STM32F107 계열의 디바이스들로서 USB 2.0 OTG, CAN, I2S Audio 등과 함께 Ethernet 등도 지원되는 디바이스들을 의미한다.

6.8. Key가 눌린 것 알아채기

이번에는 Key가 눌린 것을 알아내는 방법에 대해서 공부해 보도록 한다.

6.8.1. 소스 파일 폴더 위치

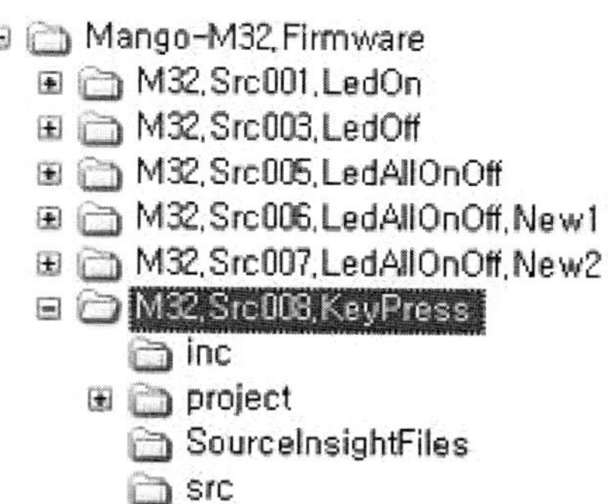

M32.Src008.KeyPress 부분에 소스 파일이 위치해 있다.

6.8.2. 회로도 및 보드 구성 분석

역시 가장 먼저 살펴보아야 하는 것은 회로도이다.

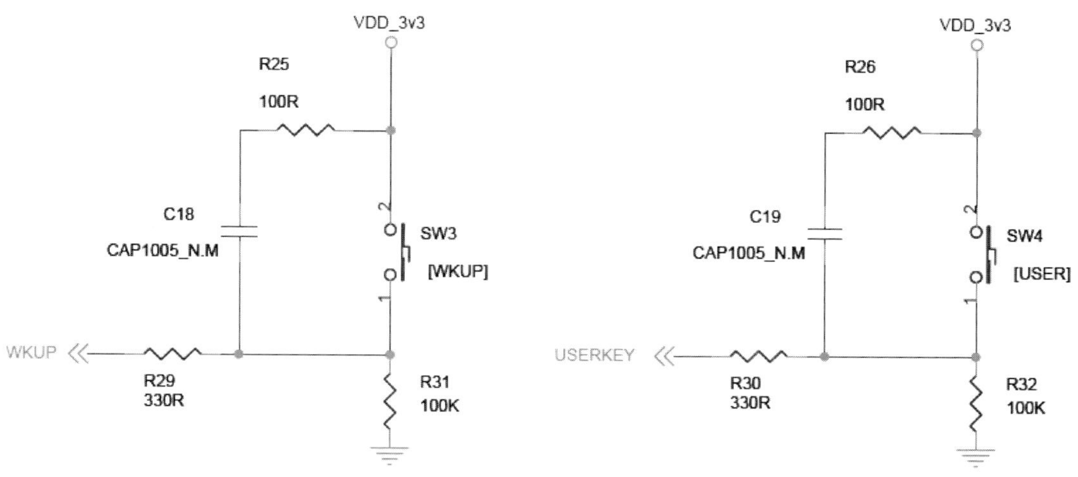

두 개의 Key가 장착되어 있고, SW301이라고 표시된 WKUP key와 SW302라고 표시된 USER key가 있

다. WKUP이나 USER라는 말은 큰 의미는 없다. 다만 그냥 표시된 이름이라고만 생각하도록 하자.

SW301로 표시된 부분으로 설명을 진행해 보도록 한다. SW302는 완전히 똑같기 때문에 충분히 유추가 가능할 것이다. C309로 명시된 capacitor는 실제로 장착이 되지 않는다. 회로상에 표시된 것은 Key input과 관련해서 다른 방식으로 detect하는 (level 변화로 감지) 방법으로 사용하기 위한 회로도이고 실제 현재는 사용하지 않는 것이다. 그러므로 C309와 R313은 없는 부품이라고 생각하자.

결국, 사용자가 SW301을 누르기 전까지 WKUP 쪽으로 연결된 것은 ground 뿐이다. 스위치를 누르는 순간 3.3V가 WKUP 쪽으로 흐르게 된다. GPIO Input에서 이 핀이 1로 설정되는 지를 검사하게 되면 인식이 가능한 것이다.

위 그림에서 왼쪽 편에 Key Button 3개가 놓여있다. 이중에서 가장 위에 있는 버튼이 WKUP이라고 적혀있는 SW301이다. 우리는 이것을 Key #1에 할당할 것이다. 그리고 중간에 있는 버튼이 USER라고 적혀있는 SW302이다. 우리는 이것을 Key #2에 할당할 것이다.

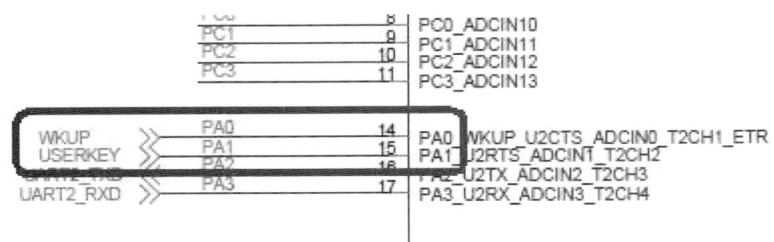

PC1 9 PC0_ADCIN10
PC2 10 PC1_ADCIN11
PC3 11 PC2_ADCIN12
PC3_ADCIN13
WKUP PA0 14 PA0_WKUP_U2CTS_ADCIN0_T2CH1_ETR
USERKEY PA1 15 PA1_U2RTS_ADCIN1_T2CH2
UART2_TXD PA2 16 PA2_U2TX_ADCIN2_T2CH3
UART2_RXD PA3 17 PA3_U2RX_ADCIN3_T2CH4

회로를 살펴보았을 때 Key 2개가 각각 GPIO Port A #0번, #1번 핀에 연결된 것을 알수 있다.

6.8.3. platform_config.h 변경 사항

먼저 platform_config.h에서 변경된 부분부터 살펴보기로 한다.

```
typedef enum
{
    GPIO_Input_Mode   = 0,
    GPIO_Speed_10MHz = 1,
    GPIO_Speed_2MHz,
    GPIO_Speed_50MHz
} GPIOSpeed_TypeDef;
```

기존 GPIOSpeed_TypeDef에 input mode와 관련한 것도 추가를 하였다. LED는 CPU에서 신호가 나오는 output의 형태이지만, Key는 CPU가 신호를 받아들이는 input의 형태이다. 당연히 input에 대한 것이 추가가 되어야 한다.

GPIOx_CRL과 GPIOx_CRH의 MODEy[1:0]에 대한 설명 부분을 잠시 다시 보면,
00: Input mode (reset state)
01: Output mode, max speed 10 MHz.
10: Output mode, max speed 2 MHz.
11: Output mode, max speed 50 MHz.
위 내용과 정확하게 일치하도록 설정하였음을 알수 있다.

```
typedef enum
{
    GPIO_Mode_AIN           = 0x00,
    GPIO_Mode_IN_FLOATING = 0x01,
    GPIO_Mode_IPDPU         = 0x10
} GPIOMode_Input_TypeDef;
```

Mode가 input mode일 경우는 CNF 부분의 해석이 달라지게 된다. 이에 대한 처리를 위해서 GPIOMode_Input_TypeDef를 새롭게 선언하였다.

GPIOx_CRL과 GPIOx_CRH의 CNFy[1:0] 설명 중 input mode의 부분을 살펴보겠다.

```
In input mode (MODE[1:0]=00):
00: Analog input mode
01: Floating input (reset state)
```

10: Input with pull-up / pull-down
11: Reserved

Analog input mode는 말 그대로 아날로그 데이타를 수신하기 위한 모드이다. 0과 1로 정해지는 디지탈 값을 입력 받는 것이 아니라 변화하는 아날로그 신호를 그대로 받아들이는 것이다. pull-up / pull-down input mode는 내부에 pull-up / pull-down이 자동으로 걸려있는 상태에서 입력을 받게 되는 모드를 뜻하는 것이다. Floating input은 이와 반대로 내부에 pull-up / pull-down이 걸려있지 않고 외부에서 사용자가 마음대로 변경시켜서 사용하는 모드를 의미한다. 우리는 외부에 pull-up / pull-down관련 저항을 붙여서 설계를 했고 당연히 이 모드를 선택해야 하는 것이다.

11은 Reserved로서 사용하지 않기 때문에 이것을 제외하고 나머지 3가지에 대한 것을 enum으로 정의해 놓은 것이다.

6.8.4. GPIO Input mode 설정

LED에 대한 처리를 수행했던 부분과 크게 다르지 않기 때문에 어렵지는 않을 것이다.

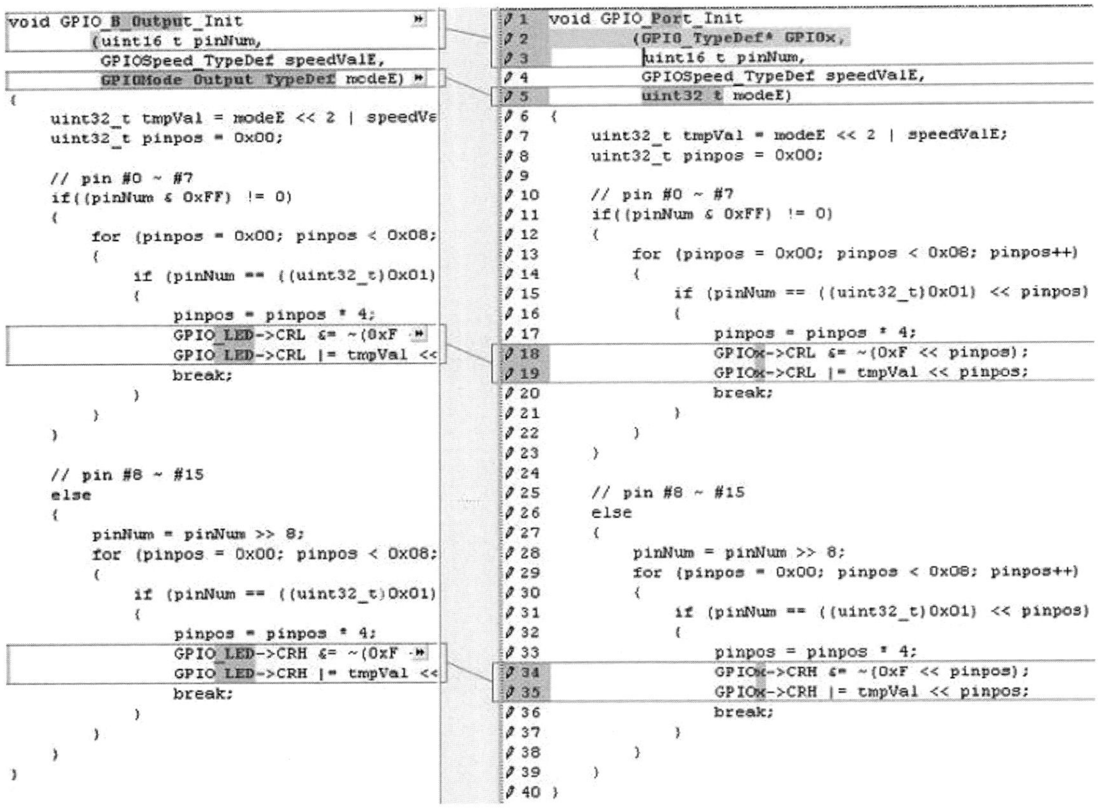

```
void GPIO_B_Output_Init
        (uint16_t pinNum,
         GPIOSpeed_TypeDef speedValE,
         GPIOMode_Output_TypeDef modeE)
{
    uint32_t tmpVal = modeE << 2 | speedVa
    uint32_t pinpos = 0x00;

    // pin #0 ~ #7
    if((pinNum & 0xFF) != 0)
    {
        for (pinpos = 0x00; pinpos < 0x08;
        {
            if (pinNum == ((uint32_t)0x01)
            {
                pinpos = pinpos * 4;
                GPIO_LED->CRL &= ~(0xF
                GPIO_LED->CRL |= tmpVal <<
                break;
            }
        }
    }

    // pin #8 ~ #15
    else
    {
        pinNum = pinNum >> 8;
        for (pinpos = 0x00; pinpos < 0x08;
        {
            if (pinNum == ((uint32_t)0x01)
            {
                pinpos = pinpos * 4;
                GPIO_LED->CRH &= ~(0xF
                GPIO_LED->CRH |= tmpVal <<
                break;
            }
        }
    }
}
```

```
void GPIO_Port_Init
        (GPIO_TypeDef* GPIOx,
         uint16_t pinNum,
         GPIOSpeed_TypeDef speedValE,
         uint32_t modeE)
{
    uint32_t tmpVal = modeE << 2 | speedValE;
    uint32_t pinpos = 0x00;

    // pin #0 ~ #7
    if((pinNum & 0xFF) != 0)
    {
        for (pinpos = 0x00; pinpos < 0x08; pinpos++)
        {
            if (pinNum == ((uint32_t)0x01) << pinpos)
            {
                pinpos = pinpos * 4;
                GPIOx->CRL &= ~(0xF << pinpos);
                GPIOx->CRL |= tmpVal << pinpos;
                break;
            }
        }
    }

    // pin #8 ~ #15
    else
    {
        pinNum = pinNum >> 8;
        for (pinpos = 0x00; pinpos < 0x08; pinpos++)
        {
            if (pinNum == ((uint32_t)0x01) << pinpos)
            {
                pinpos = pinpos * 4;
                GPIOx->CRH &= ~(0xF << pinpos);
                GPIOx->CRH |= tmpVal << pinpos;
                break;
            }
        }
    }
}
```

그림 6-13 GPIO 설정 변경사항

<platform_config.h>

```
#define GPIO_KEY            GPIOA
#define GPIO_KEY1_PIN       GPIO_Pin_0 /* LEFT_WKUP */
#define GPIO_KEY2_PIN       GPIO_Pin_1 /* RIGHT_USER */
```

GPIOB를 사용했던 LED의 경우와 마찬가지로 Key는 GPIOA를 사용하기 때문에 위와 같이 GPIO_KEY 라는 것을 선언해서 나중에 사용할 수 있도록 설정한다. 핀에 대해서도 GPIO_KEY1_PIN과 GPIO_KEY2_PIN을 선언해 준다.

기존에 LED에서 사용하던 GPIO_B_Output_Init 부분을 보다 일반적인 형태로 변경하였다. 이름을 GPIO_Port_Init로 바꾸었고, 기존에는 Output 관련한 초기화만 진행하던 것을 input과 관련해서도 처리가 가능하도록 변경하였다.

기존에 GPIO_LED 만 처리하던 것에서 벗어나, GPIO_TypeDef*로 어떤 GPIO를 가리키는 지를 아예 argument로 넘겨 받을 수 있도록 하나를 추가했고, GPIOMode_Output_TypeDef만 argument로 받던 것을 uint32_t로 보다 일반적인 type으로 변경하였다.

> GPIO 초기화와 관련한 부분은 STM에서 제공하는 라이브러리를 사용할때는 조금 다른 형태가 될 것이다. 이것은 Pull-up, Pull-down 처리까지 포함하고, 핀 설정도 한번에 여러 개를 할수 있도록 하는 방법들을 포함해서 보다 일반적인 함수로 구현하고 있다. 이것은 뒷장에서 STM 라이브러리를 이용하는 공부를 수행할때 자세히 살펴볼 것이다.

위와 같이 변경하였기 때문에 main 함수에서의 처리 부분도 변경이 필수적이다.

<main.c>

```
int main(void)
{
    RCC->APB2ENR |= RCC_APB2Periph_GPIOA;
    RCC->APB2ENR |= RCC_APB2Periph_GPIOB;

    GPIO_Port_Init(GPIO_LED, GPIO_LED1_PIN, GPIO_Speed_10MHz, GPIO_Mode_Out_PP);
    GPIO_Port_Init(GPIO_LED, GPIO_LED2_PIN, GPIO_Speed_10MHz, GPIO_Mode_Out_PP);
    GPIO_Port_Init(GPIO_LED, GPIO_LED3_PIN, GPIO_Speed_10MHz, GPIO_Mode_Out_PP);

    GPIO_Port_Init(GPIO_KEY, GPIO_KEY1_PIN, GPIO_Input_Mode, GPIO_Mode_IN_FLOATING);
    GPIO_Port_Init(GPIO_KEY, GPIO_KEY2_PIN, GPIO_Input_Mode, GPIO_Mode_IN_FLOATING);
```

```
//      LED_Test();
     KEY_Test();

     while(1)
     {
          ;
     }
}
```

기존에는 GPIOB만 사용하였었지만 이제는 GPIOA도 사용을 하게 되었다. 그러므로 당연히 **RCC->APB2ENR |= RCC_APB2Periph_GPIOA;**로 clock을 enable해주는 작업이 수행되어야 한다.

변경된 GPIO_Port_Init를 LED에 대해서도 다 적용을 하였고, 새롭게 정의한 Key에 대한 것도 동일하게 적용을 한다. speed 관련한 부분을 설정하는 부분에 **GPIO_Input_Mode**가 입력되고, GPIO_Mode_Out_PP를 넣었던 부분에 **GPIO_Mode_IN_FLOATING**이 입력되는 것을 주의해서 보면 된다.

사실 이전 장에서 우리가 초기화와 관련한 부분을 함수로 만들어 놓았기 때문에 Key와 관련한 처리를 구현하는 것은 매우 간편하고 쉽게 느껴진다. 소프트웨어의 부분도 설계를 어떻게 하느냐에 따라서 개발의 효율이 많이 좌우되는 것이다.

기존에 시험하던 LED_Test()함수는 지우고 새롭게 KEY_Test() 함수를 포함시켰다.

6.8.5. Key Input 값 Read - GPIO Read 분석

<platform_config.h>

```
typedef enum
{
     Bit_RESET = 0,
     Bit_SET
} BitAction;
```

우리는 위와 같은 enum을 새롭게 선언하였다. 이것은 단순히 0이나 1을 갖는 값이고, GPIO의 특정 핀의 입력 값을 읽어보는 용도로 사용할 값이다.

<key.c>

```
uint8_t GPIO_ReadInputDataBit(GPIO_TypeDef* GPIOx, uint16_t GPIO_Pin)
{
```

```
    uint8_t bitstatus = 0x00;

    if ((GPIOx->IDR & GPIO_Pin) != (uint32_t)Bit_RESET)
    {
        bitstatus = (uint8_t)Bit_SET;
    }
    else
    {
        bitstatus = (uint8_t)Bit_RESET;
    }
    return bitstatus;
}
```

사실 위 함수는 STM 라이브러리 중에서 stm32f10x_gpio.c에 포함된 함수이다. 여기서 그 부분만 살짝 차용을 해온 것이다.

우리가 새롭게 변경시킨 GPIO_Port_Init 함수와 마찬가지로 GPIO_TypeDef*를 입력으로 받고, 핀 번호를 받아서 그 GPIO Pin의 현재 값을 읽어서 넘겨주는 함수이다. 여기서 새로운 레지스터에 대한 것이 나왔다. 이 부분을 설명하도록 하자.

Port input data register (GPIOx_IDR) (x=A..G)
Address offset: **0x08h**
Reset value: 0x0000 XXXX

노파심에 다시 한번 설명을 하면, 이제 우리는 GPIOx_IDR 등과 같은 레지스터의 이름은 직접적으로 사용하지 않을 것이다.

```
typedef struct
{
  __IO uint32_t CRL;
  __IO uint32_t CRH;
  __IO uint32_t IDR;
  __IO uint32_t ODR;
  __IO uint32_t BSRR;
  __IO uint32_t BRR;
  __IO uint32_t LCKR;
} GPIO_TypeDef;
```

위와 같이 GPIO_TypeDef로 선언된 부분을 포인터로 해서, IDR 멤버 데이타가 위치하고 있는 부분의 옵셋 값이 위 레지스터 설명 부분의 Address offset 값과 일치하고 있는 것이다. 이 부분이 이해가 가지 않은 사람들은 이전 장 고급스럽게 코딩 하기 부분을 다시 한번 정독을 해주길 바란다.

31	30	29	28	27	26	25	24	23	22	21	20	19	18	17	16
Reserved															
15	14	13	12	11	10	9	8	7	6	5	4	3	2	1	0
IDR15	IDR14	IDR13	IDR12	IDR11	IDR10	IDR9	IDR8	IDR7	IDR6	IDR5	IDR4	IDR3	IDR2	IDR1	IDR0
r	r	r	r	r	r	r	r	r	r	r	r	r	r	r	r

이 레지스터의 내용은 무척이나 단순하다. 0번~15번 비트까지 0번 핀에서 15번 핀까지의 입력 데이타의 값을 가지고 있는 것이다. 위 GPIO_ReadInputDataBit 함수에서 넘겨진 핀 번호와 단순히 AND 연산을 수행해서 만약 0이 아니라면 그것은 그 핀 번호가 가리키는 비트 위치 부분과 이 IDR 레지스터의 비트 부분이 둘 다 1이 되었다는 것이고, 결국 원한 핀에 1이 입력되었다는 것을 의미한다. 그 때는 1을 return하고 그렇지 않으면 0을 return하는 것이다.

Key의 경우 핀 번호가 1이거나 2이기 때문에 위의 레지스터 중에서 비트 0번과 1번을 검사하게 될 것이다.

6.8.6. key.c 분석

```
void delay_1_second(void)
{
    delay_int_count(806596);
}

void delay_100_milli_second(void)
{
    delay_int_count(80660);
}
```

우리는 새롭게 delay_100_milli_second라는 함수를 만들었다. 기존 1초를 쉬는 함수에서 반복 루프의 값을 10으로 나눈 값을 전달하는 아주 단순한 함수이다.

이제 새로 추가된 KEY_Test 함수를 설명한다.

```
void KEY_Test (void)
{
    uint32_t i = 0;
```

```
    LED_Off_All();

    while(1)
    {
        delay_100_milli_second();

        if((i++ & 0x1) == 0x0)
        {
            LED_On_Blue();
        }
        else
        {
            LED_Off_Blue();
        }

        if(GPIO_ReadInputDataBit(GPIO_KEY, GPIO_KEY1_PIN) == Bit_SET)
        {
            LED_On_Red();
        }
        else
        {
            LED_Off_Red();
        }

        if(GPIO_ReadInputDataBit(GPIO_KEY, GPIO_KEY2_PIN) == Bit_SET)
        {
            LED_On_Yellow();
        }
        else
        {
            LED_Off_Yellow();
        }
    }
}
```

함수가 시작되면 기존에 켜져 있는 LED를 모두 끈다. 이후 100 millisec 씩을 쉬면서 무한 반복되는 루틴을 돌게 된다. 반복을 하면서 ((i++ & 0x1) == 0x0)을 통해서 반복횟수가 홀수 번인가 짝수 번인가에 따라서 LED_On_Blue(), LED_Off_Blue()를 이용해서 파란 LED를 켜고 끄는 동작을 반복한다.

무한 반복 루틴에서 Key에 대해서 처리하는 부분은 2군데이다.

GPIO_ReadInputDataBit(GPIO_KEY, GPIO_KEY1_PIN)을 통해서 먼저 Key 1이 눌렸는지를 검사한다. 이것이 Bit_SET 즉 1이라면 key가 눌렸다는 것을 의미하고 그때 빨간 LED를 켜는 것이다. 똑같은 방법으로 GPIO_ReadInputDataBit(GPIO_KEY, GPIO_KEY2_PIN) 을 통해서 Key 2가 눌렸는지를 검사하고, 눌렸다면 Yellow LED를 켠다. 만약 둘 다 누르게 되면 두 LED 모두 불이 들어올 것이다.

6.8.7. 빌드 및 실행

위 그림에서와 같이 새롭게 추가된 key.c를 당연히 포함해야 한다.

빌드 후 다운로드 해서 확인해 보면, 처음에 계속 Blue LED가 깜박이는 것을 볼 수 있다.

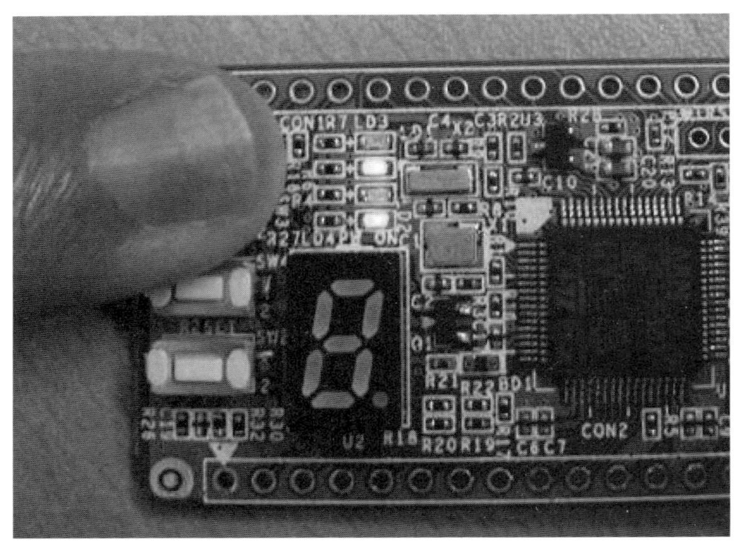

이때 Key #1, 즉 맨 위에 있는 버튼을 누르면 Red LED에 불이 들어오게 된다. 누르고 있는 순간에는 계속 불이 들어와 있고, 손을 떼는 순간 불이 꺼지게 된다. 사진에서는 우연히도 Blue LED가 꺼져 있는 순간이 잡혀 있다. 이렇게 버튼을 누르는 순간에도 Blue LED는 계속 켜졌다 꺼졌다를 반복하게 된다.

이번에는 중간에 있는 버튼을 누른다. Key #2가 되겠다. 이 버튼을 누르면 이제는 반대로 Yellow LED가 켜지게 된다. 마찬가지로 Blue LED는 계속 점등이 되고 있다.

Key의 동작을 위 프로그램에서처럼 무한 반복하는 루틴에서 검사를 하는 방법이 가능하겠지만 (우리는 이러한 방식을 Polling 방식이라고 부른다.) 또 다른 방식으로는 Interrupt를 통한 방법이 있다. 뒤에서 interrupt 부분에 대한 설명이 되면 이 방법도 소개가 될 것이다.

일단 그전에 이제는 Hello World를 찍을 정도의 수준은 되었다는 판단이다. 드디어 Hello World를 찍어보자.

6.9. Hello World를 찍어보자

이제 드디어 Hello World를 찍어볼 수 있는 단계에 도달했다. 화면에 어떤 글자든 찍는 데까지 오는 데 많은 시간이 걸렸지만 여기까지 오면서 많은 부분을 알게 되었다. 앞으로도 더욱더 많은 것들을 알게 될 것이다.

이제부터는 소스파일의 폴더 위치를 그림으로 나타내지는 않겠다.
M32.Src009.HelloWorld1 부분에 소스 파일이 위치해 있다.

6.9.1. IAR에서 startup_stm32f10x_md.s 추가

이번 장에서부터 IAR에서도 startup_stm32f10x_md.s를 추가해야 한다. 이 부분에 대해서는 나중에 설명을 할 기회가 있을 것이다. 현 시점에서는 RIDE7의 경우에서와 같이 초기 initialization을 수행하는 startup code 부분이 포함되는 것이라고만 이해하고 넘어가도록 하자.

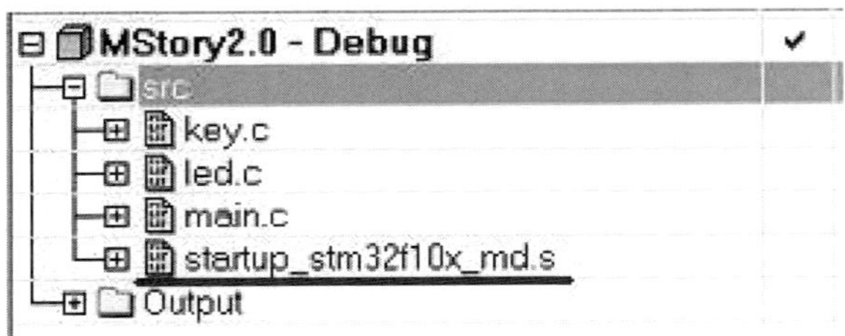

Mango-M32.Firmware₩M32.Src009.HelloWorld1₩project₩IAR₩ 위치에 포함되어 있으며 IAR workbench에도 반드시 포함시켜 주어야 한다.

6.9.2. GPIO_Init 분석

우리는 기존에 사용하던 GPIO 초기화 관련 함수를 버리고 STM에서 사용하는 GPIO_Init 함수를 적용할 것이다. 이에 대해서 살펴보도록 하겠다.

<새롭게 정의하는 GPIO_InitTypeDef>

```
typedef enum {
  GPIO_Speed_10MHz = 1,
  GPIO_Speed_2MHz,
  GPIO_Speed_50MHz
} GPIOSpeed_TypeDef;
```

```
typedef enum {
  GPIO_Mode_AIN = 0x0,
  GPIO_Mode_IN_FLOATING = 0x04,
  GPIO_Mode_IPD = 0x28,
  GPIO_Mode_IPU = 0x48,
  GPIO_Mode_Out_OD = 0x14,
  GPIO_Mode_Out_PP = 0x10,
  GPIO_Mode_AF_OD = 0x1C,
  GPIO_Mode_AF_PP = 0x18
} GPIOMode_TypeDef;

typedef struct {
  uint16_t GPIO_Pin;
  GPIOSpeed_TypeDef GPIO_Speed;
  GPIOMode_TypeDef GPIO_Mode;
} GPIO_InitTypeDef;
```

GPIO_InitTypeDef라는 structure를 새롭게 정의한다. 이것은 STM 라이브러리에 존재하는 것이고 라이브러리의 내용을 점차적으로 수용하기 위해서 작업을 진행하고 있는 것이다.

GPIO_InitTypeDef structure는 기존에 우리가 사용하던 GPIOSpeed_TypeDef와 GPIOMode_TypeDef을 멤버 값으로 가지고 있으면서 핀 번호까지 한꺼번에 3개의 멤버를 가지게 된다.

여기서 한가지 유의해서 보아야 할 부분이 GPIOMode_TypeDef에서의 enum 값들의 숫자들이다. 우리가 기존에 적용했던 수치들과는 차이를 보이고 있다. 이것은 향후 검토할 GPIO_Init 함수에서의 활용 방법 때문이다.

<GPIO_Init 함수 전체 내용>

```
void GPIO_Init(GPIO_TypeDef* GPIOx, GPIO_InitTypeDef* GPIO_InitStruct) {
  uint32_t currentmode = 0x00, currentpin = 0x00, pinpos = 0x00, pos = 0x00;
  uint32_t tmpreg = 0x00, pinmask = 0x00;

/*---------------------------- GPIO Mode Configuration ------------------------*/
  currentmode = ((uint32_t)GPIO_InitStruct->GPIO_Mode) & ((uint32_t)0x0F);
  if ((((uint32_t)GPIO_InitStruct->GPIO_Mode) & ((uint32_t)0x10)) != 0x00) {
    /* Output mode */
```

```
    currentmode |= (uint32_t)GPIO_InitStruct->GPIO_Speed;
  }
/*---------------------------- GPIO CRL Configuration ------------------------*/
  /* Configure the eight low port pins */
  if (((uint32_t)GPIO_InitStruct->GPIO_Pin & ((uint32_t)0x00FF)) != 0x00) {
    tmpreg = GPIOx->CRL;
    for (pinpos = 0x00; pinpos < 0x08; pinpos++) {
      pos = ((uint32_t)0x01) << pinpos;
      /* Get the port pins position */
      currentpin = (GPIO_InitStruct->GPIO_Pin) & pos;
      if (currentpin == pos) {
        pos = pinpos << 2;
        /* Clear the corresponding low control register bits */
        pinmask = ((uint32_t)0x0F) << pos;
        tmpreg &= ~pinmask;
        /* Write the mode configuration in the corresponding bits */
        tmpreg |= (currentmode << pos);
        /* Reset the corresponding ODR bit */
        if (GPIO_InitStruct->GPIO_Mode == GPIO_Mode_IPD) {
          GPIOx->BRR = (((uint32_t)0x01) << pinpos);
        } else {
          /* Set the corresponding ODR bit */
          if (GPIO_InitStruct->GPIO_Mode == GPIO_Mode_IPU) {
            GPIOx->BSRR = (((uint32_t)0x01) << pinpos);
          }
        }
      }
    }
    GPIOx->CRL = tmpreg;
  }
/*---------------------------- GPIO CRH Configuration ------------------------*/
  /* Configure the eight high port pins */
  if (GPIO_InitStruct->GPIO_Pin > 0x00FF) {
    tmpreg = GPIOx->CRH;
    for (pinpos = 0x00; pinpos < 0x08; pinpos++) {
      pos = (((uint32_t)0x01) << (pinpos + 0x08));
      /* Get the port pins position */
      currentpin = ((GPIO_InitStruct->GPIO_Pin) & pos);
```

```
        if (currentpin == pos) {
          pos = pinpos << 2;
          /* Clear the corresponding high control register bits */
          pinmask = ((uint32_t)0x0F) << pos;
          tmpreg &= ~pinmask;
          /* Write the mode configuration in the corresponding bits */
          tmpreg |= (currentmode << pos);
          /* Reset the corresponding ODR bit */
          if (GPIO_InitStruct->GPIO_Mode == GPIO_Mode_IPD) {
            GPIOx->BRR = (((uint32_t)0x01) << (pinpos + 0x08));
          }
          /* Set the corresponding ODR bit */
          if (GPIO_InitStruct->GPIO_Mode == GPIO_Mode_IPU) {
            GPIOx->BSRR = (((uint32_t)0x01) << (pinpos + 0x08));
          }
        }
      }
    GPIOx->CRH = tmpreg;
  }
}
```

이 함수의 내용은 크게 보면 두 부분으로 나뉘어 있다. CRL 부분을 설정하는 부분과 CRH 부분을 설정하는 부분으로 나눌 수 있는 것이다. 우리는 위 내용 중에서 CRL 부분을 설정하는 앞 부분에 대해서만 설명하도록 한다. CRH 부분은 CRL 부분과 저장되는 위치만 다를 뿐 내용면에서는 동일하기 때문에 한쪽 부분만 설명해도 지장은 없을 것이다.

사실 이 GPIO_Init 함수는 매우 편리하게 이용할 수 있는 장점이 있다. 아래 main.c에서 실제로 활용하고 있는 방법에 대해서 살펴보겠다.

```
/* Configure gpio as output : LED1, LED2, LED3 */
GPIO_InitStructure.GPIO_Pin = GPIO_LED1_PIN | GPIO_LED2_PIN | GPIO_LED3_PIN ;
GPIO_InitStructure.GPIO_Speed = GPIO_Speed_50MHz;
GPIO_InitStructure.GPIO_Mode = GPIO_Mode_Out_PP;
GPIO_Init(GPIO_LED, &GPIO_InitStructure);
```

위의 예에서와 같이 핀들을 여러 개 한꺼번에 설정을 수행할수가 있다. 그것은 GPIO_Init 함수 내에서 루프를 돌면서 모든 설정된 핀들을 검사하면서 하나씩 설정을 수행하기 때문이다.

<GPIO Input Output Mode 설정>

가장 처음에 설정하는 부분은 input mode인지 output mode인지를 설정하는 것이다.

```
/*---------------------------- GPIO Mode Configuration -----------------------*/
  currentmode = ((uint32_t)GPIO_InitStruct->GPIO_Mode) & ((uint32_t)0x0F);
  if ((((uint32_t)GPIO_InitStruct->GPIO_Mode) & ((uint32_t)0x10)) != 0x00) {
    /* Output mode */
    currentmode |= (uint32_t)GPIO_InitStruct->GPIO_Speed;
  }
```

프로그램 중에서 가장 첫 번째 줄이 중요하다. 0x0F를 가지고 하위 4 비트의 값만 추출해내고 있다.

```
CNFy[1:0]:
In input mode (MODE[1:0]=00):
00: Analog input mode
01: Floating input (reset state)
10: Input with pull-up / pull-down
11: Reserved
In output mode (MODE[1:0] > 00):
00: General purpose output push-pull
01: General purpose output Open-drain
10: Alternate function output Push-pull
11: Alternate function output Open-drain
```

우리는 설정해야 하는 CNF의 값을 위와 같이 알고 있다. 하지만 이 값은 실제로는 CNF 2비트, 다음에 MODE 2비트의 순서를 가지게 된다. 즉, 위의 설정들이 마치 2비트씩 왼쪽으로 shift된 값을 가진다고 생각하면 쉽다.

```
typedef enum{
  GPIO_Mode_AIN = 0x0,
  GPIO_Mode_IN_FLOATING = 0x04,
  GPIO_Mode_IPD = 0x28,
  GPIO_Mode_IPU = 0x48,
  GPIO_Mode_Out_OD = 0x14,
  GPIO_Mode_Out_PP = 0x10,
  GPIO_Mode_AF_OD = 0x1C,
  GPIO_Mode_AF_PP = 0x18
```

```
}GPIOMode_TypeDef;
```

위 enum 값에서 하위 4비트만을 추출해서 살펴보면 CNF 설정 값을 2비트 왼쪽으로 shift한 값과 정확하게 일치하는 것을 알 수 있다. 이로서 위의 enum 정의 값들이 왜 이런 값을 가지게 되었는지를 짐작할 수 있게 된다.

IPD와 IPU 부분에 대해서는 뒤에서 살펴볼 것이고, 다음은 input mode와 output mode 설정 부분에 대한 것을 살펴본다.

GPIOMode_TypeDef에서 우리는 앞 부분의 4개의 값은 input을 나타내고, 뒷부분의 4개의 값은 output을 나타냄을 알수 있다. 이 둘을 구분 짓는 값은 0x10 부분이 포함되었는지의 여부이다. 위 코드에서도 GPIO_Mode 부분과 0x10을 AND 연산을 해서 0이 아니라면 10이 포함된 것이고 이러면 output mode이기 때문에 이에 대한 설정을 해야 한다.

MODEy[1:0]:
00: Input mode (reset state)
01: Output mode, max speed 10 MHz.
10: Output mode, max speed 2 MHz.
11: Output mode, max speed 50 MHz.

CRL와 CRH 레지스터에서 MODEy를 설정하는 것은 input일 때는 0이기 때문에 특별히 설정을 할 필요가 없고, output mode일 때만 speed 관련 설정을 해주면 된다.

<CRL Configuration 부분>

```
/*---------------------------- GPIO CRL Configuration ------------------------*/
  /* Configure the eight low port pins */
  if (((uint32_t)GPIO_InitStruct->GPIO_Pin & ((uint32_t)0x00FF)) != 0x00) {
    tmpreg = GPIOx->CRL;
    for (pinpos = 0x00; pinpos < 0x08; pinpos++) {
      pos = ((uint32_t)0x01) << pinpos;
      /* Get the port pins position */
      currentpin = (GPIO_InitStruct->GPIO_Pin) & pos;
      if (currentpin == pos) {
        ................
      }
    }
    GPIOx->CRL = tmpreg;
```

```
}
```

먼저 핀 번호가 하위 8 비트에 해당하는 지를 먼저 검사하게 된다. 이 경우는 CRL 레지스터를 설정하게 되는 것이다. CRL 레지스터를 먼저 읽어서 저장을 하고 있고, 그 임시로 저장한 값을 for loop 안에서 적절히 설정한 이후에 마지막으로 그 값을 CRL 레지스터에 다시 저장하게 되면 이 부분의 설정은 종료되게 되는 것이다.

다음은 안의 for loop 부분인데 pinpos라는 변수를 통해서 position 정보를 0부터 7까지 증가시키면서 어느 위치의 핀 값을 설정 중인지를 검사해서 모든 경우에 대해서 처리할 수 있도록 구현되어 있는 것이다.

(GPIO_InitStruct->GPIO_Pin)의 안에는 우리가 위에서 잠깐 보았든 여러 핀들의 정보가 많이 포함되어 있을 수 있다. 그러므로 그 값을 직접 사용하면 안되고 그 중에서 현재 처리하는 하나의 핀에 대한 것만 살펴보아야 한다. 그래서 pos라는 변수를 통해서 하나의 핀을 가리키는 값을 만들고 그 값과 AND 연산을 통해서 현재 핀에 대한 것만을 처리하도록 하고 있는 것이다.

다음은 그럼 현재 핀을 구한 상태에서 이에 대한 처리 부분을 살펴보겠다.

처리는 2 부분으로 나뉘게 된다. 하나는 위에서 설정한 mode를 CRL 레지스터에 저장하기 위해서 적절한 위치로 이동시키는 부분과 다른 하나는 IPD, IPU 부분에 대한 처리이다.

```
pos = pinpos << 2;
/* Clear the corresponding low control register bits */
pinmask = ((uint32_t)0x0F) << pos;
tmpreg &= ~pinmask;
/* Write the mode configuration in the corresponding bits */
tmpreg |= (currentmode << pos);
```

CRL 레지스터에서 모드 값을 저장하는 것은 4 비트 단위로 하나의 핀에 대한 값을 담당하게 된다. 그러므로 4 비트 단위로 위치를 변경해야 한다. 그래서 pinpos 부분에 4를 곱해서 위치 값을 구한다. (2만큼 왼쪽으로 shift하는 것이 4를 곱하게 되는 것이다)

구해진 위치 만큼 F를 왼쪽으로 shift해서 mask를 하기 위한 작업을 수행한다. F를 이동시킨 값을 NOT 연산을 통해서 그 부분만 0으로 만든 값을 tmpreg에 AND 연산을 취하게 되면 우리가 원하는 부분만 0으로 바뀌게 된다. 그런 다음 실제 지금 설정할 currentmode를 구해진 위치 만큼 왼쪽으로 shift 시켜서 OR 연산을 수행하면 끝나게 되는 것이다.

```
/* Reset the corresponding ODR bit */
```

```
if (GPIO_InitStruct->GPIO_Mode == GPIO_Mode_IPD) {
    GPIOx->BRR = (((uint32_t)0x01) << pinpos);
} else {
    /* Set the corresponding ODR bit */
    if (GPIO_InitStruct->GPIO_Mode == GPIO_Mode_IPU) {
        GPIOx->BSRR = (((uint32_t)0x01) << pinpos);
    }
}
```

이제 마지막으로 남은 부분은 IPD, IPU에 대한 처리 부분이다. 이 부분은 CRL이나 CRH 레지스터에 대한 설정을 수행하는 부분이 아니다. 이것은 실제로 **GPIO의 데이터를 입력시키는 부분인 BRR이나 BSRR 레지스터를 설정하는 것이다**.

```
GPIO_Mode_IPD = 0x28,
GPIO_Mode_IPU = 0x48,
```

input mode 중에서 Pull-down이나 Pull-up으로 설정할 경우 실제로 그 GPIO에 값이 설정되어야만 정상적으로 설정을 시킬 수 있는 것이다. 그 해당되는 작업이 따로 밖에서 해주지 않고 GPIO를 초기화 시키면서 한번에 처리될 수 있도록 하는 것이다. Pull-down의 경우는 Reset을 주어 0으로 만들고, Pull-up의 경우는 Set을 주어 1로 만드는 것이다.

본격적으로 UART에 대한 것을 살펴보겠다.

6.9.3. UART 일반

먼저 개념도를 한번 살펴보자

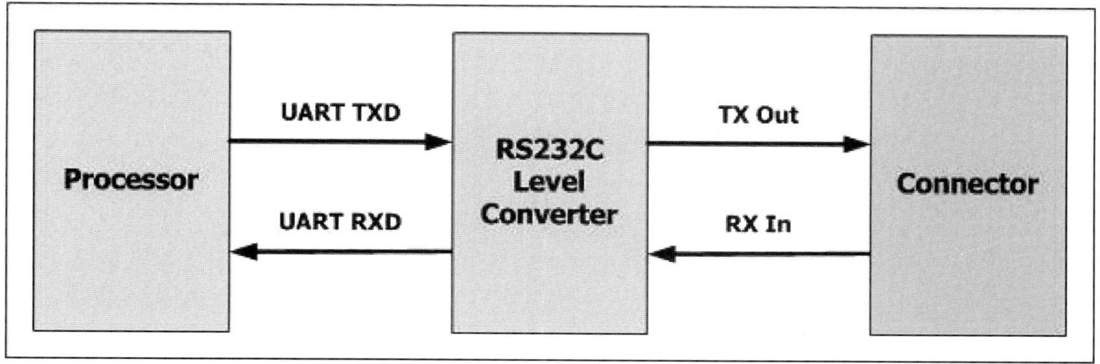

CPU에서 UART Tx/Rx가 연결되어 있고, RS232C 관련 level converter가 실제 컨넥터와 연결되어 있다.

SP3232C Level Converter의 데이터 시트를 보면 250Kbps 정도의 serial 통신이 가능하므로, CPU가 그 이상의 Bit Rate를 지원하더라도 250Kbps 이하의 통신만이 가능함을 명심하자. Bit Rate를 높이기 위해서는 동일한 패키지의 다른 IC로 Level Converter를 대체하면 된다.

RS-232-C란 무엇인가?

RS-232-C는 EIA(Electronics Industries Association, 미국 전자 산업 협회)에서 1969년에 제정된 Telecommunication을 위한 통신 규약으로, Recommended Standard 232 Revision C로 현재 Revision F (RS-232-F)까지 나와 있다. 이 규약은 원래 Teletypewriter와 모뎀간의 통신 규약으로, 여기서 Teletypewriter는 DTE(Data Terminal Equipment), 모뎀은 DCE(Data Communication Equipment)로 정의 된다. DTE는 말 그대로 데이터를 만들고 소비하는 터미널로, 이후 컴퓨터, 프린터, 각종 테스트 장비 및 기타 여러 분야로 확장 되었으나 표준을 만들 당시 이에 대한 고려는 없었다. 따라서 표준이 제정되기 전까지는 핀 배치나 전압 등에 일정한 기준이 없어 많은 혼선이 있었다.

RS-232-C 표준은 DTE와 DCE간의 통신을 위한 전기/기계적 특성을 정의하는데, 주로 전압 및 커넥터의 사양과 핀 배치에 대한 것이다. 이를 통한 통신 방법이나 Bit Rate, Encoding 방법 및 기타 프로토콜 등은 RS-232-C의 정의에서 벗어난다. Mango 보드의 경우, UART(Universal Asynchronous Receiver Transmitter)의 출력을 RS-232-C 신호 레벨로 변경하여 통신을 하는데, 이때 RS-232-C는 신호를 전송하기 위한 신호 레벨 및 커넥터 규격을 정의하고, Bit Rate 및 기타 신호의 포맷은 UART인 것이다.

RS-232-C 규격은 이와 연관된 각 단체에 따라 아래 표와 같이 다른 이름으로 불리고 있다.

EIA	CCITT	ISO
RS-232-C	V.24	ISO 2110

전기적으로 RS-232-C는 Logic High를 나타내기 위해 +12V, Low를 나타내기 위해 -12V를 사용한다. 수신측은 +3V 이상이면 High, -3V 이하이면 Low로 인식하도록 정의 되어 있다. 이에 따라 +12V/-12V를 얻는 것이 불편한 경우, +5V/-5V로 송신하여 수신측에서 +3V 이상 -3V 이하로 수신하도록 하는 경우도 있는데, 이를 RS-232-C 호환이라 부르기도 한다. Mango 보드의 송신측에서 사용하는 Level-Converter (여기서는 UART Logic Level을 RS-232-C가 인식하는 전압으로 변환해 주는 변환기) 내에서 RS-232-C에 적합한 전압을 생성해 주는 Charge-Pump가 +12V/-12V를 생성하기에는 효율 및 기타 어려움이 있으므로, +5V/-5V 전압으로 송신하며, 수신에서는 +12V/-12V를 넘는 범위까지도 수신할 수 있도록 하고 있다.

RS-232-C는 DSUB-9 또는 DSUB-25 커넥터를 사용하는데, DTE측에서 본 중요 신호의 배치는 다음 표와 같다.

	DSUB-9 핀 배치	DSUB-25 핀 배치
TD (Transmit Data)	3	2
RD (Receive Data	2	3
RTS (Request To Send)	7	4
CTS (Clear To Sed)	8	5
DSR (Data Set Ready)	6	6
SG (Signal Ground)	5	7
CD (Carrier Detect)	1	8
DTR (Data Terminal Ready)	4	20
RI (Ring Indicator)	9	22

RS-232-C는 비대칭적인 통신으로, DTE는 DCE에 RTS(Ready To Send) 신호를 보내고, DCE로부터 CTS(Clear To Send) 신호를 받은 후 데이터를 전송하지만, DCE의 경우에는 DTE가 데이터데 받을 준비가 되어 있는지 알 수 있는 방법이 없어 그냥 데이터를 전송하게 된다. V.24 표준에서는 DCE가 DTE에 데이터를 받을 준비가 되어 있는지 알 수 있도록 되어 있는데, 일부 장비 제조자들은 이와의 호환을 위해, DTE가 DCE의 데이터 전송을 승인하는 신호를 만들어 사용하기도 하였다.

RS-232-E부터는 표준에 이 신호를 받아 들여, RTS를 RTR(Ready To Receive) 신호로 변경하여, DTE가 DCE로부터의 데이터 전송을 승인할 수 있도록 하였다. 이때, DCE는 기존 RTS 신호는 항상 ON 되어 있는 것으로 가정하여 동작하여, 기존의 RS-232 표준과 호환 된다.

모뎀을 동반하지 않은 컴퓨터간의 통신이나 기타 DTE 간의 통신 등에서는 간단하게 3 개의 신호만을 사용하는 경우가 많은데, 이때는 TXD, RXD 및 SG 의 세 신호선 만을 사용한다. 이 경우, SG 는 두 장치 간에 서로 공유하며, TXD 와 RXD 는 한쪽 장치의 TXD 를 상대 장치의 RXD 에 연결하는 방식으로 TXD 와 RXD 를 연결하여 통신한다. 두 컴퓨터나 PDA 등의 장치 간에 데이터를 주고 받기 위해서는 TXD 와 RXD 가 Cross 된 3 선의 RS-232-C 케이블을 사용하는 것으로 간단한 통신 설정이 가능하다.

UART와 RS-232C를 같은 것으로 오해를 하는 사람들이 많이 있다. 하지만 결코 그런 것이 아니다. 이에 대해서 명확히 알 필요가 있다.

UART는 CPU에서 나오는 신호레벨(TTL 레벨)이고, RS-232는 SP3232를 거쳐 나온 신호이다. UART는 RS-232뿐만 아니라 RS-422이나 RS-485와 같은 레벨로 변환되어 사용 되어질 수 있다.

UART는 Universal Asynchronous Receiver Transmitter 이다. 비동기식으로 주고 받는 통신으로 보면 된다. UART의 활용은 여러가지 이다. PC로 글자를 출력하는데 활용되기도 하고, 여러가지 통신용으로도 사용한다.

UART 포맷은 아래와 같다.

Start	Data 0	Data 1	Data 2	Data 3	Data 4	Data 5	Data 6	Data 7	Stop

처음 start bit, Data 0~7, stop bit 이다.
Baudrate는 데이터 전송 속도의 측정치 보통 초당 비트 bits 수 이다.

6.9.4. 회로도 분석

RS-232C

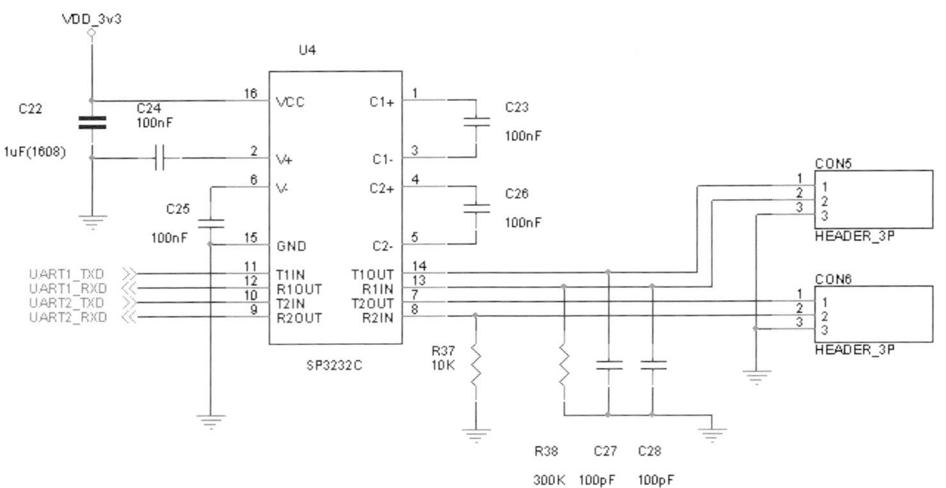

위 부분이 RS232C Level converter와 연결된 모습이다. UART1과 UART2가 각각 2개의 connector와 연결되어 있는 것을 볼 수 있다. 모두 사용 가능하지만 대부분의 경우는 UART1만 주로 사용을 하게 된다.

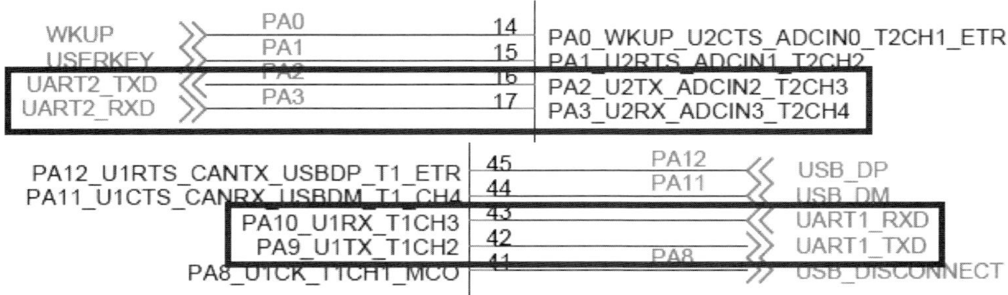

여기서는 일단 UART1에 대해서만 설명을 진행할 것이다.

6.9.5. USART macro 및 typedef 분석

UART 대신에 USART라는 용어를 사용했는데, S가 의미하는 것은 synchronous이다. asynchronous 뿐만 아니라 synchronous 부분도 지원한다는 의미이다.

위 그림에서 보면 알수 있듯이 UART1_RXD는 Port A #10에 UART1_TXD는 Port A #9에 연결되어 있다.

```
#define USART1_BASE              (APB2PERIPH_BASE + 0x3800)
#define USART1                   ((USART_TypeDef *) USART1_BASE)
#define GPIO_USART               GPIOA
#define GPIO_USART_Rx_Pin        GPIO_Pin_10
#define GPIO_USART_Tx_Pin        GPIO_Pin_9
```

이에 대해서 위와 같이 정의를 하였다. base address는 APB2에 0x3800이 더해진 지점이다.

0x4001 3C00 - 0x4001 3FFF	ADC3
0x4001 3800 - 0x4001 3BFF	USART1
0x4001 3400 - 0x4001 37FF	TIM8 timer

아래와 같이 USART_TypeDef가 정의 되어 있다.

```
typedef struct
{
  __IO uint16_t SR;
  uint16_t  RESERVED0;
  __IO uint16_t DR;
  uint16_t  RESERVED1;
  __IO uint16_t BRR;
  uint16_t  RESERVED2;
  __IO uint16_t CR1;
  uint16_t  RESERVED3;
  __IO uint16_t CR2;
  uint16_t  RESERVED4;
  __IO uint16_t CR3;
  uint16_t  RESERVED5;
  __IO uint16_t GTPR;
```

```
    uint16_t    RESERVED6;
} USART_TypeDef;
```

한가지 특이한 점은 uint16_t로 정의를 해서 사용하고 있다는 것이다. 32 비트를 직접 다루지 않고 16 비트씩 따로 다루고 있다.

Offset	Register	31	30	29	28	27	26	25	24	23	22	21	20	19	18	17	16	15	14	13	12	11	10	9	8	7	6	5	4	3	2	1	0
0x00	USART_SR	Reserved																						CTS	LBD	TXE	TC	RXNE	IDLE	ORE	NE	FE	PE
	Reset value																							0	0	1	1	0	0	0	0	0	0
0x04	USART_DR	Reserved																							DR[8:0]								
	Reset value																								0	0	0	0	0	0	0	0	0
0x08	USART_BRR	Reserved																DIV_Mantissa[15:4]												DIV_Fraction [3:0]			
	Reset value																	0	0	0	0	0	0	0	0	0	0	0	0	0	0	0	0
0x0C	USART_CR1	Reserved																		UE	M	WAKE	PCE	PS	PEIE	TXEIE	TCIE	RXNEIE	IDLEIE	TE	RE	RWU	SBK
	Reset value																			0	0	0	0	0	0	0	0	0	0	0	0	0	0
0x10	USART_CR2	Reserved																	LINEN	STOP [1:0]		CLKEN	CPOL	CPHA	LBCL	Reserved	LBDIE	LBDL	Reserved	ADD[3:0]			
	Reset value																		0	0	0	0	0	0	0		0	0		0	0	0	0
0x14	USART_CR3	Reserved																					CTSIE	CTSE	RTSE	DMAT	DMAR	SCEN	NACK	HDSEL	IRLP	IREN	EIE
	Reset value																						0	0	0	0	0	0	0	0	0	0	0
0x18	USART_GTPR	Reserved																GT[7:0]								PSC[7:0]							
	Reset value																	0	0	0	0	0	0	0	0	0	0	0	0	0	0	0	0

그림 6-14 UART 레지스터

(ST, RM0008, Reference manual, Table 158, USART register map and reset values)

USART 레지스터 전체를 살펴보면 위 그림에서와 같이 상위 16 비트는 모두 reserved 되어 있음을 알수 있다.

각 레지스터의 내용에 대해서는 코드를 살펴보면서 하나씩 검토를 해나갈 것이다.

6.9.6. main 함수 검토

```
int main(void)
{
    RCC->APB2ENR |= RCC_APB2Periph_GPIOA;
    RCC->APB2ENR |= RCC_APB2Periph_GPIOB;
    RCC->APB2ENR |= RCC_APB2Periph_USART1;
```

```
    GPIO_Configuration();

    USART1_Init();

    Serial_PutString("\r\nHello World! Hello Cortex-M3!\r\n");

//      LED_Test();
    KEY_Test();

    while(1) {
        ;
    }
}
```

기존에 사용하던 GPIOA와 GPIOB 외에 USART1에 대한 clock enable 부분을 발견할수 있다. 당연히 UART를 사용하기 위해서 CPU의 UART clock 부분을 활성화시켜주어야 하는 것이다.

새롭게 만들어진 함수는 GPIO_Configuration(), USART1_Init(), Serial_PutString()이다. 이들에 대해서 각각 설명을 하도록 한다.

6.9.7. GPIO_Configuration

```
void GPIO_Configuration(void)
{
    GPIO_InitTypeDef GPIO_InitStructure;

    // UART configuration ...

    /* Configure USARTx_Tx as alternate function push-pull */
    GPIO_InitStructure.GPIO_Pin = GPIO_USART_Tx_Pin;
    GPIO_InitStructure.GPIO_Speed = GPIO_Speed_50MHz;
    GPIO_InitStructure.GPIO_Mode = GPIO_Mode_AF_PP;
    GPIO_Init(GPIO_USART, &GPIO_InitStructure);

    /* Configure USARTx_Rx as input floating */
    GPIO_InitStructure.GPIO_Pin = GPIO_USART_Rx_Pin;
    GPIO_InitStructure.GPIO_Mode = GPIO_Mode_IN_FLOATING;
```

```
    GPIO_Init(GPIO_USART, &GPIO_InitStructure);

    // Key configuration ...

    /* Configure gpio as input : Button Left-WKUP */
    GPIO_InitStructure.GPIO_Pin = GPIO_KEY1_PIN;
    GPIO_InitStructure.GPIO_Mode = GPIO_Mode_IN_FLOATING;
    GPIO_Init(GPIO_KEY, &GPIO_InitStructure);

    /* Configure gpio as input : Button Right-USER */
    GPIO_InitStructure.GPIO_Pin = GPIO_KEY2_PIN;
    GPIO_InitStructure.GPIO_Mode = GPIO_Mode_IN_FLOATING;
    GPIO_Init(GPIO_KEY, &GPIO_InitStructure);

    // LED configuration ...

    /* Configure gpio as output : LED1, LED2, LED3 */
    GPIO_InitStructure.GPIO_Pin = GPIO_LED1_PIN | GPIO_LED2_PIN | GPIO_LED3_PIN ;
    GPIO_InitStructure.GPIO_Speed = GPIO_Speed_50MHz;
    GPIO_InitStructure.GPIO_Mode = GPIO_Mode_Out_PP;
    GPIO_Init(GPIO_LED, &GPIO_InitStructure);
}
```

GPIO_Configuration 함수의 내용은 단순하다. 위에서 설명한 GPIO_Init 함수를 부르고 있는 것이다. GPIO_Init 함수를 부르기 위한 argument에 대한 설정을 수행하고 있다.

이렇게 프로그램을 가독성이 뛰어나게 작성하게 되면 비록 세부적인 동작 상황을 모르고 있다고 하더라도 프로그램을 이해하는데 아무런 문제가 없게 된다.

기존에 설정하였던 Key와 LED 부분도 새롭게 만들어진 함수를 이용하도록 변경하였다. LED의 경우는 모든 핀의 설정 방법이 똑같기 때문에 OR 연산으로 모든 LED 핀들을 한번에 처리하도록 구현하였다.

6.9.8. USART1_Init

먼저 우리가 사용하는 Token2Shell의 설정 부분을 살펴본다.

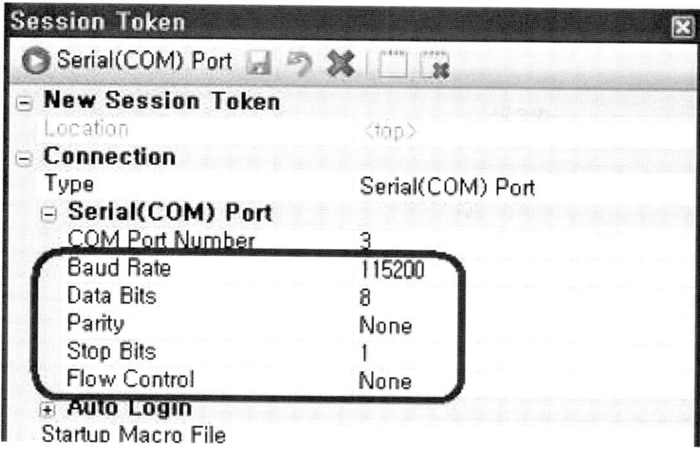

여기에 Baud Rate, Data Bits, Parity, Stop Bits, Flow Control 등을 설정하는 부분이 있다. 이것들은 사실 Baud Rate을 제외하고는 모두 default의 상태를 그대로 둔 것이다. 이와 똑같이 보드에서도 같은 설정을 해주어야 한다.

```
void USART1_Init(void)
{
    USART_InitTypeDef USART_InitStructure;

    /* USARTx configuration ------------------------------------------------------*/
    /* USARTx configured as follow:
      - BaudRate = 115200 baud
      - Word Length = 8 Bits
      - One Stop Bit
      - No parity
      - Hardware flow control disabled (RTS and CTS signals)
      - Receive and transmit enabled
      */
    USART_InitStructure.USART_BaudRate      = 115200;
    USART_InitStructure.USART_WordLength = USART_WordLength_8b;
    USART_InitStructure.USART_StopBits     = USART_StopBits_1;
    USART_InitStructure.USART_Parity        = USART_Parity_No ;
    USART_InitStructure.USART_HardwareFlowControl
                                            = USART_HardwareFlowControl_None;
    USART_InitStructure.USART_Mode          = USART_Mode_Rx | USART_Mode_Tx;

    /* Configure the USARTx */
```

```
    USART_Init(USART1, &USART_InitStructure);

    /* Enable the USART1 */
    USART1->CR1 |= CR1_UE_Set;
}
```

각각에 대해서 설명을 하면 아래와 같다.

<Configuration 값들 설명>

Configuration 값들 하나하나 차례로 설명을 진행해 보도록 하겠다.

Baud Rate

Baud Rate를 구하는 공식은 아래와 같다.

$$\text{Tx/ Rx baud} = \frac{f_{CK}}{(16^{*}\text{USARTDIV})}$$

우리는 USART1을 사용하는데 USART1과 다른 USART2, 3, 4, 5의 경우 사용하는 클럭의 종류가 다르다. USART2, 3, 4, 5의 경우는 PCLK1을 사용하게 되고, USART1의 경우는 PCLK2를 사용한다. 우리는 아직까지 특별히 시스템 클럭을 설정하지 않았다. 그러므로 프로세서 내부에 존재하는 internal clock인 8M가 PCLK2에도 걸리게 된다. 이것을 이용해서 baud rate을 구하게 된다.

여기서 USARTDIV 값은 USART_BRR 레지스터에 기록하게 된다. USART_BRR 레지스터는 정수부분과 소수부분을 따로 저장을 할 수 있다. 이와 관련해서 하나의 예를 살펴보자.

USARTDIV = 25.62일때 정확한 baud rate을 만들 수 있다고 가정할때
DIV_Fraction = 16*0.62 = 9.92, 가장 근접한 수치는 10이다 = 0xA
DIV_Mantissa = mantissa (25.62) = 25 = 0x19
결국, USART_BRR에는 0x19A가 저장되게 된다.

아래 표를 보고 짐작할 수 있듯이 우리가 원하는 baud rate를 완벽하게 만들지 못할 수도 있다. 이것은 시스템 클럭이 낮을수록 심해지게 된다. 클럭을 36MHz를 사용할때 115200 baud rate를 만들면 실제로는 115384를 만들게 되는데, 72 MHz 클럭을 사용하게 되면 이것을 정확하게 만들어낼 수 있는 것이다.

Baud rate		f_{PCLK} = 36 MHz			f_{PCLK} = 72 MHz		
S.No	in Kbps	Actual	Value programmed in the Baud Rate register	% Error =(Calculated - Desired)B.Rate /Desired B.Rate	Actual	Value programmed in the Baud Rate register	% Error
1.	2.4	2.400	937.5	0%	2.4	1875	0%
2.	9.6	9.600	234.375	0%	9.6	468.75	0%
3.	19.2	19.2	117.1875	0%	19.2	234.375	0%
4.	57.6	57.6	39.0625	0%	57.6	78.125	0.%
5.	115.2	115.384	19.5	0.15%	115.2	39.0625	0%
6.	230.4	230.769	9.75	0.16%	230.769	19.5	0.16%
7.	460.8	461.538	4.875	0.16%	461.538	9.75	0.16%
8.	921.6	923.076	2.4375	0.16%	923.076	4.875	0.16%
9.	2250	2250	1	0%	2250	2	0%
10.	4500	NA	NA	NA	4500	1	0%

그림 6-15 UART Baud rate 계산

(ST, RM0008, Reference manual, Table 154, Error calculation for programmed baud rates)

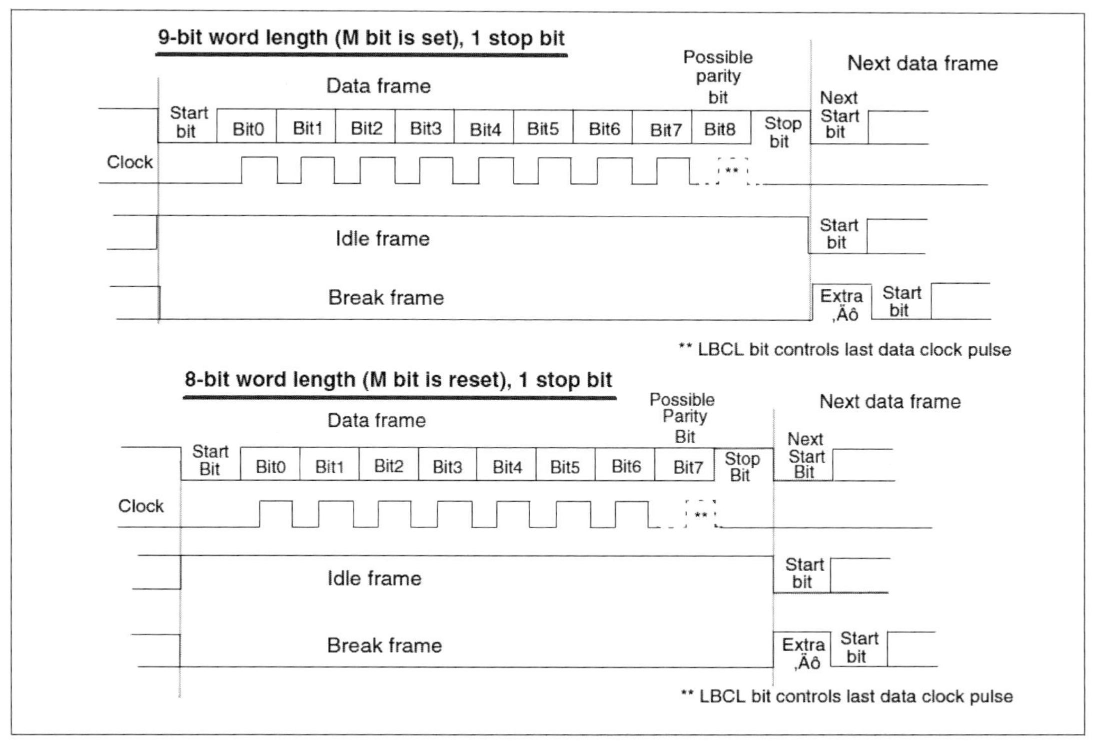

그림 6-16 UART data word

(ST, RM0008, Reference manual, Figure 237, Word length programming)

Word Length

```
#define USART_WordLength_8b                    ((uint16_t)0x0000)
#define USART_WordLength_9b                    ((uint16_t)0x1000)
```

data word의 단위를 8비트나 9비트로 설정할 수 있다. 8비트가 0으로 default 값이다.
이것을 그림으로 나타내면 위의 그림과 같게 된다.

Stop Bits

```
#define USART_StopBits_1                  ((uint16_t)0x0000)
#define USART_StopBits_0_5                ((uint16_t)0x1000)
#define USART_StopBits_2                  ((uint16_t)0x2000)
#define USART_StopBits_1_5                ((uint16_t)0x3000)
```

0.5, 1, 1.5, 2등의 Stop bits를 설정할 수 있다.
0.5나 1.5 stop bit는 Smartcard mode에서 사용하는 것이다.

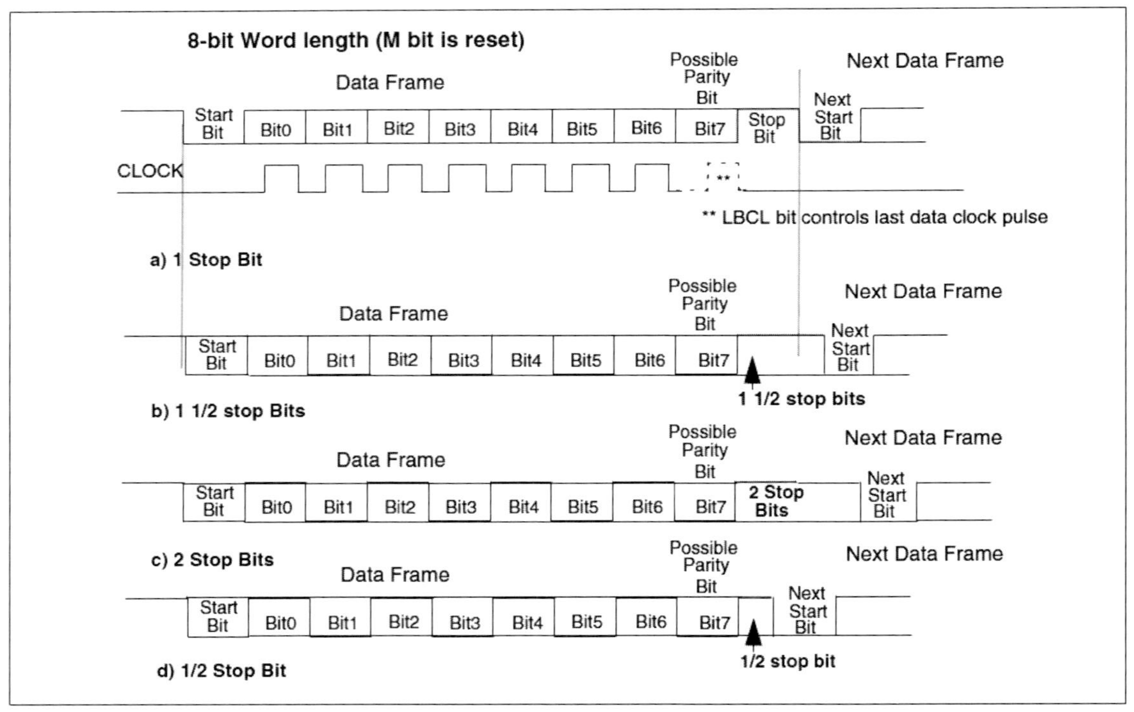

그림 6-17 UART Stop bits

(ST, RM0008, Reference manual, Figure 238, Configurable stop bits)

Parity

```
#define USART_Parity_No                    ((uint16_t)0x0000)
#define USART_Parity_Even                  ((uint16_t)0x0400)
#define USART_Parity_Odd                   ((uint16_t)0x0600)
```

송수신에서 parity를 설정해서 보내고 받는 것이 가능하다. even, odd를 선택할 수 있다.

Hardware Flow Control

```
#define USART_HardwareFlowControl_None       ((uint16_t)0x0000)
#define USART_HardwareFlowControl_RTS        ((uint16_t)0x0100)
#define USART_HardwareFlowControl_CTS        ((uint16_t)0x0200)
#define USART_HardwareFlowControl_RTS_CTS    ((uint16_t)0x0300)
```

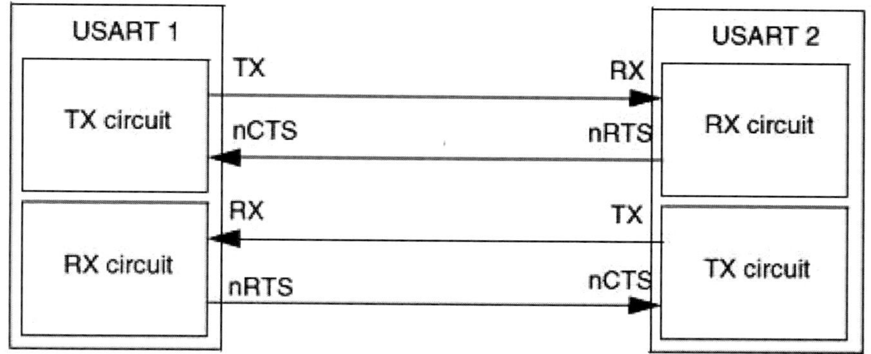

위 개념도에서 보는 것과 같이 CTS나 RTS를 이용해서 직렬 데이타 흐름을 control할 수 있다. 이것을 설정하는 것이다. 어느 것 하나만 사용하도록 설정할 수도 있고, 둘 다 사용하도록 설정하는 것도 가능하다. default는 Hardware Flow Control을 사용하지 않는 것이다.

Mode

```
#define USART_Mode_Rx                      ((uint16_t)0x0004)
#define USART_Mode_Tx                      ((uint16_t)0x0008)
```

이 값은 나중에 USART_CR1 레지스터에서 Bit 3 TE: Transmitter enable과 Bit 2 RE: Receiver enable를 설정하기 위한 것이다. 각각 해당 비트 위치가 1이 되도록 define을 만든 것이다.

<CR1_UE_Set 설명>

```
#define CR1_UE_Set                    ((uint16_t)0x2000)   /*!< USART Enable Mask */
```

USART_Init을 부르고 난 이후에 최종적으로 **USART1->CR1 |= CR1_UE_Set;**을 수행하고 있다. 사실 USART_Init 함수 내에서 USART_CR1 레지스터 부분도 설정을 진행한다. 하지만 따로 외부에서 설정을 해주도록 하고 있는 것이다.

USART_CR1 레지스터의 Bit 13 UE: USART enable로서 이 비트를 1로 설정 함으로서 비로소 UART를 사용 가능하게 되는 것이다.

6.9.9. USART_Init 함수 설명

이제 USART_Init 함수에 대해서 설명을 하도록 한다.

```
void USART_Init(USART_TypeDef* USARTx, USART_InitTypeDef* USART_InitStruct)
{
  uint32_t tmpreg = 0x00, apbclock = HSI_Value;
  uint32_t integerdivider = 0x00;
  uint32_t fractionaldivider = 0x00;
```

함수의 초기 부분에 각종 변수들을 선언하고 0으로 초기화를 해주었다.
한가지 유의해서 볼 부분은 apbclock = HSI_Value 부분이다.

```
#define HSI_Value                    ((uint32_t)8000000)
```

위에서도 잠깐 설명했던 것처럼 우리는 아직 클럭에 대한 설정을 전혀 하지 않았고, 그러므로 HSI 즉 내부 클럭인 8M를 이용하고 있게 된다. 이것을 사용하기 위해서 define으로 적용해 놓은 것이고, 프로그램 내부에서 임시 변수 apbclock이라는 것으로 정의해서 이용하고 있다.

<USART CR2 Configuration>

```
/*---------------------------- USART CR2 Configuration -----------------------*/
  tmpreg = USARTx->CR2;
  /* Clear STOP[13:12] bits */
  tmpreg &= CR2_STOP_CLEAR_Mask;
  /* Configure the USART Stop Bits, Clock, CPOL, CPHA and LastBit ------------*/
```

```
/* Set STOP[13:12] bits according to USART_StopBits value */
tmpreg |= (uint32_t)USART_InitStruct->USART_StopBits;

/* Write to USART CR2 */
USARTx->CR2 = (uint16_t)tmpreg;
```

Control register 2 (USART_CR2)에서 오직 stop bits 부분만 설정을 하게 된다.

31	30	29	28	27	26	25	24	23	22	21	20	19	18	17	16
Reserved															

15	14	13	12	11	10	9	8	7	6	5	4	3	2	1	0
Res.	LINEN	STOP[1:0]		CLK EN	CPOL	CPHA	LBCL	Res.	LBDIE	LBDL	Res.	ADD[3:0]			
	rw	rw	rw	rw	rw	rw	rw		rw	rw	rw	rw	rw	rw	rw

레지스터에서 12번 13번 비트가 이 stop bits 설정 부분이다.

```
#define CR2_STOP_CLEAR_Mask         ((uint16_t)0xCFFF)   /*!< USART CR2 STOP Bits Mask */
```

이 부분만 0으로 만들기 위해서 위의 mask define을 사용한다.

Bits 13:12 STOP: STOP bits에 대한 설정은 아래와 같다. 우리는 0으로 1 stop bit를 사용한다.
00: 1 Stop bit
01: 0.5 Stop bit
10: 2 Stop bits
11: 1.5 Stop bit
(0.5 Stop bit와 1.5 Stop bit는 UART4와 UART5에서는 사용할 수 없다.)

<USART CR1 Configuration>

```
/*---------------------------- USART CR1 Configuration -----------------------*/
  tmpreg = USARTx->CR1;
  /* Clear M, PCE, PS, TE and RE bits */
  tmpreg &= CR1_CLEAR_Mask;
  /* Configure the USART Word Length, Parity and mode ----------------------- */
  /* Set the M bits according to USART_WordLength value */
  /* Set PCE and PS bits according to USART_Parity value */
  /* Set TE and RE bits according to USART_Mode value */
  tmpreg |= (uint32_t)USART_InitStruct->USART_WordLength | USART_InitStruct->USART_Parity |
```

```
            USART_InitStruct->USART_Mode;
  /* Write to USART CR1 */
  USARTx->CR1 = (uint16_t)tmpreg;
```

위 부분에서는 Word Length, Parity, USART Mode를 설정한다.

USART_CR1 레지스터의 구조는 아래와 같다.

31	30	29	28	27	26	25	24	23	22	21	20	19	18	17	16
Reserved															

15	14	13	12	11	10	9	8	7	6	5	4	3	2	1	0
Reserved		UE	M	WAKE	PCE	PS	PEIE	TXEIE	TCIE	RXNE IE	IDLEIE	TE	RE	RWU	SBK
Res.		rw	rw	rw	rw	rw	rw	rw	rw	rw	rw	rw	rw	rw	rw

위 부분에서 설정할 부분의 곳을 상자를 그려 넣었다. 이 부분을 먼저 0으로 바꾸어야 하기 때문에 아래와 같은 clear mask를 선언해서 사용한다. 0xE9F3이 정확하게 위의 상자 부분을 제외한 나머지만 1인 값이다.

```
#define CR1_CLEAR_Mask            ((uint16_t)0xE9F3)  /*!< USART CR1 Mask */
```

Bit 12 M: Word length
0: 1 Start bit, 8 Data bits, n Stop bit
1: 1 Start bit, 9 Data bits, 1 Stop bit
M 비트는 데이타 전송이 일어나는 중에 (송수신 모두 해당) 결코 변경이 일어나서는 안된다.

Bit 10 PCE: Parity control enable
0: Parity control disabled
1: Parity control enabled

이것은 hardware parity control을 설정하는 부분이다. parity control이 enable되면 MSB 위치에 (M이 1이면 9번째 비트, M이 0이라면 8번째 비트) 계산된 parity bit가 삽입된다. 이것이 1로 변경되면 현재 전송이 일어나는 바이트 이후에 활성화되게 된다.

Bit 9 PS: Parity selection
0: Even parity
1: Odd parity

Bit 3 TE: Transmitter enable

0: Transmitter is disabled

1: Transmitter is enabled

Bit 2 RE: Receiver enable

0: Receiver is disabled

1: Receiver is enabled

현재 RX 부분은 다루고 있지 않지만 이 부분도 enable 시켜 놓았다. 뒤에서 수신 부분에 대해서도 살펴볼 것이다.

<USART CR3 Configuration>

```
/*---------------------------- USART CR3 Configuration -----------------------*/
  tmpreg = USARTx->CR3;
  /* Clear CTSE and RTSE bits */
  tmpreg &= CR3_CLEAR_Mask;
  /* Configure the USART HFC ----------------------------------------------*/
  /* Set CTSE and RTSE bits according to USART_HardwareFlowControl value */
  tmpreg |= USART_InitStruct->USART_HardwareFlowControl;
  /* Write to USART CR3 */
  USARTx->CR3 = (uint16_t)tmpreg;
```

Control register 3 (USART_CR3)에서 오직 Hardware Flow Control 부분만 설정을 진행한다.

31	30	29	28	27	26	25	24	23	22	21	20	19	18	17	16
Reserved															
15	14	13	12	11	10	9	8	7	6	5	4	3	2	1	0
Reserved					CTSIE	CTSE	RTSE	DMAT	DMAR	SCEN	NACK	HD SEL	IRLP	IREN	EIE
Res.					rw	rw	rw	rw	rw	rw	rw	rw	rw	rw	rw

비트 8번 9번이 이에 대한 설정 부분이다.

```
#define CR3_CLEAR_Mask              ((uint16_t)0xFCFF)  /*!< USART CR3 Mask */
```

이 부분만 0으로 만들기 위해서 위의 mask define을 사용한다.

Bit 9 CTSE: CTS enable

0: CTS hardware flow control disabled

1: CTS mode enabled,

Bit 8 RTSE: RTS enable
0: RTS hardware flow control disabled
1: RTS interrupt enabled,

이들 두 비트는 모두 UART4와 UART5에서는 사용할 수 없는 것이다.

<USART BRR Configuration>

```
/*---------------------------- USART BRR Configuration -----------------------*/
  /* Configure the USART Baud Rate -------------------------------------------*/
  /* Determine the integer part */
  integerdivider = ((0x19 * apbclock) / (0x04 * (USART_InitStruct->USART_BaudRate)));
  tmpreg = (integerdivider / 0x64) << 0x04;
  /* Determine the fractional part */
  fractionaldivider = integerdivider - (0x64 * (tmpreg >> 0x04));
  tmpreg |= ((((fractionaldivider * 0x10) + 0x32) / 0x64)) & ((uint8_t)0x0F);
  /* Write to USART BRR */
  USARTx->BRR = (uint16_t)tmpreg;
```

상당히 복잡한 식이 구현되어 있지만 내용은 어렵지 않다. 가장 쉬운 방법은 직접 해보는 것이다. 우리가 원한 115200과 시스템 클럭 8000000을 가지고 위 내용을 그대로 따라서 해보자

0x19는 decimal로 25이고, apbclock은 8000000 이다. 곱하면 200000000 이다.
115200 * 4는 460800 이다.
나누면 434.027777... 이 나온다.
이것을 integerdivider에 저장하기 때문에 434가 된다.
tmpreg에는 이것을 0x64로 나누어 저장해야 하기 때문에 4가 들어가게 된다.

integerdivider의 434에서 tmpreg에 0x64를 곱한 값인 400을 빼면 34가 남는다.
0x10을 곱하면 544 이고 0x32를 더하면 594이고
이를 0x64로 나누면 5가 된다.
(여기서 0x32를 더하는 이유는 0x64로 나눈 결과를 반올림 하기 위함이다.)

결국 DIV_Mantissa 부분에는 4가 DIV_Fraction 부분에는 5가 입력되게 된다.

31	30	29	28	27	26	25	24	23	22	21	20	19	18	17	16
Reserved															
15	14	13	12	11	10	9	8	7	6	5	4	3	2	1	0
DIV_Mantissa[11:0]												DIV_Fraction[3:0]			
rw	rw	rw	rw	rw	rw	rw	rw	rw	rw	rw	rw	rw	rw	rw	rw

그러면 이 값이 실제로 115200을 어떻게 만들어주는지를 생각해보자.

$$\text{Tx/ Rx baud} = \frac{f_{CK}}{(16^{*}\text{USARTDIV})}$$

다시 한번 baud rate 공식을 살펴보자. USARTDIV에 저장된 값에 16을 곱해서 시스템 클럭을 나누어 주게 되어있다. 하지만 저장되어 있는 값은 정수 부분과 소수 부분으로 나뉘어 있다. 어떻게 해야 할까?

여기에 이 구조의 비밀이 숨어 있다. 16을 곱한다는 의미는 무엇일까? 그것은 4비트 왼쪽으로 shift하는 것을 의미한다. 결국 정수 부분인 DIV_Mantissa 부분에 저장된 4는 16을 곱하면 지금 들어있는 위치 그대로가 된다. 그런데 재미있는 것은 DIV_Fraction 부분은 이미 16을 곱해서 값을 만들어서 이 위치에 넣었다는 것이다. 그럼 결국은 16 * USARTDIV는 현재 레지스터에 들어있는 값을 그대로 나눗셈을 하면 된다는 말과 같다. 실제로 해보면 아래와 같다.

```
8000000 / 0x45 (decimal = 69) = 115942.028958....
```

결국 115942로 설정이 되는 것을 알 수 있다. 이것은 실제로 우리가 너무 낮은 클럭을 사용하기 때문이고, 뒤에서 크리스탈 12M를 사용해서 시스템을 72 MHz로 구동할 수 있도록 설정한 이후에는 정확하게 115200을 설정할 수 있게 된다.

위 내용이 조금은 어렵게 느껴지는 사람들을 위해서 조금 더 쉽게 설명하도록 하겠다. 사실 함수의 식에서 나오는 0x19, 0x4, 0x64, 0x32 등등 상당히 이상해 보인다. 하지만 모든 것이 그렇듯 다 이유가 있는 것이다. 함수 내의 코드는 레지스터에서 DIV_Mantissa 부분과 DIV_Fraction 부분에 어떤 값을 저장할 것인가를 구하는 작업이 된다.

여기에 저장된 값은 위의 공식에서 이용되는 값이 된다. 그런데 여기서 한가지 주의할 것은 16 * USARTDIV라는 값이 바로 위 레지스터의 값과 같다는 것이다. 즉, 16 * USARTDIV가 충족되도록 위 레지스터를 채워야 한다는 것이다.

이제 예를 들어서 설명해 보면, 만약 fck가 8 MHz로 8000000을 사용한다면, 그리고 원하는 baud rate이 115200이라면 USARTDIV를 구하는 가장 간단한 방법은 8000000을 16 * 115200으로 나누는 것이다. 그럼 결과는 4.3402777778이 나온다.

위 식에서 0x19는 십진수로 바꾸면 25가 된다. 원래 클럭 값을 그대로 나누어주어야 하는데 여기에 25를 곱해서 나누어주는 것이다. 여기에 더해서 원래 원하는 UART 클럭에 16을 곱해서 나눠야 하는데 4를 곱해서 나눠주고 있는 것이다. 결국 **분자는 25를 곱하고 있고, 분모는 오히려 4만큼 적게 곱하기 때문에 결과는 100을 곱한 값이 나오는 것이다.**

위 식에서 integerdivider는 434가 된다. 이 값을 0x64로 나누는 것은 이제는 반대로 100으로 나누고 있는 것이다. 그래서 원래 구해야 할 값인 4.3402... 에서의 정수 부분을 구하는 것이다. 이 부분을 4만큼 왼쪽으로 shift해서 Mantissa 부분에 저장할수 있도록 만드는 것이다.

fractionaldivider 부분은 위에서 구한 434 값에서 400을 뺀 34를 구하는 것이다. 그런데 저장을 하기 전에 먼저 16 (0x10)을 곱해서 저장한다는 것이다. 이것은 나중에 레지스터에 저장된 값에 굳이 16을 곱할 필요를 없게 만들게 된다.

Mantissa가 저장되는 부분은 4가 왼쪽으로 shift 되어 있는 곳이기 때문에 그 값을 그대로 이용하는 것이 16이 곱해져 있는 것이고, Fraction 부분은 16을 곱해서 저장하기 때문에 문제가 없게 만드는 것이다. 100 단위의 나머지 부분이기 때문에 100 (0x64)로 나누어주고 있는 것이다.

이 경우 434에서 구해진 34는 16을 곱해서 544를 얻게 되고, 이것을 100으로 나누면 5라는 값을 가지게 되는 것이다. 여기서 0x32 (십진수 50)를 더하는 것은 위에서도 설명한 것처럼 반올림을 위한 것이다.

6.9.10. UART 출력 함수 구현

이제 실제로 UART에 출력을 해주는 함수들에 대해서 살펴보도록 한다.

<Serial_PutString>

```
void Serial_PutString(uint8_t *s) {
  while (*s != '₩0') {
    SerialPutChar(*s);
    s ++;
  }
}
```

이 함수는 단순하게 문자열의 끝을 만날 때까지 SerialPutChar를 호출하는 역할만을 수행한다.

우리는 SerialPutChar를 살펴보기 전에 USART_SendData와 USART_GetFlagStatus 두 개의 함수를 먼저 살펴보도록 해야 한다.

<USART_SendData>

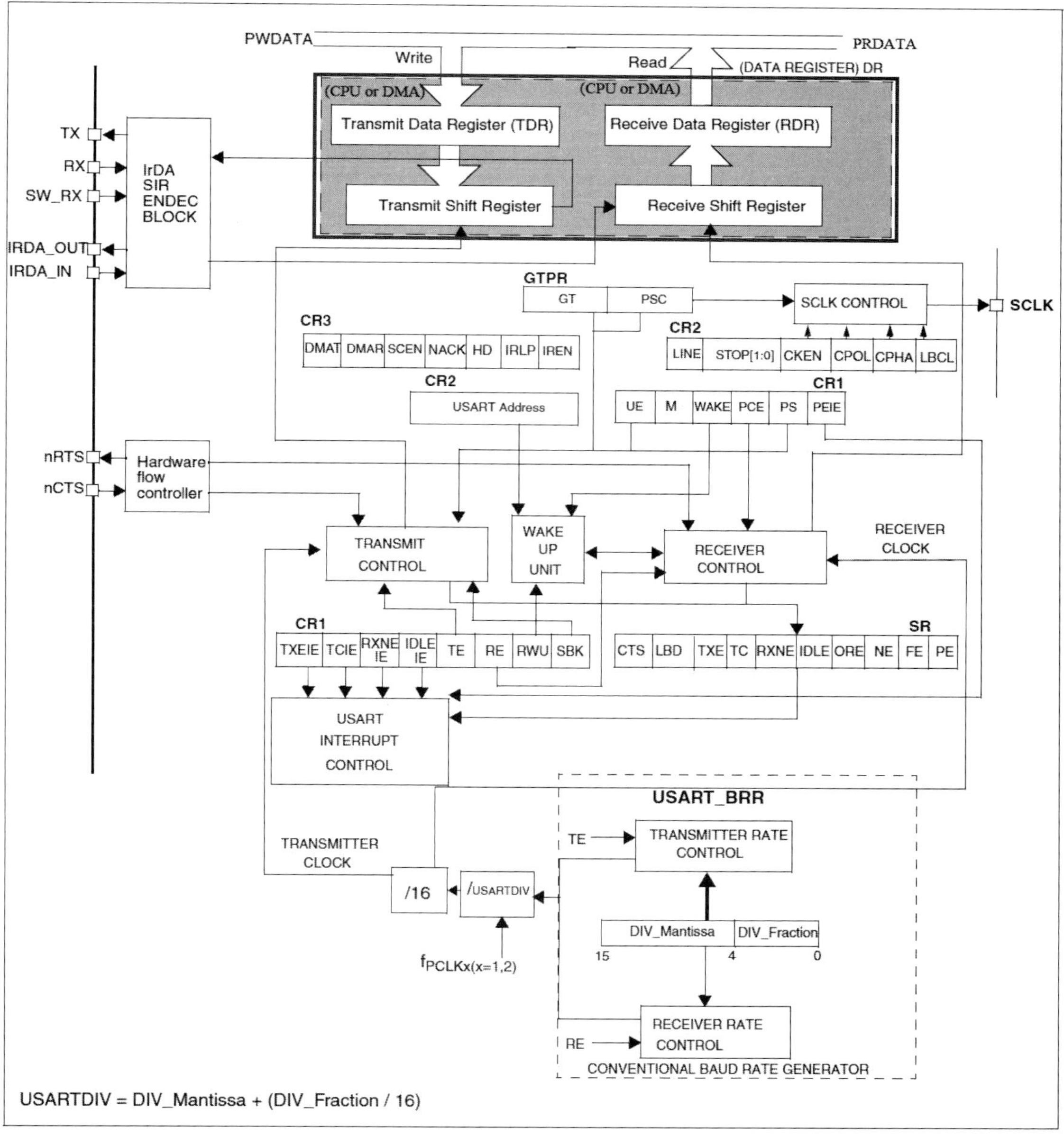

그림 6-18 USART 전체 블럭도

(ST, RM0008, Reference manual, Figure 236, USART block diagram)

```
void USART_SendData(USART_TypeDef* USARTx, uint16_t Data) {
  /* Transmit Data */
  USARTx->DR = (Data & (uint16_t)0x01FF);
}
```

새로운 레지스터가 등장하고 있다. Data register (USART_DR)이다.

31	30	29	28	27	26	25	24	23	22	21	20	19	18	17	16
Reserved															
15	**14**	**13**	**12**	**11**	**10**	**9**	**8**	**7**	**6**	**5**	**4**	**3**	**2**	**1**	**0**
Reserved							DR[8:0]								
Res.							rw	rw	rw	rw	rw	rw	rw	rw	rw

오직 9비트만이 유효한 데이타임을 인지하기 바란다. UART는 데이타가 8비트이거나 9비트이다. 이것을 처리하기 위해서 9비트만을 유효한 데이타로 가지고 있는 것이다. 소스 코드에서도 uint16_t으로 넘겨받은 16비트의 데이타 중에서 0x1FF로 9비트만을 취해서 전달하고 있다.

이 시점에서 STM32 CPU에서의 USART 블럭에 대한 전체적인 블럭도를 살펴볼 필요가 있다.

USART_DR 레지스터는 내부적으로 Transmit Data Register (TDR)과 Receive Data Register (RDR)로 이루어져 있음을 알수 있다. 즉, 우리는 하나의 USART_DR 레지스터를 통해서 송수신을 모두 처리할수 있지만 내부적으로는 그림에서 보듯 Tx, Rx를 나누어서 동시에 처리할 수 있도록 하고 있는 것이다.

<USART_GetFlagStatus>

```
FlagStatus USART_GetFlagStatus(USART_TypeDef* USARTx, uint16_t USART_FLAG) {
  FlagStatus bitstatus = RESET;

  if ((USARTx->SR & USART_FLAG) != (uint16_t)RESET) {
    bitstatus = SET;
  } else {
    bitstatus = RESET;
  }
  return bitstatus;
}
```

이렇듯 Tx와 Rx가 동시에 처리되고 있기 때문에 이를 적절히 처리할 수 있도록 상태 레지스터가 이것을 관리하고 있고, 사용자는 그 상태 레지스터의 값을 읽어서 적절한 동작을 요청해야 하는 것이다.

Status register (USART_SR)이고 형식은 아래와 같다.

31	30	29	28	27	26	25	24	23	22	21	20	19	18	17	16
Reserved															
15	14	13	12	11	10	9	8	7	6	5	4	3	2	1	0
Reserved						CTS	LBD	TXE	TC	RXNE	IDLE	ORE	NE	FE	PE
Res.						rc_w0	rc_w0	r	rc_w0	rc_w0	r	r	r	r	r

여기서는 일단 7번 비트 TXE에 대한 것만 살펴본다.

Bit 7번은 TXE로서 Transmit data register empty를 의미한다. 이 비트는 하드웨어에 의해서 자동으로 설정이 된다. TDR register의 내용이 shift register로 전달이 완료될 때 1로 설정되는 것이다. 또한 이 값은 USART_DR register에 write를 하게 되면 자동으로 0으로 clear되는 것이다.

0: Data is not transferred to the shift register
1: Data is transferred to the shift register

그러므로 사용자는 어느 한 바이트를 UART로 전송하기 위해서 USART_DR 레지스터에 값을 쓰게 되면 TXE 비트가 자동으로 0이 되고, 이것이 1로 변할 때까지 기다려야 하는 것이다. USART_DR 레지스터에 쓴 것이 shift register로 옮겨갈 때까지 기다려야 그 이후 다시 USART_DR 레지스터에 값을 쓸 수 있는 것이다.

<SerialPutChar>

```
void SerialPutChar(uint8_t c) {
  USART_SendData(USART1, c);
  while (USART_GetFlagStatus(USART1, USART_FLAG_TXE) == RESET);
}
```

USART_SendData를 통해서 한 character를 전송하고 (USART_DR 레지스터에 쓰는 동작), 위에서 설명한 TXE 비트가 1이 될 때까지 기다리는 동작까지를 수행한다. 이로서 한 바이트의 전송이 완료되는 것이다.

6.9.11. 실행 결과

빌드해서 보드에서 실행해보면 아래와 같은 결과를 얻을 수 있다.

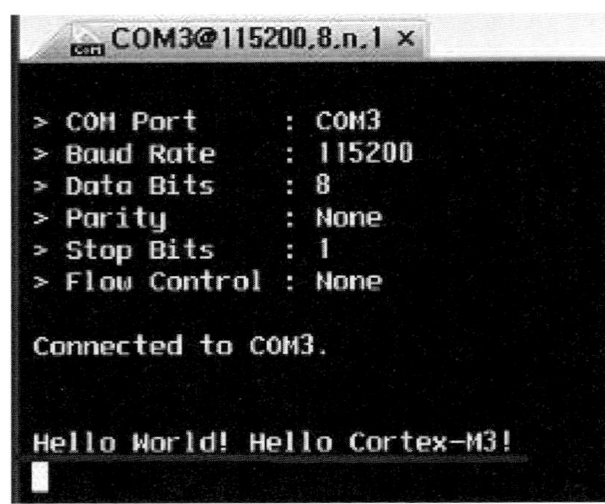

Hello World! Hello Cortex-M3!라고 선명하게 찍혀있는 것을 볼수 있다. 물론 당연히 출력을 수행한 이후의 동작은 이전 장에서의 결과인 Key 입력을 받아서 LED의 전원을 켜고 끄는 동작은 그대로 수행을 하게 된다.

6.10. printf를 활용하자

우리가 C 프로그래밍을 처음 배울 때 사용하는 것이 바로 printf 이다. 이것을 사용할 수 있다면 무척 좋을 것이다. 여러가지 숫자나 각종 formatting된 데이타를 찍을 수도 있고 무척 편리한 도구임에 틀림없다.

IAR이나 RIDE7이나 두 툴 모두에서 이것을 활용할수 있도록 지원하고 있다. 이제부터 하나씩 살펴보기로 한다.

M32.Src010.HelloWorld2_printf 부분에 소스 파일이 위치해 있다.

6.10.1. semi-hosting

우리가 printf를 부르게 되면 printf는 vfprintf를 호출하고, 여러가지 과정을 거쳐서 _sprintf 호출하고 등등 아주 복잡한 과정을 거치게 된다. 그런데 문제는 이것이 어떻게 우리 보드에서 UART 통신을 거쳐서 화면에 실제로 출력을 할 수 있게 되는 것일까? 우리 보드의 GPIO, 또한 UART에 대한 레지스터를 건드리지 않고서 화면을 출력을 해줄 수 있는 방법은 없다. 그것을 누군가가 해주어야 하는 것이다.

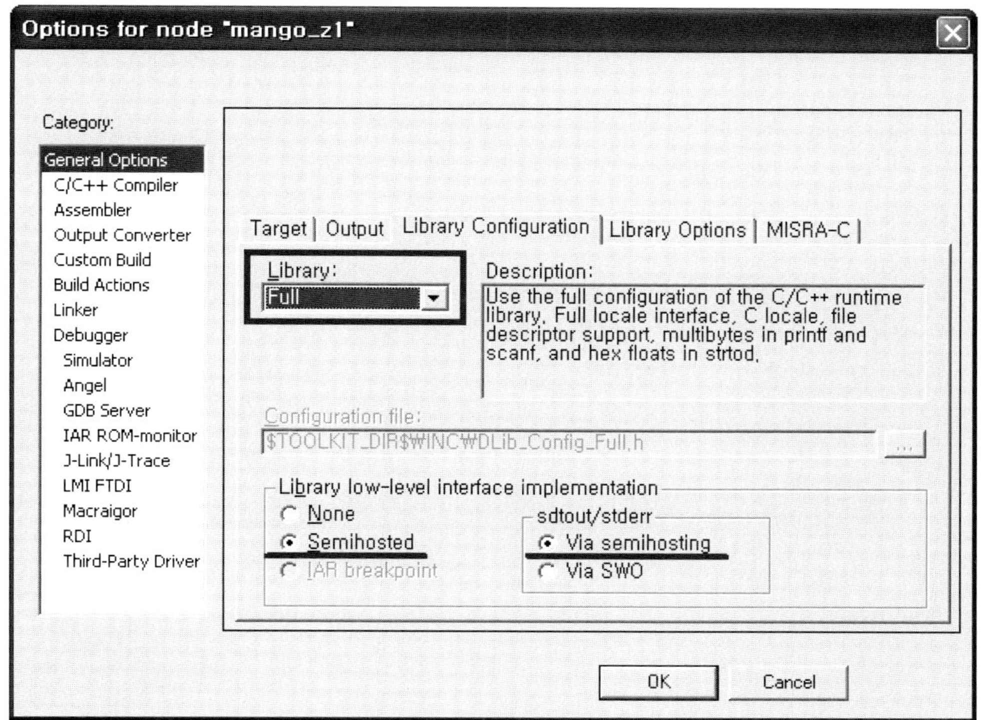

이전 장에서 배운 코드를 다시 한번 보도록 한다.

```
void USART_SendData(USART_TypeDef* USARTx, uint16_t Data) {
   /* Transmit Data */
   USARTx->DR = (Data & (uint16_t)0x01FF);
}
```

결국 중심이 되는 코드는 바로 위의 USART_SendData 함수이다. 이것이 불려야 한다. 이곳에서 우리가 지정해준 UART port를 통해서 그곳 레지스터인 USART_DR 레지스터에 값을 설정해야만 그것이 화면으로 뿌려질 수 있다. 그런데 printf를 불러주는 것 만으로 이것을 할 수 있게 만들기 위해서는 어떤 작업을 해야만 하는 것인가?

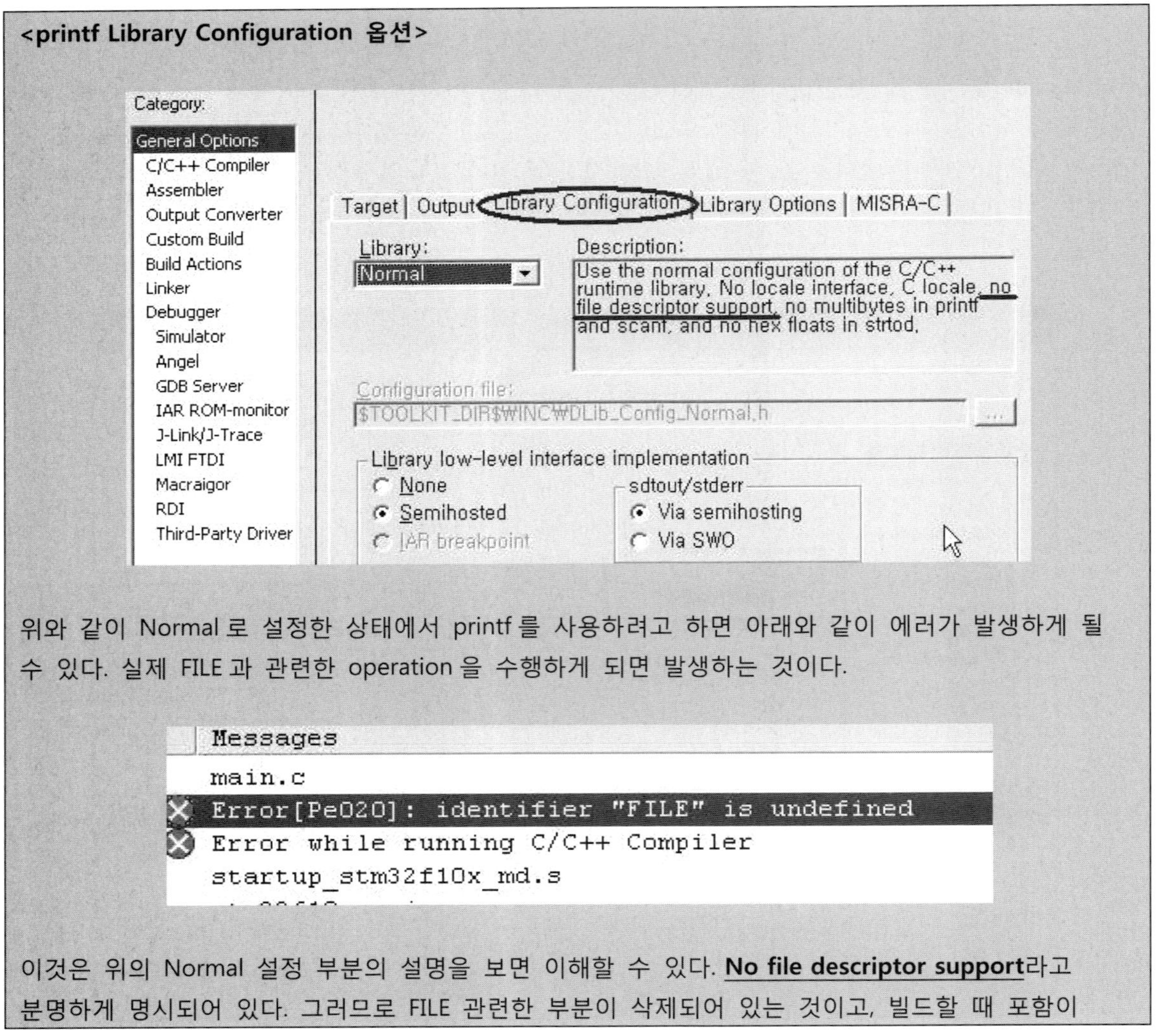

<printf Library Configuration 옵션>

위와 같이 Normal 로 설정한 상태에서 printf 를 사용하려고 하면 아래와 같이 에러가 발생하게 될 수 있다. 실제 FILE 과 관련한 operation 을 수행하게 되면 발생하는 것이다.

이것은 위의 Normal 설정 부분의 설명을 보면 이해할 수 있다. **No file descriptor support**라고 분명하게 명시되어 있다. 그러므로 FILE 관련한 부분이 삭제되어 있는 것이고, 빌드할 때 포함이 되지 않으므로 해서 에러가 발생하는 것이다.

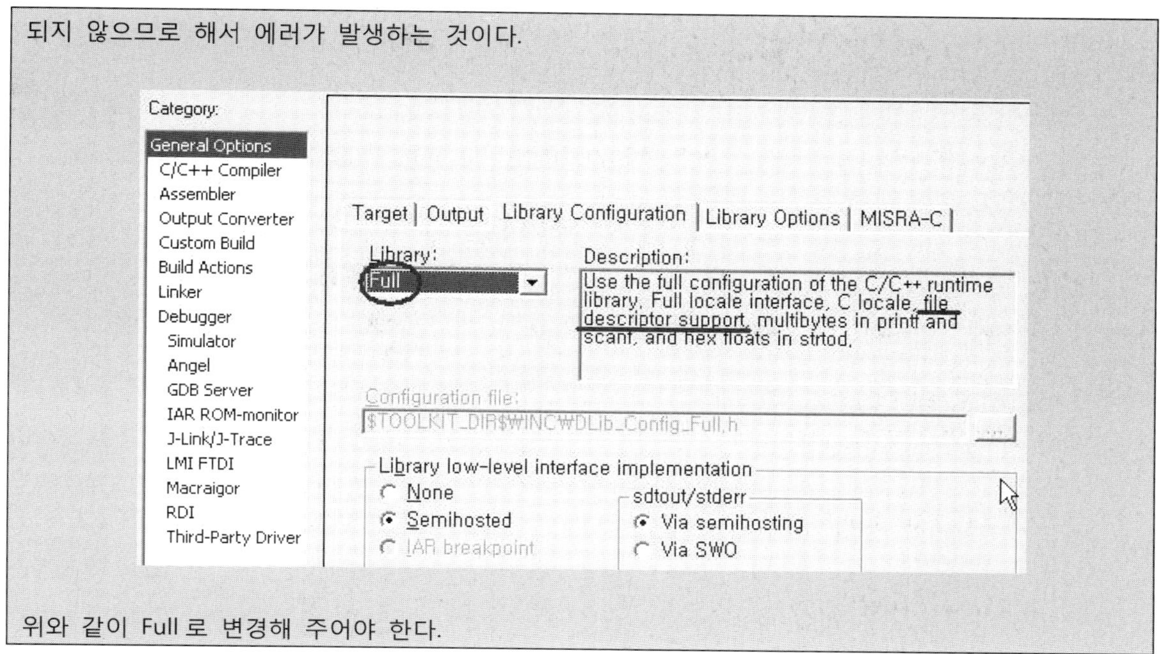

위와 같이 Full 로 변경해 주어야 한다.

위 옵션에 보면 Semihosted라는 말이 나오고 Via semihosting 부분이 있다. 이것이 바로 IAR 툴로 하여금 최종단계에서 화면에 글자를 뿌려야 하는 시점에서 사용자가 지정한 부분으로 연결될 수 있도록 하라는 명령을 주고 있는 부분이다.

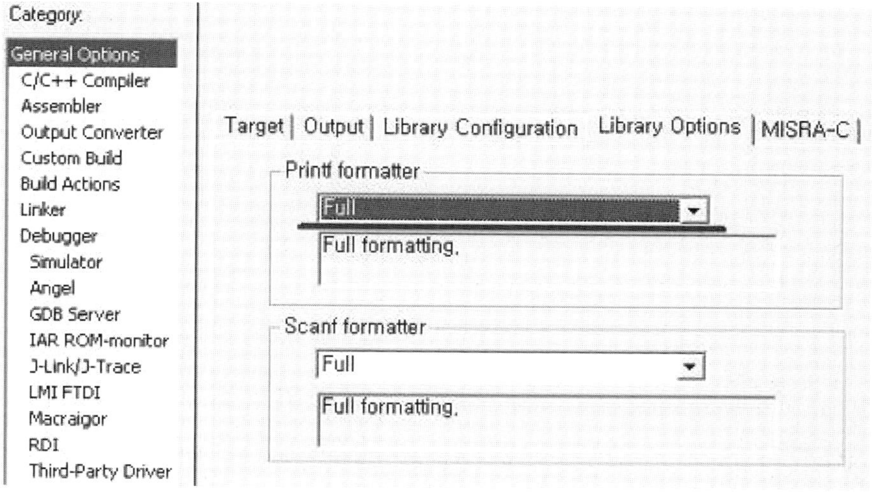

이 부분은 printf에 들어가는 formatting을 어느 단계까지 포함시킬 것인가에 대한 부분이다.

Library Options 부분에서 printf와 scanf에 대한 설정이 있다. 이것은 두 formatting에 대해서 어떠한 부분까지 지원할 것인지에 대한 설정이다. 일단은 default로 되어 있는 Full을 선택해서 사용한다. 당연히 보다 적게 지원하는 것이 binary의 크기를 줄일 수 있을 것이다. 우리가 작업하는 내용은 워낙 적은 코드 크기를 나타내기 때문에 Full로 선택해도 크게 문제될 것은 없다. 나중에 실전에서 보다 적은 메모리에 프로그램을 올려야 하는 상황이 될 때 이 부분도 적절하게 설정할 수 있을 것이다

RIDE7도 당연히 이에 대한 옵션 부분이 있다.

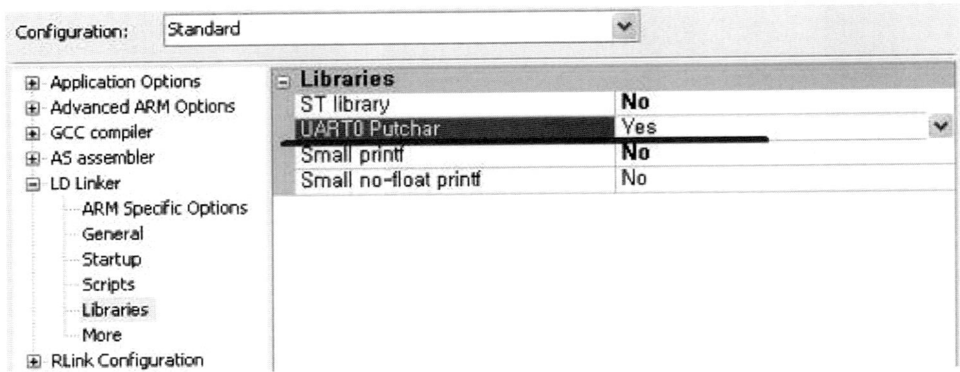

위에서와 같이 Libraries 부분에 UART0 Putchar 부분을 Yes로 만들어주어야 이게 가능한 것이다.

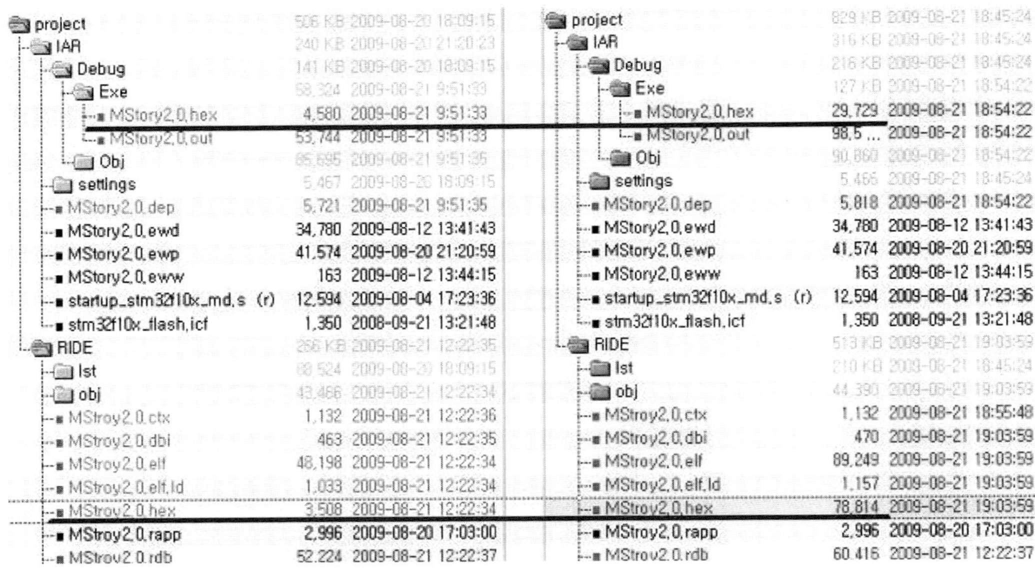

이러한 방법에는 한가지 단점이 존재한다. 그것은 binary의 크기 문제이다. 아래의 비교 부분을 살펴보자. 왼쪽은 M32.Src009.HelloWorld1이고 오른쪽은 M32.Src010.HelloWorld2_printf이다. 사실 코드상에 별로 바뀐 부분이 없기 때문에 별 차이가 없어야 한다. 하지만 결과적으로 생성된 binary의 크기를 보면 엄청나게 커진 것을 발견할 수 있다.

IAR의 이전 binary MStory2.0.hex의 경우 4580 바이트인데 printf를 넣은 것을 보면 29,729 바이트이다. RIDE7의 경우는 더 심해서 이전 경우가 IAR보다도 작은 3508 바이트인데 printf를 넣은 것은 무려 78,814 바이트가 된다. 물론 이것은 hex format이고 실제 바이너리 파일은 훨씬 적다. 하지만 그렇다 하더라도 실제 바이너리 크기도 커질 수 밖에 없다. 이것은 너무나도 당연한 결과이다. 편리하지만 그에 상응하게 단점이 존재할 수밖에 없는 것이다. 만약 매우 적은 크기의 공간밖에 없는 (예를 들면 몇 kbytes 정도의 공간에 넣어야 하는 Boot Loader 같은 경우) 그런 곳에 넣어야 하는 프로그램을 작성해야 한다면 printf와 같은 함수를 적용하도록 만들기는 어려운 것이다. 이에 대한 부분을 고려해서 설계를 해야할 것이다.

Semi-hosting이란 결국 타겟 보드에서 IO 관련되는 부분을 보드가 처리할 수 있도록 넘겨주는 동작을 할수 있도록 지원해주는 것이라고 생각하면 된다.

6.10.2. main.c 변경사항

```
#include "stdio.h"
```

printf는 standard I/O 함수이다. 이것을 사용하기 위해서는 반드시 stdio.h를 include해야 한다. 이 부분을 include하기 위해서 toolkit에서 제공하는 include directory를 포함시켜주어야 한다.

```
int fputc(int ch, FILE *f) {
    /* Write a character to the USART */
    if( ch == '₩n') {
        USART_SendData(USART1, '₩r');
        while(USART_GetFlagStatus(USART1, USART_FLAG_TXE) == RESET);
        USART_SendData(USART1, '₩n');
    }else {
        USART_SendData(USART1, (uint8_t) ch);
    }

    /* Loop until the end of transmission */
    while(USART_GetFlagStatus(USART1, USART_FLAG_TXE) == RESET);
    return ch;
}
```

fputc라는 함수를 새롭게 정의해서 포함시켜 주었다. 우리가 printf를 부를 때 결국 최종적으로 불러주는 함수가 fputc가 되는 것이다. 이 함수 내의 내용은 이전 장에서 배운 내용을 이용한 구현이다. 다만 약간의 내용만 변경을 한 것이다.

만약 실제 출력을 하려는 문자가 '₩n' 즉, new line일 경우에 이것을 실제로 출력할때 '₩n' 문자만 출력하는 것이 아니라, '₩r' 즉, carriage return까지 함께 출력하도록 변경한 것이다. 이것은 실제로 printf를 사용할때 편리하게 '₩n'만 가지고 우리가 원하는 동작을 하도록 만들기 위함이다.

```
Serial_PutString("₩r₩nHello World! Hello Cortex-M3!₩r₩n");
```

위 코드를 보면 '₩r' carriage return을 늘 포함하고 있었다. 이렇게 하지 않으면 우리가 원하는 것처럼 new line이 동작하지 않게 된다.

```
Building D:₩₩kPjt₩MStory2.0₩Mango-M32.Firmware₩M32.Src010.HelloWorld2_printf₩pr
 Running: LD
 ₩"C:₩Program Files₩Raisonance₩Ride₩arm-gcc₩bin₩arm-none-eabi-gcc.exe" -mcpu=cortex-m3
 C:₩Program Files₩Raisonance₩Ride₩Lib₩ARM₩STM32x_io_putchar_thumb.a(STM32F10X_IO_putch
 STM32F10X_IO_putchar.c:(.text.__io_init+0xc): undefined reference to `RCC_APB2PeriphClockCmd'
 STM32F10X_IO_putchar.c:(.text.__io_init+0x18): undefined reference to `RCC_APB2PeriphClockCmd'
 STM32F10X_IO_putchar.c:(.text.__io_init+0x96): undefined reference to `USART_Cmd'
 collect2: ld returned 1 exit status

Build failed
```

fputc 함수를 넣은 이후에 동작시켜보면 IAR의 경우에 있어서는 아무 문제가 없이 동작을 한다. 하지만 RIDE7에서는 빌드할때 에러가 발생하게 된다. 위와 같이 IO_putchar를 찾을 수 없다는 에러가 발생하게 된다. 즉, IAR에서는 fputc로 동작을 하였지만 RIDE7에서는 다른 함수를 찾고 있는 것이다. 두 경우 모두에서 동작하도록 코드에 변화가 필요하다.

```
#ifdef __GNUC__
  #define PUTCHAR_PROTOTYPE int __io_putchar(int ch)
#else
  #define PUTCHAR_PROTOTYPE int fputc(int ch, FILE *f)
#endif /* __GNUC__ */

PUTCHAR_PROTOTYPE
{
    /* Write a character to the USART */
    if( ch == '₩n') {
        USART_SendData(USART1, '₩r');
        while(USART_GetFlagStatus(USART1, USART_FLAG_TXE) == RESET);
        USART_SendData(USART1, '₩n');
    } else {
        USART_SendData(USART1, (uint8_t) ch);
```

```
    }
    /* Loop until the end of transmission */
    while(USART_GetFlagStatus(USART1, USART_FLAG_TXE) == RESET);
    return ch;
}
```

define을 이용해서 두 경우 모두 지원이 가능하도록 코드를 변경하였다. RIDE7의 경우는 GCC를 이용하고 있고, 이 경우는 __GNUC__가 정의되어 있다. 이것을 먼저 비교해서 이것이 정의되어 있는 경우 fputc 대신에 __io_putchar를 이용하도록 변경한 것이다.

6.10.3. 실행 결과

우리는 main 함수에서 printf를 두 번 사용하였다.

```
printf("Hello Cortex-M3! with printf₩n");
printf("USART1->BRR : %08X₩n", USART1->BRR);
```

하나는 단순히 문자열을 출력한 것이고, 다른 하나는 USART1->BRR을 출력하도록 하였다. UART Baud Rate에 우리가 설정했던 값이 정상적으로 잘 들어 있는지 확인해볼 수도 있다.

```
COM3@115200,8,n,1 ×

> COM Port      : COM3
> Baud Rate     : 115200
> Data Bits     : 8
> Parity        : None
> Stop Bits     : 1
> Flow Control  : None

Connected to COM3.

Hello World! Hello Cortex-M3!
Hello Cortex-M3! with printf
USART1->BRR : 00000045
```

0x45로 정확하게 출력되는 것을 확인할 수 있다. 이렇듯 수치들도 출력해볼 수 있기 때문에 무척이나 편리하게 활용할 수 있는 것이다. (물론 수치의 출력 등에 대해서도 따로 함수를 만들어서 구현하는 방법도 존재한다. 이것은 독자들이 직접 해보기 바란다.)

그럼 이제 입력을 받는 부분에 대해서 구현해 보도록 한다.

6.11. Get Character & 메뉴 구성

이제 UART를 통해서 입력을 받는 부분에 대해서 공부해 보도록 한다. 또한 그 입력으로 프로그램을 동작시키는 간단한 화면 출력 메뉴를 만들어 보겠다.

입력을 받는 것은 출력을 구현하는 것에 비해서는 간단하다. 출력과 같이 semi-hosting을 이용하는 방법도 있지만 복잡한 scanf 등을 이용하는 것이 아니라면 굳이 그렇게 할 필요는 없다.

M32.Src011.getchar 부분에 소스 파일이 위치해 있다.

6.11.1. USART_FLAG_RXNE

이제 RX를 구현해야 하는 것이기 때문에 새로운 define을 하나 추가한다.

```
#define USART_FLAG_RXNE                    ((uint16_t)0x0020)
```

이 define은 Status register (USART_SR)에 들어있는 RXNE 비트를 검사하기 위한 것이다.

31	30	29	28	27	26	25	24	23	22	21	20	19	18	17	16
Reserved															
15	**14**	**13**	**12**	**11**	**10**	**9**	**8**	**7**	**6**	**5**	**4**	**3**	**2**	**1**	**0**
Reserved						CTS	LBD	TXE	TC	RXNE	IDLE	ORE	NE	FE	PE
Res.						rc_w0	rc_w0	r	rc_w0	rc_w0	r	r	r	r	r

비트의 위치가 5번이고 이것을 검사하기 위해서 0x20 값으로 수행하는 것이다.

RXNE라는 말의 의미는 "Read data register **not empty**"를 의미한다. NE라는 것이 Not Empty라는 것이다. 즉, 이 값이 1이라면 그것은 not empty라는 것이고 데이타가 수신되어 읽을 수 있는 상태가 되었다는 것을 나타내는 것이다. 0은 아직 수신이 되지 않았다는 것이고, 1은 이제 읽을 준비가 되었다는 것이다.

RDR shift register가 데이타를 수신하고 이것을 USART_DR register로 옮기게 되는데 이때 모두 옮겨졌을 때 하드웨어적으로 이 비트가 1로 설정되게 되는 것이다. 그럼 프로그램에서는 이 비트가 1이 될 때까지 기다렸다가 USART_DR register를 읽으면 되겠다.

위 레지스터에 대한 설명 중에서 rc_w0라고 적힌 것이 보일 것이다. 이것의 의미는 r은 read를 의미하고 당연히 모든 경우 읽기가 가능하기 때문에 모든 비트가 r이 적혀 있다. c_w0라는 것은 c가 clear를 의미하는데 clear 즉 0으로 만드는 방법에 대한 것을 명시하고 있는 것이다. 이 비트에 w0

즉 0을 write하는 행위로 인해서 이 비트가 0으로 clear된다는 것이다. 독자들은 이 얘기를 들으면 뭔가 당황스러울 수도 있을 것이다. 0을 write하는 행위로 비트가 0이 된다는 것은 너무나도 당연한 것이 아닌가, 그런 얘기를 굳이 명시할 필요가 있을까 하고 의문이 들 수 있다. 이유는 눈치 빠른 독자들은 어렴풋이 느꼈겠지만 c_w1이 존재하기 때문이다. write 1을 수행한 결과가 비트를 0으로 만드는 동작을 하는 그런 레지스터 비트들이 있을 수 있기 때문이다. 이는 하드웨어를 설계하는 방법에 따른 것이고, 설계자의 의도에서였든 어떤 편리성에서였든 그러한 것이 존재할 수 있고, 그렇기 때문에 어느 특정 비트를 clear하는 것이 0을 써야 하는지 1을 써야 하는지를 정확히 명시해 주어야 하는 것이다.

이 RXNE 비트는 위에서 보았든 임의로 clear해주는 것이 가능하다. 그것은 이 부분에 대해서 특별한 동작들을 복잡하게 수행할때 여러가지로 유용하게 사용될 수 있다. (multi-buffer 통신 등의 상황에서 사용하게 된다) 하지만 우리가 사용하고 있는 단순히 화면에서 한 바이트의 값을 읽는 정도의 동작을 수행할 때 굳이 이 비트를 사용자가 건드릴 필요는 없다. 우리가 USART_DR register를 읽는 행위를 하면 하드웨어는 이 비트를 자동으로 0으로 clear 시켜준다.

6.11.2. USART_ReceiveData 구현

USART_SendData와 마찬가지로 USART_ReceiveData를 구현해 주어야 한다.

```
uint16_t USART_ReceiveData(USART_TypeDef* USARTx)
{
  /* Receive Data */
  return (uint16_t)(USARTx->DR & (uint16_t)0x01FF);
}
```

내용은 무척이나 단순하다. USART_SendData는 USART_DR 레지스터에 값을 쓰는 행위였는데, USART_ReceiveData는 반대로 USART_DR 레지스터에서 값을 읽어오는 것이다. 단순히 USART_DR 레지스터 값을 return해 주면 된다.

다만 USART_SendData와 같이 USART_DR 레지스터의 아홉 비트만이 의미가 있기 때문에 그 비트를 제외하고는 사용하지 않기 위해서 0x1FF로 masking을 해서 보내주고 있다.

6.11.3. USART_GetCharacter 구현

자, 이제 새로운 함수인 USART_GetCharacter를 구현하도록 한다.

```
uint8_t USART_GetCharacter(USART_TypeDef *   usart_p)
```

```
{
    uint8_t data;

    /* Loop until the end of transmission */
    while(USART_GetFlagStatus(usart_p, USART_FLAG_RXNE) == RESET);

    /* Write a character to the USART */
    data = USART_ReceiveData(usart_p);

    USART_SendData(usart_p, data);
    while(USART_GetFlagStatus(usart_p, USART_FLAG_TXE) == RESET);

    if( data == '\r' )  return (int)('\n');
    else                return(data);
}
```

USART_GetFlagStatus 함수는 이전 SerialPutChar와 같은 함수에서도 사용했던 것이다. 그때는 USART_FLAG_TXE로 송신을 할수 있는 상태인지를 검사하기 위함이었고, 이번에는 USART_FLAG_RXNE로 수신이 되었는지를 계속 while 문으로 검사하고 있는 것이다.

이 부분과 관련해서 예전에도 잠시 언급한 적이 있지만 이와 같은 방식은 Polling 방식이라고 부른다. 계속 어떤 특정 값이 변하였는지를 검사하면서 기다리고 있는 것이다. 계속 물어본다는 의미로 Polling이라고 부르고 있다. 하지만 이 경우 이렇게 기다리고 있기 때문에 프로그램에서는 다른 일을 할 수가 없다. 뭐 우리가 작성하고 있는 이런 정도의 프로그램에서는 당연히 다른 일을 할 필요가 없기 때문에 상관없지만 대규모의 프로그램에서 이런 식으로 마냥 기다리고만 있을 수는 없는 것이다. 그렇다면 다른 방식을 이용해야 하는데 그것이 **interrupt 방식**이다. 어떤 특정 event가 발생했을 때 interrupt를 띄워주고 사용자는 ISR이라 불리는 interrupt service routine을 구현해주고 그 ISR에서 필요한 처리를 구현해 주게 된다.

CPU가 받아들일 수 있는 interrupt를 발생시킬 수 있는 interrupt source는 여러가지가 있다. key가 눌리는 상황도 interrupt로 처리할 수 있다. UART도 그 중 하나이다. 우리가 UART로 한 문자를 입력했을때 interrupt를 발생시킬 수 있고, 그렇다면 위에서처럼 마냥 기다리고 있는 식의 구현을 보다 세련되게 바꿀 수 있다. 하지만 늘 그렇듯 세련되게 바꾸는 것은 보다 많은 지식과 어려움이 따르게 된다. No free lunch ... 진리이다.

수신이 일어났는 지를 기다린 이후에는 이전에 구현한 USART_ReceiveData를 불러주고 그 결과를 return하면 된다. 하지만 함수에서는 다른 행위를 조금 하고 있다. 즉, 바로 읽은 값을 화면에 출력하는 동작을 수행하고 있다.

우리가 어떤 글자를 입력했을 때 그 글자가 화면에 나타나지 않으면 우리가 입력한 것을 확인하기 어려울 것이다. 물론 이 USART_GetCharacter를 부르는 곳에서 화면에 찍는 동작을 할 수도 있지만 당연히 어느 경우에나 할 수 있다는 가정하에 이렇게 구현한 것이다.

6.11.4. 메뉴 구성

지금까지 우리는 특정한 동작을 수행하기 위해서는 main 함수를 변경하고 다시 빌드하고 하는 작업을 할 수밖에 없었다. 하지만 이것은 매우 불편하다. 만약 지금까지 우리가 구현했던 LED_Test()와 KEY_Test()를 여러 번 시험을 하고 싶은데 매번 다시 빌드하고 다운로드 해서 시험을 한다면 너무 귀찮을 것이다.

그래서 이번에는 메뉴를 화면에 구성하고 입력을 받아서 동작을 수행하도록 하는 것을 만들어보자. 예를 들어 1을 입력하면 LED_Test()를 수행하고, 2를 입력하면 KEY_Test()를 수행하는 등의 동작을 구현해 보는 것이다.

```
int main(void)
{
    uint8_t ch;

    RCC->APB2ENR |= RCC_APB2Periph_GPIOA;
    RCC->APB2ENR |= RCC_APB2Periph_GPIOB;
    RCC->APB2ENR |= RCC_APB2Periph_USART1;

    GPIO_Configuration();

    USART1_Init();

    Serial_PutString("₩r₩nHello World! Hello Cortex-M3!₩r₩n");
    printf("Hello Cortex-M3! with printf₩n");

    while(1)
    {
        printf("₩n---------------------₩n");
        printf("Press menu key₩n");
        printf("---------------------₩n");
        printf("0> System Information₩n");
        printf("---------------------₩n");
```

```
        printf("1> LED Test₩n");
        printf("2> KEY Test₩n");
        printf("---------------------₩n");
        printf("x> quit₩n₩n");

        ch = USART_GetCharacter(USART1);
        printf(" is selected₩n₩n");

        switch((char)ch)
        {
        case '0':
            System_Information();
            break;

        case '1':
            LED_Test();
            break;

        case '2':
            KEY_Test();
            break;
        }

        if('x' == (char)ch)
        {
            break;
        }
    }
}
```

바뀐 main 함수의 내용은 그다지 어렵지는 않다. 초기화 과정이 끝난 후 while loop에서 화면에 printf를 이용해서 여러가지 메뉴 리스트를 출력해 준다. ch = USART_GetCharacter(USART1)를 통해서 한 바이트의 값을 입력 받기를 기다리고 있다. 받은 입력을 비교해서 적절한 동작을 수행하도록 하고 있는 것이다. 우리가 원하는 입력 값이 아닐 경우는 이 동작을 무한히 반복하게 된다.

```
void System_Information()
{
    printf("USART1->BRR : 0x%08X₩n", USART1->BRR);
```

```
}
```

필자는 위와 같이 System_Information()이라는 함수를 만들었다. 내용은 단순하다. 이전에 찍었던 USART_BRR 레지스터 출력문을 옮겨 놓았다. 이와 같이 각종 출력 함수들을 한곳에 옮겨 놓을 수 있다. 우리가 프로그램 동작 중에 여러가지 정보들을 알고 싶은 경우가 생길 수 있고 이때 유용하게 사용할 수 있다. 이것은 매우 단순한 형태이고 여기에 추가로 메뉴를 만들 수도 있고, 읽고 싶은 레지스터의 값을 입력으로 받아서 처리할 수도 있다. 무한한 상상력을 발휘할 수 있는 공간이 될 것이다. 독자들의 상상력을 표현해보기 바란다.

6.11.5. 수행 결과

이제 우리가 만든 프로그램을 동작시켜 보도록 한다.

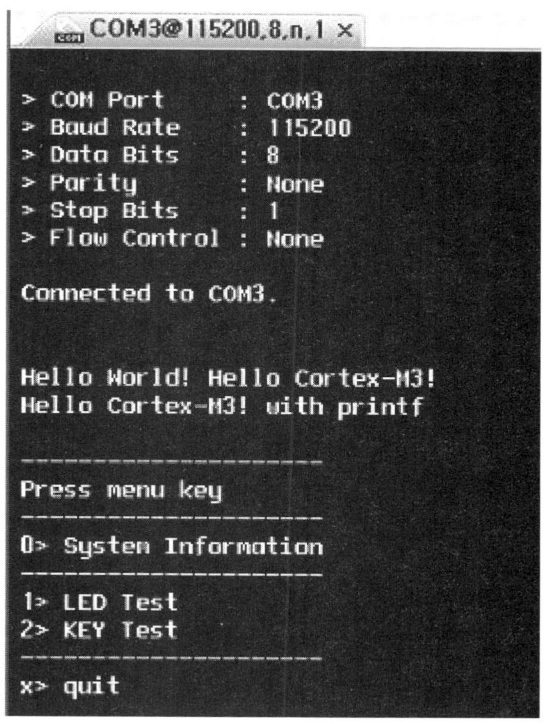

위 그림과 같이 프로그램이 시작하면 각종 메뉴가 프린트되어 화면에 나타난다. 명시적으로 메뉴 내용을 읽으면 어떤 동작을 수행할 것인지에 대해서 쉽게 알게 된다. 기존에 이미 구현했던 내용들을 수행하는 것이기 때문에 결과 내용은 생략한다. 각자 해보기를 바란다.

6.12. 7-Segment Control

망고 M32에 달려있는 7-segment를 활용하는 부분에 대해서 공부해 보도록 한다.
M32.Src012.7_Segment 부분에 소스 파일이 위치해 있다.

6.12.1. 회로도 분석

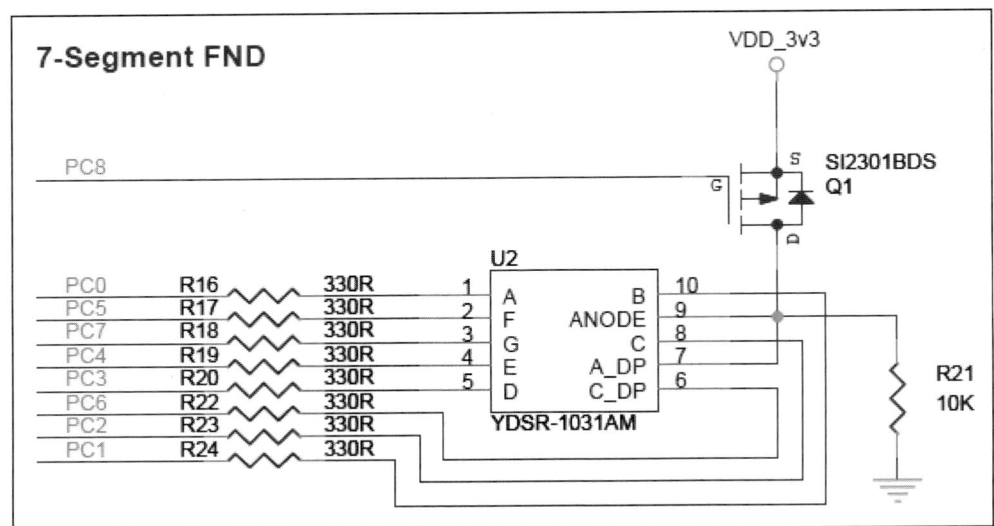

그림 6-19 7-segment 회로도

내용은 LED와 그다지 다르지 않다. 위의 회로도를 보면 쉽게 알수 있을 것이다.

VDD 3.3V가 공급이 되어야 전원이 들어가서 불이 켜질 수 있다. PC8로 되어있는 부분을 Low로 만들어야 전원이 공급된다. 이렇게 전원을 공급한 상태에서 각각 연결된 pin 부분에 Low를 인가하면 각 부분에 불이 들어오게 되어 있는 구조이다.

6.12.2. 7-segment 개요

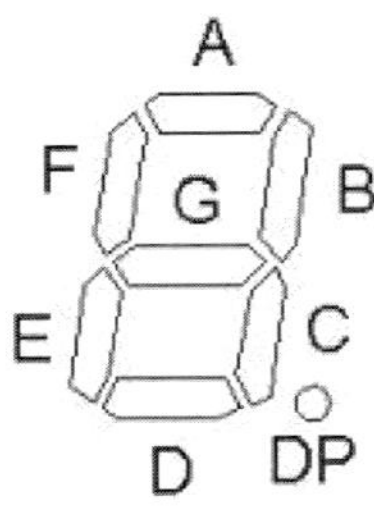

현재 장착된 7-segment에 대해서 그 개요를 살펴보도록 한다.

위 그림이 7-segment에 대한 그림의 전부이다. 회로도 상의 내용과 위 그림과 연관을 시키면 우리가 동작시킬 모든 부분을 파악할 수 있다. 7-segment라는 이름에서 보여지듯이 7가지의 불빛으로 아라비아 숫자를 모두 나타낼 수 있는 것이다.

그런데 사실 동작시켜야 할 GPIO는 7개가 아니고 DP로 점을 나타내는 부분까지 8개이다. Power 부분까지 따지면 9개가 된다. 각각에 대해서 살펴보도록 하겠다.

6.12.3. GPIO 설정 및 기본 함수 구현

```
#define GPIO_7_SEG_POWER_PIN      GPIO_Pin_8

#define GPIO_7_SEG_A_PIN          GPIO_Pin_0
#define GPIO_7_SEG_B_PIN          GPIO_Pin_1
#define GPIO_7_SEG_C_PIN          GPIO_Pin_2
#define GPIO_7_SEG_D_PIN          GPIO_Pin_3
#define GPIO_7_SEG_E_PIN          GPIO_Pin_4
#define GPIO_7_SEG_F_PIN          GPIO_Pin_5
#define GPIO_7_SEG_G_PIN          GPIO_Pin_7
#define GPIO_7_SEG_DP_PIN         GPIO_Pin_6

#define GPIO_7_SEG                GPIOC
```

회로도에 나와 있는 GPIO 연결 모습 그대로 각각의 핀에 대한 설정을 define으로 정의한다. GPIO Port #8은 power pin으로 정의되어 있고, A~G까지 7개가 각각 0~5, #7번이 연결되고, DP 부분은 #6이다. 모든 GPIO는 GPIOC로 control 된다.

```
void PowerOn_7_SEG(void)
{
    GPIO_7_SEG->BRR |= GPIO_7_SEG_POWER_PIN;
}

void PowerOff_7_SEG(void)
{
    GPIO_7_SEG->BSRR |= GPIO_7_SEG_POWER_PIN;
}
```

```
void On_7_SEG_OnePin(uint16_t pinNum)
{
    GPIO_7_SEG->BRR |= pinNum;
}

void Off_7_SEG_OnePin(uint16_t pinNum)
{
    GPIO_7_SEG->BSRR |= pinNum;
}

void On_7_SEG_AllPin(void)
{
    On_7_SEG_OnePin
        (GPIO_7_SEG_A_PIN | GPIO_7_SEG_B_PIN | GPIO_7_SEG_C_PIN
         | GPIO_7_SEG_D_PIN | GPIO_7_SEG_E_PIN | GPIO_7_SEG_F_PIN
         | GPIO_7_SEG_G_PIN | GPIO_7_SEG_DP_PIN);
}

void Off_7_SEG_AllPin(void)
{
    Off_7_SEG_OnePin
        (GPIO_7_SEG_A_PIN | GPIO_7_SEG_B_PIN | GPIO_7_SEG_C_PIN
         | GPIO_7_SEG_D_PIN | GPIO_7_SEG_E_PIN | GPIO_7_SEG_F_PIN
         | GPIO_7_SEG_G_PIN | GPIO_7_SEG_DP_PIN);
}
```

Power On은 Power pin을 Low로 설정하는 것이다. BRR reset 레지스터를 설정하는 것이다. Power Off는 Power pin을 High로 설정한다. BSRR 레지스터의 적절한 위치의 비트를 1로 설정하도록 한다.

7-segment A~G 부분과 DP의 특정 부분을 설정하는 것도 BRR과 BSRR 레지스터를 설정하는 것이다. pin 번호를 받아서 OR 연산을 수행하도록 한다. 이때 넘겨주는 pin 번호는 하나를 주어도 되고 OR 연산을 통해서 여러 핀 번호를 함께 주어도 된다.

모든 Pin을 On하고 Off하는 함수는 단순하게 하나의 Pin을 조절하는 함수에 여러 핀들을 OR 연산으로 함께 보내면 된다.

6.12.4. Seven_Segment_Test 구현

```
void Seven_Segment_Test(void)
{
    GPIO_InitTypeDef GPIO_InitStructure;
    printf("Seven_Segment_Test₩n");

    RCC->APB2ENR |= RCC_APB2Periph_GPIOC;

    /* Configure gpio as output : LED1, LED2, LED3 */
    GPIO_InitStructure.GPIO_Pin
        = GPIO_7_SEG_POWER_PIN | GPIO_7_SEG_A_PIN | GPIO_7_SEG_B_PIN
          | GPIO_7_SEG_C_PIN | GPIO_7_SEG_D_PIN | GPIO_7_SEG_E_PIN
          | GPIO_7_SEG_F_PIN | GPIO_7_SEG_G_PIN | GPIO_7_SEG_DP_PIN;
    GPIO_InitStructure.GPIO_Speed = GPIO_Speed_50MHz;
    GPIO_InitStructure.GPIO_Mode = GPIO_Mode_Out_PP;
    GPIO_Init(GPIO_7_SEG, &GPIO_InitStructure);

    PowerOn_7_SEG();

    delay_1_second();
    Off_7_SEG_AllPin();

    On_7_SEG_OnePin(GPIO_7_SEG_A_PIN);
    delay_1_second();
    On_7_SEG_OnePin(GPIO_7_SEG_B_PIN);
    delay_1_second();
    On_7_SEG_OnePin(GPIO_7_SEG_C_PIN);
    delay_1_second();
    On_7_SEG_OnePin(GPIO_7_SEG_D_PIN);
    delay_1_second();
    On_7_SEG_OnePin(GPIO_7_SEG_E_PIN);
    delay_1_second();
    On_7_SEG_OnePin(GPIO_7_SEG_F_PIN);
    delay_1_second();
    On_7_SEG_OnePin(GPIO_7_SEG_G_PIN);
    delay_1_second();
    On_7_SEG_OnePin(GPIO_7_SEG_DP_PIN);
```

```
    delay_1_second();
}
```

GPIOC 부분은 처음 사용하는 것이기 때문에 APB2 부분의 Clock enable을 시켜주어야 한다.

클럭 설정 이후에 GPIO initialization 부분을 수행한다. Power pin부터 모든 A~G 핀과 DP 핀까지 모든 핀에 대한 설정을 수행한다. GPIO speed는 50 MHz로 설정하고, mode는 output으로 Push-Pull로 설정한다.

모든 설정을 수행한 이후에 Power를 On 시키면 모든 핀에 불이 들어오게 된다. 1초 뒤 모든 핀을 Off 시킨 이후에 A부터 시작해서 DP까지 한 핀씩 켜는 동작을 수행한다.

6.12.5. 7-segment로 숫자를 표현해 보자

만약 숫자 2를 표현한다면 어떻게 될까?

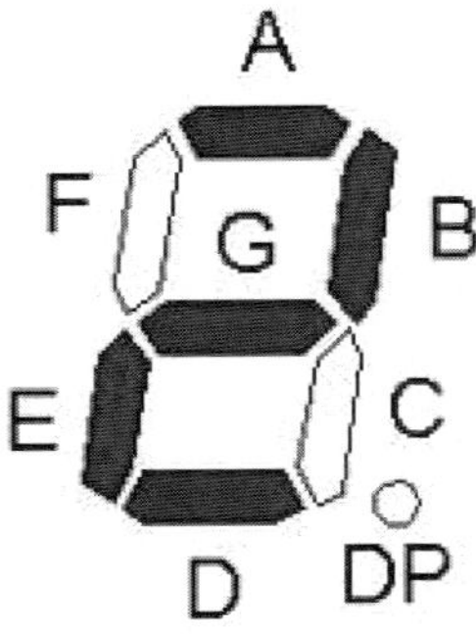

위 그림과 같이 A, B, D, E, G 만 불이 들어오게 만들면 숫자 2를 표현할 수 있다. 0부터 9까지 모든 숫자를 표현할 수 있는 함수를 구현해 보도록 한다.

```
void OutPut_7_SEG_Number(unsigned int num)
{
    Off_7_SEG_AllPin();

    switch(num)
    {
    case 0:
        On_7_SEG_OnePin
```

```
            (GPIO_7_SEG_A_PIN | GPIO_7_SEG_B_PIN | GPIO_7_SEG_C_PIN
            | GPIO_7_SEG_D_PIN | GPIO_7_SEG_E_PIN | GPIO_7_SEG_F_PIN);
        break;

    case 1:
        On_7_SEG_OnePin
            (GPIO_7_SEG_B_PIN | GPIO_7_SEG_C_PIN);
        break;

    case 2:
        On_7_SEG_OnePin
            (GPIO_7_SEG_A_PIN | GPIO_7_SEG_B_PIN | GPIO_7_SEG_D_PIN
            | GPIO_7_SEG_E_PIN | GPIO_7_SEG_G_PIN);
        break;

    case 3:
        On_7_SEG_OnePin
            (GPIO_7_SEG_A_PIN | GPIO_7_SEG_B_PIN | GPIO_7_SEG_C_PIN
            | GPIO_7_SEG_D_PIN | GPIO_7_SEG_G_PIN);
        break;

    case 4:
        On_7_SEG_OnePin
            (GPIO_7_SEG_B_PIN | GPIO_7_SEG_C_PIN
            | GPIO_7_SEG_F_PIN | GPIO_7_SEG_G_PIN);
        break;

    case 5:
        On_7_SEG_OnePin
            (GPIO_7_SEG_A_PIN | GPIO_7_SEG_C_PIN | GPIO_7_SEG_D_PIN
            | GPIO_7_SEG_F_PIN | GPIO_7_SEG_G_PIN);
        break;

    case 6:
        On_7_SEG_OnePin
            (GPIO_7_SEG_A_PIN | GPIO_7_SEG_C_PIN | GPIO_7_SEG_D_PIN
            | GPIO_7_SEG_E_PIN | GPIO_7_SEG_F_PIN | GPIO_7_SEG_G_PIN);
        break;
```

```
    case 7:
        On_7_SEG_OnePin
            (GPIO_7_SEG_A_PIN | GPIO_7_SEG_B_PIN | GPIO_7_SEG_C_PIN
            | GPIO_7_SEG_F_PIN);
        break;

    case 8:
        On_7_SEG_OnePin
            (GPIO_7_SEG_A_PIN | GPIO_7_SEG_B_PIN | GPIO_7_SEG_C_PIN
            | GPIO_7_SEG_D_PIN | GPIO_7_SEG_E_PIN | GPIO_7_SEG_F_PIN
            | GPIO_7_SEG_G_PIN);
        break;

    case 9:
        On_7_SEG_OnePin
            (GPIO_7_SEG_A_PIN | GPIO_7_SEG_B_PIN | GPIO_7_SEG_C_PIN
            | GPIO_7_SEG_D_PIN | GPIO_7_SEG_F_PIN | GPIO_7_SEG_G_PIN);
        break;
    }
}
```

숫자를 integer value로 입력을 받아서 그 값에 따라서 switch 문으로 각각 해당 핀의 불을 켜도록 구현한다. 함수의 처음 부분에서는 모든 부분을 Off한 이후에 각각 해당하는 동작을 수행한다.

```
    for(i=0; i<10; i++)
    {
        OutPut_7_SEG_Number(i);
        delay_1_second();
    }
```

위와 같은 for문으로 0부터 9까지 출력하는 부분을 수행해 보면 정상적으로 작동하고 있음을 알수 있다.

7-segment는 숫자 이외에도 많은 용도로 활용이 가능하다. 각종 debugging 정보를 쉽게 표현해낼 수도 있다. 클럭 등이 설정되지 않아서 화면에 출력하는 내용이 잘못될 경우에도 7-segment는 동작이 가능하고 이때 적절한 출력으로 고가의 debugging 장비 없이도 현재 시스템의 상태를 알아낼 수 있다.

6.12.6. 실행 결과

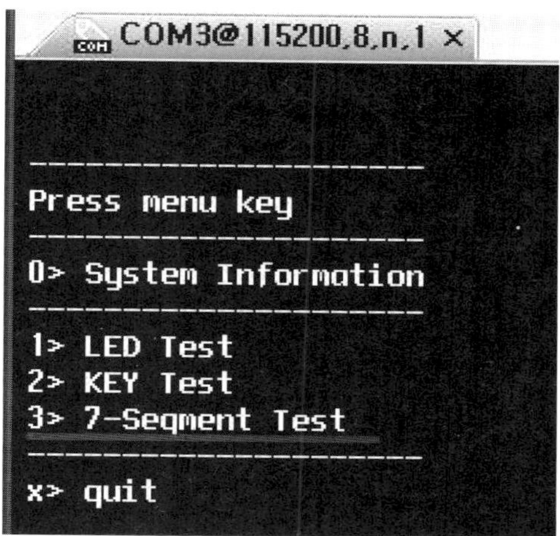

위 메뉴에서 3> 7-Segment Test를 실행한다.

각 7-Segment의 부분들을 하나씩 테스트를 진행하게 된다. 하나씩 불을 모두 켜보는 실험을 먼저 진행한다.

1부터 9까지 모든 숫자를 써 넣게 된다.
각자 여러가지를 가지고 만들어서 시험을 해보면 재미있을 것이다.

6.13. Clock Control

이번 장에서는 Clock과 관련한 전반적인 부분과 현재 사용하는 STM32 CPU의 최대 시스템 클럭인 72 MHz로 설정해서 사용하는 방법에 대해서 살펴보도록 할 것이다.

M32.Src013.ClockControl 부분에 소스 파일이 위치해 있다.

6.13.1. 회로도 및 클럭 소스 분석

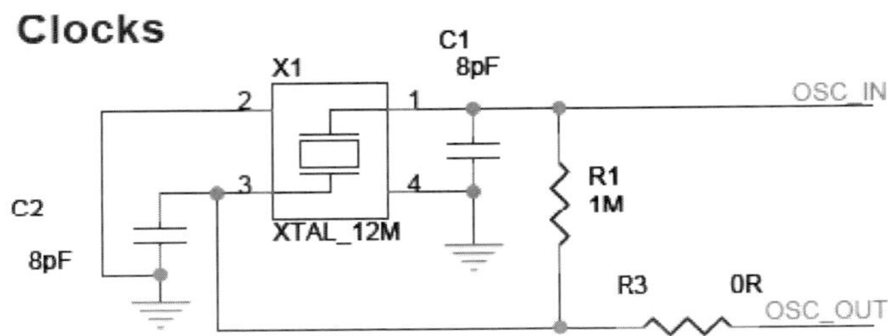

망고 M32 보드의 CPU 외부에 위 그림에서와 같이 12 MHz의 crystal이 달려 있다. 이것을 외부 클럭 소스로 사용하게 된다.

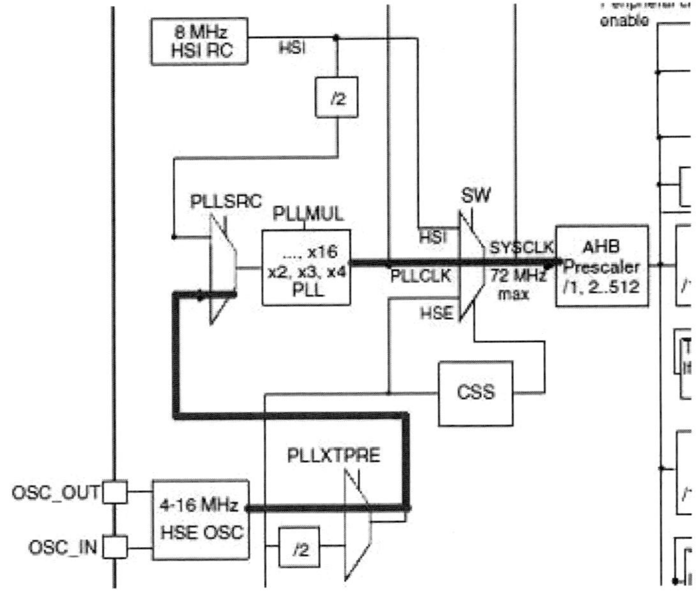

외부 OSC의 입력을 받아서 실제로 system clock까지 생성되는 부분을 자세히 살펴보면 위의 그림과 같다.

시스템 클럭으로 사용할 수 있는 것은 세 가지 이다. HSI를 그대로 사용하는 방법과 HSE를 그대로 사용하는 방법과 마지막으로 PLL을 통해서 생성된 클럭을 사용하는 방법이다. 우리는 72 MHz를 사용할 것이고, 당연히 PLL을 거쳐서 생성된 클럭을 사용할 수밖에 없다.

PLL의 소스가 되는 것은 8 MHz의 내부 HSI를 사용하거나 외부 HSE를 사용할 수 있다. 정확도의 문제 때문에 향후 USB를 사용하기 위해서는 외부 클럭을 사용해야 한다. 4~16 MHz의 HSE OSC 입력을 받는데 우리는 12 MHz의 crystal을 달아 놓았고 이것을 이용한다. 이것을 PLL을 구동 시키는 소스로 활용해야 한다. PLLMUL을 통해서 입력으로 들어온 클럭의 수치를 올려주어야 한다. 우리는 72 MHz를 사용할 것이기 때문에 12 X 6 = 72가 되고, 곱할 값을 6으로 설정해야 한다.

6.13.2. Enable HSE

가장 먼저 수행되어야 하는 것은 HSE를 enable 시키는 작업이다. 기본적으로 power를 인가하면 최초로 HSI를 사용하도록 설정이 된다. 이것을 HSE를 사용하도록 변경을 해주어야 한다.

```
#define   RCC_CR_HSEON    ((uint32_t)0x00010000)        /*!< External High Speed clock enable */
#define   RCC_CR_HSERDY   ((uint32_t)0x00020000)       /*!< External High Speed clock ready flag */
#define   HSEStartUp_TimeOut              ((uint16_t)0x0500)
```

```
    /* Enable HSE */
    RCC->CR |= ((uint32_t)RCC_CR_HSEON);

    /* Wait till HSE is ready and if Time out is reached exit */
    do {
        HSEStatus = RCC->CR & RCC_CR_HSERDY;
        StartUpCounter++;
    } while((HSEStatus == 0) && (StartUpCounter != HSEStartUp_TimeOut));
```

Clock control register (RCC_CR)의 HSE ON 비트를 1로 만드는 것이 HSE를 enable 시키는 작업이다. HSE oscillator를 ON시켜주는 것이다.

31	30	29	28	27	26	25	24	23	22	21	20	19	18	17	16
Reserved						PLL RDY	PLLON	Reserved				CSS ON	HSE BYP	HSE RDY	HSE ON
						r	rw					rw	rw	r	rw

15	14	13	12	11	10	9	8	7	6	5	4	3	2	1	0
HSICAL[7:0]								HSITRIM[4:0]					Res.	HSI RDY	HSION
r	r	r	r	r	r	r	r	rw	rw	rw	rw	rw		r	rw

HSE를 On 시켰을 때 바로 사용 가능하게 되는 것이 아니다. 위 레지스터의 내용을 살펴보면 HSERDY라는 비트가 있다. 이것이 HSE oscillator가 사용 가능해졌는지 알수 있는 비트가 된다.

HSERDY 비트는 하드웨어에 의해서 1로 set가 된다. 이 비트가 1로 되어 있다는 것은 외부 oscillator가 안정적인 클럭을 주고 있다고 판단해도 되기 때문에 이것을 계속 확인해 보아야 한다. 하지만 계속 기다리고 있을 수는 없는 것이고 time out 기능을 추가적으로 넣어주었다.

while loop로 반복하면서 검사하는데 그러면서 변수 하나를 계속 증가시킨다. 이 증가시키는 값이 500이 넘으면 그만 하도록 설정한 것이다. 실제로 모든 구현을 마친 이후에 돌려보면 이 변수의 값이 200 이하의 값을 가진다. 그 정도의 시간 이후에는 HSERDY 비트가 1로 변했다. 이것은 실험치이기 때문에 사용자의 환경에 따라서 조금씩은 값이 변할 수 있지만 크게 다르지는 않을 것이다.

시스템이 Stop이나 Standby mode로 들어갈 때 HSE ON 비트는 하드웨어적으로 0으로 clear 된다. 하지만 우리가 PLL을 사용하는 것이 아니라 외부 HSE clock을 그대로 시스템 클럭으로 사용하는 경우에는 clear되지 않게 된다.

6.13.3. Flash access Latency 설정

우리가 사용하는 STM32 CPU의 내부에는 128 Kbytes의 Flash memory가 내장되어 있다. 이 flash memory를 access하기 위해서는 적절한 지연 시간이 필요하다.

```
#define   FLASH_ACR_LATENCY_2                    ((uint8_t)0x02)                /*!<Bit 1 */
```

```
    /* Flash 2 wait state */
    FLASH->ACR |= (uint32_t)FLASH_ACR_LATENCY_2;
```

STM32F103RB는 STM의 구분상 medium density device이다. 128 Kbytes의 크기는 다음과 같이 128개의 page로 이루어져있다. 각 page의 크기는 1 Kbytes이다.

이 Flash memory를 control하는 레지스터는 0x4002_20xx에 위치하고 있다. latency와 관련해서는 Flash access control register (FLASH_ACR)를 변경해야 한다.

31	30	29	28	27	26	25	24	23	22	21	20	19	18	17	16
Reserved															
15	**14**	**13**	**12**	**11**	**10**	**9**	**8**	**7**	**6**	**5**	**4**	**3**	**2**	**1**	**0**
Reserved										PRFT BS	PRFT BE	HLF CYA	LATENCY		
										r	rw	rw	rw	rw	rw

이 레지스터의 Reset value는 0x0000 0030이다. 그러므로 Latency 부분은 0으로 기본적으로 설정이 된다. 아래 내용을 살펴보자.

Table 2. Flash module organization (medium-density devices)

Block	Name	Base addresses	Size (bytes)
Main memory	Page 0	0x0800 0000 - 0x0800 03FF	1 Kbyte
	Page 1	0x0800 0400 - 0x0800 07FF	1 Kbyte
	Page 2	0x0800 0800 - 0x0800 0BFF	1 Kbyte
	Page 3	0x0800 0C00 - 0x0800 0FFF	1 Kbyte
	Page 4	0x0800 1000 - 0x0800 13FF	1 Kbyte
	. . .	. . .	. . .
	Page 127	0x0801 FC00 - 0x0801 FFFF	1 Kbyte
Information block	System memory	0x1FFF F000 - 0x1FFF F7FF	2 Kbytes
	Option Bytes	0x1FFF F800 - 0x1FFF F80F	16
Flash memory interface registers	FLASH_ACR	0x4002 2000 - 0x4002 2003	4
	FLASH_KEYR	0x4002 2004 - 0x4002 2007	4
	FLASH_OPTKEYR	0x4002 2008 - 0x4002 200B	4
	FLASH_SR	0x4002 200C - 0x4002 200F	4
	FLASH_CR	0x4002 2010 - 0x4002 2013	4
	FLASH_AR	0x4002 2014 - 0x4002 2017	4
	Reserved	0x4002 2018 - 0x4002 201B	4
	FLASH_OBR	0x4002 201C - 0x4002 201F	4
	FLASH_WRPR	0x4002 2020 - 0x4002 2023	4

그림 6-20 Flash module organization

Bits 2:0 LATENCY: Latency

These bits represent the ratio of the SYSCLK (system clock) period to the Flash access time.

000 Zero wait state, if 0 < SYSCLK≤ 24 MHz

001 One wait state, if 24 MHz < SYSCLK ≤ 48 MHz

010 Two wait states, if 48 MHz < SYSCLK ≤ 72 MHz

우리가 지금까지는 내부 HSI 8 MHz를 사용했다. 이 경우 클럭이 느리기 때문에 Flash를 access하기 위해서 기다릴 필요가 없다. 하지만 클럭을 72 MHz로 올리려는 것이고, 이렇게 되면 너무 클럭이 빠르기 때문에 정상적으로 Flash access를 할 수가 없다. 적절하게 기다리는 시간이 필요하게 된다. 이것을 2로 설정해야 한다.

6.13.4. HCLK, PCLK1, PCLK2 설정

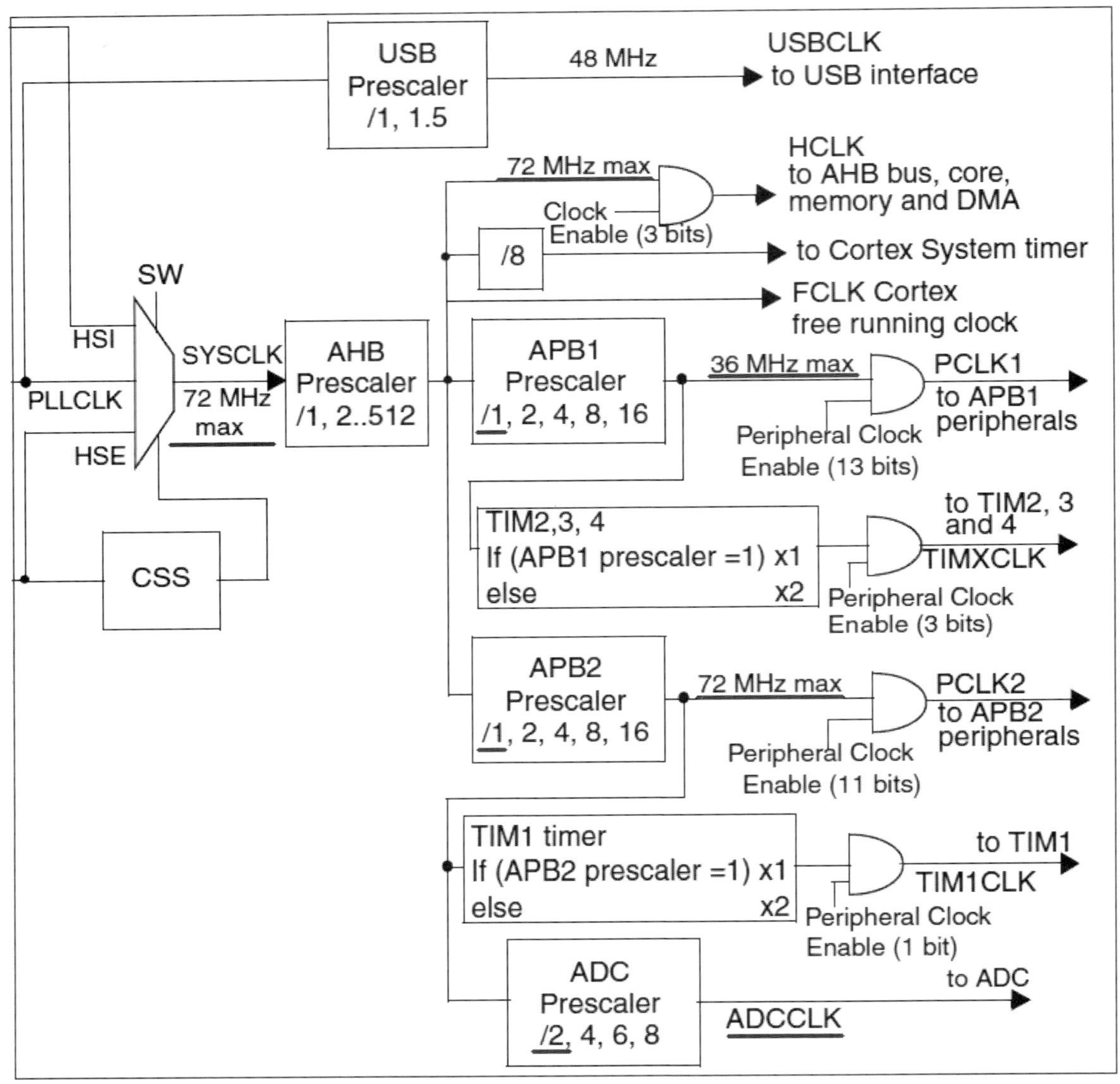

기타 clock 들에 대한 divide 값을 설정한다.

```
#define  RCC_CFGR_HPRE_DIV1     ((uint32_t)0x00000000)    /*!< SYSCLK not divided */
#define  RCC_CFGR_PPRE2_DIV1    ((uint32_t)0x00000000)    /*!< HCLK not divided */
#define  RCC_CFGR_PPRE1_DIV2    ((uint32_t)0x00000400)    /*!< HCLK divided by 2 */
```

```
    /* HCLK = SYSCLK */
```

```
RCC->CFGR |= (uint32_t)RCC_CFGR_HPRE_DIV1;
/* PCLK2 = HCLK */
RCC->CFGR |= (uint32_t)RCC_CFGR_PPRE2_DIV1;
/* PCLK1 = HCLK */
RCC->CFGR |= (uint32_t)RCC_CFGR_PPRE1_DIV2;
```

우리는 모든 클럭 값을 max로 설정하고자 한다. 여기서 먼저 각 클럭들에 대한 구분되는 그림을 보도록 한다.

SYSCLK는 72 MHz로 max로 설정하고, 나머지 부분은 HCLK는 역시 72 MHz로 max로 설정한다. PCLK1은 36 MHz가 max인 것을 알수 있다. PCLK2는 72 MHz로 max로 설정한다. ADCCLK는 /2가 가장 작은 값이고 결국 36 MHz가 max인 것을 알수 있다.

Clock configuration register (RCC_CFGR)를 설정하면 된다. 이 레지스터에 대해서 살펴보자. 이 레지스터의 reset 값은 0이다. 그러므로 아무 값도 설정하지 않으면 0이 설정되어 있는 것과 마찬가지 이다.

31	30	29	28	27	26	25	24	23	22	21	20	19	18	17	16
Reserved					MCO[2:0]			Res.	USB PRE	PLLMUL[3:0]				PLL XTPRE	PLL SRC
					rw	rw	rw		rw	rw	rw	rw	rw	rw	rw
15	**14**	**13**	**12**	**11**	**10**	**9**	**8**	**7**	**6**	**5**	**4**	**3**	**2**	**1**	**0**
ADC PRE[1:0]		PPRE2[2:0]			PPRE1[2:0]			HPRE[3:0]				SWS[1:0]		SW[1:0]	
rw	rw	rw	rw	rw	rw	rw	rw	rw	rw	rw	rw	r	r	rw	rw

RCC_CFGR_HPRE_DIV1과 RCC_CFGR_PPRE2_DIV1은 모두 0으로 define 되어 있다. 그러므로 사실 아무런 작업이 필요 없다. 실제 코드 상에는 OR 연산을 수행하고 있지만 0을 OR 연산하는 것은 아무런 영향을 끼치지 못한다.

Bits 14:14 ADCPRE: ADC prescaler - (ADCCLK)
00: PLCK2 divided by 2
01: PLCK2 divided by 4
10: PLCK2 divided by 6
11: PLCK2 divided by 8

우리는 ADC prescaler에 대해서는 소스 상에서 아무런 작업을 하지 않았지만 그 얘기는 0으로 되어 있다는 것이고, 결국 PLCK2 클럭을 2로 나눈 값이 들어가게 된다. (우리의 경우는 36 MHz가 설정된다.)

Bits 13:11 PPRE2: APB high-speed prescaler (APB2) - (PCLK2).

0xx: HCLK not divided

100: HCLK divided by 2

101: HCLK divided by 4

110: HCLK divided by 8

111: HCLK divided by 16

PCLK2도 0으로 설정되고 우리의 경우 72 MHz가 설정된다.

Bits 10:8 PPRE1: APB low-speed prescaler (APB1) - (PCLK1).

0xx: HCLK not divided

100: HCLK divided by 2

101: HCLK divided by 4

110: HCLK divided by 8

111: HCLK divided by 16

이 경우는 주의가 필요하다. PCLK1의 경우 0으로 설정하면 HCLK를 그대로 사용할 수 있게 되지만 만약 HCLK가 36 MHz보다 크게 되면 여기의 비트를 0으로 만들 수는 없다. 우리는 100을 선택하였고, 결국 36 MHz가 설정되게 하였다.

Bits 7:4 HPRE: AHB prescaler (HCLK)

0xxx: SYSCLK not divided

1000: SYSCLK divided by 2

1001: SYSCLK divided by 4

1010: SYSCLK divided by 8

1011: SYSCLK divided by 16

1100: SYSCLK divided by 64

1101: SYSCLK divided by 128

1110: SYSCLK divided by 256

1111: SYSCLK divided by 512

HCLK는 0으로 설정해서 System clock을 그대로 사용하여 결국 72 MHz가 되도록 설정한다.

6.13.5. PLL 설정

PLL 소스로 HSE를 사용하게 하면서 곱할 값을 설정한다.

```
#define  RCC_CFGR_PLLSRC_HSE        ((uint32_t)0x00010000)
```

```
                    /*!< HSE clock selected as PLL entry clock source */
#define   RCC_CFGR_PLLMULL6          ((uint32_t)0x00100000)        /*!< PLL input clock*6 */
```

```
/*  PLL configuration: PLLCLK = HSE * 6 = 72 MHz */
RCC->CFGR |= (uint32_t)(RCC_CFGR_PLLSRC_HSE | RCC_CFGR_PLLMULL6);
```

31	30	29	28	27	26	25	24	23	22	21	20	19	18	17	16
Reserved					MCO[2:0]			Res.	USB PRE	PLLMUL[3:0]				PLL XTPRE	PLL SRC
					rw	rw	rw		rw	rw	rw	rw	rw	rw	rw

15	14	13	12	11	10	9	8	7	6	5	4	3	2	1	0
ADC PRE[1:0]		PPRE2[2:0]			PPRE1[2:0]			HPRE[3:0]				SWS[1:0]		SW[1:0]	
rw	rw	rw	rw	rw	rw	rw	rw	rw	rw	rw	rw	r	r	rw	rw

Bits 21:18 PLLMUL: PLL multiplication factor

0000: PLL input clock x 2

0001: PLL input clock x 3

0010: PLL input clock x 4

0011: PLL input clock x 5

0100: PLL input clock x 6

0101: PLL input clock x 7

0110: PLL input clock x 8

....

1110: PLL input clock x 16

1111: PLL input clock x 16

주의해야 할 점은 이 값은 반드시 PLL이 disable 되어 있는 상태에서 설정해야 한다는 것이다. 그리고 72 MHz를 넘을 수 없다. 우리가 사용하는 외부 클럭은 12 MHz이고 72 MHz를 만들기 위해서는 6이 곱해져야 한다. 0100으로 설정한다.

Bit 16 PLLSRC: PLL entry clock source

0: HSI oscillator clock / 2 selected as PLL input clock

1: HSE oscillator clock selected as PLL input clock

이 비트 역시 PLL이 disable 되어 있는 상태에서 설정해야 한다. 우리는 외부 클럭 HSE oscillator를 PLL의 입력으로 사용할 것이기 때문에 이 비트를 1로 설정한다.

6.13.6. PLL ON

자, 이제 대부분의 설정은 끝마쳤고, 비로소 PLL을 enable 시키는 작업을 수행한다. PLL의 동작은 원하는 주파수를 만들어내기 위해서 locking을 수행하는 동작이 선행되어야 한다. 이것은 상당한 시간이 걸리는 작업이고, 반드시 완료할 때까지 기다리는 동작이 필수적이다.

```
#define   RCC_CR_PLLON           ((uint32_t)0x01000000)        /*!< PLL enable */
#define   RCC_CR_PLLRDY          ((uint32_t)0x02000000)        /*!< PLL clock ready flag */
```

```
/* Enable PLL */
RCC->CR |= RCC_CR_PLLON;

/* Wait till PLL is ready */
while((RCC->CR & RCC_CR_PLLRDY) == 0){;}
```

위에서 우리는 같은 레지스터에서 HSE를 On하고 기다리는 작업을 수행한 적이 있었다. 그와 비슷한 작업을 이번에는 PLL에서 해 주어야 한다.

31	30	29	28	27	26	25	24	23	22	21	20	19	18	17	16
Reserved						PLL RDY	PLLON	Reserved				CSS ON	HSE BYP	HSE RDY	HSE ON
						r	rw					rw	rw	r	rw
15	**14**	**13**	**12**	**11**	**10**	**9**	**8**	**7**	**6**	**5**	**4**	**3**	**2**	**1**	**0**
HSICAL[7:0]								HSITRIM[4:0]					Res.	HSI RDY	HSION
r	r	r	r	r	r	r	r	rw	rw	rw	rw	rw		r	rw

Bit 24 PLLON: PLL enable

0: PLL OFF

1: PLL ON

24번 비트를 1로 설정하여 PLL을 enable 시킨다. 이 부분도 HSE ON과 마찬가지로 Stop이나 Standby mode로 진입할때 하드웨어적으로 clear될 수 있다. 하지만 역시 시스템 클럭으로 사용될 때는 reset될 수 없다.

Bit 25 PLLRDY: PLL clock ready flag

0: PLL unlocked

1: PLL locked

PLL이 Lock 되었는지를 검사해야 한다. 1로 바뀌면 PLL이 Lock되었다는 것을 의미한다.

6.13.7. System clock switch 설정

System Clock을 어느 것을 사용할 것인지를 최종적으로 선택한다.

```
#define   RCC_CFGR_SW_PLL        ((uint32_t)0x00000002)        /*!< PLL selected as system clock */
#define   RCC_CFGR_SWS           ((uint32_t)0x0000000C)
                    /*!< SWS[1:0] bits (System Clock Switch Status) */
```

```
    /* Select PLL as system clock source */
    RCC->CFGR |= (uint32_t)RCC_CFGR_SW_PLL;

    /* Wait till PLL is used as system clock source */
    while ((RCC->CFGR & (uint32_t)RCC_CFGR_SWS) != (uint32_t)0x08){;}
```

이 부분은 Clock configuration register (RCC_CFGR) 레지스터를 이용한다.

31	30	29	28	27	26	25	24	23	22	21	20	19	18	17	16
Reserved					MCO[2:0]			Res.	USB PRE	PLLMUL[3:0]				PLL XTPRE	PLL SRC
					rw	rw	rw		rw	rw	rw	rw	rw	rw	rw
15	**14**	**13**	**12**	**11**	**10**	**9**	**8**	**7**	**6**	**5**	**4**	**3**	**2**	**1**	**0**
ADC PRE[1:0]		PPRE2[2:0]			PPRE1[2:0]			HPRE[3:0]				SWS[1:0]		SW[1:0]	
rw	rw	rw	rw	rw	rw	rw	rw	rw	rw	rw	rw	r	r	rw	rw

Bits 1:0 SW: System clock switch

00: HSI selected as system clock

01: HSE selected as system clock

10: PLL selected as system clock

11: not allowed

PLL을 시스템 클럭 소스로 사용하게 설정한다. 이 부분도 HSE ON과 PLL ON과 마찬가지로 위 시스템 클럭 switch 부분을 설정한 이후에 SWS 비트 부분이 정확히 되었는지 읽어보면서 기다려야 한다.

Bits 3:2 SWS: System clock switch status

00: HSI oscillator used as system clock

01: HSE oscillator used as system clock

10: PLL used as system clock

11: not applicable

10으로 설정되어 있는 것이 PLL을 시스템 클럭의 소스로 사용하도록 설정이 된 것이다. 이것이 될 때까지 비교해서 값을 읽어서 기다리고 있게 된다.

이것으로 RCC configuration에 대한 설정이 완료되었다. 클럭을 8 MHz로 설정한 경우와 지금까지의 설정을 수행한 72 MHz를 설정한 경우 2가지를 비교해 보도록 한다.

6.13.8. 소스 코드 변경 사항 설명

platform_config.h를 삭제하고 hw_config.h로 통합하였다.
stm.h와 stm.c를 추가하였다. 여기에 STM CPU와 관련한 각종 선언 및 함수들을 포함하였다.
위 부분들에 대한 것은 기존에 있던 것의 소스 코드 위치만 변경한 것이기 때문에 소스 코드를 참조하면 될 것이다.

여기서는 한가지 내용만 살펴볼 것이다. 그것은 UART clock 설정에 대한 부분이다.

```
void USART_Init(USART_TypeDef* USARTx, USART_InitTypeDef* USART_InitStruct)
{
  uint32_t tmpreg = 0x00;

//  uint32_t apbclock = HSI_Value;
  uint32_t apbclock = 72000000;

  uint32_t integerdivider = 0x00;
  uint32_t fractionaldivider = 0x00;
....... .......... ...........
/*---------------------------- USART BRR Configuration -----------------------*/
  /* Configure the USART Baud Rate -------------------------------------------*/
  /* Determine the integer part */
  integerdivider = ((0x19 * apbclock) / (0x04 * (USART_InitStruct->USART_BaudRate)));
  tmpreg = (integerdivider / 0x64) << 0x04;
  /* Determine the fractional part */
  fractionaldivider = integerdivider - (0x64 * (tmpreg >> 0x04));
  tmpreg |= ((((fractionaldivider * 0x10) + 0x32) / 0x64)) & ((uint8_t)0x0F);
  /* Write to USART BRR */
  USARTx->BRR = (uint16_t)tmpreg;
}
```

우리는 이전 장에서 위 USART_Init 함수에 대해서 살펴보았다. 여기서 이 함수의 내용에 대해서 자세히 살펴보지는 않을 것이다. 이전 장을 참조하기 바란다.

Baud Rate을 결정하는 부분에 대한 작업을 위해서 apbclock을 HSI_Value로 설정하였었다. HSI_Value는 8000000으로 define된 8MHz를 가리키는 값이다. 하지만 이것은 이제 변경이 되어야 한다. 위 코드에서는 임시로 이것을 72000000으로 변경해 놓았다. 이 부분과 관련해서는 아래에 다시 설명을 하도록 하겠다.

6.13.9. LED Test 성능 비교

위에 설명한 클럭 설정에 대한 부분을 모두 모아서 RCC_Configuration()이라는 이름으로 함수를 만들었다. 이것을 main 함수의 맨 앞에서 불러주게 된다.

```
int main(void)
{
    uint8_t ch;

    RCC_Configuration();

    RCC->APB2ENR |= RCC_APB2Periph_GPIOA;
    RCC->APB2ENR |= RCC_APB2Periph_GPIOB;
    RCC->APB2ENR |= RCC_APB2Periph_USART1;
```

RCC_Configuration() 함수를 불러주게 되면 HSE 12 MHz를 사용해서 시스템 클럭이 72 MHz로 동작하는 것이고, RCC_Configuration() 함수를 부르지 않게 되면 HSI 8 MHz를 사용해서 시스템 클럭이 8 MHz로 동작하게 된다. 각각의 경우에 대해서 성능을 한번 시험해 보도록 한다.

```
void LED_Test (void)
{
    LED_Off_All();
    delay_1_second();
    LED_On_All();
    delay_1_second();
    LED_OnOffAll_Mult(30);
}
```

위와 같이 LED_Test 함수를 변경하였다. LED_OnOffAll_Mult 함수를 30으로 주어서 호출하고 있다.

LED_OnOffAll_Mult 함수 내에서 적절한 출력이 이루어지도록 변경하였다.

```
LED_OnOffAll_Mult() Start
count: 30
count: 29
count: 28
count: 27
count: 26
```

```
count: 4
count: 3
count: 2
count: 1
LED_OnOffAll_Mult() End
```

위와 같이 수행된 결과를 아래 비교해 놓았다.

시스템 클럭	8 MHz HSI 사용	HSE 사용 72 MHz
LED_Test() 수행 시간	**1분 32초 = 92초**	**13초**

거의 9배가 조금 안되게 결과가 나왔다. 클럭의 차이와 거의 정비례하는 것을 알 수 있다. 우리가 만들었던 delay 함수 1초 등의 부분은 반드시 바뀌어야 할 것이다. 클럭이 빠른 경우 당연히 1초가 되지 않을 것이기 때문이다.

RCC_Configuration()을 부르고 부르지 않는 버전을 만들기 위해서는 반드시 USART_Init 함수에서 apbclock 부분의 값을 변경해야 한다. RCC_Configuration()을 부르는 버전에서는 apbclock을 72000000으로 설정해야 하고, RCC_Configuration()을 부르지 않는 버전에서는 apbclock을 HSI_Value로 설정해야 한다.

위와 같이 경우에 따라 클럭을 계산하는 함수의 내용을 변경할 수는 없다. 적절하게 클럭을 읽어올 수 있도록 구현하는 것이 맞을 것이다. 다음 시간에는 RCC_GetClocksFreq 함수를 구현하고 USART_Init 함수도 변경하도록 한다. 또한 delay 1초도 정확하게 구현해 보도록 한다.

6.14. RCC_GetClocksFreq 구현

이번 장에서는 RCC_GetClocksFreq 함수를 구현하면서 이전 장에서 배웠던 클럭에 관해서 살짝 복습을 하는 시간을 갖도록 한다. 이전 장을 열심히 공부한 사람들에게는 그다지 어렵지 않은 내용이 될 수 있겠다.

M32.Src014.ClockControl2 부분에 소스 파일이 위치해 있다.

6.14.1. RCC_ClocksTypeDef 정의

RCC_ClocksTypeDef라는 type을 새롭게 정의한다.

```
typedef struct
{
  uint32_t SYSCLK_Frequency;   /*!< returns SYSCLK clock frequency expressed in Hz */
  uint32_t HCLK_Frequency;     /*!< returns HCLK clock frequency expressed in Hz */
  uint32_t PCLK1_Frequency;    /*!< returns PCLK1 clock frequency expressed in Hz */
  uint32_t PCLK2_Frequency;    /*!< returns PCLK2 clock frequency expressed in Hz */
  uint32_t ADCCLK_Frequency;   /*!< returns ADCCLK clock frequency expressed in Hz */
}RCC_ClocksTypeDef;
```

내용은 무척 단순하다. 주요한 5개의 Clock 관련해서 그 frequency를 integer type으로 저장하는 용도의 structure이다. 이것은 향후 RCC_GetClocksFreq 함수에 argument로 넘겨주게 될 것이다.

이제 하나씩 차례로 구해나가도록 한다.

6.14.2. SYSCLK_Frequency 구하기

```
void RCC_GetClocksFreq(RCC_ClocksTypeDef* RCC_Clocks)
{
  uint32_t tmp = 0, pllmull = 0, pllsource = 0, presc = 0;
..........
```

위에서 정의한 RCC_ClocksTypeDef 포인터 변수를 받아서 거기에 값을 채우는 작업을 수행할 것이다. 임시로 사용할 변수들을 4개 선언하고 있다.

```
#define CFGR_SWS_Mask                ((uint32_t)0x0000000C)
```

```
#define HSE_Value      ((uint32_t)12000000) /*!< Value of the External oscillator in Hz*/
```

```
/* Get SYSCLK source -------------------------------------------------------*/
  tmp = RCC->CFGR & CFGR_SWS_Mask;

  switch (tmp)
  {
    case 0x00:  /* HSI used as system clock */
      RCC_Clocks->SYSCLK_Frequency = HSI_Value;
      break;

    case 0x04:  /* HSE used as system clock */
      RCC_Clocks->SYSCLK_Frequency = HSE_Value;
      break;

    default:
      RCC_Clocks->SYSCLK_Frequency = HSI_Value;
      break;
  }
```

SWS 부분은 CFGR 레지스터의 하위 4 비트에 대한 정보를 얻기 위해서 AND 연산을 통해 값을 읽어온다. 여기의 값이 어떤 것이냐에 따라 구분해서 처리한다. 이 부분의 정보에 대한 부분은 이전 장에 자세히 나와 있기 때문에 자세한 설명은 생략한다.

시스템 클럭 소스로 사용하는 값이 무엇인가를 결정하는 부분인데 이 값이 0이거나 4인 경우는 각각 HSI나 HSE를 직접 사용하는 경우이다. 이 경우는 HSI_Value나 HSE_Value를 저장하면 된다.
HSE_Value는 새롭게 정의를 하였는데 외부 crystal의 값인 12 MHz, 즉, 12000000으로 정의하였다.

```
#define CFGR_PLLMull_Mask          ((uint32_t)0x003C0000)
#define CFGR_PLLSRC_Mask           ((uint32_t)0x00010000)
#define CFGR_PLLXTPRE_Mask         ((uint32_t)0x00020000)
```

```
case 0x08:  /* PLL used as system clock */
      /* Get PLL clock source and multiplication factor ----------------------*/
      pllmull = RCC->CFGR & CFGR_PLLMull_Mask;
      pllsource = RCC->CFGR & CFGR_PLLSRC_Mask;

      pllmull = ( pllmull >> 18) + 2;
```

```
if (pllsource == 0x00)
{/* HSI oscillator clock divided by 2 selected as PLL clock entry */
  RCC_Clocks->SYSCLK_Frequency = (HSI_Value >> 1) * pllmull;
}
else
{/* HSE selected as PLL clock entry */
  if ((RCC->CFGR & CFGR_PLLXTPRE_Mask) != (uint32_t)RESET)
  {/* HSE oscillator clock divided by 2 */
    RCC_Clocks->SYSCLK_Frequency = (HSE_Value >> 1) * pllmull;
  }
  else
  {
    RCC_Clocks->SYSCLK_Frequency = HSE_Value * pllmull;
  }
}
break;
```

위에서 SWS가 0x8일 경우는 PLL이 소스로 활용되고 있는 것이다. 이제 PLL의 경우에 대해서 살펴본다.

먼저 PLL 소스에 대한 것을 살펴보아야 한다. PLL SRC가 0이면 HSI를 이용하는 것이고, 1이면 HSE를 이용하는 것이다. 0이어서 HSI를 이용하는 경우에 주의할 것 한가지는 **HSI clock을 반을 먼저 나누고 나서 PLL MUL 값을 곱한다는 것이다**. 뒤에서 보겠지만 HSE의 경우는 소스를 반을 나눌 것인가가 옵션인데, HSI를 사용하는 경우는 반드시 반을 나누어야 한다.

Bit 16 PLLSRC: PLL entry clock source
0: **HSI oscillator clock / 2** selected as PLL input clock
1: HSE oscillator clock selected as PLL input clock

CFGR 레지스터의 Bits 21:18 PLLMUL: PLL multiplication factor 부분은 아래의 특징을 갖는다.
0000: PLL input clock x 2
0001: PLL input clock x 3
0010: PLL input clock x 4
0011: PLL input clock x 5
0100: PLL input clock x 6
0101: PLL input clock x 7
....

구해진 PLL MUL 값에 2를 먼저 더해주어서 곱하는데 사용하는 것이다. pllmull = (pllmull >> 18) + 2; 부분에서 이 작업을 하는 것이고, (HSI_Value >> 1) * pllmull;을 통해서 HSI를 반을 나누어서 곱셈을 취해주면 값을 구할 수 있는 것이다.

31	30	29	28	27	26	25	24	23	22	21	20	19	18	17	16
Reserved					MCO[2:0]			Res.	USB PRE	PLLMUL[3:0]				PLL XTPRE	PLL SRC
					rw	rw	rw		rw	rw	rw	rw	rw	rw	rw
15	**14**	**13**	**12**	**11**	**10**	**9**	**8**	**7**	**6**	**5**	**4**	**3**	**2**	**1**	**0**
ADC PRE[1:0]		PPRE2[2:0]			PPRE1[2:0]			HPRE[3:0]				SWS[1:0]		SW[1:0]	
rw	rw	rw	rw	rw	rw	rw	rw	rw	rw	rw	rw	r	r	rw	rw

여기서 우리는 이전 장에서는 다루지 않았던 부분을 살펴보아야 한다.

Bit 17 PLLXTPRE: HSE divider for PLL entry

0: HSE clock not divided

1: HSE clock divided by 2

PLL의 소스로 HSE를 사용하기로 하면, 이 비트가 의미를 가지게 된다. 여기의 값이 0이면 HSE clock을 그대로 사용하지만, 이 값이 1이면 HSE clock을 반으로 나누어서 사용한다는 의미이다. HSI의 경우처럼 (HSE_Value >> 1) * pllmull;로 처리하게 된다.

6.14.3. HCLK_Frequency 구하기

```
#define CFGR_HPRE_Set_Mask          ((uint32_t)0x000000F0)
#ifdef __cplusplus
#define     __I     volatile               /*!< defines 'read only' permissions      */
#else
#define     __I     volatile const         /*!< defines 'read only' permissions      */
#endif
static __I uint8_t APBAHBPrescTable[16] = {0, 0, 0, 0, 1, 2, 3, 4, 1, 2, 3, 4, 6, 7, 8, 9};
```

```
  /* Get HCLK prescaler */
  tmp = RCC->CFGR & CFGR_HPRE_Set_Mask;
  tmp = tmp >> 4;
  presc = APBAHBPrescTable[tmp];
  /* HCLK clock frequency */
  RCC_Clocks->HCLK_Frequency = RCC_Clocks->SYSCLK_Frequency >> presc;
```

먼저 CFGR 레지스터의 Bits 7:4 HPRE: AHB prescaler 부분에 대한 설명을 살펴보도록 한다.

0xxx: SYSCLK not divided
1000: SYSCLK divided by 2
1001: SYSCLK divided by 4
1010: SYSCLK divided by 8
1011: SYSCLK divided by 16
1100: SYSCLK divided by 64
1101: SYSCLK divided by 128
1110: SYSCLK divided by 256
1111: SYSCLK divided by 512

맨 앞 비트가 0일 경우는 SYSCLK를 나누지 않고 그대로 사용하고 있는 것을 알수 있다. 그리고 그렇지 않을 경우는 값이 8부터 시작해서 15까지의 값을 가지게 되고, 그 값을 index로 해서 APBAHBPrescTable 배열에서 값을 가져와서 그 값만큼 오른쪽 shift 연산을 수행해서 HCLK를 구하도록 되어 있다.

여기서 APBAHBPrescTable 배열 부분이 조금 프로그램 상에서 문제가 있는 것을 발견할 수 있다. 혹시라도 여기에 설정되어 있는 값이 0111로 만약 되어 있다면, 이 값은 7이 되고, 7을 배열에서 찾으면 4가 된다. 실제로는 SYSCLK를 나누지 않고 그대로 사용해야 하는데 계산은 4를 가져와서 16으로 나누게 되는 결과를 얻게 될 것이다. 사실은 아래와 같이 APBAHBPrescTable 배열을 바꿔야 맞을 것이다.

```
static __I uint8_t APBAHBPrescTable[16] = {0, 0, 0, 0, 0, 0, 0, 0, 1, 2, 3, 4, 6, 7, 8, 9};
```

다만 그렇게 설정될 일이 없을 것이라는 가정하에서 3개의 clock의 값을 모두 활용할 수 있도록 만들려다 보니 이렇게 된 것으로 보면 될 것이다.

여기서 한가지 유념해서 볼 것은 이 값이 __I로 volatile const로 선언되어 있다는 것이다. 함부로 압축이 되지 못하도록 상수 값으로 정확히 사용될 수 있도록 volatile로 선언되어 있는 것이다.

6.14.4. PCLK1_Frequency 구하기

```
#define CFGR_PPRE1_Set_Mask            ((uint32_t)0x00000700)
static __I uint8_t APBAHBPrescTable[16] = {0, 0, 0, 0, 1, 2, 3, 4, 1, 2, 3, 4, 6, 7, 8, 9};
```

```
  /* Get PCLK1 prescaler */
  tmp = RCC->CFGR & CFGR_PPRE1_Set_Mask;
```

```
tmp = tmp >> 8;
presc = APBAHBPrescTable[tmp];
/* PCLK1 clock frequency */
RCC_Clocks->PCLK1_Frequency = RCC_Clocks->HCLK_Frequency >> presc;
```

CFGR 레지스터의 Bits 10:8 PPRE1는 APB low-speed prescaler (APB1)를 의미하고, 이 값은 아래와 같이 활용된다.
0xx: HCLK not divided
100: HCLK divided by 2
101: HCLK divided by 4
110: HCLK divided by 8
111: HCLK divided by 16

8비트 오른쪽으로 shift시켜서 값을 구한 이후에 그 값을 index로 APBAHBPrescTable에서 읽어오면, HCLK 주파수를 몇 비트 오른쪽으로 shift 시킬 것인지 하는 값을 얻을 수 있게 된다.

6.14.5. PCLK2_Frequency 구하기

```
#define CFGR_PPRE2_Set_Mask            ((uint32_t)0x00003800)
static __I uint8_t APBAHBPrescTable[16] = {0, 0, 0, 0, 1, 2, 3, 4, 1, 2, 3, 4, 6, 7, 8, 9};
```

```
/* Get PCLK2 prescaler */
tmp = RCC->CFGR & CFGR_PPRE2_Set_Mask;
tmp = tmp >> 11;
presc = APBAHBPrescTable[tmp];
/* PCLK2 clock frequency */
RCC_Clocks->PCLK2_Frequency = RCC_Clocks->HCLK_Frequency >> presc;
```

PCLK1 주파수를 구하는 것과 개념적으로는 거의 똑같다. 비트 위치를 구하기 위해서 오른쪽으로 shift하는 값만 11로 바뀌었을 뿐이다.

CFGR 레지스터의 Bits 13:11 PPRE2는 APB high-speed prescaler (APB2)를 의미하고, 이 값은 아래와 같이 활용된다.
0xx: HCLK not divided
100: HCLK divided by 2
101: HCLK divided by 4
110: HCLK divided by 8
111: HCLK divided by 16

11비트 오른쪽으로 shift시켜서 값을 구한 이후에 그 값을 index로 APBAHBPrescTable에서 읽어오면, HCLK 주파수를 몇 비트 오른쪽으로 shift 시킬 것인지 하는 값을 얻을 수 있게 된다.

6.14.6. ADCCLK_Frequency 구하기

```
#define CFGR_ADCPRE_Set_Mask          ((uint32_t)0x0000C000)
static __I uint8_t ADCPrescTable[4] = {2, 4, 6, 8};
```

```
  /* Get ADCCLK prescaler */
  tmp = RCC->CFGR & CFGR_ADCPRE_Set_Mask;
  tmp = tmp >> 14;
  presc = ADCPrescTable[tmp];
  /* ADCCLK clock frequency */
  RCC_Clocks->ADCCLK_Frequency = RCC_Clocks->PCLK2_Frequency / presc;
```

다른 클럭들과는 다른 상수 값인 ADCPrescTable 배열을 사용해서 값을 구한다.

CFGR 레지스터의 Bits 15:14는 ADCPRE: ADC prescaler를 의미하고 아래와 같이 사용된다.
00: PLCK2 divided by 2
01: PLCK2 divided by 4
10: PLCK2 divided by 6
11: PLCK2 divided by 8

유의할 점은 6으로 나누는 것이 있기 때문에 온전히 shift로만 처리할수는 없고 부득이하게 나눗셈 연산을 그대로 사용하도록 코드 상에 구현되어 있다.

6.14.7. System_Information 변경 사항

```
void System_Information()
{
    RCC_ClocksTypeDef   rcc_clocks;

    printf("StartUpCounter : %d\n", StartUpCounter);

    RCC_GetClocksFreq(&rcc_clocks);
    printf("SYSCLK_Frequency = %d\n",rcc_clocks.SYSCLK_Frequency );
```

```
    printf("HCLK_Frequency = %d₩n",rcc_clocks.HCLK_Frequency );
    printf("PCLK1_Frequency = %d₩n",rcc_clocks.PCLK1_Frequency );
    printf("PCLK2_Frequency = %d₩n",rcc_clocks.PCLK2_Frequency );
    printf("ADCCLK_Frequency = %d₩n",rcc_clocks.ADCCLK_Frequency );
}
```

System_Information 함수에서 적용된 클럭 값을 읽어서 처리할 수 있도록 변경을 하였다.

6.14.8. 수행 결과

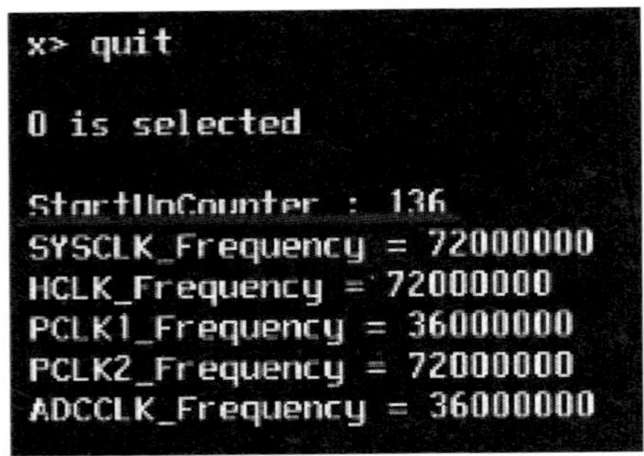

각각의 Clock frequency가 정상적으로 출력되고 있는 것을 확인할 수 있다.

여기서 지난 시간에 배웠던 HSE On 시점에 time out 기능을 위해서 넣었던 StartUpCounter 부분의 값을 확인할 수 있다. 136으로 기본적으로 time out으로 정한 500보다 훨씬 적은 값을 출력하고 있다.

6.15. 정확한 1초 Delay 구현

이번 장에서는 Interrupt에 대해서 전반적인 것을 검토하고, 이전에 구현했던 1초 delay를 시스템 클럭을 이용해서 보다 정확하게 구현하는 방법에 대해서 살펴보도록 한다.

M32.Src015.SysTick 부분에 소스 파일이 위치해 있다.

6.15.1. Cortex-M3 Exception 개요

processor mode에는 2가지 종류가 있다. **Thread mode와 Handler mode**이다.
Thread mode는 application software를 수행할때 사용되는 상태이다. 프로세서는 reset시 Thread mode에 진입하게 된다.
Handler mode는 exceptions을 handle할 때 사용되는 상태이다. 프로세서는 exception processing을 끝냈을 때 Thread mode로 복귀하게 된다.

Cortex-M3에는 많은 system exception과 많은 외부 IRQ를 가지고 있다.

ARM7과 비교해서 FIQ를 가지고 있지 않지만, interrupt 우선순위에 대한 처리와 Nested Vectored Interrupt를 이용해서 쉽게 FIQ와 비슷하게 동작할 수 있도록 구현 가능하다.

Cortex-M3는 내부 exception source와 외부 exception source를 포함해서 모두 256개의 interrupt source를 가진다. 이것은 미리 정의되어 있다. 외부 interrupt의 갯수를 몇 개로 할 것인가는 전적으로 칩을 제조하는 제조사에서 결정할 부분이다. 이 갯수는 최대 240개까지 사용할 수 있다.

NVIC는 인터럽트 지연시간을 획기적으로 줄여준다. IRQ handler가 수행될 때 vector로 index되어있는 곳으로 바로 이동하기 때문에 어떤 핸들러가 수행되어야 하는지를 결정하는 소프트웨어가 필요 없게 된다. nested와 관련된 처리도 하드웨어적으로 이루어지기 때문에 별도의 소프트웨어 처리가 필요 없고 이 또한 매우 큰 장점이 되고, 속도도 빠르게 된다.

아래의 표는 Cortex-M3 exception을 모두 정리한 것이다.

위치	Exception type	Priority 우선 순위	설명
0	-	-	리셋 시 Stack top이 vector table의 첫 entry로부터 load 된다. 어떤 exception도 실행되지 않는다.
1	**Reset**	–3 (highest)	Power up과 Warm reset시. 첫 instruction에서는 가장 낮은 priority로 떨어짐 (Thread

			mode). 이것은 asynchronous이다.
2	**NMI**	-2	Non-maskable Interrupt. reset을 제외한 어떤 exception에 의해서도 멈춰지거나 pre-empted되지 않는다. 이것은 asynchronous이다.
3	**Hard Fault**	-1	모든 종류의 Fault (우선 순위 때문에 fault가 activate되지 않았을 때나 Configurable Fault handler가 disable되었을 때). 이것은 synchronous 이다.
4	**Memory Manage-ment**	Configurable	Memory Protection Unit (MPU) mis-match. 이것은 synchronous이다. MPU가 disable되었거나 없더라도, default memory map의 Executable Never (XN) regions을 지원하기 위해서 사용될 수 있다.
5	**Bus Fault**	Configurable	Pre-fetch fault, memory access fault. 이것은 정확할때는 synchronous이고, 부정확할때는 asynchronous이다.
6	**Usage Fault**	Configurable	Undefined instruction 실행이나 illegal state transition 시도와 같은 fault이다. 이것은 synchronous 이다.
7~10	-	-	Reserved
11	**SVCall**	Configurable	SVC 명령을 통한 System service 호출. 이것은 synchronous 이다.
12	**Debug Monitor**	Configurable	halting이 되지 않은 상태에서 Debug monitor. 이것은 synchronous 이지만 오직 enable되어 있을 때만 active된다. 현재의 activation보다 낮은 우선 순위를 가지면 activate되지 않는다.
13	-	-	Reserved
14	**PendSV**	Configurable	system service를 위한 Pendable request. 이것은 asynchronous이고, 오직 software에 의해서 pend된다.
15	**SysTick**	Configurable	System tick timer. 이것은 asynchronous이다.
16~255	**External Interrupt**	Configurable	core 밖에 들어오는 외부 interrupt. (0~239) 이것들은 모두 asynchronous이다.

위 표를 보면 synchronous라는 것이 있고, asynchronous라는 말이 있다. fault는 exception을 발생시키는데 이는 어떤 명령의 실행 시점에서 발생하는 error 상태에서 발생하게 된다. 이러한 fault가 발생되게 되는 원인이 되었던 instruction과 synchronous하게 report가 될 수 있는지 혹은 asynchronous하게 report 될 수 있는지를 구분하는 것이다. 일반적인 faults는 synchronous하게 report가 될 수 있지만, 부정확한 Bus Fault는 asynchronous fault이다. asynchronous fault는 fault의 원인이 되는 instruction에 대해서 정확하게 인지할 수 없는 경우라고 생각하면 된다.

STM32의 Vector table을 살펴보면 아래와 같다.

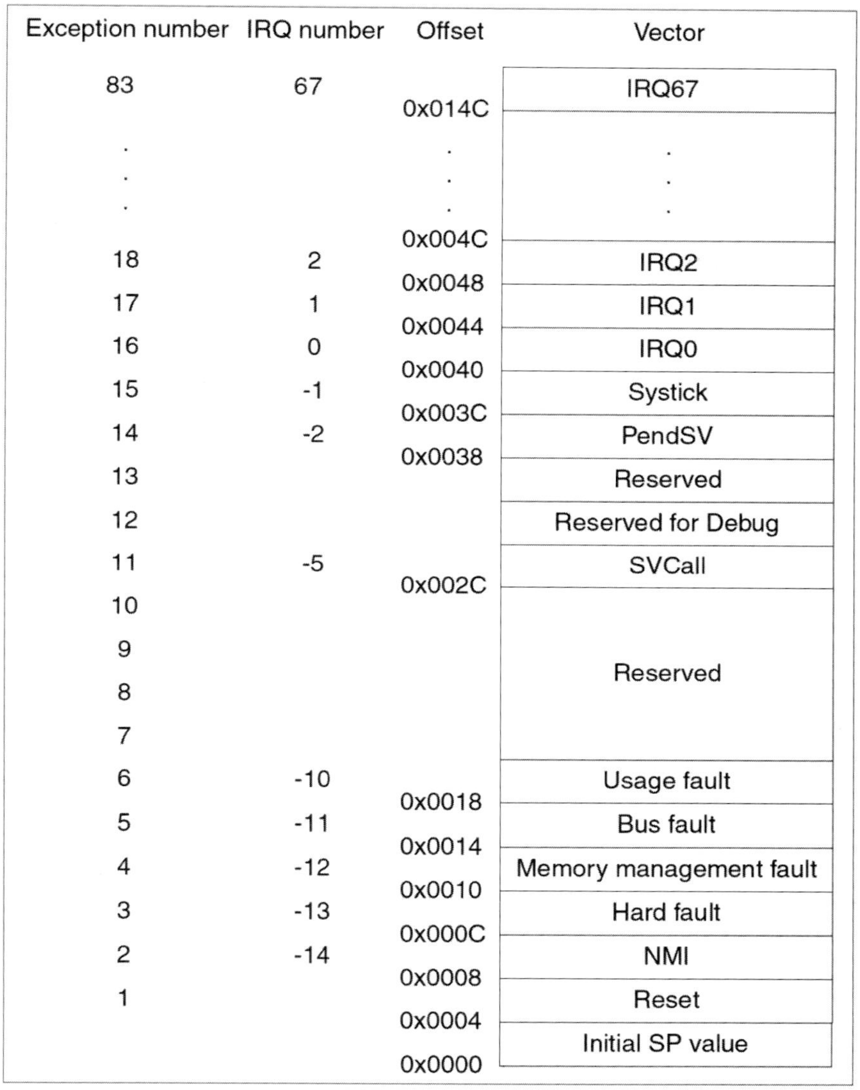

Exception number	IRQ number	Offset	Vector
83	67		IRQ67
		0x014C	
.		.	.
.		.	.
.		.	.
		0x004C	
18	2		IRQ2
		0x0048	
17	1		IRQ1
		0x0044	
16	0		IRQ0
		0x0040	
15	-1		Systick
		0x003C	
14	-2		PendSV
		0x0038	
13			Reserved
12			Reserved for Debug
11	-5		SVCall
		0x002C	
10			Reserved
9			
8			
7			
6	-10		Usage fault
		0x0018	
5	-11		Bus fault
		0x0014	
4	-12		Memory management fault
		0x0010	
3	-13		Hard fault
		0x000C	
2	-14		NMI
		0x0008	
1			Reset
		0x0004	
			Initial SP value
		0x0000	

그림 6-21 STM32 Vector table

(ST, PM0056, Cortex-M3 programming manual, Figure 12, Vector table)

interrupt의 발생시 CPU는 자동으로 processor의 상태를 exception의 stack에 저장하고 빠져 나올 때 Interrupt Service Routine (ISR)의 끝에서 복구를 시켜준다. 여기에 저장되는 레지스터들은 R0-3, R12, LR, PSR, PC 등이다. 이와 같이 자동으로 이러한 부분을 처리해 줌으로 인해서 general한 C 함수를 interrupt handler로 사용할 수 있는 이점을 가져다 줌과 동시에 IRQ 지연 시간도 줄여주게 된다.

exception을 처리하기 위한 pre-emption이 일어난 상태에서의 stack의 변화 모양을 살펴보면 아래와 같다. xPSR부터 시작해서 8개의 레지스터가 차례로 저장되어 있는 모습을 볼 수 있다.

Cortex-M3 CPU는 **tail-chaining**이라는 기능을 제공한다. 이것은 연이어 발생되는 interrupt에 대해서 interrupt의 발생 시점마다 stack에 저장하고 복구하는 행위를 매번 수행하는 것이 아니라, 연이어서 발생하는 것이 확실할 경우에는 저장된 값이 달라지지 않을 것이기 때문에 이전에 저장하고 있던 것을 유지하면서 빠르게 뒤의 interrupt를 처리할 수 있도록 만드는 기능이다.

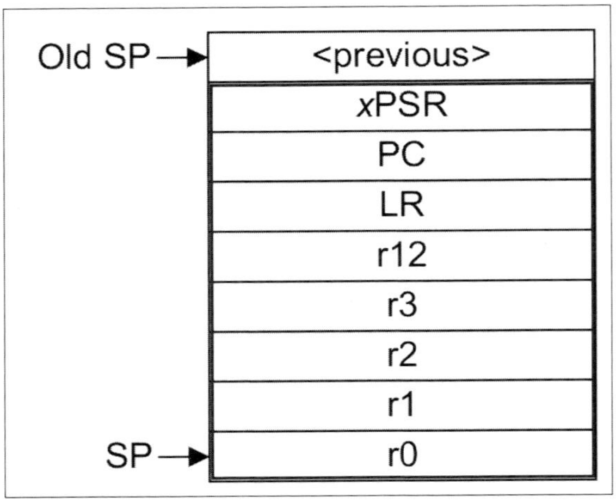

Old SP → <previous>
*x*PSR
PC
LR
r12
r3
r2
r1
SP → r0

(ARM, DDI0337G_cortex_m3_r2p0_trm, Figure 5-1 Stack contents after pre-emption)

6.15.2. STM32F10xxx Vector table

Position	Priority	Type of priority	Acronym	Description	Address
	-	-	-	Reserved	0x0000_0000
	-3	fixed	Reset	Reset	0x0000_0004
	-2	fixed	NMI	Non maskable interrupt. The RCC Clock Security System (CSS) is linked to the NMI vector.	0x0000_0008
	-1	fixed	HardFault	All class of fault	0x0000_000C
	0	settable	MemManage	Memory management	0x0000_0010
	1	settable	BusFault	Pre-fetch fault, memory access fault	0x0000_0014
	2	settable	UsageFault	Undefined instruction or illegal state	0x0000_0018
	-	-	-	Reserved	0x0000_001C - 0x0000_002B
	3	settable	SVCall	System service call via SWI instruction	0x0000_002C

Position	Priority	Type of priority	Acronym	Description	Address
	4	settable	Debug Monitor	Debug Monitor	0x0000_0030
	-	-	-	Reserved	0x0000_0034
	5	settable	PendSV	Pendable request for system service	0x0000_0038
	6	settable	SysTick	System tick timer	0x0000_003C
0	7	settable	WWDG	Window watchdog interrupt	0x0000_0040
1	8	settable	PVD	PVD through EXTI Line detection interrupt	0x0000_0044
2	9	settable	TAMPER	Tamper interrupt	0x0000_0048
3	10	settable	RTC	RTC global interrupt	0x0000_004C
4	11	settable	FLASH	Flash global interrupt	0x0000_0050
5	12	settable	RCC	RCC global interrupt	0x0000_0054
6	13	settable	EXTI0	EXTI Line0 interrupt	0x0000_0058
7	14	settable	EXTI1	EXTI Line1 interrupt	0x0000_005C
8	15	settable	EXTI2	EXTI Line2 interrupt	0x0000_0060
9	16	settable	EXTI3	EXTI Line3 interrupt	0x0000_0064
10	17	settable	EXTI4	EXTI Line4 interrupt	0x0000_0068
11	18	settable	DMA1_Channel1	DMA1 Channel1 global interrupt	0x0000_006C
12	19	settable	DMA1_Channel2	DMA1 Channel2 global interrupt	0x0000_0070
13	20	settable	DMA1_Channel3	DMA1 Channel3 global interrupt	0x0000_0074
14	21	settable	DMA1_Channel4	DMA1 Channel4 global interrupt	0x0000_0078
15	22	settable	DMA1_Channel5	DMA1 Channel5 global interrupt	0x0000_007C
16	23	settable	DMA1_Channel6	DMA1 Channel6 global interrupt	0x0000_0080
17	24	settable	DMA1_Channel7	DMA1 Channel7 global interrupt	0x0000_0084
18	25	settable	ADC1_2	ADC1 and ADC2 global interrupt	0x0000_0088
19	26	settable	USB_HP_CAN_TX	USB High Priority or CAN TX interrupts	0x0000_008C
20	27	settable	USB_LP_CAN_RX0	USB Low Priority or CAN RX0 interrupts	0x0000_0090
21	28	settable	CAN_RX1	CAN RX1 interrupt	0x0000_0094
22	29	settable	CAN_SCE	CAN SCE interrupt	0x0000_0098
23	30	settable	EXTI9_5	EXTI Line[9:5] interrupts	0x0000_009C

Position	Priority	Type of priority	Acronym	Description	Address
24	31	settable	TIM1_BRK	TIM1 Break interrupt	0x0000_00A0
25	32	settable	TIM1_UP	TIM1 Update interrupt	0x0000_00A4
26	33	settable	TIM1_TRG_COM	TIM1 Trigger and Commutation interrupts	0x0000_00A8
27	34	settable	TIM1_CC	TIM1 Capture Compare interrupt	0x0000_00AC
28	35	settable	TIM2	TIM2 global interrupt	0x0000_00B0
29	36	settable	TIM3	TIM3 global interrupt	0x0000_00B4
30	37	settable	TIM4	TIM4 global interrupt	0x0000_00B8
31	38	settable	I2C1_EV	I^2C1 event interrupt	0x0000_00BC
32	39	settable	I2C1_ER	I^2C1 error interrupt	0x0000_00C0
33	40	settable	I2C2_EV	I^2C2 event interrupt	0x0000_00C4
34	41	settable	I2C2_ER	I^2C2 error interrupt	0x0000_00C8
35	42	settable	SPI1	SPI1 global interrupt	0x0000_00CC
36	43	settable	SPI2	SPI2 global interrupt	0x0000_00D0
37	44	settable	USART1	USART1 global interrupt	0x0000_00D4
38	45	settable	USART2	USART2 global interrupt	0x0000_00D8
39	46	settable	USART3	USART3 global interrupt	0x0000_00DC
40	47	settable	EXTI15_10	EXTI Line[15:10] interrupts	0x0000_00E0
41	48	settable	RTCAlarm	RTC alarm through EXTI line interrupt	0x0000_00E4
42	49	settable	USBWakeup	USB wakeup from suspend through EXTI line interrupt	0x0000_00E8
43	50	settable	TIM8_BRK	TIM8 Break interrupt	0x0000_00EC
44	51	settable	TIM8_UP	TIM8 Update interrupt	0x0000_00F0
45	52	settable	TIM8_TRG_COM	TIM8 Trigger and Commutation interrupts	0x0000_00F4
46	53	settable	TIM8_CC	TIM8 Capture Compare interrupt	0x0000_00F8
47	54	settable	ADC3	ADC3 global interrupt	0x0000_00FC
48	55	settable	FSMC	FSMC global interrupt	0x0000_0100
49	56	settable	SDIO	SDIO global interrupt	0x0000_0104
50	57	settable	TIM5	TIM5 global interrupt	0x0000_0108
51	58	settable	SPI3	SPI3 global interrupt	0x0000_010C

Position	Priority	Type of priority	Acronym	Description	Address
52	59	settable	UART4	UART4 global interrupt	0x0000_0110
53	60	settable	UART5	UART5 global interrupt	0x0000_0114
54	61	settable	TIM6	TIM6 global interrupt	0x0000_0118
55	62	settable	TIM7	TIM7 global interrupt	0x0000_011C
56	63	settable	DMA2_Channel1	DMA2 Channel1 global interrupt	0x0000_0120
57	64	settable	DMA2_Channel2	DMA2 Channel2 global interrupt	0x0000_0124
58	65	settable	DMA2_Channel3	DMA2 Channel3 global interrupt	0x0000_0128
59	66	settable	DMA2_Channel4_5	DMA2 Channel4 and DMA2 Channel5 global interrupts	0x0000_012C

그림 6-22 STM32F10xxx Vector table

(ST, RM0008, Reference manual, Table 36, Vector table for other STM32F10xxx devices)

STM32F10xxx CPU의 Vector table을 표시해 주고 있는 표이다.

6.15.3. System Control Space 분석

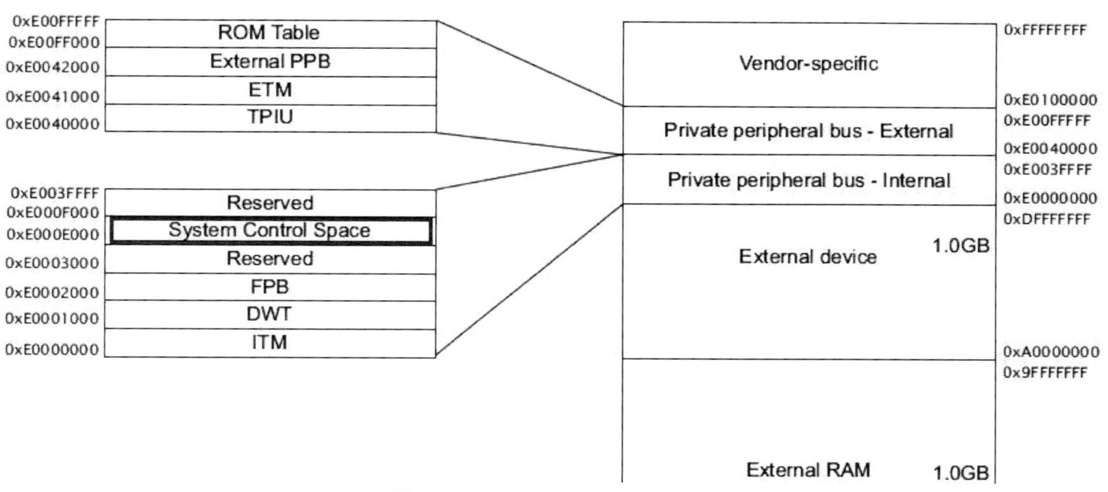

그림 6-23 System Control Space

(ARM, DDI0337G_cortex_m3_r2p0_trm, Figure 4-1 Processor memory map)

위 부분에서 System Control Space 부분에 우리가 원하는 내용이 들어 있다. 이 부분을 자세히 살펴 보도록 한다.

STM32의 core peripheral register 영역은 아래와 같다.

Address	Core peripheral
0xE000E010-0xE000E01F	System timer
0xE000E100-0xE000E4EF	Nested vectored interrupt controller
0xE000ED00-0xE000ED3F	System control block
0xE000ED90-0xE000ED93	MPU type register
0xE000EF00-0xE000EF03	Nested vectored interrupt controller

우리가 이번 장에서 살펴볼 것은 위의 세 부분이다.

```
#define SCS_BASE        (0xE000E000)            /*!< System Control Space Base Address     */

#define SysTick_BASE    (SCS_BASE +   0x0010)       /*!< SysTick Base Address      */
#define NVIC_BASE       (SCS_BASE +   0x0100)       /*!< NVIC Base Address        */
#define SCB_BASE        (SCS_BASE +   0x0D00)       /*!< System Control Block Base Address   */

#define SysTick         ((SysTick_Type *)   SysTick_BASE)    /*!< SysTick configuration struct     */
#define NVIC            ((NVIC_Type *)     NVIC_BASE)      /*!< NVIC configuration struct      */
#define SCB             ((SCB_Type *)      SCB_BASE)       /*!< SCB configuration struct      */
```

각각의 address는 위와 같이 정의가 된다.

우리가 하고자 하는 일에 대해서 잠시 개요를 설명한다. System Tick 부분은 주기적으로 설정한 값이 매 클럭마다 감소하게 되고 그것이 모두 감소해서 0이 되는 순간 SysTick interrupt가 발생하게 된다. 위에서 살펴본 것처럼 interrupt position 15번에 위치하고 있다. 우리는 정확한 1초를 구하려고 하는 것이다. 만약 72MHz로 동작하는 경우에 72000이라는 값을 설정하게 되면 (실제로는 71999를 설정해야 한다. 이 부분은 뒤에 설명하겠다.) 매 클럭마다 이 값을 감소시킨다. 72MHz로 동작한다는 것은 클럭이 1초에 72000000번 발생한다는 것이고, 72000번 클럭이 발생한 것은 1 mili second가 지나간 것을 의미한다. 만약 우리가 이 행위를 1000번 하게 되면 이는 결국 정확하게 1초가 경과한 시간을 알수 있게 되는 것이다.

이제 하나씩 관련된 사항들을 점검해 보겠다.

6.15.4. NVIC Vector Table 설정

최초로 설정해야 하는 부분은 Vector Table이다.

```
#define NVIC_VectTab_RAM              ((uint32_t)0x20000000)
#define NVIC_VectTab_FLASH            ((uint32_t)0x08000000)

void NVIC_SetVectorTable(uint32_t NVIC_VectTab, uint32_t Offset) {
  SCB->VTOR = NVIC_VectTab | (Offset & (uint32_t)0x1FFFFF80);
}

void NVIC_Configuration(void) {
    /* Set the Vector Table base location at 0x08000000 */
    NVIC_SetVectorTable(NVIC_VectTab_FLASH, 0x0);
}
```

SCB는 SCB_Type 포인터이고, SCB_Type의 내용은 아래와 같다. 0xE000ED00 부분이 되겠다. System Control Block의 기본적인 레지스터들이다. SCB, NVIC, Systick에 대한 부분은 PM0056. STM32F10xxx Cortex-M3 programming manual 부분을 참조해야 한다.

```
typedef struct {
  __I  uint32_t CPUID;      /*!< CPU ID Base Register                    */
  __IO uint32_t ICSR;       /*!< Interrupt Control State Register        */
  __IO uint32_t VTOR;       /*!< Vector Table Offset Register            */
  __IO uint32_t AIRCR;      /*!< Application Interrupt / Reset Control Register   */
  __IO uint32_t SCR;        /*!< System Control Register        */
  __IO uint32_t CCR;        /*!< Configuration Control Register       */
  __IO uint8_t  SHP[12];    /*!< System Handlers Priority Registers (4-7, 8-11, 12-15)     */
  __IO uint32_t SHCSR;      /*!< System Handler Control and State Register       */
  __IO uint32_t CFSR;       /*!< Configurable Fault Status Register        */
  __IO uint32_t HFSR;       /*!< Hard Fault Status Register              */
  __IO uint32_t DFSR;       /*!< Debug Fault Status Register              */
  __IO uint32_t MMFAR;      /*!< Mem Manage Address Register              */
  __IO uint32_t BFAR;       /*!< Bus Fault Address Register               */
  __IO uint32_t AFSR;       /*!< Auxiliary Fault Status Register       */
  __I  uint32_t PFR[2];     /*!< Processor Feature Register        */
```

```
    __I  uint32_t DFR;        /*!< Debug Feature Register                    */
    __I  uint32_t ADR;        /*!< Auxiliary Feature Register                */
    __I  uint32_t MMFR[4];    /*!< Memory Model Feature Register             */
    __I  uint32_t ISAR[5];    /*!< ISA Feature Register                      */
} SCB_Type;
```

0xE000ED00부터 시작하는 레지스터들은 SCB_Type이라는 structure로 정리되어 있다.

CPUID Base Register	Read-only	0xE000ED00	0x412FC230	page 8-18
Interrupt Control State Register	Read/write or read-only	0xE000ED04	0x00000000	page 8-19
Vector Table Offset Register	Read/write	0xE000ED08	0x00000000	page 8-21
Application Interrupt/Reset Control Register	Read/write	0xE000ED0C	0x00000000[b]	page 8-22
System Control Register	Read/write	0xE000ED10	0x00000000	page 8-25
Configuration Control Register	Read/write	0xE000ED14	0x00000000	page 8-26
System Handlers 4-7 Priority Register	Read/write	0xE000ED18	0x00000000	page 8-28
System Handlers 8-11 Priority Register	Read/write	0xE000ED1C	0x00000000	page 8-28
System Handlers 12-15 Priority Register	Read/write	0xE000ED20	0x00000000	page 8-28

(ARM, DDI0337G_cortex_m3_r2p0_trm, Table 8-1 NVIC registers)

CPUID부터 CCR까지 정확한 순서를 보여주고 있고, __IO uint8_t SHP[12]; /*!<System Handlers Priority Registers (4-7, 8-11, 12-15)*/ 부분은 4번부터 15번까지의 레지스터 12개를 8비트 단위로 나타내주고 있는 것이다.

System Handler Control and State Register	Read/write	0xE000ED24	0x00000000	page 8-29
Configurable Fault Status Registers	Read/write	0xE000ED28	0x00000000	page 8-32
Hard Fault Status Register	Read/write	0xE000ED2C	0x00000000	page 8-37
Debug Fault Status Register	Read/write	0xE000ED30	0x00000000	page 8-38
Mem Manage Address Register	Read/write	0xE000ED34	Unpredictable	page 8-40
Bus Fault Address Register	Read/write	0xE000ED38	Unpredictable	page 8-41
Auxiliary Fault Status Register	Read/write	0xE000ED3C	0x00000000	page 8-41
PFR0: Processor Feature register0	Read-only	0xE000ED40	0x00000030	-
PFR1: Processor Feature register1	Read-only	0xE000ED44	0x00000200	-

역시 SHCSR부터 AFSR까지 정확한 순서를 보이고, PFR이 두 개 정의되어 있다.

DFR0: Debug Feature register0	Read-only	0xE000ED48	0x00100000	-
AFR0: Auxiliary Feature register0	Read-only	0xE000ED4C	0x00000000	-
MMFR0: Memory Model Feature register0	Read-only	0xE000ED50	0x00000030	-
MMFR1: Memory Model Feature register1	Read-only	0xE000ED54	0x00000000	-
MMFR2: Memory Model Feature register2	Read-only	0xE000ED58	0x00000000	-
MMFR3: Memory Model Feature register3	Read-only	0xE000ED5C	0x00000000	-
ISAR0: ISA Feature register0	Read-only	0xE000ED60	0x01141110	-
ISAR1: ISA Feature register1	Read-only	0xE000ED64	0x02111000	-
ISAR2: ISA Feature register2	Read-only	0xE000ED68	0x21112231	-
ISAR3: ISA Feature register3	Read-only	0xE000ED6C	0x01111110	-
ISAR4: ISA Feature register4	Read-only	0xE000ED70	0x01310102	-

나머지 부분도 동일하게 정확히 일치하는 모습을 보여준다. 다만, ADR로 표시된 부분이 AFR인데, 이것은 아마도 소스의 오류로 생각하면 될 듯 하다.

여기서 설정하는 Vector Table은 Vector table offset register (SCB_VTOR)를 설정하고 있다.

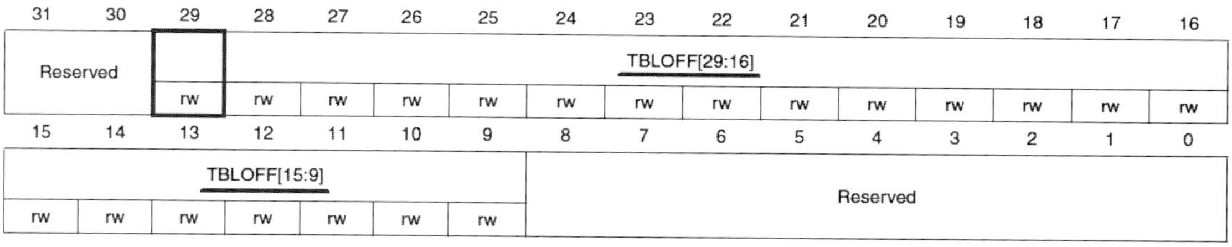

31	30	29	28	27	26	25	24	23	22	21	20	19	18	17	16
Reserved			TBLOFF[29:16]												
		rw	rw	rw	rw	rw	rw	rw	rw	rw	rw	rw	rw	rw	rw

15	14	13	12	11	10	9	8	7	6	5	4	3	2	1	0
TBLOFF[15:9]							Reserved								
rw	rw	rw	rw	rw	rw	rw									

여기 저장되는 값은 memory address 0x00000000으로부터의 offset 값을 의미한다. 하위 9비트 부분은 reserved 영역으로 반드시 0으로 설정되어야 한다. 보통 설정되는 값은 RAM 영역 0x20000000이거나, FLASH 영역 0x08000000이다. 우리는 Flash 영역으로 설정하였고, 여기에 offset은 0을 줌으로서 0x08000000을 Vector table의 base address로 설정한 것이다.

Bit 29은 특별한 의미를 가지는데, code나 SRAM memory 영역에 대한 구분을 나타낸다. 0은 Code영역을 가리키고, 1은 SRAM 영역을 가리킨다. 보통 TBLBASE bit라고 불린다.

6.15.5. SysTick Configuration

아래 main 함수의 변경 내용을 살펴보도록 한다.

```
    RCC_GetClocksFreq(&rcc_clocks);

    /* NVIC configuration */
    NVIC_Configuration();

    /* Configure the GPIO ports */
    GPIO_Configuration();

    /* UART initialization */
    USART1_Init();

    /* Setup SysTick Timer for 1 msec interrupts  */
    if (SysTick_Config(rcc_clocks.SYSCLK_Frequency / 1000))
    {
        /* Capture error */
        while (1);
    }
```

System_Information() 함수에서 사용하던 RCC_GetClocksFreq() 함수를 main 함수에서 기본적으로 호출하도록 변경하였다. 이는 뒤에서 systick 설정을 위해서 사용하기 위함이다.

rcc_clocks.SYSCLK_Frequency는 72000000으로 설정이 되어 있다. 이것은 1초에 72000000번 클럭이 동작한다는 것을 의미한다. 우리는 이것을 1000으로 나누어서 SysTick_Config 함수에 전달한다. 결국 클럭이 72000번 동작할 때마다 SysTick interrupt가 발생하도록 만들겠다는 의미이다.

이제 이 함수의 내용을 차례로 살펴보도록 하겠다.

```
uint32_t SysTick_Config(uint32_t ticks)
{
  if (ticks > SYSTICK_MAXCOUNT)  return (1); /* Reload value impossible */

  SysTick->LOAD  =  (ticks & SYSTICK_MAXCOUNT) - 1; /* set reload register */
  NVIC_SetPriority (SysTick_IRQn, (1<<__NVIC_PRIO_BITS) - 1);
                  /* set Priority for Cortex-M0 System Interrupts */
  SysTick->VAL   =  (0x00);      /* Load the SysTick Counter Value */
  SysTick->CTRL = (1 << SYSTICK_CLKSOURCE) | (1<<SYSTICK_ENABLE) | (1<<SYSTICK_TICKINT);
                        /* Enable SysTick IRQ and SysTick Timer */
```

```
    return (0); /* Function successful */
}
```

뭔가 에러가 발생했을 때는 1을 return하고 정상적으로 설정이 완료된 경우는 0을 return하도록 되어 있다.

SYSTICK_MAXCOUNT는 ((1<<24) -1)로 정의되어 있는데 이 값은 0xFFFFFF 이다. SysTick->LOAD 부분에 저장할 수 있는 최대 값이 이 값이기 때문에 이것을 비교하는 것이다.

```
#define SCS_BASE        (0xE000E000)            /*!< System Control Space Base Address      */
#define SysTick_BASE    (SCS_BASE +   0x0010)        /*!< SysTick Base Address      */
#define SysTick         ((SysTick_Type *)   SysTick_BASE)    /*!< SysTick configuration struct     */
```

SysTick은 위에서 보았던 것처럼 0xE000E010 주소를 base로 하는 부분이다. SysTick_Type에 대해서 살펴보도록 하겠다.

```
typedef struct
{
    __IO uint32_t CTRL;                     /*!< SysTick Control and Status Register */
    __IO uint32_t LOAD;                     /*!< SysTick Reload Value Register        */
    __IO uint32_t VAL;                      /*!< SysTick Current Value Register       */
    __I   uint32_t CALIB;                   /*!< SysTick Calibration Register         */
} SysTick_Type;
```

SysTick은 4개의 레지스터로 구성되어 있다. SysTick Calibration Register는 여기서 다루지 않기 때문에 위의 3개의 레지스터만 살펴볼 것이다. 가장 먼저는 SysTick Reload Value Register를 살펴본다.

SysTick reload value register (STK_LOAD)

31	30	29	28	27	26	25	24	23	22	21	20	19	18	17	16
Reserved								RELOAD[23:16]							
								rw	rw	rw	rw	rw	rw	rw	rw

15	14	13	12	11	10	9	8	7	6	5	4	3	2	1	0
RELOAD[15:0]															
rw	rw	rw	rw	rw	rw	rw	rw	rw	rw	rw	rw	rw	rw	rw	rw

내용은 무척 단순하다 24개 비트에 값을 설정하면 매 클럭마다 이 값을 1씩 감소시킬 것이다. 소스 코드를 보면 (ticks & SYSTICK_MAXCOUNT) - 1로 1을 빼주었다. 실제로 이 레지스터에 저장할 수 있는 최소값은 1이다. 만약 1을 설정하게 되면 첫 번째 클럭에서 1을 감소하고, 0이 되는 순간

interrupt를 발생시키고 다시 1로 설정이 되는 동작이 반복되게 된다. 즉 2 클럭마다 인터럽트가 발생하는 것이다. 그러므로 만약 우리가 100 클럭마다 인터럽트가 발생하기를 원한다면 99를 설정해야 한다.

NVIC_SetPriority 부분은 뒤에서 살펴보고 먼저 나머지 2 부분에 대한 것을 살펴보겠다.

SysTick current value register (STK_VAL)

31	30	29	28	27	26	25	24	23	22	21	20	19	18	17	16
Reserved								CURRENT[23:16]							
								rw	rw	rw	rw	rw	rw	rw	rw

15	14	13	12	11	10	9	8	7	6	5	4	3	2	1	0
CURRENT[15:0]															
rw	rw	rw	rw	rw	rw	rw	rw	rw	rw	rw	rw	rw	rw	rw	rw

현재의 count 값이 저장되어 있는 곳이 되겠다. 당연히 여기에는 0을 넣어두고 시작해야 한다. 만약 여기에 다른 값을 넣어두게 되면 그 값이 0이 되는 순간에 인터럽트가 발생될 것이다.

SysTick control and status register (STK_CTRL)

이제 SysTick을 enable 시키는 부분에 대해서 살펴본다.

```
SysTick->CTRL = (1 << SYSTICK_CLKSOURCE) | (1<<SYSTICK_ENABLE) | (1<<SYSTICK_TICKINT);
```

소스 코드는 위와 같았고, 3개의 비트 부분을 모두 1로 만드는 것이다. shift 동작을 위한 define 부분은 아래와 같다.

```
#define SYSTICK_ENABLE      0      /* Config-Bit to start or stop the SysTick Timer    */
#define SYSTICK_TICKINT     1          /* Config-Bit to enable or disable the SysTick interrupt  */
#define SYSTICK_CLKSOURCE   2
        /* Clocksource has the offset 2 in SysTick Control and Status Register */
```

31	30	29	28	27	26	25	24	23	22	21	20	19	18	17	16
Reserved															COUNT FLAG
															rw

15	14	13	12	11	10	9	8	7	6	5	4	3	2	1	0
Reserved													CLKSO URCE	TICK INT	EN ABLE
													rw	rw	rw

우리는 0~2번 비트까지 3개의 비트만 사용을 하고 각각에 대한 설명은 아래와 같다.

Bit 2 CLKSOURCE: Clock source selection
0: AHB/8
1: Processor clock (AHB)

우리는 클럭의 소스로 시스템 클럭을 그대로 사용할 것이기 때문에 1로 설정한다. 이것은 default 값이기도 하다.

Bit 1 TICKINT: SysTick exception request enable
0: Counting down to zero does not assert the SysTick exception request
1: Counting down to zero to asserts the SysTick exception request.

exception을 발생시킬 것인지 아닌지에 대한 설정 부분이다. exception을 발생시키지 않고, 다만 16번 비트의 Count Flag 비트가 설정된 것을 보고 판단을 내리게 할 수도 있다. 이렇게 한다면 Polling 방식으로 COUNTFLAG 값을 읽어보아야 할 것이다. 우리는 인터럽트 방식을 사용할 것이기 때문에 당연히 1로 설정한다.

Bit 0 ENABLE: Counter enable
0: Counter disabled
1: Counter enabled

위와 같이 1로 counter를 enable 시켰을 때의 동작 부분을 간단히 설명하면 LOAD register에서 RELOAD의 값을 읽어와서 계속 감소시키는 작업을 하게 되고, 0이 되었을 때 COUNTFLAG가 1로 되면서 TICKINT가 설정되어 있으면 SysTick exception을 발생시키게 된다. 이후에도 계속 반복을 하게 된다.

6.15.6. Exception priority

위에서 설명을 생략했던 NVIC_SetPriority 부분에 대해서 설명을 진행하기에 앞서서 Exception priority에 대해서 살펴보고 지나가야 할 것이다.

먼저 exceptions의 Priority-based 동작을 살펴보면 아래와 같이 4가지로 정리를 할수 있다.

Pre-emption	현재의 exception priority보다 더 높은 priority를 가진 exception이 새롭게 발생함. pended interrupt가 active ISR이나 thread보다 더 높은 priority를 가졌을 경우. 한 ISR이 다른 것을 pre-empts할때 interrupts는 nested 된다. exception에 진입할때 processor는 자동으로 processor 상태를 stack에 저장한다. 이와 동시에 병렬로 interrupt에 해당하는 vector를 fetch해 온다.

	processor 상태가 저장되고 ISR의 첫 번째 instruction이 processor pipeline의 execute stage에 들어 갔을 때 ISR의 instruction이 비로소 실행되는 것이다. processor 상태가 저장되는 것은 System bus와 DCode bus를 통해 수행된다. vector fetch는 Vector Table Offset Register에 따라 저장된 vector table의 위치에 따라 System bus 또는 ICode bus를 통해 수행된다.
Tail-chain	이것은 processor가 interrupt를 서비스하는 속도를 높이기 위해서 사용하는 것이다. ISR의 종료 시점에, 만약에 return되어 돌아갈 ISR이나 thread보다 높은 priority를 가진 pending interrupt가 있으면, stack pop은 skip되고 control만 새로운 ISR로 옮겨진다. 결국 stack pop하고 새로운 ISR에서 다시 stack을 push하는 작업을 줄여서 보다 빠른 서비스의 제공이 가능하게 된다.
Return	stacked ISR이나 Thread Mode보다 더 높은 priority를 가진 pending exceptions이 없으면 processor는 stack을 pop하고 return하게 된다. ISR의 종료 시점에 자동으로 processor 상태가 복구되는데, 이러한 복구 과정에서 더 높은 priority를 가진 ISR이 새롭게 발생하게 되면, 복구 과정 자체를 생략하고 마치 tail-chaining 처럼 새로운 ISR로 control을 넘기게 된다.
Late-arriving	이것은 pre-emption의 속도를 빠르게 하기 위해서 사용하는 방법이다. 이전 pre-emption에 대한 상태 저장을 수행하는 동안에 보다 높은 priority를 가진 interrupt가 발생하게 되면, processor는 더 높은 priority의 interrupt를 handling하도록 switch하게 된다. 뒤늦게 도착한 interrupt의 경우 상태를 저장하는 과정은 수행하지 않게 된다. 이 과정은 이전 ISR의 첫 번째 instruction이 pipeline 상의 execution 단계에 들어갈 때까지 적용될 수 있다. return할 때는 tail-chaining rule이 적용된다.

NVIC는 software-assigned priority levels을 지원한다. 0부터 255까지 값을 지정해서 우선 순위를 지정할 수 있다. Interrupt Priority Register를 설정해서 이것을 지정할 수 있다. Hardware priority는 interrupt 번호가 증가함에 따라서 우선 순위가 감소한다. Priority level 0가 가장 높은 우선 순위를 가지고, priority level 255가 가장 낮은 우선 순위를 가진다. 하지만 priority level은 NVIC에 지정하는 software-assigned priority level로서 변경될 수 있다. 만약 IRQ[0]에 priority level 1을 지정하고, IRQ[31]에 priority level 0을 지정했다면 IRQ[31]은 IRQ[0]보다 높은 우선 순위를 갖게 되는 것이다.

이렇게 소프트웨어적인 우선 순위의 지정은 reset, Non-Maskable Interrupt (NMI), 그리고 hard fault에는 영향을 미치지 못한다. 이들은 항상 가장 높은 우선 순위를 갖는다. (보통 그래서 마이너스의 값을 갖게 한다.)

매우 많은 숫자의 우선 순위를 갖게 되면 priority control이 무척 복잡할 수 있다. 그래서 NVIC는 priority grouping을 지원한다. Application Interrupt and Reset Control Register (SCB_AIRCR)에 있는 PRIGROUP field를 사용해서 모든 PRI_N을 pre-emption priority field와 subpriority field로 나누어서 사용할 수 있도록 한다. pre-emption priority group을 group priority로서 사용하는 것이다.

Interrupt priority level field, PRI_N[7:0]					
PRIGROUP[2:0]	Binary point position	Pre-emption field	Subpriority field	Number of pre-emption priorities	Number of subpriorities
b000	bxxxxxxx.y	[7:1]	[0]	128	2
b001	bxxxxxx.yy	[7:2]	[1:0]	64	4
b010	bxxxxx.yyy	[7:3]	[2:0]	32	8
b011	bxxxx.yyyy	[7:4]	[3:0]	16	16
b100	bxxx.yyyyy	[7:5]	[4:0]	8	32
b101	bxx.yyyyyy	[7:6]	[5:0]	4	64
b110	bx.yyyyyyy	[7]	[6:0]	2	128
b111	b.yyyyyyyy	None	[7:0]	0	256

(ARM, DDI0337G_cortex_m3_r2p0_trm, Table 5-3 Priority grouping)

위의 내용은 priority group으로 8 비트를 모두 사용하는 형태에 대한 설명이다. 하지만 프로세서를 설계할때 이 부분을 좀더 간략하게 만들 수 있다. 낮은 부분의 비트는 모두 0으로 만들어서 사용할 수 있다. 예를 들면 PRI_N[7:4]만 사용하고 나머지는 다 0으로 만들어서 사용하도록 설계할 수 있는 것이다. 바로 이렇게 설계된 것이 STM32 CPU이다.

PRIGROUP [2:0]	Interrupt priority level value, PRI_*N*[7:4]			Number of	
	Binary point(1)	Group priority bits	Subpriority bits	Group priorities	Sub priorities
0b011	0bxxxx	[7:4]	None	16	None
0b100	0bxxx.y	[7:5]	[4]	8	2
0b101	0bxx.yy	[7:6]	[5:4]	4	4
0b110	0bx.yyy	[7]	[6:4]	2	8
0b111	0b.yyyy	None	[7:4]	None	16

(ST, PM0056, Cortex-M3 programming manual, Table 38, Priority grouping)

위 표에서와 같이 PRIGROUP이 가질 수 있는 값은 0b100부터 0b111로 설정을 하고 Group priority로 설정하는 부분은 3 비트부터 하나도 없는 것까지 설정이 가능하다.

6.15.7. NVIC_SetPriority 설정

위에서 설명을 생략했던 NVIC_SetPriority 부분에 대해서 설명을 진행한다.

```
void NVIC_SetPriority(IRQn_Type IRQn, uint32_t priority) {
  if(IRQn < 0) {
    SCB->SHP[((uint32_t)(IRQn) & 0xF)-4] = ((priority << (8 - __NVIC_PRIO_BITS)) & 0xff); }
                /* set Priority for Cortex-M3 System Interrupts */
  else {
    NVIC->IP[(uint32_t)(IRQn)] = ((priority << (8 - __NVIC_PRIO_BITS)) & 0xff); }
                /* set Priority for device specific Interrupts        */
}
```

priority 설정과 관련한 레지스터는 2 부분이다. 하나는 SCB의 SHP 레지스터이고, 다른 하나는 NVIC의 IP 레지스터이다. NVIC_IP 레지스터에 대해서는 다음 장에서 공부하도록 하고 여기서는 SCB의 SHP 레지스터에 대해서만 살펴보도록 한다.

가장 첫 부분에서 (IRQn < 0)의 비교문을 만나게 된다. IRQ 번호가 0보다 작은 경우에 대해서는 SCB SHP 레지스터에서 처리하는 것을 알 수 있다. 우리가 아는 인터럽트 priority가 -3, -2, -1로 Reset과 NMI, Hard Fault이다. 하지만 여기서는 그 외에도 SysTick 까지를 음수로 처리한다. 이를 위해서는 IRQn_Type에 대해서 살펴볼 필요가 있다.

```
#define __NVIC_PRIO_BITS           4 /*!< STM32 uses 4 Bits for the Priority Levels      */
NVIC_SetPriority (SysTick_IRQn, (1<<__NVIC_PRIO_BITS) - 1);
```

NVIC_SetPriority를 호출하는 곳에서 위와 같이 SysTick_IRQn를 IRQ에 대한 내용으로 넘겨주고 있다. 이것이 의미하는 바는 아래 내용을 살펴보아야 한다.

```
typedef enum IRQn {
/******  Cortex-M3 Processor Exceptions Numbers ***************************************/
  NonMaskableInt_IRQn          = -14,     /*!< 2 Non Maskable Interrupt     */
  MemoryManagement_IRQn    = -12,     /*!< 4 Cortex-M3 Memory Management Interrupt */
  BusFault_IRQn                  = -11,     /*!< 5 Cortex-M3 Bus Fault Interrupt     */
  UsageFault_IRQn               = -10,     /*!< 6 Cortex-M3 Usage Fault Interrupt    */
  SVCall_IRQn                    = -5,      /*!< 11 Cortex-M3 SV Call Interrupt    */
  DebugMonitor_IRQn            = -4,      /*!< 12 Cortex-M3 Debug Monitor Interrupt    */
  PendSV_IRQn                     = -2,      /*!< 14 Cortex-M3 Pend SV Interrupt      */
  SysTick_IRQn                    = -1,      /*!< 15 Cortex-M3 System Tick Interrupt   */

/******  STM32 specific Interrupt Numbers ***************************************/
  WWDG_IRQn                     = 0,       /*!< Window WatchDog Interrupt    */
```

```
PVD_IRQn                    = 1,      /*!< PVD through EXTI Line detection Interrupt */
TAMPER_IRQn                 = 2,      /*!< Tamper Interrupt        */
RTC_IRQn                    = 3,      /*!< RTC global Interrupt      */
FLASH_IRQn                  = 4,      /*!< FLASH global Interrupt        */
RCC_IRQn                    = 5,      /*!< RCC global Interrupt          */
EXTI0_IRQn                  = 6,      /*!< EXTI Line0 Interrupt          */
EXTI1_IRQn                  = 7,      /*!< EXTI Line1 Interrupt         */
EXTI2_IRQn                  = 8,      /*!< EXTI Line2 Interrupt            */
EXTI3_IRQn                  = 9,      /*!< EXTI Line3 Interrupt           */
EXTI4_IRQn                  = 10,     /*!< EXTI Line4 Interrupt         */
DMA1_Channel1_IRQn          = 11,     /*!< DMA1 Channel 1 global Interrupt    */
DMA1_Channel2_IRQn          = 12,     /*!< DMA1 Channel 2 global Interrupt     */
DMA1_Channel3_IRQn          = 13,     /*!< DMA1 Channel 3 global Interrupt     */
DMA1_Channel4_IRQn          = 14,     /*!< DMA1 Channel 4 global Interrupt     */
DMA1_Channel5_IRQn          = 15,     /*!< DMA1 Channel 5 global Interrupt   */
DMA1_Channel6_IRQn          = 16,     /*!< DMA1 Channel 6 global Interrupt   */
DMA1_Channel7_IRQn          = 17,     /*!< DMA1 Channel 7 global Interrupt        */
ADC1_2_IRQn                 = 18,     /*!< ADC1 and ADC2 global Interrupt        */
USB_HP_CAN1_TX_IRQn         = 19,     /*!< USB Device High Priority or CAN1 TX Interrupts  */
USB_LP_CAN1_RX0_IRQn        = 20,     /*!< USB Device Low Priority or CAN1 RX0 Interrupts */
CAN1_RX1_IRQn               = 21,     /*!< CAN1 RX1 Interrupt            */
CAN1_SCE_IRQn               = 22,     /*!< CAN1 SCE Interrupt              */
EXTI9_5_IRQn                = 23,     /*!< External Line[9:5] Interrupts       */
TIM1_BRK_IRQn               = 24,     /*!< TIM1 Break Interrupt               */
TIM1_UP_IRQn                = 25,     /*!< TIM1 Update Interrupt            */
TIM1_TRG_COM_IRQn           = 26,     /*!< TIM1 Trigger and Commutation Interrupt */
TIM1_CC_IRQn                = 27,     /*!< TIM1 Capture Compare Interrupt         */
TIM2_IRQn                   = 28,     /*!< TIM2 global Interrupt           */
TIM3_IRQn                   = 29,     /*!< TIM3 global Interrupt          */
TIM4_IRQn                   = 30,     /*!< TIM4 global Interrupt    */
I2C1_EV_IRQn                = 31,     /*!< I2C1 Event Interrupt          */
I2C1_ER_IRQn                = 32,     /*!< I2C1 Error Interrupt         */
I2C2_EV_IRQn                = 33,     /*!< I2C2 Event Interrupt          */
I2C2_ER_IRQn                = 34,     /*!< I2C2 Error Interrupt         */
SPI1_IRQn                   = 35,     /*!< SPI1 global Interrupt         */
SPI2_IRQn                   = 36,     /*!< SPI2 global Interrupt          */
USART1_IRQn                 = 37,     /*!< USART1 global Interrupt       */
USART2_IRQn                 = 38,     /*!< USART2 global Interrupt          */
```

```
  USART3_IRQn                 = 39,      /*!< USART3 global Interrupt       */
  EXTI15_10_IRQn              = 40,      /*!< External Line[15:10] Interrupts      */
  RTCAlarm_IRQn               = 41,      /*!< RTC Alarm through EXTI Line Interrupt    */
  USBWakeUp_IRQn   = 42,  /*!< USB Device WakeUp from suspend through EXTI Line Interrupt */
} IRQn_Type;
```

위 enum type에서 보면 인터럽트 번호 15번 까지는 음수의 값을 가지고 있고, 16번부터는 양수의 값을 가지고 있는 것을 알수 있다. 사실 16번부터 255번까지는 CPU를 만드는 제조사에서 상황에 맞게 만들 수 있는 부분이 되겠다. 여기는 43개의 인터럽트에 대한 것만 표기되어 있지만 실제로는 68개의 인터럽트를 가지고 있을 수 있다. 사용하는 CPU의 종류에 따라서 달라질 수 있는 부분이다.

여기서 실제로 priority 설정이 이루어지는 System handler priority registers (SHPRx) 레지스터에 대해서 살펴본다. 이 레지스터는 3가지 종류를 가진다.

Handler	Field	Register description
Memory management fault	PRI_4	*System handler priority register 1 (SCB_SHPR1)*
Bus fault	PRI_5	
Usage fault	PRI_6	
SVCall	PRI_11	*System handler priority register 2 (SCB_SHPR2) on page 123*
PendSV	PRI_14	*System handler priority register 3 (SCB_SHPR3) on page 124*
SysTick	PRI_15	

(ST, PM0056, Cortex-M3 programming manual, Table 39, System fault handler priority fields)

SCB_SHPR1, SCB_SHPR2, SCB_SHPR3의 3개의 레지스터가 각각 어떤 exception을 지원하는 지에 대한 표가 위에 표시되고 있다.

우리는 SysTick에 대한 설정을 수행하는 것이고, 이것은 System handler priority register 3 (SCB_SHPR3)를 설정해야 한다.

31	30	29	28	27	26	25	24	23	22	21	20	19	18	17	16
PRI_15[7:4]				PRI_15[3:0]				PRI_14[7:4]				PRI_14[3:0]			
rw	rw	rw	rw	r	r	r	r	rw	rw	rw	rw	r	r	r	r
15	**14**	**13**	**12**	**11**	**10**	**9**	**8**	**7**	**6**	**5**	**4**	**3**	**2**	**1**	**0**
Reserved															

자 이제 설정이 되는 부분을 살펴본다.

[((uint32_t)(IRQn) & 0xF)-4]

(uint32_t)(IRQn)에 넘겨지는 값은 0xFFFFFFFF이다. 이 값에 ((uint32_t)(IRQn) & 0xF)로 0xF가 AND 연산이 되면 결과는 0xF가 된다. 여기서 4를 빼면 11이 된다.

```
__IO uint8_t  SHP[12];    /*!< System Handlers Priority Registers (4-7, 8-11, 12-15)     */
```

SHP는 원래 위와 같이 선언이 되어 있다. 즉, SHP[11] 부분에 SysTick에 대한 priority가 입력되는 것이고, 이 값이 정상적으로 11로 index가 구해지는 것을 살펴보았다.

6.15.8. SysTick interrupt handler 설정

이제 interrupt가 발생하도록 하는 부분까지는 설정을 마쳤다. 드디어 우리는 지금까지 보지 않고 있던 startup assembly 부분을 살펴보아야 한다. startup_stm32f10x_md.s (D:₩WkPjt₩MStory2.0₩Mango-M32.Firmware₩M32.Src015.SysTick₩project₩RIDE)를 살펴보면 아래의 내용이 나온다.

```
g_pfnVectors:
        .word    _estack
        .word    Reset_Handler
        .word    NMI_Handler
        .word    HardFault_Handler
        .word    MemManage_Handler
        .word    BusFault_Handler
        .word    UsageFault_Handler
        .word    0
        .word    0
        .word    0
        .word    0
        .word    SVC_Handler
        .word    DebugMon_Handler
        .word    0
        .word    PendSV_Handler
        .word    SysTick_Handler
        .word    WWDG_IRQHandler
..... ..... ..... ..... ..... ..... ..... .....
```

vector table의 모양 그대로 나타나 있는 것이다. word 단위로 메모리에 그대로 올라갈 것이다. #15번

부분에 SysTick_Handler가 존재한다. 이 함수가 바로 SysTick exception이 발생했을 때 불릴 함수인 것이다.

```
void SysTick_Handler(void)
{
      TimingDelay_Decrement();
}
```

SysTick_Handler의 모양을 보면 IRQ라는 것을 알수 있는 것은 Handler라고 붙어있는 오직 함수의 이름뿐이다. IRQ라는 지시어도 없고 일반 함수와 선언의 모습은 동일하다. 이렇게 될 수 있는 이유는 위에서도 설명한 것처럼 Cortex-M3의 특징이다. 자동으로 IRQ의 관련 처리를 해주기 때문에 사용자는 일반 C 함수로도 쉽게 IRQ handler를 구현할 수 있는 것이다.

```
static volatile uint32_t TimingDelay;

void Delay(__IO uint32_t nTime)
{
  TimingDelay = nTime;

  while(TimingDelay != 0);
}

void TimingDelay_Decrement(void)
{
  if (TimingDelay != 0x00)
  {
    TimingDelay--;
  }
}
```

우리는 global 변수로 TimingDelay라는 것을 선언한다. 이 값은 TimingDelay_Decrement()에서 0이 될 때까지 계속 빼주는 작업을 한다. TimingDelay_Decrement()는 SysTick_Handler에서 수행이 된다.

Delay함수를 새로 정의하였다. 간단하게 global 변수 TimingDelay에 값을 저장하고 그 값이 0이 될 때까지 기다리는 것이다. 이 값을 적절히 적어주면 정확한 delay를 구할 수 있는 것이다.

```
void delay_1_second(void)
{
```

```
    Delay(1000);
}

void delay_100_milli_second(void)
{
    Delay(100);
}
```

delay_1_second와 delay_100_milli_second도 새로 변경을 하였다. 이제 정확한 Delay 함수가 만들어 졌으니 그것을 이용하도록 한 것이다. Delay(1000)은 global 변수 TimingDelay가 1000번 뺄셈이 일어나면 되는 시간이다. 우리는 SysTick_Handler가 1 milli second에 한번씩 불리도록 설정이 되어 있기 때문에 1000으로 설정하면 1초가 되는 것이다.

6.15.9. 실행 결과

```
void DELAY_Test(void)
{
    uint32_t i;

    for(i=0; i<50; i++)
    {
        delay_1_second();
    }

    printf("DELAY_Test done !!₩n");
}
```

위와 같이 Delay test 함수를 만들었다. 1초를 delay하는 것을 단순하게 50번 반복하는 것이다. 이것을 실제로 수행시키고 스톱워치로 그 수행시간을 측정해 보았다. 거의 정확하게 50초 동안 수행되는 것을 확인할 수 있다.

다음 장에서는 key를 interrupt source로 받아서 exception이 수행되는 부분에 대해서 공부해 보도록 한다.

6.16. Key Interrupt 처리

이번 장은 망고 M32를 가지고 분석을 진행하는 마지막 장이 된다. 지금까지 무척이나 기나긴 여정을 함께 해왔다. 이제까지의 내용들을 충실히 이해하고 모든 예제 코드들을 올려서 실행해보고 했던 독자라면 사실 Cortex-M3라는 Core나 STM32라는 CPU에 대해서 아직도 많은 모르는 부분이 있겠지만 단 2줄로 LED를 켜던 시절 보다는 분명 진일보한 자신을 발견할 수 있을 것이다.

이번 장에서는 외부 인터럽트로 Key 부분을 처리하는 것을 살펴보고자 한다. 이전에 우리는 Key 입력을 Polling 방식을 통해서 구현한 바가 있다. 하지만 보통의 경우 Key 부분의 입력은 Polling 방식을 사용하지 않는다. 언제 Key가 입력될지를 알수도 없을 뿐 아니라 그 부분을 위해 Polling을 하면 시스템의 수행 시간에 있어서 너무나도 많은 손해를 볼수 있다.

M32.Src016.KeyInterrupt 부분에 소스 파일이 위치해 있다.

6.16.1. 실행 결과

이번 장은 조금 색다르게 실행 결과를 먼저보고 뒤로부터 따라가는 방법을 써보도록 한다. M32.Src016.KeyInterrupt 부분의 예제 코드를 올려서 돌리면 화면에 아래와 같이 메뉴가 출력될 것이다.

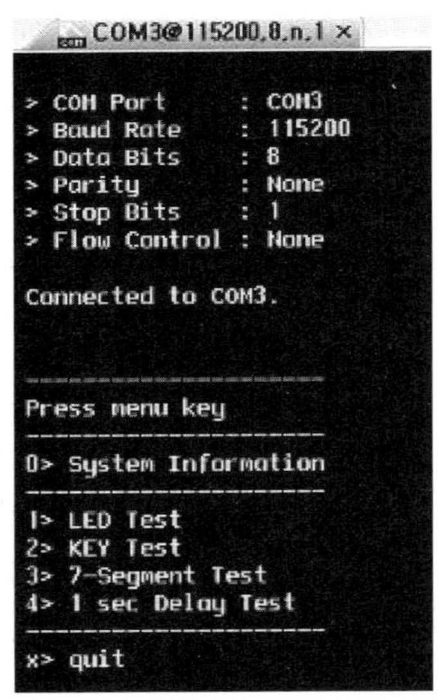

그런데 이 상태에서 아무런 메뉴의 것도 실행하지 않은 상태에서 Key를 눌러보도록 한다. 기존에는 2번 KEY Test 메뉴를 선택해야만 Key에 대한 시험을 수행할 수 있었지만 이번에는 메뉴를 실행하지 않는 것이다.

```
-----------------------
Press menu key
-----------------------
0> System Information
-----------------------
1> LED Test
2> KEY Test
3> 7-Segment Test
4> 1 sec Delay Test
-----------------------
x> quit

Left-WKUP Button Press
Right-USER Button Press
```

왼쪽 key를 눌렀다가 떼는 순간 Left-WKUP Button Press라는 메세지가 출력되고, 오른쪽 key를 눌렀다가 떼는 순간에 Right-USER Button Press라는 메세지가 출력된다.

```
void EXTI0_IRQHandler(void) {
    if(EXTI_GetITStatus(GPIO_EXTI_Line_KEY1) != RESET) {
        EXTI_ClearITPendingBit(GPIO_EXTI_Line_KEY1);
        printf("Left-WKUP Button Press₩n");
    }
}

void EXTI1_IRQHandler(void) {
    if(EXTI_GetITStatus(GPIO_EXTI_Line_KEY2) != RESET) {
        EXTI_ClearITPendingBit(GPIO_EXTI_Line_KEY2);
        printf("Right-USER Button Press₩n");
    }
}
```

EXTI0_IRQHandler, EXTI1_IRQHandler 두 개의 함수에서 위 출력문을 출력하고 있는 것이다. 그럼 어떻게 key가 눌렸을 때 이 함수들이 불릴 수 있는지 하나씩 살펴보도록 한다.

6.16.2. External interrupt/event controller (EXTI) 개요

이전 장에서 살펴보았던 STM32F10xxx devices의 exception vectors 중에서 EXTI와 관련된 부분만을 취해서 그림으로 보면 아래와 같다.

1	8	settable	PVD	PVD through EXTI Line detection interrupt	0x0000_0044
6	13	settable	EXTI0	EXTI Line0 interrupt	0x0000_0058
7	14	settable	EXTI1	EXTI Line1 interrupt	0x0000_005C
8	15	settable	EXTI2	EXTI Line2 interrupt	0x0000_0060
9	16	settable	EXTI3	EXTI Line3 interrupt	0x0000_0064
10	17	settable	EXTI4	EXTI Line4 interrupt	0x0000_0068
23	30	settable	EXTI9_5	EXTI Line[9:5] interrupts	0x0000_009C
40	47	settable	EXTI15_10	EXTI Line[15:10] interrupts	0x0000_00E0
41	48	settable	RTCAlarm	RTC alarm through EXTI line interrupt	0x0000_00E4
42	49	settable	USBWakeup	USB wakeup from suspend through EXTI line interrupt	0x0000_00E8

그림 6-24 EXTI IRQ

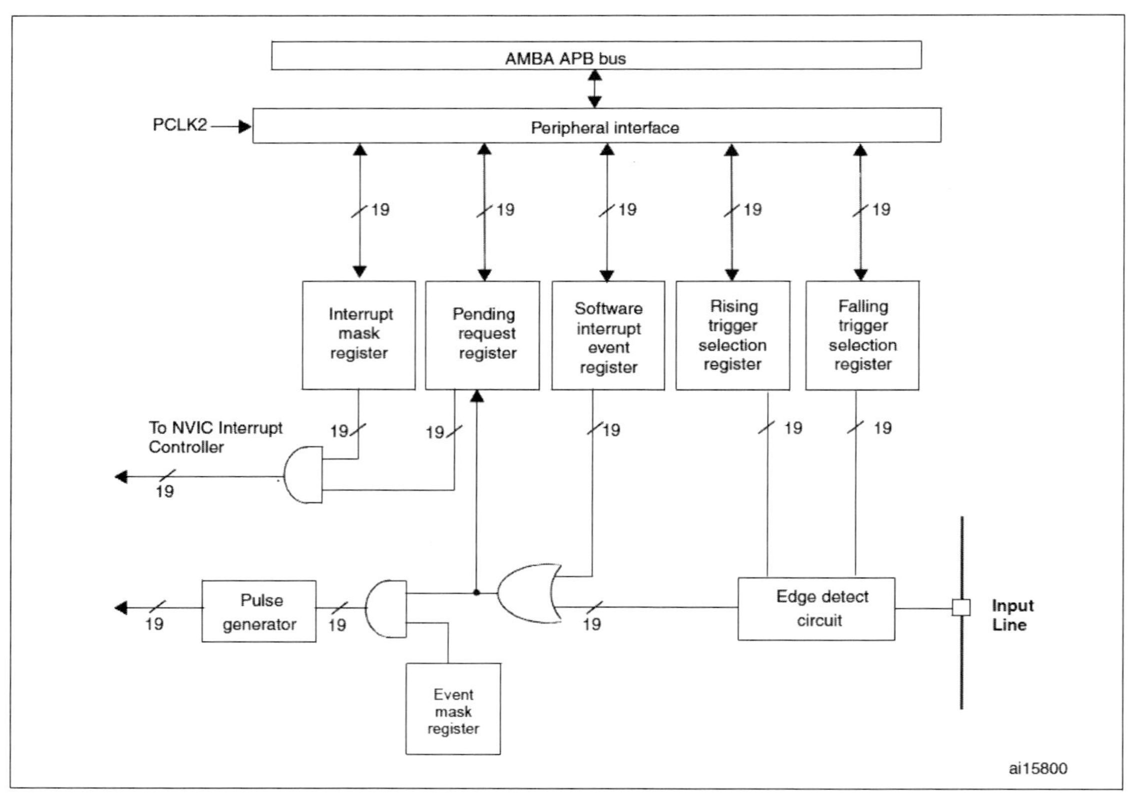

그림 6-25 EXTI 블럭도

(ST, RM0008, Reference manual, Figure 15, External interrupt/event controller block diagram) external interrupt/event controller는 19개의 edge detectors로 구성되어 있으며 event나 interrupt를 구동시키는 부분이 되겠다. 각 라인은 독립적으로 구성이 가능하고 특정한 trigger event (rising 또는 falling 혹은 둘 다)에 대해서도 처리가 가능하다. 각 라인에 대해서 역시 독립적으로 masking도 가능하다. 위 그림은 External interrupt/event controller block diagram이다.

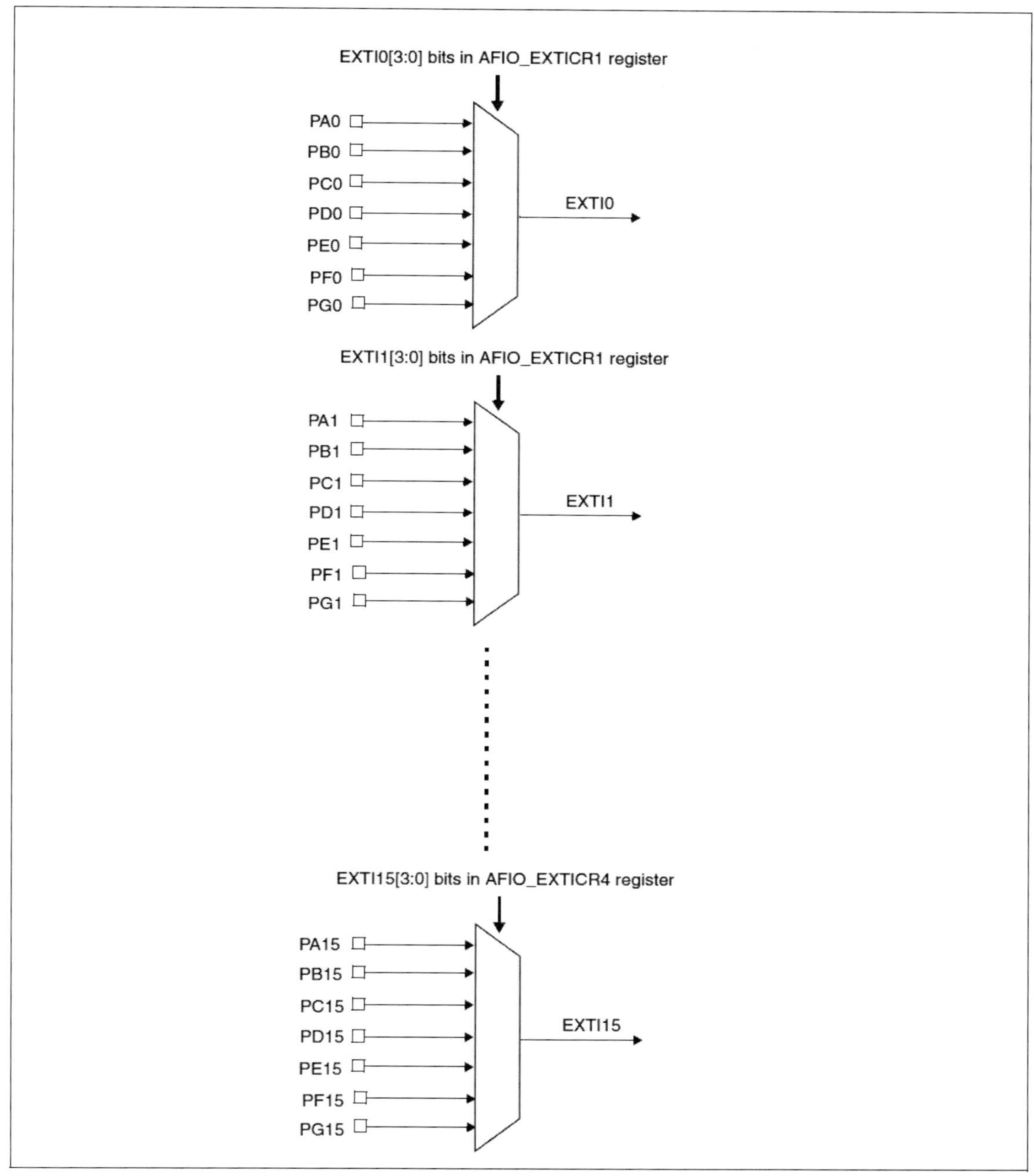

(ST, RM0008, Reference manual, Figure 16, External interrupt/event GPIO mapping)

External interrupt/event GPIO mapping 부분을 살펴보면 위 그림과 같다.

위 그림에서와 같이 외부 핀과 연결된 EXTI는 0~15까지 총 16개이다. GPIO Line으로 보면 16 X 7 해서 112개가 되겠다. 여기서 한가지 의문이 생긴다. 그럼 16, 17, 18번은 어디 있는가?

3개의 다른 EXTI 라인들은 다음에 연결되어 있다.

- EXTI line 16 is connected to the PVD output
- EXTI line 17 is connected to the RTC Alarm event
- EXTI line 18 is connected to the USB Wakeup event

16, 17, 18번은 외부에 핀이 나와있는 것이 아니라 내부적으로 event에 대한 처리를 하는 것이다. 다만 이것들도 External interrupt/event controller block을 함께 이용하는 것이다.

그럼 우리가 설정하려고 하는 Key들에 대한 것은 어떤 것과 연결이 되는 것일까?

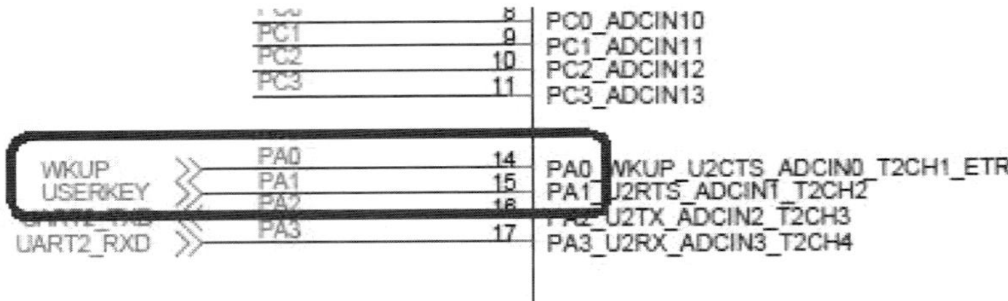

Key 2개는 각각 GPIO Port A pin#0과 #1에 연결되어 있다. 즉, PA0는 EXTI0로 PA1은 EXTI1으로 연결이 되고 있다. 이 부분에 대해서 설정을 진행해 주면 된다.

6.16.3. NVIC Configuration 분석

이전 장의 NVIC_Configuration 부분에서는 Vector Table에 대한 설정 부분만 존재했었으나 여기서는 EXTI0와 EXTI1에 대한 설정 부분을 추가해야 한다.

```
void NVIC_Configuration(void) {
    NVIC_InitTypeDef NVIC_InitStructure;

    /* Set the Vector Table base location at 0x08000000 */
    NVIC_SetVectorTable(NVIC_VectTab_FLASH, 0x0);

    /* Configure one bit for preemption priority */
```

```
    NVIC_PriorityGroupConfig(NVIC_PriorityGroup_0);

    /* Enable the EXTI0 Interrupt */
    NVIC_InitStructure.NVIC_IRQChannel = EXTI0_IRQn;
    NVIC_InitStructure.NVIC_IRQChannelPreemptionPriority = 0;
    NVIC_InitStructure.NVIC_IRQChannelSubPriority = 0;
    NVIC_InitStructure.NVIC_IRQChannelCmd = ENABLE;
    NVIC_Init(&NVIC_InitStructure);

    /* Enable the EXTI1 Interrupt */
    NVIC_InitStructure.NVIC_IRQChannel = EXTI1_IRQn;
    NVIC_InitStructure.NVIC_IRQChannelPreemptionPriority = 0;
    NVIC_InitStructure.NVIC_IRQChannelSubPriority = 1;
    NVIC_InitStructure.NVIC_IRQChannelCmd = ENABLE;
    NVIC_Init(&NVIC_InitStructure);
}
```

여기서는 EXTI0_IRQn와 EXTI1_IRQn를 설정하고 있음을 알수 있다.

```
typedef enum IRQn {
..... ..... ..... ..... ..... .....
  EXTI0_IRQn                 = 6,      /*!< EXTI Line0 Interrupt          */
  EXTI1_IRQn                 = 7,      /*!< EXTI Line1 Interrupt          */
..... ..... ..... ..... ..... .....
} IRQn_Type;
```

이전 장에서 우리는 IRQ 번호에 대한 값을 살펴보았고, 여기서의 설정은 자동적으로 Vector Table의 함수와 연결이 되는 것도 살펴보았다.

```
g_pfnVectors:
..... ..... ..... ..... ..... .....
        .word     PendSV_Handler
        .word     SysTick_Handler
        .word     WWDG_IRQHandler
        .word     PVD_IRQHandler
        .word     TAMPER_IRQHandler
        .word     RTC_IRQHandler
        .word     FLASH_IRQHandler
```

```
        .word     RCC_IRQHandler
        .word     EXTI0_IRQHandler
        .word     EXTI1_IRQHandler
..... ..... ..... ..... ..... .....
```

WWDG_IRQHandler 부분이 0번 위치가 되는 것이다. 거기서부터 EXTI0_IRQHandler 부분은 6번이 되고, EXTI1_IRQHandler은 7번이 되어서 정확하게 일치하게 되는 것이다.

<NVIC_PriorityGroupConfig 설정>

```
#define NVIC_PriorityGroup_0              ((uint32_t)0x700)
            /*!< 0 bits for pre-emption priority 4 bits for subpriority */
```

```
    /* Configure one bit for preemption priority */
    NVIC_PriorityGroupConfig(NVIC_PriorityGroup_0);
```

```
void NVIC_PriorityGroupConfig(uint32_t NVIC_PriorityGroup) {
  /* Set the PRIGROUP[10:8] bits according to NVIC_PriorityGroup value */
  SCB->AIRCR = AIRCR_VECTKEY_MASK | NVIC_PriorityGroup;
}
```

Application interrupt reset control register (SCB_AIRCR)의 PRIGROUP에 대해서는 이전 장에서 설명이 되었던 부분이다.

31	30	29	28	27	26	25	24	23	22	21	20	19	18	17	16
VECTKEYSTAT[15:0](read)/ VECTKEY[15:0](write)															
rw	rw	rw	rw	rw	rw	rw	rw	rw	rw	rw	rw	rw	rw	rw	rw
15	**14**	**13**	**12**	**11**	**10**	**9**	**8**	**7**	**6**	**5**	**4**	**3**	**2**	**1**	**0**
ENDIA NESS	Reserved				PRIGROUP			Reserved					SYS RESET REQ	VECT CLR ACTIVE	VECT RESET
r					rw	rw	rw						w	w	w

0x700으로 설정을 하고 있는 것이고, 이것은 PRIGROUP 부분을 0x111로 설정하고 있는 것이다.

아래 표에서 0x111 부분은 Group priority 부분을 없는 것으로 설정하고 sub priority 부분만으로 우선 순위를 정하도록 설정하였다.

PRIGROUP [2:0]	Interrupt priority level value, PRI_N[7:4]			Number of	
	Binary point[(1)]	Group priority bits	Subpriority bits	Group priorities	Sub priorities
0b011	0bxxxx	[7:4]	None	16	None
0b100	0bxxx.y	[7:5]	[4]	8	2
0b101	0bxx.yy	[7:6]	[5:4]	4	4
0b110	0bx.yyy	[7]	[6:4]	2	8
0b111	0b.yyyy	None	[7:4]	None	16

<NVIC (Nested Vectored Interrupt Controller)>

NVIC_Init 설정 부분을 살펴보기 전에 NVIC에 대한 레지스터 부분을 먼저 살펴보도록 한다.

Name of register	Type	Address	Reset value
Interrupt Control Type Register	Read-only	0xE000E004	a
Auxiliary Control Register	Read/write	0xE000E008	0x00000000
SysTick Control and Status Register	Read/write	0xE000E010	0x00000000
SysTick Reload Value Register	Read/write	0xE000E014	Unpredictable
SysTick Current Value Register	Read/write clear	0xE000E018	Unpredictable
SysTick Calibration Value Register	Read-only	0xE000E01C	STCALIB
Irq 0 to 31 Set Enable Register	Read/write	0xE000E100	0x00000000
.	.	.	.
.	.	.	.
.	.	.	.
Irq 224 to 239 Set Enable Register	Read/write	0xE000E11C	0x00000000

(ARM, DDI0337G_cortex_m3_r2p0_trm, Table 8-1 NVIC registers)

NVIC registers는 위 그림에서의 구조를 따르고 있다.

NVIC_Type을 살펴보면 아래와 같다.

```
typedef struct {
```

```
  __IO uint32_t ISER[8];                    /*!< Interrupt Set Enable Register        */
       uint32_t RESERVED0[24];
  __IO uint32_t ICER[8];                    /*!< Interrupt Clear Enable Register      */
       uint32_t RSERVED1[24];
  __IO uint32_t ISPR[8];                    /*!< Interrupt Set Pending Register       */
       uint32_t RESERVED2[24];
  __IO uint32_t ICPR[8];                    /*!< Interrupt Clear Pending Register     */
       uint32_t RESERVED3[24];
  __IO uint32_t IABR[8];                    /*!< Interrupt Active bit Register        */
       uint32_t RESERVED4[56];
  __IO uint8_t  IP[240];                    /*!< Interrupt Priority Register, 8Bit wide */
       uint32_t RESERVED5[644];
  __O  uint32_t STIR;                       /*!< Software Trigger Interrupt Register  */
} NVIC_Type;
```

NVIC registers를 기준으로 위 structure의 내용을 확인해 보겠다.

Irq 0 to 31 Set Enable Register	Read/write	0xE000E100	0x00000000
.	.	.	.
.	.	.	.
.	.	.	.
Irq 224 to 239 Set Enable Register	Read/write	0xE000E11C	0x00000000

```
__IO uint32_t ISER[8];                    /*!< Interrupt Set Enable Register        */
```

먼저 ISER (Set Enable Register)가 8개가 정의되어 있다. 위 그림을 보면 0부터 0x1C까지 이니까 계산해보면 28이고 4로 나누면 7이 된다. 즉, 0부터 7, 8개가 되겠다.

Irq 0 to 31 Clear Enable Register	Read/write	0xE000E180	0x00000000
.	.	.	.
.	.	.	.
.	.	.	.
Irq 224 to 239 Clear Enable Register	Read/write	0xE000E19C	0x00000000

```
        uint32_t RESERVED0[24];
    __IO uint32_t ICER[8];                        /*!< Interrupt Clear Enable Register     */
```

그 다음에는 24개가 reserved로 되어 있는데, 그림을 보면 0x1C부터 0x80이전까지 비어있는 것을 알 수 있다. 0x20부터 0x7C까지의 공간은 reserved 되어 있다. 계산하면 0x7C - 0x20 = 0x5C, 이것은 decimal로 92이고 4로 나누면 23이 나온다. 결국 24개의 공간이 비어있는 것이고 정확하게 맞다. 그 다음 0x80부터 0x9C까지는 역시 0x1C 만큼이고 8개가 맞다.

Irq 0 to 31 Set Pending Register	Read/write	0xE000E200	0x00000000
.	.	.	.
.	.	.	.
.	.	.	.
Irq 224 to 239 Set Pending Register	Read/write	0xE000E21C	0x00000000

```
        uint32_t RSERVED1[24];
    __IO uint32_t ISPR[8];                        /*!< Interrupt Set Pending Register      */
```

이 다음 0xA0부터 0xFC까지 비어있는 것을 알 수 있다. 0xFC - 0xA0 = 0x5C, 역시 24개의 공간은 비어 있다. 그 이후 0x0부터 0x1C까지 또 8개가 위치한다.

Irq 0 to 31 Clear Pending Register	Read/write	0xE000E280	0x00000000
.	.	.	.
.	.	.	.
.	.	.	.
Irq 224 to 239 Clear Pending Register	Read/write	0xE000E29C	0x00000000

```
        uint32_t RESERVED2[24];
    __IO uint32_t ICPR[8];                        /*!< Interrupt Clear Pending Register      */
```

마찬가지로 0x20부터 0x7C까지의 공간은 reserved 되어 있다. 계산하면 0x7C - 0x20 = 0x5C, 역시 24개의 공간은 비어 있다. 그 다음 0x80부터 0x9C까지는 역시 0x1C 만큼이고 8개가 맞다.

Irq 0 to 31 Active Bit Register	Read-only	0xE000E300	0x00000000
.	.	.	.
.	.	.	.
.	.	.	.
Irq 224 to 239 Active Bit Register	Read-only	0xE000E31C	0x00000000

```
        uint32_t RESERVED3[24];
  __IO uint32_t IABR[8];                    /*!< Interrupt Active bit Register        */
```

이 다음 0xA0부터 0xFC까지 비어있는 것을 알 수 있다. 0xFC - 0xA0 = 0x5C, 역시 24개의 공간은 비어 있다. 그 이후 0x0부터 0x1C까지 또 8개가 위치한다.

Irq 0 to 3 Priority Register	Read/write	0xE000E400	0x00000000
.	.	.	.
.	.	.	.
.	.	.	.
Irq 224 to 239 Priority Register	Read/write	0xE000E4EC	0x00000000

```
        uint32_t RESERVED4[56];
  __IO uint8_t   IP[240];                   /*!< Interrupt Priority Register, 8Bit wide    */
```

이 다음 0x20부터 0xFC까지 비어있는 것을 알 수 있다. 0xFC - 0x20 = 0xDC, 이것은 decimal로 220이고 4로 나누면 55가 나온다. 그러므로 56개의 공간은 비어 있다. 그 이후 0x0부터 0xEC까지 또 60개가 위치한다. 그런데 숫자는 240이다. 이것은 8비트이기 때문이다. 지금까지는 계속 32비트의 공간이 할당되었는데 여기서는 8비트씩 할당되기 때문에 공간이 4배 늘어난다. 60 X 4 = 240이 되겠다.

CPUID Base Register	Read-only	0xE000ED00	0x412FC230
Interrupt Control State Register	Read/write or read-only	0xE000ED04	0x00000000
Vector Table Offset Register	Read/write	0xE000ED08	0x00000000
	. . . .		
Software Trigger Interrupt Register	Write Only	0xE000EF00	-

```
        uint32_t RESERVED5[644];
  __O   uint32_t STIR;                    /*!< Software Trigger Interrupt Register   */
```

마지막으로 살펴볼 것은 Trigger Interrupt Register이다. 여기서는 사실 0xE000E4EC 다음에 0xE000ED00부터 많은 레지스터들이 있다. 하지만 이 structure는 이후에 Trigger Interrupt Register 만을 다루기 때문에 그 사이에 있는 것들은 무시하게 된다.

0xE000E4EC 다음인 0xE000E4F0부터 0xE000EEFC까지를 reserved로 빼놓는 것이다. 0xEFC - 0x4F0 = 0xA0C가 되고, decimal로 2572가 되고, 4로 나누면 643이 된다. 결국 644개의 공간을 비워두고 그 다음의 4바이트 공간이 Software Trigger Interrupt Register로 할당되게 되는 것이다.

이렇듯 address를 살펴볼 때 매우 복잡한 구조가 된다. 이러한 것들을 모두 염두에 두고 address를 직접 사용하는 것은 많은 오류를 발생시킬 가능성이 존재하게 된다. 그런 것을 방지하기 위해서 structure로 정의하고 멤버 변수들로 레지스터를 접근해서 사용하는 것이다.

<NVIC_Init 설정>

이제 NVIC_Configuration 부분에서 NVIC_Init 부분에 대해서 살펴본다.

```
    /* Enable the EXTI0 Interrupt */
    NVIC_InitStructure.NVIC_IRQChannel = EXTI0_IRQn;
    NVIC_InitStructure.NVIC_IRQChannelPreemptionPriority = 0;
    NVIC_InitStructure.NVIC_IRQChannelSubPriority = 0;
    NVIC_InitStructure.NVIC_IRQChannelCmd = ENABLE;
    NVIC_Init(&NVIC_InitStructure);
```

EXTI0와 EXTI1이 결국은 같은 내용이고 하나만 검토하면 다른 부분은 쉽게 이해할 수 있을 것이다.

```
typedef struct {
  uint8_t NVIC_IRQChannel;
  uint8_t NVIC_IRQChannelPreemptionPriority;
  uint8_t NVIC_IRQChannelSubPriority;
  FunctionalState NVIC_IRQChannelCmd;
} NVIC_InitTypeDef;
```

위 structure의 내용은 사실 별로 어려운 부분은 없다. EXTI0 부분에 대한 IRQ 번호를 넣어주는 것이고, priority 부분은 모두 0으로 설정하였다. (priority에 대한 것은 설계를 하는 상황에 있어서 매우 심도 있게 다루어야 하는 부분이겠지만 우리가 지금 다루고 있는 것과 같은 단순한 상황에서는 크게 의미는 없는 것이다) NVIC_IRQChannelCmd 부분은 ENABLE로 설정한다.

NVIC_Init은 위에서 소개한 NVIC 부분에서 3개의 레지스터를 설정하게 된다. (사실 Enable을 하는 경우에는 IP와 ISER의 2개의 레지스터, Disable을 하는 경우에는 ICER의 하나의 레지스터만 설정한다) 각 레지스터에 대해서 먼저 살펴보도록 한다.

Interrupt priority registers (NVIC_IPRx)

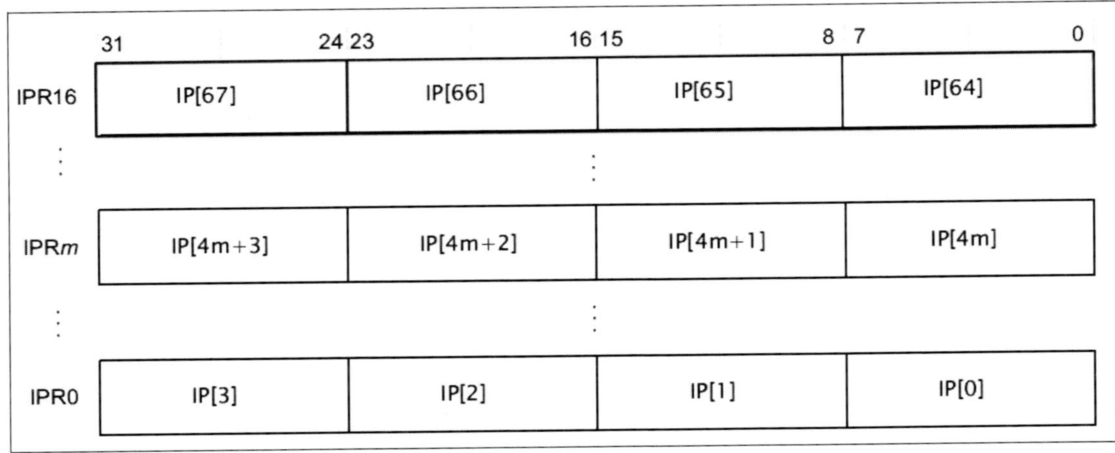

(ST, PM0056, Cortex-M3 programming manual, Figure 18, NVIC__IPRx register mapping)

이것은 지금 설정하려고 하는 interrupt IRQ에 대한 priority 값을 각각 8 비트에 해당하는 영역을 설정하는 부분이다. __IO uint8_t IP[240];로 정의되어 있었듯이 바이트 단위로 240개에 대한 설정을 할 수 있도록 되어 있다. 해당하는 IRQ 부분을 찾아서 그 부분에 대한 priority 설정을 진행할 것이다.

Interrupt set-enable registers (NVIC_ISERx)

31	30	29	28	27	26	25	24	23	22	21	20	19	18	17	16
SETENA[31:16]															
rs	rs	rs	rs	rs	rs	rs	rs	rs	rs	rs	rs	rs	rs	rs	rs
15	14	13	12	11	10	9	8	7	6	5	4	3	2	1	0
SETENA[15:0]															
rs	rs	rs	rs	rs	rs	rs	rs	rs	rs	rs	rs	rs	rs	rs	rs

이것은 interrupt를 enable 시키는 레지스터 이다. __IO uint32_t ISER[8];로 정의되어 있다. 모두 240개의 인터럽트를 설정할 수 있으나 사실 STM32에서 사용하는 것은 그 중의 일부이다.

Bits 31:0 SETENA[31:0]: Interrupt set-enable bits에 대한 설명에서 Write 행위에 대한 부분을 유념할 필요가 있다.

Write:

0: No effect

1: Enable interrupt

우리가 interrupt를 enable하기 위해서 어떤 특정 비트를 1로 설정하게 될텐데 이때 이 레지스터의 전체를 한 비트만 1로 놓고 다른 부분은 0으로 놓은 상태에서 설정하여도 다른 interrupt에는 영향이 없게 되는 것을 알 수 있다. 왜냐하면 0으로 설정하는 것은 아무런 영향을 끼치지 않기 때문이다.

Interrupt clear-enable registers (NVIC_ICERx)

31	30	29	28	27	26	25	24	23	22	21	20	19	18	17	16
CLRENA[31:16]															
rc_w1	rc_w1	rc_w1	rc_w1	rc_w1	rc_w1	rc_w1	rc_w1	rc_w1	rc_w1	rc_w1	rc_w1	rc_w1	rc_w1	rc_w1	rc_w1
15	14	13	12	11	10	9	8	7	6	5	4	3	2	1	0
CLRENA[15:0]															
rc_w1	rc_w1	rc_w1	rc_w1	rc_w1	rc_w1	rc_w1	rc_w1	rc_w1	rc_w1	rc_w1	rc_w1	rc_w1	rc_w1	rc_w1	rc_w1

이것은 interrupt를 clear해주는 레지스터이다. __IO uint32_t ICER[8];로 정의되어 있다. 모두 240개의 인터럽트를 설정할 수 있으나 사실 STM32에서 사용하는 것은 그 중의 일부이다.

Bits 31:0 CLRENA[31:0]: Interrupt clear-enable bits에 대한 설명에서 역시 Write 부분을 유념해야 한다.
Write:

0: No effect

1: Disable interrupt

Read:

0: Interrupt disabled

1: Interrupt enabled.

위 레지스터 각 비트에 대한 설명 부분을 보면 rc_w1으로 적혀 있다. 즉 1로 write하는 것이 이 비트를 0으로 만드는 것이다. 위 설명처럼 0을 쓰는 행위는 아무 영향을 미치지 않는다. 1로 설정할 경우 그 비트는 후에 읽어보면 0이 되어 있을 것이고, 이것이 interrupt가 disable되었다는 것을 의미하게 된다.

아래 표는 사용하는 68개의 interrupt들 각각에 대해서 어떤 레지스터가 연관되어 있는지를 한눈에 알아볼 수 있도록 잘 정리된 것이다. ISER의 8개 중에서 0, 1, 2만 쓰고 있음을 알수 있다.

Interrupts	CMSIS array elements(1)				
	Set-enable	Clear-enable	Set-pending	Clear-pending	Active Bit
0-31	ISER[0]	ICER[0]	ISPR[0]	ICPR[0]	IABR[0]
32-63	ISER[1]	ICER[1]	ISPR[1]	ICPR[1]	IABR[1]
64-67	ISER[2]	ICER[2]	ISPR[2]	ICPR[2]	IABR[2]

(ST, PM0056, Cortex-M3 programming manual, Table 34, Mapping of interrupts to the interrupt variables)

이제 NVIC_Init 함수의 본문에 대해서 분석을 해보도록 한다.

```
void NVIC_Init(NVIC_InitTypeDef* NVIC_InitStruct) {
  uint32_t tmppriority = 0x00, tmppre = 0x00, tmpsub = 0x0F;

  if (NVIC_InitStruct->NVIC_IRQChannelCmd != DISABLE) {
    /* Compute the Corresponding IRQ Priority --------------------------------*/
    tmppriority = (0x700 - ((SCB->AIRCR) & (uint32_t)0x700))>> 0x08;
    tmppre = (0x4 - tmppriority);
    tmpsub = tmpsub >> tmppriority;

    tmppriority = (uint32_t)NVIC_InitStruct->NVIC_IRQChannelPreemptionPriority << tmppre;
    tmppriority |=  NVIC_InitStruct->NVIC_IRQChannelSubPriority & tmpsub;
    tmppriority = tmppriority << 0x04;

    NVIC->IP[NVIC_InitStruct->NVIC_IRQChannel] = tmppriority;

    /* Enable the Selected IRQ Channels --------------------------------------*/
    NVIC->ISER[NVIC_InitStruct->NVIC_IRQChannel >> 0x05] =
      (uint32_t)0x01 << (NVIC_InitStruct->NVIC_IRQChannel & (uint8_t)0x1F);
  } else {
    /* Disable the Selected IRQ Channels -------------------------------------*/
    NVIC->ICER[NVIC_InitStruct->NVIC_IRQChannel >> 0x05] =
      (uint32_t)0x01 << (NVIC_InitStruct->NVIC_IRQChannel & (uint8_t)0x1F);
  }
}
```

복잡한 priority 계산 공식을 적용하고 있으나 크게 신경 쓸 필요는 없다. 모든 곳에 0을 입력하였기 때문에 그냥 0이 입력되게 된다. 물론 이 우선 순위에 대한 부분은 매우 중요하고 정밀하게 분석하는 것이 많은 공부가 되는 부분이다. 추후 보다 깊이 분석할 기회가 있을 것이다.

NVIC_IRQChannel >> 0x05로 shift하는 부분은 결국 IRQ 번호를 가지고 ISER이나 ICER 부분에서 0, 1, 2 중의 하나를 선택하기 위함이다. 하나의 레지스터가 모두 32개의 interrupt를 처리하기 때문에 32로 나누어주는 것과 동일한 효과를 나타낸다고 볼수 있다.

(uint32_t)0x01 << (NVIC_InitStruct->NVIC_IRQChannel & (uint8_t)0x1F); 이 부분에서 그렇게 32로 나누고 난 나머지 부분 만큼 1을 왼쪽으로 shift해서 그 비트 부분을 설정하고 있는 것이다.

6.16.4. EXTI Configuration

이제 마지막으로 EXTI 설정 부분을 검토해야 한다.

```
void EXTI_Configuration(void) {
    EXTI_InitTypeDef EXTI_InitStructure;

    /* Configure gpio as input : Button Left-WKUP */
    /* Connect EXTI Line to gpio pin */
    GPIO_EXTILineConfig(GPIO_PORTSOURCE_KEY, GPIO_PINSOURCE_KEY1);

    /* Configure EXTI Line to generate an interrupt */
    EXTI_InitStructure.EXTI_Line       = GPIO_EXTI_Line_KEY1;
    EXTI_InitStructure.EXTI_Mode       = EXTI_Mode_Interrupt;
    EXTI_InitStructure.EXTI_Trigger = EXTI_Trigger_Falling;
    EXTI_InitStructure.EXTI_LineCmd = ENABLE;
    EXTI_Init(&EXTI_InitStructure);

    /* Configure gpio as input : Button Right-USER */
    /* Connect EXTI Line to gpio pin */
    GPIO_EXTILineConfig(GPIO_PORTSOURCE_KEY, GPIO_PINSOURCE_KEY2);

    /* Configure EXTI Line to generate an interrupt */
    EXTI_InitStructure.EXTI_Line       = GPIO_EXTI_Line_KEY2;
    EXTI_InitStructure.EXTI_Mode       = EXTI_Mode_Interrupt;
    EXTI_InitStructure.EXTI_Trigger = EXTI_Trigger_Falling;
    EXTI_InitStructure.EXTI_LineCmd = ENABLE;
    EXTI_Init(&EXTI_InitStructure);
}
```

두 key에 대한 설정 부분은 거의 동일하기 때문에 한 부분에 대한 것만 살펴보도록 하겠다.

<GPIO EXTI Line Configuration>

아래의 GPIO_EXTILineConfig 부분에 대해서 먼저 살펴본다.

```
    /* Connect EXTI Line to gpio pin */
    GPIO_EXTILineConfig(GPIO_PORTSOURCE_KEY, GPIO_PINSOURCE_KEY1);
```

각 핀에 대한 설정 define 부분은 아래와 같다.

```
#define GPIO_PortSourceGPIOA          ((uint8_t)0x00)
#define GPIO_PortSourceGPIOB          ((uint8_t)0x01)
..... ..... ..... ..... ..... ..... ..... .....

#define GPIO_PinSource0               ((uint8_t)0x00)
#define GPIO_PinSource1               ((uint8_t)0x01)
..... ..... ..... ..... ..... ..... ..... .....

#define GPIO_PORTSOURCE_KEY           GPIO_PortSourceGPIOA
#define GPIO_PINSOURCE_KEY1           GPIO_PinSource0
#define GPIO_PINSOURCE_KEY2           GPIO_PinSource1
```

GPIO A는 0, B는 1 ... 의 순서로 설정이 되고 있는 것을 알 수 있다. Pin Source에 대한 부분도 마찬가지이다. 0은 0, 1은 1로 설정되고 있다.

```
void GPIO_EXTILineConfig(uint8_t GPIO_PortSource, uint8_t GPIO_PinSource) {
  uint32_t tmp = 0x00;

  tmp = ((uint32_t)0x0F) << (0x04 * (GPIO_PinSource & (uint8_t)0x03));
  AFIO->EXTICR[GPIO_PinSource >> 0x02] &= ~tmp;
  AFIO->EXTICR[GPIO_PinSource >> 0x02]
        |= (((uint32_t)GPIO_PortSource) << (0x04 * (GPIO_PinSource & (uint8_t)0x03)));
}
```

AFIO라는 새로운 레지스터가 나타나고 있다. 이는 Alternate function I/O를 의미한다. 우리는 GPIO를 interrupt에 대한 source로서 사용하고자 하고 있다. 이것은 GPIO의 G가 의미하는 general한 용도가 아니라 특별한 용도로 사용하는 것이고, 이것이 바로 Alternate function인 것이다.

```
typedef struct {
  __IO uint32_t EVCR;
  __IO uint32_t MAPR;
  __IO uint32_t EXTICR[4];
} AFIO_TypeDef;
```

AFIO에서 EXTICR 부분은 4개가 존재한다. 각각 EXTI 4개씩 4개, 즉 16개의 EXTI를 설정할 수 있게 된다.

External interrupt configuration register 1 (AFIO_EXTICR1)

31	30	29	28	27	26	25	24	23	22	21	20	19	18	17	16
Reserved															
15	14	13	12	11	10	9	8	7	6	5	4	3	2	1	0
EXTI3[3:0]				EXTI2[3:0]				EXTI1[3:0]				EXTI0[3:0]			
rw	rw	rw	rw	rw	rw	rw	rw	rw	rw	rw	rw	rw	rw	rw	rw

Bits 15:0 EXTIx[3:0]: EXTI x configuration (x= 0 to 3)

0000: PA[x] pin

0001: PB[x] pin

0010: PC[x] pin

0011: PD[x] pin

0100: PE[x] pin

0101: PF[x] pin

0110: PG[x] pin

4 비트가 각각 어떤 GPIO와 연관 시킬 것인지를 설정하는 것이다. 프로그램에서는 처음에 0xF를 이용해서 4 비트 설정 부분을 clear한 이후에 그 부분에 해당하는 값을 적도록 되어 있다.

<EXTI Init 설정>

이제 아래 부분의 EXTI_Init을 수행하는 부분을 검토한다.

```
    /* Configure EXTI Line to generate an interrupt */
    EXTI_InitStructure.EXTI_Line      = GPIO_EXTI_Line_KEY1;
    EXTI_InitStructure.EXTI_Mode      = EXTI_Mode_Interrupt;
    EXTI_InitStructure.EXTI_Trigger = EXTI_Trigger_Falling;
```

```
    EXTI_InitStructure.EXTI_LineCmd = ENABLE;
    EXTI_Init(&EXTI_InitStructure);
```

GPIO_EXTI_Line_KEY1에 대한 define 부분은 아래와 같다.

```
#define EXTI_Line0          ((uint32_t)0x00001)  /*!< External interrupt line 0 */
#define EXTI_Line1          ((uint32_t)0x00002)  /*!< External interrupt line 1 */
..... ..... ..... ..... ..... ..... ..... .....

#define GPIO_EXTI_Line_KEY1         EXTI_Line0
#define GPIO_EXTI_Line_KEY2         EXTI_Line1
```

새로운 레지스터인 EXTI 레지스터에 대해서 살펴본다.

```
typedef struct {
  __IO uint32_t IMR;
  __IO uint32_t EMR;
  __IO uint32_t RTSR;
  __IO uint32_t FTSR;
  __IO uint32_t SWIER;
  __IO uint32_t PR;
} EXTI_TypeDef;
```

EXTI_TypeDef에서 앞 부분의 2개의 레지스터는 각각 IMR은 interrupt에 대한 설정이고, 뒤의 EMR은 Event에 대한 설정이다. 아래의 코드를 살펴보면 알게 되겠지만 IMR의 address offset은 0x0이고, EMR은 0x4, RTSR은 0x8, FTSR은 0xC가 된다. 이것을 사실 define에서 정의해 놓고 EXTI_BASE에서 그만큼 덧셈을 해서 실제 레지스터에 접근하도록 구현되어 있다.

```
typedef enum {
  EXTI_Mode_Interrupt = 0x00,
  EXTI_Mode_Event = 0x04
}EXTIMode_TypeDef;

typedef enum {
  EXTI_Trigger_Rising = 0x08,
  EXTI_Trigger_Falling = 0x0C,
  EXTI_Trigger_Rising_Falling = 0x10
}EXTITrigger_TypeDef;
```

```
typedef struct {
  uint32_t EXTI_Line;       /*!< Specifies the EXTI lines to be enabled or disabled. */
  EXTIMode_TypeDef EXTI_Mode;   /*!< Specifies the mode for the EXTI lines. */
  EXTITrigger_TypeDef EXTI_Trigger; /*!< Specifies the trigger signal active edge */
  FunctionalState EXTI_LineCmd;   /*!< Specifies the new state: ENABLE or DISABLE */
}EXTI_InitTypeDef;
```

EXTI_Mode_Interrupt, EXTI_Mode_Event, EXTI_Trigger_Rising, EXTI_Trigger_Falling의 4개의 값은 define에서 정의된 값이 실제 이들을 가리키는 레지스터의 address offset값과 동일하게 정의되어 있다. 이 부분은 뒤에서 코드를 살펴볼 때 유의해서 보아야 하는 부분이다.

Interrupt mask register (EXTI_IMR)

31	30	29	28	27	26	25	24	23	22	21	20	19	18	17	16
Reserved													MR18	MR17	MR16
													rw	rw	rw
15	**14**	**13**	**12**	**11**	**10**	**9**	**8**	**7**	**6**	**5**	**4**	**3**	**2**	**1**	**0**
MR15	MR14	MR13	MR12	MR11	MR10	MR9	MR8	MR7	MR6	MR5	MR4	MR3	MR2	MR1	MR0
rw	rw	rw	rw	rw	rw	rw	rw	rw	rw	rw	rw	rw	rw	rw	rw

Bits 18:0 MRx: Interrupt Mask on line x

Note: 0: Interrupt request from Line x is masked

1: Interrupt request from Line x is not masked

위 Note에 적혀있는 설명과 마찬가지로 0일 경우 해당 EXTI Line이 mask가 되어 있다는 것이다. 즉, interrupt가 발생하지 않는 것이다. default value는 모두 0이 되어 있는 것이고 모두 mask가 되어 있다. interrupt가 발생하도록 만들기 위해서는 이 값을 1로 변경시켜 주어야 한다.

CPU의 종류에 따라서는 이 값을 반대로 적용시키는 경우도 있다. 삼성 2443 칩의 경우는 interrupt mask register의 값을 1로 설정하는 것이 interrupt를 mask하는 것이고, 그것이 interrupt를 발생하지 못하도록 하는 것이다. CPU에 따라 해당 data sheet나 application note를 참조해서 적용해야 한다.

Rising trigger selection register (EXTI_RTSR)

Bits 18:0 TRx: Rising trigger event configuration bit of line x

Note: 0: Rising trigger disabled (for Event and Interrupt) for input line

1: Rising trigger enabled (for Event and Interrupt) for input line.

31	30	29	28	27	26	25	24	23	22	21	20	19	18	17	16
Reserved													TR18	TR17	TR16
													rw	rw	rw
15	**14**	**13**	**12**	**11**	**10**	**9**	**8**	**7**	**6**	**5**	**4**	**3**	**2**	**1**	**0**
TR15	TR14	TR13	TR12	TR11	TR10	TR9	TR8	TR7	TR6	TR5	TR4	TR3	TR2	TR1	TR0
rw	rw	rw	rw	rw	rw	rw	rw	rw	rw	rw	rw	rw	rw	rw	rw

1로 설정하는 것이 rising trigger로 설정하는 것이다.

Falling trigger selection register (EXTI_FTSR)

31	30	29	28	27	26	25	24	23	22	21	20	19	18	17	16
Reserved													TR18	TR17	TR16
													rw	rw	rw
15	**14**	**13**	**12**	**11**	**10**	**9**	**8**	**7**	**6**	**5**	**4**	**3**	**2**	**1**	**0**
TR15	TR14	TR13	TR12	TR11	TR10	TR9	TR8	TR7	TR6	TR5	TR4	TR3	TR2	TR1	TR0
rw	rw	rw	rw	rw	rw	rw	rw	rw	rw	rw	rw	rw	rw	rw	rw

Bits 18:0 TRx: Falling trigger event configuration bit of line x
Note: 0: Falling trigger disabled (for Event and Interrupt) for input line
1: Falling trigger enabled (for Event and Interrupt) for input line.

1로 설정하는 것이 falling trigger로 설정하는 것이다.

EXTI Init Disable 설정

```
tmp = (uint32_t)EXTI_BASE;
tmp += EXTI_InitStruct->EXTI_Mode;

/* Disable the selected external lines */
*(__IO uint32_t *) tmp &= ~EXTI_InitStruct->EXTI_Line;
```

disable 설정을 하는 것은 mask register를 0으로 설정을 해야 한다. 그런데 EXTI_Mode로 전달된 define 값을 EXTI_BASE에 더해서 그것으로 레지스터를 구하고 있다. 0일 경우 IMR이 4일 경우 EMR이 access될 것이다.

tmp가 EXTI_BASE를 갖게 되고 이것은 주소 값이다. 레지스터의 base 주소값이 된다. EXTI 레지스터의 base 주소 값이다. 여기에 EXTI_Mode로 전달된 값을 더해주는데 여기 전달되는 것은 0 혹은 4이다. 0은 IMR을 가리키게 되고 4는 EMR을 가리키게 된다. 그러므로 *(_IO uint32_t *) tmp는 IMR 레지스터나 EMR 레지스터를 가리키게 되는 것이다

EXTI Init Enable 설정

```
/* Clear EXTI line configuration */
EXTI->IMR &= ~EXTI_InitStruct->EXTI_Line;
EXTI->EMR &= ~EXTI_InitStruct->EXTI_Line;

tmp = (uint32_t)EXTI_BASE;
tmp += EXTI_InitStruct->EXTI_Mode;

*(__IO uint32_t *) tmp |= EXTI_InitStruct->EXTI_Line;
```

enable의 경우는 그 반대의 경우가 되겠다. EXTI_Mode로 전달된 define 값을 EXTI_BASE에 더해서 그것으로 레지스터를 구하는 부분은 동일하다. 먼저 EXTI line configuration 부분을 clear해주는 부분만 초기에 수행을 하고 있다.

EXTI->IMR으로 나타내는 경우와 EXTI_InitStruct->EXTI_Mode가 0인 경우의 tmp 값은 동일하게 된다. 또한 EXTI->EMR과 EXTI_InitStruct->EXTI_Mode가 4인 경우의 tmp 값은 동일하게 된다. 결국 tmp를 통해 레지스터의 주소값을 계산하는 것은 Interrupt에 대한 것과 Event에 대한 것을 같은 함수에서 처리할 수 있도록 하기 위해서 주소를 계산하는 형태로 구현한 것이다.

Rising Falling edge configuration

EXTI Init Enable 설정 중에서 rising falling edge 부분에 대해서 설정하는 부분을 살펴본다.

```
/* Clear Rising Falling edge configuration */
EXTI->RTSR &= ~EXTI_InitStruct->EXTI_Line;
EXTI->FTSR &= ~EXTI_InitStruct->EXTI_Line;

/* Select the trigger for the selected external interrupts */
if (EXTI_InitStruct->EXTI_Trigger == EXTI_Trigger_Rising_Falling) {
  /* Rising Falling edge */
  EXTI->RTSR |= EXTI_InitStruct->EXTI_Line;
  EXTI->FTSR |= EXTI_InitStruct->EXTI_Line;
} else {
  tmp = (uint32_t)EXTI_BASE;
  tmp += EXTI_InitStruct->EXTI_Trigger;
```

```
        *(__IO uint32_t *) tmp |= EXTI_InitStruct->EXTI_Line;
    }
```

먼저 Rising Falling edge configuration 부분을 clear해준다. 이후 둘 다 설정이 되어 있는 경우는 각각의 레지스터를 모두 설정해주고, 그렇지 않은 경우는 EXTI_Trigger 부분에 전달된 define 값인 address offset 값을 더해서 그것으로 찾아진 레지스터를 설정하도록 하고 있다.

6.16.5. EXTI0_IRQHandler

이제 마지막으로 이번 장의 초반 살펴본 interrupt handler 부분을 보도록 한다.

```
void EXTI0_IRQHandler(void) {
    if(EXTI_GetITStatus(GPIO_EXTI_Line_KEY1) != RESET) {
        EXTI_ClearITPendingBit(GPIO_EXTI_Line_KEY1);
        printf("Left-WKUP Button Press₩n");
    }
}
```

위 내용을 보면 2개의 함수를 가지고 있음을 알수 있다. 먼저 EXTI_GetITStatus를 통해서 현재 발생한 interrupt에 대한 것을 확인하는 부분이 있고, EXTI_ClearITPendingBit를 통해서 interrupt pending과 관련한 부분을 clear하는 부분이 있다. 하나씩 살펴보겠다.

```
ITStatus EXTI_GetITStatus(uint32_t EXTI_Line) {
  ITStatus bitstatus = RESET;
  uint32_t enablestatus = 0;

  enablestatus =  EXTI->IMR & EXTI_Line;
  if (((EXTI->PR & EXTI_Line) != (uint32_t)RESET) && (enablestatus != (uint32_t)RESET)) {
    bitstatus = SET;
  } else {
    bitstatus = RESET;
  }
  return bitstatus;
}
```

EXTI->IMR와 EXTI_Line을 AND로 비교 함으로서 특정 비트가 1로 되어 있는가를 검사한다. 이것은 당연히 enable로 되어 있어야 하기 때문이다. (enablestatus != (uint32_t)RESET) 부분이 이에 대한 비교 부분이 되겠다. 우리의 경우는 당연히 0이 아닐 것이다.

하나 더 비교하는 부분이 있다. EXTI->PR 레지스터 이다. 이 부분을 살펴본다.

Pending register (EXTI_PR)

31	30	29	28	27	26	25	24	23	22	21	20	19	18	17	16
Reserved													PR18	PR17	PR16
													rc_w1	rc_w1	rc_w1

15	14	13	12	11	10	9	8	7	6	5	4	3	2	1	0
PR15	PR14	PR13	PR12	PR11	PR10	PR9	PR8	PR7	PR6	PR5	PR4	PR3	PR2	PR1	PR0
rc_w1	rc_w1	rc_w1	rc_w1	rc_w1	rc_w1	rc_w1	rc_w1	rc_w1	rc_w1	rc_w1	rc_w1	rc_w1	rc_w1	rc_w1	rc_w1

Bits 18:0 PRx: Pending bit
Note: 0: No trigger request occurred
1: selected trigger request occurred

이 레지스터의 특정 부분의 비트가 1이라는 것은 선택된 trigger request가 발생했다는 것을 의미한다. 우리가 설정했던 rising 혹은 falling trigger interrupt가 발생했다는 것이다. 역시 이 부분도 w1으로 되어 있다. 즉 1로서 그 값을 clear할 수 있다.

((**EXTI->PR & EXTI_Line**) != (uint32_t)RESET) 이 부분에 있어 interrupt가 발생하였다면 당연히 0이 아닐 것이다. 이렇게 비교하는 부분을 통과하고 나면 SET을 return한다. handler 부분에서는 interrupt가 발생하였다는 것을 인지하고 출력문을 출력하는 것이다.

interrupt handler가 호출 되었음에도 불구하고 여기서 이와 같이 다시 확인하는 절차를 거치는 것은 여러 개의 다른 interrupt가 같은 interrupt handler를 공유할 수 있기 때문이다.

```
void EXTI_ClearITPendingBit(uint32_t EXTI_Line) {
  EXTI->PR = EXTI_Line;
}
```

EXTI_ClearITPendingBit 함수는 단순하다. Pending 레지스터의 해당 비트를 1로 설정해 주는 작업을 하고 있다. OR 연산을 통하지 않고 그냥 대입하는 것은 이 레지스터가 1을 쓰는 것이 아니고 0을 쓰는 행위에는 반응하지 않기 때문이다.

이로서 망고 M32 보드를 이용한 펌웨어의 작업이 마무리 되었다. 지금까지의 내용으로 우리가 Cortex-M3와 STM32 CPU에 대한 것을 모두 알았다고 할수는 없다. 다만 향후 공부를 해 나가는 데 있어서 매우 중요한 발판이 될 수 있는 초석을 쌓았다고 생각한다.

이제 다음 장부터는 망고 M32와 비교했을 때 같은 CPU를 사용하지만 사양이 약간 다른 망고 Z1 보드를 이용해서 좀 다른 방향의 접근을 시도할 것이다. 이제부터는 매우 상세한 코딩보다는 STM 사에서 제공하는 라이브러리를 적극 활용해서 보다 다양한 어플리케이션들을 구현하는 데에 집중할 것이다.

7. Cortex-M3 및 802.15.4 ZigBee 통신 프로그래밍

이번 장에서는 STMicroelectronics 사에서 제공하는 여러 가지 라이브러리를 이용해서 Mango-Z1에 이것을 적용하면서 공부를 해나갈 것이다. 라이브러리 안에 있는 소스들에 대해서는 아주 상세한 설명을 하지는 않을 것이고 필요할 경우 또 이전 장에서 설명이 부족했던 부분들에 대해서 보다 자세하게 설명이 될 것이다.

7.1. Hello World

7.1.1. STMicroelectronics 라이브러리 적용

가장 먼저 해야할 일은 STMicroelectronics의 홈페이지에 접속해서 라이브러리를 받는 일이다.
이전에 개발 환경을 구축하면서 잠깐 이에 대해서 살펴본 적이 있었다. 아래 사이트에 접속한다.
http://www.st.com/mcu/devicedocs-STM32F103RB-110.html

Firmware

Reference	Description	Version	Date	Size	File	File
STM32F10x_FW_Archive	Archive for legacy STM32F10xxx Firmware Library V2.0.3 and all related Firmware packages	2.0.3	Jul-2009			
STM32F10x_StdPeriph_Lib	ARM-based 32-bit MCU STM32F10xxx standard peripheral library	3.1.0	Jun-2009			
STM32_USB-FS-Device_Lib	ARM-based 32-bit MCU STM32F10xxx USB Device Full Speed Library	3.0.1	May-2009			
STM32F10x CEC Lib	CEC (consumer electronic control) C library using the STM32F101xx,	2.0.0	May-2009			

위 그림에서 두 개의 파일을 받는다. STM32F10x_StdPeriph_Lib와 STM32_USB-FS-Device_Lib 두 개에서 오른쪽 그림의 File 부분에서 압축 파일로 들어있는 두 개의 파일이다.

<디렉토리 구성>

받은 두 개의 파일은 stm32f10x_stdperiph_lib.zip과 um0424.zip이다.
압축을 각각 풀어보면 약간 특이한 점을 발견할 수 있다.

stm32f10x_stdperiph_lib 부분과 um0424 부분에서 똑같은 Libraries 폴더를 발견할 수 있다. 그리고 그 안의 내용에 있어서도 um0424 부분에 STM32_USB-FS-Device_Driver가 포함된 것을 제외하면 같은 폴더가 2개 존재함을 알수 있다. 그럼 어떤 것을 사용해야 할까?

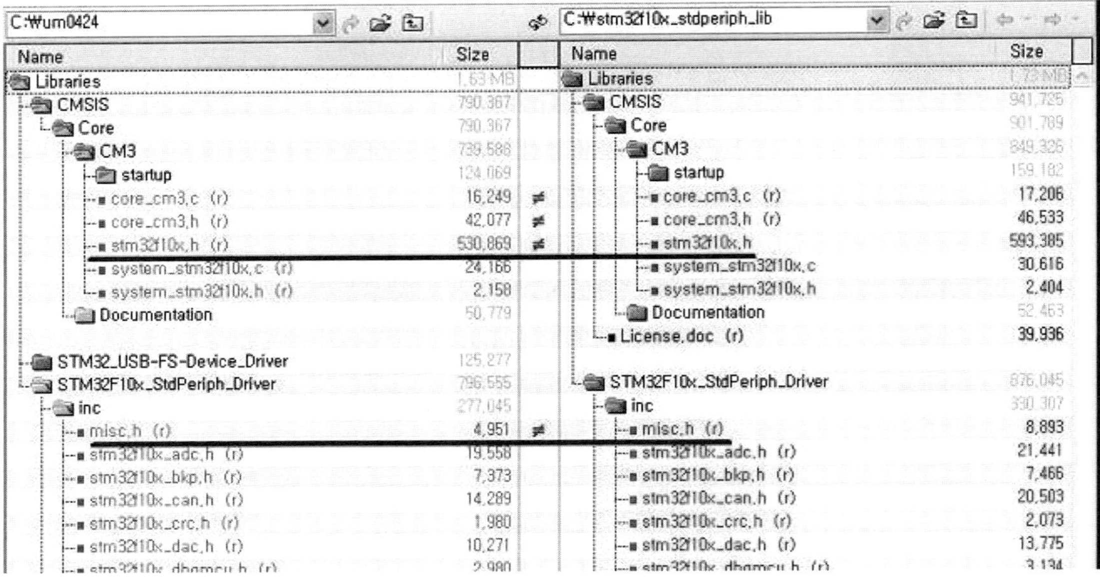

비교를 위해서 C 드라이브에 복사를 해놓고 비교를 해보았다. 각 폴더에서 stm32f10x.h와 misc.h를 각각 선택해서 비교를 해 보았다.

<stm32f10x.h 비교>

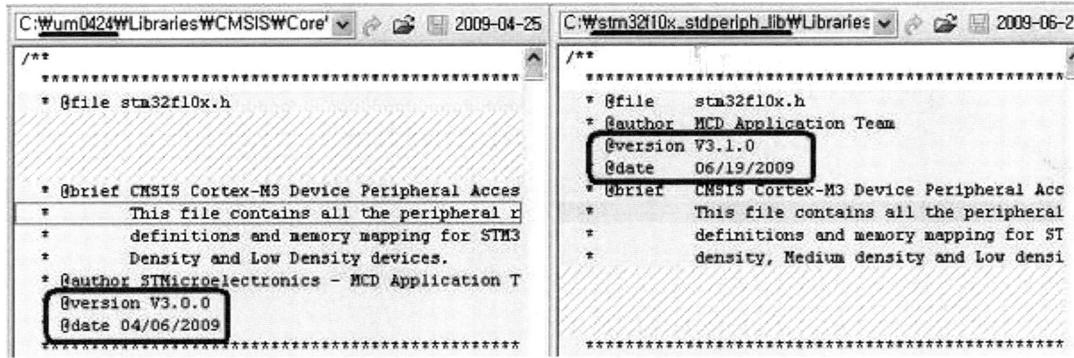

<misc.h 비교>

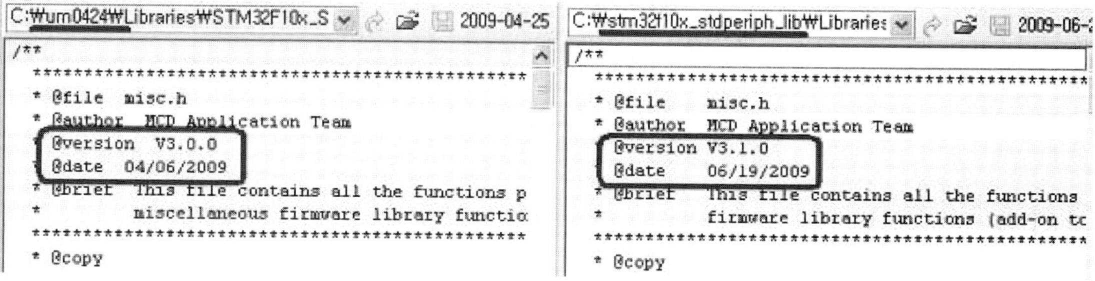

두 경우 모두 stm32f10x_stdperiph_lib 부분이 um0424 부분과 비교해서 보다 높은 버전을 가지고 있는 것을 알 수 있다. V3.1.0인 stm32f10x_stdperiph_lib 부분을 활용하는 것이 당연할 것이다.

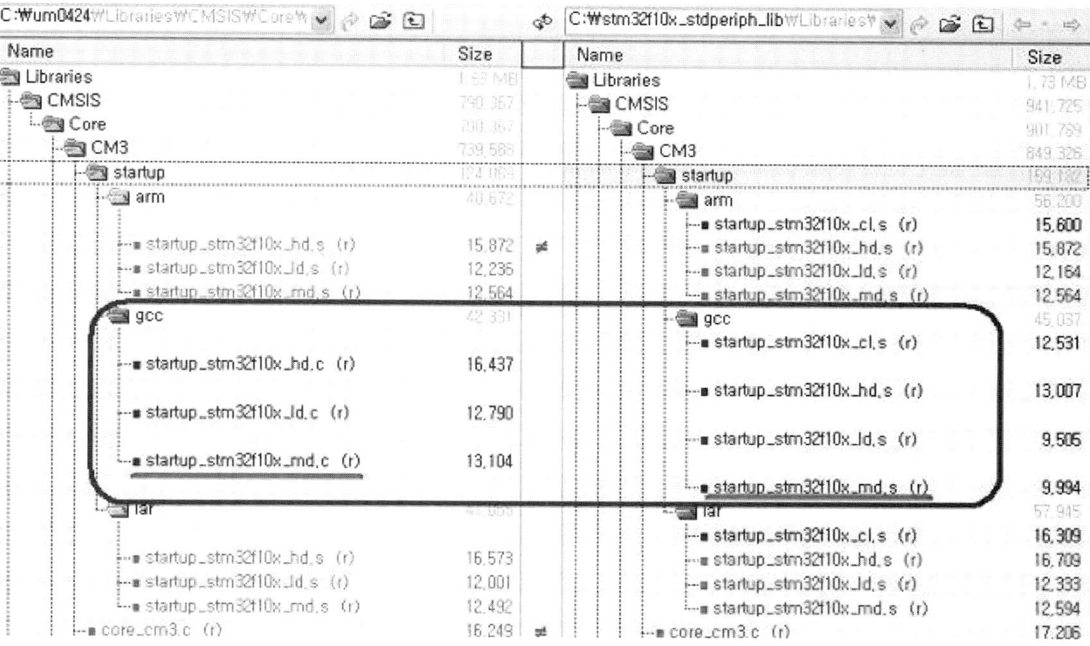

여기서 한가지 특이할 만한 부분이 있다. 위 그림의 비교에서 보는 바와 같이 startup file의 gcc 부분이 startup_stm32f10x_md.c가 사라지고 startup_stm32f10x_md.s로 어셈블리 파일이 생겨있는 것이다. 이 부분은 뒤에서 살펴보도록 하겠다.

아래 그림과 같이 디렉토리를 구성하였다. um0424 부분에서 STM32_USB-FS-Device_Driver를 가져오고, 나머지는 stm32f10x_stdperiph_lib 부분에서 가져와서 Libraries를 구성하였다. 그리고 폴더를 이동시키고 남은 부분은 STM.BackUp이라는 이름으로 만들어서 옮겨 놓았다.

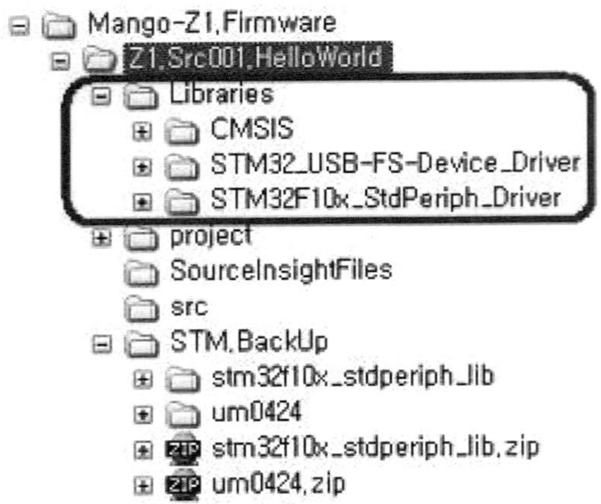

7.1.2. Hello World 빌드 - IAR case

<Compiler 옵션 설정>

가장 먼저 해야할 일은 새롭게 추가된 라이브러리의 파일들을 적절하게 가져올 수 있는 include directory에 대한 설정이다. 아래 그림에서 나타난 것과 같이 CMSIS 부분과 Peripheral Driver 부분의 include file들이 들어 있는 위치를 추가한다.

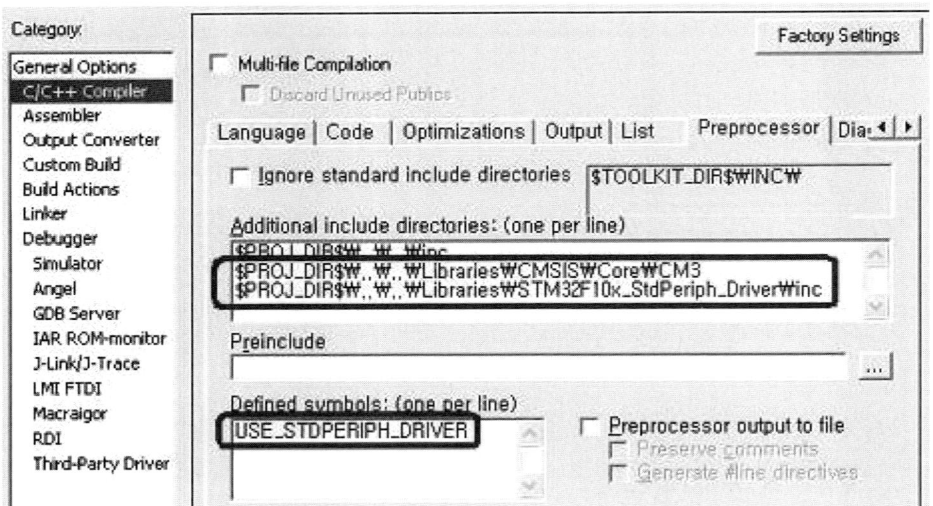

<USE_STDPERIPH_DRIVER>

여기서 한가지 살펴보아야 할 것이 USE_STDPERIPH_DRIVER라는 symbol이다.
USE_STDPERIPH_DRIVER를 define에 포함시켜서 사용하게 되면 stm32f10x.h에서 아래의 문장이 실행되게 된다.

<stm32f10x.h>

```
#ifdef USE_STDPERIPH_DRIVER
  #include "stm32f10x_conf.h"
#endif
```

즉, stm32f10x_conf.h를 라이브러리에서 include하게 해서 라이브러리의 내용의 변경 없이 각종 configuration을 변경하는 것이 가능하게 된다.
₩Z1.Src001.HelloWorld₩STM.BackUp₩stm32f10x_stdperiph_lib₩Project₩Template에 보면 이 stm32f10x_conf.h의 예제가 들어 있다. 이것을 가져다가 적절하게 변경하는 작업이 필요하게 된다.

<stm32f10x_conf.h>

```
#include "stm32f10x_exti.h"
/* #include "stm32f10x_flash.h" */
#include "stm32f10x_fsmc.h"
#include "stm32f10x_gpio.h"
/* #include "stm32f10x_i2c.h" */
/* #include "stm32f10x_iwdg.h" */
/* #include "stm32f10x_pwr.h" */
#include "stm32f10x_rcc.h"
/* #include "stm32f10x_rtc.h" */
/* #include "stm32f10x_sdio.h" */
#include "stm32f10x_spi.h"
/* #include "stm32f10x_tim.h" */
#include "stm32f10x_usart.h"
/* #include "stm32f10x_wwdg.h" */
#include "misc.h" /* High level functions for NVIC and SysTick (add-on to CMSIS functions) */

/* Exported types ------------------------------------------------------------*/
/* Exported constants --------------------------------------------------------*/
/* Uncomment the line below to expanse the "assert_param" macro in the
   Standard Peripheral Library drivers code */
/* #define USE_FULL_ASSERT    1 */

/* Exported macro ------------------------------------------------------------*/
#ifdef  USE_FULL_ASSERT

/**
```

```
  * @brief   The assert_param macro is used for function's parameters check.
  * @param   expr: If expr is false, it calls assert_failed function
  *     which reports the name of the source file and the source
  *     line number of the call that failed.
  *     If expr is true, it returns no value.
  * @retval None
  */
  #define assert_param(expr) ((expr) ? (void)0 : assert_failed((uint8_t *)__FILE__, __LINE__))
/* Exported functions ------------------------------------------------------- */
  void assert_failed(uint8_t* file, uint32_t line);
#else
  #define assert_param(expr) ((void)0)
#endif /* USE_FULL_ASSERT */
```

stm32f10x_conf.h에 들어있는 내용은 2가지이다.

하나는 stm32f10x_xxx.h와 같은 include file들을 선택하는 것이다. 이곳에서 선택을 하는 행위만으로 사용자는 모든 다른 소스 파일에서 어떤 파일을 include해야 하는 것인가에 대한 고민을 하지 않아도 되는 것이다. 단순하게 #include "stm32f10x.h"만 모든 곳에서 include해 놓으면 되는 것이다.

다른 하나는 assert_param과 관련 있는 부분이다. 거의 모든 STM Library의 함수들은 그 함수의 초반에 넘겨진 parameter를 검사하는 부분이 들어있다.

<stm32f10x_rcc.c>

```
void RCC_APB2PeriphClockCmd(uint32_t RCC_APB2Periph, FunctionalState NewState) {
  /* Check the parameters */
  assert_param(IS_RCC_APB2_PERIPH(RCC_APB2Periph));
  assert_param(IS_FUNCTIONAL_STATE(NewState));
  if (NewState != DISABLE) {
    RCC->APB2ENR |= RCC_APB2Periph;
  } else {
    RCC->APB2ENR &= ~RCC_APB2Periph;
  }
}
```

예를 들어 살펴보면 위의 경우와 같은 것이다. 우리가 나중에 살펴볼 함수인데, RCC_APB2PeriphClockCmd 함수는 각종 peripheral에 대한 clock을 설정하는 함수이다. 여기에 전달되는 argument를 assert_param 매크로를 이용해서 비교하고 있다. 이 매크로가 정의되어 있는 곳이 바로 stm32f10x_conf.h가 되는 것이다.

USE_FULL_ASSERT가 현재는 코멘트로 막혀있으나 이것을 풀게 되면 assert_param 매크로를 통해서 assert_failed 함수가 불리게 되고, 이 assert_failed 함수는 사용자가 따로 구현을 해주어야 하는 것이다. 나중에 이에 대해서는 다시 살펴볼 기회가 있을 것이다.

<소스 파일 추가>

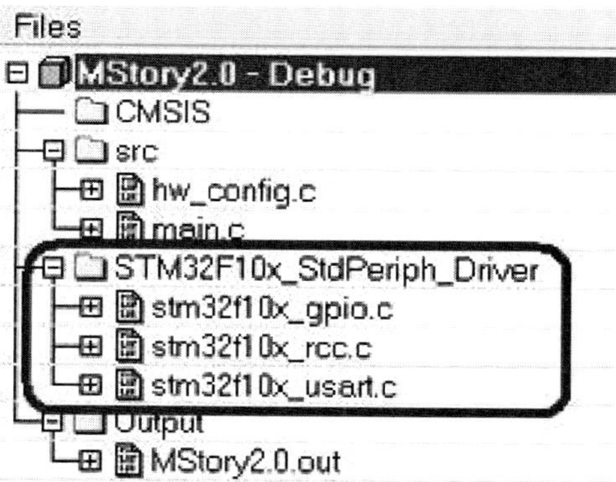

실제로 라이브러리에서 추가된 파일은 위의 3개 파일이다. Clock 설정을 위한 RCC 파일과, GPIO 설정을 위한 GPIO 파일과, UART 출력을 위한 USART 파일 3개만을 추가하면 된다.

<Output Format 변경>

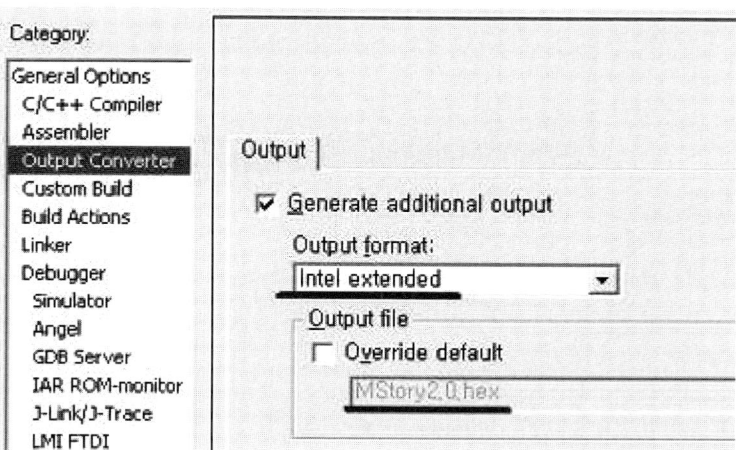

사실 RIDE7의 경우와 빌드가 되는 Output Format이 다르면 매우 불편하다. bin 파일을 다운 받는 경우와 hex 파일을 다운 받는 경우가 서로 달라서 Flash Downloader를 실행할 때 매번 바꿔주어야 한

다. 이를 해소하기 위해서 IAR의 경우 Output Format 설정을 변경한다.

위 그림에서처럼 Intel extended 포맷으로 변경한다. 앞으로는 MStory2.0.hex로 빌드 된 파일이 생성될 것이다.

7.1.3. Hello World 빌드 - RIDE7 case

<Compiler 옵션 설정>

IAR의 경우와 마찬가지로 가장 먼저 해야할 일은 새롭게 추가된 라이브러리의 파일들을 적절하게 가져올 수 있는 include directory에 대한 설정이다. 아래 그림에서 나타난 것과 같이 CMSIS 부분과 Peripheral Driver 부분의 include file들이 들어 있는 위치를 추가한다.

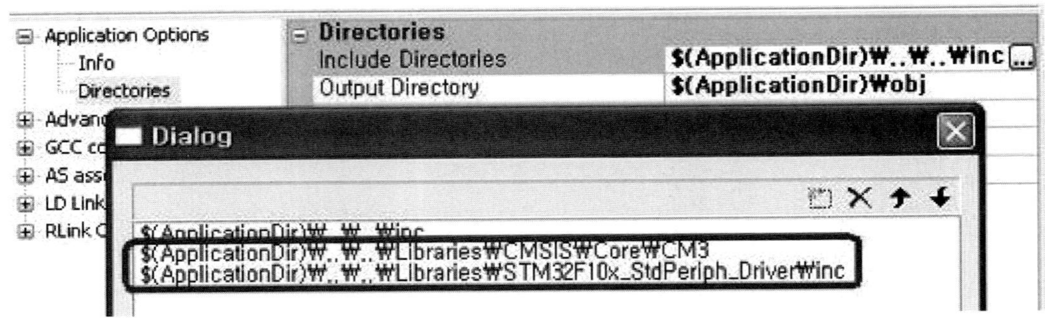

여기서 한가지 주의할 점은 $(RkitLib)₩ARM₩include를 삭제해야 한다는 것이다. 이제 이것은 더 이상 사용하지 않게 된다. 만약 이것을 그대로 두고 빌드를 하게 되면 툴킷이 가지고 있는 것과 새로 추가한 라이브러리와 충돌이 일어난다는 에러를 보게 될 것이다.

위와 같이 USE_STDPERIPH_DRIVER를 define에 포함시킨다.

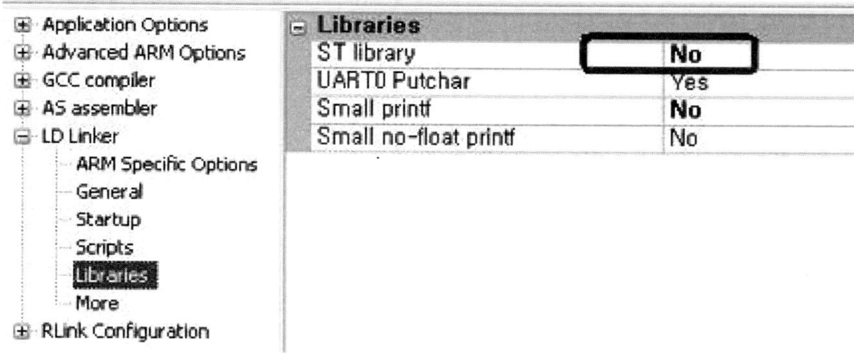

이제부터는 Toolkit이 제공하는 ST library를 사용하지 않겠다는 것을 명시해 주어야 한다.

<소스 파일 추가>

7.1.4. 소스 분석

<platform_config.h 분석>

<platform_config.h>

```
#define RCC_APB2Periph_GPIO_USART          RCC_APB2Periph_GPIOA
#define GPIO_USART                         GPIOA
#define GPIO_USART_Rx_Pin                  GPIO_Pin_10
#define GPIO_USART_Tx_Pin                  GPIO_Pin_9
```

이제부터 platform_config.h에 Mango-Z1에서 사용되는 각종 Pin들 GPIO 값 등이 계속 추가되어 나갈 것이다. 현재는 위의 4가지만 기록되어 있다.

<hw_config.c 분석>

<hw_config.c> - printf, getchar semi-hosting part

```
#ifdef __GNUC__
  #define PUTCHAR_PROTOTYPE int __io_putchar(int ch)
#else
  #define PUTCHAR_PROTOTYPE int fputc(int ch, FILE *f)
#endif /* __GNUC__ */

PUTCHAR_PROTOTYPE
{
    /* Write a character to the USART */
    if( ch == '₩n') {
        USART_SendData(USART1, '₩r');
        while(USART_GetFlagStatus(USART1, USART_FLAG_TXE) == RESET);
        USART_SendData(USART1, '₩n');
    }else {
        USART_SendData(USART1, (u8) ch);
    }

    /* Loop until the end of transmission */
    while(USART_GetFlagStatus(USART1, USART_FLAG_TXE) == RESET);

    return ch;
}
```

위 내용은 printf를 위한 semi-hosting 코드가 들어 있는 것이다. fputc가 semi-hosting을 통해서 불리게 되면 보드 내에서 적절한 UART 처리가 수행되는 것이다. 이 내용에 대해서는 이전 장에서 M32를 이용한 firmware 부분에서 설명이 된 부분이기 때문에 상세한 내용에 대해서는 생략하도록 한다.

<hw_config.c> - USART1_Init

```
/*
 * Name    : USART1_Init
 * Input   : None
 * Output : None
 * Return : None
 */
void USART1_Init(void)
{
    USART_InitTypeDef USART_InitStructure;
```

```
    /* USARTx configuration ------------------------------------------------------*/
    /* USARTx configured as follow:
      - BaudRate = 115200 baud
      - Word Length = 8 Bits
      - One Stop Bit
      - No parity
      - Hardware flow control disabled (RTS and CTS signals)
      - Receive and transmit enabled
      */
    USART_InitStructure.USART_BaudRate     = 115200;
    USART_InitStructure.USART_WordLength = USART_WordLength_8b;
    USART_InitStructure.USART_StopBits     = USART_StopBits_1;
    USART_InitStructure.USART_Parity        = USART_Parity_No ;
    USART_InitStructure.USART_HardwareFlowControl
                                            = USART_HardwareFlowControl_None;
    USART_InitStructure.USART_Mode          = USART_Mode_Rx | USART_Mode_Tx;

    /* Configure the USARTx */
    USART_Init(USART1, &USART_InitStructure);

    /* Enable the USART1 */
    USART_Cmd(USART1, ENABLE);
}
```

위 내용은 UART를 초기화하는 작업 부분에 대한 것이다. 이 또한 이전에 M32를 이용한 firmware 부분에서 모두 설명이 된 부분이다. 그때는 USART_Init, USART_Cmd 등의 함수 내용도 모두 구현해서 살펴보았는데 이것들은 사실 STM 라이브러리에 모두 포함된 것이다.

<hw_config.c> - GPIO_Configuration

```
/*
 * Name    : GPIO_Configuration
 * Input   : None
 * Output : None
 * Return : None
 */
void GPIO_Configuration(void)
```

```
{
    GPIO_InitTypeDef GPIO_InitStructure;

    // UART configuration ...

    /* Configure USARTx_Tx as alternate function push-pull */
    GPIO_InitStructure.GPIO_Pin     = GPIO_USART_Tx_Pin;
    GPIO_InitStructure.GPIO_Speed = GPIO_Speed_50MHz;
    GPIO_InitStructure.GPIO_Mode   = GPIO_Mode_AF_PP;
    GPIO_Init(GPIO_USART, &GPIO_InitStructure);

    /* Configure USARTx_Rx as input floating */
    GPIO_InitStructure.GPIO_Pin    = GPIO_USART_Rx_Pin;
    GPIO_InitStructure.GPIO_Mode = GPIO_Mode_IN_FLOATING;
    GPIO_Init(GPIO_USART, &GPIO_InitStructure);
}
```

GPIO_Configuration 부분은 UART에 해당하는 Tx, Rx Pin에 대한 GPIO 설정 부분을 수행하고 있다.

<main.c 분석>

```
int main(void) {
    /* Enable GPIOA clock */
    RCC_APB2PeriphClockCmd(RCC_APB2Periph_GPIO_USART, ENABLE);

    /* Enable USART1 clocks */
    RCC_APB2PeriphClockCmd(RCC_APB2Periph_USART1, ENABLE);

    /* Configure the GPIO ports */
    GPIO_Configuration();

    /* UART initialization */
    USART1_Init();

    printf("Hello World! - Mango Story 2.0₩n");
    return 0;
}
```

내용은 무척이나 단순하다. GPIO_USART에 대한 클럭을 enable 시키고, USART1 클럭을 enable 시키고, hw_config.c에서 살펴보았던 GPIO_Configuration(); USART1_Init();을 차례로 불러주면 모든 작업이 끝나게 된다.

7.1.5. 수행 결과

다운로드 받아서 수행하면 아래와 같은 결과를 얻게 된다.

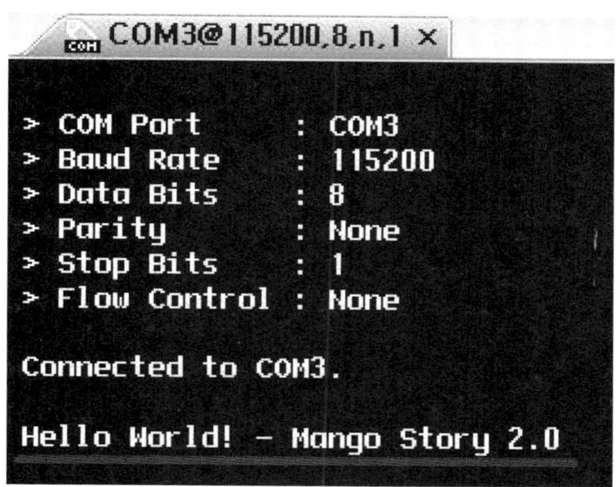

Hello World! - Mango Story 2.0이 선명하게 찍혀있는 것을 볼수 있다.

7.1.6. 라이브러리 폴더 위치 변경

사실 우리는 모든 Firmware 소스를 각 장에 맞게 디렉토리로 구분해서 적용할 예정이다. 그런데 이때 라이브러리 소스는 변경이 되지 않고 늘 같을 것이다. 그러면 라이브러리 파일들의 위치는 독립된 공간에 위치해야 한다.

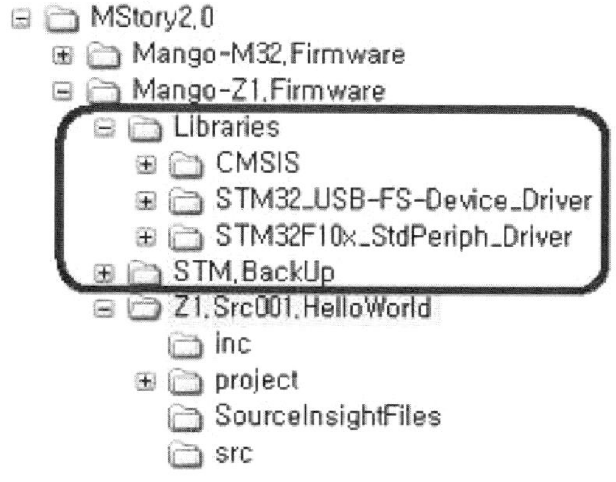

위 그림에서와 같이 Libraries 부분과 STM.BackUp 부분을 상위 디렉토리로 옮겨 놓았다. 변경된 디렉토리 구조에 맞도록 프로젝트 파일들도 변경해야 한다.

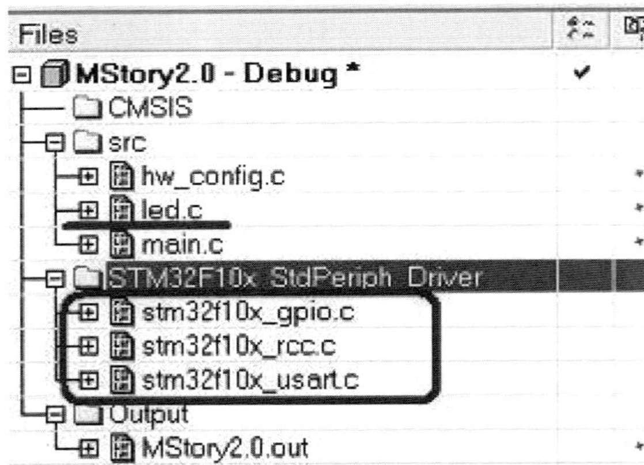

위 세 개의 라이브러리 관련 소스 파일들의 위치를 바꾸어 주어야 한다. 3개의 파일을 프로젝트에서 삭제하고 다시 포함시켜주는 작업을 수행한다.

위와 같이 라이브러리 include 파일들이 존재하는 위치를 변경해 주어야 한다.

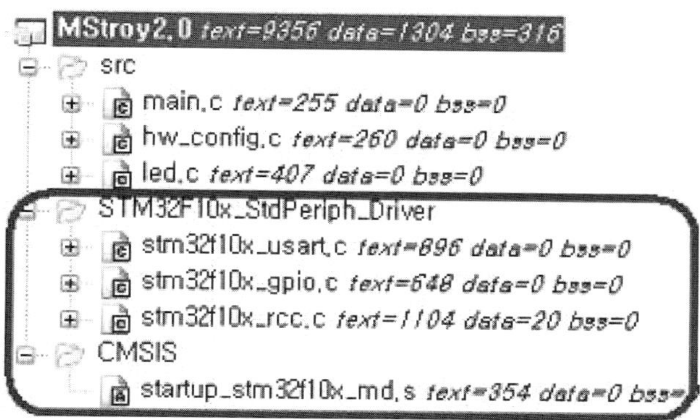

RIDE7의 경우도 IAR 경우와 마찬가지로 위의 4개의 파일에 대해서 프로젝트에서 삭제하고 다시 포함시켜주는 작업을 수행한다.

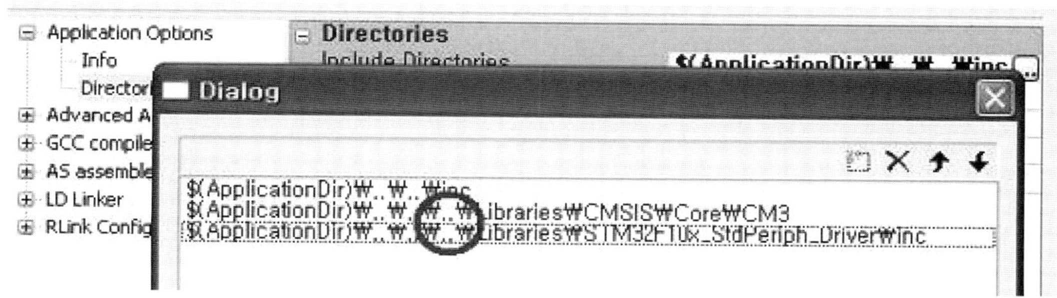

라이브러리 include 위치에 대한 것도 마찬가지로 변경한다.

이제 드디어 Hello World를 끝냈다. M32의 경우에 비교해서는 라이브러리를 이용한다는 점 때문에 조금 낯설기는 하지만 보다 쉽게 모든 사항들을 구현하고 빠르게 개발을 진행할 수 있다.

다음 시간은 메뉴를 바로 구성하고 LED control에 대한 부분을 살펴보도록 한다.

7.2. 메뉴 구성 및 LED & Key Control

LED와 Key control 부분을 포함하면서 화면에 출력하는 메뉴까지 한번에 구성을 한다. M32를 가지고 구현을 할때는 하나하나 다 적용을 해야 하기 때문에 무척이나 오래 걸렸지만 라이브러리를 이용하는 상황에서는 무척 쉽게 내용이 진행될 수 있다.

추가적으로 debug에 대한 부분을 포함시켰다. USE_FULL_ASSERT라는 define이 라이브러리에 포함되어 있는데 이것을 설정하여 기본적으로 포함된 assert에 대한 처리도 진행할 것이다.

소스는 **Z1.Src002.LedKeyControl** 폴더에 포함되어 있다.

7.2.1. USE_FULL_ASSERT - debug 부분

stm32f10x_conf.h를 보면 아래 내용이 정의되어 있다.

```
/* Uncomment the line below to expanse the "assert_param" macro in the
   Standard Peripheral Library drivers code */
#define USE_FULL_ASSERT     1


/* Exported macro ------------------------------------------------------------*/
#ifdef  USE_FULL_ASSERT


/**
  * @brief  The assert_param macro is used for function's parameters check.
  * @param   expr: If expr is false, it calls assert_failed function
  *    which reports the name of the source file and the source
  *    line number of the call that failed.
```

```
 *    If expr is true, it returns no value.
 * @retval None
 */
 #define assert_param(expr) ((expr) ? (void)0 : assert_failed((uint8_t *)__FILE__, __LINE__))
/* Exported functions ------------------------------------------------------- */
 void assert_failed(uint8_t* file, uint32_t line);
#else
 #define assert_param(expr) ((void)0)
#endif /* USE_FULL_ASSERT */
```

기본적으로는 USE_FULL_ASSERT 부분이 comment로 막혀 있는데 이 부분을 풀어준 것이다. 여기에 대한 이해를 하기 위해서는 STM 라이브러리의 함수를 하나 예를 들어 살펴보아야 한다.

```
void RCC_APB2PeriphClockCmd(uint32_t RCC_APB2Periph, FunctionalState NewState) {
  /* Check the parameters */
  assert_param(IS_RCC_APB2_PERIPH(RCC_APB2Periph));
  assert_param(IS_FUNCTIONAL_STATE(NewState));
  if (NewState != DISABLE) {
    RCC->APB2ENR |= RCC_APB2Periph;
  } else {
    RCC->APB2ENR &= ~RCC_APB2Periph;
  }
}
```

위 함수는 우리가 APB2 부분의 Clock을 enable하기 위해서 main 함수에서 호출하는 함수이다. 그런데 **assert_param**이라는 것을 함수의 초기에 부르고 있다.

이 assert_param이 stm32f10x_conf.h에 정의되어 있다. USE_FULL_ASSERT가 정의되지 않았을 때는 assert_param은 ((void)0)으로 바뀌어버려서 아무런 작업을 하지 않게 된다. 하지만 USE_FULL_ASSERT이 정의되어 있으면 assert_param(expr)에 전달된 expr에 따라 다른 행동을 하게 된다. expr이 True일 때는 역시 USE_FULL_ASSERT가 정의되지 않았을 때와 마찬가지로 ((void)0)으로 바뀌지만, False일 경우는 assert_failed((uint8_t *)__FILE__, __LINE__))으로 치환이 된다.

__FILE__, __LINE__ 등은 빌드할때 컴파일러에 의해서 값이 정해져서 치환되는 문자열이나 숫자가 된다. __FILE__의 경우는 파일 이름이, __LINE__의 경우는 라인 번호가 넘겨지게 된다. 이와 같은 것들은 여러 개 존재하는데 __FUNCTION__과 같은 경우는 함수 이름이 된다. 실제로 구현을 하면서 이를 잘 활용하면 쉽게 debugging에 이용할 수 있다.

assert_failed 함수는 라이브러리에 구현되어 있지 않은 함수이다. 이것은 사용자가 구현을 해주어야 하는 것이다. 필자는 이것을 debug.c라는 파일 안에 구현을 해 놓았다.

```
void assert_failed(uint8_t* file, uint32_t line) {
  /* User can add his own implementation to report the file name and line number,
     ex: printf("Wrong parameters value: file %s on line %d₩r₩n", file, line) */
    printf("Wrong parameters value: file %s on line %d₩r₩n", file, line);

  /* Infinite loop */
  while (1)
  {}
}
```

위와 같이 구현을 했다. 파일 이름은 int pointer로 넘겨받고, 라인 번호는 int 값으로 받아서 printf를 이용해서 화면에 찍어주도록 구현하였다. 물론 이 상황에서 더 이상의 진행을 하는 것은 무의미하다. 그러므로 아래에는 while 문으로 무한 반복을 하면서 대기하고 있게 된다.

이 외에도 다른 여러가지 debugging 관련 내용을 함수로 만든 것들이 있다.

<debug.c>

```
void DebugMsg_FunctionStart(char const * fName_p) {
#ifdef   DEBUG_MSG_LEVEL0
    printf("%s() S₩n", fName_p);
#endif
}

void DebugMsg_FunctionEnd(char const * fName_p) {
#ifdef   DEBUG_MSG_LEVEL0
    printf("%s() E₩n", fName_p);
#endif
}

void DebugMsg_FunctionNotify(char const * fName_p, int lineNum) {
#ifdef   DEBUG_MSG_LEVEL0
    printf("%s() %d₩n", fName_p, lineNum);
#endif
}
```

```
void DebugMsg_FunctionError(char const * fName_p, int lineNum) {
#ifdef  DEBUG_MSG_LEVEL0
    printf("[ERROR] %s() %d₩n", fName_p, lineNum);
#endif
}

#ifdef  USE_FULL_ASSERT
void DebugMsg_Assert(char const * fName_p, int lineNum) {
    printf("!!! ASSERT FAILED !!! %s() %d₩n", fName_p, lineNum);
}
```

DebugMsg_FunctionStart()와 DebugMsg_FunctionEnd()는 단순히 함수의 시작과 끝을 알려주는 용도로 사용할 목적으로 만든 것이다. 함수의 이름만을 argument로 받게 된다.
DebugMsg_FunctionNotify()와 DebugMsg_FunctionError()는 함수 이름과 라인 번호를 받아서 특정 부분이 수행되었다는 것을 인지할 수 있도록 되어 있다. DebugMsg_Assert()는 마찬가지로 assert가 일어나는 상황을 처리하도록 한다.

위의 함수들은 DEBUG_MSG_LEVEL0가 설정된 경우에만 출력이 이루어지도록 하였다. 이 레벨을 변경해서 과도한 출력문이 출력되지 못하도록 설정하는 방법을 이용하려는 것이다.

<debug.h>

```
#define  DEBUG_MSG_LEVEL0
// #define  DEBUG_MSG_LEVEL1

#define  DEBUG_MSG_FUNC_START    (DebugMsg_FunctionStart(__FUNCTION__))
#define  DEBUG_MSG_FUNC_END      (DebugMsg_FunctionEnd(__FUNCTION__))
#define  DEBUG_MSG_FUNC_NOTIFY   (DebugMsg_FunctionNotify(__FUNCTION__, __LINE__))
#define  DEBUG_MSG_FUNC_ERROR    (DebugMsg_FunctionError(__FUNCTION__, __LINE__))

#ifdef  USE_FULL_ASSERT
#define  DEBUG_MSG_ASSERT  (DebugMsg_Assert(__FUNCTION__, __LINE__))
#else
#define  DEBUG_MSG_ASSERT  ((void)0)
#endif /* USE_FULL_ASSERT */
```

함수의 이름을 직접 사용하는 것은 불편하다. __FUNCTION__, __LINE__과 같은 것을 매 함수마다 써주는 것도 불필요한 작업이다. 이를 define으로 정의해 놓고 사용할 때는 단순히 이 define된 값만 적어주면 쉽게 메세지를 찍을 수 있게 된다.

예를 하나 살펴보도록 한다.

```
void System_Information() {
    DEBUG_MSG_FUNC_START;

    RCC_ClocksTypeDef   rcc_clocks;

    RCC_GetClocksFreq(&rcc_clocks);
    printf("SYSCLK_Frequency = %d₩n",rcc_clocks.SYSCLK_Frequency );
    printf("HCLK_Frequency = %d₩n",rcc_clocks.HCLK_Frequency );
    printf("PCLK1_Frequency = %d₩n",rcc_clocks.PCLK1_Frequency );
    printf("PCLK2_Frequency = %d₩n",rcc_clocks.PCLK2_Frequency );
    printf("ADCCLK_Frequency = %d₩n",rcc_clocks.ADCCLK_Frequency );
}
```

우리는 main 함수의 메뉴에서 0번을 누르면 System_Information()을 호출하도록 만들었다. 이 함수의 처음에 DEBUG_MSG_FUNC_START를 써 놓았다.

0번을 수행시키면 아래의 그림과 같이 System_Information() S가 출력된다. 맨 뒤의 S는 Start를 의미한다. System_Information()과 같은 함수에 굳이 debugging message를 넣을 필요는 없을 것이다. 다만 예로 들기 위해서 작성한 것임을 인지하기 바란다.

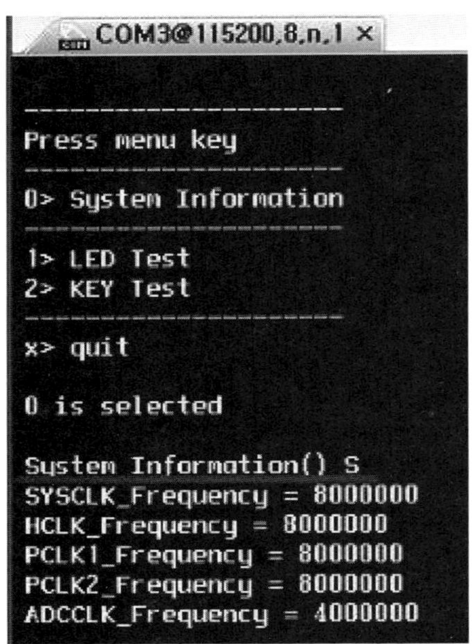

7.2.2. 소스 코드 변경 사항

우리가 M32에 대한 펌웨어를 진행하면서 다루었던 내용이 거의 그대로 들어가게 된다. 변경 사항은 M32의 경우와 크게 다르지 않다. 오히려 라이브러리를 이용하기 때문에 더 단순해지는 측면이 있다.

<platform_config.h 추가 사항>

```
#define RCC_APB2Periph_GPIO_KEY          RCC_APB2Periph_GPIOA
#define RCC_APB2Periph_GPIO_LED          RCC_APB2Periph_GPIOB

#define GPIO_LED                GPIOB
#define GPIO_KEY                GPIOA

#define GPIO_LED1_PIN           GPIO_Pin_9 /* RED */
#define GPIO_LED2_PIN           GPIO_Pin_5 /* YELLOW */
#define GPIO_LED3_PIN           GPIO_Pin_8 /* BLUE */

#define GPIO_KEY1_PIN           GPIO_Pin_0 /* LEFT_WKUP */
#define GPIO_KEY2_PIN           GPIO_Pin_1 /* RIGHT_USER */
```

clock enable을 위한 것과, GPIO 설정 부분, 그리고 각 핀들에 대한 define이 추가되었다.

<key.c 구현>

key.c의 일부 내용만 표기하도록 한다.

```
void KEY_Test (void) {
..... ..... ..... ..... ..... .....
        if(GPIO_ReadInputDataBit(GPIO_KEY, GPIO_KEY1_PIN) == Bit_SET) {
            LED_On_Red();
        }
..... ..... ..... ..... ..... .....
}
```

KEY_Test의 내용은 M32 때의 코드와 완전하게 동일하다. 다만 한가지 달라진 것은 GPIO_ReadInputDataBit()에 대한 구현이 없다는 것이다. 이것은 라이브러리에서 제공해주는 함수이다. M32 때 구현했던 것과 라이브러리에서 제공하는 것과 역시 거의 동일하다. 다만 라이브러리의 것에는 argument를 초기에 검사하는 assert 함수가 들어있는 것만 다를 뿐이다. 자세한 함수 내용을 여기에 기술하지는 않을 것이다. 독자들이 꼭 비교해서 함수 내용을 살펴보는 것이 많은 공부가 될 것이다.

<led.c>

led.c의 일부 내용만 표기하도록 한다.

```
void LED_On_Red (void) {
    GPIO_ResetBits(GPIO_LED, GPIO_LED1_PIN);
}

void LED_Off_Red (void) {
    GPIO_SetBits(GPIO_LED, GPIO_LED1_PIN);
}
```

여기서는 라이브러리 함수인 GPIO_ResetBits(), GPIO_SetBits()를 이용하고 있다. GPIO_ResetBits()는 GPIO 특정 비트를 0으로 만드는 함수이고, GPIO_SetBits()는 1로 만드는 함수이다. GPIO_ResetBits()는 BRR 레지스터를 access하는 것이고, GPIO_SetBits()는 BSRR 레지스터의 값을 변경시키는 함수이다.

<GPIO_Configuration>

```
    // Key configuration ...
    GPIO_InitStructure.GPIO_Pin = GPIO_KEY1_PIN | GPIO_KEY2_PIN;
    GPIO_InitStructure.GPIO_Mode = GPIO_Mode_IN_FLOATING;
    GPIO_Init(GPIO_KEY, &GPIO_InitStructure);

    // LED configuration ...
    GPIO_InitStructure.GPIO_Pin = GPIO_LED1_PIN | GPIO_LED2_PIN | GPIO_LED3_PIN ;
    GPIO_InitStructure.GPIO_Speed = GPIO_Speed_50MHz;
    GPIO_InitStructure.GPIO_Mode = GPIO_Mode_Out_PP;
    GPIO_Init(GPIO_LED, &GPIO_InitStructure);
```

GPIO_Init 함수 호출을 위한 Key와 LED 핀에 대한 처리 부분이다. M32에서 구현한 것과 완전히 동일한 것이다.

7.2.3. RCC Get Clocks Frequency

main 함수의 변경 사항은 특별한 내용은 없다. 바로 빌드를 진행하고 실행을 시켜본다. 실행 결과에 대한 부분도 특별한 것은 없다. 다만 위에서 잠깐 살펴보았던 System_Information 부분에서 출력하고 있는 clock frequency에 대한 것을 살펴보도록 한다.

```
void System_Information() {
    DEBUG_MSG_FUNC_START;

    RCC_ClocksTypeDef   rcc_clocks;

    RCC_GetClocksFreq(&rcc_clocks);
    printf("SYSCLK_Frequency = %d₩n",rcc_clocks.SYSCLK_Frequency );
    printf("HCLK_Frequency = %d₩n",rcc_clocks.HCLK_Frequency );
    printf("PCLK1_Frequency = %d₩n",rcc_clocks.PCLK1_Frequency );
    printf("PCLK2_Frequency = %d₩n",rcc_clocks.PCLK2_Frequency );
    printf("ADCCLK_Frequency = %d₩n",rcc_clocks.ADCCLK_Frequency );
}
```

RCC_ClocksTypeDef에 대한 정의는 아래와 같다. 각각의 주요한 clock 값들에 대한 것을 멤버로 가지고 있다.

```
typedef struct {
  uint32_t SYSCLK_Frequency;   /*!< returns SYSCLK clock frequency expressed in Hz */
  uint32_t HCLK_Frequency;     /*!< returns HCLK clock frequency expressed in Hz */
  uint32_t PCLK1_Frequency;    /*!< returns PCLK1 clock frequency expressed in Hz */
  uint32_t PCLK2_Frequency;    /*!< returns PCLK2 clock frequency expressed in Hz */
  uint32_t ADCCLK_Frequency;   /*!< returns ADCCLK clock frequency expressed in Hz */
}RCC_ClocksTypeDef;
```

RCC_GetClocksFreq 함수에 대한 내용을 여기서 모두 살펴볼 필요는 없고 앞 부분의 system clock 부분을 구하는 부분만 살펴보기로 한다.

```
void RCC_GetClocksFreq(RCC_ClocksTypeDef* RCC_Clocks) {
  uint32_t tmp = 0, pllmull = 0, pllsource = 0, presc = 0;

#ifdef  STM32F10X_CL
  uint32_t prediv1source = 0, prediv1factor = 0, prediv2factor = 0, pll2mull = 0;
```

```
#endif /* STM32F10X_CL */

  /* Get SYSCLK source -------------------------------------------------------*/
  tmp = RCC->CFGR & CFGR_SWS_Mask;

  switch (tmp) {
    case 0x00:  /* HSI used as system clock */
      RCC_Clocks->SYSCLK_Frequency = HSI_Value;
      break;
..... ..... ..... ..... ..... .....
```

우리는 아무런 clock 관련한 처리를 수행하지 않았다. 그렇기 때문에 RCC_CFGR 레지스터의 내용은 default 값을 그대로 가지고 있고 그 값은 0이 된다. 실제로 화면에 이 값을 찍어볼 수도 있다. 값이 0인 경우 HSI_Value를 시스템 클럭으로 사용하게 된다. 이 값은 8000000으로 8MHz를 의미한다.

```
System_Information() S
RCC->CFGR : 0x0
SYSCLK_Frequency = 8000000
HCLK_Frequency = 8000000
PCLK1_Frequency = 8000000
PCLK2_Frequency = 8000000
ADCCLK_Frequency = 4000000
```

CFGR 레지스터를 찍어보면 0을 가지고 있고, 시스템 클럭 값이 8000000으로 출력되고 있다.

7.3. Clock Control

STM 라이브러리에서 제공하는 Clock 초기화 관련 함수들을 이용해서 72 MHz의 시스템 클럭을 설정하는 방법에 대해서 알아볼 것이다. 이 부분에 대한 이해를 높이기 위해서는 이전에 공부한 적이 있는 M32 보드를 이용했던 Clock Control 부분에 대해서 참조하는 것이 보다 쉽게 접근할 수 있다.

소스는 **Z1.Src003.ClockControl** 폴더에 포함되어 있다.

7.3.1. 소스 변경 사항

Z1.Src003.ClockControl이 Z1.Src002.LedKeyControl에 비해서 무엇이 달라졌는지를 먼저 비교해 본다.

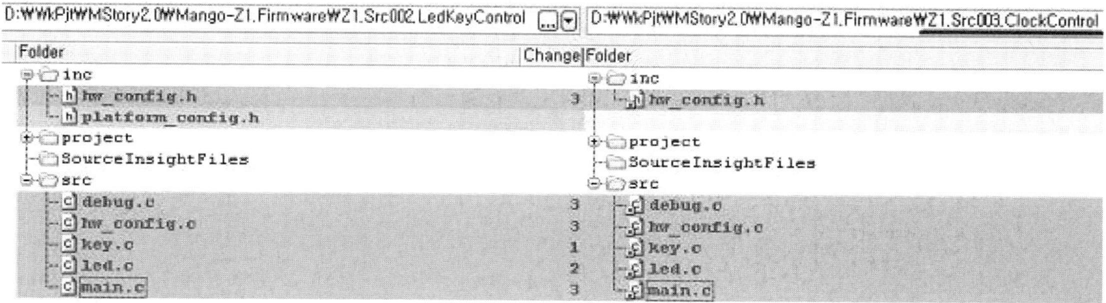

위의 araxis merge를 이용한 비교 부분에서 보면 무척 많은 부분이 달라졌을 것으로 추측되지만 대부분의 내용은 여러가지 편집과 향후를 대비한 변경 등이 있었던 것이고, 알고리즘이나 동작 상에서의 변경은 극히 일부이다.

platform_config.h가 삭제되었다. 이것은 헤더 파일만 존재했던 것이고, 모든 내용이 hw_config.h로 옮겨 갔다. 그 외의 변경은 comment의 변경이나 헤더 파일의 include에 대한 변경이 전부이다. 주요하게 변한 부분은 아래 설명을 하겠다.

```
int main(void) {
    uint8_t ch;

    /* System Clocks Configuration */
    RCC_Configuration();

    /* Configure the GPIO ports */
    GPIO_Configuration();
..... ..... ..... ..... ..... .....
```

가장 주요한 변경은 main 함수에 추가로 RCC_Configuration() 함수가 추가되고, 그 이전에 있던 RCC_APB2PeriphClockCmd() 부분이 사라진 것이다. 이 부분은 RCC_Configuration() 함수로 옮겨졌기 때문에 삭제된 것은 아니고 불리는 위치만 살짝 조정한 것이다.

```
void RCC_Configuration(void) {
    SystemInit();

    /* Enable GPIOA clock */
    RCC_APB2PeriphClockCmd(RCC_APB2Periph_GPIO_USART, ENABLE);

    /* Enable GPIOB clock */
    RCC_APB2PeriphClockCmd(RCC_APB2Periph_GPIO_LED, ENABLE);

    /* Enable USART1 clocks */
    RCC_APB2PeriphClockCmd(RCC_APB2Periph_USART1, ENABLE);
}
```

RCC_Configuration() 함수의 내용은 무척이나 단순하다. 기존에 main 함수에 존재하던 RCC_APB2PeriphClockCmd() 부분이 모두 옮겨져 와서 불리고 있는 것을 제외하면 오직 SystemInit() 이라는 함수만이 추가되었을 뿐이다.

SystemInit() 함수는 system_stm32f10x.c에 들어있는 내용이고, 이에 대해서는 뒤에서 자세히 설명을 할 것이다. 바뀐 것을 적용하기 위해서는 컴파일러에 추가적으로 이 파일도 빌드에 포함해야 한다.

RIDE7의 경우는 위 그림과 같이 system_stm32f10x.c 파일만 추가적으로 선택해 주면 된다.

(system_stm32f10x.c는 ₩Mango-Z1.Firmware₩Libraries₩CMSIS₩Core₩CM3에 들어 있다.)

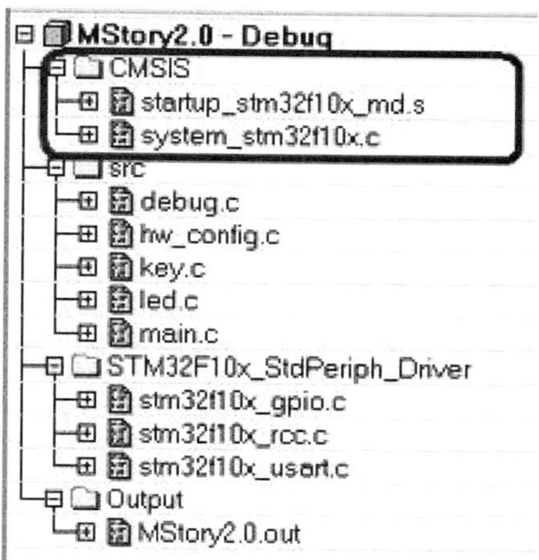

IAR의 경우는 RIDE7에는 이미 포함되어 있던 startup 파일도 추가로 더 선택을 해주어야 한다. startup_stm32f10x_md.s를 사용하는데 RIDE7과 이름은 동일하지만 파일 위치는 틀리다. RIDE7의 경우는 ₩Mango-Z1.Firmware₩Libraries₩CMSIS₩Core₩CM3₩startup₩**gcc**에 있는 것을 사용하지만 IAR의 경우는 ₩Mango-Z1.Firmware₩Libraries₩CMSIS₩Core₩CM3₩startup₩**iar**의 것을 사용해야 한다.

7.3.2. 실행 결과

먼저 실행 결과를 살펴보도록 한다.

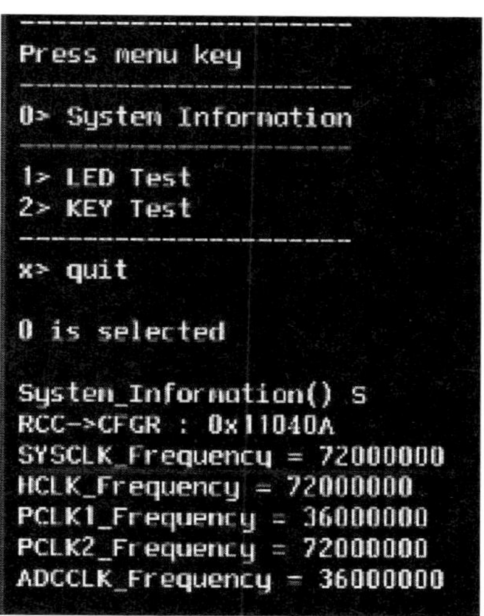

실행 후 0번을 선택해서 시스템 정보를 출력해 보면 이전에는 8000000으로 나오던 SYSCLK가 72000000으로 출력되고 있는 것을 볼수 있다. 여기서 LED Test를 수행해보면 시스템 클럭이 얼마나

빨라졌는지 눈으로 확인할 수 있을 것이다. 기존에는 천천히 수행되고 있던 것들이 무척이나 빨라진 것을 알수 있다. 결국 이전 M32에서 수행했던 것처럼 정확한 1초를 구하기 위해서 코드의 변경이 필요할 것이다. 이것은 다음 장에서 살펴보겠다.

그럼 어떻게 SystemInit() 하나를 불렀을 뿐인데 M32에서 수행했던 그 복잡한 작업의 수행 없이도 우리가 원하는 72 MHz로 설정이 될 수 있었는지 하나씩 살펴보도록 한다.

7.3.3. System Init 함수 설명

```
void SystemInit (void) {
  /* Reset the RCC clock configuration to the default reset state(for debug purpose) */
  /* Set HSION bit */
  RCC->CR |= (uint32_t)0x00000001;

  /* Reset SW, HPRE, PPRE1, PPRE2, ADCPRE and MCO bits */
  RCC->CFGR &= (uint32_t)0xF8FF0000;

  /* Reset HSEON, CSSON and PLLON bits */
  RCC->CR &= (uint32_t)0xFEF6FFFF;

  /* Reset HSEBYP bit */
  RCC->CR &= (uint32_t)0xFFFBFFFF;

  /* Reset PLLSRC, PLLXTPRE, PLLMUL and USBPRE/OTGFSPRE bits */
  RCC->CFGR &= (uint32_t)0xFF80FFFF;

  /* Disable all interrupts and clear pending bits   */
  RCC->CIR = 0x009F0000;

  /* Configure the System clock frequency, HCLK, PCLK2 and PCLK1 prescalers */
  /* Configure the Flash Latency cycles and enable prefetch buffer */
  SetSysClock();
}
```

원 코드에는 STM32F10X_CL이 정의되어 있을 경우에 대한 부분도 들어 있는데 그 부분은 삭제한 상태이다. 우리가 다루는 CPU는 STM32F103RB로 이것은 STM에서 나누는 기준으로 보면 medium density devices이다. 128 KBytes의 Flash를 내장한 type이다. 최신의 STM 라이브러리에는 CL이라고 해서 Connectivity line devices에 대한 부분이 대폭 들어와 있는 것을 볼수 있다.

STM Connectivity line devices는 STM32F105, STM32F107 시리즈로서 USB OTG, Ethernet, dual CAN, audio class I^2S 등을 지원하는 것을 특징으로 가지고 있는 것이다. 사실 여기에서의 define은 STM3210B-EVAL 보드로 STM에서 제작해서 제공하는 보드를 기준으로 한다고 보면 된다. 거기에는 128 KBytes의 메모리를 탑재한 CPU가 들어 있다.

```
#if !defined (STM32F10X_LD) && !defined (STM32F10X_MD) && !defined (STM32F10X_HD)
&& !defined (STM32F10X_CL)
  /* #define STM32F10X_LD */     /*!< STM32F10X_LD: STM32 Low density devices */
  #define STM32F10X_MD          /*!< STM32F10X_MD: STM32 Medium density devices */
  /* #define STM32F10X_HD */     /*!< STM32F10X_HD: STM32 High density devices */
  /* #define STM32F10X_CL */   /*!< STM32F10X_CL: STM32 Connectivity line devices */
#endif
```

우리는 위와 같이 stm32f10x.h에 정의를 내려 놓았다. 다른 부분은 모두 comment로 막혀 있는 것이고, STM32F10X_MD만 정의가 되어 있다. 이 부분에 대한 것만 참조하면 될 것이다.

SystemInit 함수에서 수행하는 내용은 대부분 클럭과 관련한 부분을 초기화 시키고 있는 부분들이다. 대부분은 사실 수행하지 않아도 크게 문제되는 부분은 없다. 다만 우리가 시스템을 처음 부팅하는 경우라면 이 레지스터들이 초기 reset value를 가지고 있을 것이기 때문에 문제가 없지만 특정 상황에서 sleep mode에 있다가 다시 동작하는 경우라든지 하는 상황에서 이미 레지스터에 어떤 값을 가지고 설정이 되어 있는 상태에서 그것을 초기화 시키려는 것이다.

Clock control register (RCC_CR) 레지스터와 Clock configuration register (RCC_CFGR) 레지스터에 대해서는 간단하게 그림만 살펴볼 것이다. 이전 장에서 비교적 자세하게 설명하고 있기 때문에 이전 장을 참조하면 되겠다.

Clock control register (RCC_CR) 레지스터

31	30	29	28	27	26	25	24	23	22	21	20	19	18	17	16
Reserved						PLL RDY	PLLON	Reserved				CSS ON	HSE BYP	HSE RDY	HSE ON
						r	rw					rw	rw	r	rw
15	**14**	**13**	**12**	**11**	**10**	**9**	**8**	**7**	**6**	**5**	**4**	**3**	**2**	**1**	**0**
HSICAL[7:0]								HSITRIM[4:0]					Res.	HSI RDY	HSION
r	r	r	r	r	r	r	r	rw	rw	rw	rw	rw		r	rw

Clock configuration register (RCC_CFGR) 레지스터

31	30	29	28	27	26	25	24	23	22	21	20	19	18	17	16
Reserved					MCO[2:0]			Res.	USB PRE	PLLMUL[3:0]				PLL XTPRE	PLL SRC
					rw	rw	rw		rw	rw	rw	rw	rw	rw	rw

15	14	13	12	11	10	9	8	7	6	5	4	3	2	1	0
ADC PRE[1:0]		PPRE2[2:0]			PPRE1[2:0]			HPRE[3:0]				SWS[1:0]		SW[1:0]	
rw	rw	rw	rw	rw	rw	rw	rw	rw	rw	rw	rw	r	r	rw	rw

```
RCC->CR |= (uint32_t)0x00000001;
```

Clock control register (RCC_CR)의 비트 0은 HSI On을 가리킨다. 즉, 최초 시점에서는 HSI를 On 시켜서 default reset state를 만들려는 것이다. 여러 가지 debug 환경에서도 동작하도록 하기 위함이다.

```
RCC->CFGR &= (uint32_t)0xF8FF0000;
```

Clock configuration register (RCC_CFGR) 레지스터의 대부분의 값을 0으로 초기화 시키고 있다. SW, SWS, HPRE, PPRE1, PPRE2, ADCPRE와 MCO 부분을 0으로 설정하고 있다.

```
RCC->CR &= (uint32_t)0xFEF6FFFF;
RCC->CR &= (uint32_t)0xFFFBFFFF;
```

Clock control register (RCC_CR) 레지스터의 HSEON, CSSON, PLLON 부분을 0으로 clear하고 있다. 여기서 CSS는 Clock security system을 말하는 것이다.
또한 HSEBYP bit를 0으로 만들고 있다. 이것은 External high-speed clock을 bypass 시키지 못하도록 설정하는 것이다. 물론 위 2개의 문장을 동시에 설정하여도 되겠지만 보다 하드웨어적으로 안정적으로 설정이 될 수 있도록 순서를 배치하고 있는 것이다.

```
RCC->CFGR &= (uint32_t)0xFF80FFFF;
```

Clock configuration register (RCC_CFGR) 레지스터에서 clear하지 않았던 나머지 부분을 0으로 만들고 있다. PLLSRC, PLLXTPRE, PLLMUL, USBPRE/OTGFSPRE 부분을 clear한다.

```
RCC->CIR = 0x009F0000;
```

위 내용은 Clock interrupt register (RCC_CIR)를 설정하는 부분이다. 행위는 모든 클럭과 관련한 인터럽트들을 전부 clear하고 초기화시키는 작업을 하고 있는 것이다. Clock interrupt register (RCC_CIR) 레지스터에 대해서 살펴보자

31	30	29	28	27	26	25	24	23	22	21	20	19	18	17	16
Reserved								CSSC	Reserved		PLL RDYC	HSE RDYC	HSI RDYC	LSE RDYC	LSI RDYC
								w			w	w	w	w	w
15	**14**	**13**	**12**	**11**	**10**	**9**	**8**	**7**	**6**	**5**	**4**	**3**	**2**	**1**	**0**
Reserved			PLL RDYIE	HSE RDYIE	HSI RDYIE	LSE RDYIE	LSI RDYIE	CSSF	Reserved		PLL RDYF	HSE RDYF	HSI RDYF	LSE RDYF	LSI RDYF
			rw	rw	rw	rw	rw	r			r	r	r	r	r

Bit 23 **CSSC**: Clock security system interrupt clear
Bit 20 **PLLRDYC**: PLL ready interrupt clear
Bit 19 **HSERDYC**: HSE ready interrupt clear
Bit 18 **HSIRDYC**: HSI ready interrupt clear
Bit 17 **LSERDYC**: LSE ready interrupt clear
Bit 16 **LSIRDYC**: LSI ready interrupt clear

위 6개의 비트는 모두 C로 끝나고 있고 이는 Clear를 의미한다. RDY는 Ready를 의미한다. 모두 interrupt를 clear시켜주기 위한 비트이다. 여기에 1을 적어주는 것이 이들 interrupt를 clear시켜주는 것이다. 위 코드에서 9F로 적는 것은 이들을 clear시키는 동작을 수행하는 것이다.

Bit 12 **PLLRDYIE**: PLL ready interrupt enable
Bit 11 **HSERDYIE**: HSE ready interrupt enable
Bit 10 **HSIRDYIE**: HSI ready interrupt enable
Bit 9 **LSERDYIE**: LSE ready interrupt enable
Bit 8 **LSIRDYIE**: LSI ready interrupt enable
Bit 7 **CSSF**: Clock security system interrupt flag
Bit 4 **PLLRDYF**: PLL ready interrupt flag
Bit 3 **HSERDYF**: HSE ready interrupt flag
Bit 2 **HSIRDYF**: HSI ready interrupt flag
Bit 1 **LSERDYF**: LSE ready interrupt flag
Bit 0 **LSIRDYF**: LSI ready interrupt flag

각각의 비트는 모두 enable 여부에 대한 것이나 flag를 가리킨다. 이들은 모두 0으로 만드는 것이 초기화하는 것이다.

이제 마지막으로 SetSysClock()을 호출하고 종료한다. SetSysClock()에 대해서 알아본다.

7.3.4. SetSysClock() 함수 설명

```
static void SetSysClock(void) {
#ifdef SYSCLK_FREQ_HSE
  SetSysClockToHSE();
#elif defined SYSCLK_FREQ_24MHz
  SetSysClockTo24();
#elif defined SYSCLK_FREQ_36MHz
  SetSysClockTo36();
#elif defined SYSCLK_FREQ_48MHz
  SetSysClockTo48();
#elif defined SYSCLK_FREQ_56MHz
  SetSysClockTo56();
#elif defined SYSCLK_FREQ_72MHz
  SetSysClockTo72();
#endif
}
```

함수의 내용은 단순하다 define된 값에 따라서 적절한 함수를 호출하는 것으로 그만이다. 우리는 클럭과 관련해서 아래와 같이 정의를 미리 해놓았다.

```
/* #define SYSCLK_FREQ_HSE      HSE_Value */
/* #define SYSCLK_FREQ_24MHz   24000000 */
/* #define SYSCLK_FREQ_36MHz   36000000 */
/* #define SYSCLK_FREQ_48MHz   48000000 */
/* #define SYSCLK_FREQ_56MHz   56000000 */
#define SYSCLK_FREQ_72MHz   72000000
```

SYSCLK_FREQ_72MHz를 미리 정의해 놓았으며 그 값을 72000000으로 값을 설정해 놓았다. 그러므로 당연히 SetSysClockTo72() 함수가 불리게 될 것이다.

7.3.5. SetSysClockTo72() 함수 설명

```
static void SetSysClockTo72(void) {
  __IO uint32_t StartUpCounter = 0, HSEStatus = 0;
  RCC->CR |= ((uint32_t)RCC_CR_HSEON);
  /* Wait till HSE is ready and if Time out is reached exit */
```

```
  do {
    HSEStatus = RCC->CR & RCC_CR_HSERDY;
    StartUpCounter++;
  } while((HSEStatus == 0) && (StartUpCounter != HSEStartUp_TimeOut));

  if ((RCC->CR & RCC_CR_HSERDY) != RESET) {
    FLASH->ACR |= FLASH_ACR_PRFTBE; /* Enable Prefetch Buffer */

    FLASH->ACR &= (uint32_t)((uint32_t)~FLASH_ACR_LATENCY); /* Flash 2 wait state */
    FLASH->ACR |= (uint32_t)FLASH_ACR_LATENCY_2;

    RCC->CFGR |= (uint32_t)RCC_CFGR_HPRE_DIV1; /* HCLK = SYSCLK */
    RCC->CFGR |= (uint32_t)RCC_CFGR_PPRE2_DIV1; /* PCLK2 = HCLK */
    RCC->CFGR |= (uint32_t)RCC_CFGR_PPRE1_DIV2; /* PCLK1 = HCLK/2 */

    /*  PLL configuration: PLLCLK = HSE * 9 = 72 MHz */
    RCC->CFGR &= (uint32_t)((uint32_t)~(RCC_CFGR_PLLSRC | RCC_CFGR_PLLXTPRE |
                                          RCC_CFGR_PLLMULL));
#ifdef EXT_CLOCK_SOURCE_12M
    RCC->CFGR |= (uint32_t)(RCC_CFGR_PLLSRC_HSE | RCC_CFGR_PLLMULL6);
#else
    RCC->CFGR |= (uint32_t)(RCC_CFGR_PLLSRC_HSE | RCC_CFGR_PLLMULL9);
#endif

    RCC->CR |= RCC_CR_PLLON; /* Enable PLL */
    while((RCC->CR & RCC_CR_PLLRDY) == 0) { }   /* Wait till PLL is ready */

    RCC->CFGR &= (uint32_t)((uint32_t)~(RCC_CFGR_SW)); /* Select PLL as system clock source */
    RCC->CFGR |= (uint32_t)RCC_CFGR_SW_PLL;

    /* Wait till PLL is used as system clock source */
    while ((RCC->CFGR & (uint32_t)RCC_CFGR_SWS) != (uint32_t)0x08) { }
  }
}
```

내용을 보다 단순하게 만들기 위해서 가능한 압축해서 표현하기 위해서 소스를 약간 수정하였지만 근본 내용은 달라진 것은 없다. 함수의 내용은 이전에 M32를 가지고 클럭을 설정하였을 때의 내용과 완벽하게 동일한 것임을 알 수 있다. 내용에 대한 설명은 이전 장의 M32로 작업한 Clock Control

부분에 모두 있기 때문에 그 내용을 참조하면 이해하는데 문제는 없을 것이다. 다만 EXT_CLOCK_SOURCE_12M에 대한 부분은 정의가 여기서 처음 나오는 부분이기 때문에 그 내용에 대해서만 살펴보겠다.

```
#define EXT_CLOCK_SOURCE_12M
#if !defined  HSE_Value
 #ifdef STM32F10X_CL
  #define HSE_Value      ((uint32_t)25000000) /*!< Value of the External oscillator in Hz */
 #else
  #ifdef EXT_CLOCK_SOURCE_12M
  #define HSE_Value      ((uint32_t)12000000) /*!< Value of the External oscillator in Hz*/
  #else
  #define HSE_Value      ((uint32_t)8000000) /*!< Value of the External oscillator in Hz*/
  #endif
 #endif /* STM32F10X_CL */
#endif /* HSE_Value */
```

EXT_CLOCK_SOURCE_12M를 위와 같이 stm32f10x.h에 정의해 두었다. 망고 Z1 보드는 외부 crystal로 12 MHz를 사용하고 있기 때문에 이렇게 설정을 한 것이고 만약 다른 보드에 적용할 경우에는 그에 맞게 설정을 바꿔주어야 할 것이다. 이 부분에서 HSE_Value를 12000000으로 설정하고 나중에 이를 이용하게 된다.

이상으로 클럭 설정에 대한 부분을 살펴보았다. 기본적으로 간단한 함수의 호출 만으로 클럭 설정을 할수 있도록 제공하고 있기 때문에 비교적 쉽게 설정을 마무리할수 있다.

7.4. 정확한 1초 Delay 구현 및 Key Interrupt 처리

M32에서와 마찬가지로 정확한 1초 Delay 구현 및 Key interrupt를 살펴볼 것이다. 이번 장까지의 내용으로 M32에서 다루었던 모든 내용이 STM 라이브러리를 이용해서 구현되게 된다.

소스는 **Z1.Src004.KeyInterrupt** 폴더에 포함되어 있다.

7.4.1. 빌드 환경 추가 파일들

IAR이나 RIDE7이나 둘 다 3개의 파일이 추가적으로 필요하다.

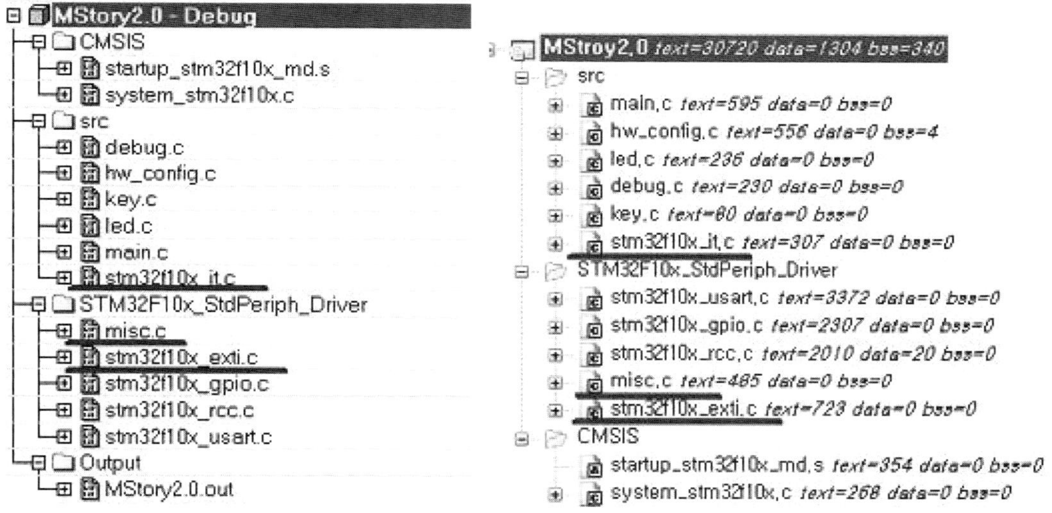

src 폴더에 들어 있는 stm32f10x_it.c와 라이브러리의 misc.c와 stm32f10x_exti.c 두 개의 파일을 추가로 삽입해 주어야 한다.

7.4.2. Interrupt Handler 구현

stm32f10x_it.h와 stm32f10x_it.c의 2개의 파일이 새로 추가가 되었다. 파일 자체의 내용은 그다지 어려운 것은 없다. 단순한 함수들의 나열이고 모든 handler들을 한자리에 모아놓았다는 것 말고는 특별한 것은 없다.

<stm32f10x_it.h>

```
#ifndef __STM32F10x_IT_H
#define __STM32F10x_IT_H
```

```
..... ..... ..... ..... ..... .....
void EXTI0_IRQHandler(void);
void EXTI1_IRQHandler(void);
void EXTI2_IRQHandler(void);
void EXTI3_IRQHandler(void);
..... ..... ..... ..... ..... .....
```

stm32f10x_it.h는 각종 exception handler 함수들에 대한 선언부만 따로 모아놓은 것이다.

<stm32f10x_it.c>

```
void EXTI0_IRQHandler(void)
{
    if(EXTI_GetITStatus(GPIO_EXTI_Line_KEY1) != RESET) {
        printf("Left-WKUP Button Press₩n");
        EXTI_ClearITPendingBit(GPIO_EXTI_Line_KEY1);
    }
}

void EXTI1_IRQHandler(void)
{
    if(EXTI_GetITStatus(GPIO_EXTI_Line_KEY2) != RESET) {
        printf("Right-USER Button Press₩n");
        EXTI_ClearITPendingBit(GPIO_EXTI_Line_KEY2);
    }
}
```

이번에 우리가 사용할 2개의 handler가 정의되어 있다. 이 내용은 이전 장 M32를 가지고 다루었던 부분과 전혀 다르지 않다. 단순하게 interrupt 발생시 출력문을 화면에 찍는 것 뿐이다.

여기서 사용하는 EXTI_GetITStatus() 함수와 EXTI_ClearITPendingBit() 함수가 STM 라이브러리에서 제공해주고 있는 함수이고, 이것 때문에 stm32f10x_exti.c를 포함해서 빌드했던 것이다.

7.4.3. 소스 변경 사항

소스에 대한 변경 부분도 이전 M32 Key Interrupt 처리 부분과 대동 소이 하다. 자세한 설명은 생략하고 간단히만 살펴보고 넘어갈 것이다.

<hw_config.h>

```
#define GPIO_PORTSOURCE_KEY          GPIO_PortSourceGPIOA
#define GPIO_PINSOURCE_KEY1          GPIO_PinSource0
#define GPIO_PINSOURCE_KEY2          GPIO_PinSource1
#define GPIO_EXTI_Line_KEY1          EXTI_Line0
#define GPIO_EXTI_Line_KEY2          EXTI_Line1

void NVIC_Configuration(void);
void EXTI_Configuration(void);
void Delay(__IO uint32_t nTime);
void TimingDelay_Decrement(void);
```

Pin source와 EXTI Line 관련한 정의를 해 놓았다. 이 역시 M32의 경우와 완전히 동일한 것이다. GPIO_PortSourceGPIOA, GPIO_PinSource0, GPIO_PinSource1, EXTI_Line0, EXTI_Line1 등의 값이 STM 라이브러리에 모두 정의가 되어 있다.

<hw_config.c>

```
static volatile uint32_t TimingDelay;

void Delay(__IO uint32_t nTime)
{
  TimingDelay = nTime;

  while(TimingDelay != 0);
}

void TimingDelay_Decrement(void)
{
  if (TimingDelay != 0x00)
  {
    TimingDelay--;
  }
}
```

Delay 함수를 구현해 놓은 것이고, 이 또한 M32 경우와 동일하다.

```
void NVIC_Configuration(void)
```

```
{
    NVIC_InitTypeDef NVIC_InitStructure;

#ifdef  VECT_TAB_RAM
    /* Set the Vector Table base location at 0x20000000 */
    NVIC_SetVectorTable(NVIC_VectTab_RAM, 0x0);
#else  /* VECT_TAB_FLASH  */
    /* Set the Vector Table base location at 0x08000000 */
    NVIC_SetVectorTable(NVIC_VectTab_FLASH, 0x0);
#endif

    /* Configure one bit for preemption priority */
    NVIC_PriorityGroupConfig(NVIC_PriorityGroup_0);

    /* Enable the EXTI0 Interrupt */
    NVIC_InitStructure.NVIC_IRQChannel = EXTI0_IRQn;
    NVIC_InitStructure.NVIC_IRQChannelPreemptionPriority = 0;
    NVIC_InitStructure.NVIC_IRQChannelSubPriority = 0;
    NVIC_InitStructure.NVIC_IRQChannelCmd = ENABLE;
    NVIC_Init(&NVIC_InitStructure);

    /* Enable the EXTI1 Interrupt */
    NVIC_InitStructure.NVIC_IRQChannel = EXTI1_IRQn;
    NVIC_InitStructure.NVIC_IRQChannelPreemptionPriority = 0;
    NVIC_InitStructure.NVIC_IRQChannelSubPriority = 1;
    NVIC_InitStructure.NVIC_IRQChannelCmd = ENABLE;
    NVIC_Init(&NVIC_InitStructure);
}
```

NVIC_Configuration 함수의 경우도 대부분은 같은 내용이나, NVIC_SetVectorTable을 설정하는 것을 VECT_TAB_RAM과 VECT_TAB_FLASH의 define으로 구분해서 둘 다 적용 가능하도록 구현한 부분만 다르다. 현재 우리는 이 둘의 define 중에서 아무것도 정의하지 않고 사용하고 있기 때문에 default로는 VECT_TAB_FLASH 부분이 실행되게 되는 것이다.

EXTI_Configuration() 함수의 내용이나 main 함수에서 SysTick_Config(rcc_clocks.SYSCLK_Frequency / 1000) 부분도 완전히 동일하기 때문에 설명은 생략하도록 한다.

7.4.4. 실행 결과

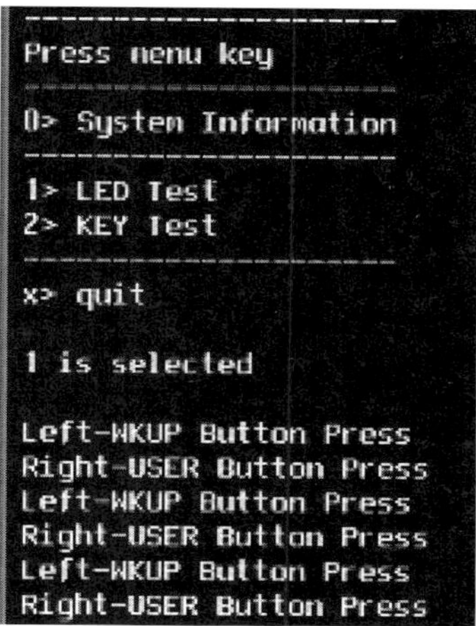

1을 눌러 LED를 동작시킨 상태에서 Key 버튼을 왼쪽 오른쪽을 번갈아 가면서 눌렀을 때의 결과를 보여주고 있다. LED Test의 동작도 정확한 1초 delay를 이용해서 적절하게 동작하고 있고, 이와 동시에 Key interrupt 부분도 정상적으로 동작하고 있다.

이로서 M32에서 다루었던 모든 부분을 STM 라이브러리를 이용해서도 구현하였다. 이제부터는 망고 Z1 보드를 이용해서 보다 복잡한 어플리케이션을 다루어 보도록 하겠다.

7.5. In-Application Programming (IAP) - BootLoader

STM에서 제공하는 AN2557을 이용해서 IAP 부분을 시험하도록 한다. 일종의 BootLoader의 개념이면서 Serial을 통해서 일반 프로그램을 다운로드 받는 기능도 포함하고 있다.

소스는 총 3가지이다.

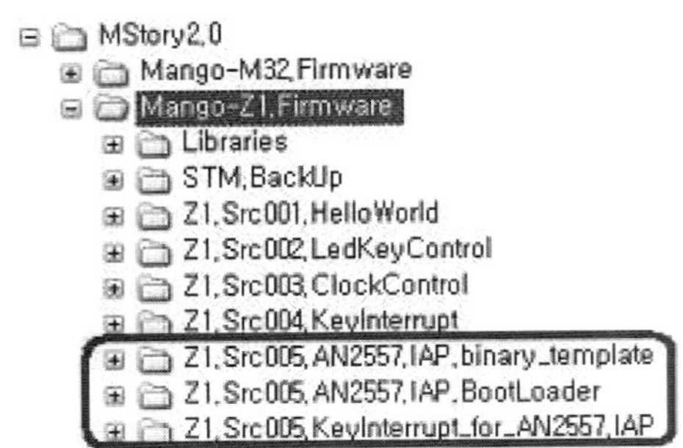

Z1.Src005.AN2557.IAP.BootLoader 폴더가 기본적인 YModem download 기능까지 가지고 있는 IAP 프로그램이 들어있는 곳이 되겠다.
Z1.Src005.AN2557.IAP.binary_template 폴더는 STM 사이트에서 제공해주는 예제 프로그램이라고 할 수 있다. LED를 깜빡거리는 정도의 단순한 일을 수행하는 예제이고 이것을 망고 Z1에 맞도록 바꾼 내용이다.
Z1.Src005.KeyInterrupt_for_AN2557.IAP 폴더는 우리가 방금 전 장에서 공부했던 Z1.Src004.KeyInterrupt 프로그램을 IAP를 이용해서 로딩할 수 있도록 변경한 것이다.

7.5.1. AN2557 다운로드

위에서 제공했던 소스파일을 그대로 이용해도 되지만 STM 사이트에서 원본 파일을 받아서 자신이 직접 변경을 해보는 작업을 해보면 그것도 무척 훌륭한 공부 방법이 될 것이다.

AN2592	the link system in STM32F101xx and STM32F103xx microcontrollers	1	2007
AN2586	STM32F10xxx hardware development: getting started	3	Jun-2009
AN2557	STM32F10x in-application programming using the USART	5	Aug-2009
AN2548	Using the STM32F101xx and STM32F103xx DMA controller	3	May-2009
AN1709	EMC Design Guide for ST Microcontrollers		Oct-2003

그림 7-1 AN2557

http://www.st.com/mcu/devicedocs-STM32F103RB-110.html

위 사이트에 접속해 보면 무척이나 많은 문서와 예제 파일들을 다운 받을 수 있다. AN2557이 우리가 이번 장에서 다룰 내용을 포함하고 있는 부분이다. PDF 문서와 압축된 파일을 받을 수 있다.

7.5.2. IAP 개요

우리는 지금까지 STM에서 제공해 주었던 프로그램인 Flash loader demonstrator라는 것을 이용해서 망고 보드의 Flash에 다운로드를 받고 이것을 실행해왔다. 물론 어떤 제품을 개발하는 개발 단계에서는 당연히 이와 같은 방식을 사용하여야 할 것이다. 그렇지만 양산을 거쳐서 제품이 사용자에게 이미 전달된 상태라면 어떠할까? 이러한 상태에서 프로그램을 업데이트하는 것은 매우 어려운 일일 것이다.

이번 장에서 우리가 다룰 내용은 바로 이와 관련한 것이다. 쉽게 펌웨어를 업그레이드 하는 방법에 대해 간단한 방법을 소개하고 있는 것이다. 소개하고 있는 이러한 방법만이 있는 것이 아니라 매우 다양한 형태의 방법이 존재할 수 있을 것이다. 여기서는 개념적인 사항을 소개하고 있다고 이해하기 바란다.

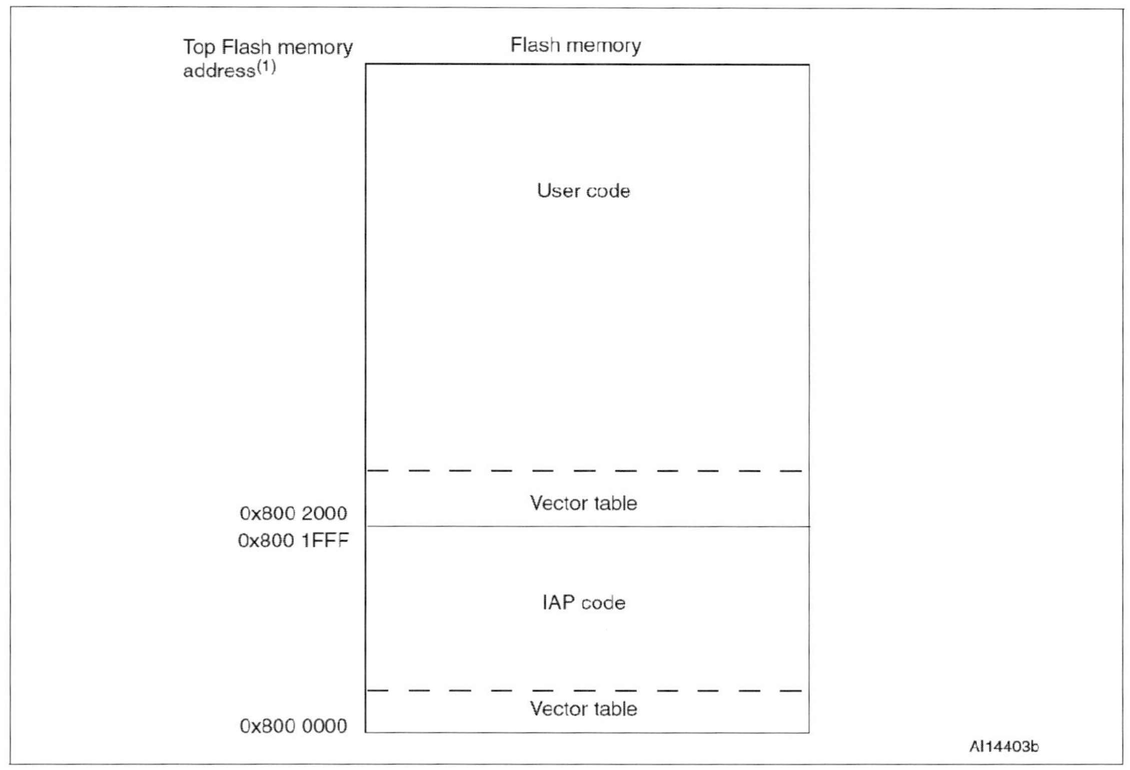

그림 7-2 IAP 구조도

(ST, AN2557 STM32F10x in-application programming, Figure 5, Flash memory usage)

실제 제품에서 가장 중요한 기능 중의 하나가 제품 firmware를 upgrade시키는 기능일 것이다. 이러한 능력을 in-application programming (IAP)라고 부른다. STM32의 AN2557은 이에 대한 예제를 제공해주고 있다. 이것을 망고 Z1에 적용해서 동작시켜보도록 하겠다.

firmware upgrade의 방법이 되는 flash에 reprogramming하는 통신 프로토콜로 사용 가능한 것은 CAN, USART, USB 등이 가능할 것이다. 이 application note에서는 USART를 사용한 예를 제시하고 있다. IAP driver는 당연히 먼저 Flash memory에 탑재되어 있어야 한다. 이 driver가 USART를 사용해서 binary 파일을 터미널로부터 받아서 CPU의 내부 Flash memory에 탑재하고 실행시키는 작업을 수행할 것이다.

먼저 위의 그림을 살펴보도록 하자. 위 그림은 우리가 하고자 하는 일의 전체를 매우 개괄적으로 잘 설명해 주고 있다. 기존에는 계속 Flash의 전체 영역을 아무런 제한 없이 사용을 해 왔다. 하지만 이번 장에서는 이것을 2개의 부분으로 나누어서 사용할 것이다. IAP라 불리는 프로그램 영역을 Flash의 0번지부터 0x2000, 즉, 8Kbytes의 공간에 로딩할 것이다. IAP가 8Kbytes가 넘는 공간을 차지하게 된다면 설계를 바꾸어야 할 것이다. 8K 영역을 제외한 나머지 영역은 모두 User program을 위한 공간으로 남겨둔다.

IAP code나 User code나 모두 독립된 Cortex-M3 binary code이다. 그러므로 당연히 각각 Vector table을 가지고 있어야 한다. 다만 그 위치가 다른 것이다. IAP code의 경우는 Flash의 가장 앞 부분인 0x8000000을 사용하기 때문에 우리가 지금까지 작업해오던 소스들과 다른 것이 없어서 이점에 있어서는 좀 쉬운 부분이 있다. 하지만 User code는 시작 위치가 0x8002000이다. 이것을 적절하게 작업해주지 않으면 IAP가 프로그램을 정상적으로 로딩시켜놓아도 전혀 실행이 되지 않을 수가 있다.

7.5.3. IAP code 개요

IAP driver는 다음의 소스 코드들을 포함하고 있다.

1) main.c
USART initialization과 RCC configuration을 설정한다. common.c file의 Main_Menu를 수행한다.

2) common.c
display 함수들과 main menu routine을 가지고 있다. main menu에서는 3가지를 수행하게 되는데, 새로운 binary file을 loading하거나, 이미 load된 binary file을 수행하거나, binary file을 load할 곳의 page들이 write-protected되어 있다면 이에 대한 write protection을 disabling하는 작업을 수행한다.

3) ymodem.c & download.c
터미널 application으로부터 data를 수신해서 (YMODEM protocol을 사용한다), 내부 메모리에 저장한다. 성공적으로 수신하였을 경우는 Flash memory에 프로그램 하게 된다. 내부 메모리와 flash

memory 간을 비교해서 verify를 수행할수도 있다.

7.5.4. IAP code 알고리즘

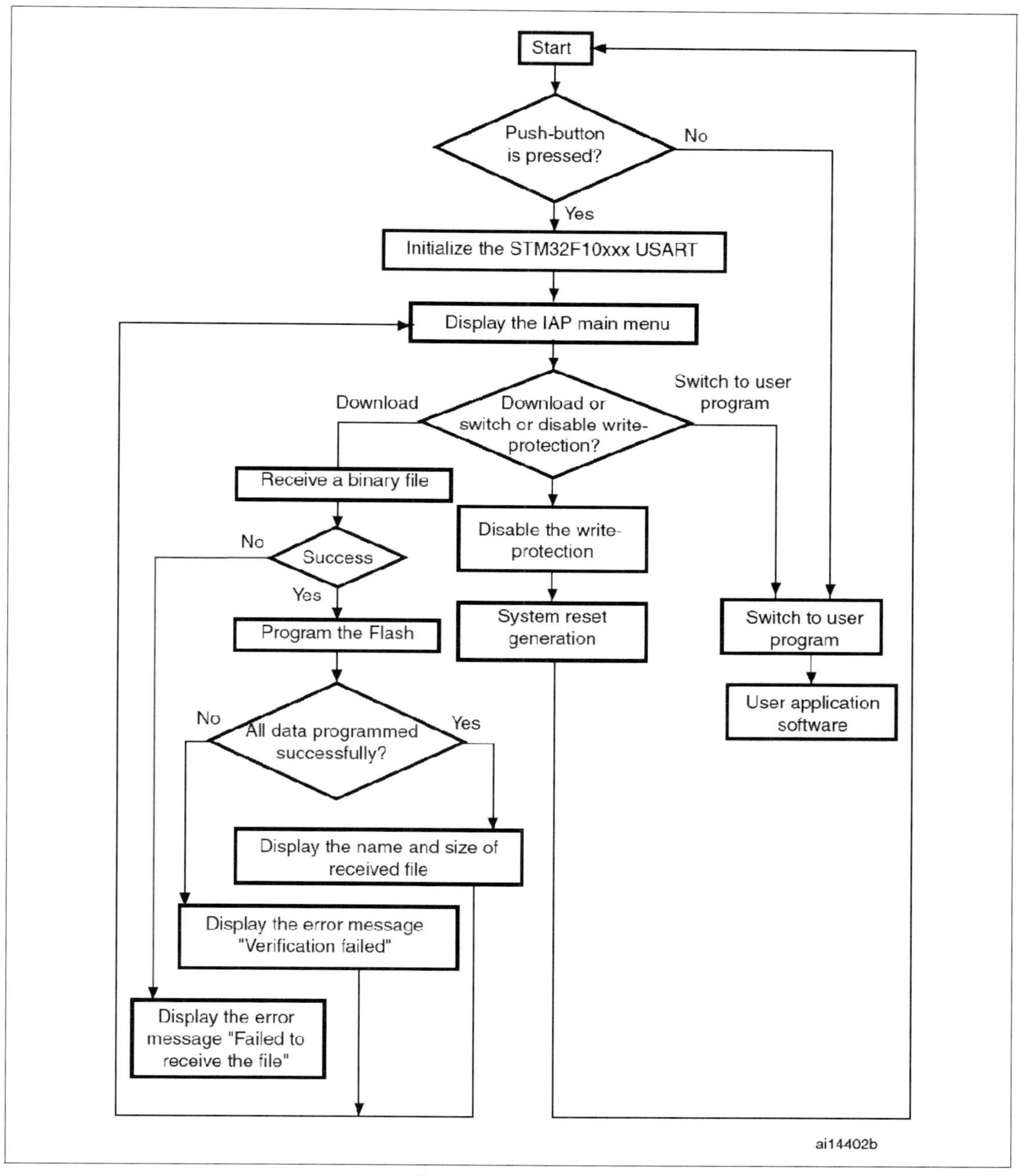

그림 7-3 IAP Flowchart

(ST, AN2557 STM32F10x in-application programming, Figure 1, Flowchart of the IAP driver)

IAP driver가 수행될 때 2가지 옵션으로 수행이 될 수 있다. 전원을 올리기 전에 User key를 누르고 있는 상태에서 구동하게 되면 IAP main menu가 동작하면서 화면에 메뉴가 뜨게 될 것이고, key를 누르지 않은 상태에서 구동하면 flash에 저장된 사용자 프로그램을 구동시키게 된다.

IAP driver의 Flowchart는 위 그림과 같다. flowchart로 그려져 있어서 무척 복잡해 보이지만 상당히 단순한 내용이다. 결국 IAP 프로그램은 2가지의 역할을 해야 하는 것이다. 새로운 프로그램을 다운로드 할 것인가 아니면 사용자 프로그램으로 Control을 이동시킬 것인가가 그것이다. 그렇기 때문에 프로그램의 동작 초기에 이에 대한 것을 결정해야 한다.

대부분의 제품에서 전원을 올리면 당연히 사용자 프로그램으로 이동시키는 작업을 수행해야 한다. 하지만 프로그램을 업그레이드하는 작업을 위해서는 어떤 방법이 있어야 하는데 여기서는 그것을 Key를 이용해서 하는 것이다. 전원을 넣기 전에 Key를 누르고 있으면 그것을 감지해서 메뉴를 화면에 출력하도록 설정한다.

AN2557의 원래 코드는 STM의 다른 보드들을 기준으로 설계가 되어 있는 것이다. 이것을 망고 Z1에 적용하기 위해서는 여러 부분들을 변경해주는 작업이 필요하다. 아래의 표는 STM의 보드들과 망고 Z1 보드를 비교해 놓았다.

	Firmware		Hardware	
	8 Kbytes	user app maximum size	Push-button	USART used
Medium-density (STM3210B-EVAL)	page 0 to page 7	120 Kbytes (page 8 - page 127)	Key push button pin PB.09	USART1
High-density (STM3210E-EVAL)	page 0 to page 3	248 Kbytes (page 4 - page 127)	Key push button pin PG.08	USART1
Connectivity line (STM3210C-EVAL)	page 0 to page 3	504 Kbytes (page 4 - page 255)	Key push button pin PB.09	USART2 (pins remap)
Medium-density (MANGO_Z1_EVAL)	**page 0 to page 7**	**120 Kbytes (page 8 - page 127)**	**Key push button pin PA.01**	**USART1**

메모리의 크기는 STM3210B-EVAL의 medium-density device와 같다. 이 설정을 잘 이용해야 한다. 다만 우리가 동작을 위해 사용하는 Key에 대한 설정이 보드마다 다르고 이를 맞추어 주는 작업이 필요하게 된다.

YMODEM protocol

Ymodem protocol은 data를 1024-byte blocks으로 보낸다. 전송에서 문제가 발생하였을 경우는 NAK

(Negative Acknowledgement)를 발생시키게 된다.
XModem의 단점을 개선하기 위해 등장한 파일 전송 프로토콜이다. 패킷 길이를 1024바이트로 늘려 XModem 보다는 빠르지만 ZModem 보다는 느리다.

7.5.5. STM 라이브러리 사용

AN2557에서 받은 라이브러리를 그대로 사용하면 안된다. 지금까지 우리가 사용하던 라이브러리를 사용해야 망고보드에 올렸을 때 이상 없이 동작할 수 있다. 그 차이점 부분을 다시 한번 확인하고 지나간다.

stm32f10x.h에서 아래 2부분은 변경이 되어야 한다.

```
#if !defined (STM32F10X_LD) && !defined (STM32F10X_MD) && !defined (STM32F10X_HD)
&& !defined (STM32F10X_CL)
  /* #define STM32F10X_LD */     /*!< STM32F10X_LD: STM32 Low density devices */
  #define STM32F10X_MD       /*!< STM32F10X_MD: STM32 Medium density devices */
  /* #define STM32F10X_HD */     /*!< STM32F10X_HD: STM32 High density devices */
  /* #define STM32F10X_CL */   /*!< STM32F10X_CL: STM32 Connectivity line devices */
#endif
```

default로는 STM32F10X_CL로 정의가 되어 있다. 이 부분은 STM32F10X_MD로 변경이 되어야 한다.

```
#define EXT_CLOCK_SOURCE_12M
#if !defined   HSE_Value
 #ifdef STM32F10X_CL
  #define HSE_Value      ((uint32_t)25000000) /*!< Value of the External oscillator in Hz */
 #else
  #ifdef EXT_CLOCK_SOURCE_12M
  #define HSE_Value      ((uint32_t)12000000) /*!< Value of the External oscillator in Hz*/
  #else
  #define HSE_Value      ((uint32_t)8000000) /*!< Value of the External oscillator in Hz*/
  #endif
 #endif /* STM32F10X_CL */
#endif /* HSE_Value */
```

EXT_CLOCK_SOURCE_12M를 새롭게 define하고, HSE_Value를 12000000로 설정한다.

system_stm32f10x.c에서는 다음 부분을 바꿔야 한다.

```
#ifdef EXT_CLOCK_SOURCE_12M
    RCC->CFGR |= (uint32_t)(RCC_CFGR_PLLSRC_HSE | RCC_CFGR_PLLMULL6);
#else
    RCC->CFGR |= (uint32_t)(RCC_CFGR_PLLSRC_HSE | RCC_CFGR_PLLMULL9);
#endif
```

SetSysClockTo72() 함수에서 #ifdef STM32F10X_CL 부분의 #else 부분에서 PLL 곱셈 값이 9였던 것을 6으로 변경해야 한다. 8M일 경우는 9를 곱해서 72M를 만들지만 우리는 12M를 사용하기 때문에 6을 곱해서 72M를 만든다.

7.5.6. IAP project 소스 변경 내역

<mango_z1_eval.h 추가>

```
#define LEDn                        3

#define LED1_GPIO_PORT              GPIOB
#define LED1_GPIO_CLK               RCC_APB2Periph_GPIOB
#define LED1_GPIO_PIN               GPIO_Pin_9

#define LED2_GPIO_PORT              GPIOB
#define LED2_GPIO_CLK               RCC_APB2Periph_GPIOB
#define LED2_GPIO_PIN               GPIO_Pin_5

#define LED3_GPIO_PORT              GPIOB
#define LED3_GPIO_CLK               RCC_APB2Periph_GPIOB
#define LED3_GPIO_PIN               GPIO_Pin_8
```

AN2557에서는 코드를 보다 general하게 만들기 위해서 많은 배열을 가지고 있고 그 배열을 이용하고 있다. 거기에 LED와 관련해서 LED의 갯수를 나타내는 부분도 있다. LEDn이 이것이고, 망고 Z1 보드는 LED가 3개이기 때문에 3으로 선언되어 있고, 각종 LED의 Port, Clock, Pin 번호 등을 선언해 놓았다.

```
#define BUTTONn                     2

#define WAKEUP_BUTTON_PORT          GPIOA
#define WAKEUP_BUTTON_CLK           RCC_APB2Periph_GPIOA
```

```
#define WAKEUP_BUTTON_PIN              GPIO_Pin_0
#define WAKEUP_BUTTON_EXTI_LINE        EXTI_Line0
#define WAKEUP_BUTTON_PORT_SOURCE      GPIO_PortSourceGPIOA
#define WAKEUP_BUTTON_PIN_SOURCE       GPIO_PinSource0
#define WAKEUP_BUTTON_IRQn             EXTI0_IRQn

#define KEY_BUTTON_PORT                GPIOA
#define KEY_BUTTON_CLK                 RCC_APB2Periph_GPIOA
#define KEY_BUTTON_PIN                 GPIO_Pin_1
#define KEY_BUTTON_EXTI_LINE           EXTI_Line1
#define KEY_BUTTON_PORT_SOURCE         GPIO_PortSourceGPIOA
#define KEY_BUTTON_PIN_SOURCE          GPIO_PinSource1
#define KEY_BUTTON_IRQn                EXTI9_5_IRQn
```

마찬가지로 Key button에 대해서도 같은 형태의 선언을 해 놓았다. 갯수와 Port, Clock, Pin 번호와 함께 exception 처리를 위한 부분까지 모두 선언되어 있다.

```
#define COMn                           1

#define EVAL_COM1                      USART1
#define EVAL_COM1_GPIO                 GPIOA
#define EVAL_COM1_CLK                  RCC_APB2Periph_USART1
#define EVAL_COM1_GPIO_CLK             RCC_APB2Periph_GPIOA
#define EVAL_COM1_RxPin                GPIO_Pin_10
#define EVAL_COM1_TxPin                GPIO_Pin_9
```

이 부분은 UART로 출력을 내보내기 위해서 UART 관련 define을 모아놓은 것이다. 망고 Z1은 UART1을 사용하고 있고, 이에 대해서 잘 수정을 해주지 않으면 정상 동작하지 않기 때문에 주의할 필요가 있다. 이에 대한 변경 부분은 뒤에서 설명할 것이다.

<stm32_eval.h 변경 사항>

```
#if !defined (USE_STM3210B_EVAL) &&  !defined (USE_STM3210E_EVAL) &&  !defined
(USE_STM3210C_EVAL) &&  !defined (USE_MANGO_Z1_EVAL)
 //#define USE_STM3210B_EVAL
 //#define USE_STM3210E_EVAL
 //#define USE_STM3210C_EVAL
 #define USE_MANGO_Z1_EVAL
```

```
#endif
```

USE_MANGO_Z1_EVAL라는 새로운 define을 만들고 STM에서 제공하는 보드들에 대한 선언 부분은 모두 comment로 막았다.

```
#ifdef USE_STM3210B_EVAL
 #include "stm3210b_eval.h"
#elif defined USE_STM3210E_EVAL
 #include "stm3210e_eval.h"
#elif defined USE_STM3210C_EVAL
 #include "stm3210c_eval.h"
#elif defined USE_MANGO_Z1_EVAL
 #include "mango_z1_eval.h"
#else
 #error "Please select first the STM3210X_EVAL board to be used (in stm32_eval.h)"
#endif
```

위에서 새롭게 만들었던 mango_z1_eval.h 부분을 여기서 include를 하고 있는 것이다. 기존에 사용하던 stm 부분의 헤더 파일들은 모두 include를 하지 않게 된다.

```
typedef enum
{
  LED1 = 0,
  LED2 = 1,
  LED3 = 2,
} Led_TypeDef;
```

원래 LED4 = 3 부분이 존재했으나 망고 Z1의 경우는 LED가 3개 밖에 없기 때문에 그 부분은 삭제한 것이다.

```
typedef enum
{
  Button_WAKEUP = 0,
#ifdef USE_MANGO_Z1_EVAL
  Button_KEY = 1,
#else
  Button_TAMPER = 1,
#endif
```

```
    Button_RIGHT = 3,
    Button_LEFT = 4,
    Button_UP = 5,
    Button_DOWN = 6,
    Button_SEL = 7
} Button_TypeDef;
```

button의 순서 부분과 관련된 것인데 기존에는 TAMPER button을 1번으로 사용하고 있는데 우리는 USER button을 프로그램의 옵션 용도로 사용할 예정이다. 그러므로 이 부분을 1번으로 변경하여야 한다. USE_MANGO_Z1_EVAL을 이용해서 이 부분을 1번으로 사용하도록 설정을 변경한 것이다.

<main 함수 변경 사항>

```
int main(void) {
  /* Flash unlock */
  FLASH_Unlock();

  /* Initialize Key Button mounted on STM3210X-EVAL board */
  STM_EVAL_PBInit(Button_KEY, Mode_GPIO);

  /* Test if Key push-button on STM3210X-EVAL Board is pressed */
  if (STM_EVAL_PBGetState(Button_KEY) != 0x00) { /* If Key is pressed */
    /* Execute the IAP driver in order to re-program the Flash */
    IAP_Init();
    SerialPutString("₩r₩n[POOH IAP]₩r₩n");
..... ..... ..... ..... ..... ..... ..... ..... .....
    Main_Menu ();
  }
..... ..... ..... ..... ..... ..... ..... ..... .....
```

주요하게 변경된 main 함수의 내용은 (STM_EVAL_PBGetState(Button_KEY) != 0x00) 부분이다. 이 내용은 원래 코드에서는 (STM_EVAL_PBGetState(Button_KEY) == 0x00)와 같이 ==로 되어 있다. 하지만 망고 Z1에서 이 부분은 !=로 변경되어야 한다. Key의 눌림을 판단하는 방식이 STM에서 나온 보드와 망고 Z1은 반대로 되어 있기 때문이다.

<stm32_eval.c 변경 사항>

```
GPIO_TypeDef* GPIO_PORT[LEDn] = {LED1_GPIO_PORT, LED2_GPIO_PORT, LED3_GPIO_PORT};
```

```
const uint16_t GPIO_PIN[LEDn] = {LED1_GPIO_PIN, LED2_GPIO_PIN, LED3_GPIO_PIN};
const uint32_t GPIO_CLK[LEDn] = {LED1_GPIO_CLK, LED2_GPIO_CLK, LED3_GPIO_CLK};
```

위 내용은 Port, Pin, Clock에 대해서 general하게 사용할 수 있도록 배열을 잡아서 참조하도록 한 것이다. 원 코드에서 위 내용에 LED4_GPIO_PORT, LED4_GPIO_PIN, LED4_GPIO_CLK가 추가되어 있다. 하지만 우리의 망고 Z1은 LED가 3개이기 때문에 LED4에 대한 부분은 필요가 없다. 이 부분들을 삭제한 것이다.

```
#elif defined USE_MANGO_Z1_EVAL
 GPIO_TypeDef* BUTTON_PORT[BUTTONn] = {WAKEUP_BUTTON_PORT, KEY_BUTTON_PORT};
 const uint16_t BUTTON_PIN[BUTTONn] = {WAKEUP_BUTTON_PIN, KEY_BUTTON_PIN};
 const uint32_t BUTTON_CLK[BUTTONn] = {WAKEUP_BUTTON_CLK, KEY_BUTTON_CLK};
 const uint16_t BUTTON_EXTI_LINE[BUTTONn]
                    = {WAKEUP_BUTTON_EXTI_LINE, KEY_BUTTON_EXTI_LINE};
 const uint16_t BUTTON_PORT_SOURCE[BUTTONn]
                    = {WAKEUP_BUTTON_PORT_SOURCE, KEY_BUTTON_PORT_SOURCE};
 const uint16_t BUTTON_PIN_SOURCE[BUTTONn]
                    = {WAKEUP_BUTTON_PIN_SOURCE, KEY_BUTTON_PIN_SOURCE};
 const uint16_t BUTTON_IRQn[BUTTONn]
                    = {WAKEUP_BUTTON_IRQn, KEY_BUTTON_IRQn};
 USART_TypeDef* COM_USART[COMn] = {EVAL_COM1};
 GPIO_TypeDef* COM_PORT[COMn] = {EVAL_COM1_GPIO};
 const uint32_t COM_USART_CLK[COMn] = {EVAL_COM1_CLK};
 const uint32_t COM_POR_CLK[COMn] = {EVAL_COM1_GPIO_CLK};
 const uint16_t COM_TX_PIN[COMn] = {EVAL_COM1_TxPin};
 const uint16_t COM_RX_PIN[COMn] = {EVAL_COM1_RxPin};
#else
```

위 내용이 추가가 되었다. USE_MANGO_Z1_EVAL define을 이용해서 모든 부분에 대해 재 정의를 하고 있다. 물론 다른 STM 보드들의 설정을 가지고 그 부분을 변경하는 것도 한가지 방법이 되겠으나 새롭게 정의를 하고 그 부분을 추가하는 것이 보다 이해하는데 편리하다. mango_z1_eval.h에 정의된 모든 내용이 여기서 선언되고 있는 것이다.

```
void STM_EVAL_COMInit(COM_TypeDef COM, USART_InitTypeDef* USART_InitStruct) {
  GPIO_InitTypeDef GPIO_InitStructure;

  /* Enable GPIO clock */
  RCC_APB2PeriphClockCmd(COM_POR_CLK[COM] | RCC_APB2Periph_AFIO, ENABLE);
```

```
  /* Enable UART clock */
#if defined (USE_STM3210E_EVAL)
..... ..... ..... ..... ..... ..... ..... ..... .....
#elif defined (USE_STM3210B_EVAL)
..... ..... ..... ..... ..... ..... ..... ..... .....
#elif defined (USE_STM3210C_EVAL)
..... ..... ..... ..... ..... ..... ..... ..... .....
#elif defined (USE_MANGO_Z1_EVAL)
    RCC_APB2PeriphClockCmd(COM_USART_CLK[COM], ENABLE);
#endif

  /* Configure USART Tx as alternate function push-pull */
  GPIO_InitStructure.GPIO_Pin = COM_TX_PIN[COM];
  GPIO_InitStructure.GPIO_Mode = GPIO_Mode_AF_PP;
  GPIO_InitStructure.GPIO_Speed = GPIO_Speed_50MHz;
  GPIO_Init(COM_PORT[COM], &GPIO_InitStructure);

  /* Configure USART Rx as input floating */
  GPIO_InitStructure.GPIO_Pin = COM_RX_PIN[COM];
  GPIO_InitStructure.GPIO_Mode = GPIO_Mode_IN_FLOATING;
  GPIO_Init(COM_PORT[COM], &GPIO_InitStructure);

  /* USART configuration */
  USART_Init(COM_USART[COM], USART_InitStruct);

  /* Enable USART */
  USART_Cmd(COM_USART[COM], ENABLE);
}
```

위 함수는 보드의 UART 부분에 대한 설정을 담당하는 부분이다. 각 보드마다 사용하고 있는 UART 번호가 다르기 때문에 그에 맞도록 설정 부분에서 변경이 필요하다. USE_MANGO_Z1_EVAL define을 비교해서 APB2 중에서 망고보드가 사용하는 RCC_APB2Periph_USART1에 대해서 Clock을 enable해주는 부분이다. 이를 추가해 주어야 정상적으로 동작할 수 있게 된다.

<stm32f10x_flash.icf 변경 사항>

아래의 내용은 IAR 컴파일러에서 사용하는 icf 파일의 일부이다.

```
..... ..... ..... ..... ..... ..... ..... ..... .....
/*-Specials-*/
define symbol __ICFEDIT_intvec_start__ = 0x08000000;
/*-Memory Regions-*/
define symbol __ICFEDIT_region_ROM_start__    = 0x08000000 ;
define symbol __ICFEDIT_region_ROM_end__      = 0x0807FFFF;
define symbol __ICFEDIT_region_RAM_start__    = 0x20000000;
define symbol __ICFEDIT_region_RAM_end__      = 0x2000FFFF;
/*-Sizes-*/
define symbol __ICFEDIT_size_cstack__     = 0x800;
define symbol __ICFEDIT_size_heap__       = 0x200;
/**** End of ICF editor section. ###ICF###*/
..... ..... ..... ..... ..... ..... ..... ..... .....
```

여기서 __ICFEDIT_size_cstack__로 정의된 stack size를 변경해야 한다. 이 부분은 기존에 우리가 사용하던 프로그램에서는 0x400으로 설정되어 있었다. 하지만 이 크기로는 프로그램을 YModem으로 다운로드 받는 행위를 하는데 있어서 매우 부족한 크기가 된다. 이를 0x800으로 2배로 늘려서 잡아야만 한다.

<RIDE7 loader file 변경 사항>

IAR의 경우는 icf 파일의 변경으로 비교적 쉽게 변경이 가능하다. 하지만 RIDE7의 경우는 보다 복잡한 변경 과정을 거쳐야 한다.

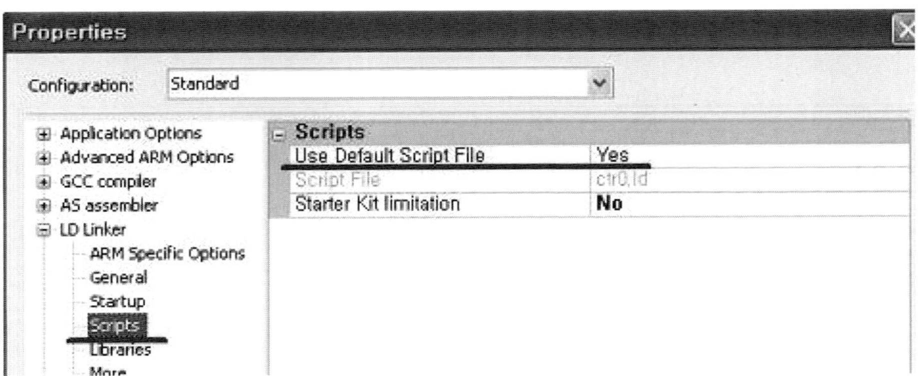

우리는 지금까지 위와 같이 LD Linker Scripts 부분의 옵션을 default script file을 이용하도록 설정하고 사용하였다. 하지만 위 IAR의 경우와 마찬가지로 우리는 stack size를 변경하여야 한다. 그러기 위해서는 default script file을 이용하도록 하여서는 안되고 script file을 직접 변경하여야 한다.

script file을 직접 작성하고자 하면 너무나도 어렵다. 그러기 위해서 알아야 할 것들은 너무나도 많다. 하지만 우리는 보다 쉽게 이를 할 수 있는 방법이 있다. 그것은 default로 생성되는 script 파일을 조작해서 쉽게 우리가 원하는 부분만 변경해서 사용하는 것이다. 여기서는 이 방법으로 변경하는 것을 살펴보도록 하겠다.

먼저 빌드를 수행한 이후에 ₩Mango-Z1.Firmware₩Z1.Src005.AN2557.IAP.BootLoader₩project₩RIDE₩obj를 살펴보면 여러 개의 확장자가 ld인 파일들을 발견할 수 있을 것이다. 우리가 여기서 관심을 가지는 파일은 4개의 파일이다.

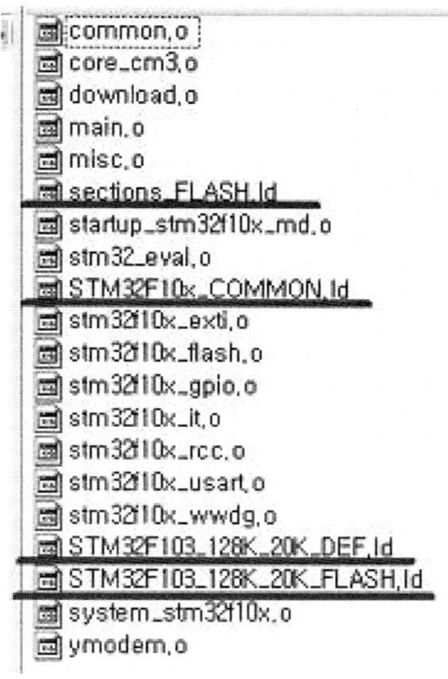

sections_FLASH.ld, STM32F10x_COMMON.ld, STM32F103_128K_20K_DEF.ld, STM32F103_128K_20K_FLASH.ld 이렇게 4개의 파일이 있는데 이중에서 STM32F103_128K_20K_FLASH.ld 파일을 열어서 살펴보도록 한다.

```
/* include the common STMxxx sub-script */
INCLUDE "STM32F10x_COMMON.ld"

/* include the memory spaces definitions sub-script */
INCLUDE "STM32F103_128K_20K_DEF.ld"

/* include the sections management sub-script for FLASH mode */
INCLUDE "sections_FLASH.ld"
```

우리가 위에서 보았던 sections_FLASH.ld, STM32F10x_COMMON.ld, STM32F103_128K_20K_DEF.ld 이 3개의 파일을 include하고 있다. 그러므로 우리는 default script file 대신에 이 파일을 이용하면 될 것이다.

Stack Size와 관련된 변경은 STM32F10x_COMMON.ld에서 찾을 수 있다.

```
/* default stack sizes.
These are used by the startup in order to allocate stacks for the different modes. */

/* __Stack_Size = 1024 ; */ /* 1024 = 0x400 */
__Stack_Size = 2048 ;

PROVIDE ( _Stack_Size = __Stack_Size ) ;
__Stack_Init = _estack   - __Stack_Size ;

/*"PROVIDE" allows to easily override these values from an object file or the commmand line.*/
PROVIDE ( _Stack_Init = __Stack_Init ) ;

/* There will be a link error if there is not this amount of RAM free at the end. */
_Minimum_Stack_Size = 0x100 ;
```

IAR의 경우와 마찬가지로 0x800으로 설정한다. 여기서는 hex 대신에 decimal을 사용하고 있기 때문에 __Stack_Size = 2048로 수정하였다.

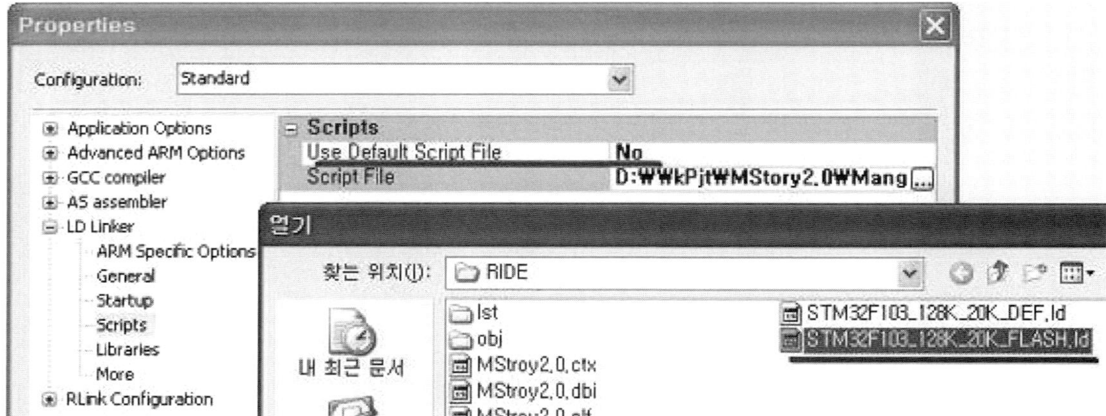

이제 Use Default Script File 옵션을 No로 설정하고, STM32F103_128K_20K_FLASH.ld 파일을 script file로 설정한다.

이로서 IAP BootLoader에 대해서 STM에서 제공해주는 원 코드에서 변경된 부분은 모두 살펴보았다. 이제 실제로 보드에 올려서 동작을 시험해 보도록 한다.

7.5.7. IAP 실행

여기서 한가지 우리가 사용하던 터미널 프로그램을 바꾸어야 한다. 안타깝게도 STM의 IAP는 YModem만 지원하도록 프로그램이 되어 있고, 우리가 쓰던 Token2Shell 프로그램은 XModem과 ZModem만 지원을 한다. 그래서 이번 장에서만 터미널 프로그램을 XP Windows가 default로 지원하는 하이퍼터미널을 사용한다.

처음 프로그램을 다운로드 한 이후에 전원을 올려보면 아무런 동작을 하지 않는 것처럼 보인다. 당연한 것이 우리가 Key를 누르지 않은 상태에서 실행을 시키면 0x8002000 번지로 jump를 하게 프로그램이 되어 있는데 이 부분에 아무 프로그램이 들어있지 않거나 쓰레기 값이 들어 있을 것이기 때문에 아무런 동작을 하지 않는 것이다.

User Key를 누른 상태에서 전원을 올렸다 내리면 아래와 같이 출력이 나오게 된다.

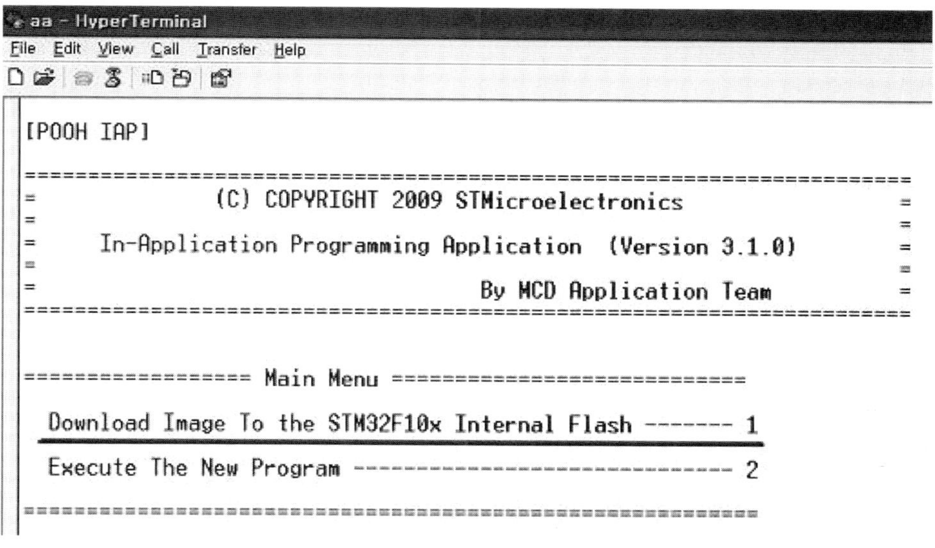

우리는 아직 여기에 다운로드 할 사용자 프로그램을 만들지 않았다. 이제 AN2557에서 제공하는 sample program을 이용해서 다운로드 할 프로그램을 만들어 보도록 한다.

7.5.8. User Program 만들기 1 - binary_template

처음 AN2557을 다운 받아서 프로그램 압축을 풀어보면 아래의 위치에 예제 코드가 들어 있다.

하지만 우리는 이것을 직접 사용하지 않고, Z1.Src005.AN2557.IAP.binary_template라는 이름으로 폴더를 만들어서 이곳에서 작업을 진행하도록 한다. 대부분의 소스의 내용은 크게 달라진 부분은 없다. LED 동작과 관련한 부분만 적절히 수정해주면 되지만 그 부분도 특별히 어려운 부분은 없다.

중요하게 변경을 살펴보아야 할 부분은 2군데이다. 하나는 Vector Table을 저장할 위치에 대한 것과 ROM 주소값에 대한 것이다. 하나씩 살펴보도록 한다.

<Vector Table 저장 위치 변경>

```
int main(void) {
  /* Setup the microcontroller system. Initialize the Embedded Flash Interface,
     initialize the PLL and update the SystemFrequency variable. */
  SystemInit();
  UART1_Init();
  printf("POOH, Program ^^₩n");

  /* Initialize Leds mounted on STM3210X-EVAL board */
  STM_EVAL_LEDInit(LED1);
  STM_EVAL_LEDInit(LED2);
  STM_EVAL_LEDInit(LED3);

  /* Set the Vector Table base location at 0x2000 */
  NVIC_SetVectorTable(NVIC_VectTab_FLASH, 0x2000);

  /* Setup SysTick Timer for 1 msec interrupts  */
  if (SysTick_Config(SystemFrequency / 1000)) {
    /* Capture error */
    while (1);
```

```
}
..... ..... ..... ..... ..... .....
```

위 main 함수에서 NVIC_SetVectorTable(NVIC_VectTab_FLASH, 0x2000); 부분을 살펴보자. 그동안 우리는 이 함수를 사용할 때 옵셋 값을 0으로 주어서 사용해 왔다. 하지만 여기서는 2번째 argument 부분에 있는 옵셋 값을 0x2000을 주어서 저장될 Vector Table의 위치를 지정하고 있다.

NVIC_VectTab_FLASH로서 0x8000000 부분을 사용한다는 것을 알려주면서 동시에 옵셋 값을 0x2000을 지정 함으로서 0x8002000을 Vector Table의 주소값으로 사용하겠다는 것을 알려주고 있는 것이다.

<IAR stm32f10x_flash.icf 변경 사항>

주의해서 작업해야 하는 부분은 바이너리를 만들 때의 주소값이다. 먼저 IAR 경우의 stm32f10x_flash.icf 변경 부분부터 살펴보도록 한다.

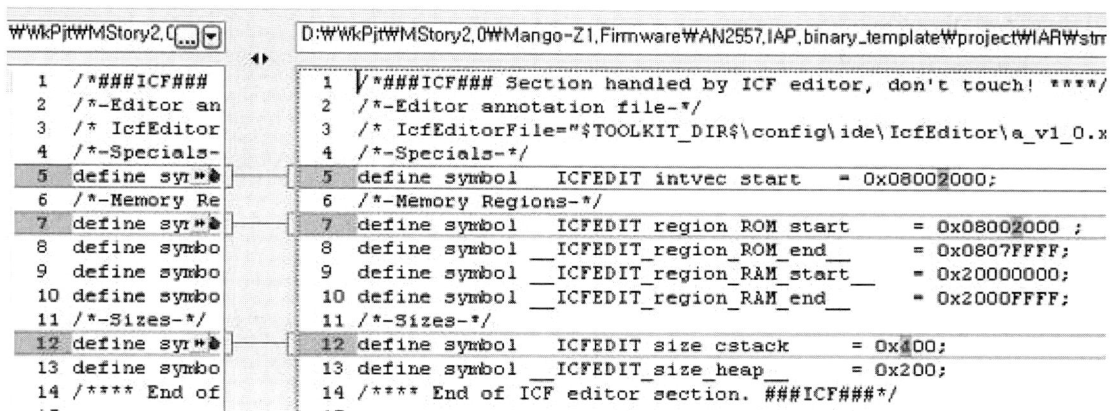

```
/*###ICF### Section handled by ICF editor, don't touch! ****/
/*-Editor annotation file-*/
/* IcfEditorFile="$TOOLKIT_DIR$\config\ide\IcfEditor\a_v1_0.x
/*-Specials-*/
define symbol   ICFEDIT intvec start    = 0x08002000;
/*-Memory Regions-*/
define symbol   ICFEDIT region ROM start      = 0x08002000 ;
define symbol __ICFEDIT_region_ROM_end__      = 0x0807FFFF;
define symbol __ICFEDIT_region_RAM_start__    = 0x20000000;
define symbol __ICFEDIT_region_RAM_end__      = 0x2000FFFF;
/*-Sizes-*/
define symbol   ICFEDIT size cstack      = 0x400;
define symbol __ICFEDIT_size_heap__      = 0x200;
/**** End of ICF editor section. ###ICF###*/
```

stm32f10x_flash.icf의 변경된 부분만 비교해본 것이다.

먼저 stack size는 0x800이던 것을 다시 0x400으로 변경했다. 이 부분은 그대로 0x800으로 두어도 상관은 없다. 이와 관련해서 자유롭게 설정에 맞도록 조절하면 될 것이다.

중요한 부분은 주소 값이다. 0x8000000으로 되어 있던 start address가 0x8002000으로 변경되었다. 이 부분을 이렇게 변경시켜주지 않으면 정상적으로 다운로드가 되었다고 해도 실행이 되지 않는다.

<RIDE7 ld 파일 변경 사항>

다음은 RIDE7의 경우에 변경 방법에 대해서 살펴본다.

RIDE7의 경우에는 이전에 IAP에서 설정했던 것과 마찬가지로 Use Default Script File 옵션을 No로 설정하고, STM32F103_128K_20K_FLASH.ld 파일을 script file로 설정하여야 한다.

실제로 변경을 해야 하는 파일은 STM32F103_128K_20K_DEF.ld 파일이다.

```
MEMORY {
  RAM (xrw) : ORIGIN = 0x20000000, LENGTH = 20K
  FLASH (rx) : ORIGIN = 0x8002000, LENGTH = 128K-0x2000
  FLASHPATCH (r) : ORIGIN = 0x00000000, LENGTH = 0
  ENDFLASH (rx)   : ORIGIN = 0x00000000, LENGTH = 0
  FLASHB1   (rx)  : ORIGIN = 0x00000000, LENGTH = 0
  EXTMEMB0 (rx)   : ORIGIN = 0x00000000, LENGTH = 0
  EXTMEMB1 (rx)   : ORIGIN = 0x00000000, LENGTH = 0
  EXTMEMB2 (rx)   : ORIGIN = 0x00000000, LENGTH = 0
  EXTMEMB3 (rx)   : ORIGIN = 0x00000000, LENGTH = 0
}

/* higher address of the user mode stack */
_estack = 0x20005000;
```

FLASH부분의 시작점과 크기 부분이 변경되었다. ORIGIN = 0x8002000, LENGTH = 128K-0x2000 당연히 이렇게 변경을 하여야 정상 동작할 수 있는 것이다.

<binary 파일 제작>

우리가 한가지 주의해야 할 점이 더 있다. 그것은 여기서 제공하는 IAP 프로그램은 binary 파일만을 다룰 수 있도록 되어 있다는 점이다. IAR로 빌드하는 경우 빌드 옵션에서 아래와 같이 binary로 파일이 생성될 수 있도록 변경한다.

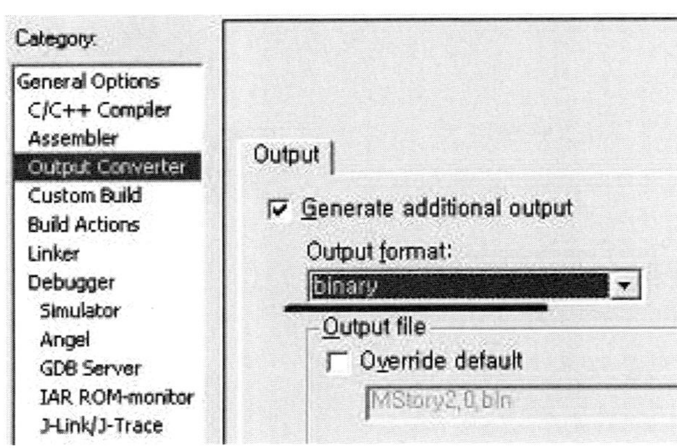

안타깝게도 RIDE7의 경우 output format을 binary로 만들게 하는 옵션이 존재하지 않는다. 그럼 만들어진 hex format을 binary로 변경하여야 할 것이다. 이것은 뒤에 프로그램을 다운로드 받으면서 살펴보겠다.

7.5.9. IAP YModem Download

자, 이제 IAP 프로그램을 이용해서 사용자 프로그램으로 지금 만든 binary_template을 올려보도록 한다.

<IAR MStory2.0.bin 다운로드>

먼저 IAR로 만들어진 MStory2.0.bin을 다운로드 받아보도록 한다.

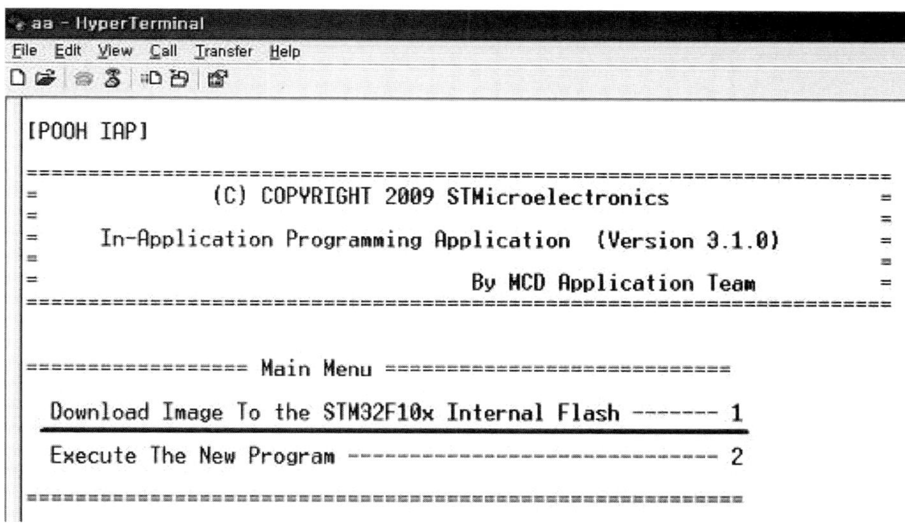

위의 메뉴에서 1을 선택해서 다운로드를 진행한다.

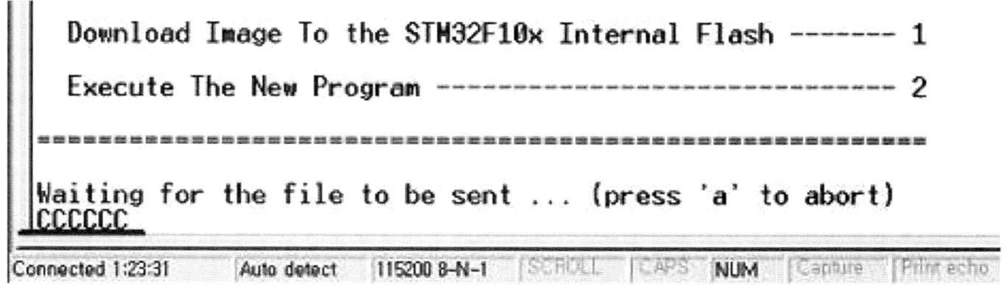

위 그림과 같이 CCC ...를 계속 출력하면서 대기하는 상태가 된다.

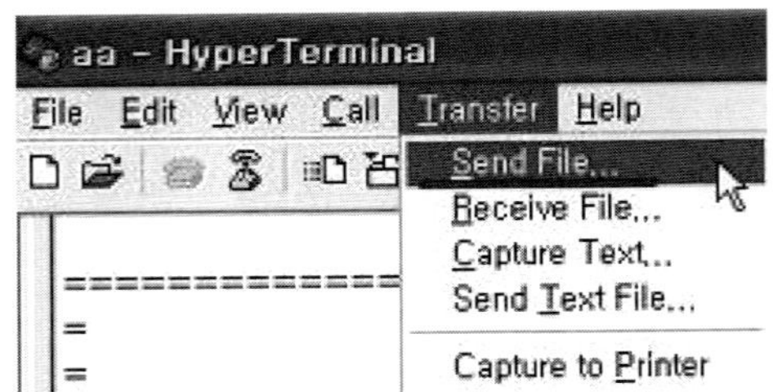

이때 Transfer > Send File...을 선택한다.

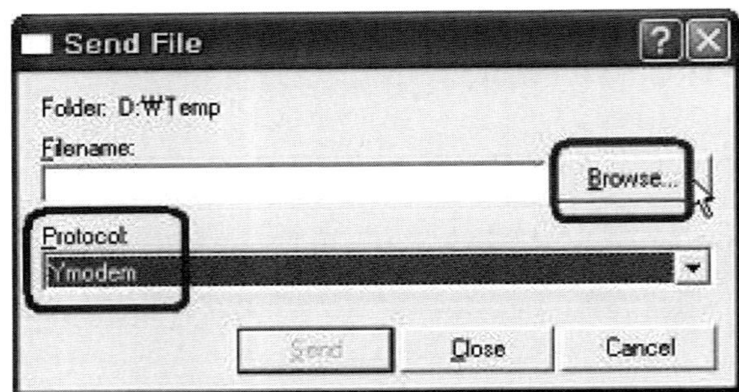

Protocol을 Ymodem으로 맞춘 상태에서 Browse를 눌러서 다운로드 할 binary 파일을 선택한다. 선택을 한 이후에 Send를 누른다.

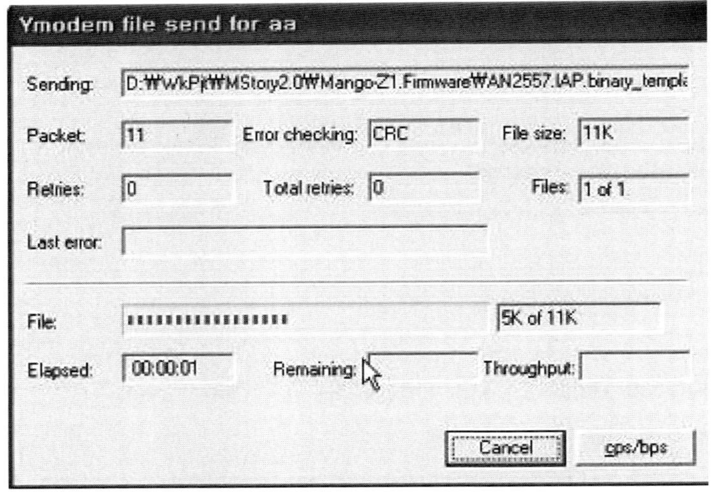

위 그림과 같이 진행이 되면서 다운로드가 진행된다.

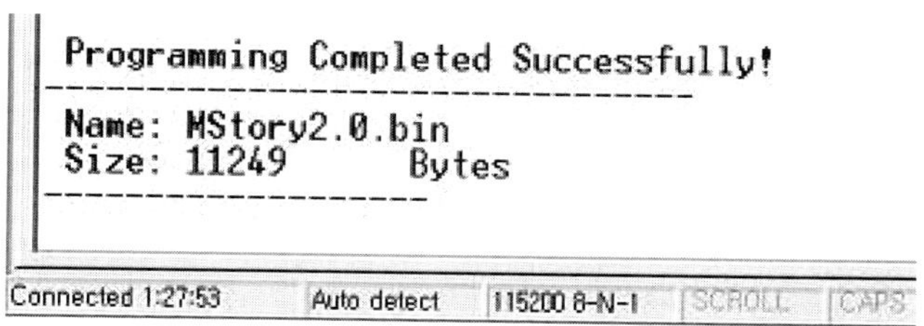

모두 완료된 이후에는 위와 같이 정상적으로 MStory2.0.bin이 다운로드 된 것을 알 수 있다.

<프로그램 실행>

이제 이 상태에서 리셋 키를 눌러서 재실행을 시켜본다.

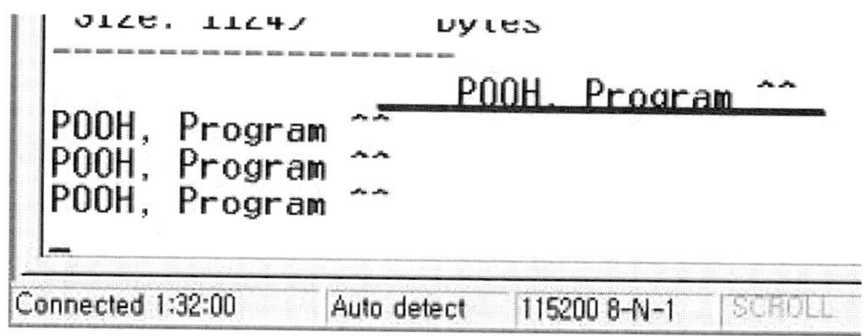

리셋을 누를 때마다 POOH, Program ^^이라는 문구를 출력하면서 정상적으로 사용자 프로그램이 수행되고 있는 것을 알 수 있다. 우리가 설정한 것처럼 LED 3개가 계속 점등을 반복하고 있을 것이다.

<RIDE7 MStory2.0.hex 다운로드>

RIDE7은 안타깝게도 binary 파일을 직접 만들 수 없었다. 그럼 만들어진 hex 파일을 binary로 변경해야 한다. hex format을 binary로 변경할 수 있는 프로그램은 인터넷에서 쉽게 다운로드 받을수도 있다. 하지만 친절하게도 이미 이 프로그램을 제공하고 있다.

원래 다운 받았던 프로그램의 Utilities 폴더에 보면 이미 그 프로그램이 들어 있다.
₩AN2557.V3.1.0₩STM32F10x_AN2557_FW_V3.1.0₩Utilities₩Binary₩의 hex2bin.exe이 그 파일이다.
(₩Mango-Z1.Firmware₩Z1.Src005.AN2557.IAP.BootLoader₩Utilities₩에도 그 파일을 복사해 두었다.)

우리는 파일의 변경을 좀더 원활하게 하기 위해서 D:₩Temp₩에 hex2bin.exe을 복사해 두었다. 그리고 그곳에 RIDE7으로부터 만들어진 hex 파일을 복사해 두었다.

```
D:₩Temp 디렉터리

2010-10-05  오후 12:06    <DIR>          .
2010-10-05  오후 12:06    <DIR>          ..
2009-08-04  오후 05:23             8,192 hex2bin.exe
2009-08-28  오후 03:25            29,126 MStroy2.0.hex
               2개 파일              37,318 바이트
               2개 디렉터리  99,664,691,200 바이트 남음

D:₩Temp>hex2bin MStroy2.0.hex
hex2bin v1.0.1, Copyright (C) 1999 Jacques Pelletier
Lowest address  = 00002000
Highest address = 0000485B

D:₩Temp>_
```

위와 같이 2개의 파일이 있는 상태에서 hex2bin MStroy2.0.hex를 실행했다. (현재 Ride7으로 작업되어 있는 소스 코드는 이름이 MStroy2.0.hex로 파일 이름이 생성된다. MStory로 만들었어야 했는데 처음에 오타가 생겨서 모든 소스가 이름이 MStroy가 되었다. 독자 여러분의 이해를 바란다)

binary로 변경하는 작업이 정상적으로 완료되었다. Lowest address가 00002000으로 되어 있는 부분이 눈에 띈다.

똑같이 Ymodem으로 다운로드 받아서 돌려보면 IAR의 경우와 동일하게 정상적으로 작동하는 것을 확인할 수 있다.

7.5.10. User Program 만들기 2 - Z1.Src004.KeyInterrupt

우리는 IAP를 이용하면서 예제 프로그램 만으로 사용하는데 많은 것들을 알수 있었다. 이번에는 보다 실제적으로 지금까지 우리가 만들어온 프로그램을 직접 IAP를 이용해서 올려보는 작업을 해보도록 한다.

Z1.Src005.KeyInterrupt_for_AN2557.IAP라는 이름으로 폴더를 만들었고, Z1.Src004.KeyInterrupt의 내용을 그대로 복사해온 것이다. 여기서 IAP를 통해서 프로그램을 올릴 수 있도록 하는 부분만 변경해서 정상적으로 작동하는지를 시험해 보도록 한다.

<hw_config.c 변경 사항>

소스 코드의 변경사항은 단 한군데 이다.

```
void NVIC_Configuration(void)
{
     NVIC_InitTypeDef NVIC_InitStructure;

#ifdef   VECT_TAB_RAM
     /* Set the Vector Table base location at 0x20000000 */
     NVIC_SetVectorTable(NVIC_VectTab_RAM, 0x0);
#else   /* VECT_TAB_FLASH   */
     /* Set the Vector Table base location at 0x08000000 */
     NVIC_SetVectorTable(NVIC_VectTab_FLASH, 0x2000);
#endif
..... ..... ..... ..... ..... .....
```

hw_config.c에서 NVIC_Configuration 부분에서 NVIC_SetVectorTable 함수를 부르던 곳에서 옵셋 값을 0x2000으로 변경하면 된다. 소스 코드의 변경 부분은 이곳뿐이다.

<IAR stm32f10x_flash.icf 변경 사항>

```
..... ..... ..... ..... ..... .....
/*-Specials-*/
define symbol __ICFEDIT_intvec_start__ = 0x08002000;
/*-Memory Regions-*/
define symbol __ICFEDIT_region_ROM_start__    = 0x08002000 ;
define symbol __ICFEDIT_region_ROM_end__      = 0x0807FFFF;
define symbol __ICFEDIT_region_RAM_start__    = 0x20000000;
define symbol __ICFEDIT_region_RAM_end__      = 0x2000FFFF;
..... ..... ..... ..... ..... .....
```

위의 binary_template 프로그램에서도 살펴보았던 것처럼 stm32f10x_flash.icf 파일에서 ROM start 부분을 변경한다.

<RIDE7 ld 파일 변경 사항>

이 부분도 위의 binary_template 프로그램에서도 살펴보았던 것과 동일하다. Use Default Script File 옵션을 No로 설정하고, STM32F103_128K_20K_FLASH.ld 파일을 script file로 설정하여야 한다.

```
MEMORY
{
```

```
  RAM (xrw) : ORIGIN = 0x20000000, LENGTH = 20K
  FLASH (rx) : ORIGIN = 0x8002000, LENGTH = 128K-0x2000
  FLASHPATCH (r) : ORIGIN = 0x00000000, LENGTH = 0
  ENDFLASH (rx)   : ORIGIN = 0x00000000, LENGTH = 0
  FLASHB1   (rx)   : ORIGIN = 0x00000000, LENGTH = 0
  EXTMEMB0 (rx)   : ORIGIN = 0x00000000, LENGTH = 0
  EXTMEMB1 (rx)   : ORIGIN = 0x00000000, LENGTH = 0
  EXTMEMB2 (rx)   : ORIGIN = 0x00000000, LENGTH = 0
  EXTMEMB3 (rx)   : ORIGIN = 0x00000000, LENGTH = 0
}

/* higher address of the user mode stack */
_estack = 0x20005000;
```

STM32F103_128K_20K_DEF.ld 파일은 위와 같이 변경한다.

<수행 결과>

바이너리를 만들고 다운로드 해서 실행하는 부분들은 모두 이전의 경우와 동일한 방법을 사용하면 된다.

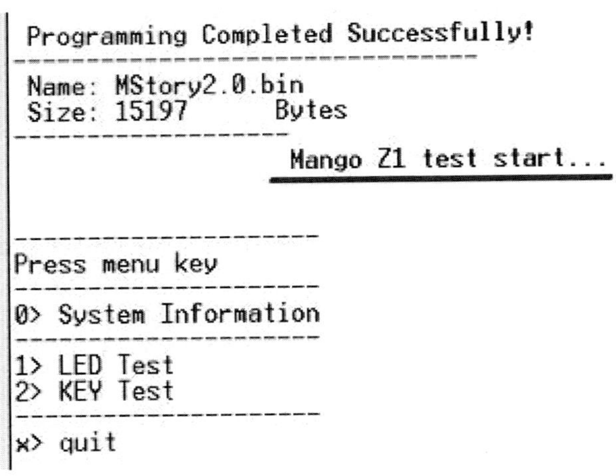

위와 같이 다운로드 후 정상적으로 동작하는 것을 확인할 수 있다.

7.6. SPI 통신을 이용 CC2520 Chip ID 읽기

망고 Z1 보드는 망고 M32와는 달리 CC2520이라 불리는 RF 통신 칩이 내장되어 있다. 이것을 이용해서 2대의 망고 Z1 사이에 무선으로 통신을 하는 것을 지금부터 구현해 보려고 한다. 2.4 GHz 대역을 지원하는 것으로 ZigBee protocol stack을 올리게 되면 ZigBee 통신까지도 할 수 있는 것이다. 우리는 ZigBee stack까지 올리는 작업까지 수행할 것은 아니고 여러가지 RF 통신을 수행하는 부분까지 진행할 것이다.

이번 장에서는 여러가지 개념적인 내용들을 공부하고, CC2520 칩을 살려서 그것과 SPI 통신을 이용해서 CC2520의 Chip ID를 읽어오는 부분까지를 해볼 것이다.

소스는 **Z1.Src006.SPI.CC2520.ID** 부분에 존재한다.

Feature	CC2420	CC2520
Standard	IEEE 802.15.4-2003	IEEE 802.15.4-2006
Maximum output power	0 dB	+5 dB
Typical sensitivity	-95 dBm	-98 dBm
General clock output	No	Yes, configurable frequency 1-16MHz
User interface	Command strobes and configuration registers. All user control goes through the SPI.	Instruction set (which includes the command strobes as a subset) and configuration registers. Command strobes may be triggered by GPIO pins, which gives excellent timing control. Improved status information.
Register access	Possible without crystal oscillator running.	Only possible when crystal oscillator is running.
Digital inputs	No Schmitt triggers	Schmitt triggers on all digital inputs.
Digital outputs	Fixed configuration	Highly flexible and configurable
Start up	Manual start of XOSC	XOSC starts automatically after reset (by reset_n pin). Manual start of XOSC after SRES instruction.
Crystal frequency	16 MHz	32 MHz
Packet sniffing	No hardware support	Hardware support for non-intrusive sniffing of both transmitted and received frames.
Maximum SPI clock speed	10 MHz	8 MHz
RAM size	364 byte	768 byte
Operating voltage	2.1 – 3.6 V	1.8 – 3.8 V
Maximum operating temperature	85°C	125°C
Security	Limited flexibility	Highly flexible security instructions. More RAM available allows more flexible processing.
Package	QLP-48, 7x7 mm	QFN 28 (RHD), 5x5 mm
RF frequency range	2400-2483.5 MHz	2394-2507 MHz

그림 7-4 CC2420, CC2520 비교

(TI, CC2520 DATASHEET, Table 5: Comparison of CC2420 and CC2520)

7.6.1. CC2520 2.4 GHz RF transceiver

TI는 작년 새로운 RF Chip을 발표했다. CC2420이 원래 있던 칩이었지만 이보다 RF 출력 파워를 올린 CC2520을 새로 출시하였다. CC2420보다 크기가 적어지고 송신 부분의 파워가 최대 0 dBm에서 5 dBm으로 올라갔다.

위 표는 CC2420에 비해 CC2520이 어떻게 달라졌는지를 전체적으로 요약해 주고 있다. 최신의 Standard를 지원하고 있고, 출력 파워도 증가시키고, sensitivity도 좋게 만들면서도 크기는 2mm가 줄었다. 지원하는 주파수 영역도 증가하였고, 전체적으로 향상된 기능을 보이고 있다.

CC2520은 2.4 GHz ZigBee/IEEE 802.15.4 RF transceiver라고 되어 있다. ZigBee가 2.4 GHz의 RSM 대역을 사용하고 있다. 즉, ZigBee를 지원할 수 있는 RF 통신 칩이라고 생각하면 된다. (ZigBee protocol로 통신을 하려면 RF 만으로는 안되고 ZigBee 관련 stack이 적용되어야 한다.)

송신 부분의 파워가 5 dBm으로 올라갔지만 이것으로 최대 전송할 수 있는 거리는 몇 십 미터 이하이다. (현재 망고 Z1 두 대를 이용해서 50m 이상까지 전송을 성공한 상태이다.) 전송 거리를 늘리기 위해서는 RF Front End Chip을 달아주어야 한다. CC2591과 같은 칩은 CC2520과 연동해서 최대 22 dBm으로 출력 파워를 늘릴 수 있다. 이와 관련해서는 http://focus.ti.com/docs/prod/folders/print/cc2591.html 이 사이트를 참조하면 된다.

7.6.2. CC2520 관련 자료 다운로드

CC2520과 관련해서 자료는 아래의 사이트에 접속해서 다운 받으면 된다.
http://focus.ti.com/docs/prod/folders/print/cc2520.html

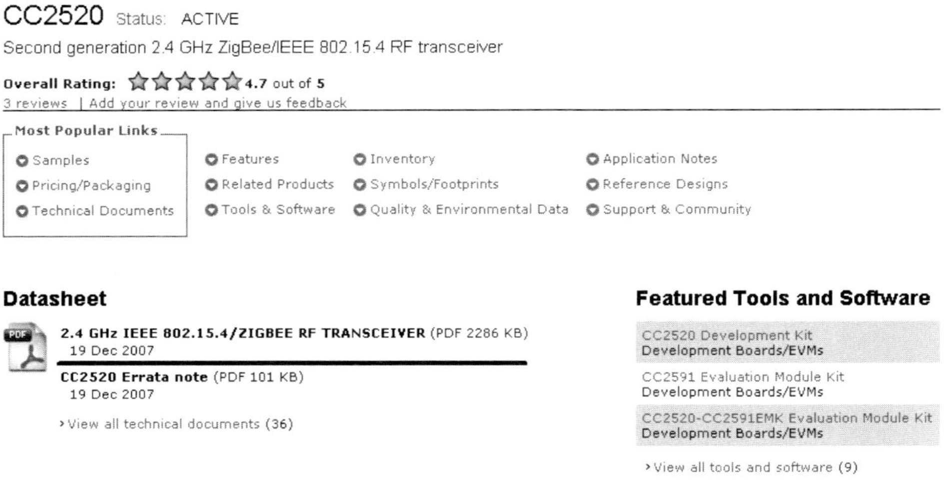

CC2520 Status: ACTIVE
Second generation 2.4 GHz ZigBee/IEEE 802.15.4 RF transceiver

Overall Rating: 4.7 out of 5
3 reviews | Add your review and give us feedback

Most Popular Links
- Samples
- Pricing/Packaging
- Technical Documents
- Features
- Related Products
- Tools & Software
- Inventory
- Symbols/Footprints
- Quality & Environmental Data
- Application Notes
- Reference Designs
- Support & Community

Datasheet

2.4 GHz IEEE 802.15.4/ZIGBEE RF TRANSCEIVER (PDF 2286 KB)
19 Dec 2007

CC2520 Errata note (PDF 101 KB)
19 Dec 2007

› View all technical documents (36)

Featured Tools and Software

CC2520 Development Kit
Development Boards/EVMs

CC2591 Evaluation Module Kit
Development Boards/EVMs

CC2520-CC2591EMK Evaluation Module Kit
Development Boards/EVMs

› View all tools and software (9)

위 부분에서 CC2520의 Data Sheet를 다운 받을 수 있다.

Tools & Software

TI Tools and Software

Name	Part Number	Software / Tool Type
IEEE802.15.4 Medium Access control (MAC) software stack	TIMAC	Application Software
SimpliciTI Compliant Protocol Stack	SIMPLICITI	Application Software
Z-Stack - ZigBee Protocol Stack	Z-STACK	Application Software
CC2520 Development Kit	CC2520DK	Development Boards/EVMs
CC2520 Evaluation Module Kit	CC2520EMK	Development Boards/EVMs
CC2520-CC2591EMK Evaluation Module Kit	CC2520-CC2591EMK	Development Boards/EVMs
CC2591 Evaluation Module Kit	CC2591EMK	Development Boards/EVMs
SmartRF Protocol Packet Sniffer	PACKET-SNIFFER	Software Tools
SmartRF Studio	SMARTRFTM-STUDIO	Software Tools

CC2520 Software Examples (Rev. B) (ZIP 678 KB) 664 views
05 Nov 2009

위 부분에서 CC2520과 관련한 sample source program을 다운 받을 수 있다. 다운을 받으면 swrc090a.zip라는 파일을 받게 된다. 이것은 ₩Mango-Z1.Firmware₩CC2520.BackUp₩에 보관되어 있다.

위 디렉토리에 cc2520.org 폴더가 있는데 이것은 망고 Z1에 포팅하는 작업이 전혀 진행되지 않은 original 파일들이 들어있는 것이다. swrc090a에 들어있는 모든 파일을 적용한 것은 아니다. 이중에서 꼭 필요한 부분만 취해서 적용이 되어 있는 것이고, 그렇게 적용이 된 파일들의 original 파일들을 cc2520.org 폴더에 넣어놓은 것이다. 이는 어떤 부분이 변경되었는지를 쉽게 찾아볼 수 있도록 하기 위함이다.

7.6.3. 망고 Z1 회로도 분석

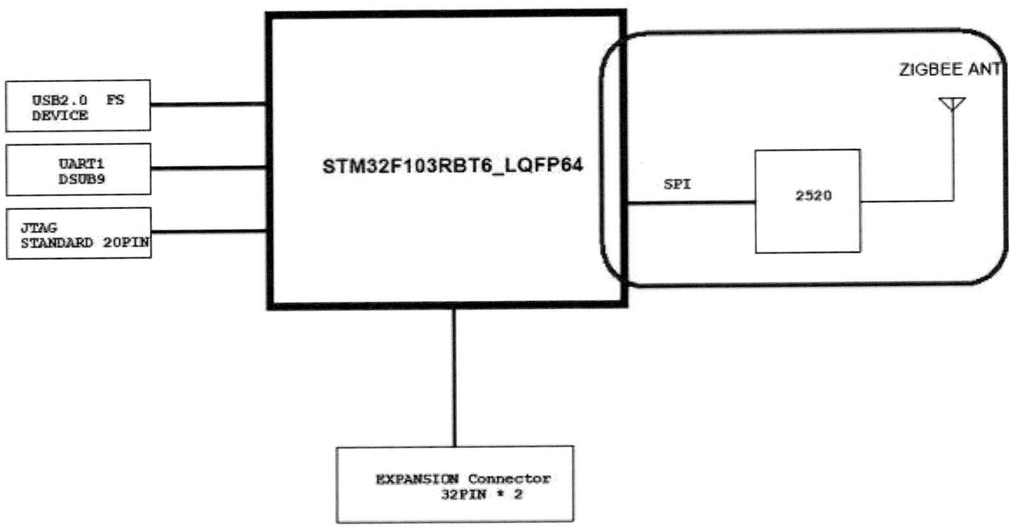

망고 Z1 보드에 대한 개념도를 그려보면 위 그림과 같다.

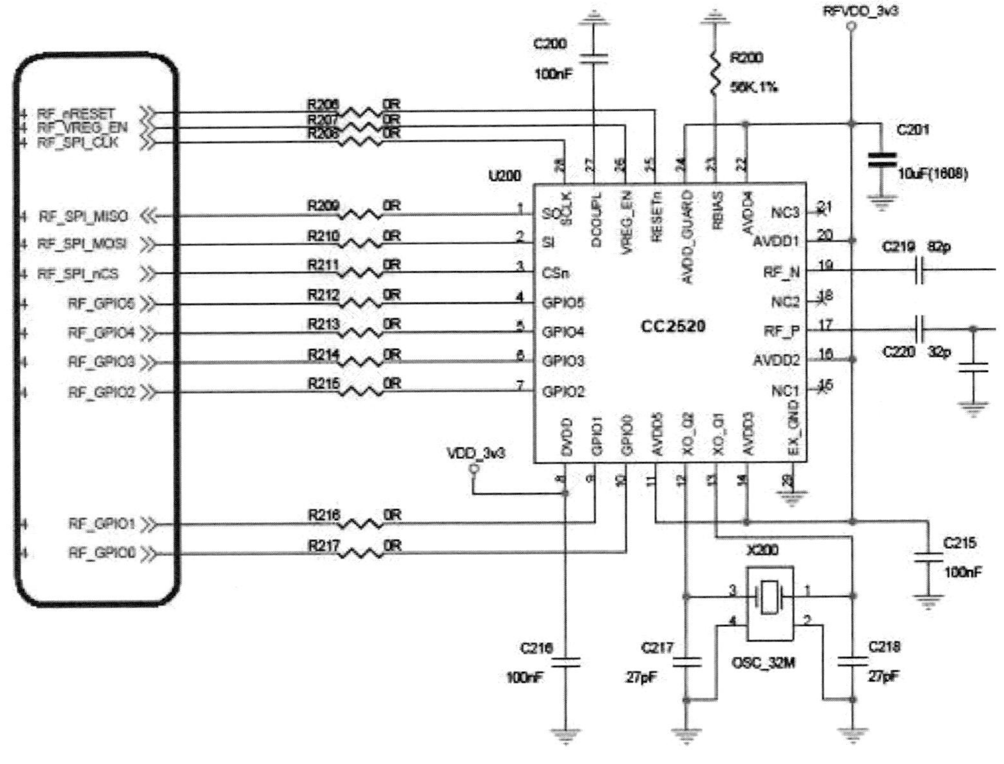

그림 7-5 CC2520 부분 회로도

STM32F103RB CPU가 주된 프로세서의 기능을 담당하고 있고, UART, USB, JTAG 등의 연결 부분이 존재하고 있으면서, CC2520과 SPI로 연결되어 있다.

CC2520의 부분을 자세히 살펴보면 reset과 enable 핀이 연결되어 있고, SPI 관련 연결 부분이 있고, GPIO가 6개 연결되어 있다. 이 부분에 대한 자세한 부분은 뒷 장에서 살펴볼 것이다. 이번 장에서는 SPI 연결 관련 처리를 통해서 CC2520의 Chip ID를 읽어오는 부분까지만 살펴본다.

PARAMETER	CONDITIONS	MIN	TYP	MAX	UNIT
Crystal frequency			32		MHz
Crystal frequency accuracy requirement	Including initial tolerance, aging and temperature dependency, as specified by [2]. Can be relaxed using on-chip crystal tuning (see below).	- 40		40	ppm

data sheet 상에 Crystal 부분에 대한 설명이 있다. 32 MHz의 클럭을 사용하는 것이 일반적인 경우이고, 망고 Z1 보드의 경우도 위의 회로도에서 볼수 있는 것처럼 32 MHz의 클럭이 장착되어 있다. 각 핀에 대한 CC2520 부분의 설명이 아래에 간략하게 정리되어 있다.

Signal	Pin #	Type	Description
			SPI
SCLK	28	I	SPI interface: Serial Clock. Maximum 8 MHz
SO	1	O	SPI interface: Serial Out
SI	2	I	SPI interface: Serial In
CSn	3	I	SPI interface: Chip Select, active low
			General Purpose digital I/O
GPIO0	10	IO	General purpose digital I/O
GPIO1	9	IO	General purpose digital I/O
GPIO2	7	IO	General purpose digital I/O
GPIO3	6	IO	General purpose digital I/O
GPIO4	5	IO	General purpose digital I/O
GPIO5	4	IO	General purpose digital I/O
			Misc
RESETn	25	I	External reset pin, active low
VREG_EN	26	I	When high, digital voltage regulator is active.

그림 7-6 CC2520 각 핀에 대한 설명

(TI, CC2520 DATASHEET, Table 4: CC2520 Pinout)

CC2520 블럭도 그림은 간략하게 CC2520 내에서 망고 Z1 보드 부분과 연결된 핀에 대해서만 개략도를 볼수 있는 그림이다.

7.6.4. SPI (Serial Peripheral Interface) 통신

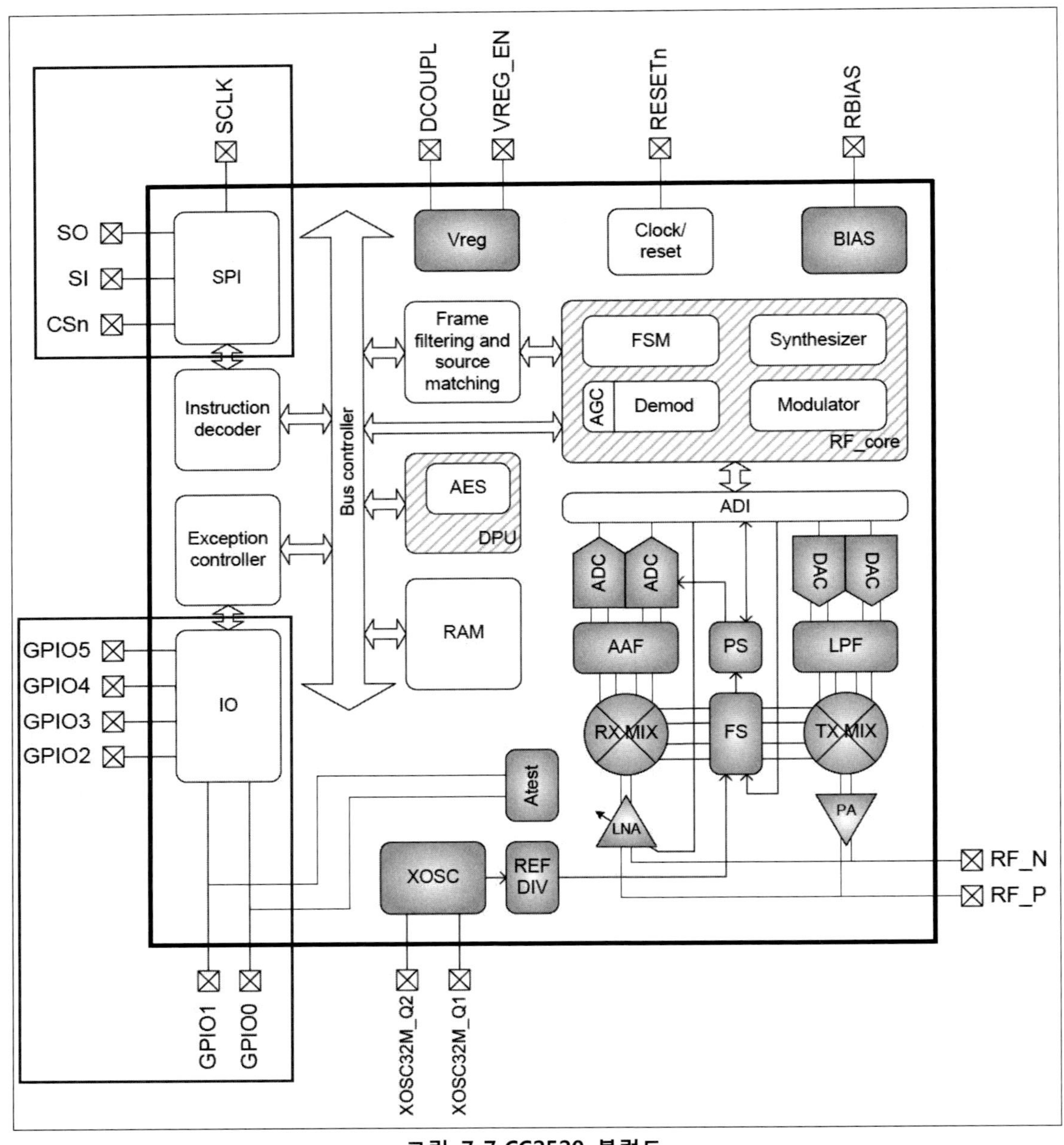

그림 7-7 CC2520 블럭도

(TI, CC2520 DATASHEET, Figure 2: CC2520 block diagram)

CC2520과의 통신은 SPI를 이용한다. 우리는 SPI 통신 방식에 대해서 전반적인 이해를 하지 않으면 안된다.

SPI는 근거리용 고속 직렬 동기식 통신 규격이다. Motorola에서 개발된 통신 규격이다. 이 규격은 MOSI, MISO, SCK, NSS의 4가닥의 선을 이용한다. (NSS에서 SS의 의미는 Slave select이다. 앞의 N의 의미는 negative로서 Low enable을 의미한다. 즉, 0으로 주어서 선택을 한다는 것으로 이해하면 될 것이다.)

MOSI는 Master Out Slave In을 의미하고, MISO는 Master In Slave Out을 의미한다.

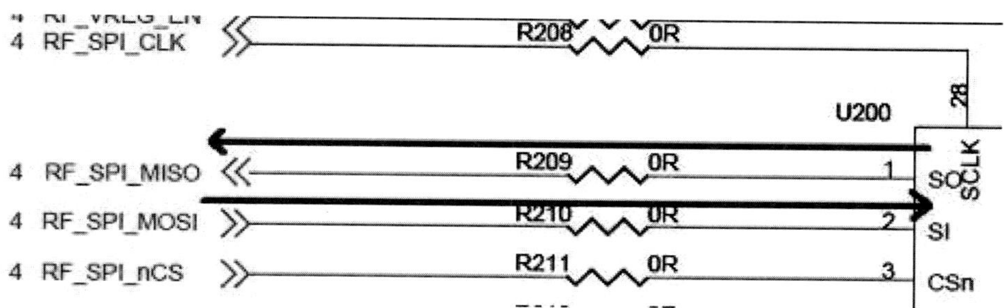

회로도에서 모양을 보면 CC2520에서 (U200이 CC2520이다) STM32의 MISO 부분에 CC2520의 SO이 연결되어 있는 것을 볼수 있다. 즉, CC2520의 Serial Out 부분에서 나온 신호가 STM32의 MISO 부분으로 전달되게 된다. 반대로 STM32의 MOSI 부분은 CC2520의 SI, Serial Input 쪽으로 들어가게 된다. MISO가 연결된 부분으로 망고 Z1 쪽으로 신호가 수신되게 된다. CC2520에서는 SO (Serial Out)으로 데이터가 출력된다. MISO에서 알 수 있듯이 망고 Z1이 Master가 되고, CC2520이 Slave가 되는 것이다.

SPI는 직렬 동기식 통신 방식으로 Full Duplex 통신이 가능하다. 클럭은 항상 Master가 제공해 주어야 한다. 이론적으로 수십 MHz까지 속도로 전송을 할 수 있다. CC2520의 경우는 8 MHz를 최대로 할 수 있다. STM32F103RB의 경우는 최대 클럭이 72 MHz의 반인 36 MHz까지가 이론적으로 낼 수 있는 최대 속도이다. 하지만 CC2520이 8 MHz가 최대이기 때문에 최대 클럭 72 MHz를 나누어 써야 하는데 8로 나누면 9 MHz가 되고 이것은 CC2520의 최대 속도를 넘게 된다. 그러므로 그 값의 반인 4.5 MHz를 선택할 수 밖에 없다.

Master는 하나이고 Slave를 여러 개 사용할 수 있다. 이때 MOSI, MISO, 클럭은 공통으로 사용이 가능하다. 하지만 NSS 신호는 각 Slave마다 따로따로 주어야 한다. 각 Slave를 구분하는 것을 이 NSS 신호를 가지고 하는 것이다.

클럭으로 신호를 전달할때 4가지의 방식이 가능하다. STM32의 경우를 가지고 이를 구분해 보도록 한다.

아래 2개의 그림은 전형적인 Motorola SPI의 모습과 완전히 동일한 내용이다. 클럭의 rising edge나 falling edge에서 동작하게 만들 수 있고, leading edge나 trailing edge에서 작동하게 할 수 있다. 결국 이의 조합으로 인해서 4가지의 동작 방식을 가질 수 있다.

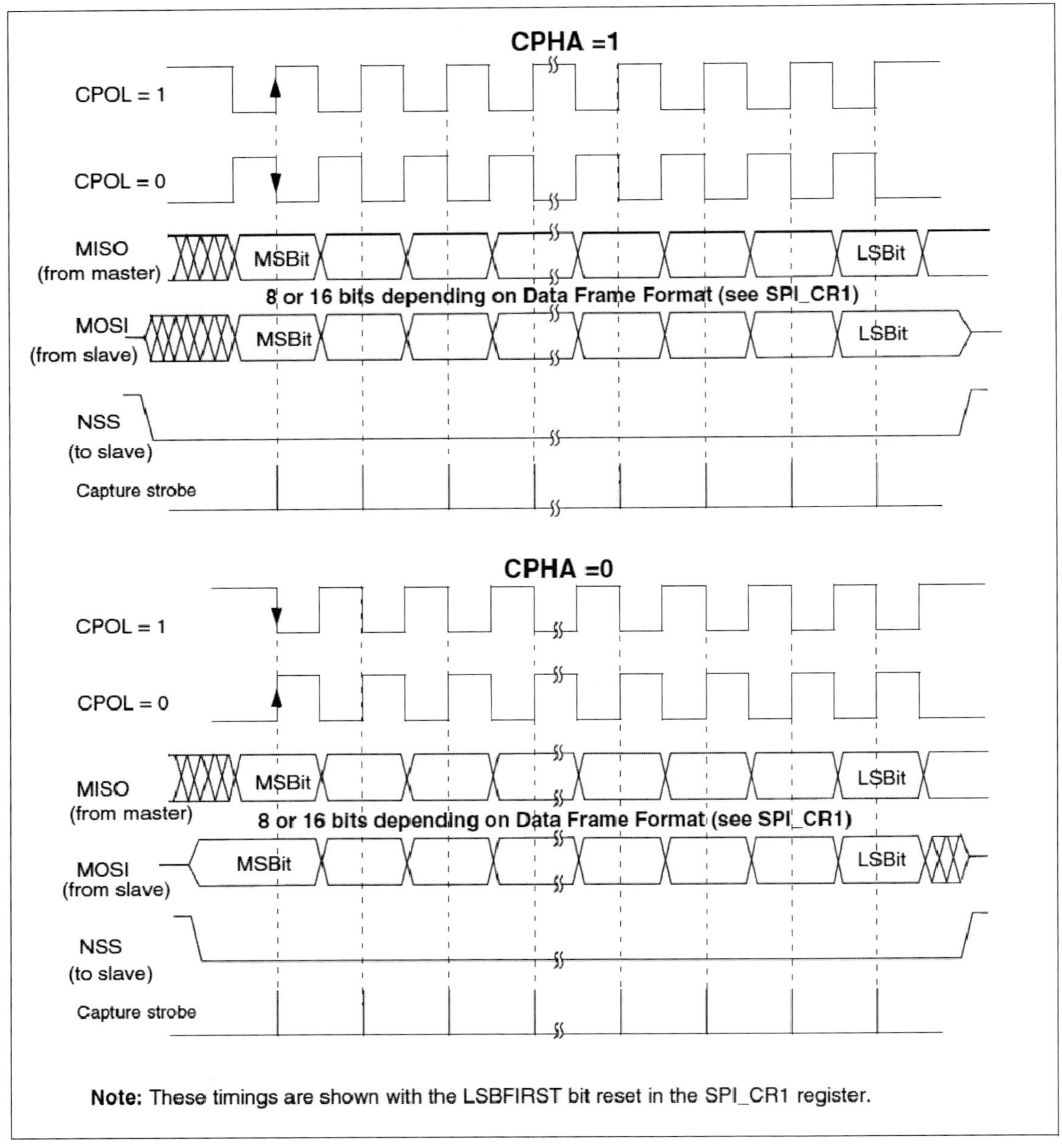

그림 7-8 SPI Timing diagram

(ST, RM0008, Reference manual, Figure 208, Data clock timing diagram)

CPHA의 값이 0일 경우는 leading edge에서 동작하는 것이고, CPOL의 값이 0이냐 1이냐에 따라서 각각 rising edge나 falling edge를 구분하는 것이다. CPHA의 값이 1일 경우는 trailing edge에서 작동하는 것이고, 역시 CPOL의 값에 따라서 rising edge나 falling edge를 구분하는 것은 마찬가지이지만 이때는 CPOL의 값이 1일 때 rising edge이고, 0일 때 falling edge로 사용되게 된다.

Motorola SPI의 특징은 전송 하는 동안 NSS가 Low를 유지한다는 것이다. Full-duplex로 Tx와 Rx가 동시에 이루어진다.

그럼 4가지 방식 중에서 어떤 것을 사용해야 할까? 이것을 결정하기 위해서는 CC2520이 SPI 통신을 어떻게 하는 가를 검토해야 한다.

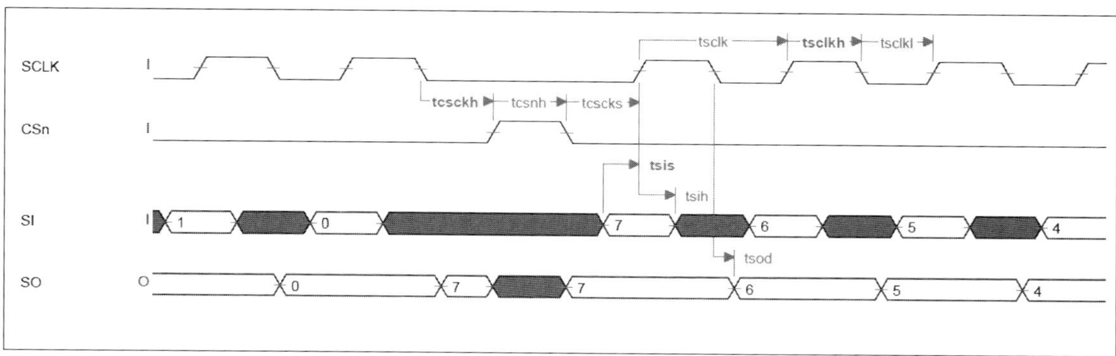

(TI, CC2520 DATASHEET, Figure 6: SPI timing relationships)

위 그림은 CC2520의 SPI 통신과 관련한 timing diagram이다.

PARAMETER	DESCRIPTION	MIN	TYP	MAX	UNIT
tcscks	CSn to SCLK setup time	62.5			ns
tcsckh	SCLK to CSn hold time	62.5			ns
tcsnh	CSn high	62.5			ns
tsclk	SCLK period	125			ns
tsclkh	SCLK high time	62.5			ns
tsclkl	SCLK low time	62.5			ns
tsis	SI to SCLK setup time	31			ns
tsih	SI to SCLK hold time	31			ns
tsod	SCLK to SO delay			31	ns

(TI, CC2520 DATASHEET, Table 7: SPI timing requirements)

위 표는 8MHz로 동작할때의 구성을 보여주고 있다. 1초는 1000000000 nsec이다. 이것을 8M로 나누면 하나의 클럭은 125 nsec의 시간을 가짐을 알수 있다. 그래서 tsclk SCLK period가 125 nsec를 가지고 있는 것이다.

위 그림으로 파악되는 것은 CSn이 low로 떨어진 후 첫 번째 클럭에서 데이터를 가져가는 것을 알수 있다. 이것은 위에서 살펴본 Motorola SPI에서 leading edge중 rising edge로 설정해야 하는 것을 알 수 있다. 즉, CPHA의 값이 0이고 또한 CPOL의 값도 0인 것이다.

CSn은 SPI를 위한 input enable signal이다. 이것은 외부에 달려있는 우리 경우는 STM32와 같은 MCU에 의해서 control되는 것이다. CC2520에 있는 SPI module은 CSn 신호가 high가 될 때 reset이 되게 된다. SPI 통신이 이루어지고 있는 동안 이 CSn 신호는 반드시 0으로 low 상태를 유지해야 한다. 또한 SCLK의 첫 번째 positive edge가 발생하기 전에 외부 크리스탈 클럭의 2 클럭 이상의 시간 이전에 low인 상태가 되어야 한다. 마찬가지로 SCLK의 마지막 negative edge이후에도 외부 크리스탈 클럭의 2 클럭 이상의 시간 동안 low 상태를 유지해야 한다. (외부 크리스탈은 32MHz가 달려있다. 이것의 한 클럭 시간은 31.25 nsec이다. 2 클럭 시간이므로 62.5 nsec가 되는 것이다.) CSn 신호가 high가 될 때도 역시 외부 크리스탈 클럭의 2 클럭 이상의 시간 동안 high를 유지해야 한다.

SCLK도 역시 외부 MCU에 의해서 control된다. CC2520에 달려있는 외부 크리스탈과 이 SCLK가 동기가 맞아야 할 이유는 없다. 비동기 방식으로 동작해도 된다. 최대의 SCLK frequency는 8 MHz이다. 하지만 최소 SCLK frequency는 어떤 것이든 상관없다.

데이터는 MSB부터 보내지고 받아져야 한다.

7.6.5. CC2520 레지스터 초기화

CC2520은 아래 그림과 같은 memory map을 가지고 있다.

여기서 우리가 중점적으로 다룰 부분은 맨 아래에 존재하고 있는 레지스터들이다. 레지스터는 2가지 종류가 있는데 하나는 FREG라 불리고, 다른 하나는 SREG이다. (F는 Fast, S는 Slow를 가리킨다. Slow라고 해서 아주 느린 것은 아니고 한 byte의 통신을 더 해야 하는 정도의 시간 차이가 있는 것이다.)

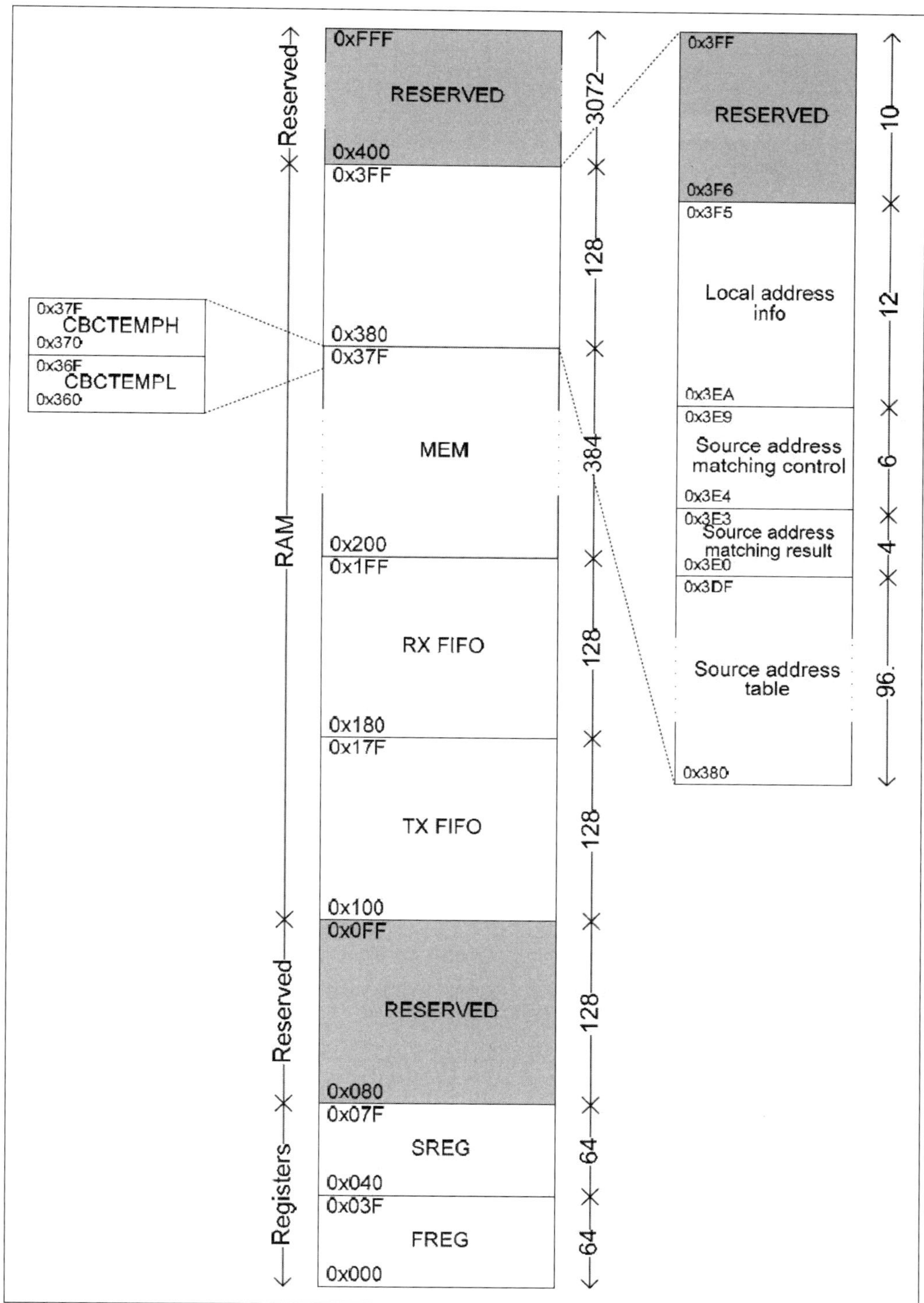

그림 7-9 CC2520 memory map

(TI, CC2520 DATASHEET, Figure 11: CC2520 memory map)

Address (hex)	+0x000	+0x001	+0x002	+0x003
FREG registers				
0x000	FRMFILT0	FRMFILT1	SRCMATCH	
0x004	SRCSHORTEN0	SRCSHORTEN1	SRCSHORTEN2	
0x008	SRCEXTEN0	SRCEXTEN1	SRCEXTEN2	
0x00C	FRMCTRL0	FRMCTRL1	RXENABLE0	RXENABLE1
0x010	EXCFLAG0	EXCFLAG1	EXCFLAG2	
0x014	EXCMASKA0	EXCMASKA1	EXCMASKA2	
0x018	EXCMASKB0	EXCMASKB1	EXCMASKB2	
0x01C	EXCBINDX0	EXCBINDX1	EXCBINDY0	EXCBINDY1
0x020	GPIOCTRL0	GPIOCTRL1	GPIOCTRL2	GPIOCTRL3
0x024	GPIOCTRL4	GPIOCTRL5	GPIOPOLARITY	
0x028	GPIOCTRL		DPUCON	
0x02C	DPUSTAT		FREQCTRL	FREQTUNE
0x030	TXPOWER	TXCTRL	FSMSTAT0	FSMSTAT1
0x034	FIFOPCTRL	FSMCTRL	CCACTRL0	CCACTRL1
0x038	RSSI	RSSISTAT		
0x03C	RXFIRST		RXFIFOCNT	TXFIFOCNT
SREG registers				
0x040	CHIPID		VERSION	
0x044	EXTCLOCK		MDMCTRL0	MDMCTRL1
0x048	FREQEST		RXCTRL	
0x04C	FSCTRL		FSCAL0	FSCAL1
0x050	FSCAL2	FSCAL3	AGCCTRL0	AGCCTRL1
0x054	AGCCTRL2	AGCCTRL3	ADCTEST0	ADCTEST1
0x058	ADCTEST2		MDMTEST0	MDMTEST1
0x05C	DACTEST0	DACTEST1	ATEST	DACTEST2
0x060	PTEST0	PTEST1	RESERVED	
0x064-0x077				
0x078			DPUBIST	
0x07C	ACTBIST		RAMBIST	

그림 7-10 CC2520 레지스터

(TI, CC2520 DATASHEET, Table 20: Register overview)

각 레지스터의 주소값과 이름을 요약한 표가 위의 그림이다. 여기서 이번 장에서는 0x40 Chip ID와 0x42 Version을 읽어볼 것이다.

레지스터의 갯수는 128개 보다는 적지만 주소 영역은 모두 128개가 존재한다. 모두 8 비트 레지스터들이다. 이중 FREG는 REGRD와 REGWR instruction으로 접근될 수 있는 앞부분의 64개 영역을 의미하고, SREG는 MEMRD와 MEMWR instruction으로 접근하는 뒷부분의 64개 영역을 의미한다.

```
uint8 CC2520_REGRD8(uint8 addr)
{
    uint8 value;
    CC2520_SPI_BEGIN();
    CC2520_SPI_TXRX(CC2520_INS_REGRD | addr);
    value = CC2520_SPI_TXRX(0x00);
    CC2520_SPI_END();
    return value;
}
```

```
uint8 CC2520_MEMRD8(uint16 addr)
{
    uint8 value;
    CC2520_SPI_BEGIN();
    CC2520_SPI_TXRX(CC2520_INS_MEMRD | HIBYTE(addr));
    CC2520_SPI_TXRX(LOBYTE(addr));
    value = CC2520_SPI_TXRX(0x00);
    CC2520_SPI_END();
    return value;
}
```

여기서 먼저 REGRD와 MEMRD 중에서 8비트 데이터를 읽는 경우에 대한 부분만 비교를 해보도록 한다.

```
#define CC2520_INS_REGRD          0x80
#define CC2520_INS_MEMRD          0x10
```

위 소스에서 사용하고 있는 CC2520_INS_REGRD와 CC2520_INS_MEMRD는 CC2520의 instruction을 의미하는 것이다.

여러 개의 instruction 중에서 MEMRD, MEMWR과 REGRD, REGWR에 대해서만 먼저 살펴보도록 한다.

Mnemonic	Pin	Byte 1 7 6 5 4 3 2 1 0	Byte2 7 6 5 4 3 2 1 0	Byte3 7 6 5 4 3 2 1 0
MEMRD	SI	0 0 0 1 a a a a	a a a a a a a a	- - - - - - - -
	SO	s s s s s s s s	s s s s s s s s	d d d d d d d d
MEMWR	SI	0 0 1 0 a a a a	a a a a a a a a	d d d d d d d d
	SO	s s s s s s s s	s s s s s s s s	d d d d d d d d
REGRD	SI	1 0 a a a a a a	- - - - - - - -	...
	SO	s s s s s s s s	d d d d d d d d	...
REGWR	SI	1 1 a a a a a a	d d d d d d d d	...
	SO	s s s s s s s s	d d d d d d d d	...

(TI, CC2520 DATASHEET, 13.3 Instruction Set Summary)

FREG의 주소값의 최대값은 0x3FF이다. 즉, 6 비트로 주소를 표시할 수 있는 것이다.

명령어 중에서 첫 번째 바이트가 10으로 시작하는 것은 REGRD를 가리키고, 11로 시작하는 것은

REGWR를 가리킨다. 그러므로 REGRD와 REGWR의 경우는 하나의 바이트로 instruction과 주소값을 동시에 송출할 수 있다. 그렇기 때문에 첫 번째 바이트를 송출한 이후에 바로 다음 바이트에서 데이타를 가져올 수 있는 것이다.

하지만 MEMRD의 경우는 이렇게 할 수가 없다. 주소값 자체가 6비트를 넘고, instruction 부분도 4 비트이다. 주소의 최대값이 0xFFF이고, 명령이 4 비트이기 때문에 2 바이트를 전송해야만 주소를 모두 전송할 수 있게 된다. 그렇기 때문에 3번째 바이트에서 값을 가져올 수 있는 것이다.

이와 같이 SREG의 경우에 있어서는 한 바이트의 전송을 더 해야 하고 그래서 FREG의 경우가 보다 빠르게 값의 전송이 이루어질 수 있는 것이다.

위 그림에서 SO 부분에 표시되어 있는 s가 의미하는 것은 Status byte를 나타낸다.

Status byte (MSB clocked out first)		
Bit no	**Signal**	**Description**
7	XOSC stable and running	0: XOSC off or not yet stable 1: XOSC stable and running (Digital part has clock)
6	RSSI valid	0: RSSI value is not valid 1: RSSI value is valid
5	EXCEPTION channel A	0: No exceptions selected in EXCMASKAn has corresponding flag in EXCFLAGn set 1: At least one exception selected in EXCMASKAn has corresponding flag EXCFLAGn set
4	EXCEPTION channel B	0: No exceptions selected in EXCMASKBn has corresponding flag in EXCFLAGn set 1: At least one exception selected in EXCMASKBn has corresponding flag EXCFLAGn set
3	DPU H active	0: No high priority DPU instruction is currently active. 1: A high priority DPU instruction is currently active.
2	DPU L active	0: No low priority DPU instruction is currently active. 1: A low priority DPU instruction is currently active.
1	TX active	0: Device is not in TX mode 1: Device is in TX mode
0	RX active	0: Device is not in RX mode 1: Device is in RX mode

(TI, CC2520 DATASHEET, Table 13: Status byte contents)

위 표는 Status byte에 들어갈 수 있는 내용에 대해서 알려주고 있는 것이다.

이제부터 레지스터 초기화에 대한 부분을 살펴보아야 한다.

아래 표는 레지스터의 default 값들이다. 이것은 반드시 처음 부팅을 한 이후에 설정이 되어야 하는 것이다.

Register name	Address (hex)	New value (hex)	Description
TXPOWER	030	32	Set 0 dBm output power. Use only the values listed in Table 17 in this register.
CCACTRL0	036	F8	Raises the CCA threshold from about -108dBm to about -84 dBm input level.
MDMCTRL0	046	85	Makes sync word detection less likely by requiring two zero symbols before the sync word.
MDMCTRL1	047	14	Make it more likely to detect sync by removing the requirement that both symbols in the SFD must have a correlation value above the correlation threshold, and make sync word detection less likely by raising the correlation threshold.
RXCTRL	04A	3F	Adjust currents in RX related analog modules.
FSCTRL	04C	5A	Adjust currents in synthesizer.
FSCAL1	04F	2B	Adjust currents in VCO.
AGCCTRL1	053	11	Adjust target value for AGC control loop.
ADCTEST0	056	10	Tune ADC performance.
ADCTEST1	057	0E	Tune ADC performance.
ADCTEST2	058	03	Tune ADC performance.

(TI, CC2520 DATASHEET, Table 21: Registers that need update from their default value)

이것을 구현하기 위해서 소스 상에서는 아래와 같이 정의가 되어 있다.

```
// Recommended register settings which differ from the data sheet
static regVal_t regval[]= {
    // Tuning settings
#ifdef INCLUDE_PA
    CC2520_TXPOWER,        0xF9,
#else
    CC2520_TXPOWER,        0x32,
#endif
    CC2520_CCACTRL0,       0xF8,          // CCA treshold -80dBm
    // Recommended RX settings
    CC2520_MDMCTRL0,       0x85,
    CC2520_MDMCTRL1,       0x14,
    CC2520_RXCTRL,         0x3F,
    CC2520_FSCTRL,         0x5A,
    CC2520_FSCAL1,         0x2B,
#ifdef INCLUDE_PA
```

```
    CC2520_AGCCTRL1,       0x16,
#else
    CC2520_AGCCTRL1,       0x11,
#endif
    CC2520_ADCTEST0,       0x10,
    CC2520_ADCTEST1,       0x0E,
    CC2520_ADCTEST2,       0x03,
    // Terminate array
    0,                    0x00
};
```

우리는 CC2591과 같은 Power Amplifier를 사용하지는 않는다. 이러한 것을 사용할 경우에는 INCLUDE_PA를 선언해서 그에 맞는 설정을 하여야 하지만 망고 Z1을 그렇지 않기 때문에 INCLUDE_PA 부분은 무시해도 상관없다.

위에서 default 값으로 되어 있는 내용에 대해서 하나씩 살펴보도록 한다.

```
    CC2520_TXPOWER,       0x32,
```

TXPOWER, A 0x030, R 0x06, Controls the output power

Bit no.	Bit mnemonic	Reset value	Mode	Description
7:0	PA_POWER [7:0]	0x06	R/W	PA power control. Use only the values listed in in this register. NOTE This value should be updated to one of the values listed in Table 17 before going to TX.

TXPOWER register (hex)	Typical output power (dBm)	Typical current consumption (mA)
F7	5	33.6
F2	3	31.3
AB	2	28.7
13	1	27.9
32	0	25.8
81	-2	24.9
88	-4	23.1
2C	-7	19.9
03	-18	16.2

그림 7-11 CC2520 Tx Power

TX power를 의미하는 것이다. 여기에 입력할 수 있는 값은 정해져 있다. 위 표에서와 같이 특정한 값으로 정해져 있다.

우리는 0 dBm 크기를 가질 수 있도록 0x32로 설정한 것이다. 위 표는 CC2520으로 만든 reference design에서 측정한 것으로 +3.0 V, +25°C, fc=2.440 GHz 에서 측정한 Output power와 current consumption이다.

```
CC2520_MDMCTRL0,      0x85,
```

Bit no.	Bit mnemonic	Reset value	Mode	Description
7:6	DEM_NUM_ZEROS[1:0]	01	R/W	Sets how many zero symbols have to be detected before the sync word when searching for sync. Note that only one is required to have a correlation value above the correlation threshold set in MDMCTRL1 register. 00 : reserved 01 : 1 zero symbols 10 : 2 zero symbols 11 : 3 zero symbols **NOTE** This value should be updated to "10" before attempting RX. Testing has shown that the reset value causes too many false frames to be received.
5	DEMOD_AVG_MODE	0	R/W	Defines the behavior or the frequency offset averaging filter. 0 - Lock average level after preamble match. Restart frequency offset calibration when searching for the next frame. 1 - Continuously update average level.
4:1	PREAMBLE_LENGTH [3:0]	0010	R/W	The number of preamble bytes (2 zero-symbols) to be sent in TX mode prior to the SFD, encoded in steps of 2. The reset value of 2 is compliant with IEEE 802.15.4 0000 - 2 leading zero bytes 0001 - 3 leading zero bytes 0010 - 4 leading zero bytes ... 1111 - 17 leading zero bytes
0	TX_FILTER	1	R/W	Defines what kind of TX filter that is used. The normal TX filter is as defined by the IEEE802.15.4 standard. Extra filtering may be applied in order to lower the out of band emissions. 0 - Normal TX filtering 1 - Enable extra filtering

(TI, CC2520 DATASHEET, MDMCTRL0, A 0x046, R 0x45, Controls modem)

이 레지스터의 reset value가 0x45인데 이것을 0x85로 변경한다. 즉 위에서 sync를 위한 zero symbol detect 수만 변경한다. reset value인 01로 했을 경우는 수신에 있어서 많은 에러가 발생한다는 실험치를 제시하면서 10으로 변경해 줄 것을 요청하고 있다. 나머지 부분은 reset value를 유지한다.

CC2520_MDMCTRL1, 0x14,

Bit no.	Bit mnemonic	Reset value	Mode	Description
7:6	RESERVED	00	R0	Read as zero
5	CORR_THR_SFD	1	R/W	Defines requirements for SFD detection: 0 - The correlation value of one of the zero symbols of the preamble must be above the correlation threshold. 1 - The correlation value of one zero symbol of the preamble and both symbols in the SFD must be above the correlation threshold. **NOTE** This value should be changed to '0' before attempting RX. This will give the best trade off between good sensitivity and few false SFD detections.
4:0	CORR_THR[4:0]	0x0E	R/W	Demodulator correlator threshold value, required before SFD search. Threshold value adjusts how the receiver synchronizes to data from the radio. If threshold is set too low sync can more easily be found on noise. If set too high the sensitivity will be reduced but sync will not likely be found on noise. I combination with DEM_NUM_ZEROS the system can be tuned so sensitivity is high with less synch found on noise. **NOTE** This value should be changed to 0x14 before attempting RX. Testing has shown that too many false frames are received if the reset value is used.

(TI, CC2520 DATASHEET, MDMCTRL1, A 0x047, R 0x2E, Controls modem)

이 레지스터 역시 리셋 값을 변경시켜주어야 한다. SFD detection 부분에서의 값을 변경한다. 1로 되어 있는 기본값을 0으로 변경해준다. 이것은 가장 좋은 sensitivity를 위해서 변경하는 것이다. 1은 preamble과 SFD의 symbol 둘 다에서 correlation value가 threshold를 넘어야 하는 것이고, 0으로 함으로서 preamble의 zero symbol만 threshold를 넘으면 되도록 변경한 것이다. Threshold 값도 0x14로 변경한다.

여기서 SFD에 대해서 잠시 살펴보면 SFD는 Start of Frame Delimiter의 약자이다.

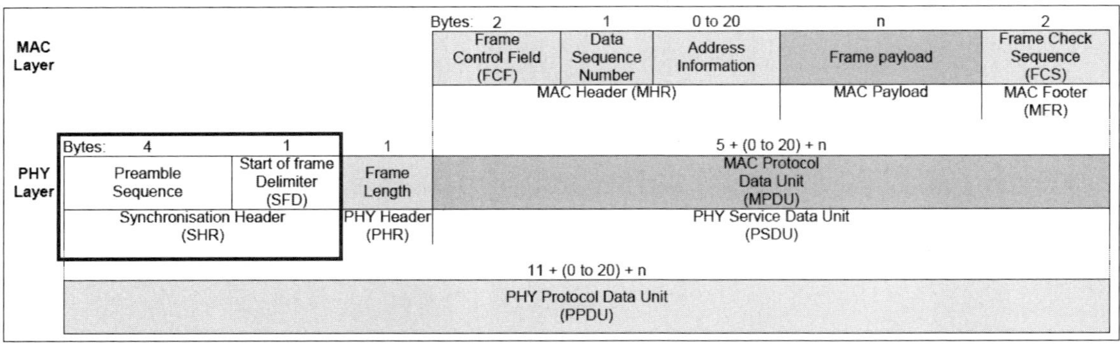

(TI, CC2520 DATASHEET, Figure 14: Schematic view of the IEEE 802.15.4 Frame Format)

위 그림은 IEEE 802.15.4 Frame Format을 나타낸다. 여기서 preamble은 4 바이트의 0으로 이루어진 것이고, 그 뒤이어 나오는 한 바이트의 값이 SFD이다. 이 값은 0xA7로 정해져 있다.

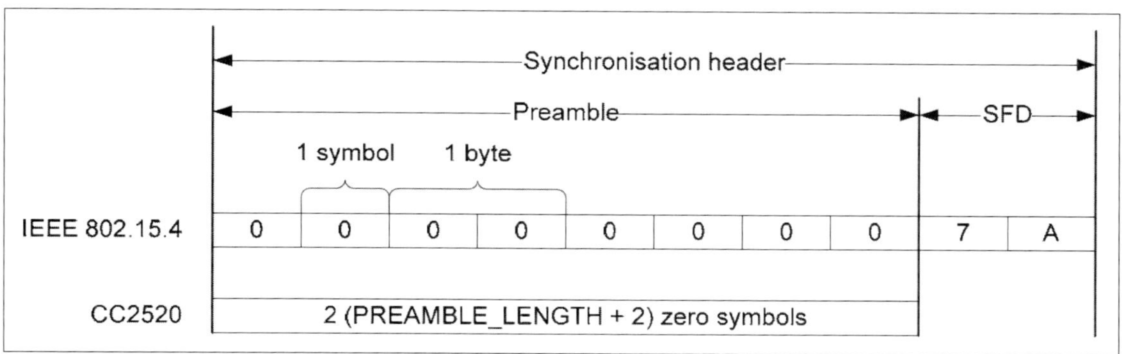

(TI, CC2520 DATASHEET, Figure 18: Transmitted Synchronisation Header)

preamble sequence의 길이는 조절이 가능하다. MDMCTRL0.PREAMBLE_LENGTH에 의해서 이 값을 조절할 수 있다. 또한 CC2520은 자동으로 한 바이트의 SFD를 내보내고 있고, 이것은 고정이 되어 있고 소프트웨어로 바꿀 수 없다.

```
CC2520_CCACTRL0,      0xF8,          // CCA treshold -80dBm
```

Bit no.	Bit mnemonic	Reset value	Mode	Description
7:0	CCA_THR[7:0]	0xE0	R/W	Clear Channel Assessment threshold value, signed 2's complement number for comparison with the RSSI. The unit is 1 dB, offset is about 76dBm. The CCA signal goes high when the received signal is below this value. The CCA signal is available on the CCA pin and in FSMSTAT1 register. Note that the value should never be set lower than CCA_HYST-128 in order to avoid erroneous behavior of the CCA signal. **NOTE** The reset value translates to an input level of approximately -32 – 76 = -108 dBm, which is well below the sensitivity limit. That means the CCA signal will never indicate a clear channel. This register should be updated to 0xF8, which translates to an input level of about -8 - 76 = -84dBm.

(TI, CC2520 DATASHEET, CCACTRL0, A 0x036, R 0xE0, CCA threshold)

CCA는 어떤 특정 channel이 available한가를 비교하는 용도로 사용한다. 받은 신호 RSSI가 여기에 기록된 값보다 적게 되면 인식이 되는데 위 레지스터의 reset value는 0xE0이다. 이 것은 -32를 의미하고, 이 경우 이 값에서 76을 빼게 되면 -108 dBm이 된다. 이것은 sensitivity 한계보다 낮은 값이다. 0xF8은 -8을 의미하고 default로 이 값을 -84 dBm이 되도록 변경한다.

이외에 나머지 값들에 대해서는 기본적으로 그 값을 설정하도록 data sheet에서 권고하고 있는 값을 설정한 것이다.

7.6.6. ZigBee_Test 프로그램 설명

```
void ZigBee_Test(void) {
    DEBUG_MSG_FUNC_START;

    SPIx_Init();

    halRfInit();

    printf("chipid : 0x%x₩n", halRfGetChipId());
    printf("version : 0x%x₩n", halRfGetChipVer());
}
```

ZigBee_Test 프로그램은 무척 단순하다. SPI 초기화 부분을 부르고, CC2520 칩에 대한 초기화를 수행한 이후에 Chip ID와 Chip Version을 읽어서 출력하는 것이 전부이다. 이들에 대해서 이제부터 하나씩 살펴보기로 한다.

7.6.7. SPI 초기화

SPIx_Init 함수의 내용에 대해서 하나씩 살펴보도록 한다.

```
#define GPIO_RF_SPI                 GPIOA
#define GPIO_RF_RESET               GPIOC
#define GPIO_RF_VREG_EN             GPIOC

#define GPIO_RF_SPI_NCS_PIN         GPIO_Pin_4
#define GPIO_RF_SPI_CLK_PIN         GPIO_Pin_5
#define GPIO_RF_SPI_MISO_PIN        GPIO_Pin_6
#define GPIO_RF_SPI_MOSI_PIN        GPIO_Pin_7

#define GPIO_RF_RESET_PIN           GPIO_Pin_6
#define GPIO_RF_VREG_EN_PIN         GPIO_Pin_7
```

위와 같이 각 부분에 대해서 GPIO와 핀에 대한 설정이 define 되어 있다.

```
/* Configure SPI1 pins: SCK, MISO and MOSI ---------------------------------*/
GPIO_InitStructure.GPIO_Pin
    = GPIO_RF_SPI_CLK_PIN | GPIO_RF_SPI_MISO_PIN | GPIO_RF_SPI_MOSI_PIN;
GPIO_InitStructure.GPIO_Speed = GPIO_Speed_50MHz;
GPIO_InitStructure.GPIO_Mode = GPIO_Mode_AF_PP;
GPIO_Init(GPIO_RF_SPI, &GPIO_InitStructure);

/* Configure SPI1 pins: nCS -----------------------------------------------*/
GPIO_InitStructure.GPIO_Pin = GPIO_RF_SPI_NCS_PIN;
GPIO_InitStructure.GPIO_Speed = GPIO_Speed_50MHz;
GPIO_InitStructure.GPIO_Mode = GPIO_Mode_Out_PP;
GPIO_Init(GPIO_RF_SPI, &GPIO_InitStructure);
```

먼저 SPI 관련한 부분에 대한 설정을 하고 있다.

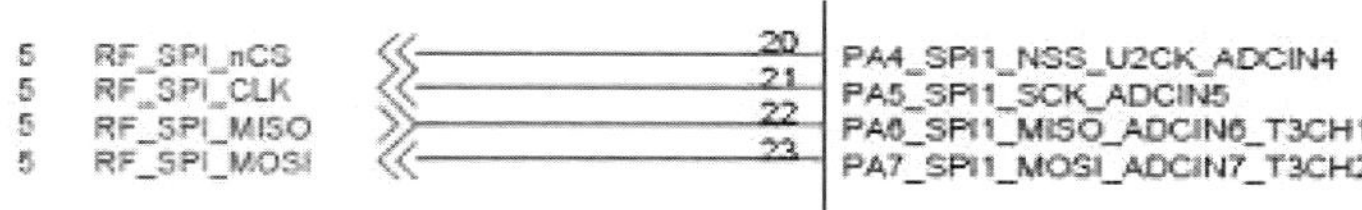

위 그림과 같이 SPI 4개의 핀은 STM32 CPU에 연결이 되어 있다. 우리는 이들 4개의 핀에 대해서 GPIO로 general하게 사용하는 것이 아니라 alternate function으로 사용하는 것이다.

Pins						Pin name	Type(1)	I / O Level(2)	Main function(3) (after reset)	Alternate functions	
LFBGA100	LQFP48	TFBGA64	LQFP64	LQFP100	VFQFPN36					Default	Remap
G3	14	H3	20	29	11	PA4	I/O		PA4	SPI1_NSS(7)/ USART2_CK(7)/ ADC12_IN4	
H3	15	F4	21	30	12	PA5	I/O		PA5	SPI1_SCK(7)/ ADC12_IN5	
J3	16	G4	22	31	13	PA6	I/O		PA6	SPI1_MISO(7)/ ADC12_IN6/ TIM3_CH1(7)	TIM1_BKIN
K3	17	H4	23	32	14	PA7	I/O		PA7	SPI1_MOSI(7)/ ADC12_IN7/ TIM3_CH2(7)	TIM1_CH1N

위 그림에서와 같이 4개의 핀에 대해서 Alternate function으로 SPI로 사용하고 있는 것이다. 이렇게 사용하기 위해서는 GPIO_Mode_AF_PP로 설정해야 하는 것이다.

그런데 한가지 주의해야할 부분은 GPIO_RF_SPI_NCS_PIN에 대해서는 GPIO_Mode_AF_PP로 설정하지 않고 그냥 general하게 사용하는 방법인 GPIO_Mode_Out_PP로 설정하고 있는 것이다. 이것은 우리가 SPI 통신을 구현하는 데 있어서 보다 유연한 방식으로 구현을 하고자 함이다. NSS에 대한 신호를 내보내는데 있어서 프로그램으로 이것을 조절하도록 구현할 것이기 때문에 이와 같이 설정한 것이다.

```
/* Configure SPI1 pins: VREG_EN and RESETn ----------------------------------*/
GPIO_InitStructure.GPIO_Pin = GPIO_RF_RESET_PIN | GPIO_RF_VREG_EN_PIN;
GPIO_InitStructure.GPIO_Speed = GPIO_Speed_50MHz;
GPIO_InitStructure.GPIO_Mode = GPIO_Mode_Out_PP;
GPIO_Init(GPIO_RF_RESET, &GPIO_InitStructure);
```

CC2520에 연결된 2개의 핀에 대한 설정을 하고 있다. Reset에 대한 부분과 VREG enable과 관련한 부분이다. 이것은 추후 STM32의 SPI 초기화 작업이 모두 끝난 이후에 두 핀을 1로 설정해서 칩 구동을 진행할 수 있도록 만들어 주게 될 부분이다.

```
/* SPI1 Config -------------------------------------------------------------*/
SPI_InitStructure.SPI_Direction = SPI_Direction_2Lines_FullDuplex;
SPI_InitStructure.SPI_Mode = SPI_Mode_Master;
SPI_InitStructure.SPI_DataSize = SPI_DataSize_8b;

SPI_InitStructure.SPI_CPOL = SPI_CPOL_Low;
SPI_InitStructure.SPI_CPHA = SPI_CPHA_1Edge;

SPI_InitStructure.SPI_NSS = SPI_NSS_Soft;
SPI_InitStructure.SPI_BaudRatePrescaler = SPI_BaudRatePrescaler_16;
                                // 72MHz / 16 = 4.5MHz
SPI_InitStructure.SPI_FirstBit = SPI_FirstBit_MSB;
SPI_InitStructure.SPI_CRCPolynomial = 7;
SPI_Init(SPI1, &SPI_InitStructure);

/* Enable SPI1 */
SPI_Cmd(SPI1, ENABLE);
```

SPI type과 관련해서는 아래와 같이 정의가 되어 있다.

```
#define SPI1_BASE              (APB2PERIPH_BASE + 0x3000)
typedef struct {
  __IO uint16_t CR1;
```

```
    uint16_t   RESERVED0;
    __IO uint16_t CR2;
    uint16_t   RESERVED1;
    __IO uint16_t SR;
    uint16_t   RESERVED2;
    __IO uint16_t DR;
    uint16_t   RESERVED3;
    __IO uint16_t CRCPR;
    uint16_t   RESERVED4;
    __IO uint16_t RXCRCR;
    uint16_t   RESERVED5;
    __IO uint16_t TXCRCR;
    uint16_t   RESERVED6;
    __IO uint16_t I2SCFGR;
    uint16_t   RESERVED7;
    __IO uint16_t I2SPR;
    uint16_t   RESERVED8;
} SPI_TypeDef;
#define SPI1                    ((SPI_TypeDef *) SPI1_BASE)
```

STM32F103의 경우 SPI는 2개가 존재한다. 우리는 이 중에서 SPI1을 사용하고 있는 것이다.

가장 먼저 SPI_I2S configuration register (SPI_I2SCFGR) 부분을 살펴본다.

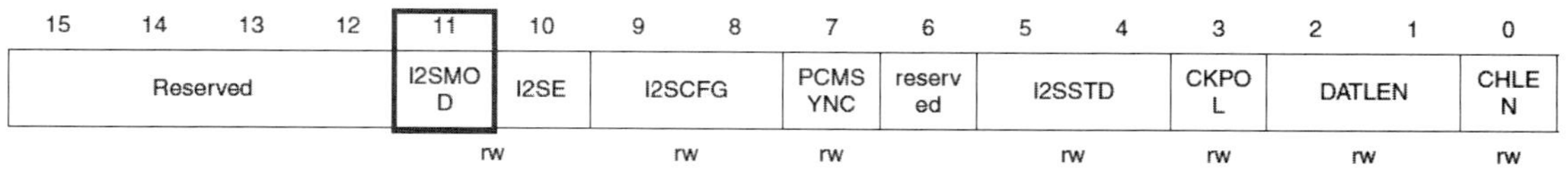

15	14	13	12	11	10	9	8	7	6	5	4	3	2	1	0
Reserved				I2SMOD	I2SE	I2SCFG		PCMSYNC	reserved	I2SSTD		CKPOL	DATLEN		CHLEN
				rw		rw		rw		rw		rw	rw		rw

Bit 11은 I2SMOD로 I2S mode selection을 설정하는 부분이다. 0이면 SPI mode가 선택된 것이고, 1이면 I2S mode가 선택된 것이다.

```
/* SPI or I2S mode selection masks */
#define SPI_Mode_Select         ((uint16_t)0xF7FF)
#define I2S_Mode_Select         ((uint16_t)0x0800)
```

이를 구분하기 위해서 위와 같이 선언된 값을 이용한다.

대부분의 설정은 SPI control register 1 (SPI_CR1)을 설정하는 것이다.

15	14	13	12	11	10	9	8	7	6	5	4	3	2	1	0
BIDI MODE	BIDI OE	CRC EN	CRC NEXT	DFF	RX ONLY	SSM	SSI	LSB FIRST	SPE	BR [2:0]			MSTR	CPOL	CPHA
rw	rw	rw	rw	rw	rw	rw	rw	rw	rw	rw	rw	rw	rw	rw	rw

Bit1 CPOL, Clock polarity와 Bit 0 CPHA, Clock phase에 대해서는 위에서 설명한 바와 같이 둘 다 0으로 설정해서 leading edge중 rising edge로 설정되도록 한다.

Bit 2 MSTR: Master selection

0: Slave configuration

1: Master configuration

1로 설정해서 Master가 되도록 한다.

Bits 5:3 BR[2:0]: Baud rate control

000: fPCLK/2

001: fPCLK/4

010: fPCLK/8

011: fPCLK/16

100: fPCLK/32

101: fPCLK/64

110: fPCLK/128

111: fPCLK/256

PCLK 72 MHz를 16으로 나누어 4.5 MHz가 되도록 설정한다.

Bit 7 LSBFIRST: Frame format

0: MSB transmitted first

1: LSB transmitted first

0으로 설정해서 MSB가 처음 나가도록 설정한다. CC2520의 부분과 맞추어 주어야 한다.

Bit 10 RXONLY: Receive only

0: Full duplex (Transmit and receive)

1: Output disabled (Receive-only mode)

0으로 설정해서 Full duplex 모드로 동작할 수 있게 설정한다.

Bit 11 DFF: Data frame format

0: 8-bit data frame format is selected for transmission/reception

1: 16-bit data frame format is selected for transmission/reception

0으로 설정해서 8 비트 모드로 동작할 수 있도록 설정한다.

```
    GPIO_SetBits(GPIO_RF_RESET, GPIO_RF_RESET_PIN);
    GPIO_SetBits(GPIO_RF_VREG_EN, GPIO_RF_VREG_EN_PIN);
```

최종적으로 SPI 초기화 작업은 끝났고, 이제 CC2520을 구동시킬 것이다. Reset을 먼저 1로 설정하고 난 이후에 VREG enable을 1로 설정한다. 리셋은 low active이다. 즉 0으로 설정하면 리셋이 되는 것이다. 일단 초기 값으로 1로 설정한 것이 추후 CC2520 RF 초기화 과정에서 리셋의 과정을 진행할 것이다. VREG enable을 1로 설정하면 digital voltage regulator를 active 상태로 하게 되는 것이다.

7.6.8. CC2520 RF 초기화

원래의 코드에서 delay와 debug문 및 다른 임시 코드들을 모두 삭제한 형태의 코드가 아래의 내용이다.

```
uint8 halRfInit(void) {
    regVal_t* p;

    // Avoid GPIO0 interrupts during reset
    CC2520_GPIO_0_Interrupt_Setting(DISABLE);

    // Make sure to pull the CC2520 RESETn and VREG_EN pins low
    CC2520_RESET_OPIN(0);
    CC2520_SPI_END();
    CC2520_VREG_EN_OPIN(0);

    // Enable the voltage regulator and wait for it (CC2520 power-up)
    CC2520_VREG_EN_OPIN(1);
    // Release reset
    CC2520_RESET_OPIN(1);

    // Write non-default register values
    p= regval;
    while (p->reg!=0) {
        CC2520_MEMWR8(p->reg,p->val);
        p++;
    }

    return HAL_RF_SUCCESS;
```

```
}
```

먼저 특정 함수의 성공과 실패를 나타내 주는 return 값에 대해서 살펴본다.

```
typedef enum {ERROR = 0, SUCCESS = !ERROR} ErrorStatus;
```

위와 같이 STM32 라이브러리 코드는 SUCCESS를 0의 NOT 즉 1로 설정이 되어 있다. 하지만 CC2520의 기본 코드에서 성공에 대한 SUCCESS를 0으로 설정해서 사용하고 있다. 이를 맞추어 주기 위해서 새로운 설정이 필요하다.

```
#ifndef HAL_RF_SUCCESS
#define HAL_RF_SUCCESS 0
#else
#warning "Macro HAL_RF_SUCCESS already defined"
#endif

#ifndef HAL_RF_FAILED
#define HAL_RF_FAILED   1
#else
#warning "Macro HAL_RF_FAILED already defined"
#endif
```

위와 같이 설정 값에 대한 것은 바꾸지 않았고, CC2520의 경우에 있어서 모든 SUCCESS 부분을 HAL_RF_SUCCESS로 바꾸어 주었다. FAILED의 경우도 HAL_RF_FAILED로 변경해 주었다. original 코드와 비교할 때 이 부분을 유의해서 보아야 할 것이다.

```
void CC2520_GPIO_0_Interrupt_Setting(FunctionalState   fStateE) {
    NVIC_InitTypeDef NVIC_InitStructure;
    EXTI_InitTypeDef EXTI_InitStructure;

    /* Configure one bit for preemption priority */
    NVIC_PriorityGroupConfig(NVIC_PriorityGroup_1);

    /* Enable the EXTI8 Interrupt */
    NVIC_InitStructure.NVIC_IRQChannel                   = EXTI9_5_IRQn;
    NVIC_InitStructure.NVIC_IRQChannelPreemptionPriority = 0;
    NVIC_InitStructure.NVIC_IRQChannelSubPriority        = 0;
    NVIC_InitStructure.NVIC_IRQChannelCmd                = fStateE;
```

```
    NVIC_Init(&NVIC_InitStructure);

    /* Connect EXTI Line to gpio pin */
    GPIO_EXTILineConfig(GPIO_PORTSOURCE_RF_GPIO0, GPIO_PINSOURCE_RF_GPIO0);

    /* Configure EXTI Line to generate an interrupt */
    EXTI_ClearITPendingBit(GPIO_EXTI_Line_RF_GPIO0);
    EXTI_InitStructure.EXTI_Line        = GPIO_EXTI_Line_RF_GPIO0;
    EXTI_InitStructure.EXTI_Mode        = EXTI_Mode_Interrupt;
    EXTI_InitStructure.EXTI_Trigger     = EXTI_Trigger_Rising;
    EXTI_InitStructure.EXTI_LineCmd = fStateE;
    EXTI_Init(&EXTI_InitStructure);
}
```

CC2520_GPIO_0_Interrupt_Setting()라는 새로운 함수를 만들었다. 이것은 CC2250과 연결된 GPIO를 통해서 interrupt를 enable하거나 disable하도록 만드는 함수이다.

```
#define GPIO_PORTSOURCE_RF_GPIO0     GPIO_PortSourceGPIOC
#define GPIO_PINSOURCE_RF_GPIO0      GPIO_PinSource8
#define GPIO_EXTI_Line_RF_GPIO0      EXTI_Line8
```

interrupt가 발생하는 부분은 GPIO_0이고 이것은 STM32의 GPIO Port C의 8번 핀에 연결되어 있다. 8번 핀의 경우는 EXTI9_5_IRQn를 이용하게 된다. 이것을 enable하거나 disable하는 함수이다. 물론 당연히 enable을 했을 경우는 EXTI9_5_IRQn에 대한 handler 부분을 구현해야 한다. 이 부분은 다음 장에서 다룰 것이다.

초기에 CC2520_GPIO_0_Interrupt_Setting(DISABLE);으로 GPIO 0의 interrupt가 발생하지 못하도록 먼저 설정한 이후 초기화 작업을 진행한다.

```
void CC2520_RESET_OPIN(u8 data) {
    if(0 == data) {
        GPIO_ResetBits(GPIO_RF_RESET, GPIO_RF_RESET_PIN);
    } else {
        GPIO_SetBits(GPIO_RF_RESET, GPIO_RF_RESET_PIN);
    }
}

void CC2520_VREG_EN_OPIN(u8 data) {
```

```
    if(0 == data) {
        GPIO_ResetBits(GPIO_RF_VREG_EN, GPIO_RF_VREG_EN_PIN);
    } else {
        GPIO_SetBits(GPIO_RF_VREG_EN, GPIO_RF_VREG_EN_PIN);
    }
}
```

CC2520_RESET_OPIN과 CC2520_VREG_EN_OPIN 함수를 새롭게 구현해 놓는다. 각각 RESET 핀과 VREG_EN 핀을 0이나 1로 설정하는 함수이다.

```
#define CC2520_SPI_BEGIN()   GPIO_ResetBits(GPIO_RF_SPI, GPIO_RF_SPI_NCS_PIN)
#define CC2520_SPI_END()     GPIO_SetBits(GPIO_RF_SPI, GPIO_RF_SPI_NCS_PIN)
```

또한 2개의 매크로가 정의되어 있다. 각각 SPI의 NCS 핀을 설정하는 것이다. SPI를 초기에 시작할때 Low로 떨어뜨리는 것이고, SPI를 끝낼 때 1로 설정하는 매크로이다.

```
    CC2520_RESET_OPIN(0);
    CC2520_SPI_END();
    CC2520_VREG_EN_OPIN(0);
    CC2520_VREG_EN_OPIN(1);
    CC2520_RESET_OPIN(1);
```

처음에 RESET 핀과 VREG_EN 핀을 0으로 설정하면서 동시에 SPI NCS 핀도 1로 설정한다. 이후 바로 RESET 핀과 VREG_EN 핀을 1로 설정한다. 이때 RESET보다 VREG_EN 핀을 1로 설정하는 부분을 먼저 수행해야 한다.

```
    // Write non-default register values
    p= regval;
    while (p->reg!=0) {
        CC2520_MEMWR8(p->reg,p->val);
        p++;
    }
```

이후에 regval이라는 global 변수의 내용을 차례로 설정하게 되면 초기화 과정이 끝나게 된다. regval 부분은 우리가 위에서 레지스터의 초기화 값으로 설정할 부분에 대해서 이미 살펴보았다. 그 내용을 루프를 돌면서 차례로 설정하는 것이다.

여기서 사용하는 CC2520_MEMWR8 함수에 대해서 살펴보도록 한다.

```
uint8 CC2520_MEMWR8(uint16 addr, uint8 value) {
    uint8 s;
    CC2520_SPI_BEGIN();
    s = CC2520_SPI_TXRX(CC2520_INS_MEMWR | HIBYTE(addr));
    CC2520_SPI_TXRX(LOBYTE(addr));
    CC2520_SPI_TXRX(value);
    CC2520_SPI_END();
    return s;
}
```

위에서 살펴본 CC2520_SPI_BEGIN()과 CC2520_SPI_END() 매크로를 통해서 SPI 통신을 위한 시작과 끝을 지정해 주고 있는 것이고, 그 내부에서 원하는 통신을 하게 된다.

```
#define CC2520_INS_MEMWR                    0x20
```

CC2520_INS_MEMWR는 CC2520과 관련한 instruction 중 하나로서 memory에 값을 적는 명령이다. 메모리에 writing을 하기 위해서는 먼저 address를 넘겨주어야 한다. 최초 instruction과 함께 4 비트의 상위 주소를 넘겨주고, 이후 하위 8 비트의 주소를 넘겨주게 된다. 주소의 전송이 끝나고 나면 값을 전송하면 8 비트에 대한 memory write 명령은 종료하게 되는 것이다.

마지막으로 CC2520_SPI_TXRX를 살펴보겠다. CC2520_SPI_TXRX를 알기 위해서는 먼저 CC2520_SPI_TX(), CC2520_SPI_RX(), CC2520_SPI_WAIT_RXRDY() 함수에 대해서 알아야 한다. 또한 이들 세 함수를 알기 위해서는 SPI_I2S_GetFlagStatus()와 SPI_I2S_SendData(), SPI_I2S_ReceiveData()를 먼저 알아야 한다. 차례로 분석을 하도록 한다.

```
FlagStatus SPI_I2S_GetFlagStatus(SPI_TypeDef* SPIx, uint16_t SPI_I2S_FLAG) {
  FlagStatus bitstatus = RESET;
  /* Check the parameters */
  assert_param(IS_SPI_ALL_PERIPH(SPIx));
  assert_param(IS_SPI_I2S_GET_FLAG(SPI_I2S_FLAG));
  /* Check the status of the specified SPI/I2S flag */
  if ((SPIx->SR & SPI_I2S_FLAG) != (uint16_t)RESET) {
    /* SPI_I2S_FLAG is set */
    bitstatus = SET;
  } else {
    /* SPI_I2S_FLAG is reset */
    bitstatus = RESET;
```

```
  }
  /* Return the SPI_I2S_FLAG status */
  return   bitstatus;
}
```

이 함수는 SPI SR 레지스터를 읽어서 해당 flag가 설정되어 있는지를 검사하는 함수가 되겠다. 이 레지스터의 내용에 대해서 먼저 알아봐야 한다.

SPI status register (SPI_SR)는 SPI의 상태와 관련한 flag를 저장하고 있는 곳이다.

15	14	13	12	11	10	9	8	7	6	5	4	3	2	1	0
Reserved								BSY	OVR	MODF	CRC ERR	UDR	CHSIDE	TXE	RXNE
Res.								r	r	r	rc_w0	r	r	r	r

우리는 이 중에서 비트 0과 1, RXNE와 TXE 부분에 대해서만 검토할 것이다. 각각은 아래의 의미를 갖는다.

Bit 1 TXE: Transmit buffer empty
0: Tx buffer not empty
1: Tx buffer empty
TX를 위해서는 Tx buffer가 비어있는가를 검사해서 비어 있을 때만 송신을 할 수 있는 것이다. 1이 Tx buffer가 비어있는 것이므로 1이 될 때까지 기다려야 한다.

Bit 0 RXNE: Receive buffer not empty
0: Rx buffer empty
1: Rx buffer not empty
Rx의 경우는 반대로 Rx buffer가 비어있지 않은 가를 검사해서 비어 있지 않을 때만 유용한 data를 수신할 수 있다. 1이 Rx buffer가 비어있지 않은 것이기 때문에 1이 될 때까지 기다려야 한다.

결국 둘 다 이 함수를 부르면서 1이 될 때까지 기다리도록 구현을 해야 하는 것이다.

```
#define SPI_I2S_FLAG_RXNE                 ((uint16_t)0x0001)
#define SPI_I2S_FLAG_TXE                  ((uint16_t)0x0002)
```

우리가 SPI_I2S_GetFlagStatus를 부를 때 위에서 정의한 SPI_I2S_FLAG_RXNE나 SPI_I2S_FLAG_TXE를 넣어서 호출하게 된다.

```
void SPI_I2S_SendData(SPI_TypeDef* SPIx, uint16_t Data) {
```

```
    /* Check the parameters */
    assert_param(IS_SPI_ALL_PERIPH(SPIx));

    /* Write in the DR register the data to be sent */
    SPIx->DR = Data;
}

uint16_t SPI_I2S_ReceiveData(SPI_TypeDef* SPIx) {
    /* Check the parameters */
    assert_param(IS_SPI_ALL_PERIPH(SPIx));

    /* Return the data in the DR register */
    return SPIx->DR;
}
```

위 함수들은 SPI로 데이타를 전송하거나 수신하는 함수들이다. 단순히 SPI data register (SPI_DR) 레지스터에 값을 저장하거나 그곳의 값을 return하는 것이 일의 전부이다.

15	14	13	12	11	10	9	8	7	6	5	4	3	2	1	0
DR[15:0]															
rw	rw	rw	rw	rw	rw	rw	rw	rw	rw	rw	rw	rw	rw	rw	rw

16 비트 모드일 경우는 이 레지스터의 16 비트를 모두 사용하겠지만 우리는 8 비트 모드를 사용하기 때문에 이중 하위 8 비트만 사용하게 된다.

```
void CC2520_SPI_TX(u8 data) {
    /* Wait for SPI1 Tx buffer empty */
    while (SPI_I2S_GetFlagStatus(SPI1, SPI_I2S_FLAG_TXE) == RESET);
    /* Send SPI1 data */
    SPI_I2S_SendData(SPI1, data);
}
```

Tx를 하기 위해서는 TXE로 이 Tx buffer가 빌 때까지 기다렸다가 전송을 하면 된다.
SPI_I2S_GetFlagStatus가 RESET을 return하는 동안에는 Tx를 하지 않고 기다리게 된다.

```
u8 CC2520_SPI_RX(void) {
    return SPI_I2S_ReceiveData(SPI1);
}
```

CC2520_SPI_RX의 경우에는 위의 Tx 함수처럼 기다리는 부분이 없다. 이 때문에 CC2520_SPI_RX()를 부르는 곳에서는 반드시 기다리는 함수를 이전에 부르고 이어서 CC2520_SPI_RX()를 불러주어야 한다. 이 기다리는 함수가 아래에 설명할 CC2520_SPI_WAIT_RXRDY() 함수이다. Tx의 경우처럼 함수 안에 넣어서 구현할 수도 있겠지만 이와 관련해서는 다른 부분에서 따로 호출이 되어야 할 부분이 있기 때문에 일부러 이렇게 만들어 놓은 것이다.

```
void CC2520_SPI_WAIT_RXRDY(void) {
    /* Wait for SPI1 data reception */
    while (SPI_I2S_GetFlagStatus(SPI1, SPI_I2S_FLAG_RXNE) == RESET);
}
```

Rx buffer에 어떤 데이타가 써질 때까지 기다리는 함수가 되겠다.

```
static uint8 CC2520_SPI_TXRX(uint8 x) {
    CC2520_SPI_TX(x);
    CC2520_SPI_WAIT_RXRDY();
    return CC2520_SPI_RX();
}
```

우리의 SPI는 Full Duplex 모드로 동작을 한다. 그러므로 Tx를 하면서 동시에 Rx도 가능하게 된다. 그러므로 모든 통신에서 이 CC2520_SPI_TXRX()함수를 불러서 사용하게 된다. 물론 Tx나 Rx 하나만 하기를 원하는 경우에도 이 함수를 불러서 둘 다 수행을 해주어야 한다. 그래야 정상적인 Full Duplex 모드 동작을 수행하게 만들 수 있는 것이다.

7.6.9. Get Chip ID & Version

이제 최종적으로 Chip ID와 Version을 읽는 부분을 살펴보겠다.

```
// SREG definitions (BSET/BCLR unsupported)
#define CC2520_CHIPID                0x040
#define CC2520_VERSION               0x042
```

주소값은 위의 정의와 같이 0x40과 0x42로 되어 있다.

```
uint8 CC2520_MEMRD8(uint16 addr) {
    uint8 value;
```

```
    CC2520_SPI_BEGIN();
    CC2520_SPI_TXRX(CC2520_INS_MEMRD | HIBYTE(addr));
    CC2520_SPI_TXRX(LOBYTE(addr));
    value = CC2520_SPI_TXRX(0x00);
    CC2520_SPI_END();
    return value;
}
```

CC2520_INS_MEMRD은 0x10으로 정의되어 있는 값이고 이것과 함께 주소값의 상위 4비트 부분을 포함해서 먼저 한 바이트를 전송한 이후에 하위 주소값 8 비트를 전송하게 되면 CC2520에게 한 바이트를 읽겠다는 것을 알려준 것이고, 이를 위해서도 역시 CC2520_SPI_TXRX를 호출하게 된다. 이때 전송하는 0x00은 아무 의미가 없는 데이타를 송출하는 것이고 이는 Full duplex이기 때문에 전송을 하는 것이고 의미는 없다.

```
uint8 halRfGetChipId(void) {
    return(CC2520_MEMRD8(CC2520_CHIPID));
}

uint8 halRfGetChipVer(void) {
    return(CC2520_MEMRD8(CC2520_VERSION));
}
```

MEMRD8을 이용해서 읽어서 return하는 함수를 간단하게 구현하고 있는 것이다.

7.6.10. 빌드 및 실행 결과

아래 그림과 같이 새로운 폴더인 cc2520이 추가되어 있다.

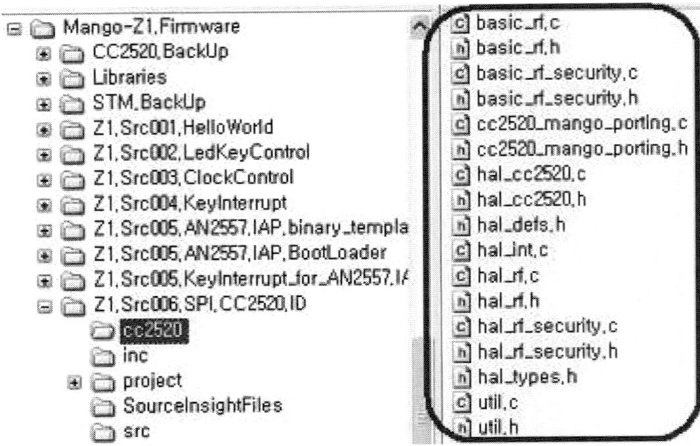

이 부분에 대한 것이 컴파일러에도 포함시켜주어야 하고 include directory에도 추가를 해주어야 한다.

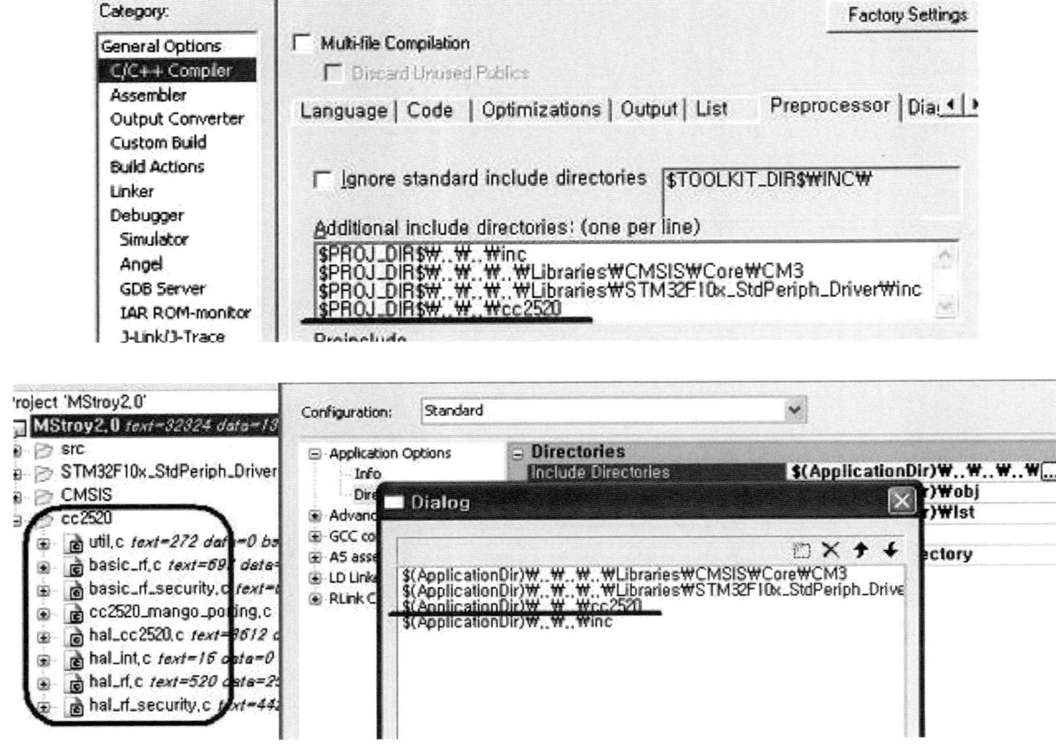

빌드해서 실행하게 되면 아래와 같이 Chip ID를 읽어 오는 것을 알 수 있다.

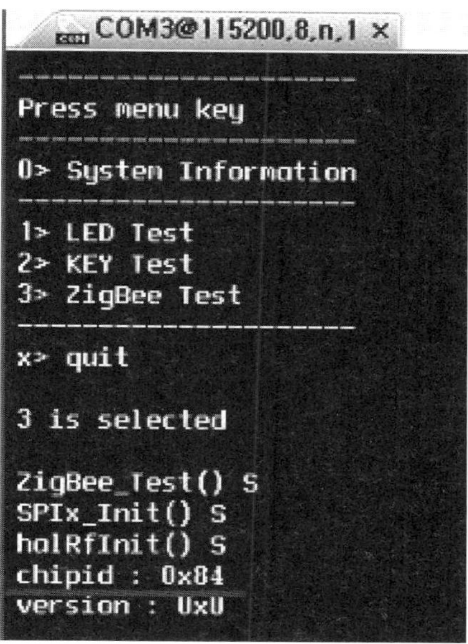

읽어온 내용이 정말로 맞는지를 확인해야 한다.

CHIPID, A 0x040, R 0x84, Chip ID

Bit no.	Bit mnemonic	Reset value	Mode	Description
7:0	CHIPID[7:0]	0x84	R	Chip ID number. 0x84 = CC2520

VERSION, A 0x042, R 0x00, Chip version number

Bit no.	Bit mnemonic	Reset value	Mode	Description
7:0	VERSION[7:0]	0x00	R	Chip version. Unsigned integer.

위와 같이 0x84는 CC2520을 의미하는 것임을 알 수 있다.

다음 장에서는 실제로 RF를 이용해서 한 바이트를 전송하는 것을 해보도록 한다.

7.7. One byte RF 통신 구현

이번 장에서는 TI에서 제공하는 sample program중 light switch 예제를 적용해서 실제로 한 바이트의 통신을 구현해 본다.
소스는 **Z1.Src007.1ByteTxRx** 부분에 있다.

7.7.1. 레지스터 값 출력 함수 구현

```
    printf("1> Print Registers: FREG₩n");
    printf("2> Print Registers: SREG₩n");
```

새로운 메뉴를 만들었다. main 함수에서 3> ZigBee Test를 통해서 ZigBee_Test() 함수 내에서 서브 메뉴를 만들어서 여러가지 동작들을 수행할 수 있도록 만들었다. 그 중에서 첫 번째와 두 번째의 메뉴는 각각 FREG와 SREG 레지스터들의 전체 값을 읽어서 화면에 출력하는 것이다.

```
static void appPrintRfRegs_SREG(void) {
    regKvp_t *p;
    uint16 iRegVal;
    p = regLookup_SREG;
    while ( p->iRegNum != 0xFF) {
        // Read radio registers
        iRegVal = CC2520_MEMRD8(p->iRegNum);

        // Print name and contents
        printf("0x%02X %-20s : 0x%02X₩n",
                p->iRegNum, (char*)p->szRegName, iRegVal);
        p++;
    }
}

static void appPrintRfRegs_FREG(void) {
..... ..... ..... ..... ..... .....
    while ( p->iRegNum != 0xFF) {
        iRegVal = CC2520_REGRD8(p->iRegNum);
..... ..... ..... ..... ..... .....
    }
}
```

appPrintRfRegs_SREG() 함수는 SREG 레지스터를 읽어서 화면에 출력하는 것이고, appPrintRfRegs_FREG() 함수는 FREG 레지스터를 읽어서 화면에 출력하는 것이다. 각각 CC2520_MEMRD8()을 사용할 것인지, CC2520_REGRD8()를 사용할 것인지에 따라서만 차이가 난다.

```
#define KVP(v)        { v, #v }

typedef struct {
    const uint8 iRegNum;
    const char *szRegName;
} regKvp_t;

#define CC2520_CHIPID                    0x040
#define CC2520_VERSION                   0x042

// CC2520 SREG names
static regKvp_t regLookup_SREG[]= {
    KVP(CC2520_CHIPID),
    KVP(CC2520_VERSION),
..... ..... ..... ..... ..... .....
    KVP(0xFF),
};

#define CC2520_FRMFILT0                  0x000
#define CC2520_FRMFILT1                  0x001

// CC2520 FREG names
static regKvp_t regLookup_FREG[]= {
    KVP(CC2520_FRMFILT0),
    KVP(CC2520_FRMFILT1),
..... ..... ..... ..... ..... .....
    KVP(0xFF),
};
```

KVP(v) 라는 매크로를 만들어서 각 레지스터의 주소값과 그 레지스터의 이름을 저장할수 있도록 만든 다음 모든 레지스터 주소값을 이용해서 structure를 만들고 이 structure global 변수에 저장된 값을 이용해서 레지스터 값을 출력하는 함수를 만든 것이다.

```
COM3@115200,8,n,1 ×
1 is selected
0x00 CC2520_FRMFILT0        : 0x0D
0x01 CC2520_FRMFILT1        : 0x78
0x02 CC2520_SRCMATCH        : 0x07
0x04 CC2520_SRCSHORTEN0     : 0x00
0x05 CC2520_SRCSHORTEN1     : 0x00
0x06 CC2520_SRCSHORTEN2     : 0x00
0x08 CC2520_SRCEXTEN0       : 0x00
0x09 CC2520_SRCEXTEN1       : 0x00
0x0A CC2520_SRCEXTEN2       : 0x00
0x0C CC2520_FRMCTRL0        : 0x60
0x0D CC2520_FRMCTRL1        : 0x01
0x0E CC2520_RXENABLE0       : 0x00
0x0F CC2520_RXENABLE1       : 0x00
0x10 CC2520_EXCFLAG0        : 0x00
0x11 CC2520_EXCFLAG1        : 0x00
0x12 CC2520_EXCFLAG2        : 0x00
0x14 CC2520_EXCMASKA0       : 0x00
0x15 CC2520_EXCMASKA1       : 0x00
0x16 CC2520_EXCMASKA2       : 0x00
0x18 CC2520_EXCMASKB0       : 0x00
0x19 CC2520_EXCMASKB1       : 0x00
0x1A CC2520_EXCMASKB2       : 0x00
0x1C CC2520_EXCBINDX0       : 0x00
0x1D CC2520_EXCBINDX1       : 0x12
0x1E CC2520_EXCBINDY0       : 0x00
0x1F CC2520_EXCBINDY1       : 0x12
0x20 CC2520_GPIOCTRL0       : 0x09
0x21 CC2520_GPIOCTRL1       : 0x2D
0x22 CC2520_GPIOCTRL2       : 0x2C
```

```
2 is selected
0x40 CC2520_CHIPID          : 0x84
0x42 CC2520_VERSION         : 0x00
0x44 CC2520_EXTCLOCK        : 0x00
0x46 CC2520_MDMCTRL0        : 0x85
0x47 CC2520_MDMCTRL1        : 0x14
0x48 CC2520_FREQEST         : 0x00
0x4A CC2520_RXCTRL          : 0x3F
0x4C CC2520_FSCTRL          : 0x5A
0x4E CC2520_FSCAL0          : 0x24
0x4F CC2520_FSCAL1          : 0x03
0x50 CC2520_FSCAL2          : 0x20
0x51 CC2520_FSCAL3          : 0x2A
0x52 CC2520_AGCCTRL0        : 0x5F
0x53 CC2520_AGCCTRL1        : 0x11
0x54 CC2520_AGCCTRL2        : 0xFE
0x55 CC2520_AGCCTRL3        : 0x2E
0x56 CC2520_ADCTEST0        : 0x10
0x57 CC2520_ADCTEST1        : 0x0E
0x58 CC2520_ADCTEST2        : 0x03
0x5A CC2520_MDMTEST0        : 0x05
0x5B CC2520_MDMTEST1        : 0x08
0x5C CC2520_DACTEST0        : 0x00
0x5D CC2520_DACTEST1        : 0x00
0x5E CC2520_ATEST           : 0x00
0x5F CC2520_DACTEST2        : 0x00
0x60 CC2520_PTEST0          : 0x00
0x61 CC2520_PTEST1          : 0x00
0x7A CC2520_DPUBIST         : 0x00
0x7C CC2520_ACTBIST         : 0x00
0x7E CC2520_RAMBIST         : 0x02
```

각각을 수행했을 때의 결과가 위의 그림과 같다.

7.7.2. RF Channel 설정

Bit no.	Bit mnemonic	Reset value	Mode	Description
7	RESERVED	0	R0	Read as zero
6:0	FREQ[6:0]	0x0B (2405 MHz)	R/W	Frequency control word. $f_{RF} = f_{LO} = (2394 + FREQ[6:0])\ \text{MHz}$ The frequency word in freq[6:0] is an offset value from 2394. The device supports the frequency range from 2394MHz to 2507MHz. The usable settings for freq[6:0] is consequently 0 to 113. Settings outside this (114-127) will give a frequency of 2507MHz. IEEE802.15.4-2006 specifies a frequency range from 2405MHz to 2480MHz with 16 channels 5 MHz apart. The channels are numbered 11 through 26. For an IEEE802.15.4-2006 compliant system, the only valid settings are thus freq[6:0] = 11 + 5(channel number - 11)

(TI, CC2520 DATASHEET, FREQCTRL, A 0x02E, R 0x0B, Controls the RF frequency)

가장 먼저 설정해야 하는 것은 RF Channel을 설정하는 부분이다. 이를 위해서 먼저 레지스터 하나를 검토해야 한다.

위 FREQCTRL 레지스터의 reset value는 0xB이다. 2394에 0xB, 즉 11을 더하면 2405가 된다. 즉, 기본적인 주파수는 2405 MHz가 되는 것이다. 이 레지스터에 적혀있는 값은 2394 MHz에 더해진 값이 되는 것이다. CC2520이 지원하는 주파수는 2394 MHz 부터 2507 MHz까지이다. 7 비트의 공간에 적을 수 있는 최대 값은 127까지 이지만 지원할수 있는 값은 0부터 113까지이다.

IEEE802.15.4-2006 스펙은 2405 MHz 부터 2480MHz까지 16개의 채널을 5 MHz의 간격으로 배치하고 있다. 그리고 이것을 번호를 매기는데 11부터 시작해서 26까지 하고 있다. 그러므로 freq[6:0] = 11 + 5(channel number - 11)로 설정할 수 있는 것이다.

```
#define CC2520_FREQCTRL            0x02E
#define MIN_CHANNEL                 11     // 2405 MHz
#define MAX_CHANNEL                26     // 2480 MHz
#define CHANNEL_SPACING            5      // MHz

void halRfSetChannel(uint8 channel) {
    CC2520_REGWR8(CC2520_FREQCTRL,
                  MIN_CHANNEL + ((channel - MIN_CHANNEL) * CHANNEL_SPACING));
}
```

위와 같이 min 채널과 max 채널을 설정하고, 위에서 제시한 공식을 그대로 적용해서, 이것을 REGWR8로 레지스터에 적용하고 있다.

```
void ZigBee_Test(void) {
    u8 ch;
    int channelNum;
    DEBUG_MSG_FUNC_START;
    printf("₩n- Select Channel -₩n");
    printf("<a> channel 11, <b> channel 12, <c> channel 13, <d> channel 14₩n");
    printf("<e> channel 15, <f> channel 16, <g> channel 17, <h> channel 18₩n");
    printf("<i> channel 19, <j> channel 20, <k> channel 21, <l> channel 22₩n");
    printf("<m> channel 23, <n> channel 24, <o> channel 25, <p> channel 26₩n");

    ch = USART_GetCharacter(USART1);
    printf(" is selected₩n");

    channelNum = MIN_CHANNEL + ((int) (ch - 'a'));
```

```
printf("selected channel is %d₩n", channelNum);

if((channelNum >= MIN_CHANNEL) && (channelNum <= MAX_CHANNEL)) {
    basicRfConfig.channel = channelNum;
} else {
    printf("default channel is %d₩n", RF_CHANNEL);
    basicRfConfig.channel = RF_CHANNEL;
}
```

ZigBee_Test()의 초반에 11부터 26번까지 16개의 채널을 선택할 수 있도록 구현하고 있다. basicRfConfig.channel에 저장하는 값은 추후 basicRfInit() 함수에서 사용하게 된다. 선택이 잘못되었을 경우는 default 채널로 RF_CHANNEL 25로 설정하게 된다.

7.7.3. PAN (Personal Area Network) ID & Short Address 설정

CC2520은 주소를 지정하는 방식에 있어서 2가지를 지원한다. 하나는 2 바이트의 PAN ID와 2 바이트의 Short Address를 조합한 4 바이트 크기의 주소이고, 다른 하나는 8 바이트 크기의 IEEE extended address이다. 이것을 메모리의 0x380부터 0x3DF 부분에 저장하고 있다.

Source address table					
0x3DE-0x3DF	short_23	ext_11	LE	LE	2 individual short address entries (combination of 16 bit PAN ID and 16 bit short address) or 1 extended address entry.
0x3DC-0x3DD	panid_23		LE		
0x3DA-0x3DB	short_22		LE		
0x3D8-0x3D9	panid_22		LE		
- - - - -					
0x38E-0x38F	short_03	ext_01	LE	LE	2 individual short address entries (combination of 16 bit PAN ID and 16 bit short address) or 1 extended address entry.
0x38C-0x38D	panid_03		LE		
0x38A-0x38B	short_02		LE		
0x388-0x389	panid_02		LE		
0x386-0x387	short_01	ext_00	LE	LE	2 individual short address entries (combination of 16 bit PAN ID and 16 bit short address) or 1 extended address entry.
0x384-0x385	panid_01		LE		
0x382-0x383	short_00		LE		
0x380-0x381	panid_00		LE		

(TI, CC2520 DATASHEET, Table 15: Frame Filtering and Source Matching Memory map)

위 그림이 이 내용을 나타내주고 있다. 그림에서 LE는 Little Endian을 의미하는 것이다. 테이블 전체의 공간은 96 바이트이다. 그러므로 여기에는 short address는 24개, IEEE extended address는 12개를 저장할 수 있다.

이 부분은 매우 다양하게 PAN 네트워크에서 여러 개의 디바이스들을 가지고 통신을 수행하는 환경에서 사용될 수 있다. 하지만 우리가 시험하는 부분은 매우 단순한 2개의 보드 사이에서만 통신을 하고 있기 때문에 이에 대한 설정은 하지 않게 된다. 로컬 어드레스에 대한 설정 부분만 진행하게 될 것이고 이에 대한 부분만 살펴보도록 한다.

Local address information				
0x3F4-0x3F5	SHORT_ADDR		LE	The short address used during destination address filtering.
0x3F2-0x3F3	PAN_ID		LE	The PAN ID used during destination address filtering.
0x3EA-0x3F1	EXT_ADDR		LE	The IEEE extended address used during destination address filtering.

우리는 IEEE extended address를 사용하지 않고, PAN ID와 short address를 사용할 것이다.

```
#define CC2520_RAM_PANID                    0x3F2
#define CC2520_RAM_SHORTADDR                0x3F4
void halRfSetShortAddr(uint16 shortAddr) {
    CC2520_MEMWR16(CC2520_RAM_SHORTADDR, shortAddr);
}
void halRfSetPanId(uint16 panId) {
    CC2520_MEMWR16(CC2520_RAM_PANID, panId);
}
```

메모리에 대한 저장은 CC2520_MEMWR16을 사용한다. 이것은 지금까지 사용했던 8 비트 저장 함수가 아니고 16 비트 저장 함수이다. 이 함수의 내용도 잠시 살펴보도록 한다.

```
#define CC2520_INS_MEMWR                    0x20
uint8 CC2520_MEMWR16(uint16 addr, uint16 value) {
    uint8 s;
    CC2520_SPI_BEGIN();
    s = CC2520_SPI_TXRX(CC2520_INS_MEMWR | HIBYTE(addr));
    CC2520_SPI_TXRX(LOBYTE(addr));
    CC2520_SPI_TXRX(LOBYTE(value));
    CC2520_SPI_TXRX(HIBYTE(value));
    CC2520_SPI_END();
    return s;
}
```

instruction은 CC2520_INS_MEMWR, 0x20으로 동일하지만 내부에서 CC2520_SPI_TXRX() 함수를 총 4번 수행하게 된다. 처음 2번은 instruction과 address를 전송하는데 사용하고, 다음 2번을 한 바이트씩 16 비트의 데이타를 전송하는데 사용한다.

halRfSetShortAddr()과 halRfSetPanId() 둘 다 basicRfInit()에서 호출이 되게 된다. 이 부분에 대해서는 아래에서 살펴볼 것이다.

```
// BasicRF address definitions
#define PAN_ID                0x2007
#define TX_ADDR               0x2520
#define RX_ADDR               0xBEEF
```

우리는 수신 부분에서의 주소는 RX_ADDR로 송신 부분의 주소는 TX_ADDR을 사용하게 될 것이다. 두 부분 모두 같은 PAN_ID를 사용한다.

7.7.4. GPIO 0 Exception 설정

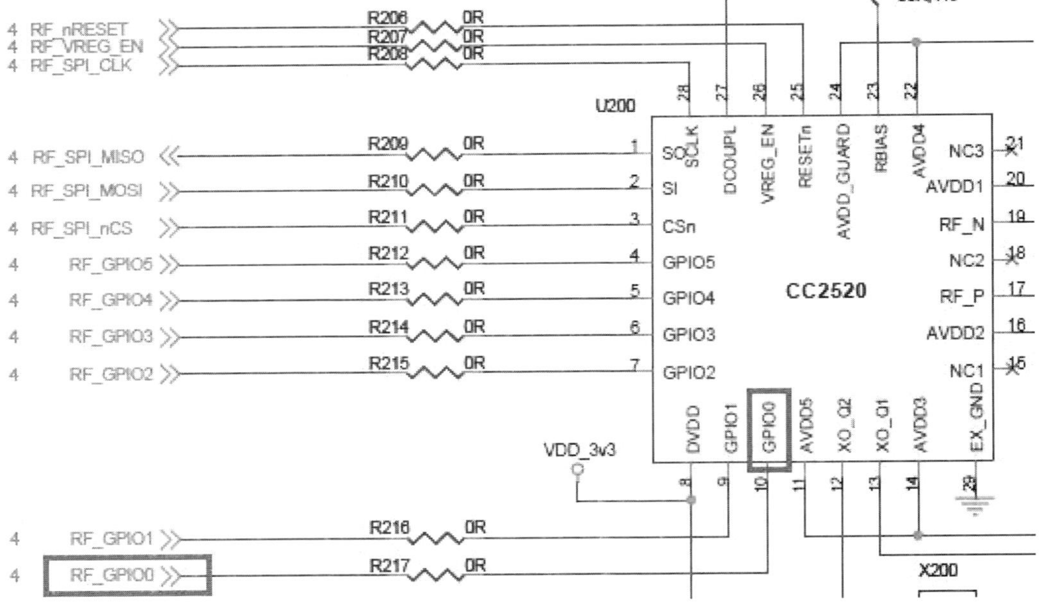

수신이 이루어지게 되면 GPIO0가 high로 변하게 되고, 이를 interrupt로 받아서 처리할 수 있도록 프로그램이 되어 있다. GPIO0는 STM32의 포트 C8에 연결되어 있고, 이것을 interrupt로 처리하게 되면 EXTI9_5_IRQHandler()가 호출되고, 여기서 basicRfRxFrmDoneIsr()을 부르도록 했다. 이 부분에 대해서 하나씩 살펴보도록 한다.

<CC2520 Exceptions>

CC2520은 총 23개의 Exception이 정의되어 있다.

Mnemonic	Num (hex)	Description
RF_IDLE	0x00	The main radio FSM enters its idle state from any other state. This exception is not generated when the FSM enters the idle state because of a device reset.
TX_FRM_DONE	0x01	TX frame successfully transmitted, which means that TX FIFO is empty and no underflow occurred. Exception is not generated when TX is aborted with SRFOFF, SRXON or STXON.
TX_ACK_DONE	0x02	ACK frame successfully transmitted. Exception is not generated when the acknowledge transmission is aborted with SRFOFF, SRXON or STXON.
TX_UNDERFLOW	0x03	Underflow has occurred in the TX FIFO. TX is aborted and the TX FIFO must be flushed.
TX_OVERFLOW	0x04	An attempt was made to write to TX FIFO while it is full. The instruction is aborted.
RX_UNDERFLOW	0x05	An attempt has been made to read the RX FIFO without any bytes available to read. Instruction is aborted. Note that the RX_UNDERFLOW exception should only be used for debugging software, and should not be trusted in a RX FIFO readout routine. In some scenarios the RX_UNDERFLOW exception will not be issued when a reading starts even when the RX_FIFO is empty.
RX_OVERFLOW	0x06	An attempt has been made by RF_core to write to RX FIFO while the RX FIFO is full. The byte that was attempted written to the RX FIFO is lost. Reception of data is aborted and the FSM enters the rx_overflow state. Recommended action is to issue a SFLUSHRX command strobe to empty the RX FIFO and restart RX.
RXENABLE_ZERO	0x07	RX enable register has changed value to all zeros.
RX_FRM_DONE	0x08	A complete frame has been received. I.E the number of bytes set by the length field is received.
RX_FRM_ACCEPTED	0x09	When frame filtering is enabled, this exception is generated when a frame is accepted (happens immediately after receiving the fields required to determine the outcome).
SRC_MATCH_DONE	0x0A	When source address matching is enabled, this exception is generated upon completion of source address matching. The exception is generated regardless of the result.
SRC_MATCH_FOUND	0x0B	If a source match is found, this exception is generated immediately before SRC_MATCH_DONE.
FIFOP	0x0C	The RX FIFO is filled up with bytes that have passed address filtering to the FIFOP threshold value defined in register, or at least one complete frame has been written to the RX FIFO. High when FFCTRL is in the rx_overflow state.
SFD	0x0D	Start of frame delimiter received when in RX or start of frame delimiter transmitted when in TX.
DPU_DONE_L	0x0E	Low priority DPU operation completed. Will not be issued if operation fails or is aborted.

Mnemonic	Num (hex)	Description
DPU_DONE_H	0x0F	High priority DPU operation completed. Will not be issued if operation fails or is aborted.
MEMADDR_ERROR	0x10	An illegal address has been used for an instruction. Instruction is aborted.
USAGE_ERROR	0x11	Instruction performed in a context that does not permit this instruction. Instruction is aborted.
OPERAND_ERROR	0x12	Wrong format for instruction. Instruction is aborted. This will happen for a multi-byte fixed-length instruction if CSn is raised on a byte boundary but before the required number of operands has been transferred.
SPI_ERROR	0x13	An SPI transfer was aborted by raising CSn in the middle of a byte. (I.e. not on a byte boundary)
RF_NO_LOCK	0x14	If no lock has been found before 256 us after entering RX this exception will go active. Also a negative edge on LOCK_STATUS when in RX will trigger this exception.
RX_FRM_ABORTED	0x15	Frame reception aborted. Not issued when RX_OVERFLOW occurs.
RXBUFMOV_TIMEOUT	0x16	RXBUFMOV has timed out. There were not enough bytes available in the RX FIFO and the wait time set by DPUCON.RXTIMEOUT has expired.
UNUSED	0x17	Reserved

그림 7-12 CC2520 Exception

(TI, CC2520 DATASHEET, Table 14: Exceptions summary)

우리는 이 중에서 TX_FRM_DONE과 RX_FRM_DONE 두 가지만 사용할 것이다. 모든 다른 exception 들도 여러 에러 상태라든가 정보를 알수 있는 많은 용도로 활용 가능할 것이다.

```
#define CC2520_EXC_TX_FRM_DONE          1
#define CC2520_EXC_RX_FRM_DONE          8
```

TX_FRM_DONE과 RX_FRM_DONE은 위와 같이 정의가 되어 있다.

이것을 어떻게 활용하는지 살펴보자. 여기서는 일단 RX_FRM_DONE 부분만 살펴볼 것이다. TX_FRM_DONE 부분은 뒤에서 Transmit 부분에 대해서 설명할때 함께 설명을 진행할 것이다.

아래 내용은 특정 GPIO를 설정하기 위한 값을 나타내주고 있다. 위의 exception 번호와 실제로 CTRLn 부분을 살펴보면 숫자가 하나씩 더해져 있는 것을 발견할 수 있다. TX_FRM_DONE이 1로 설정되어 있는데 위 표에서 보면 0x02로 되어 있고, RX_FRM_DONE이 8로 정의되어 있는데 아래 표에서는 0x09로 되어 있다.

여기서 CTRLn이 가리키는 것은 GPIOCTRL 레지스터이다. GPIOCTRL0 레지스터는 0x020번지에 있는데 이것은 GPIO0에 대한 설정을 수행하는 레지스터인 것이다.

CTRLn (hex)	IN (Command strobes)	OUT	Description of OUT signal
0x00	SIBUFEX	Clock	Clock signal. Programmable frequency from 1MHz to 16MHz
0x01	SRXMASKBITCLR	RF_IDLE	RF_IDLE exception. See Table 14: Exceptions summary for details.
0x02	SRXMASKBITSET	TX_FRM_DONE	TX_FRM_DONE exception. See Table 14: Exceptions summary for details.
0x03	SRXON	TX_ACK_DONE	TX_ACK_DONE exception. See Table 14: Exceptions summary for details.
0x04	SSAMPLECCA	TX_UNDERFLOW	TX_UNDERFLOW exception. See Table 14: Exceptions summary for details.
0x05	SACK	TX_OVERFLOW	TX_OVERFLOW exception. See Table 14: Exceptions summary for details.
0x06	SACKPEND	RX_UNDERFLOW	RX_UNDERFLOW exception. See Table 14: Exceptions summary for details.
0x07	SNACK	RX_OVERFLOW	RX_OVERFLOW exception. See Table 14: Exceptions summary for details.
0x08	STXON	RXENABLE_ZERO	RXENABLE_ZERO exception. See Table 14: Exceptions summary for details.
0x09	STXONCCA	RX_FRM_DONE	RX_FRM_DONE exception. See Table 14: Exceptions summary for details.
0x0A	SFLUSHRX	RX_FRM_ACCEPTED	RX_FRM_ACCEPTED exception. See Table 14: Exceptions summary for details.

(TI, CC2520 DATASHEET, Table 9: GPIO configuration)

위 표에서 0x09를 GPIOCTRL0 레지스터에 적게 되면 GPIO0가 RX_FRM_DONE exception으로 사용되게 되는 것이다. 결국 RX_FRM_DONE exception이 발생했을 때 GPIO0로 output이 1이 나오게 되는 것이다.

```
// Recommended register settings which differ from the data sheet
static regVal_t regval[]= {
..... ..... ..... ..... ..... .....
    CC2520_GPIOCTRL0,    1 + CC2520_EXC_RX_FRM_DONE,
..... ..... ..... ..... ..... .....
};
```

위 데이타는 초기 레지스터 값을 처리하는 부분인데 이 부분에 새로운 값들이 추가가 되었다. 이 부분에 대해서는 뒤에서 살펴볼 것인데 여기서는 RX_FRM_DONE 부분에 대한 것만 살펴본다.

GPIOCTRL0 레지스터에 RX_FRM_DONE 값에 1을 더한 값을 저장하고 있다. 위와 같이 우리는 정의된 exception 번호에 1을 더해서 레지스터에 저장하는 것이다. 1을 더하지 않고 원래의 define 부분을 1을 더한 값으로 정의해도 무방하다. 보다 명확하게 이 부분에 대해서 인지하도록 하기 위한 코딩 방법이라고 생각하면 된다.

<GPIO 0 Interrupt Setting>

```
#define GPIO_PORTSOURCE_RF_GPIO0    GPIO_PortSourceGPIOC
#define GPIO_PINSOURCE_RF_GPIO0     GPIO_PinSource8
#define GPIO_EXTI_Line_RF_GPIO0     EXTI_Line8

void CC2520_GPIO_0_Interrupt_Setting(FunctionalState  fStateE) {
    NVIC_InitTypeDef NVIC_InitStructure;
    EXTI_InitTypeDef EXTI_InitStructure;

    /* Configure one bit for preemption priority */
    NVIC_PriorityGroupConfig(NVIC_PriorityGroup_1);

    /* Enable the EXTI8 Interrupt */
    NVIC_InitStructure.NVIC_IRQChannel                   = EXTI9_5_IRQn;
    NVIC_InitStructure.NVIC_IRQChannelPreemptionPriority = 0;
    NVIC_InitStructure.NVIC_IRQChannelSubPriority        = 0;
    NVIC_InitStructure.NVIC_IRQChannelCmd                = fStateE;
    NVIC_Init(&NVIC_InitStructure);

    /* Connect EXTI Line to gpio pin */
    GPIO_EXTILineConfig(GPIO_PORTSOURCE_RF_GPIO0, GPIO_PINSOURCE_RF_GPIO0);

    /* Configure EXTI Line to generate an interrupt */
    EXTI_ClearITPendingBit(GPIO_EXTI_Line_RF_GPIO0);
    EXTI_InitStructure.EXTI_Line    = GPIO_EXTI_Line_RF_GPIO0;
    EXTI_InitStructure.EXTI_Mode    = EXTI_Mode_Interrupt;
    EXTI_InitStructure.EXTI_Trigger = EXTI_Trigger_Rising;
    EXTI_InitStructure.EXTI_LineCmd = fStateE;
    EXTI_Init(&EXTI_InitStructure);
}
```

우리는 CC2520_GPIO_0_Interrupt_Setting()라는 새로운 함수를 정의한다. 이것은 enable이나 disable을 argument로 받아서 GPIO 0에서 발생하는 exception 신호를 인터럽트로 받는 동작을 enable이나 disable 시키는 함수이다.

GPIO 0와 연결된 것은 GPIO Port C #8번이다. 이 경우 interrupt IRQ는 EXTI9_5_IRQn가 불리게 된다. 그러므로 Vector Table에서 EXTI9_5_IRQHandler()가 호출된다.

```
void EXTI9_5_IRQHandler(void) {
    if(EXTI_GetITStatus(GPIO_EXTI_Line_RF_GPIO0) != RESET) {
        basicRfRxFrmDoneIsr();
        EXTI_ClearITPendingBit(GPIO_EXTI_Line_RF_GPIO0);
    }
}
```

EXTI9_5_IRQHandler()의 내용은 단순하다. basicRfRxFrmDoneIsr()만 호출하고 종료하게 된다. 이 함수에 대해서는 뒤에서 다시 설명을 할 것이다.

7.7.5. 초기 레지스터 설정 값 변경 사항

초기 레지스터 설정 값들 중에서 변경된 부분에 대해서 살펴보도록 한다.

```
// Recommended register settings which differ from the data sheet
static regVal_t regval[]= {
..... ..... ..... ..... ..... .....
    CC2520_FRMCTRL0,     0x60,                    // Auto-ack
    CC2520_GPIOCTRL0,    1 + CC2520_EXC_RX_FRM_DONE,
    CC2520_GPIOCTRL1,    CC2520_GPIO_SAMPLED_CCA,
    CC2520_GPIOCTRL2,    CC2520_GPIO_RSSI_VALID,
    CC2520_GPIOCTRL3,    CC2520_GPIO_SFD,
    CC2520_GPIOCTRL4,    CC2520_GPIO_SNIFFER_DATA,
    CC2520_GPIOCTRL5,    CC2520_GPIO_SNIFFER_CLK,..... ..... ..... ..... ..... .....
..... ..... ..... ..... ..... .....
};
```

Bit no.	Bit mnemonic	Reset value	Mode	Description
5	AUTOACK	0	R/W	Defines whether CC2520 automatically transmits acknowledge frames or not. When autoack is enabled, all frames that are accepted by address filtering, have the acknowledge request flag set and have a valid CRC, are automatically acknowledged 12 symbol periods after being received. 0 - Autoack disabled 1 - Autoack enabled

(TI, CC2520 DATASHEET, FRMCTRL0, A 0x00C, R 0x40, Frame handling)

FRMCTRL0가 0x60으로 설정되어 있다. 이것은 자동으로 Ack가 발생될 수 있도록 설정하는 것이다. 받은 데이타에 acknowledge request가 설정되어 있고, CRC가 문제없으면 자동으로 Ack를 보내준다.

다음은 GPIO에 관한 설정 부분이다. GPIO 0는 위에서 살펴보았고, 나머지 부분에 대해서만 살펴본다.

```
#define CC2520_GPIO_SAMPLED_CCA        0x2D
```

0x2D는 sampled_cca를 의미한다. demodulator로부터의 CCA bit의 sampled version이다. 이 값은 SSAMPLECCA나 STXONCCA strobe가 issue될 때마다 갱신된다.

```
#define CC2520_GPIO_RSSI_VALID        0x2C
```

0x2C는 rssi_valid를 의미한다. RX가 시작된 이후부터 적어도 한번 RSSI 값이 갱신될 때 이 핀이 high가 된다. RX를 벗어날 때 clear된다.

```
#define CC2520_GPIO_SFD        0x2A
```

0x2A는 sfd를 의미한다. 하나의 SFD (Start of Frame Delimiter)를 받거나 전송할때 이 핀이 high가 된다. RX나 TX를 벗어날 때 clear된다.

```
#define CC2520_GPIO_SNIFFER_DATA        0x32
```

0x32는 sniff_data를 의미한다. packet sniffer로부터의 데이타이다. sniff_clk의 rising edge에서 데이타를 샘플링한다.

```
#define CC2520_GPIO_SNIFFER_CLK        0x31
```

0x31은 sniff_clk을 의미한다. packet sniffer data에 대한 250 kHz clock이다.

7.7.6. appSwitch Tx application 설명

appSwitch는 송신 기능에 대한 application이 된다.

```
static void appSwitch(void) {
    basicRfConfig.myAddr = TX_ADDR;
    if(basicRfInit(&basicRfConfig) == HAL_RF_FAILED) {
        DEBUG_MSG_ASSERT;
    }
    basicRfReceiveOff();
```

```
    while (TRUE) {
..... ..... ..... ..... ..... .....
        basicRfSendPacket(RX_ADDR, pTxData, APP_PAYLOAD_LENGTH);
..... ..... ..... ..... ..... .....
    }
}
```

위 내용은 송신 부분을 간략하게 줄여놓은 것이다. 주소를 TX_ADDR로 설정하고 basicRfInit을 호출한 이후에 RF Receive 부분을 Off한 이후에 packet을 보내고 있는 것이다.

```
#define CC2520_INS_SRXON                    0x42
#define CC2520_INS_SRFOFF                   0x45

void halRfReceiveOn(void) {
    CC2520_INS_STROBE(CC2520_INS_SRXON);
}

void halRfReceiveOff(void) {
    CC2520_INS_STROBE(CC2520_INS_SRFOFF);
}
```

위 내용은 CC2520으로 명령을 내려주고 있는 것이다.

STXCAL	SI	0 1 0 0 0 0 0 1
	SO	s s s s s s s s
SRXON	SI	0 1 0 0 0 0 1 0
	SO	s s s s s s s s
STXON	SI	0 1 0 0 0 0 1 1
	SO	s s s s s s s s
STXONCCA	SI	0 1 0 0 0 1 0 0
	SO	s s s s s s s s
SRFOFF	SI	0 1 0 0 0 1 0 1
	SO	s s s s s s s s
SXOSCOFF	SI	0 1 0 0 0 1 1 0

위 그림에서와 같이 0x42가 RX 부분을 On해주는 것이고, 0x45는 RX 부분을 Off해주는 것이다.

7.7.7. appLight Rx application 설명

appLight는 수신 기능에 대한 application이 된다.

```
static void appLight(void) {
    basicRfConfig.myAddr = RX_ADDR;
    if(basicRfInit(&basicRfConfig) == HAL_RF_FAILED) {
        DEBUG_MSG_ASSERT;
    }
    basicRfReceiveOn();

    while (TRUE) {
        while(!basicRfPacketIsReady());
        if(basicRfReceive(pRxData, APP_PAYLOAD_LENGTH, NULL)>0) {
..... ..... ..... ..... ..... .....
        }
    }
}
```

위 내용은 수신 부분을 간략하게 줄여놓은 것이다. 주소를 RX_ADDR로 설정하고 basicRfInit을 호출한 이후에 RF Receive 부분을 On한 이후에 packet이 수신 될 때까지 기다리다가 RF Receive 함수를 수행하고 있는 것이다.

7.7.8. basicRfRxFrmDoneIsr() 함수 설명

EXTI9_5_IRQHandler()가 호출되었을 때 이 함수가 불리는 것이다.

```
void basicRfRxFrmDoneIsr(void) {
    // Map header to packet buffer
    pHdr= (basicRfPktHdr_t*)rxMpdu;

    // Read payload length.
    halRfReadRxBuf(&pHdr->packetLength,1);
    pHdr->packetLength &= BASIC_RF_PLD_LEN_MASK; // Ignore MSB

    // Only ack packets may be 5 bytes in total.
    if (pHdr->packetLength == BASIC_RF_ACK_PACKET_SIZE) {
// Ack packet을 처리하는 부분
    } else {
// Data packet을 처리하는 부분
    }
```

```
}
```

최초 한 바이트를 읽어서 packet의 길이를 구한다. BASIC_RF_ACK_PACKET_SIZE는 5로 정의되어 있고, 이것은 전형적인 Ack packet의 길이를 나타낸다. Tx를 수행하는 경우에 있어서도 Ack 패킷을 받기 때문에 사실은 송신을 수행한 이후 다시 Ack를 수신하게 된다.

7.7.9. 실행 결과

통신을 시험하는 것이기 때문에 당연히 2대의 망고-Z1이 있어야 한다. 둘 다 시리얼로 디버깅 메세지를 받아야 하기 때문에 시리얼 케이블도 2개가 있어야 한다.

위 그림에서와 같이 2대의 망고보드를 컴퓨터에 연결한다. 내장된 칩 안테나를 이용해도 되고 그림

에서처럼 SMA 안테나를 이용해도 된다. (위 보드 2개는 모두 칩 안테나는 내장되어 있지 않다)

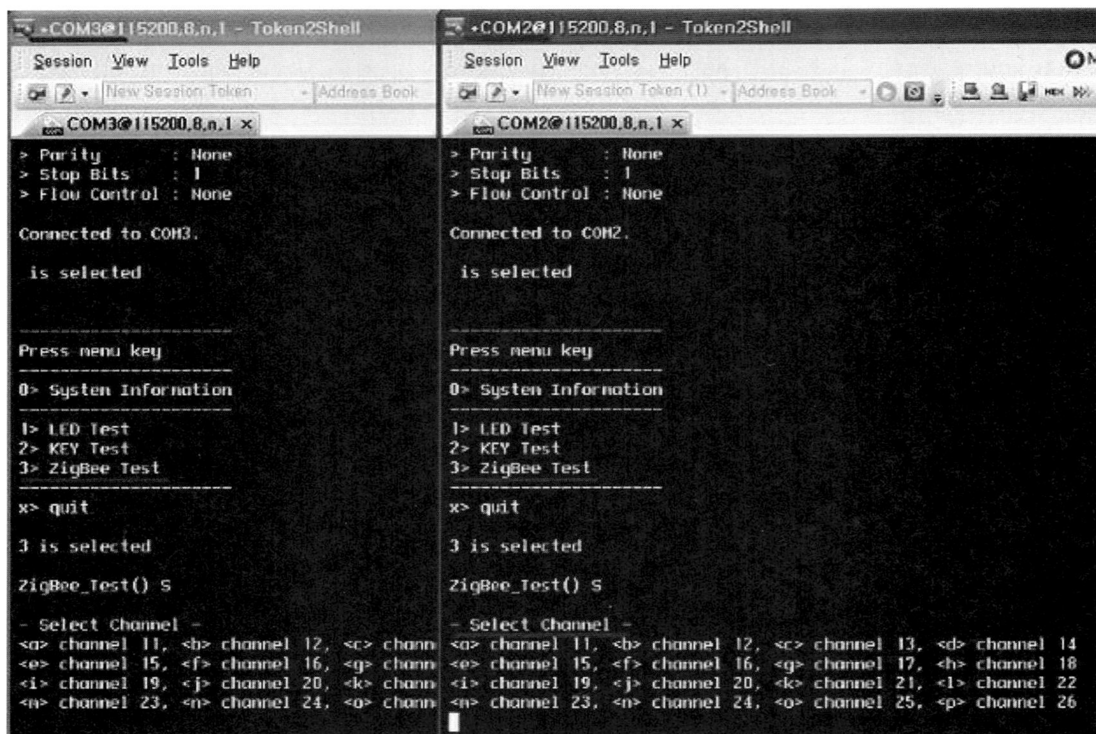

프로그램을 다운로드 받은 이후에 각각을 모두 실행해서 3> ZigBee Test 를 선택한다. 2개의 보드가 각각 COM3와 COM2에 연결된 것을 볼 수 있다. 3> ZigBee Test 를 선택하면 채널을 선택하는 메뉴가 나온다. a부터 p까지 알파벳을 입력하면 해당 주파수가 설정되게 된다. 시험적으로 a를 선택한다.

```
a is selected
selected channel is 11
frequency range is from 2405 MHz to 2480 MHz
selected frequency is 2405 MHz
SPIx_Init() S
halRfInit() S
chipid : 0x84
version : 0x0

----------------------
Press menu key
----------------------
1> Print Registers: FREG
2> Print Registers: SREG
----------------------
3> appLight
4> appSwitch
----------------------
x> quit
```

a가 선택되었고, 선택된 주파수가 2405 MHz임을 표시해주고 있다. Chip ID와 Version을 정상적으로 읽어온 것도 볼수 있다. 이제 새로운 메뉴가 출력되어 있다. 레지스터 값들을 읽는 메뉴에 대해서는 앞에서 설명을 하였고, 여기서는 appLight와 appSwitch 부분에 대해서 살펴볼 것이다.

2개의 보드 중에서 한쪽은 3> appLight를 실행하고, 다른 한쪽은 4> appSwitch를 실행해야 한다. appLight를 선택한 보드는 수신을 하는 보드가 되고, appSwitch를 선택한 보드는 송신을 하는 보드가 된다.

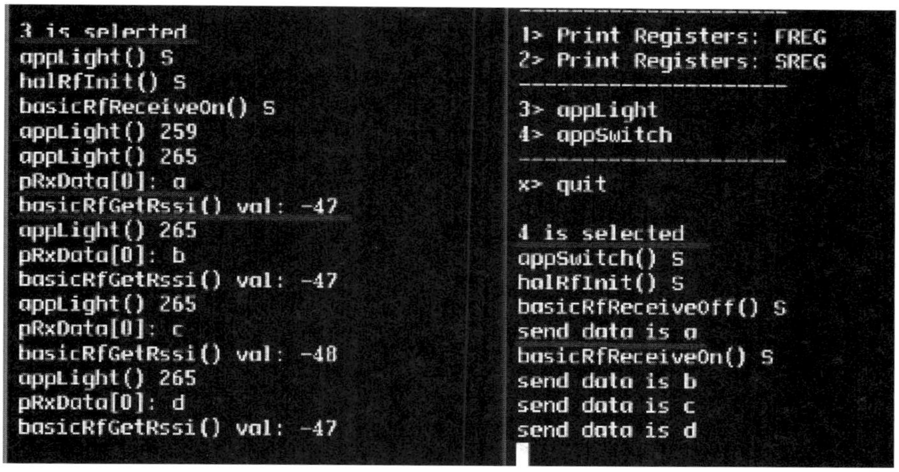

```
3 is selected
appLight() S
halRfInit() S
basicRfReceiveOn() S
appLight() 259
appLight() 265
pRxData[0]: a
basicRfGetRssi() val: -47
appLight() 265
pRxData[0]: b
basicRfGetRssi() val: -47
appLight() 265
pRxData[0]: c
basicRfGetRssi() val: -48
appLight() 265
pRxData[0]: d
basicRfGetRssi() val: -47
```

```
1> Print Registers: FREG
2> Print Registers: SREG
-----------------------
3> appLight
4> appSwitch
-----------------------
x> quit

4 is selected
appSwitch() S
halRfInit() S
basicRfReceiveOff() S
send data is a
basicRfReceiveOn() S
send data is b
send data is c
send data is d
```

왼쪽은 3을 선택해서 수신을 하도록 만들었고, 오른쪽은 4를 선택해서 송신을 하도록 만들었다. appSwitch 부분은 지속적으로 a부터 z까지 한 바이트의 문자를 계속 송신하게 되고, appLight 부분에서 이를 정상적으로 수신한 것을 확인할 수 있다.

RSSI 값을 출력하고 있는데 -47 dBm으로 매우 큰 신호가 수신되고 있음을 알수 있다. 이것은 두 보드 사이의 간격이 매우 좁기 때문에 매우 강한 신호가 수신되고 있기 때문이다. 두 보드 사이를 50 m 이상으로 벌려서 시험해 보아도 정상적으로 수신되는 것을 확인할 수 있다. Power Amplifier를 달아서 설계를 하게 되면 일부 보고된 것에 의하면 수 km의 거리에서도 통신이 되었다는 보고가 기록된 적이 있다.

다음 장에서는 한 바이트의 통신이 아닌 100 바이트 이상의 패킷을 만들어서 전송하는 것을 시험하도록 한다.

7.8. Multi-Packet Transmit 통신 구현

이번 장에서는 100 바이트 이상의 데이타를 packet으로 만들어서 송신하는 부분에 대해서 공부하도록 한다.
소스는 **Z1.Src008.MultiPacketTransmit** 부분에 있다.

7.8.1. 실행 결과

먼저 실행 결과부터 보도록 한다.

```
----------------------
Press menu key
----------------------
1> Print Registers: FREG
2> Print Registers: SREG
----------------------
3> appLight
4> appSwitch
----------------------
5> PER Test appReceiver
6> PER Test appTransmitter
----------------------
x> quit

5 is selected
halRfInit() S
basicRfReceiveOn() S
```

```
----------------------
5> PER Test appReceiver
6> PER Test appTransmitter
----------------------
x> quit

6 is selected
halRfInit() S
PACKET_SIZE sizeof(perTestPacket_t) is 104
Select Burst Size
1> BURST_SIZE 1000
2> BURST_SIZE 10000
3> BURST_SIZE 100000
4> BURST_SIZE 1000000
2 is selected
Selected Burst Size: 10000
basicRfReceiveOff() S
Press Any Key to start sending data ...
```

5번과 6번 메뉴가 새롭게 생겨있다. 왼쪽이 수신 부분이고 여기는 5> PER Test appReceiver를 선택한다. 오른쪽 부분은 송신 부분이고, 여기서는 6> PER Test appTransmitter를 선택한다.

```
pHdr->packetLength: 127
halRfGetRssiOffset() is 76
rxi.rssi is 27
pHdr->packetLength: 127
halRfGetRssiOffset() is 76
rxi.rssi is 27
pHdr->packetLength: 127
halRfGetRssiOffset() is 76
rxi.rssi is 27
pHdr->packetLength: 127
halRfGetRssiOffset() is 76
rxi.rssi is 27
pHdr->packetLength: 127
halRfGetRssiOffset() is 76
rxi.rssi is 28
pHdr->packetLength: 127
halRfGetRssiOffset() is 76
rxi.rssi is 27
pHdr->packetLength: 127
```

```
mpduLength = 118
pHdr->packetLength: 5
mpduLength = 118
pHdr->packetLength: 5
mpduLength = 118
pHdr->packetLength: 5
mpduLength = 118
pHdr->packetLength: 5
sntP: 48
mpduLength = 118
pHdr->packetLength: 5
mpduLength = 118
pHdr->packetLength: 5
mpduLength = 118
pHdr->packetLength: 5
mpduLength = 118
pHdr->packetLength: 5
mpduLength = 118
pHdr->packetLength: 5
```

송신 부분에서는 추가적으로 선택을 해 주어야 하는 부분이 있다. 그것은 Burst Size에 대한 부분이다. 패킷을 보내는 행위를 한번에 몇 번이나 반복할 것인가를 정하는 부분이다. 1을 선택하면 천 번의 수행을 하고 난 이후에 다시 처음부터 송신을 하게 될 것이다. 우리는 4가지 선택 사항을 두었다. 이후 시작을 시키면 위 그림과 같이 송수신이 진행되는 것을 볼 수 있다.

packet 길이기 127 바이트 임을 알 수 있다. 오른쪽은 송신 이후 Ack packet을 수신한 모습도 볼수 있다. 위 그림에서의 수행 부분은 DEBUG_MSG_LEVEL1을 define하고 여러가지 출력문이 나오도록 한 것이다. DEBUG_MSG_LEVEL1을 삭제하고 실행을 시켜보면 아래와 같다.

```
rcvP: 16, lostP: 0, PER: 0.00 %, RSSI:-24.00 dBm      sntP: 16
rcvP: 32, lostP: 0, PER: 0.00 %, RSSI:-49.00 dBm      sntP: 32
rcvP: 48, lostP: 0, PER: 0.00 %, RSSI:-49.00 dBm      sntP: 48
rcvP: 64, lostP: 0, PER: 0.00 %, RSSI:-49.00 dBm      sntP: 64
rcvP: 80, lostP: 0, PER: 0.00 %, RSSI:-49.00 dBm      sntP: 80
rcvP: 96, lostP: 0, PER: 0.00 %, RSSI:-49.00 dBm      sntP: 96
rcvP: 112, lostP: 0, PER: 0.00 %, RSSI:-48.00 dBm     sntP: 112
rcvP: 128, lostP: 0, PER: 0.00 %, RSSI:-48.00 dBm     sntP: 128
rcvP: 144, lostP: 0, PER: 0.00 %, RSSI:-48.00 dBm     sntP: 144
rcvP: 160, lostP: 0, PER: 0.00 %, RSSI:-48.00 dBm     sntP: 160
rcvP: 176, lostP: 0, PER: 0.00 %, RSSI:-48.00 dBm     sntP: 176
rcvP: 192, lostP: 0, PER: 0.00 %, RSSI:-48.00 dBm     sntP: 192
rcvP: 208, lostP: 0, PER: 0.00 %, RSSI:-49.00 dBm     sntP: 208
rcvP: 224, lostP: 0, PER: 0.00 %, RSSI:-49.00 dBm     sntP: 224
rcvP: 240, lostP: 0, PER: 0.00 %, RSSI:-49.00 dBm     sntP: 240
rcvP: 256, lostP: 0, PER: 0.00 %, RSSI:-48.00 dBm     sntP: 256
rcvP: 272, lostP: 0, PER: 0.00 %, RSSI:-48.00 dBm     sntP: 272
rcvP: 288, lostP: 0, PER: 0.00 %, RSSI:-48.00 dBm     sntP: 288
rcvP: 304, lostP: 0, PER: 0.00 %, RSSI:-48.00 dBm     sntP: 304
```

매 16번의 송신마다 출력을 수행하도록 하였다. 송신한 패킷을 모두 수신한 것을 알 수 있다. 잃어버린 패킷이 있을 경우는 PER로 error rate를 표시해주는데 우리는 워낙 짧은 거리에서 시험을 수행하고 있기 때문에 에러가 하나도 없는 것을 알 수 있다. 50 m 이상의 거리에서 시험을 진행해보면 몇몇 패킷을 소실하게 되고, 에러가 발생되게 된다.

7.8.2. 전송 패킷 & PER 계산 structure 구조

```
// PER test packet format
typedef struct {
    uint32 seqNumber;
    uint8 padding[100];
} perTestPacket_t;

// PER test receiver statistics
```

```
typedef struct {
    uint32 expectedSeqNum;
    uint32 rcvdPkts;
    uint32 lostPkts;
    int16 rssiSum;
} perRxStats_t;
```

실제 전송을 수해하는 패킷의 구조는 perTestPacket_t이다. 이것의 구조는 무척 단순하다. seqNumber로 0부터 시작해서 계속 1씩 증가하는 값을 넣는 것이고, padding 부분도 특별한 의미를 갖는 데이타가 아니라 0부터 99까지를 100개의 저장소에 적어놓은 값에 지나지 않는다.

perRxStats_t 부분은 PER을 계산하기 위한 structure 구조이다. expectedSeqNum 값을 계속 증가시켜서 내가 다음에 받아야 할 번호가 몇 번인지를 계산해서 가지고 있으면서 수신한 패킷의 seqNumber와 비교를 하도록 하고 있으며, rssiSum은 수신한 모든 패킷의 수신 강도를 측정한 값을 계속적으로 더해주고 있고, 이것을 전체 받은 갯수로 나누어서 평균적인 RSSI 값을 구하려는 것이다. rcvdPkts은 받은 패킷의 수를 저장하고 있고, lostPkts은 받지 못한 패킷의 수를 저장하고 있다. 이것을 이용해서 PER을 계산하는 것이다.

7.8.3. perTest_appTransmitter 설명

기본 골격을 단순화 시켜서 설명하도록 한다.

```
static void perTest_appTransmitter(void) {
    // Initialize BasicRF
    basicRfConfig.myAddr = TX_ADDR;
    if(basicRfInit(&basicRfConfig) == HAL_RF_FAILED) {
        DEBUG_MSG_ASSERT;
    }
```

TX_ADDR로 자신의 address를 설정한 이후에 basicRfInit()을 호출해서 기본적인 RF 관련 초기화 작업을 수행한다.

```
    // Set TX output power
    CC2520_REGWR8(CC2520_TXPOWER, CC2520_TXPOWER_4_DBM);

    // Set burst size
..... ..... ..... ..... ..... .....
```

송신 파워를 최대치로 설정한 이후에 burst size를 입력 받아서 설정한다.

```
    // Basic RF puts on receiver before transmission of packet, and turns off
    // after packet is sent
    basicRfReceiveOff();

    // Initalise packet payload
    txPacket.seqNumber = 0;
    for(n = 0; n < sizeof(txPacket.padding); n++) {
        txPacket.padding[n] = n;
    }
```

송신 부분이기 때문에 RF receive 부분을 Off 시킨 이후, 전송에 사용할 패킷을 만드는 작업을 수행한다.

```
    // Main loop
    while (TRUE) {
        while (TRUE)
        {
..... ..... ..... ..... ..... .....
        }

        // Reset statistics and sequence number
        iteration = 0;
        pktsSent = 0;
        txPacket.seqNumber = 0;
    }
}
```

구조는 2중의 while loop로 구성되어 있다. 바깥의 루프에서는 각종 값들을 초기화시키면서 무한히 반복하는 구조를 가지고 있고, 안의 루프에서는 지정한 burst size 만큼의 횟수를 반복하는 구조를 가진다. 안의 루프 부분이 실제로 송신이 이루어지는 부분이다.

아래 내용은 내부 while loop 부분에 대한 설명이다.

```
            iteration ++;

            if (pktsSent >= burstSize)
```

```
        {
            break;
        }

..... ..... ..... ..... ..... .....

        if(0 == (iteration & ITERATION_COUNT))
        {
            led_tx_ok();
            printf("sntP: %d₩n", txPacket.seqNumber);
        }

        pktsSent++;
```

iteration은 우리가 화면에 일부의 내용을 출력하기 위한 반복 횟수를 검사하기 위한 값이고, pktsSent는 burst size 만큼의 횟수를 반복하기 위해서 보낸 횟수가 burst size보다 커지게 되면 이 루프를 빠져나가기 위해서 설정하는 값이다.

```
        // Make sure sequence number has network byte order
        UINT32_HTON(txPacket.seqNumber);

        basicRfSendPacket(RX_ADDR, (uint8*)&txPacket, PACKET_SIZE);

        // Change byte order back to host order before increment
        UINT32_NTOH(txPacket.seqNumber);
        txPacket.seqNumber++;
```

주된 송신의 부분은 위 내용이 전부이다. 이전 장에서 한 바이트를 전송할 때 사용했던 것과 동일한 basicRfSendPacket() 함수를 이용하고 있고, 거기에 PACKET_SIZE로 sizeof(perTestPacket_t)의 패킷의 크기만큼을 전송한다.

여기서 UINT32_NTOH라는 것에 대해서만 살펴보고 지나가도록 한다.

```
void utilReverseBuf(uint8* pBuf, uint8 length) {
    uint8 temp;
    uint8* pBufLast = (pBuf + length - 1);

    while(pBufLast > pBuf){
```

```
        temp = *pBuf;
        *pBuf++ = *pBufLast;
        *pBufLast-- = temp;
    }
}
```

우리는 Little Endian을 사용하고 있다. 시스템 내부에서만 사용할 때는 문제가 없지만 전송의 상황에서는 이 Endian에 대한 것이 매우 골치 아픈 문제를 야기할 수 있다. 송신은 Little Endian을 사용하고 수신은 Big Endian을 사용한다고 하였을 때 서로가 전송된 데이타를 완전히 다르게 해석할 수 있다. MSB부터 송신을 하는 것으로 규약이 되어 있었다면 송신 부분에서 MSB를 먼저 보냈을 것이고, 수신도 당연히 그렇게 생각하고 있을 것이다. 하지만 Little Endian에서의 MSB와 바이트의 순서와 Big Endian에서의 MSB와 바이트의 순서는 다를 수 밖에 없다.

위의 utilReverseBuf() 함수는 Endian을 변경해주는 함수이다. 변경을 원하는 곳의 포인터를 첫 번째 argument에 주고, 변경이 일어날 공간의 크기를 알려주면 바이트의 순서를 변경해서 다른 Endian으로 만들어주는 것이다.

```
#ifdef BIG_ENDIAN
#define UINT16_HTON(x)    st( utilReverseBuf((uint8*)&x, sizeof(uint16)); )
#define UINT16_NTOH(x)    st( utilReverseBuf((uint8*)&x, sizeof(uint16)); )

#define UINT32_HTON(x)    st( utilReverseBuf((uint8*)&x, sizeof(uint32)); )
#define UINT32_NTOH(x)    st( utilReverseBuf((uint8*)&x, sizeof(uint32)); )
#else
#define UINT16_HTON(x)
#define UINT16_NTOH(x)

#define UINT32_HTON(x)
#define UINT32_NTOH(x)
#endif
```

위와 같이 매크로를 정의해서 Endian의 변경에 대해서 적용할 수 있도록 만든 것이다. UINT32_HTON(txPacket.seqNumber)로 패킷을 전송하기 전에 변경하였다가 전송을 마치고 나면 UINT32_NTOH(txPacket.seqNumber)로 다시 원복을 하는 것이다. 위에서도 알수 있지만 Big Endian인 경우에만 이 작업을 수행하는 것이고 Little Endian에서는 아무런 변경 작업이 일어나지 않게 된다.

7.8.4. perTest_appReceiver 설명

```
    // Initialize BasicRF
    basicRfConfig.myAddr = RX_ADDR;
    if(basicRfInit(&basicRfConfig) == HAL_RF_FAILED) {
        DEBUG_MSG_ASSERT;
    }
    basicRfReceiveOn();
```

RX_ADDR로 수신부의 주소를 설정하고, basicRfInit()을 호출해서 기본적인 RF 관련 초기화 작업을 수행한다. 이후 RF receive 기능을 On한다.

```
    // Main loop
    while (TRUE) {
        iteration ++;
..... ..... ..... ..... ..... .....
        if(0 == (iteration & ITERATION_COUNT)) {
            led_rx_ok();
            printf("rcvP: %d, lostP: %d, PER:%5.2f %%, RSSI:%5.2f dBm\n",
                    rxStats.rcvdPkts, rxStats.lostPkts,
                    (float)(rxStats.lostPkts)
                    /(float)(rxStats.lostPkts+rxStats.rcvdPkts)*100,
                    (float)(rxStats.rssiSum/32));
        }
    }
}
```

전체적인 main loop에서 iteration횟수가 미리 지정한 횟수이상 될 때마다 LED를 점등하고 출력을 수행하도록 한다.

```
        while(!basicRfPacketIsReady());

        if(basicRfReceive((uint8*)&rxPacket, MAX_PAYLOAD_LENGTH, &rssi)>0) {
..... ..... ..... ..... ..... .....
        }
```

패킷이 준비될 때까지 기다리는 함수인 basicRfPacketIsReady()를 호출해서 기다리게 된다.

```
uint8 basicRfPacketIsReady(void) {
      return rxi.isReady;
}
```

basicRfPacketIsReady()는 단순한 함수이다. isReady를 단순히 return해주는 함수이다. isReady는 인터럽트가 발생했을 때 호출되는 basicRfRxFrmDoneIsr()에서 정상적으로 수신이 되었을 때 TRUE로 변경을 해주게 된다.

정상적으로 수신이 되었다는 것을 인지한 이후에 basicRfReceive를 호출해서 하나의 패킷을 수신하게 된다. 읽은 패킷이 0보다 커야 정상적으로 데이타를 가져온 것이다.

아래 내용들은 패킷의 데이타를 정상적으로 가져온 경우에 수행되는 메인 부분이다.

```
            // Change byte order from network to host order
            UINT32_NTOH(rxPacket.seqNumber);
            segNumber = rxPacket.seqNumber;

            // Subtract old RSSI value from sum
            rxStats.rssiSum -= perRssiBuf[perRssiBufCounter];
            // Store new RSSI value in ring buffer, will add it to sum later
            perRssiBuf[perRssiBufCounter] =   rssi;

            // Add the new RSSI value to sum
            rxStats.rssiSum += perRssiBuf[perRssiBufCounter];
            if (++perRssiBufCounter == RSSI_AVG_WINDOW_SIZE) {
                  perRssiBufCounter = 0;         // Wrap ring buffer counter
            }
```

seqNumber를 먼저 Endian 관련 처리를 수행한다. 그리고 RSSI 관련해서 window 크기만큼 저장하는 장소에 보관하고, 해당 부분의 RSSI 값을 rssiSum에 더해준다.

```
            // Check if received packet is the expected packet
            if (rxStats.expectedSeqNum == segNumber) {
                  rxStats.expectedSeqNum++;
            }
            // If there is a jump in the sequence numbering
            // this means some packets in between has been lost.
            else if (rxStats.expectedSeqNum < segNumber){
```

```
        rxStats.lostPkts += segNumber - rxStats.expectedSeqNum;
        rxStats.expectedSeqNum = segNumber + 1;
    }
    // If the sequence number is lower than the previous one,
    // we will assume a new data burst has started
    // and we will reset our statistics variables.
    else {
        // Update our expectations assuming this is a new burst
        rxStats.expectedSeqNum = segNumber + 1;
        rxStats.rcvdPkts = 0;
        rxStats.lostPkts = 0;
    }
    rxStats.rcvdPkts++;
```

위 내용은 PER 계산을 위해서 현재 수신한 sequence 번호 (segNumber)와 기대하고 있던 sequence 번호 (expectedSeqNum)를 비교해서 처리하는 부분이다. 기대하고 있던 것과 같은 경우는 정상적으로 수신한 것이고 이때는 기대하는 sequence 번호를 하나 증가시킨다.

expectedSeqNum가 segNumber보다 작은 경우는 정상적으로 받아야 할 것을 받지 못했다는 것을 의미한다. 이 경우는 잃어버린 패킷 갯수 (lostPkts)를 증가시킨다. 그리고 expectedSeqNum는 지금 받은 segNumber에 1을 더한 값으로 재 설정한다.

남은 경우는 expectedSeqNum가 segNumber보다 큰 경우다. 이것은 burst가 reset 되었다고 생각해도 된다. 그러므로 모든 값을 초기화하게 된다.

7.9. USB HID Demo

이번 장에서는 USB HID에 대한 부분에 대해서 공부하도록 한다.
소스는 **Z1.Src009.USB.HID** 부분에 있다.

7.9.1. STM 라이브러리 다운로드 및 폴더 설명

앞 장에서 http://www.st.com/mcu/devicedocs-STM32F103RB-110.html에 접속해서 라이브러리 소스를 받았던 적이 있었다.

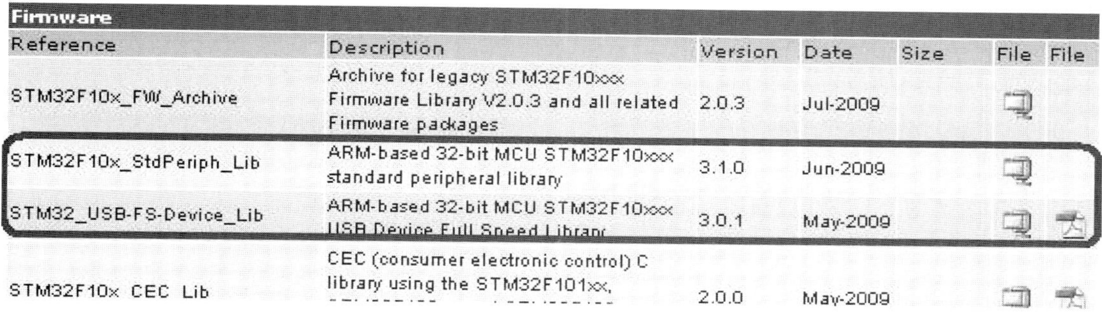

Firmware						
Reference	Description	Version	Date	Size	File	File
STM32F10x_FW_Archive	Archive for legacy STM32F10xxx Firmware Library V2.0.3 and all related Firmware packages	2.0.3	Jul-2009			
STM32F10x_StdPeriph_Lib	ARM-based 32-bit MCU STM32F10xxx standard peripheral library	3.1.0	Jun-2009			
STM32_USB-FS-Device_Lib	ARM-based 32-bit MCU STM32F10xxx USB Device Full Speed Library	3.0.1	May-2009			
STM32F10x CEC Lib	CEC (consumer electronic control) C library using the STM32F101xx,	2.0.0	May-2009			

위 그림 중에서 STM32_USB-FS-Device_Lib 부분에 대한 것을 살펴볼 것이다. 이 부분을 받으면 um0424.zip을 받을 수 있다.

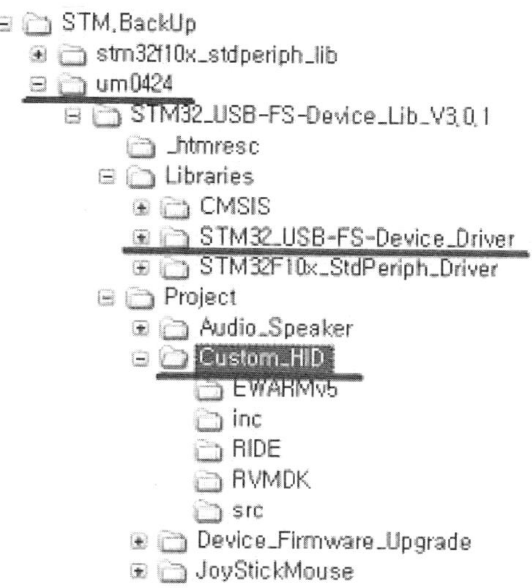

저는 STM.BackUp 부분에 STM 사이트에서 받은 원본 파일을 보관하고 있다. 이 부분은 참조하시면 될 것입니다. um0424 부분의 STM32_USB-FS-Device_Driver는 우리가 사용하는 라이브러리와 완전히 동일한 것이다. (당연히 이 부분에서 가져왔기 때문에 그렇고, 전혀 수정하지 않았다. 여기 들어있는 STM32F10x_StdPeriph_Driver 부분은 이용하지 않고 보다 최신 버전의 것을 이용했다.)

Project 부분에는 여러가지 예제 코드들이 들어 있다. 이 중에서 우리는 Custom_HID를 이용해서 시험을 진행한다.

7.9.2. USB HID Demonstrator 다운로드 및 설치

STM 사이트에서는 USB HID와 관련해서 시험을 진행할 수 있는 윈도우용 프로그램을 제공하고 있다.

http://www.st.com/mcu/familiesdocs-110.html
위 사이트에 접속해서 아래 그림의 부분을 찾을 수 있다.

Software - PC						
Reference	Description	Version	Date	Size	File	File
DfuSe	DfuSe USB Device Firmware Upgrade STMicroelectronics Extension: Contains the Demo GUI, Debugging GUI, all sources files and the protocol layer	3.0.0	Jul-2009			
Flash loader demonstrator	STM32™ and STM8™ Flash loader demonstrator Contains the Demo GUI, Command line and header source files	2.0.0	Jul-2009			
STM32 Field-Oriented Control GUI	FOC GUI Application	2.0.0	May-2009			
CDC driver	Virtual COM Port driver - Release 1.1.0	1.1.0	Jun-2008			
USB HID demo	USB HID Demonstrator Release 1.0.1	1.0.1	Jun-2008			

위 그림에서 USB HID demo 부분의 오른쪽에 있는 문서 파일과 압축 파일을 받을 수 있다.

문서 파일 14711.pdf는 프로그램에 대한 간단한 설명을 담고 있다. 짧은 내용이고 무척이나 쉽기 때문에 읽기 어렵지는 않을 것이다. 모두 각자 읽어보기 바란다.

압축 파일 um0551.zip를 풀면 HIDDemo_V1.0.1_Setup.exe 파일이 생긴다. 이것을 실행하면 윈도우 프로그램을 설치할 수 있다. 설치 작업은 특별히 설정을 바꾸거나 할만한 부분이 없이 계속 next만 눌러도 쉽게 설치할 수 있다.

위의 위치에서 프로그램을 실행해 볼 수 있다.

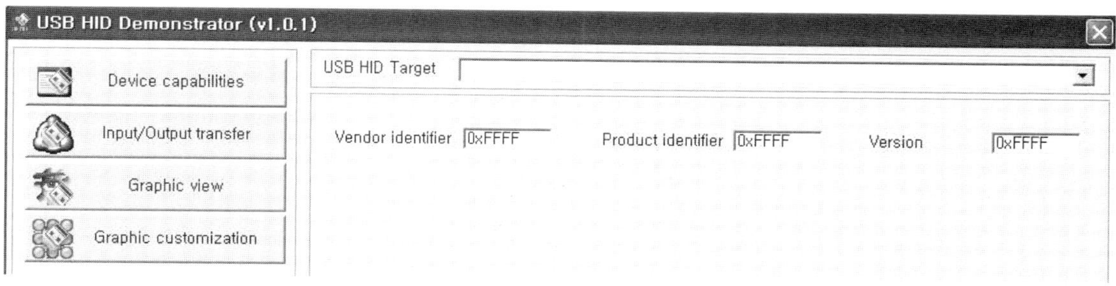

위 그림에서와 같이 실행된 모습을 볼 수 있다.

7.9.3. 보드 구동 및 HID 시험 결과

먼저 빌드를 수행해서 실행 결과 부분부터 살펴보기로 한다.

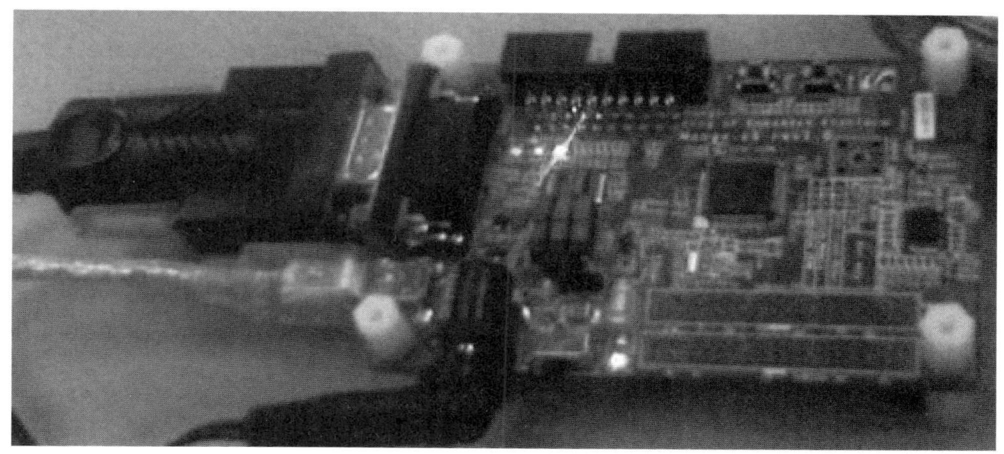

위와 같이 USB cable을 연결하고 이것을 PC와도 연결한다. 다운로드를 받은 이후 전원을 연결하면 위와 같이 상단에 빨강, 노랑, 파랑 LED가 들어와 있다. USB cable을 연결시켜 놓았기 때문에 아래와 같이 새로운 하드웨어를 발견하게 된다.

잠시 기다리면 연결이 되게 된다. 장치관리자를 열어보면 아래와 같은 것을 발견할 수 있다.

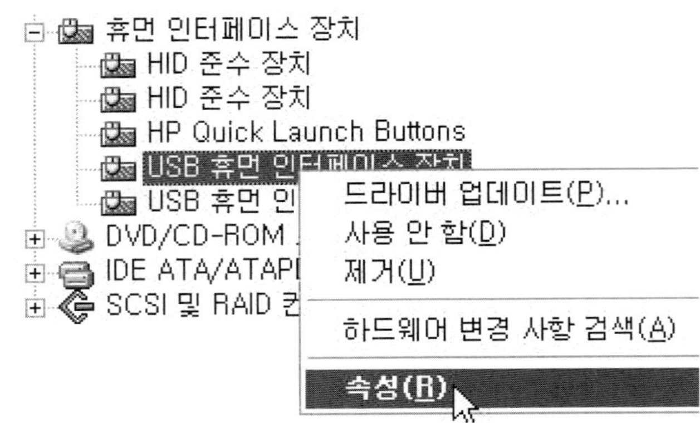

HID 준수 장치와 USB 휴먼 인터페이스 장치는 쌍으로 생기게 된다. USB 휴먼 인터페이스 장치 하나를 열어 보겠다. 오른쪽 버튼을 눌러서 속성을 살펴보겠다.

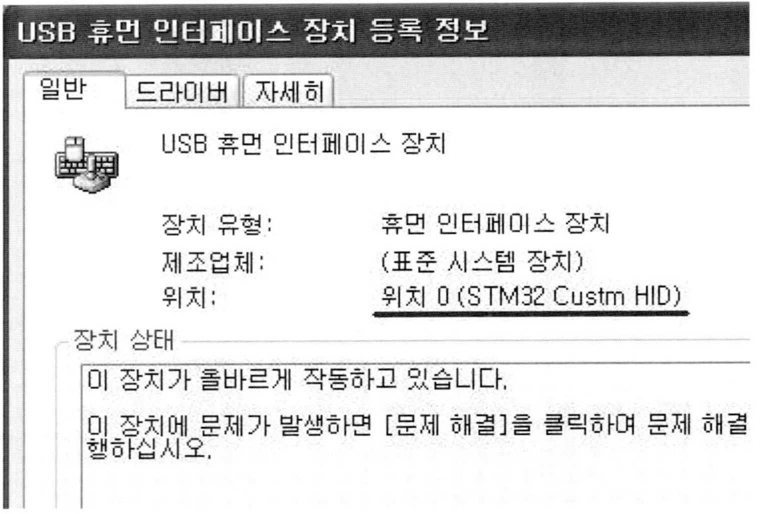

STM32 Custm HID라는 문구가 있는 것을 볼수 있다.

<usb_desc.c>

```
const uint8_t CustomHID_StringProduct[CUSTOMHID_SIZ_STRING_PRODUCT] =
  {
    CUSTOMHID_SIZ_STRING_PRODUCT,           /* bLength */
    USB_STRING_DESCRIPTOR_TYPE,         /* bDescriptorType */
    'S', 0, 'T', 0, 'M', 0, '3', 0, '2', 0, ' ', 0, 'C', 0,
    'u', 0, 's', 0, 't', 0, 'm', 0, ' ', 0, 'H', 0, 'I', 0,
    'D', 0
  };
```

usb_desc.c에 CustomHID_StringProduct가 정의되어 있고 이것이 출력되고 있는 것이다. 위와 같이 코드 상에 이미 들어있는 내용이고, 이것이 device가 연결될 때 함께 출력이 이루어진 것이다.

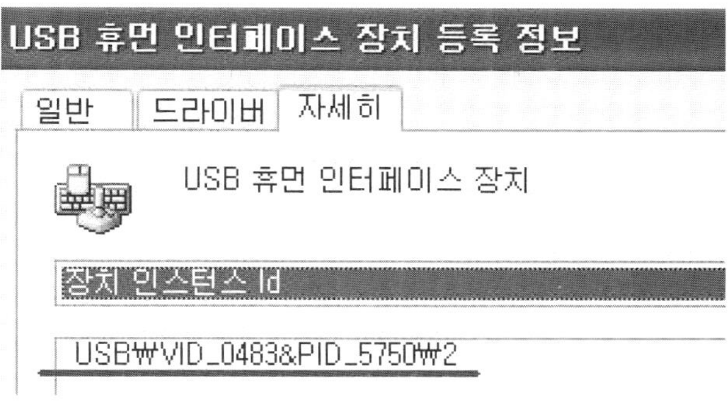

자세히 탭을 선택해서 장치 인스턴스 Id를 보면 VID 0483과 PID 5750이 있다.

<usb_desc.c>

```
/* USB Standard Device Descriptor */
const uint8_t CustomHID_DeviceDescriptor[CUSTOMHID_SIZ_DEVICE_DESC] = {
    0x12,                          /*bLength */
    USB_DEVICE_DESCRIPTOR_TYPE, /*bDescriptorType*/
    0x00,                          /*bcdUSB */
    0x02,
    0x00,                          /*bDeviceClass*/
    0x00,                          /*bDeviceSubClass*/
    0x00,                          /*bDeviceProtocol*/
    0x40,                          /*bMaxPacketSize40*/
    0x83,                          /*idVendor (0x0483)*/
    0x04,
    0x50,                          /*idProduct = 0x5750*/
    0x57,
    0x00,                          /*bcdDevice rel. 2.00*/
    0x02,
    1,                             /*Index of string descriptor describing manufacturer */
    2,                             /*Index of string descriptor describing product*/
    3,                             /*Index of string descriptor describing the device serial number */
    0x01                           /*bNumConfigurations*/
  } ; /* CustomHID_DeviceDescriptor */
```

usb_desc.c에 CustomHID_DeviceDescriptor가 정의되어 있고 여기에서 idVendor와 idProduct 부분을 읽어서 나타내주고 있는 것이다. VID는 Vendor ID를 의미하고, PID는 Product ID를 의미하는 것이다.

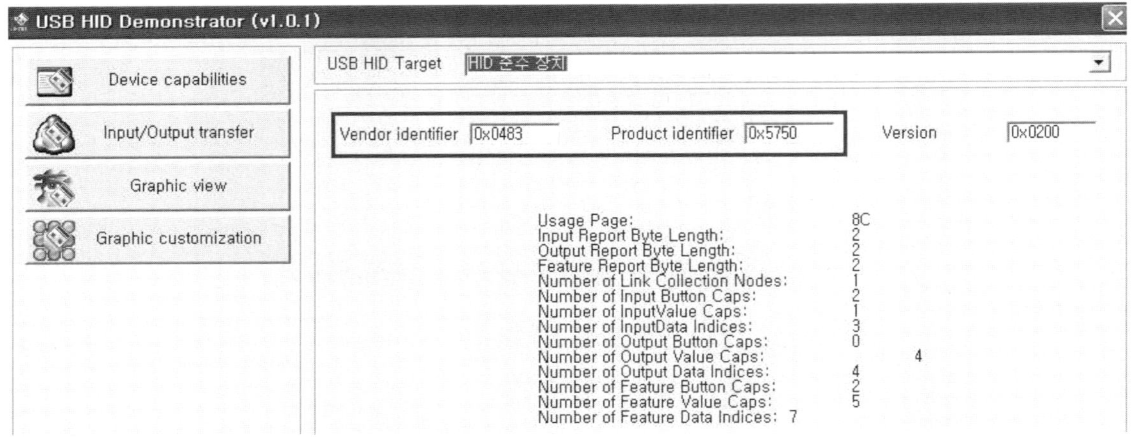

정상적으로 연결이 이루어지고 나면 USB가 연결이 되면서 위 그림처럼 Vendor ID와 Product ID가 인식이 되었다.

Graphic view를 선택해 본다.
Graphic view를 선택한 상태에서 보드의 버튼 2개를 번갈아 가면서 눌러 보겠다.

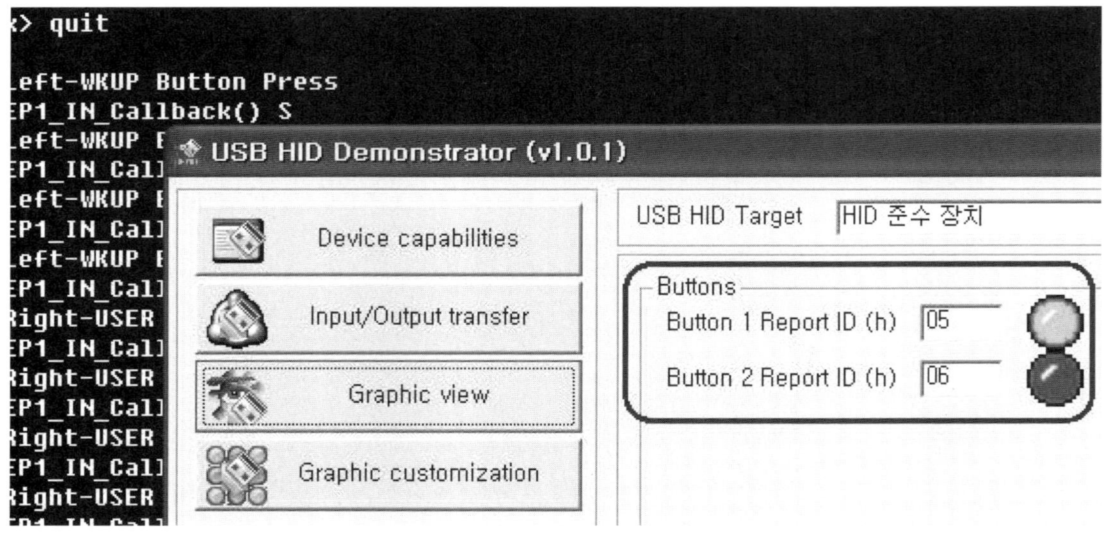

뒷편의 시리얼 창에서 버튼의 눌린 것에 대한 출력문이 출력되고 있으면서 HID Demo 창에 있는 Button의 graphic 또한 그에 맞춰서 변하는 것을 볼수 있다.

<stm32f10x_it.c>

```
static bool toggle_data_key2 = FALSE;

void EXTI1_IRQHandler(void) {
    if(EXTI_GetITStatus(GPIO_KEY2_EXTI_Line) != RESET) {
        printf("Right-USER Button Press₩n");
        Send_Buffer[0] = 0x06;
        if(toggle_data_key2) {
            toggle_data_key2 = FALSE;
            Send_Buffer[1] = 0x01;
        } else {
            toggle_data_key2 = TRUE;
            Send_Buffer[1] = 0x00;
        }
        UserToPMABufferCopy(Send_Buffer, ENDP1_TXADDR, 2);
        SetEPTxCount(ENDP1, 2);
        SetEPTxValid(ENDP1);
        EXTI_ClearITPendingBit(GPIO_KEY2_EXTI_Line);
    }
}
```

위 handler는 WKUP 키가 눌렸을 때 호출되는 것이다. Send_Buffer에 값을 채워서 USB End Point 1로 값을 내보내고 있다. 이것이 USB HID Demo 프로그램으로 전송되어서 버튼의 모양을 바꾸게 되는 것이다.

이번에는 LED에 대한 것을 시험해 보도록 한다.

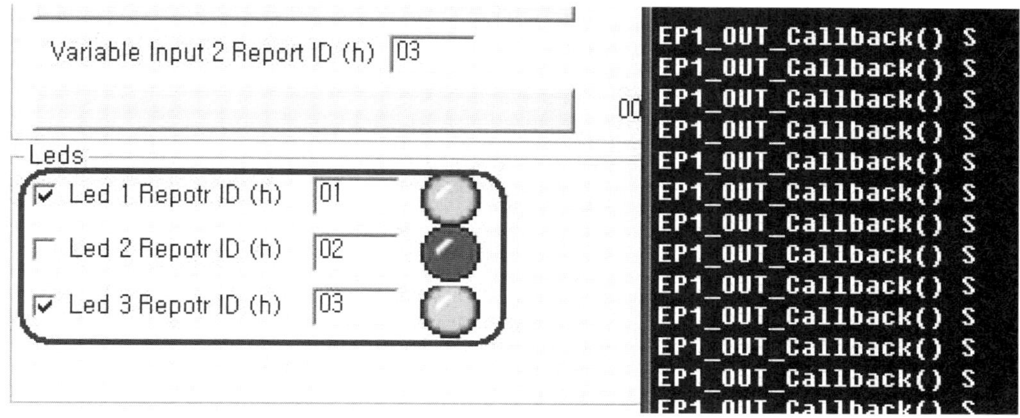

LED 부분의 check box를 선택하면 그에 따라서 녹색 등이 켜졌다 꺼졌다 한다. 이에 따라서 보드에 있는 각 LED 역시 켜졌다 꺼졌다를 반복하게 된다.

<usb_endp.c>

```
void EP1_OUT_Callback(void) {
    DEBUG_MSG_FUNC_START;
    BitAction Led_State;
    PMAToUserBufferCopy(Receive_Buffer, ENDP1_RXADDR, 2);

    if (Receive_Buffer[1] == 0) {
        Led_State = Bit_SET;
    } else {
        Led_State = Bit_RESET;
    }

    switch (Receive_Buffer[0]) {
    case 1: /* Led 1 */
        GPIO_WriteBit(GPIO_LED, GPIO_LED1_PIN, Led_State);
        break;
    case 2: /* Led 2 */
        GPIO_WriteBit(GPIO_LED, GPIO_LED2_PIN, Led_State);
        break;
    case 3: /* Led 3 */
        GPIO_WriteBit(GPIO_LED, GPIO_LED3_PIN, Led_State);
        break;
    default:
        GPIO_Write(GPIO_LED,
                    ~(uint16_t)(GPIO_LED1_PIN | GPIO_LED2_PIN | GPIO_LED3_PIN ));
        break;
    }

    SetEPRxStatus(ENDP1, EP_RX_VALID);
}
```

USB HID Demo 프로그램에서 LED 부분을 선택하게 되면 이것은 최종적으로 보드에서 EP1_OUT_Callback 함수가 불리게 된다. 여기서 전해져 온 값을 비교해서 각각 해당하는 LED에 작업을 하게 되는 것이다.

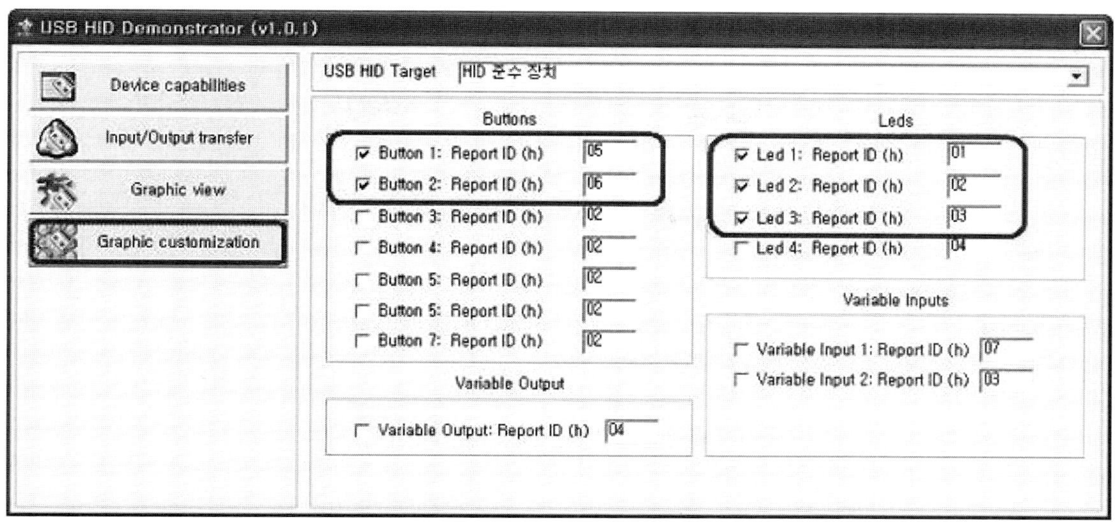

USB HID Demo 프로그램에서 Graphic customization 부분을 보면 button과 LED들에 대해서 값이 명시되어 있는 것을 볼수 있다. 먼저 LED 부분을 보면 1, 2, 3으로 설정되어 있다. 이것은 EP1_OUT_Callback() 함수 내에서 Receive_Buffer[0]에 저장되는 값이다. 여기에 저장된 값이 위 그림에서 표시된 값이고 이 값으로 LED가 몇 번인지를 구분하는 것이다.

마찬가지로 버튼의 경우에도 그림에서 5와 6으로 설정이 되어 있다. 이것은 EXTI0_IRQHandler()에서는 Button 1에 대한 인터럽트를 처리하면서 Send_Buffer[0]에 5를 넣어서 보내주게 된다. Button 2의 경우에는 EXTI1_IRQHandler()에서 Send_Buffer[0]에 6을 넣어서 보내주게 되는 것이다. 이것을 USB HID Demo 프로그램에서 수신을 해서 각각의 button을 켜고 끄고 하는 행위를 하게 되는 것이다.

7.9.4. USB 부분 회로 분석

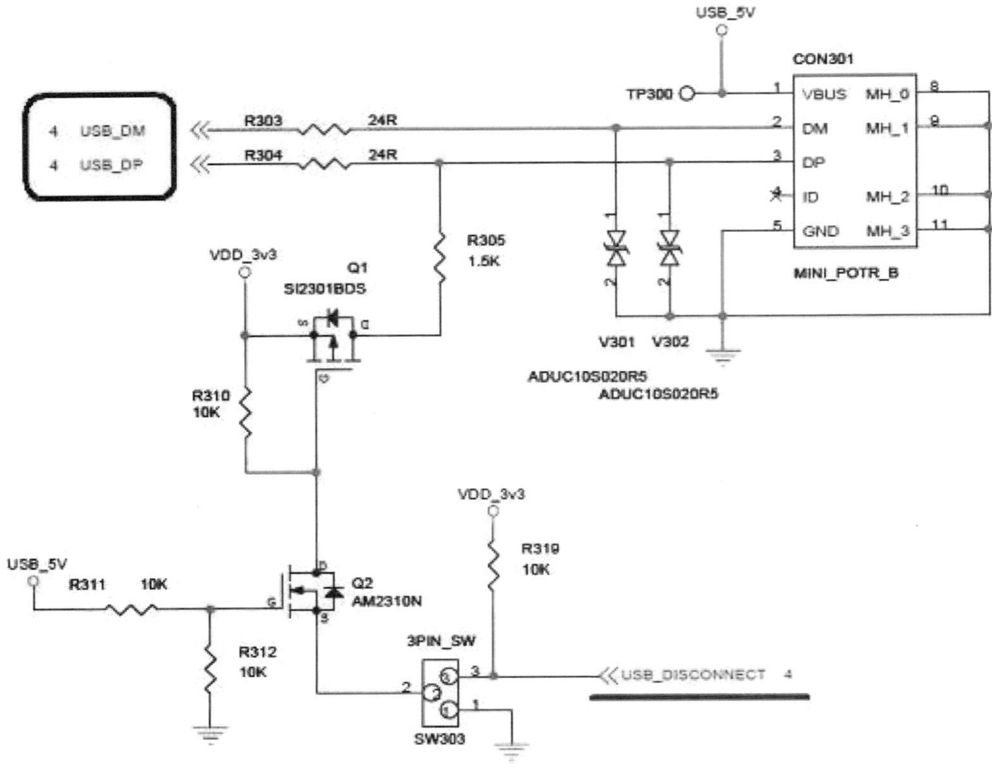

그림 7-13 USB 회로도

USB connector와 STM32 CPU와 연결된 부분은 USB_DM, USB_DP, USB_DISCONNECT 이렇게 3개의 핀이다.

PA15_JTDI 50 JTAG_TDI
PA14_JTCK_SWCLK 49 JTAG_TCK
PA13_JTMS_SWDIO 46 JTAG_TMS
PA12_U1RTS_CANTX_USBDP_T1_ETR 45 PA12 USB_DP 6
PA11_U1CTS_CANRX_USBDM_T1_CH4 44 PA11 USB_DM 6
PA10_U1RX_T1CH3 43 UART1_RXD 6
PA9_U1TX_T1CH2 42 UART1_TXD 6
PA8_U1CK_T1CH1_MCO 41 PA8 USB_DISCONNECT 6
PC9 40 PC9 RF_GPIO1 5
PC8 39 PC8 RF_GPIO0 5

USB_DP는 GPIO Port A #12번에 연결되어 있고, USB_DM은 Port A #11번에 연결되어 있다.

Table 5. Medium-density STM32F103xx pin definitions (continued)

Pins						Pin name	Type(1)	I / O Level(2)	Main function(3) (after reset)	Alternate functions	
LFBGA100	LQFP48	TFBGA64	LQFP64	LQFP100	VFQFPN36					Default	Remap
C10	32	C8	44	70	23	PA11	I/O	FT	PA11	USART1_CTS/ CANRX(7)/ USBDM TIM1_CH4(7)	
B10	33	B8	45	71	24	PA12	I/O	FT	PA12	USART1_RTS/ CANTX(7) //USBDP TIM1_ETR(7)	

위 표에서와 같이 PA11과 PA12를 Alternate function으로 사용하고 있는 것이다.

여기서 한가지 유의해야할 점이 있다.

<hw_config.h>

```
#define RCC_APB2Periph_GPIO_USB_DISCONNECT    RCC_APB2Periph_GPIOA
#define GPIO_USB_DISCONNECT                   GPIOA
#define GPIO_USB_DISCONNECT_PIN               GPIO_Pin_8
```

hw_config.h에 보면 위와 같이 USB_DISCONNECT 부분에 대한 것은 정의가 되어 있다.

<hw_config.c>

```
void GPIO_Configuration(void)
{
..... ..... ..... ..... ..... ..... .....
    /* USB_DISCONNECT used as USB pull-up */
    GPIO_InitStructure.GPIO_Pin = GPIO_USB_DISCONNECT_PIN;
    GPIO_InitStructure.GPIO_Speed = GPIO_Speed_50MHz;
    GPIO_InitStructure.GPIO_Mode = GPIO_Mode_Out_OD;
    GPIO_Init(GPIO_USB_DISCONNECT, &GPIO_InitStructure);
..... ..... ..... ..... ..... ..... .....
```

또한 위와 같이 GPIO_Configuration 부분에서 GPIO 활용 방법에 대한 정의가 존재하고 있는 것이다. 하지만 USB_DP와 USB_DM의 경우에는 이와 같은 설정 부분이 없다. STM32 내에서 이 2개의 핀에 대해서는 GPIO로 활용하는 형태가 아닌 USB를 위한 전용 용도로 활용하고 있는 것이고, 기존의 설정 방법과 같이 설정을 수행하지는 않는다.

7.9.5. EXTI line 18 USB Wakeup event

예전 우리는 인터럽트에 대한 공부를 진행하면 0부터 15까지 각 GPIO 핀 번호와 EXTI 번호가 일치하게 발생하는 것으로 본적이 있다. 이외에 16, 17, 18번에 대해서는 특별한 용도로 활용되는 것을 기억할 것이다. EXTI line 18은 USB Wakeup event로 사용이 된다.

<usb_pwr.c>

```
#if 1
__IO bool fSuspendEnabled = TRUE;   /* true when suspend is possible */
#else
__IO bool fSuspendEnabled = FALSE;   /* true when suspend is possible */
#endif
```

위에 정의된 fSuspendEnabled가 TRUE로 되어있는데 이것을 FALSE로 지정하면, EXTI_Line18가 설정되지 않아도 아무 문제가 없다.

Cortex-M3에서는 WFI, WFE라는 새로운 명령이 추가되었다. 이것은 각각 Wait for Interrupt, Wait for Event를 의미하는 것으로서 말 그대로 각각의 경우가 발생하기를 기다리는 것이다.

fSuspendEnabled가 TRUE일 경우 USB_Istr()에서 Suspend()가 호출되고, 거기서 Enter_LowPowerMode()가 호출되고, 거기서 PWR_EnterSTOPMode(PWR_Regulator_LowPower, PWR_STOPEntry_WFI)가 호출 된다. 거기서 __WFI()를 부르면서 기다리게 되는 것이다. 결국 우리가 interrupt 관련한 설정을 하지 않게 되면 여기서 깨나지 못하고 계속 있게 되는 것이다.

```
    /* USB Wakeup from suspend event */
    EXTI_ClearITPendingBit(EXTI_Line18);
    EXTI_InitStructure.EXTI_Line = EXTI_Line18; // USB resume from suspend mode
    EXTI_InitStructure.EXTI_Trigger = EXTI_Trigger_Rising;
    EXTI_InitStructure.EXTI_LineCmd = ENABLE;
    EXTI_Init(&EXTI_InitStructure);
```

EXTI_Configuration()에서의 위 설정 부분과 USB_Interrupts_Config()에서의 NVIC 처리 부분이 쌍을 이루고 있는 것이다.

```
void USB_Interrupts_Config(void) {
    NVIC_InitTypeDef NVIC_InitStructure;

    /* 2 bit for pre-emption priority, 2 bits for subpriority */
```

```
    NVIC_PriorityGroupConfig(NVIC_PriorityGroup_2);

    /* Enable the USB interrupt */
    NVIC_InitStructure.NVIC_IRQChannel = USB_LP_CAN1_RX0_IRQn;
    NVIC_InitStructure.NVIC_IRQChannelPreemptionPriority = 1;
    NVIC_InitStructure.NVIC_IRQChannelSubPriority = 0;
    NVIC_InitStructure.NVIC_IRQChannelCmd = ENABLE;
    NVIC_Init(&NVIC_InitStructure);

    /* Enable the USB Wake-up interrupt */
    NVIC_InitStructure.NVIC_IRQChannel = USBWakeUp_IRQn;
    NVIC_InitStructure.NVIC_IRQChannelPreemptionPriority = 0;
    NVIC_InitStructure.NVIC_IRQChannelSubPriority = 0;
    NVIC_InitStructure.NVIC_IRQChannelCmd = ENABLE;
    NVIC_Init(&NVIC_InitStructure);

    /* Enable the DMA1 Channel1 Interrupt */
    NVIC_InitStructure.NVIC_IRQChannel = DMA1_Channel1_IRQn;
    NVIC_InitStructure.NVIC_IRQChannelPreemptionPriority = 0;
    NVIC_InitStructure.NVIC_IRQChannelSubPriority = 0;
    NVIC_InitStructure.NVIC_IRQChannelCmd = ENABLE;
    NVIC_Init(&NVIC_InitStructure);
}
```

USBWakeUp_IRQn는 IRQn_Type에 정의된 enum 값인데 42로 정의가 되어 있다. WWDG, Window WatchDog Interrupt로부터 시작된 offset 값이 되겠다. 실제로 호출이 이루어지는 부분은 __vector_table에 정의가 되어 있고, USBWakeUp_IRQn로 인해서 실제로 호출되는 함수는 USBWakeUp_IRQHandler가 되겠다.

```
void USBWakeUp_IRQHandler(void) {
#if 1
    EXTI_ClearITPendingBit(EXTI_Line18);
#endif
}
```

USBWakeUp_IRQHandler() 부분에서는 특별히 어떤 작업 자체는 불필요하다. __WFI()를 부르면서 기다리던 것만 해제가 되면 이후의 진행은 그에 맞게 설정만 되면 된다.

7.9.6. STM32 USB interface

USB peripheral은 full-speed USB 2.0 bus와 APB1 bus 사이의 통신 부분을 구현하고 있다. 또한 저전력 모드의 지원을 위해서 device clock을 멈추도록 하는 USB suspend/resume이 지원된다. 설정 가능한 USB end point가 1부터 8까지 8개가 가능하다.

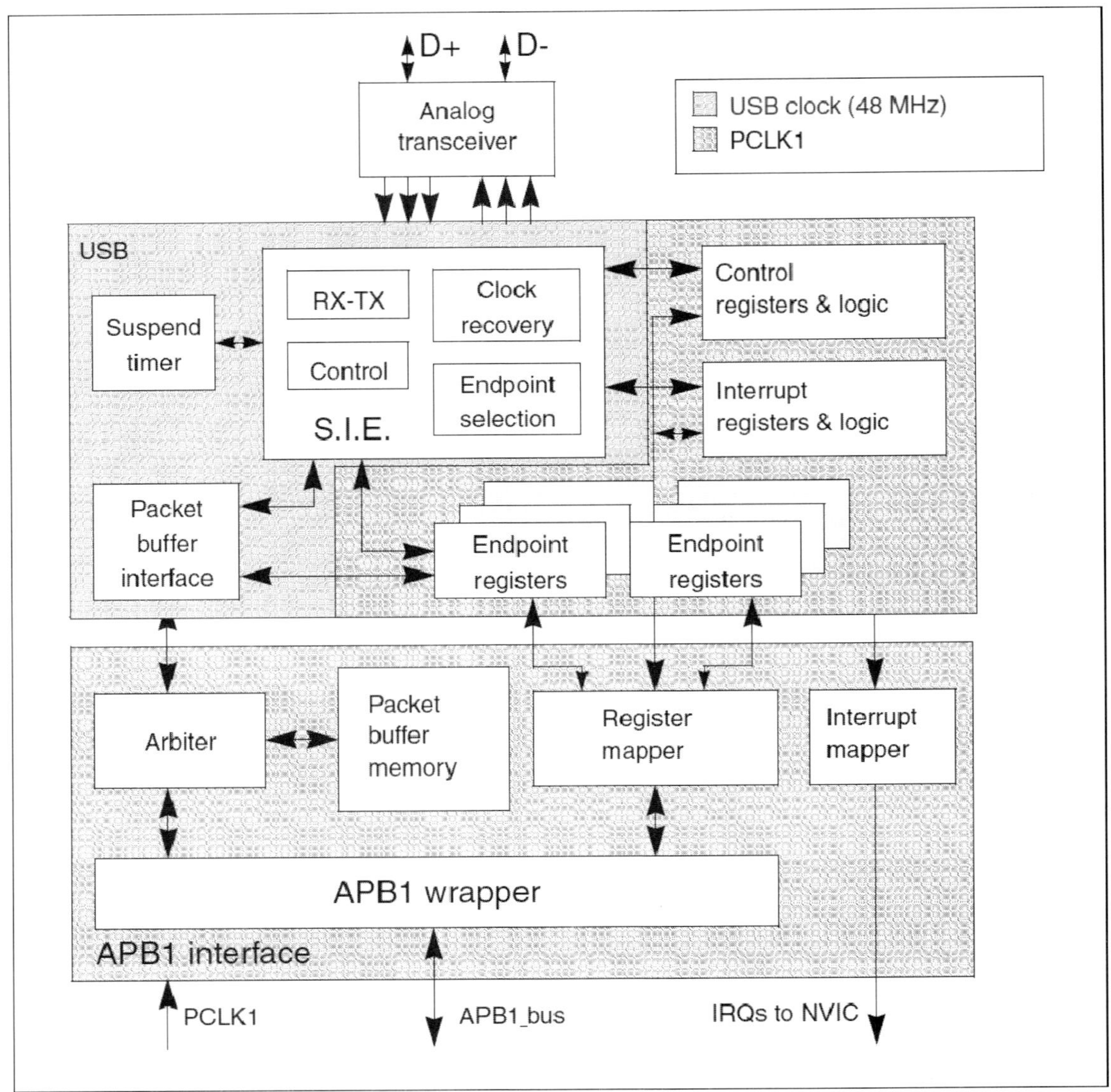

그림 7-14 USB 블럭도

(ST, RM0008, Reference manual, Figure 188, USB peripheral block diagram)

내부에 512-byte SRAM memory를 가지고 있고 이것을 이용해서 데이타 송수신에 이용하게 된다. 그런데 이 부분은 USB와 CAN이 512 bytes 영역을 공유하게 된다. 그래서 USB와 CAN을 동시에 사용할 수는 없다. 같은 application에 USB와 CAN이 모두 들어 있어도 상관은 없지만 동시에 이들을 이용하는 것은 불가능하다.

USB peripheral block diagram을 살펴보면 위의 그림과 같다. Packet buffer memory가 512 bytes의 영역으로 보이고, USB 48 MHz 영역과 PCLK1을 이용하는 APB1 영역이 구분되어 있는 것을 볼수 있다.

end point를 8개까지 지원 가능하다고 하였는데 이는 bidirectional end point를 사용하였을 때의 경우이다. 만약 양방향 통신을 하지 않고 단방향으로 설정한다면 16개의 mono-directional end point를 사용할수 있다.

0x4000 6000 - 0x4000 63FF	Shared USB/CAN SRAM 512 bytes
0x4000 5C00 - 0x4000 5FFF	USB device FS registers

USB의 레지스터 영역과 512 bytes의 메모리 영역은 위와 같이 각각 0x40005C00과 0x40006000 영역에 위치하고 있다.

0x40006000부터 0x400063FF까지는 0x400으로 1 kbytes인데 왜 512 bytes?

이러한 의문을 가질 수 있다. 0x400으로 각각이 32 비트로 총 1 kbytes가 되는데 왜 512 bytes라고 하는 것일까? 물론 영역은 1 kbytes가 맞다. 하지만 그 중에서 하위 비트 영역 16 비트 부분만 사용하고 상위 비트 영역은 사용하지 않는 영역이 된다. USB 부분은 16 비트 access를 하고, APB1 bus는 32 비트 access를 하기 때문에 둘 사이에서 매칭이 되지 않게 되는 것이다. 그러므로 0x40006000 주소 영역을 접근할때 이를 uint16_t로 16 비트만을 이용하도록 구현해야 한다.

7.9.7. STM32 USB 레지스터 설명

<usb_regs.h>

```
/* Exported constants --------------------------------------------------------*/
#define RegBase   (0x40005C00L)   /* USB_IP Peripheral Registers base address */
#define PMAAddr   (0x40006000L)   /* USB_IP Packet Memory Area base address    */
```

위에서의 레지스터 주소 영역에 대한 것이 위와 같이 정의 되어 있다.

USB peripheral registers는 다음의 3가지 그룹으로 나눌 수 있다.

- 일반 레지스터: Interrupt & Control registers
- Endpoint 레지스터: Endpoint configuration & status
- Buffer Descriptor Table: data buffer를 위치시키는데 사용되는 packet memory의 위치

모든 레지스터 주소는 base address인 0x4000 5C00를 기준으로 한 offset으로 표현된다. 단, buffer descriptor table은 USB_BTABLE 레지스터가 명시하고 있는 주소를 시작점으로 해서 offset을 지정한다. buffer descriptor table은 0x4000 5C00를 기준으로 하지 않는다는 것을 주의해야 한다.

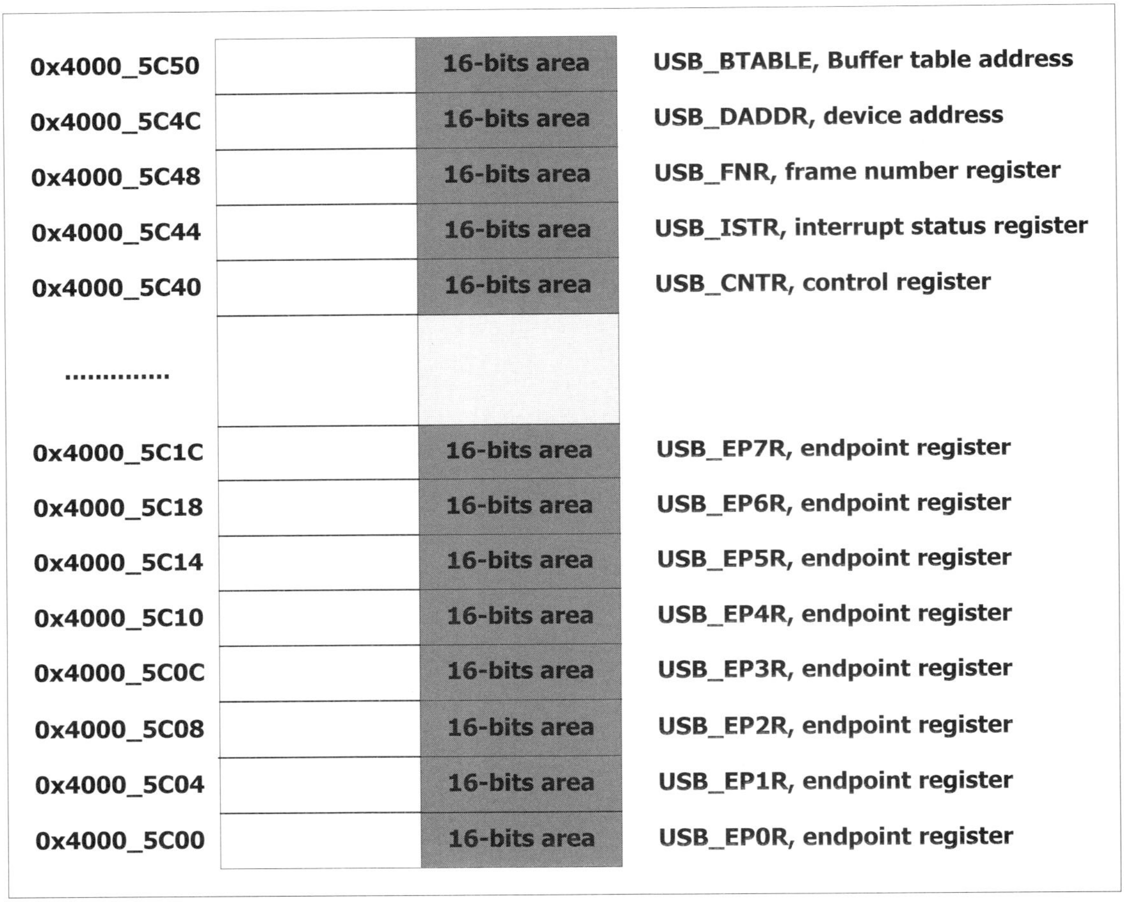

Address			Register
0x4000_5C50		16-bits area	USB_BTABLE, Buffer table address
0x4000_5C4C		16-bits area	USB_DADDR, device address
0x4000_5C48		16-bits area	USB_FNR, frame number register
0x4000_5C44		16-bits area	USB_ISTR, interrupt status register
0x4000_5C40		16-bits area	USB_CNTR, control register
....			
0x4000_5C1C		16-bits area	USB_EP7R, endpoint register
0x4000_5C18		16-bits area	USB_EP6R, endpoint register
0x4000_5C14		16-bits area	USB_EP5R, endpoint register
0x4000_5C10		16-bits area	USB_EP4R, endpoint register
0x4000_5C0C		16-bits area	USB_EP3R, endpoint register
0x4000_5C08		16-bits area	USB_EP2R, endpoint register
0x4000_5C04		16-bits area	USB_EP1R, endpoint register
0x4000_5C00		16-bits area	USB_EP0R, endpoint register

그림 7-15 USB 레지스터

APB1 bridge가 word 단위 주소로 접근해야 한다는 제한으로 인해서 모든 레지스터 주소는 32 비트 word로 align이 되어 있다. 하지만 USB 관련 레지스터들은 모두 16 비트 폭을 가지고 있다. 같은 주소 alignment를 packet buffer memory를 접근할 때도 적용이 된다. 이 부분으로 인해서 우리가 USB 레지스터에 저장된 어떤 offset 값과 외부에서 우리가 통상적으로 접근하던 주소에 대한 표현에 있어서 차이를 보이게 된다. 만약 USB 레지스터에 저장된 offset이 0x2였다면 이것은 0x4000 6004로 접근이 된다는 의미이다. 즉, 통상적인 32 비트 word 단위의 접근 시에 offset을 2배로 해주어야 정상

적인 값을 가져올 수 있는 것이다.

0x4000 5C00를 기준으로 하는 모든 레지스터들을 명시해 보면 위의 그림과 같다. 32 비트 word 단위의 주소로 접근하고 있지만 이 중에서 16 비트 만을 사용하고 있음을 알 수 있다.

이제 각각에 대해서 보다 자세하게 살펴보도록 한다. 모든 레지스터를 전부 살펴보지는 않을 것이다. 우리가 주로 사용하는 부분에 대해서만 검토하도록 한다.

<USB control register (USB_CNTR)>

15	14	13	12	11	10	9	8	7	6	5	4	3	2	1	0
CTRM	PMAOVRM	ERRM	WKUPM	SUSPM	RESETM	SOFM	ESOFM	Reserved			RESUME	FSUSP	LP_MODE	PDWN	FRES
rw	rw	rw	rw	rw	rw	rw	rw	Res.			rw	rw	rw	rw	rw

각각에 대한 간단한 설명은 아래의 define을 살펴보는 것이 좋다.

```
/* CNTR control register bits definitions */
#define CNTR_CTRM    (0x8000) /* Correct TRansfer Mask */
#define CNTR_DOVRM   (0x4000) /* DMA OVeR/underrun Mask */
#define CNTR_ERRM    (0x2000) /* ERRor Mask */
#define CNTR_WKUPM   (0x1000) /* WaKe UP Mask */
#define CNTR_SUSPM   (0x0800) /* SUSPend Mask */
#define CNTR_RESETM (0x0400) /* RESET Mask    */
#define CNTR_SOFM    (0x0200) /* Start Of Frame Mask */
#define CNTR_ESOFM   (0x0100) /* Expected Start Of Frame Mask */
#define CNTR_RESUME (0x0010) /* RESUME request */
#define CNTR_FSUSP   (0x0008) /* Force SUSPend */
#define CNTR_LPMODE (0x0004) /* Low-power MODE */
#define CNTR_PDWN    (0x0002) /* Power DoWN */
#define CNTR_FRES    (0x0001) /* Force USB RESet */
```

CNTR 레지스터를 설정하는 작업을 보다 쉽게 하기 위해서 위의 define들로 각 비트에 대한 것을 미리 정의해 놓고 있는 것이다.

Bit 15 CTRM: Correct transfer interrupt mask	**1: CTR Interrupt enabled**
Bit 14 PMAOVRM: Packet memory area over / underrun interrupt mask	**1: PMAOVR Interrupt enabled**
Bit 13 ERRM: Error interrupt mask	**1: ERR Interrupt enabled**

Bit 12 WKUPM: Wakeup interrupt mask	1: WKUP Interrupt enabled
Bit 11 SUSPM: Suspend mode interrupt mask	1: SUSP Interrupt enabled
Bit 10 RESETM: USB reset interrupt mask	1: RESET Interrupt enabled
Bit 9 SOFM: Start of frame interrupt mask	1: SOF Interrupt enabled
Bit 8 ESOFM: Expected start of frame interrupt mask	1: ESOF Interrupt enabled
Bit 4 RESUME: Resume request	1: Resume signal을 host로 보낸다.
Bit 3 FSUSP: Force suspend	1: suspend mode로 진입한다.
Bit 2 LP_MODE: Low-power mode	1: Low-power mode로 진입한다.
Bit 1 PDWN: Power down	1: Power down mode로 진입한다.
Bit 0 FRES: Force USB Reset	1: USB peripheral을 reset시킨다.

이것들이 실제로 사용되고 있는 예를 살펴보는 것이 좋을 것이다.

```
RESULT PowerOn(void)
{
  uint16_t wRegVal;

  /*** cable plugged-in ? ***/
  USB_Cable_Config(ENABLE);

  /*** CNTR_PWDN = 0 ***/
  wRegVal = CNTR_FRES;
  _SetCNTR(wRegVal);

  /*** CNTR_FRES = 0 ***/
  wInterrupt_Mask = 0;
  _SetCNTR(wInterrupt_Mask);
  /*** Clear pending interrupts ***/
  _SetISTR(0);
  /*** Set interrupt mask ***/
  wInterrupt_Mask = CNTR_RESETM | CNTR_SUSPM | CNTR_WKUPM;
  _SetCNTR(wInterrupt_Mask);

  return USB_SUCCESS;
}
```

Power를 On할때 맨 처음 reset을 시킨 이후에 몇몇 interrupt들을 enable 시키고 있다.

<USB interrupt status register (USB_ISTR)>

15	14	13	12	11	10	9	8	7	6	5	4	3	2	1	0
CTR	PMA OVR	ERR	WKUP	SUSP	RESET	SOF	ESOF		Reserved		DIR		EP_ID[3:0]		
r	rc_w0	rc_w0	rc_w0	rc_w0	rc_w0	rc_w0	rc_w0		Res.		r	r	r	r	r

이 레지스터는 모든 interrupt sources에 대한 상태를 저장하고 있는 것이다. USB_CNTR 레지스터에서 지정하였던 각종 인터럽트들에 대해서 그 인터럽트가 발생했을 때 하드웨어적으로 이 비트들이 설정되는 것이다. 그것들을 clear하기 위해서는 0을 씀으로써 가능해지게 된다.

Bit 15 CTR: Correct transfer

이 비트는 하나의 endpoint가 transaction을 성공적으로 완수했다는 것을 알려주는 것으로 하드웨어가 설정을 하게 되고 오직 읽을 수만 있는 비트이다. 이것은 DIR과 EP_ID bits를 이용해서 어떤 endpoint가 interrupt를 요청했는 지에 대해서 알 수 있다.

Bit 4 DIR: Direction of transaction

이것은 transaction 성공의 방향에 대해서 하드웨어가 적어주는 값이다. 이 비트가 0이면 연관된 USB_EPnR register에 있는 CTR_TX bit가 설정된 것이다. transaction은 IN type이다. 즉, USB peripheral에서 host PC로의 전송을 의미한다. 이 비트가 1이라면 연관된 USB_EPnR register에 있는 CTR_RX bit나 CTR_TX/CTR_RX 두 비트 모두 1로 설정되어 있는 것이다. transaction은 OUT type이다. 즉, host PC로부터의 데이타를 USB peripheral이 수신한 것이거나 혹은 2개의 pending transactions이 처리되기를 기다리고 있는 것이다.

Bits 3:0 EP_ID[3:0]: Endpoint Identifier

이 비트들은 하드웨어에 의해서 쓰여지게 되는데, interrupt request을 생성한 endpoint 번호에 따라서 이루어진다. 만약 몇몇 endpoint transactions들이 pending하고 있다면 다음의 방법을 따라서 가장 높은 우선순위를 가진 endpoint ID를 적게 된다. Isochronous와 double-buffered bulk endpoints가 첫 번째로 처리된다. 만약 그러한 종류들이 여러 개 있을 경우는 EP0R부터 시작해서 EP1R의 순서로 진행을 하게 된다. 그러므로 사용자의 입장에서는 가장 중요하다고 생각하는 것을 endpoint 0번에 배치하는 것이 유리할 것이다.

<USB device address (USB_DADDR)>

15	14	13	12	11	10	9	8	7	6	5	4	3	2	1	0
			Reserved					EF	ADD6	ADD5	ADD4	ADD3	ADD2	ADD1	ADD0
			Res.					rw	rw	rw	rw	rw	rw	rw	rw

Bit 7 EF: Enable function

이 비트를 설정함으로써 USB device를 enable시키게 된다. 이 device의 주소는 다음의 ADD[6:0] bits에 들어있다. 이 비트가 0이면 아무런 transaction도 처리되지 못하게 된다.

Bits 6:0 ADD[6:0]: Device address
여기에 들어있는 USB function address는 USB_EPnR register의 Endpoint Address (EA) field와 반드시 matching이 되어야 한다.

<Buffer table address (USB_BTABLE)>

15	14	13	12	11	10	9	8	7	6	5	4	3	2	1	0
BTABLE[15:3]													Reserved		
rw	rw	rw	rw	rw	rw	rw	rw	rw	rw	rw	rw	rw	Res.		

Bits 15:3 BTABLE[15:3]: Buffer table
packet memory에 들어있는 buffer allocation table의 시작 주소를 저장하고 있다. 이것은 8 byte boundary로 align되어야 한다. 그래서 하위 3 비트는 반드시 0이어야 한다.

```
/* buffer table base address */
#define BTABLE_ADDRESS        (0x00)
```

우리는 BTABLE에 적용할 값을 default 값이 0으로 설정하고 사용하고 있다.

```
SetBTABLE(BTABLE_ADDRESS);
```

CustomHID_Reset()에서 위와 같이 설정을 진행한다.

<USB endpoint n register (USB_EPnR), n=[0..7]>

각 endpoint는 해당 USB_EPnR register를 가지게 된다. n이 0부터 7까지의 endpoint 번호를 의미하게 된다.

15	14	13	12	11	10	9	8	7	6	5	4	3	2	1	0
CTR_RX	DTOG_RX	STAT_RX[1:0]		SETUP	EP TYPE[1:0]		EP_KIND	CTR_TX	DTOG_TX	STAT_TX[1:0]		EA[3:0]			
rc_w0	t	t	t	r	rw	rw	rw	rc_w0	t	t	t	rw	rw	rw	rw

여기의 비트들은 USB bus로부터 USB reset을 받거나 CTLR register의 FRES 비트에 의해서 reset이 된다. 하지만 CTR_RX와 CTR_TX bits는 reset되지 않는다. 그것은 정확한 packet notification을 잃어버리지 않기 위해서이다.

```
/* Endpoint register */
#define EP_CTR_RX        (0x8000) /* EndPoint Correct TRansfer RX */
#define EP_DTOG_RX       (0x4000) /* EndPoint Data TOGGLE RX */
#define EPRX_STAT        (0x3000) /* EndPoint RX STATus bit field */
#define EP_SETUP         (0x0800) /* EndPoint SETUP */
#define EP_T_FIELD       (0x0600) /* EndPoint TYPE */
#define EP_KIND          (0x0100) /* EndPoint KIND */
#define EP_CTR_TX        (0x0080) /* EndPoint Correct TRansfer TX */
#define EP_DTOG_TX       (0x0040) /* EndPoint Data TOGGLE TX */
#define EPTX_STAT        (0x0030) /* EndPoint TX STATus bit field */
#define EPADDR_FIELD     (0x000F) /* EndPoint ADDRess FIELD */
```

각 부분들에 대한 설정 및 참조를 위해서 위와 같이 define을 해서 사용하고 있다.

Bit 15 CTR_RX: Correct Transfer for reception
이 비트는 하드웨어에 의해서 설정되는데 이 endpoint에서 OUT/SETUP transaction이 성공적으로 완수되었다는 것을 의미한다. 소프트웨어는 오직 이 비트를 0을 씀으로써 clear할수 밖에 없다. transaction은 NAK나 STALL handshake로 종료될 수 있는데 그때는 이 비트가 설정되지 않는다. 그것은 아무런 데이타가 전송되지 않았기 때문이다.

Bit 14 DTOG_RX: Data Toggle, for reception transfers
endpoint가 Isochronous가 아니면, 이 비트는 다음에 수신할 data packet에 대한 toggle bit (0=DATA0, 1=DATA1)의 기대되는 값을 가지고 있다. 하드웨어는 ACK handshake가 USB host에 보내졌을 때 이 비트를 toggle한다. endpoint가 double-buffering을 사용할때 이 비트는 packet buffer swapping을 지원하는데 사용된다. endpoint가 Isochronous이면, 이 비트는 더 이상 data toggling 용도로는 사용되지 않는다. 오직 DATA0 packet만 전달될 것이다. 다만 packet buffer swapping 용도로는 사용된다.

Bits 13:12 STAT_RX [1:0]: Status bits, for reception transfers
이 2비트는 endpoint status에 대한 정보를 가지고 있다. 아래의 표가 그 내용이다. Reception status encoding이다.

이들 비트는 소프트웨어에 의해서 초기화될 수 있다. 0을 쓰는 것은 아무 영향이 없고, 1을 쓰게 되면 비트가 toggle된다. endpoint가 Isochronous로 정의되어 있으면 상태 값은 "VALID" 또는 "DISABLED"를 가질 수 있다.

STAT_RX[1:0]	Meaning
00	**DISABLED:** all reception requests addressed to this endpoint are ignored.
01	**STALL**: the endpoint is stalled and all reception requests result in a STALL handshake.
10	**NAK**: the endpoint is naked and all reception requests result in a NAK handshake.
11	**VALID**: this endpoint is enabled for reception.

(ST, RM0008, Reference manual, Table 138, Reception status encoding)

Bit 11 SETUP: Setup transaction completed

이 비트는 read-only이다. 마지막으로 완료된 transaction이 SETUP일 때 설정된다.

Bits 10:9 EP_TYPE[1:0]: Endpoint type

이 endpoint의 행동에 대한 설정을 하는 비트들이다. Endpoint type encoding이 아래에 표로 기술되어 있다.

EP_TYPE[1:0]	Meaning
00	BULK
01	CONTROL
10	ISO
11	INTERRUPT

(ST, RM0008, Reference manual, Table 139, Endpoint type encoding)

Endpoint 0는 항상 control endpoint가 된다. 오직 control endpoint만이 SETUP transactions을 처리하게 된다. SETUP transactions은 NAK나 STALL에 대답을 할수 없다.

Bit 8 EP_KIND: Endpoint kind

EP_TYPE 비트들과 함께 설정되어 의미를 갖는다.

EP_TYPE[1:0]		EP_KIND Meaning
00	BULK	DBL_BUF
01	CONTROL	STATUS_OUT
10	ISO	Not used
11	INTERRUPT	Not used

(ST, RM0008, Reference manual, Table 140, Endpoint kind meaning)

DBL_BUF는 bulk endpoint에 double-buffering을 enable하기 위해서 설정된다.
STATUS_OUT은 status out transaction을 기다리고 있다는 알려줄 때 설정한다. 이 경우 0 이상의 데이타를 포함한 모든 OUT transactions은 ACK 대신에 STALL을 받게 된다. 이것은 control transfers 동안에 application의 robustness를 향상시키기 위해서 사용한다.

Bit 7 CTR_TX: Correct Transfer for transmission

이 endpoint에서 IN transaction이 성공적으로 완수되면 하드웨어가 설정하는 비트이다. 소프트웨어는 이 비트를 clear할 수 밖에 없다. 만약 USB_CNTR register의 CTRM bit가 설정되어 있으면 연관된 interrupt 상태가 생성되고 활성화된다. transaction은 NAK나 STALL handshake로 종료될 수 있는데 그때는 이 비트가 설정되지 않는다. 그것은 아무런 데이타가 전송되지 않았기 때문이다.

Bit 6 DTOG_TX: Data Toggle, for transmission transfers

endpoint가 Isochronous가 아니면, 이 비트는 다음에 송신할 data packet에 대한 toggle bit (0=DATA0, 1=DATA1)의 기대되는 값을 가지고 있다. 하드웨어는 ACK handshake가 USB host로부터 받아졌을 때 이 비트를 toggle한다. endpoint가 double-buffering을 사용할때 이 비트는 packet buffer swapping을 지원하는데 사용된다. endpoint가 Isochronous이면, 이 비트는 더 이상 data toggling 용도로는 사용되지 않는다. 오직 DATA0 packet만 전달될 것이다. 다만 packet buffer swapping 용도로는 사용된다.

Bits 5:4 STAT_TX [1:0]: Status bits, for transmission transfers

이 2비트는 endpoint status에 대한 정보를 가지고 있다. 아래의 표가 그 내용이다. Transmission status encoding이다.

STAT_TX[1:0]	Meaning
00	**DISABLED:** all transmission requests addressed to this endpoint are ignored.
01	**STALL**: the endpoint is stalled and all transmission requests result in a STALL handshake.
10	**NAK**: the endpoint is naked and all transmission requests result in a NAK handshake.
11	**VALID**: this endpoint is enabled for transmission.

(ST, RM0008, Reference manual, Table 141, Transmission status encoding)

이들 비트는 소프트웨어에 의해서 초기화될 수 있다. 0을 쓰는 것은 아무 영향이 없고, 1을 쓰게 되면 비트가 toggle된다. endpoint가 Isochronous로 정의되어 있으면 상태 값은 "VALID" 또는 "DISABLED"를 가질 수 있다.

Bits 3:0 EA[3:0]: Endpoint address

소프트웨어는 이 4개의 비트 주소를 적어야 한다. 이 endpoint에 연관된 transactions을 구분하기 위한 용도이다. 값은 해당 endpoint가 enable되기 전에 쓰여져야 한다.

<Transmission buffer address n (USB_ADDRn_TX)>

Address offset: [USB_BTABLE] + n*16
USB local address: [USB_BTABLE] + n*8

위와 같이 주소를 표현하는 offset 값에 대한 정의가 2가지가 나와 있다. 이것은 일반적인 32 비트 word 단위의 주소 지정 방식에서 사용하는 경우와 USB local 주소 지정 방식에 대한 차이를 나타내주고 있는 것이다. 위의 n*16은 32 비트 word 단위의 주소 지정 방식이고, 아래의 n*8은 USB local 주소 지정 방식이다.

```
#define _pEPTxAddr(bEpNum) ((uint32_t *)((_GetBTABLE()+bEpNum*8   )*2 + PMAAddr))
#define _pEPTxCount(bEpNum) ((uint32_t *)((_GetBTABLE()+bEpNum*8+2)*2 + PMAAddr))
#define _pEPRxAddr(bEpNum) ((uint32_t *)((_GetBTABLE()+bEpNum*8+4)*2 + PMAAddr))
#define _pEPRxCount(bEpNum) ((uint32_t *)((_GetBTABLE()+bEpNum*8+6)*2 + PMAAddr))
```

이것과 관련해서 위와 같은 형태로 주소 값을 얻는 식을 define해서 사용하고 있다. 이것은 당연히 32 비트 word 단위의 주소 지정 방식이다. 향후 값을 쓰거나 읽을 때 uint16_t로 typecasting을 하여서 사용하고 있다.

15	14	13	12	11	10	9	8	7	6	5	4	3	2	1	0
ADDRn_TX[15:1]															-
rw	rw	rw	rw	rw	rw	rw	rw	rw	rw	rw	rw	rw	rw	rw	-

Bits 15:1 ADDRn_TX[15:1]: Transmission buffer address
USB_EPnR register와 연관된 endpoint에 의해서 전송될 데이타를 포함하고 있는 packet buffer의 시작 주소에 대한 포인터를 나타내주고 있다. 다음의 IN token에 대한 주소라고 할수 있다. 비트 0은 항상 0이어야 한다.

<Transmission byte count n (USB_COUNTn_TX)>

Address offset: [USB_BTABLE] + n*16 + 4
USB local Address: [USB_BTABLE] + n*8 + 2

15	14	13	12	11	10	9	8	7	6	5	4	3	2	1	0
-						COUNTn_TX[9:0]									
						rw	rw	rw	rw	rw	rw	rw	rw	rw	rw

packet size가 USB specifications에 의해서 1023 bytes로 제한이 되어 있기 때문에 Bits 15:10은 사용되지 않는다.

Bits 9:0 COUNTn_TX[9:0]: Transmission byte count
USB_EPnR register와 연관된 endpoint에 의해서 전송될 다음의 IN token의 바이트 수를 포함하고 있다.

Double-buffered이고, Isochronous IN Endpoints는 2개의 USB_COUNTn_TX 레지스터를 가지고 있다. 각각 USB_COUNTn_TX_1과 USB_COUNTn_TX_0라고 부르고 아래의 그림과 같다.

31	30	29	28	27	26	25	24	23	22	21	20	19	18	17	16
-						COUNTn_TX_1[9:0]									
-	-	-	-	-	-	rw	rw	rw	rw	rw	rw	rw	rw	rw	rw

15	14	13	12	11	10	9	8	7	6	5	4	3	2	1	0
-						COUNTn_TX_0[9:0]									
-	-	-	-	-	-	rw	rw	rw	rw	rw	rw	rw	rw	rw	rw

<Reception buffer address n (USB_ADDRn_RX)>

Address offset: [USB_BTABLE] + n*16 + 8
USB local Address: [USB_BTABLE] + n*8 + 4

15	14	13	12	11	10	9	8	7	6	5	4	3	2	1	0
ADDRn_RX[15:1]															-
rw	rw	rw	rw	rw	rw	rw	rw	rw	rw	rw	rw	rw	rw	rw	-

Bits 15:1 ADDRn_RX[15:1]: Reception buffer address
USB_EPnR register와 연관된 endpoint에 의해서 수신될 데이타를 포함하고 있는 packet buffer의 시작 주소에 대한 포인터를 나타내주고 있다. 다음의 OUT/SETUP token에 대한 주소라고 할수 있다. 비트 0은 항상 0이어야 한다.

<Reception byte count n (USB_COUNTn_RX)>

15	14	13	12	11	10	9	8	7	6	5	4	3	2	1	0
BLSIZE	NUM_BLOCK[4:0]					COUNTn_RX[9:0]									
rw	rw	rw	rw	rw	rw	r	r	r	r	r	r	r	r	r	r

Address offset: [USB_BTABLE] + n*16 + 12

USB local Address: [USB_BTABLE] + n*8 + 6

Bit 15 BL_SIZE: Block size

이 비트는 memory block의 크기를 나타내주고 있다.

BL_SIZE가 0이면, memory block은 2 byte 크기를 가지게 되고, 범위는 2 바이트부터 62 bytes까지 설정될 수 있다. BL_SIZE가 1이면, memory block은 32 byte 크기를 가지게 되고, 범위는 32 바이트부터 1024 bytes까지 설정될 수 있다.

Bits 14:10 NUM_BLOCK[4:0]: Number of blocks

이 비트들은 packet buffer에 연관된 memory blocks의 수를 명시하고 있다. 아래의 표가 이들의 관계에 대해서 상세하게 알려주고 있다.

Value of NUM_BLOCK[4:0]	Memory allocated when BL_SIZE=0	Memory allocated when BL_SIZE=1
0 ('00000')	Not allowed	32 bytes
1 ('00001')	2 bytes	64 bytes
2 ('00010')	4 bytes	96 bytes
3 ('00011')	6 bytes	128 bytes
...	...	...
15 ('01111')	30 bytes	512 bytes
16 ('10000')	32 bytes	N/A
17 ('10001')	34 bytes	N/A
18 ('10010')	36 bytes	N/A
...	...	...
30 ('11110')	60 bytes	N/A
31 ('11111')	62 bytes	N/A

(ST, RM0008, Reference manual, Table 142, Definition of allocated buffer memory)

Bits 9:0 COUNTn_RX[9:0]: Reception byte count

USB_EPnR register와 연관된 endpoint에 의해서 수신될 다음의 OUT/SETUP transaction의 바이트 수를 포함하고 있다.

Double-buffered이고, Isochronous OUT Endpoints는 2개의 USB_COUNTn_RX 레지스터를 가지고 있다. 각각 USB_COUNTn_RX_1과 USB_COUNTn_RX_0라고 부르고 아래의 그림과 같다.

31	30	29	28	27	26	25	24	23	22	21	20	19	18	17	16
BLSIZE_1	NUM_BLOCK_1[4:0]					COUNTn_RX_1[9:0]									
rw	rw	rw	rw	rw	rw	r	r	r	r	r	r	r	r	r	r
15	**14**	**13**	**12**	**11**	**10**	**9**	**8**	**7**	**6**	**5**	**4**	**3**	**2**	**1**	**0**
BLSIZE_0	NUM_BLOCK_0[4:0]					COUNTn_RX_0[9:0]									
rw	rw	rw	rw	rw	rw	r	r	r	r	r	r	r	r	r	r

7.9.8. 레지스터 설정 관련 예

위에서 살펴본 레지스터들이 실제 코드 상에서 어떻게 설정이 되어 있는지를 살펴보도록 한다.

```
void CustomHID_Reset(void) {
  /* Set Joystick_DEVICE as not configured */
  pInformation->Current_Configuration = 0;
  pInformation->Current_Interface = 0;/*the default Interface*/
  /* Current Feature initialization */
  pInformation->Current_Feature = CustomHID_ConfigDescriptor[7];
  SetBTABLE(BTABLE_ADDRESS);
  /* Initialize Endpoint 0 */
  SetEPType(ENDP0, EP_CONTROL);
  SetEPTxStatus(ENDP0, EP_TX_STALL);
  SetEPRxAddr(ENDP0, ENDP0_RXADDR);
  SetEPTxAddr(ENDP0, ENDP0_TXADDR);
  Clear_Status_Out(ENDP0);
  SetEPRxCount(ENDP0, Device_Property.MaxPacketSize);
  SetEPRxValid(ENDP0);

  /* Initialize Endpoint 1 */
  SetEPType(ENDP1, EP_INTERRUPT);
  SetEPTxAddr(ENDP1, ENDP1_TXADDR);
  SetEPRxAddr(ENDP1, ENDP1_RXADDR);
  SetEPTxCount(ENDP1, 2);
  SetEPRxCount(ENDP1, 2);
  SetEPRxStatus(ENDP1, EP_RX_VALID);
  SetEPTxStatus(ENDP1, EP_TX_NAK);

  bDeviceState = ATTACHED;
```

```
    /* Set this device to response on default address */
    SetDeviceAddress(0);
}
```

SetEPRxCount(ENDP0, Device_Property.MaxPacketSize); 부분만 따로 보면, ENDP0의 RX 관련 Count 설정을 하고 있다. 여기서 MaxPacketSize는 아래의 정의에 따라서 0x40으로 정의가 되어 있다.

```
DEVICE_PROP Device_Property = {
     CustomHID_init,
     CustomHID_Reset,
     CustomHID_Status_In,
     CustomHID_Status_Out,
     CustomHID_Data_Setup,
     CustomHID_NoData_Setup,
     CustomHID_Get_Interface_Setting,
     CustomHID_GetDeviceDescriptor,
     CustomHID_GetConfigDescriptor,
     CustomHID_GetStringDescriptor,
     0,
     0x40 /*MAX PACKET SIZE*/
  };
```

0x40은 decimal로 64를 가리킨다. 64는 memory block을 2 byte로 할 경우 최대로 가질 수 있는 용량인 62 bytes를 벗어난다. 그러므로 memory block을 32 byte로 하는 방식을 취해야 한다.

```
#define _SetEPRxCount(bEpNum,wCount) {₩
     uint32_t *pdwReg = _pEPRxCount(bEpNum); ₩
     _SetEPCountRxReg(pdwReg, wCount);₩
  }
void SetEPRxCount(uint8_t bEpNum, uint16_t wCount) {
  _SetEPRxCount(bEpNum, wCount);
}
```

SetEPRxCount는 _SetEPRxCount를 부르고 있고, _SetEPRxCount는 다시 _SetEPCountRxReg를 부르고 있다.

```
#define _BlocksOf32(dwReg,wCount,wNBlocks) {₩
     wNBlocks = wCount >> 5;₩
```

```
    if((wCount & 0x1f) == 0)₩
      wNBlocks--;₩
    *pdwReg = (uint32_t)((wNBlocks << 10) | 0x8000);₩
  }/* _BlocksOf32 */

#define _BlocksOf2(dwReg,wCount,wNBlocks) {₩
    wNBlocks = wCount >> 1;₩
    if((wCount & 0x1) != 0)₩
      wNBlocks++;₩
    *pdwReg = (uint32_t)(wNBlocks << 10);₩
  }/* _BlocksOf2 */

#define _SetEPCountRxReg(dwReg,wCount)   {₩
    uint16_t wNBlocks;₩
    if(wCount > 62){_BlocksOf32(dwReg,wCount,wNBlocks);}₩
    else {_BlocksOf2(dwReg,wCount,wNBlocks);}₩
  }/* _SetEPCountRxReg */
```

_SetEPCountRxReg는 넘겨진 count가 62보다 클 경우는 _BlocksOf32를 호출하고 있고, 그렇지 않을 경우는 _BlocksOf2를 호출한다. 우리의 경우는 _BlocksOf32가 호출될 것이다. 오른쪽 shift 5를 수행하는 것은 32로 나누어주는 것과 동일하다. 나눈 나머지를 구하는 것이 0x1F로 AND 연산을 한 것이고, 이것이 0이라면 표에서 볼 때 더 많은 블럭이 할당되기 때문에 1을 빼주어야 한다. 그 값을 해당 위치인 10비트 부분으로 보내기 위해 왼쪽 shift 10을 수행하면서 0x8000을 OR 연산을 통해서 최상위 비트를 1로 설정해 주어야 한다.

ADDRn_TX, ADDRn_RX 등의 레지스터들과 packet buffer와의 연관에 대해서 어떻게 연결이 되는 가에 대해서 대략적인 개념도를 그려놓은 것이 아래의 그림이다. 이것이 우리의 경우에는 구체적으로 어떻게 되는 지를 살펴보도록 한다.

```
  SetEPRxAddr(ENDP0, ENDP0_RXADDR);
  SetEPTxAddr(ENDP0, ENDP0_TXADDR);
  SetEPTxAddr(ENDP1, ENDP1_TXADDR);
  SetEPRxAddr(ENDP1, ENDP1_RXADDR);
```

위에서 보았던 코드 중에서 CustomHID_Reset 부분에서 위와 같이 설정이 되어 있다.

```
/* EP0  */ /* rx/tx buffer base address */
#define ENDP0_RXADDR            (0x18)
```

```
#define ENDP0_TXADDR            (0x58)
/* EP1   */ /* tx buffer base address */
#define ENDP1_TXADDR            (0x100)
#define ENDP1_RXADDR            (0x104)
```

end point 0와 1에 대한 주소는 위와 같이 설정이 되어 있다.

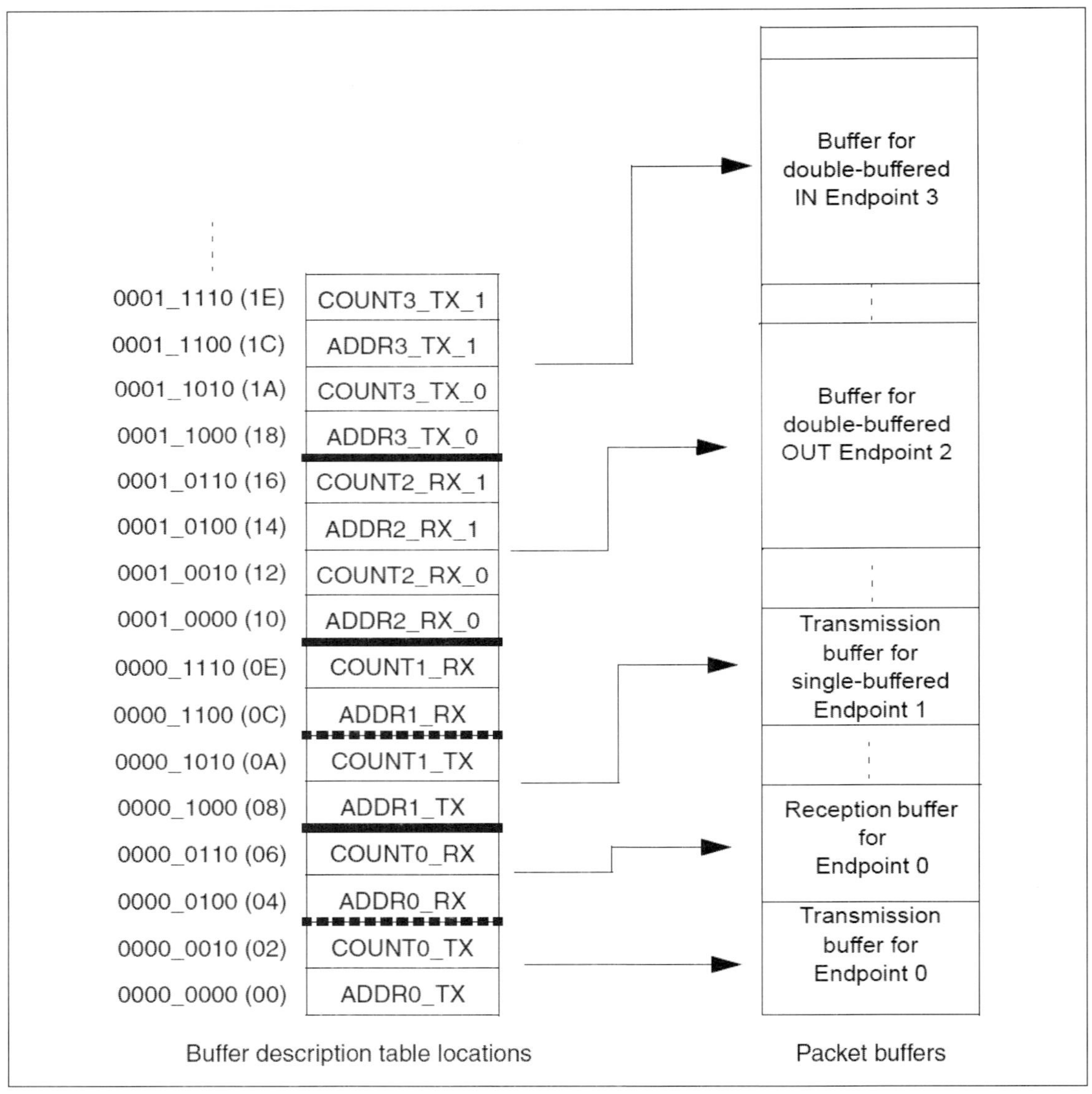

그림 7-16 packet buffer 개념도

(ST, RM0008, Reference manual, Figure 189, Packet buffer areas with examples of buffer description table locations)

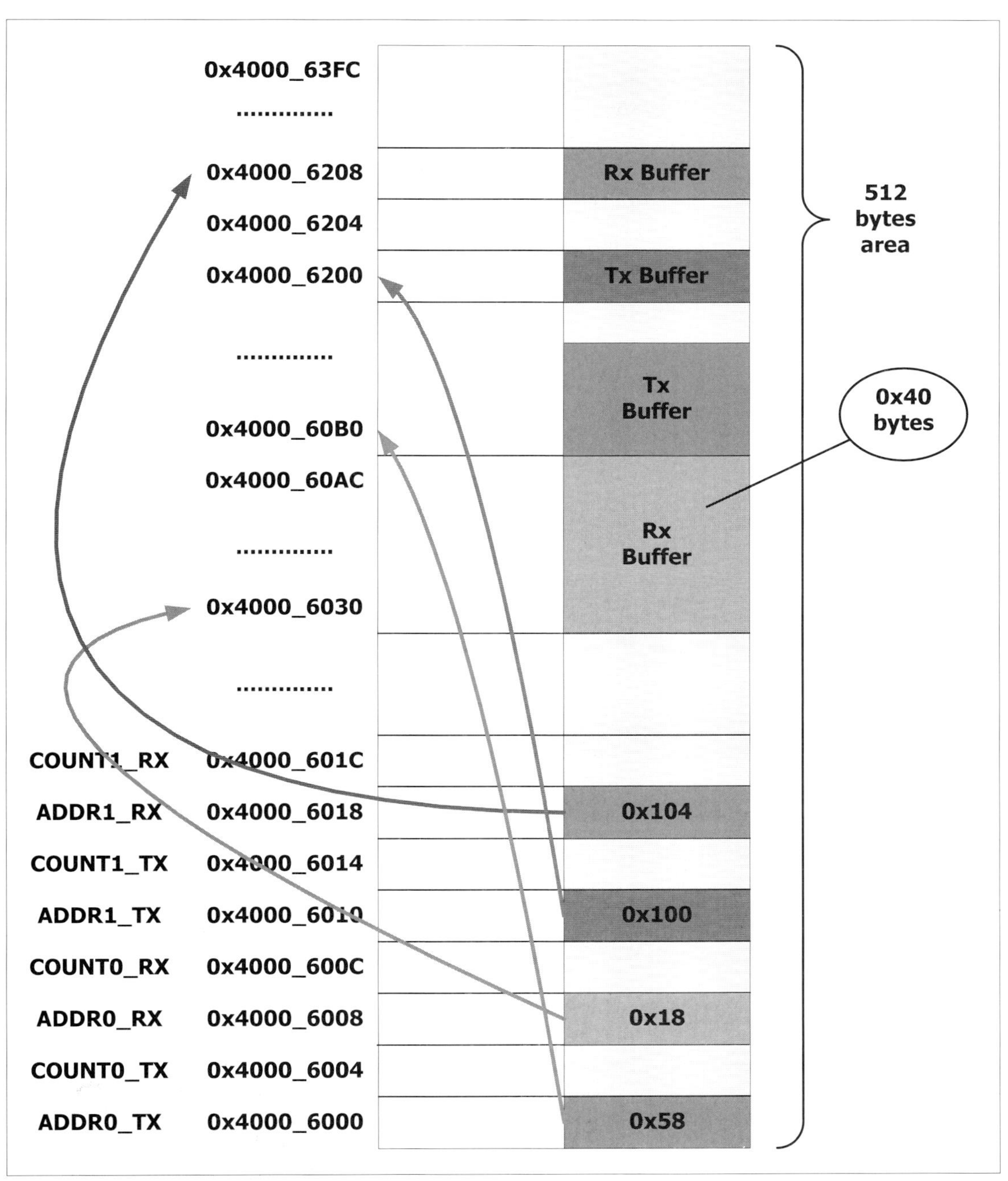

그림 7-17 packet buffer 코드 적용 내용

우리 코드 상에서의 적용된 모습을 그림으로 그린 것이 위의 그림이다.

8. RTOS porting

이 장에서는 Mango-Z1 보드에 FreeRTOS와 uCOS를 포팅하는 과정을 정리해 나갈 것이다. RTOS(Real Timer Operating System, 실시간 운영 체제)에 대한 이해가 없이도 따라해 가면서 RTOS에 대해서 이해해 갈 수 있도록 구성 하였다. STM32(Cortex-M3) 및 Mango-Z1 개발 환경 및 기초에 대해선 사전 지식이 필요하니 앞 장의 내용들을 먼저 숙지하기 바란다.

8.1. FreeRTOS porting

우리가 작업할 2가지의 RTOS 중에서 먼저 FreeRTOS에 대해서 해보도록 한다. RTOS의 이름에서부터 벌써 Free라는 말이 들어있는 것처럼 이것은 사용에 아무런 제약이 없는 오픈 소스 코드이다. 이를 통해 전반적인 동작에 대한 설명 및 STM32에 적용하는 내용에 대해서 공부를 수행할 것이다.

8.1.1. FreeRTOS 소스 다운로드

다음 링크에서 FreeRTOS 최신 소스를 받아온다.
http://sourceforge.net/projects/freertos/files/FreeRTOS/

파일을 다운로드 받으면 FreeRTOSV5.4.2.zip를 얻을 수 있다.

우리는 MStory2.0 폴더에 새롭게 RTOS.Porting이라는 폴더를 만들고 여기에서부터 차례로 작업을 수행해 나갈 것이다. 먼저 다운 받은 파일을 풀어보면 위 그림에서와 같이 4개의 디렉토리가 생성되어 있는 것을 볼수 있다. 이 중에서 Demo 폴더에는 무려 76개의 폴더가 들어있는 것을 발견할 수 있다.

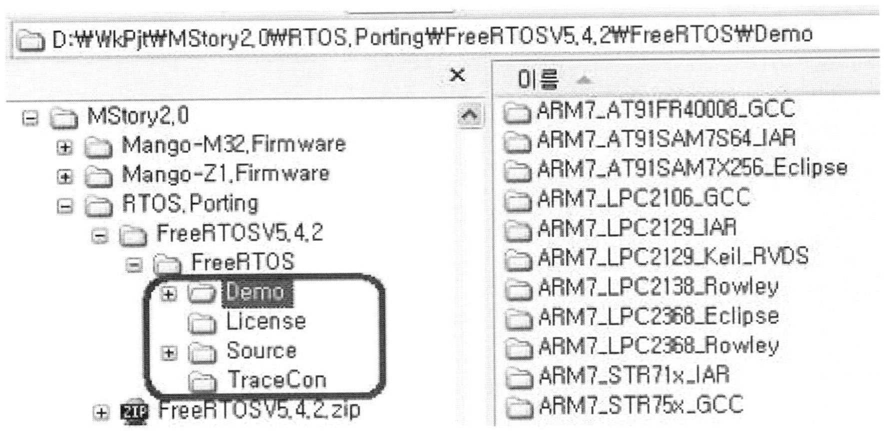

8.1.2. FreeRTOS 일반 설명

FreeRTOS는 다음과 같이 다양한 프로세서와 플랫폼에 포팅되어 있다. 또한 동일한 플랫폼에서 여러 가지 개발 툴들을 지원하고 있다. 우리가 사용하려는 Mango-Z1의 STM32(Cortex-M3)도 당연히 지원하고 있다. 다운 받은 파일이 26 Mbytes나 되는 것은 이러한 모든 아키텍처에 대한 것들이 모두 포함되어 있기 때문이다.

Altera	Supported processor families: Nios II, Supported tools: Nios II IDE with GCC
Atmel	Supported processor families: SAM3 (Cortex M3), SAM7 (ARM7), SAM9 (ARM9), AT91 and AVR32 UC3 Supported tools: IAR, GCC, Keil, Rowley CrossWorks
Freescale	Supported processor families: Coldfire V2, Coldfire V1, other Coldfire families, HCS12, PPC405 (Xilinx implementation) (small and banked memory models), plus contributed ports, Supported tools: Codewarrior, GCC, Eclipse
Fujitsu	Supported processor families: 32bit (for example MB91460) and 16bit (for example MB96340 16FX), Supported tools: Softune
Luminary Micro / Texas Instruments	Supported processor families: All Luminary Micro Cortex-M3 based Stellaris microcontrollers Supported tools: Keil, IAR, Code Red, CodeSourcery GCC, Rowley CrossWorks
Microchip	Supported processor families: PIC32, PIC24, dsPIC, (PIC18) Supported tools: MPLAB C32, MPLAB C30, (MPLAB C18 and wizC)
NEC	Supported processor families: V850 (32bit), 78K0R (16bit) Supported tools: IAR
NXP	Supported processor families: LPC1700 (Cortex M3), LPC2000 (ARM7) Supported tools: GCC, Rowley CrossWorks, IAR, Keil, Red Suite, Eclipse

Renesas	Supported processor families: H8/S plus contributed ports Supported tools: GCC, HEW (High Performance Embedded Workbench)
Silicon Labs [ex Cygnal]	Supported processor families: Super fast 8051 compatible microcontrollers. Supported tools: SDCC
ST	Supported processor families: STM32 (Cortex M3), STR7 (ARM7), STR9 (ARM9) Supported tools: IAR, GCC, Keil, Rowley CrossWorks
TI	Supported processor families: MSP430 Supported tools: Rowley CrossWorks, IAR, GCC
Xilinx	Supported processor families: PPC405 running on a Virtex4 FPGA, PPC440 running on a Virtex5 FPGA, Microblaze, Supported tools: GCC
x86	Supported processor families: Any x86 compatible running in Real mode only, plus a Win32 simulator, Supported tools: Open Watcom, Borland, Paradigm, plus Visual Studio for the WIN32 simulator

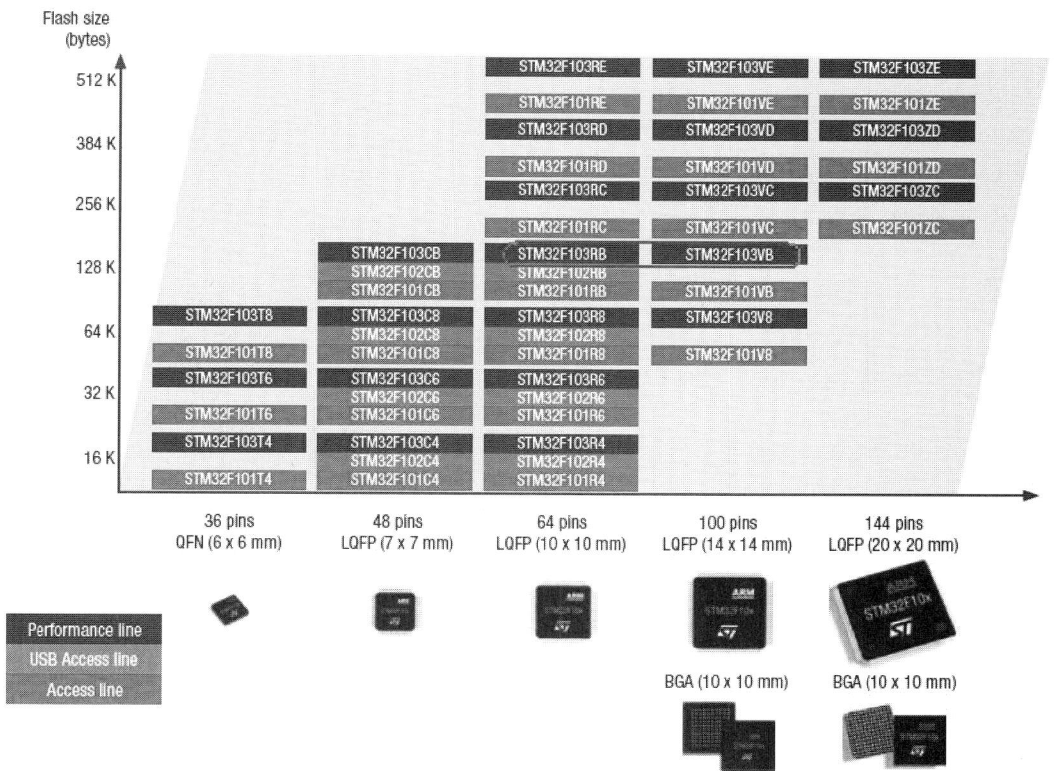

그림 8-1 STM32F10x Portfolio

FreeRTOS에는 이미 STM32 Cortex-M3를 지원하고 있고 소스는 STMicroelectronics의 evaluation board 기반으로 작업한 것이다. 이 보드는 STM32F103VB를 사용했는데, Mango-Z1의 STM32F103RB와 핀 개수 및 주변 장치에 차이가 있다. 이 부분들에 대한 변경 작업을 진행해야만 포팅 작업이 완료된다.

STM32F103VB와 STM32F103RB를 위 그림에서 찾을 수 있다. 모두 128 Kbytes의 flash memory를 탑재한 것이다. FreeRTOS 소스는 위에서 열거한 모든 프로세서와 미리 정의한 데모 프로그램의 소스를 포함하고 있다. 따라서, FreeRTOS 소스를 받아서 압축을 풀어보면 예상외로 많은 파일들을 포함하고 있다.

여기서는 우선 FreeRTOS의 소스 구조를 파악하고 포팅 작업에 필요한 소스들이 무엇인지 파악해 보도록 한다.

8.1.3. FreeRTOS 디렉토리 및 파일 설명

FreeRTOS의 디렉토리 구조는 아래와 같이 매우 간단하다.
다음과 같이 네 개의 서브 디렉토리가 있다.

- Demo: 각 CPU 별 데모 프로그램들.
- Source: RTOS 커널 소스
- License: 라이선스 문서 포함
- TraceCon: trace 유틸리티에 의해 저장된 바이너리 파일을 텍스트 파일로 변환시키는 프로그램

여기서 실제 소스 코드는 Demo, Source 디렉토리에 있는데 각각의 구성은 다음과 같다.

Source 디렉토리: RTOS source code directory

모든 프로세서에 공통으로 적용되는 다음 세 개의 파일과 두 개의 디렉토리가 있다.

- tasks.c
- queue.c
- list.c
- include₩
- portable₩

portable 디렉토리에는 CPU 코어 별로 고유한 코드들이 모여있다. 예를 들어, STM32(Cortex-M3)를 IAR 컴파일러를 사용하여 개발할 경우엔 FreeRTOS₩Source₩portable₩IAR₩ARM_CM3 에 있는 소스들을 사용하면 된다.

Demo 디렉토리: Demo application source code directory

모든 플랫폼의 데모 프로그램을 위한 소스로 구성된다. 여기서도 모두에 공통되는 소스는 Common 이라는 디렉토리로 따로 모아 놓았고 나머지는 FreeRTOS가 포팅 된 각각의 플랫폼을 위한 디렉토리가 존재한다. 예를 들어 STM32F103(Cortex-M3)을 IAR 컴파일러를 사용하여 개발한다면 FreeRTOS₩Demo₩CORTEX_STM32F103_IAR 디렉토리의 소스를 수정하면 된다. 우리 역시 이 부분의 코드를 수정해서 작업할 것이다.

이제 데모 프로그램과 관련 소스에 대해 알아보도록 한다. 이 부분이 MANGO-Z1에 포팅하는 대부분이 될 것이다.

FreeRTOS는 각종 프로세서와 보드에 포팅 되어 있는데 데모 프로그램은 각 보드에 포팅하여 간단한 예제를 돌리도록 구성되어 있다. 사실 미리 포팅 된 보드와 유사한 하드웨어의 경우 소스를 한 줄도 수정하지 않고도 바로 실행이 가능할 수 있다. 물론, 주변 장치는 다른 경우가 많기 때문에 드라이버를 수정하거나 추가해 주어야 한다. 또한, 보드의 활용에 맞게 응용프로그램을 만들고 필요한 태스크를 생성하는 것도 필요하다.

FreeRTOS 에서는 다음과 같은 이유로 미리 정한 데모 프로그램 및 프로젝트를 제공하고 있다.

- FreeRTOS 사용법을 익히는데 유익함
- 사용자가 원하는 새로운 응용을 만드는데 활용함

어쨌든 포팅하고자 하는 보드와 가장 유사한 데모 프로젝트를 선택하고 여기서부터 수정 및 보완하여 포팅을 진행하는 것이 좋다. FreeRTOS.org에서도 이런 방법을 권고하고 있다. 다음은 FreeRTOS.org에서 기존 보드의 데모 프로그램을 수정하여 자신의 타겟 보드로 포팅하도록 권고하는 방법이다.

- 첫 번째 단계: 기존의 데모 프로젝트에서 자신의 보드에 적합한 것을 골라 컴파일 해보도록 한다. 컴파일 환경만 다르지 않다면 대부분 빌드는 오류 없이 가능하다.

- 두 번째 단계: LED IO 까지만 확인한다. LED로 확인하는 게 가장 빠르고 쉽기 때문이다. partest.c 에 있는 LED 관련 함수들을 보드에 맞게 수정하면 된다. 그리고 main() 함수에서는 LED 테스트만 하도록 간단히 수정해서 해보는 것도 좋다.

- 세 번째 단계: LED 테스트가 끝나면 아주 간단한 멀티태스킹 응용프로그램을 돌려 보도록 한다. FreeRTOS.org에서는 대부분의 데모 프로젝트에 포함되어 있는 "flash test" 태스크를 돌려 보도록 하고 있다. "flash test" 태스크는 vStartLEDFlashTasks() 함수에 생성되는데 세 개의 간단한 태스크

들을 만들어 각각 다른 빈도로 LED를 toggle하도록 되어 있다. 다음과 같이 main() 함수를 간단히 만들어 확인하면 된다.

```
int main(void) {
    prvSetupHardware();
    vStartLEDFlashTasks( mainFLASH_TASK_PRIORITY );
    /* Start the scheduler */
    vTaskStartScheduler();
    /* Should never get here */
    return 0;
}
```

- 마지막 단계: 데모 프로그램을 모두 돌려본다. 주변 장치가 다른 부분이 있으면 수정해야 한다. UART나 LCD 등이 있으면 이를 통해 입출력을 확인해 보면 된다. 포팅이 완료되면 보드의 용도에 맞게 여러 응용프로그램을 만들고 태스크를 정의하여 시험하면 된다.

각 데모 프로그램은 몇 가지 실시간 태스크와 보조 함수들을 생성한다. 이 태스크들은 main.c에 있는 main() 함수에서 생성된다. main() 함수는 하드웨어를 초기화하고 태스크들을 생성하며 스케줄러를 시작한다.

모든 데모 프로젝트에는 Partest.c라는 LED 제어 관련 파일이 있다. 여기에는 LED를 On/Off 시키거나 toggle 시키는 함수들이 있다. 아마도 거의 대부분의 보드에 LED가 있고 보드를 테스트하는데 가장 쉽게 확인할 수 있는 부분이라 그런 것으로 생각된다. 따라서, main.c와 Partest.c 파일을 보드에 맞게 수정하면 최소한 LED를 통해 확인해 볼 수 있을 것이다.

다음은 대부분의 데모 프로젝트에 포함되는 주요 소스들이다.

File	Features Demonstrated
main.c	Starting/Stopping the kernel Using the trace visualization utility Allocation of priorities
dynamic.c	Passing parameters into a task Dynamically changing priorities Suspending tasks Suspending the scheduler
BlockQ.c	Inter-task communications Blocking on queue reads Blocking on queue writes

	Passing parameters into a task Pre-emption Creating tasks
ComTest.c	Serial communications Using queues from an ISR Using semaphores from an ISR Context switching from an ISR Creating tasks
CRFlash.c	Creating co-routines Using the index of a co-routine Blocking on a queue from a co-routine Communication between co-routines
CRHook.c	Creating co-routines Passing data from an ISR to a co-routine Tick hook function Co-routines blocking on queues
Death.c	Dynamic creation of tasks (at run time) Deleting tasks Passing parameters to tasks
Flash.c	Delaying Passing parameters to tasks Creating tasks
Flop.c	Floating point math Time slicing Creating tasks
Integer.c	Time slicing Creating tasks
PollQ.c	Inter-task communications Manually yielding processor time Polling a queue for space to write Polling a queue for space to read Pre-emption Creating tasks
Print.c	Queue usage
Semtest.c	Binary semaphores Mutual exclusion Creating tasks

8.1.4. MANGO-Z1 포팅 - Clock 설정

앞에서 살펴본 바와 같이 MANGO-Z1에 FreeRTOS를 포팅하려면 주로 다음의 소스를 참조하거나 수정하면 된다.

- FreeRTOS₩Source₩portable₩IAR₩ARM_CM3
- FreeRTOS₩Demo₩CORTEX_STM32F103_IAR

우선, 소스를 수정하기 전에 기존 소스를 빌드 해 보기로 한다. STM32(Cortex-M3) 데모 프로그램이 있는 FreeRTOS₩Demo₩CORTEX_STM32F103_IAR 디렉토리에 가서 RTOSDemo.eww 라는 IAR IDE Workspace 파일을 실행시킨다. 앞에서 IAR 개발 환경에 대해 자세히 설명해 놓았으니 참고하기 바란다.

프로젝트를 빌드 하면 FreeRTOS542₩Demo₩CORTEX_STM32F103_IAR₩Debug₩Exe 디렉토리에 RTOSDemo.out 파일과 RTOSDemo.hex 파일(혹은 RTOSDemo.bin, 설정에 따라서 달라질 수 있다. RTOSDemo.hex로 가정하고 설명할 것이다.)이 만들어진다. RTOSDemo.hex 파일을 Mango-Z1 보드에 다운로드 하여 실행하면 된다.

소스를 수정하지 않은 상태에선 어떤 결과도 볼 수 없을 것이다. Mango-Z1 보드가 FreeRTOS에 포팅된 ST의 EVB와 클럭 설정이 다르기 때문이다. 클럭 설정이 다르면 PLL 클럭이 ready 상태로 되지 못하여 더 이상 진행이 안 된다.

```
/* Wait till PLL is ready. */
while(RCC_GetFlagStatus(RCC_FLAG_PLLRDY) == RESET)
{
}
```

prvSetupHardware() 함수 중에서 위의 부분에서 넘어가지 못하는데 클럭 설정이 잘못되었기 때문이다.

<stm32f10x_conf.h>

```
// by crazyboy
// #define HSE_Value      ((u32)8000000) /* Value of the External oscillator in Hz*/
#define HSE_Value      ((u32)12000000) /* Value of the External oscillator in Hz*/
```

Mango-Z1 보드의 외부 크리스털은 12MHz로 ST 보드의 8MHz와 다른데, 가장 먼저 클럭 설정 부분을 수정해야 한다. 일단 위에서처럼 HSE_Value를 변경하여야 한다. 이것은 8M를 실제 크리스탈 클럭인 12M로 변경하는 것이다.

<main.c>

```
int main( void ) {
      prvSetupHardware();   // Clock 초기화
..... ..... ..... ..... ..... .....
```

main 함수에서는 처음 시작하자마자 prvSetupHardware() 함수를 부른다. 이것에서 대부분의 초기화 작업을 수행한다. 이 초기화 작업과 관련한 내용은 이전 장에서 충분히 습득되었을 것으로 믿는다.

```
static void prvSetupHardware( void ) {
..... ..... ..... ..... ..... .....
      // by crazyboy
      /* PLLCLK = 8MHz * 9 = 72 MHz. */
      // RCC_PLLConfig( RCC_PLLSource_HSE_Div1, RCC_PLLMul_9 );
      /* PLLCLK = 12MHz * 6 = 72 MHz */
      RCC_PLLConfig(RCC_PLLSource_HSE_Div1, RCC_PLLMul_6);
..... ..... ..... ..... ..... .....
```

시스템 클럭 초기화는 prvSetupHardware() 함수에서 수행되고 PLL 클럭을 초기화하는 부분은 위와 같다.

RCC_PLLSource_HSE_Div1가 의미하는 것은 PLL 클럭의 소스로 무엇을 사용할 것인지를 결정하는 것이다. HSE라고 적혀있고 이것은 외부의 크리스탈을 의미하는 것이다. 우리는 위에서 외부의 크리스탈이 12M인 것을 알았다. 우리가 만들려는 값은 72 MHz이고 이것을 만들기 위해서 곱해주어야 하는 값은 6이 되는 것이다.

RCC_PLLConfig() 함수는 클럭 설정 레지스터(Clock configuration Register, RCC_CFGR)의 PLL Source와 PLL multiplication factor을 지정한다. RCC_PLLSource_HSE_Div1 인수는 클럭 소스가 HSE이고 divide하지 않는다는 의미이고, RCC_PLLMul_6는 PLL 입력 클럭에 6배수(x6)하여 출력 클럭을 만든다는 의미이다. 따라서, HSE 클럭 12MHz x 6 에 의해 72MHz PLL 클럭 설정이 되는 것이다.

8.1.5. MANGO-Z1 포팅 - GPIO 설정

망고 Z1의 LED는 GPIO Port B #9 (RED - LED1), #5 (Yellow - LED2), #8 (BLUE - LED3)이다. 이에 맞도록 GPIO에 대한 설정 작업을 수행해야 한다.

LED 관련 함수들은 FreeRTOS₩Demo₩CORTEX_STM32F103_IAR₩ParTest 디렉토리의 ParTest.c에 있다.

- PB.05 – Yellow LED
- PB.08 – Blue LED
- PB.09 – Red LED

```
#define partstMAX_OUTPUT_LED        ( 3 )      //       LED 3 EA
#define partstFIRST_LED         GPIO_Pin_5     //       첫 번째 LED

static unsigned portSHORT usOutputValue = 0;

void vParTestInitialise( void ) {
    GPIO_InitTypeDef GPIO_InitStructure;

    /* Configure PB.05, PB.08 and PB.09 as output push-pull */
    GPIO_InitStructure.GPIO_Pin =   GPIO_Pin_5 | GPIO_Pin_8 | GPIO_Pin_9;
    GPIO_InitStructure.GPIO_Mode = GPIO_Mode_Out_PP;
    GPIO_InitStructure.GPIO_Speed = GPIO_Speed_50MHz;
    GPIO_Init( GPIOB, &GPIO_InitStructure );
}
```

기존의 ParTest.c에는 GPIOC로 되어있는데 소스에서 이 부분도 모두 GPIOB로 수정하도록 한다. 또한, 기존 소스는 LED가 특정 GPIO 포트에 연속된 핀으로 연결되었다고 가정하여 코딩 되었는데, 이 부분도 아래와 같이 수정해 주어야 한다.

```
수정 전,
usBit = partstFIRST_LED << uxLED;

수정 후, PB5 다음이 PB8, shift
if (uxLED == 0)
    usBit = partstFIRST_LED << uxLED;
else
    usBit = partstFIRST_LED << (uxLED + 2);
```

partstFIRST_LED가 #5번으로 설정되어 있고, 넘겨진 argument인 uxLED 값이 0인 경우에는 #5를 그대로 설정하면 되고, 1인 경우는 거기에 2를 더해서 3을 shift를 해주어야 한다. 결국 #5번에 해당하는 비트가 1이었는데 이것을 3 만큼 왼쪽으로 shift해서 8을 만들어주고 있는 것이다. 이와 동일하게 2를 주어서 함수를 호출하였을 경우에는 거기에 2를 더해서 4를 shift하는 것이고, 결국 #9번 핀을 제어하게 되는 것이다.

```
void vParTestSetLED( unsigned portBASE_TYPE uxLED, signed portBASE_TYPE xValue ) {
unsigned portSHORT usBit;

        vTaskSuspendAll();
        {
                if( uxLED < partstMAX_OUTPUT_LED ) {
                        if (uxLED == 0)
                                usBit = partstFIRST_LED << uxLED;
                        else
                                usBit = partstFIRST_LED << (uxLED + 2);
                        if( xValue == pdFALSE ) {
                                usBit ^= ( unsigned portSHORT ) 0xffff;
                                usOutputValue &= usBit;
                        } else {
                                usOutputValue |= usBit;
                        }
                        GPIO_Write( GPIOB, usOutputValue );
                }
        }
        xTaskResumeAll();
}
```

이상의 수정 사항을 반영하여 LED를 On/Off 시키는 함수를 위와 같이 수정한다. 또한 아래와 같이 toggle 시키는 함수를 다음과 같이 수정한다.

```
void vParTestToggleLED( unsigned portBASE_TYPE uxLED ) {
unsigned portSHORT usBit;

        vTaskSuspendAll();
        {
                if( uxLED < partstMAX_OUTPUT_LED ) {
                        if (uxLED == 0)
                                usBit = partstFIRST_LED << uxLED;
                        else
                                usBit = partstFIRST_LED << (uxLED + 2);
                        if( usOutputValue & usBit ) {
                                usOutputValue &= ~usBit;
                        } else {
```

```
                    usOutputValue |= usBit;
                }
                GPIO_Write( GPIOB, usOutputValue );
            }
        }
        xTaskResumeAll();
}
```

8.1.6. MANGO-Z1 포팅 - main() 함수 변경

main() 함수에서 LED만 테스트 하도록 해보고 다음으로 태스크를 3개 생성해서 멀티태스킹을 확인해 보도록 한다. LED만을 테스트하기 위해선 main()을 다음과 같이 간단히 수정하면 된다. LED 테스트만을 위해서 main() 함수를 다음과 같이 만들어보자.

```
static void tdelay(int cnt) {
        volatile int i;
        for (i = 0; i < cnt * 10000; i++);
}

int main( void ) {
        prvSetupHardware();                 // Clock 초기화
        vParTestInitialise();           // LED GPIO 포트 초기화

        while(1) {      // LED를 차례로 점별시킴
                vParTestToggleLED(0);
                tdelay(100);
                vParTestToggleLED(1);
                tdelay(100);
                vParTestToggleLED(2);
                tdelay(100);
        }
}
```

위 소스는 세 개의 LED를 주기적으로 On/Off 한다. 이것은 FreeRTOS의 실시간 커널 기능을 사용하지 않고 단순히 LED 점멸을 통한 동작 확인만을 위한 것이다. 부팅 및 CPU 코어 초기화, 개발 환경 등에 문제가 없는지 점검하기 위한 것이다. 이미지를 새로 빌드하여 보드에 다운로드 및 실행해 보면 Mango-Z1 보드의 LED 세 개가 차례로 점멸하는 것을 확인할 수 있다.

이제 FreeRTOS의 첫 단계를 지났고 실시간 커널의 기능을 확인해 보도록 하자. 실시간 커널의 주요 기능인 태스크 관리와 스케줄링을 테스트해 보기 위해 다음과 같이 main() 함수를 수정한다.

```
int main( void ) {
        prvSetupHardware();                    // Clock 초기화
        vParTestInitialise();           // LED GPIO 포트 초기화

        // 세 개의 LED 테스크를 생성함
        vStartLEDFlashTasks( mainFLASH_TASK_PRIORITY );
        /* Start the scheduler. */
        vTaskStartScheduler();
}
```

세 개의 LED에 대해 각각에 하나의 태스크를 실행하여 LED를 점멸해 보도록 한다. 즉, 태스크를 세 개 생성하고 각각의 태스크는 자기에게 할당된 LED를 주기적으로 점멸시킨다. 또한, LED 점멸 주기를 각각 다르게 하여 육안으로 확인할 수 있도록 한다. LED 태스크를 생성하는 부분은 FreeRTOS₩Demo₩Common₩Minimal 디렉토리의 Flash.c 파일에 있다.

```
void vStartLEDFlashTasks( unsigned portBASE_TYPE uxPriority ) {
signed portBASE_TYPE xLEDTask;
        /* Create the three tasks. */
        for( xLEDTask = 0; xLEDTask < ledNUMBER_OF_LEDS; ++xLEDTask ) {
                /* Spawn the task. */
                xTaskCreate( vLEDFlashTask, ( signed portCHAR * ) "LEDx", ledSTACK_SIZE,
                        NULL, uxPriority, ( xTaskHandle * ) NULL );
        }
}
```

위 함수는 LED 개수 (ledNUMBER_OF_LEDS) 만큼 태스크를 만들어 실행시킨다.

FreeRTOS에서 태스크 생성은 xTaskCreat() API 를 이용하는데 태스크 생성 관련 API 들은 다음과 같다. 참고로 태스크 관련 함수들은 모두 FreeRTOS₩Source₩Tasks.c 파일에 있다.

xTaskCreate : 태스크를 생성하고 태스크 리스트에 추가하여 실행할 준비를 한다.

```
portBASE_TYPE xTaskCreate( pdTASK_CODE pvTaskCode,
                        const portCHAR * const pcName, unsigned portSHORT usStackDepth,
                        void *pvParameters, unsigned portBASE_TYPE uxPriority,
```

```
                         xTaskHandle *pvCreatedTask );
```

xTaskCreate 함수의 argument들을 살펴보면 아래와 같다.

portBASE_TYPE - return value

먼저 return 값에 대해서 먼저 알아보도록 하자.

```
#define portBASE_TYPE        long
```

portBASE_TYPE은 단순하게 long으로 정의되어 있는 type이다. 여기에 특정한 숫자를 넣어서 return 해 줄 것이다.

```
#define pdPASS    ( 1 )
#define errCOULD_NOT_ALLOCATE_REQUIRED_MEMORY   ( -1 )
```

위 내용은 FreeRTOS₩Source₩include₩projdefs.h 파일에 정의되어 있는 것이다. xTaskCreate가 return 해주는 값은 위의 2가지 중의 하나이다. pdPASS가 return되었을 경우는 이상 없이 task 생성 작업을 완수한 것이고, errCOULD_NOT_ALLOCATE_REQUIRED_MEMORY가 return되면 memory가 부족해서 정상적으로 task 생성 작업을 하지 못했다는 것을 의미한다. xTaskCreate 함수의 에러 상황은 이것 한가지 뿐이다.

pdTASK_CODE pvTaskCode

```
typedef void (*pdTASK_CODE)( void * );
```

이것은 정의에서 보듯 함수 포인터이다. 즉 생성하는 task 의 주된 동작을 위한 함수를 포인터로 전달해 주는 것이다. FreeRTOS 는 이 함수에 대한 포인터 부분에서 재미있는 방법을 사용한다. 이것은 뒤에서 자세하게 설명을 할 것이다.

const portCHAR * const pcName

이것은 단순하게 생성하는 task 의 이름을 지정하는 부분이다. 우리의 경우는 "LEDx"라고 이름을 붙여주었다. ledNUMBER_OF_LEDS 숫자만큼 task 를 생성하는데 이들의 이름은 모두 같은 것으로 설정하였다. 이것은 특별히 문제가 되지는 않는다. 이름은 단순히 구분을 위한 정보로 가지고 있는 것일 뿐 OS 입장에서 task 를 구분하는 용도로 사용하는 것은 아니기 때문에 같은 이름을 주어서 생성해도 된다.

unsigned portSHORT usStackDepth

이것은 생성되는 task의 stack에 대한 크기를 전달해주는 부분이다.

```
#define configMINIMAL_STACK_SIZE          ( ( unsigned portSHORT ) 128 )
#define ledSTACK_SIZE                     configMINIMAL_STACK_SIZE
```

ledSTACK_SIZE 를 넘겨주었는데 이 값은 128 로 정의되어 있다. 128 은 128 바이트를 의미하는 것이고, stack 의 크기로 너무 작지 않을까라는 생각을 할 수도 있는데 우리가 만드는 프로그램은 단순히 LED 를 하나 깜빡거리는 정도의 일만 수행하기 때문에 이 정도의 크기도 충분하다.

모든 task 는 자신의 stack 을 따로 관리하게 되고, 이 stack 에 대한 설정은 매우 중요한 부분이 되겠다. task 가 하는 일의 내용이나 분량에 따라서 가지고 있어야 하는 stack 의 크기는 다를 수밖에 없다. 이 부분이 주의 깊게 설계되어야 한다. 너무 많은 stack 의 크기를 잡을 경우 task 의 생성에 있어서나 동작 상황에서 다른 task 들의 메모리 사용에 제한이 될 수도 있고, 너무 적은 stack 의 크기는 task 동작을 심하게 문제가 되게 할 수도 있고, 때로는 알수 없는 오류에 빠져서 시스템이 멈출 수도 있다. 매우 주의를 요하는 부분이라 할 수 있다.

void *pvParameters

이것은 생성되는 task 에 생성 시점에 parameter 로 넘겨주는 데이타를 적어줄 수 있는 부분이다. 특별히 넘겨줄 데이타가 없는 경우는 NULL 로 처리하여도 된다. 우리의 경우도 NULL 로 처리하고 있다.

unsigned portBASE_TYPE uxPriority

```
#define configMAX_PRIORITIES              ( ( unsigned portBASE_TYPE ) 5 )
#define tskIDLE_PRIORITY                  ( ( unsigned portBASE_TYPE ) 0 )
#define mainFLASH_TASK_PRIORITY    ( tskIDLE_PRIORITY + 1 )
```

OS에 있어서 가장 중요한 부분 중의 하나는 priority와 관련한 사항일 것이다. FreeRTOS에서의 priority 부분은 상당히 단순한 편이다. 위에서 이에 대한 정의를 소스에서 가져와서 기술하고 있다. 가장 높은 우선순위를 갖는 것은 큰 수치를 갖는 값이다. 숫자 값이 낮을수록 낮은 우선순위를 갖는다. idle task가 가장 낮은 우선순위를 가지고 있으며 그 값은 0이다.

우리는 mainFLASH_TASK_PRIORITY를 주어서 3개의 LED task를 만들고 있으며 이것의 우선순위는 1이다. 3개의 task가 모두 같은 우선순위를 갖는 것으로 만들었다.

xTaskHandle *pvCreatedTask

```
typedef void * xTaskHandle;
```

이것은 task에 대한 handle 값을 넘겨주는 값이다. 이것은 아래와 같이 활용될 수 있다.

```
void vOtherFunction( void ) {
 static unsigned char ucParameterToPass;
 xTaskHandle xHandle;

      // Create the task, storing the handle.
      xTaskCreate( vTaskCode, "NAME", STACK_SIZE, &ucParameterToPass,
                         tskIDLE_PRIORITY, &xHandle );

      // Use the handle to delete the task.
      vTaskDelete( xHandle );
}
```

나중에 vTaskDelete 함수를 통해서 만들어진 task를 삭제할때 handle 값으로 넘겨주게 된다. 만약에 task를 삭제할 필요가 없는 경우라면 굳이 handle 값을 넘겨주지 않아도 된다. 물론 이 handle값은 삭제 이외에도 여러가지 용도로 사용이 가능한 것이다. task의 priority 값을 설정하거나 읽어올 수도 있고, task를 suspend 시키거나 resume 등의 동작을 수행할 때도 사용할 수 있다. 우리의 경우는 특별히 이에 대한 동작이 필요 없는 무척 단순한 형태이기 때문에 NULL을 주었다. vTaskDelete를 호출하는 상황에서 만약 NULL을 주게 되면 현재 태스크를 소멸시키게 된다.

아래의 함수는 portTASK_FUNCTION이라는 이름을 가진 함수처럼 보인다. 하지만 이 함수의 이름은 vLEDFlashTask이다. 이에 대해서는 뒤에서 자세히 설명하도록 한다. 우리가 만든 LED task의 main 함수가 바로 이 vLEDFlashTask이다.

```
static portTASK_FUNCTION( vLEDFlashTask, pvParameters ) {
portTickType xFlashRate, xLastFlashTime;
unsigned portBASE_TYPE uxLED;
          ( void ) pvParameters; /* The parameters are not used. */

          /* Calculate the LED and flash rate. */
          portENTER_CRITICAL();
          {
                    /* See which of the eight LED's we should use. */
```

```
            uxLED = uxFlashTaskNumber;
            /* Update so the next task uses the next LED. */
            uxFlashTaskNumber++;
        }
        portEXIT_CRITICAL();

        xFlashRate = ledFLASH_RATE_BASE + ( ledFLASH_RATE_BASE * ( portTickType ) uxLED );
        xFlashRate /= portTICK_RATE_MS;

        /* We will turn the LED on and off again in the delay period, so each
        delay is only half the total period. */
        xFlashRate /= ( portTickType ) 2;

        /* We need to initialise xLastFlashTime prior to the first call to
        vTaskDelayUntil(). */
        xLastFlashTime = xTaskGetTickCount();

        for(;;) {
            /* Delay for half the flash period then turn the LED on. */
            vTaskDelayUntil( &xLastFlashTime, xFlashRate );
            vParTestToggleLED( uxLED );

            /* Delay for half the flash period then turn the LED off. */
            vTaskDelayUntil( &xLastFlashTime, xFlashRate );
            vParTestToggleLED( uxLED );
        }
}
```

LED 태스크들은 vLEDFlashTask() 함수를 차례로 수행한다. 우선, 자신에게 할당될 LED 번호를 uxFlashTaskNumber 변수의 현재 값을 지정하고 1씩 증가 시켜 다음에 생성될 태스크가 다음 LED 번호를 할당 받을 수 있도록 한다. 그리고 점멸하는 빈도를 자신이 할당 받은 LED 번호(uxLED)에 연관하여 주기를 계산한다. 일반적으로 태스크들은 무한루프에서 이벤트를 기다리거나 주기적인 작업을 위해 sleep/wakeup을 반복하는데 여기서도 vTaskDelayUntil() 함수를 호출하여 일정기간 정지 후, LED On/Off를 반복한다.

8.1.7. 실행 결과

우리가 만든 LED task들의 동작은 무척 단순하다. 주기적으로 각각의 LED들을 켰다가 껐다가 하는 동작을 반복하게 된다. 여기서는 우리가 만든 프로그램이 아닌 기본적으로 제공하는 아래의 main 함수를 빌드해서 돌려보기로 한다.

vParTestInitialise() 함수는 원래 prvSetupHardware()의 마지막 부분에서 호출되게 되어 있는 것이었다. 우리는 이 함수를 그곳에서 수행하도록 하지 않고 따로 main 함수에서 호출하도록 변경하였다. 프로그램 내용 상에서는 달라진 부분이 없지만 보다 확실하게 이해할 수 있도록 하기 위함이다.

```
int main( void ) {
    prvSetupHardware();
    vParTestInitialise();   // by crazyboy

    /* Create the queue used by the LCD task. */
    xLCDQueue = xQueueCreate( mainLCD_QUEUE_SIZE, sizeof( xLCDMessage ) );

    /* Start the standard demo tasks. */
    vStartBlockingQueueTasks( mainBLOCK_Q_PRIORITY );
    vCreateBlockTimeTasks();
    vStartSemaphoreTasks( mainSEM_TEST_PRIORITY );
    vStartPolledQueueTasks( mainQUEUE_POLL_PRIORITY );
    vStartIntegerMathTasks( mainINTEGER_TASK_PRIORITY );
    vStartLEDFlashTasks( mainFLASH_TASK_PRIORITY );
    vAltStartComTestTasks( mainCOM_TEST_PRIORITY,
                           mainCOM_TEST_BAUD_RATE, mainCOM_TEST_LED );

    /* Start the tasks defined within this file/specific to this demo. */
    xTaskCreate( vCheckTask, ( signed portCHAR * ) "Check", mainCHECK_TASK_STACK_SIZE,
                 NULL, mainCHECK_TASK_PRIORITY, NULL );
    xTaskCreate( vLCDTask, ( signed portCHAR * ) "LCD", configMINIMAL_STACK_SIZE,
                 NULL, tskIDLE_PRIORITY, NULL );

    /* The suicide tasks must be created last as they need to know how many
     tasks were running prior to their creation in order to ascertain whether
     or not the correct/expected number of tasks are running at any given time. */
    vCreateSuicidalTasks( mainCREATOR_TASK_PRIORITY );

    /* Configure the timers used by the fast interrupt timer test. */
    vSetupTimerTest();
```

```
    /* Start the scheduler. */
    vTaskStartScheduler();

    /* Will only get here if there was not enough heap space to create the idle task. */
    return 0;
}
```

vTaskStartScheduler()가 호출됨으로 인해서 OS의 동작이 시작되는 것이다. 그 이후로는 아래에 있는 return 0는 수행되지 않을 것이다. 다만 OS가 동작되는 중에 heap 공간 등의 부족 상황이 발생한다던가 하는 심각한 상황에 처했을 때 return이 일어날 수 있을 것이다.

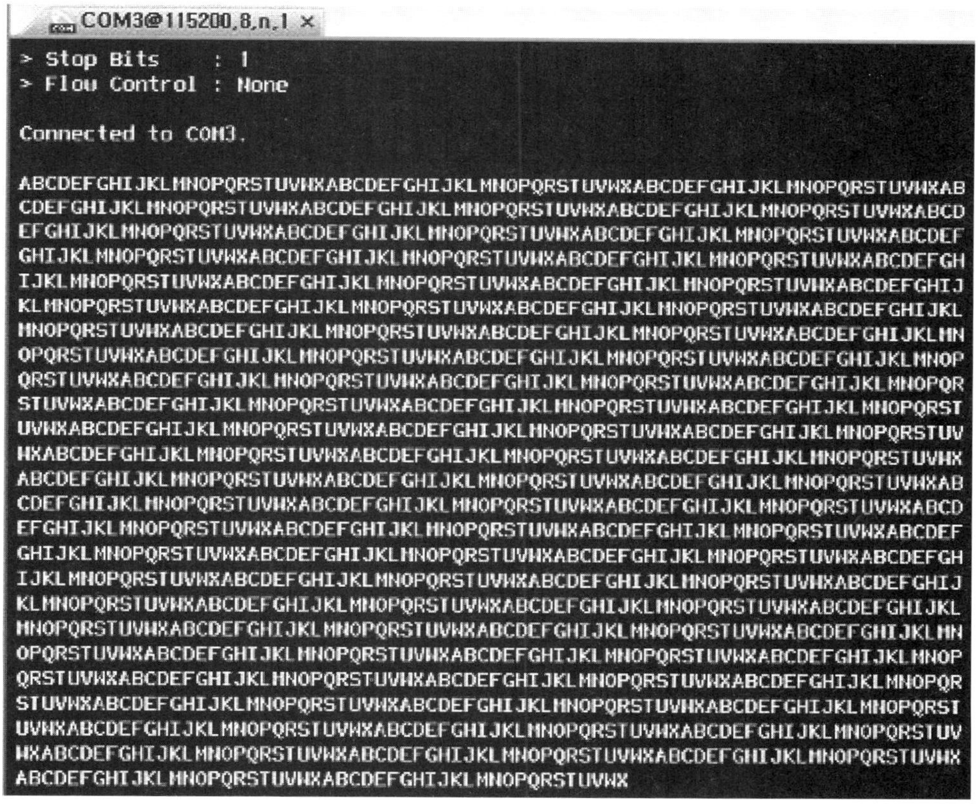

```
COM3@115200,8,n,1 ×
> Stop Bits     : 1
> Flow Control  : None

Connected to COM3.

ABCDEFGHIJKLMNOPQRSTUVWXABCDEFGHIJKLMNOPQRSTUVWXABCDEFGHIJKLMNOPQRSTUVWXAB
CDEFGHIJKLMNOPQRSTUVWXABCDEFGHIJKLMNOPQRSTUVWXABCDEFGHIJKLMNOPQRSTUVWXABCD
EFGHIJKLMNOPQRSTUVWXABCDEFGHIJKLMNOPQRSTUVWXABCDEFGHIJKLMNOPQRSTUVWXABCDEF
GHIJKLMNOPQRSTUVWXABCDEFGHIJKLMNOPQRSTUVWXABCDEFGHIJKLMNOPQRSTUVWXABCDEFGH
IJKLMNOPQRSTUVWXABCDEFGHIJKLMNOPQRSTUVWXABCDEFGHIJKLMNOPQRSTUVWXABCDEFGHIJ
KLMNOPQRSTUVWXABCDEFGHIJKLMNOPQRSTUVWXABCDEFGHIJKLMNOPQRSTUVWXABCDEFGHIJKL
MNOPQRSTUVWXABCDEFGHIJKLMNOPQRSTUVWXABCDEFGHIJKLMNOPQRSTUVWXABCDEFGHIJKLMN
OPQRSTUVWXABCDEFGHIJKLMNOPQRSTUVWXABCDEFGHIJKLMNOPQRSTUVWXABCDEFGHIJKLMNOP
QRSTUVWXABCDEFGHIJKLMNOPQRSTUVWXABCDEFGHIJKLMNOPQRSTUVWXABCDEFGHIJKLMNOPQR
STUVWXABCDEFGHIJKLMNOPQRSTUVWXABCDEFGHIJKLMNOPQRSTUVWXABCDEFGHIJKLMNOPQRST
UVWXABCDEFGHIJKLMNOPQRSTUVWXABCDEFGHIJKLMNOPQRSTUVWXABCDEFGHIJKLMNOPQRSTUV
WXABCDEFGHIJKLMNOPQRSTUVWXABCDEFGHIJKLMNOPQRSTUVWXABCDEFGHIJKLMNOPQRSTUVWX
ABCDEFGHIJKLMNOPQRSTUVWXABCDEFGHIJKLMNOPQRSTUVWXABCDEFGHIJKLMNOPQRSTUVWXAB
CDEFGHIJKLMNOPQRSTUVWXABCDEFGHIJKLMNOPQRSTUVWXABCDEFGHIJKLMNOPQRSTUVWXABCD
EFGHIJKLMNOPQRSTUVWXABCDEFGHIJKLMNOPQRSTUVWXABCDEFGHIJKLMNOPQRSTUVWXABCDEF
GHIJKLMNOPQRSTUVWXABCDEFGHIJKLMNOPQRSTUVWXABCDEFGHIJKLMNOPQRSTUVWXABCDEFGH
IJKLMNOPQRSTUVWXABCDEFGHIJKLMNOPQRSTUVWXABCDEFGHIJKLMNOPQRSTUVWXABCDEFGHIJ
KLMNOPQRSTUVWXABCDEFGHIJKLMNOPQRSTUVWXABCDEFGHIJKLMNOPQRSTUVWXABCDEFGHIJKL
MNOPQRSTUVWXABCDEFGHIJKLMNOPQRSTUVWXABCDEFGHIJKLMNOPQRSTUVWXABCDEFGHIJKLMN
OPQRSTUVWXABCDEFGHIJKLMNOPQRSTUVWXABCDEFGHIJKLMNOPQRSTUVWXABCDEFGHIJKLMNOP
QRSTUVWXABCDEFGHIJKLMNOPQRSTUVWXABCDEFGHIJKLMNOPQRSTUVWXABCDEFGHIJKLMNOPQR
STUVWXABCDEFGHIJKLMNOPQRSTUVWXABCDEFGHIJKLMNOPQRSTUVWXABCDEFGHIJKLMNOPQRST
UVWXABCDEFGHIJKLMNOPQRSTUVWXABCDEFGHIJKLMNOPQRSTUVWXABCDEFGHIJKLMNOPQRSTUV
WXABCDEFGHIJKLMNOPQRSTUVWXABCDEFGHIJKLMNOPQRSTUVWXABCDEFGHIJKLMNOPQRSTUVWX
ABCDEFGHIJKLMNOPQRSTUVWXABCDEFGHIJKLMNOPQRSTUVWX
```

화면에 위와 같이 출력되는 것을 볼 수 있다. LED의 동작과 함께 화면에 출력하는 동작도 모두 task 들을 통해서 이루어지고 있는 것이다.

8.1.8. 참고 사항 - Compiler option

컴파일러 옵션 중에 아래 사항이 있다.

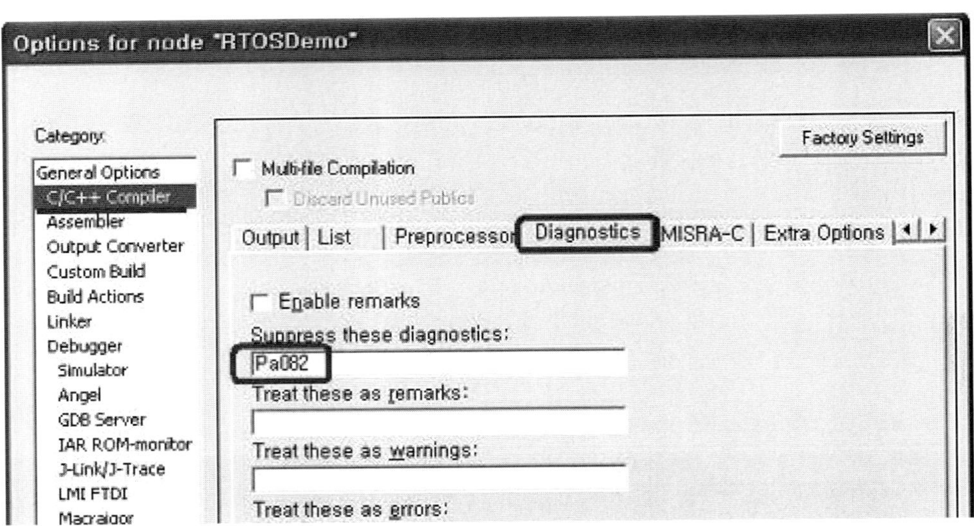

만약 여기서 Pa082를 삭제하고 빌드를 하게 되면 아래와 같은 에러를 만나게 된다.

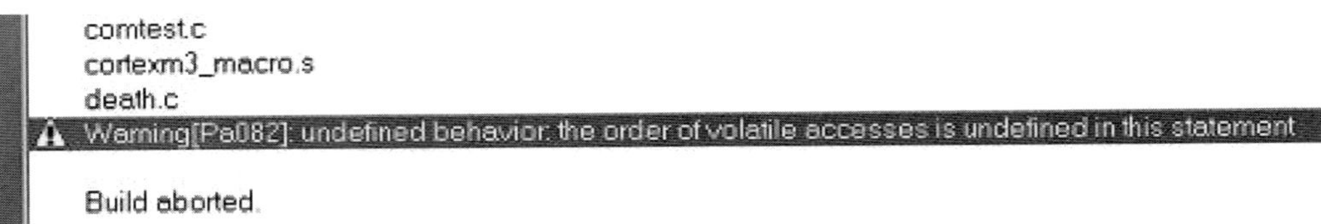

이것은 volatile로 정의된 변수들의 access 순서로 인해서 발생하는 에러이다.

```
static portTASK_FUNCTION( vSuicidalTask, pvParameters )
{
volatile portLONG l1, l2;
..... ..... ..... ..... ..... .....
                    /* Do something random just to use some stack and registers. */
                    l1 = 2;
                    l2 = 89;
                    l2 *= l1;
..... ..... ..... ..... ..... .....
```

l1과 l2는 모두 volatile로 정의가 되어 있다. 그런데 이들 변수에 대해서 l2 *= l1; 문장을 처리하기 위해서 컴파일러가 순서 상에서 고민을 하게 된다. l2 *= l1;는 풀어서 써보면 l2 = l2 * l1;이 된다. l2 * l1를 읽어서 값을 계산해야 하는데 컴파일러 입장에서 l1을 먼저 읽을 것인지 l2를 먼저 읽을 것인지 알수 없게 된다. 어느 것을 먼저 읽던 그게 무슨 상관일까 하고 생각하기 쉽겠지만 컴파일러는 이들

변수가 volatile로 선언되어 있기 때문에 읽는 행동에 대해서 고민을 하게 되는 것이다.

volatile이라는 것은 언제든 값이 바뀔 수 있는 것들에 선언을 하는 것이고, 언제든 값이 바뀔 수 있다는 의미는 Write 뿐만 아니라 Read에도 적용되는 것이다. 즉, I1을 읽는 행동 자체가 I2의 값을 변경시키는 영향을 끼칠 수도 있는 것이다. 그렇다면 I1을 먼저 읽는 것과 I2를 먼저 읽는 것은 전혀 다른 결과를 얻을 수 있는 것이다. 컴파일러는 이를 판단할 수 없다고 말하고 있는 것이다.

물론 이것은 우리가 어떤 것을 먼저 읽으라는 것을 명확하게 알려줄 수도 있다. 코드를 변경해서 temporary 변수를 만들어서 I1이나 I2의 값을 임시로 저장해 두고 이를 이용해서 계산을 하도록 변경할 수도 있다. 하지만 이러한 것들이 큰 의미가 없을 경우에 컴파일러 옵션에서 이것을 warning으로 처리하지 말고 임의대로 컴파일 하라고 명령을 주고 있는 것이 Pa082 warning은 신경쓰지 말라고 알려주고 있는 것이다.

8.1.9. FreeRTOS 연구 - Overview

- **preemptive (선점형)**

리소스를 점유 방식이 선점형 방식이다. 이는 먼저 선점하면, 수행이 끝나야 다음 태스크가 수행 된다는 의미이다. 다른 task가 동작을 하게 하기 위해서는 자신이 점유하고 있는 CPU control을 넘겨주어야 한다. 이 방법으로는 강제적으로 scheduling이 일어나게 할수도 있고, task를 delay를 주어서 잠시 쉬게 만들 수도 있다. 어떤 event에 대한 waiting 작업 등도 task를 쉬게 만들게 된다.

- **Task와 Co-routine을 모두 지원한다.**

<Tasks>
여러 개의 Task가 수행이 가능하다. 각각의 Task는 독립된 구조체와 자신의 context를 가진다. simple 하고, 무제한적으로 사용가능하고, full 선점형으로 지원하며, 우선순위를 가진다. 각각의 Task는 많은 RAM을 사용한다.

<Co-routines>
Task과 비슷한 개념을 가진다. stack을 사용하고, 스케줄링(Scheduling)과 우선순위(priorities)를 가지며 Macro로 구현이 가능하며, 제한적으로 사용된다.

- **Powerful execution trace 기능**

Trace hook macros는 FreeRTOS 5.0 버전에서 소개 되었다. 소스코드에는 empty macros가 존재하고, application에서 재 정의해서 사용할수 있도록 되어 있다. 아래 표를 참조하기 바란다.

traceTASK_INCREMENT_TICK()	traceQUEUE_RECEIVE(pxQueue)
traceTASK_SWITCHED_OUT()	traceQUEUE_RECEIVE_FAILED()
traceTASK_SWITCHED_IN()	traceQUEUE_PEEK()
traceBLOCKING_ON_QUEUE_RECEIVE(pxQueue)	traceQUEUE_SEND_FROM_ISR(pxQueue)
traceBLOCKING_ON_QUEUE_SEND(pxQueue)	traceQUEUE_SEND_FROM_ISR_FAILED(pxQueue)
traceGIVE_MUTEX_RECURSIVE(pxMutex)	traceQUEUE_RECEIVE_FROM_ISR(pxQueue)
traceQUEUE_CREATE()	traceQUEUE_RECEIVE_FROM_ISR_FAILED(pxQueue)
traceQUEUE_CREATE_FAILED()	traceQUEUE_DELETE(pxQueue)
traceCREATE_MUTEX()	traceTASK_CREATE(pxTask)
traceCREATE_MUTEX_FAILED()	traceTASK_CREATE_FAILED()
traceGIVE_MUTEX_RECURSIVE(pxMutex)	traceTASK_DELETE(pxTask)
traceGIVE_MUTEX_RECURSIVE_FAILED(pxMutex)	traceTASK_DELAY_UNTIL()
traceTAKE_MUTEX_RECURSIVE(pxMutex)	traceTASK_DELAY()
traceCREATE_COUNTING_SEMAPHORE()	traceTASK_PRIORITY_SET(pxTask,uxNewPriority)
traceCREATE_COUNTING_SEMAPHORE_FAILED()	traceTASK_SUSPEND(pxTask)
traceQUEUE_SEND(pxQueue)	traceTASK_RESUME(pxTask)
traceQUEUE_SEND_FAILED(pxQueue)	traceTASK_RESUME_FROM_ISR(pxTask)

- **Stack overflow 방지하는 옵션이 있다.**

각각의 Task는 자신의 stack을 가지고 있다. xTaskCreate() API에 의해서 자동으로 할당된다. FreeRTOS는 stack overflow 방지 옵션으로 2가지의 mechanism을 가진다. 소스를 다운 받으면, FreeRTOSConfig.h 파일에 아래와 같이 정의가 되어 있다.

```
#ifndef FREERTOS_CONFIG_H
#define FREERTOS_CONFIG_H
/* Here is a good place to include header files that are required across your application. */
#include "something.h"
#define configUSE_PREEMPTION 1
..... ..... ..... ..... ..... .....
#define configUSE_COUNTING_SEMAPHORES 0
#define configUSE_ALTERNATIVE_API 0
#define configCHECK_FOR_STACK_OVERFLOW 0
#define configQUEUE_REGISTRY_SIZE 10
#define configGENERATE_RUN_TIME_STATS 0
```

```
..... ..... ..... ..... ..... .....
#define configKERNEL_INTERRUPT_PRIORITY [dependent of processor]
#define configMAX_SYSCALL_INTERRUPT_PRIORITY [dependent on processor and application]
#endif /* FREERTOS_CONFIG_H */
```

이 옵션들은 memory map이 segment되지 않고 stack이 high memory로부터 아래로 자라는 architecture에서만 사용 가능한 것이다. 또한 어떤 processors는 kernel overflow check가 되기도 전에 stack corruption에 대한 fault나 exception이 발생할 수도 있다. 만약 configCHECK_FOR_STACK_OVERFLOW가 0이 아닌 다른 값이 설정되었을 경우, application은 stack overflow hook function을 제공해야만 한다. stack overflow hook function은 vApplicationStackOverflowHook()이고 아래와 같은 prototype을 갖는다.

```
void vApplicationStackOverflowHook( xTaskHandle *pxTask, signed portCHAR *pcTaskName );
```

넘겨지는 parameter들은 공격하는 task의 handle과 이름인데 overflow가 발생하는 정도의 심각성에 따라서 매우 심각할 경우에 전달되는 parameter에 적힌 값들조차 손상되었을 가능성도 있다. Stack overflow checking은 context switch overhead를 가지고 있기 때문에 개발 과정이나 시험 과정에서만 적용해서 사용하는 것이 맞을 것이다.

<Stack Overflow Detection - Method 1>

이 방법을 사용하기 위해서는 configCHECK_FOR_STACK_OVERFLOW를 1로 설정하여야 한다. 커널이 task를 swap해서 Running state에서 벗어나게 될 때 (이때 stack은 task context를 가지고 있다), stack은 가장 높은 (혹은 깊은) 값을 가지고 있을 가능성이 많다. 이 순간에 커널은 processor stack pointer가 valid한 stack 공간 내에 머물고 있는지를 검사할수 있다. 만약 stack pointer가 invalid한 값을 가지고 있다면 stack overflow hook function이 호출된다. 물론 이 방법으로 모든 stack overflow를 잡아낼 수 있는 것은 아니다.

<Stack Overflow Detection - Method 2>

task가 생성될 때 stack을 알려진 값으로 채우게 된다. 커널이 task를 swap해서 Running state에서 벗어나게 될 때, 커널은 valid stack range 내에 있는 마지막 16 bytes를 검사해서 이 알려진 값들이 task나 interrupt에 의해서 overwrite되었는지를 검사하게 된다. 이 16 bytes가 초기 값으로 남아있지 않으면 stack overflow hook function이 호출된다. 이 방법은 위의 방법1보다 덜 효과적이다. 하지만 무척 빠른 방법이다. 쉽게 stack overflow를 잡아낼 수 있지만 역시 모든 stack overflow를 잡아낼 수 있는 것은 아니다. 이 방법을 사용하기 위해서는 configCHECK_FOR_STACK_OVERFLOW을 2로 설정해야 한다. 그럼 방법1과 함께 사용하게 되는 것이다. 이 방법만 단독으로 사용할 수는 없다.

- **생성할 수 있는 Task 개수는 소프트웨어적으로 제한이 없다.**
- **사용할 수 있는 Priorities 의 개수도 소프트웨어적으로 제한이 없다.**

물론 이론적으로 그렇더라도 무제한으로 사용할 수 있는 것은 아니다. 특히나 STM32F103과 같이 주로 내부에 있는 메모리만을 사용하는 용도 설계한다면 그 제한은 더더욱 커질 것이다.

- **우선순위 할당에 있어서 제한이 없다.**

같은 우선순위의 Task를 하나 이상 할당이 가능하다. 몇몇 RTOS의 경우 같은 우선순위를 할당하지 못하는 경우도 있다. 우리가 뒤에 살펴볼 uC/OS-II의 경우에서 그러하다. 하지만 같은 우선순위를 가지고 있는 task를 만들고 싶은 경우가 있을 수 있다. 만약 그렇지 못한 OS의 경우 우선순위를 부여하는데 난감할 때가 있다.

- **다양한 task간 통신 방법을 가지고 있다.**

태스크 간에 Queues, binary semaphores, counting semaphores, recursive semaphores와 mutex를 사용하여, 통신 및 동기화가 가능하다. 이것은 task 뿐만 아니라 interrupt간에도 적용이 가능하다.

- **모든 것이 Free다.**

Free development tool을 제공한다. 지원하는 Architecture는 Cortex-M3, ARM7, MSP430, H8/S, AMD, AVR, x86, 8051 등이다. Free 임베디드 소프트웨어 소스 코드이다. Royalty도 없다.

8.1.10. FreeRTOS 연구 - portTASK_FUNCTION

```
/* Task function macros as described on the FreeRTOS.org WEB site. */
#define portTASK_FUNCTION_PROTO( vFunction, pvParameters ) ₩
        void vFunction( void *pvParameters )
#define portTASK_FUNCTION( vFunction, pvParameters ) void vFunction( void *pvParameters )
```

위 내용은 FreeRTOS₩Source₩portable₩IAR₩ARM_CM3₩portmacro.h 파일에 매크로로 정의되어 있다.

우리가 위에서 살펴보았던 LED task의 main 함수는 vLEDFlashTask이었다. 이것이 어떻게 정의되어 있었는지 다시 한번 살펴보도록 한다.

```
/* The task that is created three times. */
static portTASK_FUNCTION_PROTO( vLEDFlashTask, pvParameters );
static portTASK_FUNCTION( vLEDFlashTask, pvParameters ) {
```

```
..... ..... ..... ..... ..... .....
```

위의 define이 적용되고 나면 위 내용은 아래와 같이 바뀌게 된다.

```
static vLEDFlashTask ( void * pvParameters );
static vLEDFlashTask ( void * pvParameters ) {
..... ..... ..... ..... ..... .....
```

이것은 상당히 유용한 방법이면서 재미있는 표현 방식이라고 할 수 있다. 모든 task의 정의와 task의 main 함수의 이름을 portTASK_FUNCTION_PROTO와 portTASK_FUNCTION으로 통일할 수 있는 것이다. 그래서 이름만 보아도 아 이것은 task 함수에 대한 것이구나 하는 것을 바로 알 수 있도록 하는 것이다.

8.1.11. FreeRTOS 연구 - task state

task는 아래 그림에서 보는 것처럼 여러 상태를 가질 수 있다.

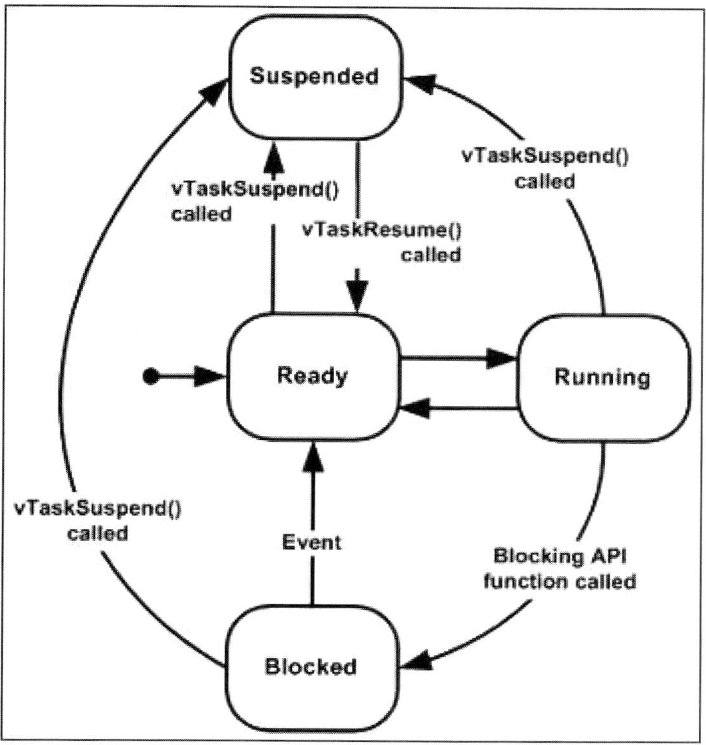

그림 8-2 FreeRTOS task state

- **Running**

task가 실제적으로 수행을 하는 상태이다. Running state이고, 바로 지금 이 순간 CPU processor를 사용하고 있는 task의 상태가 바로 이 상태이다.

- **Ready**

Ready 단계의 task들은 실행을 바로 할수 있도록 준비가 되어 있는 상태의 task들을 의미한다. 이것은 blocked이나 suspended가 되어 있는 상태는 아니다. 다만 준비가 되어 있는 상태이지 실행이 되고 있는 상태는 아니다. 현재 같거나 더 높은 우선 순위를 가지고 있는 task가 Running 상태에 있는 것이다.

- **Blocked**

event를 기다리고 있는 상태의 task들을 의미한다. 예를 들어 task가 vTaskDelay()를 호출하게 되면 이 task는 Blocked 상태가 된다. 지정한 delay 기간이 소모될 때까지 Block 상태가 된다. 이러한 것들은 temporal event이다. task는 또한 queue나 semaphore event를 기다리는 동안에도 Blocked 상태가 된다. Blocked state에 있는 task들은 'timeout' period를 가지고 있다. 또한 당연히 scheduling에 포함되지 않는다.

- **Suspended**

Suspended state에 있는 task들 역시 Blocked state에 있는 task들과 마찬가지로 당연히 scheduling에 포함되지 않는다. 다만 이 task들은 'timeout' period가 지정되지 않는다. 이 상태는 명시적으로 API call로 인해서 진입했다가 빠져나올 수 있다. vTaskSuspend()를 통해서 Suspended state에 들어갔다가 xTaskResume()에 의해서 빠져나온다.

8.1.12. FreeRTOS 연구 - Inter-task Communication

OS에 있어서 가장 중점적으로 보아야 할 부분은 task간 통신에 대한 부분이다. 이것만 정확히 정복해도 이 OS에 대해서는 반쯤은 알았다고 해도 과언이 아니다. FreeRTOS에서도 이 부분에 대해서 살펴보도록 한다. 5가지의 종류가 있다. 각각 아래와 같다.

- Queues
- Binary Semaphores
- Counting Semaphores
- Mutexes
- Recursive Mutexes

<Queues>

Queue는 inter-task communication에 있어서 가장 기본적인 형태이다. task들 간에 그리고 task와 interrupt 간에 message를 전송하기 위해서 사용될 수 있다. 대부분의 경우에 있어서 thread safe FIFO (First In First Out) buffers로 사용된다. queue의 뒷 부분에 새로운 data를 보내게 된다. 물론 이미 보냈던 데이타는 앞부분에 그대로 있을 수도 있고, 이미 가져갔을 수도 있다. Queue가 생성될 때, 고정된 크기의 'items'를 가지게 되고, 'items'의 최대 갯수 또한 고정되게 된다.

Item이 Queue에 저장될 때 이것은 "copy"이다. "reference"를 통한 포인터만 전달하는 것이 아니라 복사를 하는 것이다. 그러므로 이 Item의 크기는 작게 만드는 것이 좋다. 복사를 하도록 하는 것은 설계를 매우 단순하게 만든다. Queue에 2개의 task가 동시에 접근하지 못하도록 하는 것은 당연하다. 모든 mutual exclusion 관련 사항들이 여기서도 당연히 적용되는 것이다. 물론 우리가 설계에 따라 당연히 포인터를 그 내용으로 가지도록 만들 수는 있다. 대용량의 통신을 위해서는 어쩌면 이렇게 사용해야만 할수도 있다. 이럴 경우 반드시 그 데이터의 소유에 대한 부분을 매우 신중하게 설계해야 한다.

Queue API function에 block time이 명시될 수 있는데 이것은 task가 Blocked state에 들어가는 maximum tick 수를 나타내는 것이다. 여러 개의 task가 같은 Queue를 기다리면서 block이 될 수 있는데, 당연히 Priority가 가장 높은 task부터 unblock된다.

http://www.freertos.org/에서는 이와 관련해서 아래의 그림을 예제로 들어서 설명을 해주고 있다. 그림으로 이해하는 것이 매우 쉬우므로 여기서 설명을 하도록 한다.

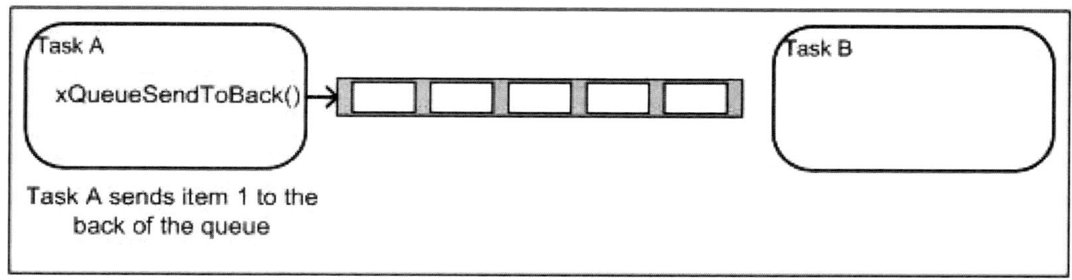

Task A는 item을 queue로 보내게 된다.

차례로 1, 2, 3을 queue로 보낸다.

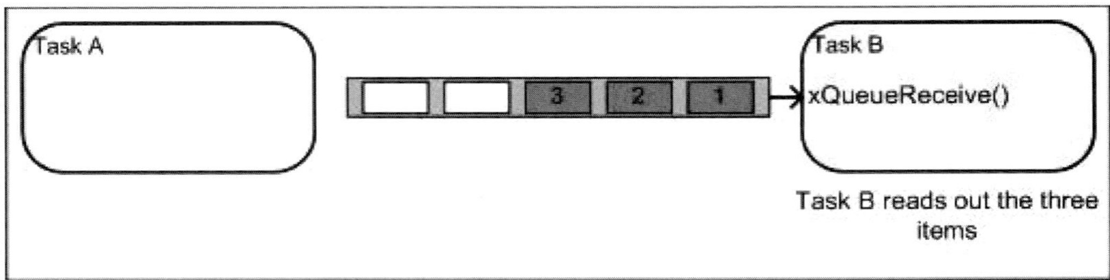

Task B는 이들 item을 1부터 차례로 읽어오게 된다.

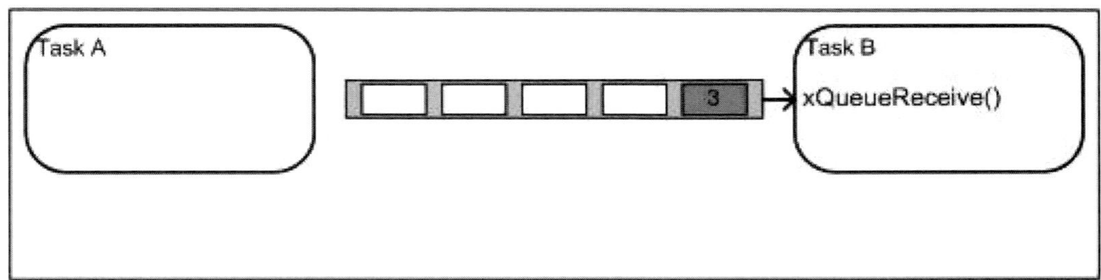

만약 Queue가 Full로 차 있는데 Task A가 보내려고 할때, Task A는 Blocked 상태로 가는 것이고, Queue가 Empty로 비어 있는데 Task B가 읽으려고 할때 Task B는 Blocked 상태로 가는 것이다.

<Binary Semaphores>

Binary semaphores는 mutual exclusion과 synchronization의 두 목적 모두를 위해 사용하게 된다. Binary semaphores와 mutexes는 매우 비슷한데 차이점이 있다. Mutexes는 priority inheritance mechanism을 가지고 있는데 Binary semaphores는 그렇지 않다. 이러한 특징은 binary semaphores를 task들 간이나 task와 interrupt 간의 synchronization을 구현하는 더 나은 선택으로 만들게 된다. 마찬가지로 mutexes는 mutual exclusion을 구현하는데 더 좋은 선택이 된다.

Semaphore API function에 block time이 명시될 수 있는데 이것은 task가 Blocked state에 들어가는 maximum tick 수를 나타내는 것이다. 여러 개의 task가 같은 Semaphore를 기다리면서 block이 될 수 있는데, 당연히 Priority가 가장 높은 task부터 unblock된다.

binary semaphore는 오직 하나의 item을 가진 queue와 동일하게 생각할 수도 있다. 하나의 item을 가진 queue는 오직 empty이거나 full일 수밖에 없고 이것이 binary의 상태를 가지게 되는 것이다. 물론 synchronization만 고려했을 때 queue로 따지면 item은 큰 의미가 없다. 어떠한 값을 가지든 empty이거나 full의 상태에 대한 것만 고려하면 되기 때문이다. 이러한 방식으로도 구현이 가능하다는 것이다. 하지만 synchronization 용도로 사용할 때는 당연히 binary semaphore를 사용하는 것이 이해하는 데 있어서 편할 것이다.

task가 peripheral을 서비스하는 상황을 고려해보자. peripheral을 Polling하는 것은 CPU resources를 낭비하는 것이다. binary semaphore를 이용해서 이 상황을 조절하는 것이 훨씬 효과적이다. available 하지 않은 상황에서 task는 계속 block 상태로 머무는 것이 CPU를 가장 효율적으로 사용하는 것이 될 것이다. task는 'take'를 하기 위해서 Block 상태에서 기다리고 있고, interrupt routine에서 semaphore를 'gives' 함으로서 비로소 task가 peripheral을 서비스할수 있도록 하는 것이다.

역시 그림으로 이 상황을 설명하도록 한다.

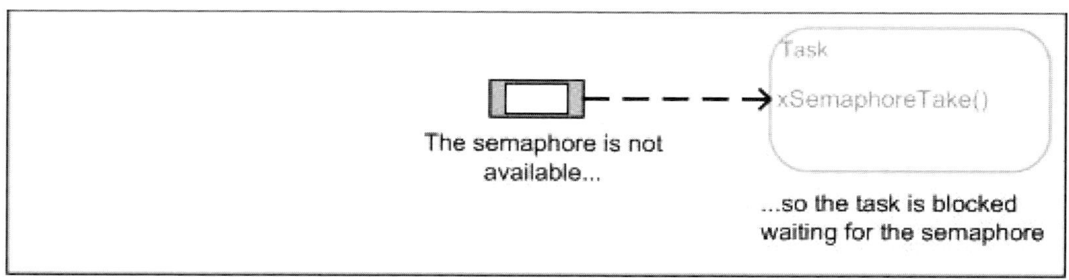

task는 semaphore가 준비되지 않았기 때문에 Blocked 상태에 들어가 있게 된다.

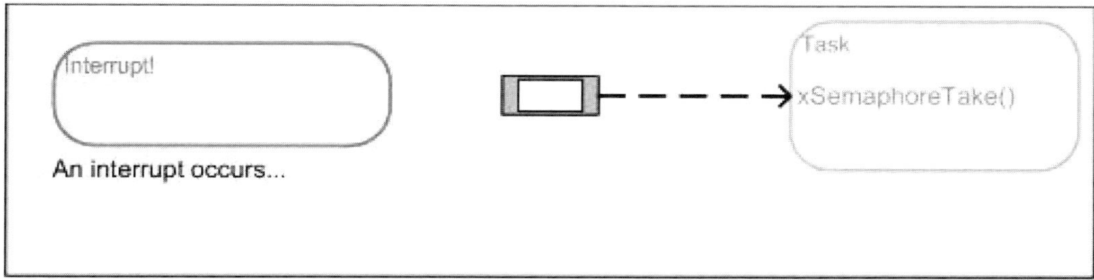

Interrupt가 발생하게 된다.

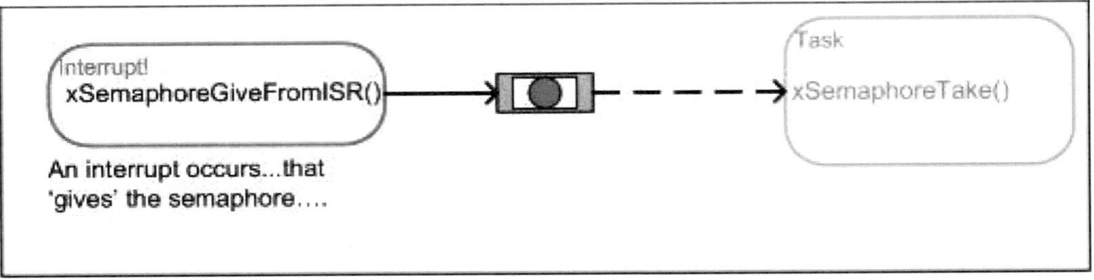

Interrupt service routine에서 semaphore가 사용 가능해지도록 'give'를 하게 된다.

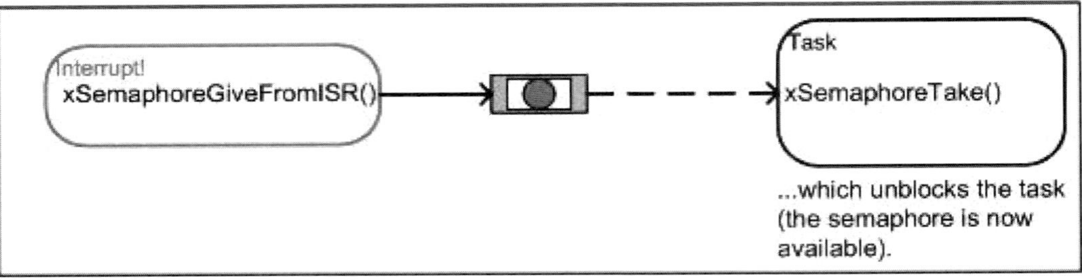

이것은 Blocked 상태에 있던 task를 깨어나게 만들게 된다.

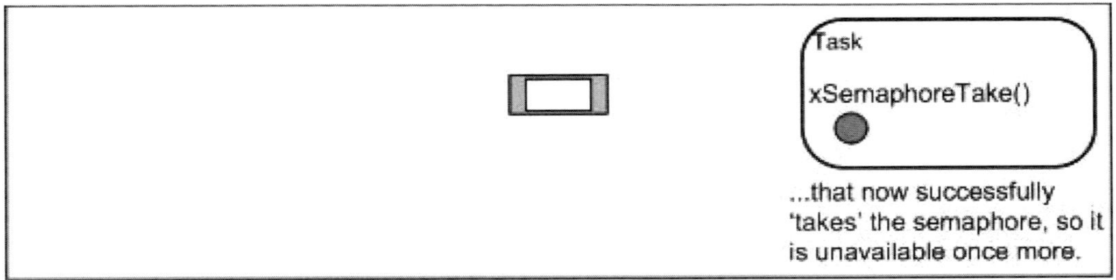

깨어난 task는 semaphore를 'take'하게 되고 원하는 서비스를 수행하게 된다.

task와 interrupt 간에 semaphore를 사용하는 경우에, interrupt는 오직 semaphore를 'give' 밖에는 할 수가 없고 'take'를 할 수는 없다. 당연하게도 interrupt 상황에서는 Block이 될 수 없기 때문이다. 이 상황은 매우 중요하다. 우리가 설계를 할 때 이를 간과해서 알수 없는 오류에 빠지는 경우도 종종 존재한다.

<Counting Semaphores>

binary semaphore가 하나의 item을 가진 queue로 생각할 수 있었던 것처럼, counting semaphore는 하나 이상의 item을 가지는 queue로 생각할 수 있다. 역시 마찬가지로 queue로 따지면 item은 큰 의미가 없다. empty이냐 아니냐의 의미만 있다고 생각할 수 있다.

Counting semaphore는 전형적으로 아래 2가지 용도로 사용된다.

Counting events

event handler는 event가 발생할 때마다 semaphore를 'give'하게 되고 semaphore count 값은 증가한다. 그리고 handler task는 semaphore를 'take'하게 되고 semaphore count 값은 감소한다. 결국 count 값은 발생한 event의 수와 처리된 event의 수 사이의 차이 값이 될 것이다. 초기 semaphore count 값은 0으로 설정되게 될 것이다.

Resource management

count 값은 available한 resources의 수를 나타낸다. resource를 control하기를 원하는 task는 반드시 semaphore를 먼저 얻어야 하고, 이때 semaphore count 값은 감소하게 된다. count 값이 0이 되었을 때 더 이상의 free resources가 없다는 것을 의미한다. task가 resource의 사용을 종료할때 semaphore를 'give'로 되돌려주게 되고, 이것은 semaphore count 값을 증가시킨다. 모든 task가 resource의 사용을 종료하면 최초 생성될 때 가졌던 maximum count 값으로 돌아가게 될 것이다.

<Mutexes>

Mutexes는 priority inheritance mechanism을 가지는 binary semaphores이다. Mutex라는 말이 'MUT'ual 'EX'clusion에서 나온 것처럼 mutual exclusion의 상황을 구현하는데 적합하다고 할 수 있다. mutual exclusion에서 사용될 때 mutex는 resource에 대한 보호의 역할에 사용되는 token과 같이 행동하게 된다. resource에 접근하고자 하는 task는 반드시 token을 얻어야 하고, 종료 시 token을 반환하는 것이다.

Mutexes는 priority inheritance mechanism을 가진다. 이것이 의미하는 것은 만약 높은 priority를 가진 task가 token을 얻으려고 하는데, 이미 그 token을 낮은 priority를 가진 task에 의해서 hold된 상태에 있다면 그 낮은 priority의 task를 지금 요청하는 높은 priority task의 priority로 임시로 우선순위를 올려준다는 것이다. 이렇게 함으로서 낮은 priority의 task가 보다 빨리 hold한 token을 반환할 수 있도록 조치를 취해주는 것이다. 잘못하면 낮은 priority의 task가 priority가 낮기 때문에 빨리 처리를 못해서 계속 token이 hold된 상태를 지속할 수 있는 가능성을 막는 것이다. 이러한 것을 'priority inversion'이라 부른다.

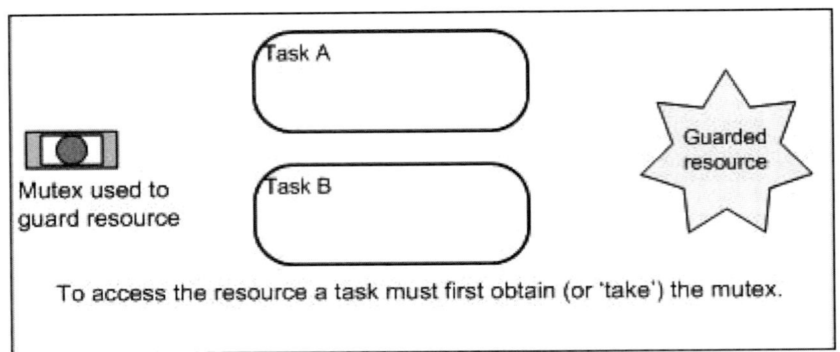

보호를 받아야 하는 resource가 있고 여기에 접근하기 위해서는 반드시 token을 얻어야 한다.

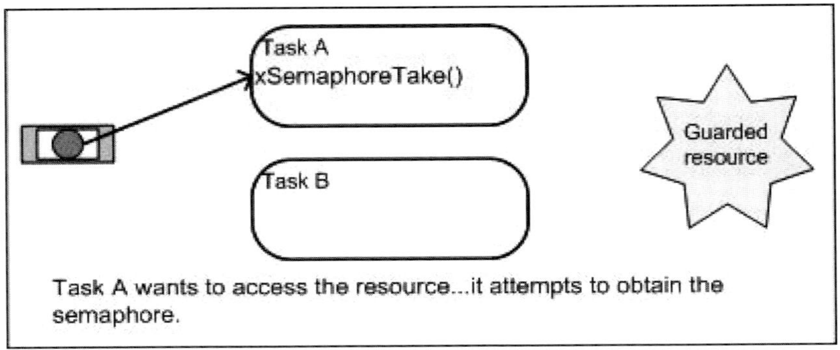

현재 token은 사용 가능하고 Task A가 그것을 hold하게 된다.

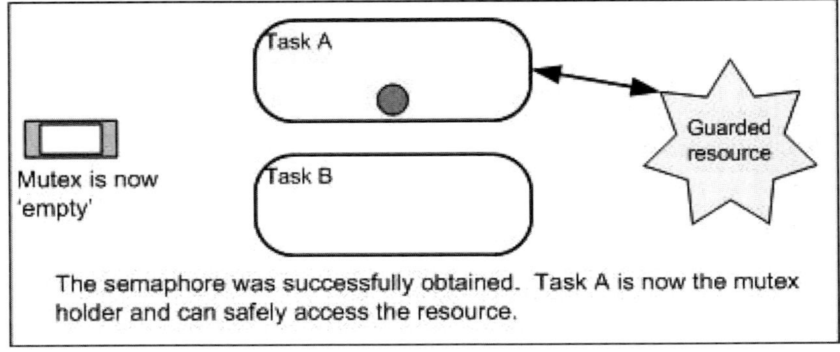

Task A는 token을 가지고 있고, 당연히 보호를 받아야 하는 resource에 접근하게 된다.

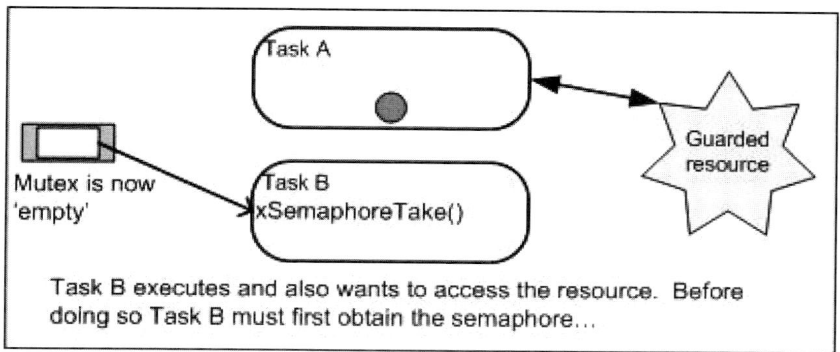

Task B 역시 보호를 받아야 하는 resource에 접근하려고 token을 가져오려 시도한다.

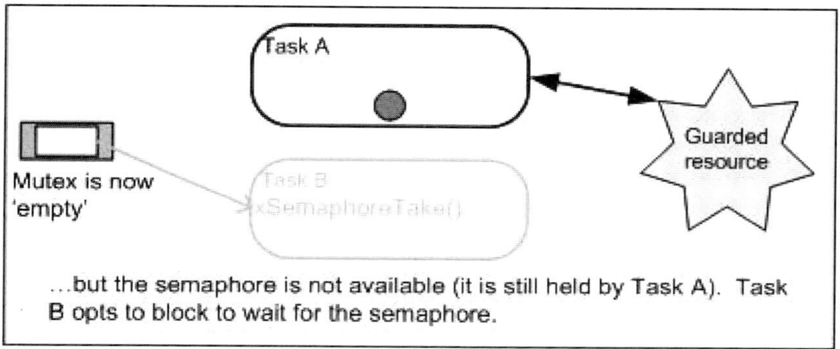

하지만 현재 token은 task A가 가지고 있고, Task B는 Blocked 상태가 된다. (이러한 상황에서 Task A가 Task B보다 priority가 낮다면 Task A의 priority를 Task B의 priority로 임시로 바꾸어준다는 것이 'priority inversion'이다.)

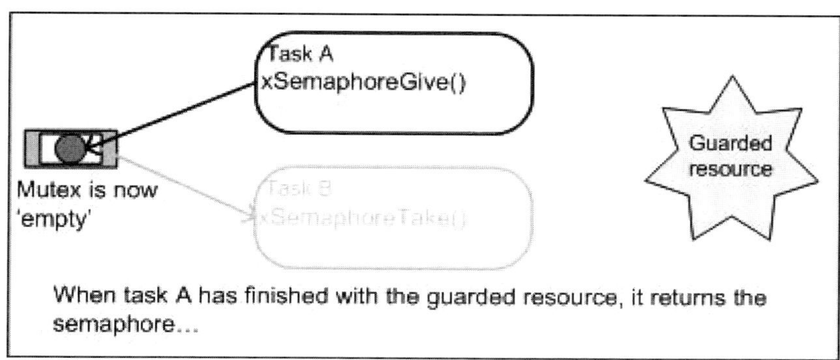

Task A가 resource에 대한 접근이 종료되어 token을 반환한다.

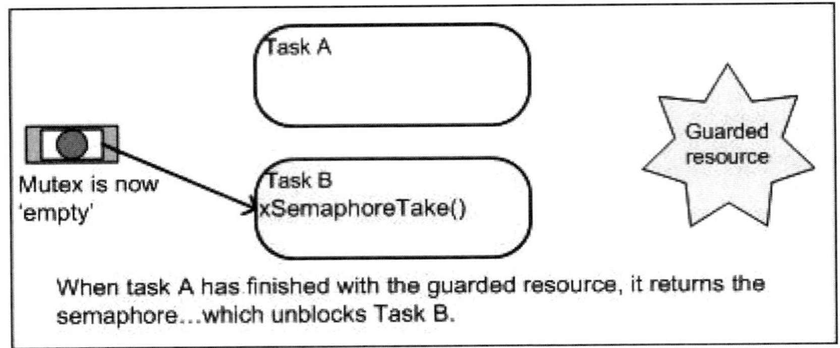

이러한 반환의 과정은 Blocked 상태에 있는 Task B를 깨어나게 만들어 준다.

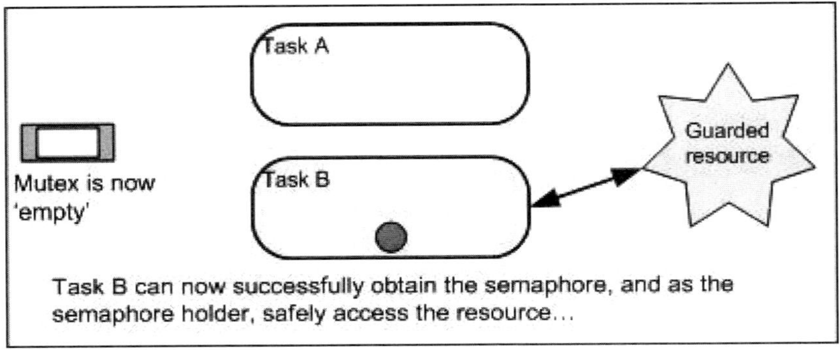

Task B는 token을 얻어 resource에 접근하게 된다.

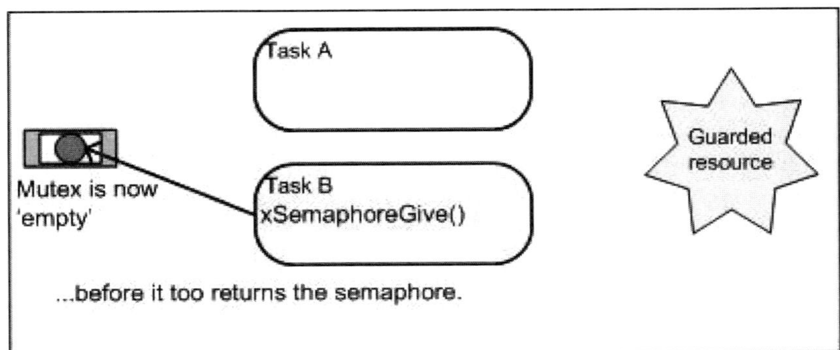

모든 과정을 마치고 Task B도 token을 반환한다.

<Recursive Mutexes>

mutex는 owner에 의해서 반복적으로 recursive하게 'take'될 수 있다. 각 xSemaphoreTakeRecursive() request에 대해서 owner가 xSemaphoreGiveRecursive()를 호출할 때까지 mutex는 available하지 않게

된다.

예를 들어, 하나의 task가 성공적으로 같은 mutex를 5번 'take'하였을 경우, 그때 그것이 또한 똑같이 5번 'give'로 반환되지 않으면 그 mutex는 다른 task에게 available하지 않게 된다.

Mutex type semaphores는 interrupt service routines 내에서 사용될 수는 없다.

8.2. uC/OS-II porting

이번 장에서는 두 번째로 uC/OS-II 에 대해서 포팅 작업을 해보도록 한다. uC/OS-II는 완전한 Free RTOS는 아니다. 실제로 양산을 통해서 제품을 만들고 판매가 이루어질 때 uC/OS-II를 사용한다면 그에 합당한 license fee를 내야 한다. 하지만 공부 목적으로 사용하는 데 있어서는 아무런 제약이 없다. 해서 많은 사람들이 사용하고 있는 것이고 매우 유용하다고 할 수 있다.

Company	*Architecture*
Actel	Cortex-M1
Altera	Nios II, Cortex-M1
Analog Devices	AduC7xxx (ARM7), ADSP-21xx, Blackfin 5xx, SHARC
ARM	ARM7, ARM9, ARM11, Cortex-M1, Cortex-M3
Atmel	SAM7 (ARM7), SAM9 (ARM9), AVR, AVR 32
Freescale	9S08, 9S12, Coldfire, PowerPC, i.MX
Fujitsu	FR50
Infineon	TriCore, 80C16x
Intel	80x86
Lattice	Micro32
Luminary Micro	Cortex-M3
Microchip	PIC24, dsPIC33, PIC32 (MIPS)
MIPS	R3000, R4000
NEC	78Kx, V850
NXP	ARM7, ARM9, Cortex-M3
Remesas	H8, M16C, M32C, R32C, SH
Samsung	ARM7, ARM9
ST	80C16x, STR7 (ARM7), STR9 (ARM9), STM32 (Cortex-M3)
TI	MSP430, TMS320, TMS470 (ARM7)
Toshiba	Cortex-M3
Xilinx	MicroBlaze, PowerPC
ZILOG	Z80, eZ80

그림 8-3 uC/OS-II 지원 프로세서 리스트

위 표는 uC/OS-II가 지원되는 프로세서들에 대한 리스트이다. ST Microelectronics의 STM32(Cortex-M3)가 지원되고 있는 것을 발견할 수 있다.

8.2.1. uC/OS-II 소스 다운로드

uC/OS-II 소스는 Micrium 사의 홈페이지(http://micrium.com/page/home)에 가서 다운받을 수 있다. 다만, 회원으로 가입해야 하고 이메일을 통해 인증 절차를 거쳐야 한다. 다음 링크에서도 다운받을 수 있다. http://micrium.com/page/downloads/ports/st/stm32

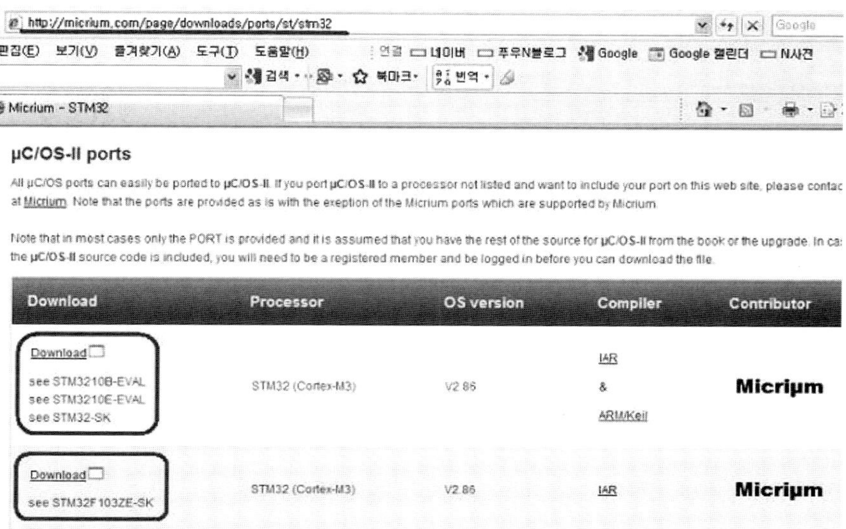

다운로드를 할수 있는 것이 2가지가 존재하고 있다. 위 부분에 있는 것은 EVAL B/E에 대한 것이고, 아래 것은 EVAL ZE-SK 보드를 위한 것이다. 일단은 둘 다 받아서 비교를 해보도록 한다.

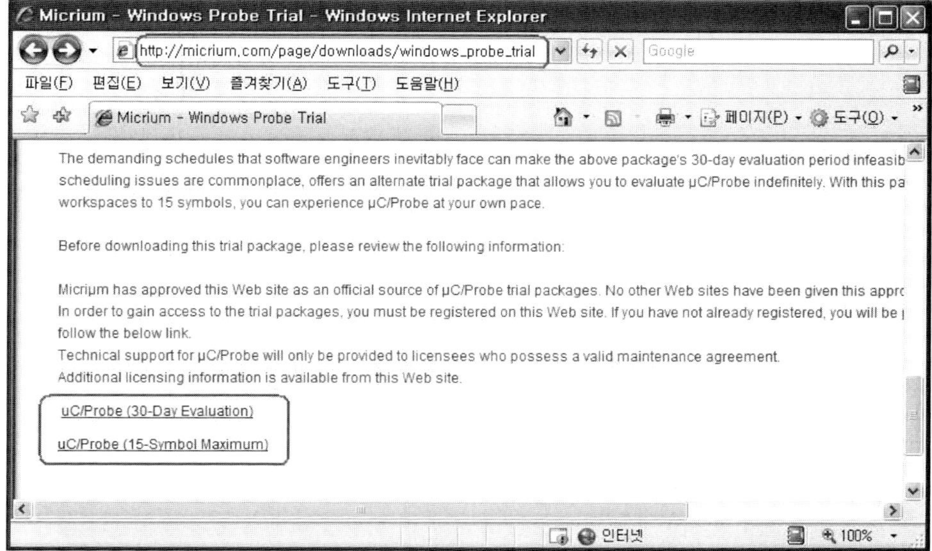

아울러 아래 링크에서 uC/Probe Trial version도 다운받기 바란다. 이 툴은 Trace 및 디버깅을 위해 유용하게 쓰인다. http://micrium.com/page/downloads/windows_probe_trial

받은 파일은 2가지 이다. Micrium-ST-uCOS-II-LCD-STM32.exe와 uCOSII-ST-STM32F103ZE-SK.exe이다. 각각 파일 크기가 3M, 6M 정도가 된다. FreeRTOS보다는 적은 크기가 마음에 든다. 그런데 두 개의 차이가 거의 2배 가까이 나고 있는 것이 조금은 이상한 마음이 든다. 둘 다 실행파일이기 때문에 실행을 시켜보도록 한다.

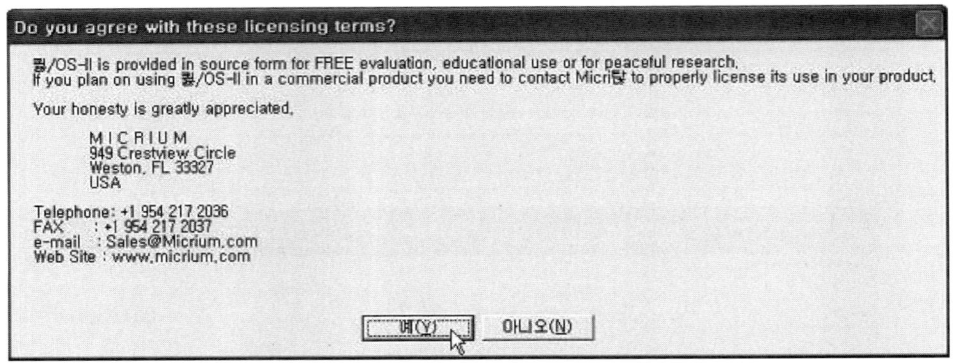

실행을 시키면 두 파일 모두 위와 같은 license에 대한 문구가 나온다. 당연히 예를 누른다.

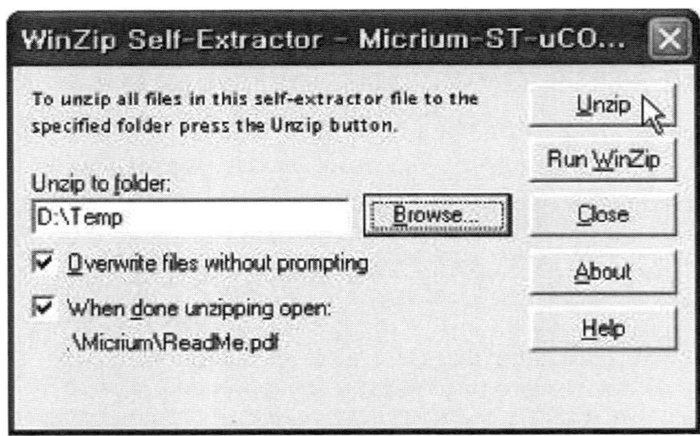

실행 파일이라고 해서 뭔가를 실행하는 것이 아니고 압축되어 있는 것을 실행파일 형태로 작업한 것에 지나지 않는다. 적절한 폴더를 지정해서 압축을 풀도록 하면 된다.

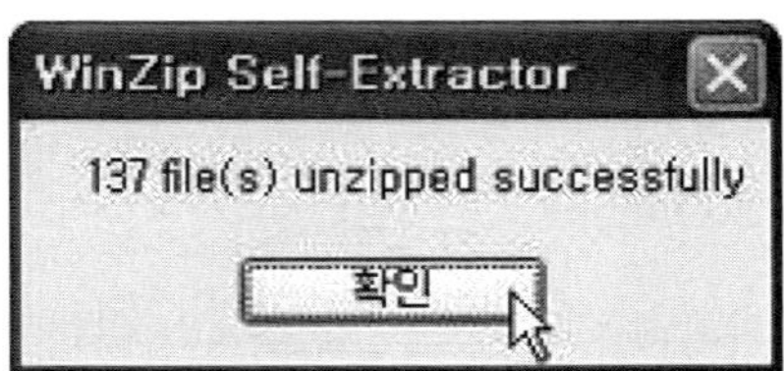

왼쪽은 Micrium-ST-uCOS-II-LCD-STM32.exe의 경우이고, 오른쪽은 uCOSII-ST-STM32F103ZE-SK.exe이다. Micrium-ST-uCOS-II-LCD-STM32.exe의 경우는 위와 같이 222개 파일이 생성된다. uCOSII-ST-STM32F103ZE-SK.exe의 경우는 137개의 파일이 생성된다. 크기가 2배인데도 생성되는 파일의 수는 오히려 줄어 있다.

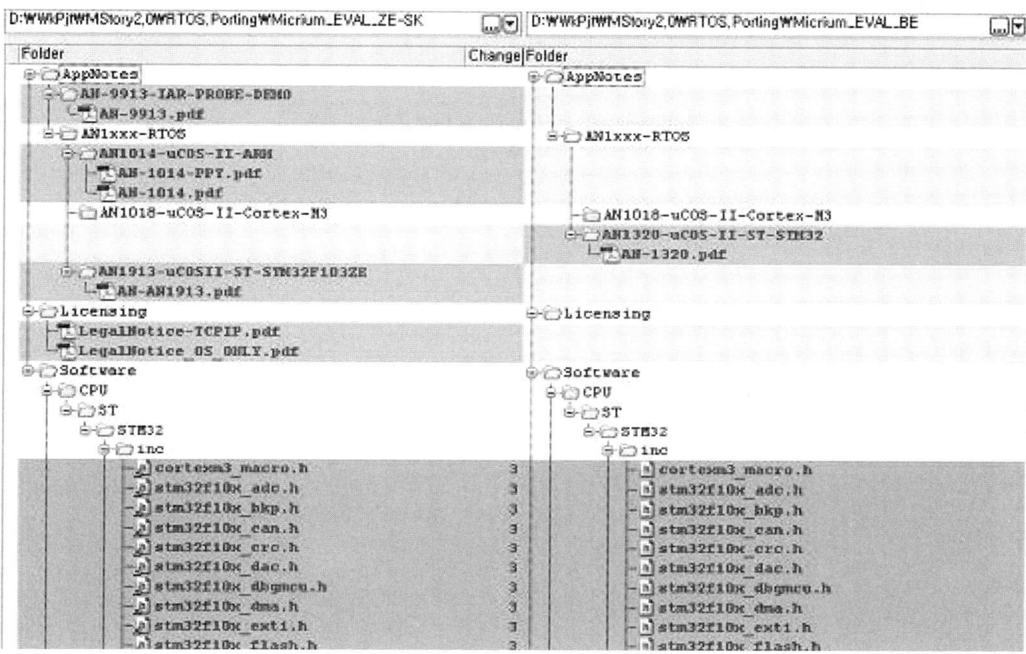

Micrium_EVAL_BE, Micrium_EVAL_ZE-SK라고 이름을 붙이고 비교를 해보도록 하겠다. 상당히 많은 부분에서 차이가 나는 것을 발견할 수 있다. 임의로 하나의 파일을 열어서 비교를 해보도록 한다.

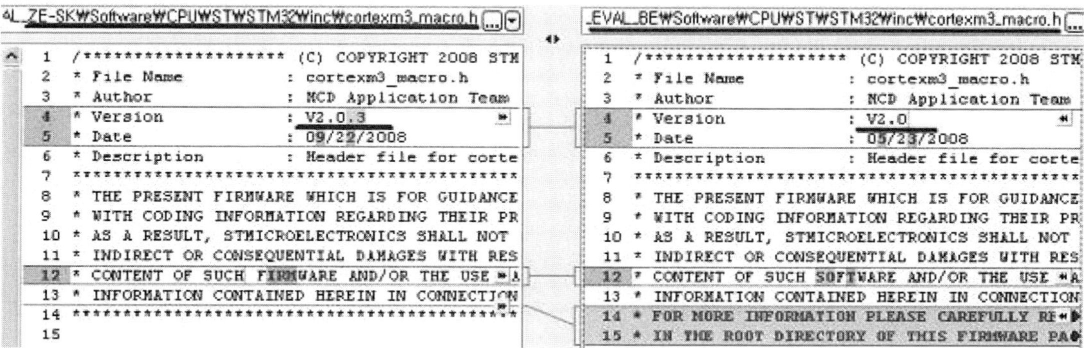

cortexm3_macro.h를 비교해 보았다. 왼쪽의 것이 EVAL_ZE-SK 쪽이고 버전을 살펴보면 V2.0.3으로 오른쪽의 V2.0보다 최신 것임을 알수 있다. 당연히 포팅을 하는 입장에서 최신 버전을 이용하는 것이 보다 유리할 것으로 판단한다. 앞으로 EVAL_ZE-SK를 이용해서 포팅 작업을 진행하도록 한다.

폴더 안에 ReadMe.pdf 파일이 있는데 이 내용을 차분하게 모두 읽어보는 것이 많은 도움이 될 것이라고 확신한다.

8.2.2. uC/OS-II 소스들간 관계

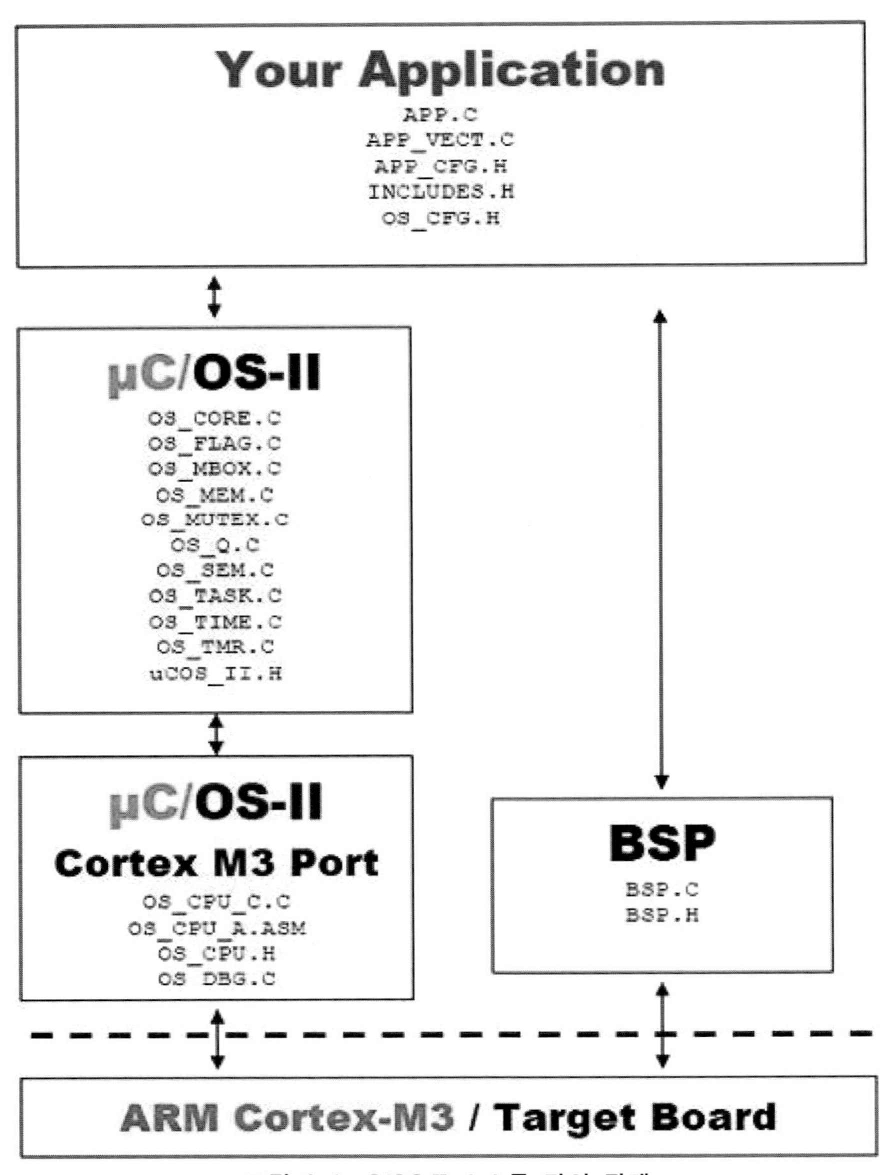

그림 8-4 uC/OS-II 소스들 간의 관계

위 그림은 현재 포팅되어 있는 소스들 간의 관계에 대해서 각 소스 파일, 헤더 파일들이 어떤 부분을 담당하고 있는 지를 잘 보여주고 있다. 우리는 대부분의 경우 uC/OS-II의 kernel과 관련된 부분의 코드는 수정하지 않을 것이다. 대부분 BSP에 관련된 부분을 수정할 것이고, application 부분에서 task에 대한 설정 및 동작 부분만 수정을 진행할 것이다.

여기서 진행하는 포팅 과정을 통해서 포팅에 대한 아주 기초적인 사항만 공부하게 될 것이다. 특정 RTOS에 대해서 알아가는 과정은 단 시간 내에 이루어지는 것은 아니다. 매우 많은 공부를 해야 하고 실제적으로 개발의 과정에도 참여해서 깊이 있는 공부가 필요한 분야이다. 여기서는 매우 기초적인 사항에 대해서만 다루고 있다.

8.2.3. WRITE_REG, READ_REG 관련 수정

대부분의 라이브러리와 uCOS의 파일들은 Micrium_EVAL_ZE-SK에 있는 내용을 이용합니다. 다만 ₩RTOS.Porting₩Micrium_Port₩Software₩EvalBoards₩ST 부분에서 새롭게 만들어진 MANGO-Z1을 이용할 것인데 이것은 ₩Micrium_EVAL_BE₩Software₩EvalBoards₩ST₩STM3210B-EVAL의 것을 수정해서 만든 것이다. 그러므로 이 부분에 대해서는 뒤에서 자세하게 설명이 될 것이다.

여기서는 먼저 한가지 차이점인
₩RTOS.Porting₩Micrium_Port₩Software₩CPU₩ST₩STM32₩inc₩stm32f10x_map.h 파일에서의 차이점 부분만 살펴볼 것이다.

실제로 빌드 중에 아래의 에러를 만날 수 있다.

```
cpu_a.asm
cpu_c.c
lcd.c
Warning[Pe047]: incompatible redefinition of macro "WRITE_REG" (declared at line 7593 of "D:\WkPjt\MStory2.0\RTOS.Porting\Micrium_Port\Software\CPU\ST\STM32\inc\stm32f10x_map.h")
Warning[Pe047]: incompatible redefinition of macro "READ_REG" (declared at line 7595 of "D:\WkPjt\MStory2.0\RTOS.Porting\Micrium_Port\Software\CPU\ST\STM32\inc\stm32f10x_map.h")

Build aborted.
```

이것은 WRITE_REG와 READ_REG에 대한 것이 중복되어 정의가 되어 있다는 말이다. 이 부분에 대한 것을 검색해 보도록 한다.

<lcd.c>

```
#define WRITE_REG     0x02
#define READ_REG      0x03
```

<stm32f10x_map.h>

```
#define WRITE_REG(REG, VAL)     ((REG) = VAL)
```

```
#define READ_REG(REG)                ((REG))
```

위의 두 파일에서 같은 이름의 define을 사용하고 있는 것을 발견할 수 있다. 하나는 0x02, 0x03의 단순한 값을 치환하는 용도로 사용하고 있고, STM 쪽에서는 Register에 값을 적어 넣거나 읽는 용도로 마치 함수처럼 사용하고 있는 것을 알 수 있다. 물론 이러한 차이가 각각 적절한 위치에서 선언되고 참조가 된다면 문제가 없을 수 있지만 이렇듯 같은 이름을 사용하는 것은 여러가지로 불편할 수가 있다.

<stm32f10x_map.h>

```
#define WRITE_REG_STM(REG, VAL)     ((REG) = VAL)
#define READ_REG_STM(REG)              ((REG))
#define MODIFY_REG(REG, CLEARMASK, SETMASK)   ₩
            WRITE_REG_STM((REG), (((READ_REG_STM(REG)) & (~CLEARMASK)) | (SETMASK)))
```

우리는 위와 같이 _STM이라는 것을 추가로 붙여주어서 구분하도록 만들었다.

8.2.4. uC/OS-II 디렉토리 구조

uC/OS-II 소스의 디렉터리 구조에 대해서 살펴보기로 한다.

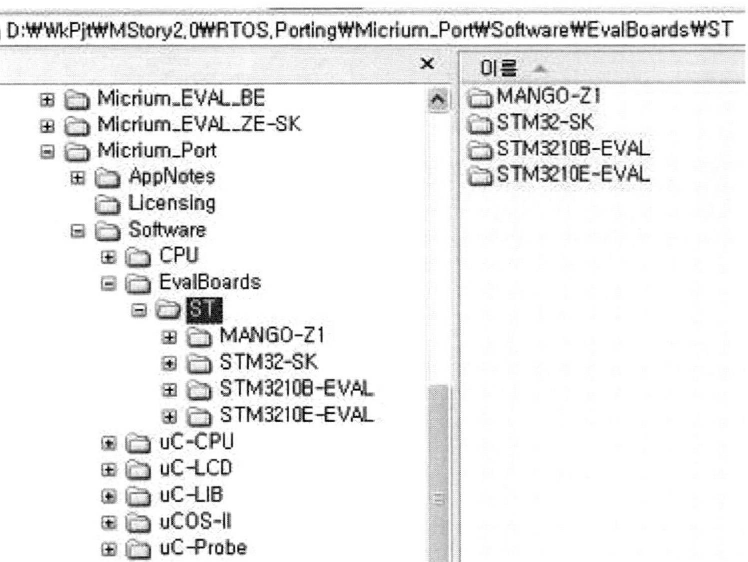

AppNotes 디렉터리에는 CPU(Cortex-M3) 와 보드(STM32) 각각에 대한 디렉터리와 파일에 대한 설명과 개발 환경 설정 및 빌드 방법에 대한 설명이 있는 Application note 들이 있다. Licensing 디렉터리에는 uC/OS-II 라이선스 정책과 사용 방법 등에 대한 문서가 있다.

마지막으로 실제 소스와 설정 파일 등은 Software 디렉터리에 모여 있는데, 여기에는 다음과 같은 디렉터리들이 있다.

- CPU: STM32 CPU에 대한 소스
- EvalBoards: 보드 별 소스 및 설정 파일
- uC-CPU: Cortex-M3 코어에 대한 소스
- uC-LCD: LCD Driver
- uC-LIB: Run-time library, CPU 별로 작성된 라이브러리 소스
- uCOS-II: 실시간 커널 소스
- uC-Probe: uC/Probe 지원하는 소스

8.2.5. 개발 환경 설정 및 빌드

Micrium₩Software₩EvalBoards₩ST 디렉터리에 가면 uC/OS-II가 포팅된 STM32(Cortex-M3) 보드 별로 별도의 디렉터리가 존재한다. 여기엔 보드 마다 다른 소스 코드와 컴파일 환경 등이 있다. MANGO-Z1은 앞장에서 설명한 대로 STM32F103RB를 사용했기 때문에 STM3210B-EVAL 보드와 가장 유사하다. 따라서, 이후 포팅 작업은 STM3210B-EVAL을 수정하면서 진행할 것이다.

Micrium₩Software₩EvalBoards₩ST에 가서 STM3210B-EVAL 디렉터리를 복사하고 이름을 MANGO-Z1 이라고 수정하도록 한다.

단, 하나는 EVAL_ZE-SK 부분에서 가져왔다. 망고 Z1 부분에서 사용하는 아래 파일은
₩Micrium_Port₩Software₩EvalBoards₩ST₩MANGO-Z1₩IAR₩OS-Probe₩probe_com_cfg.h
이것은 아래의 EVAL_ZE-SK 부분에서 가져와서 사용하는 것이다.
₩Micrium_EVAL_ZE-SK₩Software₩EvalBoards₩ST₩STM32F103ZE-SK₩IAR₩OS-Probe-LCD₩probe_com_cfg.h

우리가 대부분의 OS 관련한 부분을 EVAL_ZE-SK 부분에서 가져왔기 때문에 이 파일에 대한 부분도 V2.20으로 새롭게 변경된 것을 사용해야 한다.

다시 Micrium₩Software₩EvalBoards₩ST₩MANGO-Z1₩IAR₩OS-Probe 디렉터리에 보면 두 종류의 IAR IDE Workspaces 파일이 있다. IAR 버전에 따라 5.0 혹은 5.2를 사용하면 된다. 필자가 사용중인 IAR 버전은 5.2 환경에서 STM3210B-EVAL-OS-Probe-v5-2.eww 파일을 보드 이름과 같이 MANGO-Z1.eww로 수정하여 사용하고 있다. IAR Workbench 사용에 대해선 앞에서 충분히 설명되었기 때문에 여기선 생략하기로 한다.

이제 MANGO-Z1.eww 파일을 실행시키고 "Project->Rebuild All"을 선택하여 소스를 빌드해 보도록

한다. 물론, 지금은 STM3210B-EVAL 보드에 포팅된 걸 수정하지 않고 빌드했기 때문에 빌드 환경이 제대로 동작하는 지만 확인하는 것이다. 여기서 생성된 이미지를 MANGO-Z1에 다운로드 해도 제대로 실행되지 않을 것이다.

8.2.6. probe_com_cfg.h 변경 사항

```
#define   PROBE_RS232_UART_0                                    1
#define   PROBE_RS232_UART_1                                    2
..... ..... ..... ..... ..... .....
#define   PROBE_RS232_CFG_COMM_SEL              PROBE_RS232_UART_1
                          /* Configure UART selection (see Note #3). */
```

PROBE_RS232_CFG_COMM_SEL 부분이 EVAL_ZE-SK 부분에서는 UART 2로 되어 있다. 하지만 망고 Z1에서는 UART1을 사용한다. 이와 관련해서는 아래의 내용에서 사용하게 되는 것이다.

```
void   ProbeRS232_InitTarget (CPU_INT32U baud_rate)
{
..... ..... ..... ..... ..... .....
#if (PROBE_RS232_CFG_COMM_SEL == PROBE_RS232_UART_1)
    BSP_PeriphEn(BSP_PERIPH_ID_USART1);
..... ..... ..... ..... ..... .....
```

ProbeRS232_InitTarget 함수에서 UART 관련 clock을 enable하는 부분에서 PROBE_RS232_CFG_COMM_SEL을 사용한다. 이것이 UART1으로 되어 있는 경우 BSP_PeriphEn(BSP_PERIPH_ID_USART1);를 호출하게 된다.

```
#define   BSP_PERIPH_ID_USART1        46
```

BSP_PERIPH_ID_USART1는 46으로 정의가 되어 있다.

```
void   BSP_PeriphEn (CPU_DATA   pwr_clk_id) {
    switch (pwr_clk_id) {
        ..... ..... ..... ..... ..... .....
        case BSP_PERIPH_ID_USART1:
        case BSP_PERIPH_ID_ADC3:
            BSP_PERIPH_REG_RCC_APB2ENR |= DEF_BIT(pwr_clk_id - 32);
            break;
```

```
..... ..... ..... ..... ..... .....
```

BSP_PERIPH_REG_RCC_APB2ENR 부분의 비트를 설정하는 것이다.

```
#define  BSP_PERIPH_REG_RCC_BASE                    0x40021000
#define  BSP_PERIPH_REG_RCC_APB2ENR          ₩
                    (*(volatile  CPU_INT32U *)(BSP_PERIPH_REG_RCC_BASE + 0x018))
```

BSP_PERIPH_REG_RCC_APB2ENR는 위의 정의처럼 우리가 이미 알고 있는 APB2 clock enable과 관련한 레지스터를 의미하는 것이다. 0x40021018이 되겠다.

```
#define  DEF_BIT(bit)                  (1u << (bit))
```

여기서 DEF_BIT는 위와 같이 1을 해당 비트만큼 왼쪽으로 shift하는 것이다. 원래 UART 관련해서 46으로 정의되어 있었고, 이것에서 32를 빼주게 되면 14가 된다.

APB2 peripheral clock enable register (RCC_APB2ENR)는 Address offset 0x18이고, 이것의 정의는 아래 그림과 같다.

31	30	29	28	27	26	25	24	23	22	21	20	19	18	17	16
Reserved															

15	14	13	12	11	10	9	8	7	6	5	4	3	2	1	0
ADC3 EN	USAR T1EN	TIM8 EN	SPI1 EN	TIM1 EN	ADC2 EN	ADC1 EN	IOPG EN	IOPF EN	IOPE EN	IOPD EN	IOPC EN	IOPB EN	IOPA EN	Res.	AFIO EN
rw	rw	rw	rw	rw	rw	rw	rw	rw	rw	rw	rw	rw	rw		rw

여기서 14번 비트가 USART1 클럭을 enable하는 것이다. 이에 대한 설정을 하고 있는 것이다. 그런데 이것은 STM 라이브러리가 버전이 낮기 때문에 약간은 옛날 구현 방식으로 설정을 하고 있다. 이전 장에서 최신 라이브러리에 대한 것을 공부하였고, 거기서의 설정 부분을 잠시 다시 보도록 한다.

```
#define RCC_APB2Periph_USART1               ((uint32_t)0x00004000)
/* Enable USART1 clocks */
RCC_APB2PeriphClockCmd(RCC_APB2Periph_USART1, ENABLE);
```

위와 같이 실제로 적용될 비트의 위치를 그대로 define해서 가지고 있고, 그 값을 직접 설정하도록 구현이 되어 있다. 구현 방식에 있어서만 차이가 있을 뿐 내용은 다른 것은 없다. 이점을 참고로 알아둘 필요가 있다.

8.2.7. 클럭 설정 변경 사항

앞장에서 설명한 바 있지만, MANGO-Z1의 외부 클럭 소스(크리스털)는 12MHz로 STM3210B-EVAL 보드의 8MHz와 다른데 이 부분을 수정해 줘야 한다.

소스에서 해당 부분을 찾아보면 우선 Micrium₩Software₩EvalBoards₩ST₩MANGO-Z1₩IAR₩BSP 디렉터리에 bsp.c 파일의 BSP_Init() 함수에 다음과 같이 PLL 셋팅하는 부분이 있다.

```
RCC_PLLConfig(RCC_PLLSource_HSE_Div1, RCC_PLLMul_9);
```

앞장에서 이미 설명했는데, 8MHz 외부 크리스털을 사용하는 경우 8MHz * 9 = 72MHz에 의해 PLLCLK가 72MHz가 되도록 설정하고 있는데, 12MHz 의 경우 6을 곱해야 72MHz가 나오기 때문에 다음과 같이 수정해야 한다.

```
RCC_PLLConfig(RCC_PLLSource_HSE_Div1, RCC_PLLMul_6);
```

참고로 Micrium₩Software₩EvalBoards₩ST₩MANGO-Z1₩IAR₩BSP 디렉터리에는 보드에 특정된 파일들이 있는데 우리가 수정하거나 추가해야 할 소스가 대부분 여기에 있다. BSP(Board Support Package)란 말에서 알 수 있듯이 STM3210B-EVAL 보드에 특정된 파일들이 모여있던 부분인데 이 소스들을 MANGO-Z1에 맞도록 수정하면 되는 것이다.

물론, 다른 쪽에서도 많지 않지만 수정할 부분이 있다. 클럭 설정과 관련해서 추가로 다음 파일도 수정해야 한다.
Micrium₩Software₩EvalBoards₩ST₩MANGO-Z1₩IAR₩OS-Probe 디렉터리의 Stm32f10x_conf.h 파일에서 다음 define을 아래와 같이 수정해야 한다.

```
// by crazyboy, #define HSE_Value      ((u32)8000000) /* Value of the External oscillator in Hz*/
#define HSE_Value      ((u32)12000000) /* Value of the External oscillator in Hz*/
```

8.2.8. LED 관련 수정 사항 설명

앞 장의 FreeRTOS에서 설명한 대로 LED를 점멸을 통해 포팅된 uC/OS-II의 동작을 확인해 보도록 한다.

이미 설명했지만, STM3210B-EVAL 보드와 MANGO-Z1 보드의 LED 연결이 다르기 때문에 해당 부분을 찾아 수정해 주어야 한다. LED 관련 함수들도 Micrium₩Software₩EvalBoards₩ST₩MANGO-Z1₩IAR₩BSP 디렉터리의 bsp.c 파일에 있다. 우선 LED 포트를 아래와 같이 다시 지정하도록 한다.

```
#define   BSP_GPIOB_LED1                          DEF_BIT_09
#define   BSP_GPIOB_LED2                          DEF_BIT_05
#define   BSP_GPIOB_LED3                          DEF_BIT_08
```

LED의 GPIO Port는 B이고, 각각의 핀 번호는 #9번이 LED1이고, 차례로 #5, #8번 핀에 할당되어 있다.

한가지 추가 변경 사항이 있는데 그것은 우리가 LED에 대한 설정만 변경하면 안되고 추가로 다른 핀에서의 설정 부분도 변경해야 하는 부분이 있다. 그것은 우리가 지금 변경하려는 LED 핀들 즉 GPIO Port B #9, #5, #8번 핀을 다른 곳에 사용하고 있는 곳이 있는가 하는 점이다. 만약 있다면 이 부분도 수정을 해야만 한다.

```
#define   BSP_GPIOB_TEMP_INT                          DEF_BIT_05
#define   BSP_GPIOB_AUDIO_PWM                           DEF_BIT_08
#define   BSP_GPIOB_PB_KEY                          DEF_BIT_09
```

위 부분은 기존에 정의가 되어 있는 부분이다. 여기의 정의 부분을 보면 우리가 원하는 핀을 모두 사용하고 있는 것을 알 수 있다. GPIO Port B #9, #5, #8번 핀을 이미 모두 사용하고 있었던 것이다. 이것을 적절히 수정해 주어야 한다. 코드 상에서 BSP_GPIOB_TEMP_INT와 BSP_GPIOB_AUDIO_PWM는 사용하고 있지 않기 때문에 필자는 일단 BSP_GPIOB_PB_KEY의 사용 부분만 변경을 하도록 하였다.

```
static   void   BSP_PB_Init (void) {
     GPIO_InitTypeDef   gpio_init;

     RCC_APB2PeriphClockCmd(RCC_APB2Periph_GPIOA, ENABLE);
     gpio_init.GPIO_Pin   = BSP_GPIOA_PB_WAKEUP;
     gpio_init.GPIO_Mode = GPIO_Mode_IN_FLOATING;
     GPIO_Init(GPIOB, &gpio_init);

//      RCC_APB2PeriphClockCmd(RCC_APB2Periph_GPIOB, ENABLE);
//      gpio_init.GPIO_Pin   = BSP_GPIOB_PB_KEY;
//      gpio_init.GPIO_Mode = GPIO_Mode_IN_FLOATING;
//      GPIO_Init(GPIOB, &gpio_init);

     RCC_APB2PeriphClockCmd(RCC_APB2Periph_GPIOC, ENABLE);
     gpio_init.GPIO_Pin   = BSP_GPIOC_PB_TAMPER;
     gpio_init.GPIO_Mode = GPIO_Mode_IN_FLOATING;
```

```
    GPIO_Init(GPIOB, &gpio_init);
}
```

BSP_PB_Init 함수에서 위와 같이 BSP_GPIOB_PB_KEY의 사용 부분을 코멘트로 처리하였다. 물론 우리가 LED 만을 사용하는 것이 아니라 Key도 사용하고 여러가지 다른 부분들도 사용한다면 이에 맞도록 적절히 변경하는 작업도 수행해야 할 것이다. 여기서는 LED 만을 사용하는 것이기 때문에 그에 맞게만 수정하고 있는 것이다.

LED를 초기화 하는 함수 BSP_LED_Init()을 다음과 같이 수정한다.

```
static   void   BSP_LED_Init (void) {
    GPIO_InitTypeDef   gpio_init;

    RCC_APB2PeriphClockCmd(RCC_APB2Periph_GPIOB, ENABLE);

    gpio_init.GPIO_Pin     = BSP_GPIOB_LED1 | BSP_GPIOB_LED2 | BSP_GPIOB_LED3;
    gpio_init.GPIO_Speed = GPIO_Speed_50MHz;
    gpio_init.GPIO_Mode   = GPIO_Mode_Out_PP;
    GPIO_Init(GPIOB, &gpio_init);
}
```

기존에 모두 C로 되어있던 GPIO 부분이 B로 변경된 사항만 다를 뿐이다. 그리고 LED4가 있었는데 그 부분은 삭제되었다.

```
void   BSP_LED_On (CPU_INT08U led) {
    switch (led) {
        case 0:
            GPIO_ResetBits(GPIOB, BSP_GPIOB_LED1 | BSP_GPIOB_LED2 | BSP_GPIOB_LED3);
            break;
        case 1:
            GPIO_ResetBits(GPIOB, BSP_GPIOB_LED1);
            break;
        case 2:
            GPIO_ResetBits(GPIOB, BSP_GPIOB_LED2);
            break;
        case 3:
            GPIO_ResetBits(GPIOB, BSP_GPIOB_LED3);
            break;
```

```
            default:
                    break;
    }
}
```

BSP_LED_Init과 마찬가지로 기존에 모두 C로 되어있던 GPIO 부분이 B로 변경되었다. 그리고 LED4 부분은 삭제되었다. 여기서 한가지 더 변경된 사항이 GPIO_SetBits를 사용하던 부분이 GPIO_ResetBits으로 변경되었다는 것이다. 기존의 STM의 EVAL 보드와 망고 Z1은 LED를 켜는 방식이 반대가 되어 있다. STM의 EVAL 보드는 GPIO 핀의 값을 1로 만들어야 LED를 켜는 것인데, 망고 Z1은 GPIO 핀의 값을 0으로 만들어야 LED를 켜는 것이 된다. 그러므로 불려지는 함수의 종류가 반대가 되야 하는 것이다.

여기서 BSP_LED_On(0)로 부르게 되면 모든 LED를 켜는 것이 된다.

```
void   BSP_LED_Off (CPU_INT08U led) {
    switch (led) {
        case 0:
                GPIO_SetBits(GPIOB, BSP_GPIOB_LED1 | BSP_GPIOB_LED2 | BSP_GPIOB_LED3);
                break;
        case 1:
                GPIO_SetBits(GPIOB, BSP_GPIOB_LED1);
                break;
        case 2:
                GPIO_SetBits(GPIOB, BSP_GPIOB_LED2);
                break;
        case 3:
                GPIO_SetBits(GPIOB, BSP_GPIOB_LED3);
                break;
        default:
                break;
    }
}
```

BSP_LED_Off는 BSP_LED_On과 부르고 있는 함수의 종류만 다를 뿐 내용은 동일하다.

```
void   BSP_LED_Toggle (CPU_INT08U led) {
    CPU_INT32U    pins;
```

```
    pins = GPIO_ReadOutputData(GPIOB);

    switch (led) {
        case 0:
            BSP_LED_Toggle(1); BSP_LED_Toggle(2); BSP_LED_Toggle(3);
            break;
        case 1:
            if ((pins & BSP_GPIOB_LED1) == 0) { GPIO_SetBits(   GPIOB, BSP_GPIOB_LED1);
            } else {                            GPIO_ResetBits(GPIOB, BSP_GPIOB_LED1);   }
           break;
        case 2:
            if ((pins & BSP_GPIOB_LED2) == 0) { GPIO_SetBits(   GPIOB, BSP_GPIOB_LED2);
            } else {                            GPIO_ResetBits(GPIOB, BSP_GPIOB_LED2);   }
           break;
        case 3:
            if ((pins & BSP_GPIOB_LED3) == 0) { GPIO_SetBits(   GPIOB, BSP_GPIOB_LED3);
            } else {                            GPIO_ResetBits(GPIOB, BSP_GPIOB_LED3);   }
           break;
        default:
            break;
    }
}
```

Toggle 함수의 경우도 위와 마찬가지로 기존에 모두 C로 되어있던 GPIO 부분이 B로 변경되었다. 그리고 LED4 부분은 삭제되었다. Toggle 부분은 실제 GPIO에 설정되어 있는 값을 읽어서 그와 반대가 되도록 설정을 변경하는 함수가 되겠다. 그래서 켜져 있으면 끄고, 꺼져 있으면 켜는 동작을 수행하게 될 것이다.

8.2.9. task 생성 함수 OSTaskCreateExt 설명

```
INT8U   OSTaskCreate (void (*task)(void *p_arg), void *p_arg, OS_STK *ptos, INT8U prio)
INT8U   OSTaskCreateExt (void     (*task)(void *p_arg),
                         void      *p_arg,              OS_STK   *ptos,
                         INT8U      prio,               INT16U    id,
                         OS_STK    *pbos,               INT32U    stk_size,
                         void      *pext,               INT16U    opt)
```

task를 생성시키는데 사용하는 함수는 위의 2가지가 있다.

OSTaskCreate와 OSTaskCreateExt는 근본적으로는 거의 같은 행동을 하는 것이다. 다만 OSTaskCreateExt의 경우가 보다 복잡한 설정을 가능하게 하는 것이다. 함수의 내부에서 OSTaskStkInit()과 OS_TCBInit()을 호출하는 상황에서 넘겨진 argument로 구체적인 설정을 통해서 할 것인지 아니면 default로 대부분 0을 주어서 할 것인지의 차이 정도라고 생각하면 될 것이다.

```
#define OS_TASK_CREATE_EN        1    /*    Include code for OSTaskCreate()   */
#define OS_TASK_CREATE_EXT_EN    1    /*    Include code for OSTaskCreateExt() */
```

위와 같은 define을 통해서 각각의 함수에 대한 코드를 넣을 수도 뺄 수도 있다. 실제로 생성된 바이너리 파일의 크기를 줄이기 위해서 꼭 필요한 부분만 포함시키려고 하는 노력을 엿볼 수 있는 부분이다.

```
    os_err = OSTaskCreateExt((void (*)(void *)) App_LED1_Task,   /* Create led task */
                    (void          * ) 0,
                    (OS_STK        * )&App_Task_LED1_Stack[APP_TASK_START_STK_SIZE - 1],
                    (INT8U           ) APP_TASK_LED1_PRIO,
                    (INT16U          ) APP_TASK_LED1_PRIO,
                    (OS_STK        * )&App_Task_LED1_Stack[0],
                    (INT32U          ) APP_TASK_START_STK_SIZE,
                    (void          * )0,
                    (INT16U          )(OS_TASK_OPT_STK_CLR | OS_TASK_OPT_STK_CHK));
```

LED task 중의 하나를 생성하는 예를 살펴보면 위와 같다. 우리는 공부를 하는 입장에서 보다 복잡한 OSTaskCreateExt를 이용해서 task를 만들었다. 이에 대해서 하나씩 살펴보도록 하겠다.

<return value>

```
#define OS_ERR_NONE                  0u
#define OS_ERR_PRIO_EXIST           40u
#define OS_ERR_PRIO_INVALID         42u
#define OS_ERR_TASK_CREATE_ISR      60u
#define OS_ERR_TASK_NO_MORE_TCB     66u
```

OSTaskCreateExt 함수의 결과로 return하는 값은 위의 정의된 값 중 하나이다.

os_cfg.h (RTOS.Porting₩Micrium_Port₩Software₩EvalBoards₩ST₩MANGO-Z1₩IAR₩OS-Probe)

```
#define OS_LOWEST_PRIO        31    /* Defines the lowest priority that can be assigned ... */
```

```
                                        /* ... MUST NEVER be higher than 254!          */
```

os_cfg.h를 보면 위와 같이 OS_LOWEST_PRIO가 31로 정의되어 있다. 이 값보다 큰 값을 주어서 task를 만들려고 하면 **OS_ERR_PRIO_INVALID** 에러가 발생하게 된다. 이 값은 comment에 보면 254보다 커서는 안된다고 적혀있다. 실제로 uCOS의 경우에 위에 정의된 값보다 큰 255개의 task를 만들 수도 있다. 하지만 우리가 사용하는 버전은 이 값이 31로 설정되어 있어서 32개의 task만 만들 수 있도록 만든 것이다. define의 내용을 통해서도 알 수 있지만 값이 클수록 우선순위가 낮은 것임을 알 수 있다.

```
#define OS_MAX_TASKS                 20
    /* Max. number of tasks in your application, MUST be >= 2          */
```

우리의 경우 위와 같이 최대 task의 갯수가 정의되어 있다. 최대 priority 수는 32로 정의되어 있지만 실제 task 수는 20으로 정의해 놓았다. 이 수는 당연히 memory의 크기와 연관이 되어 있을 것이다. 우리가 사용하는 CPU의 경우 내부 메모리만 사용한다고 보았을 때 상당히 적은 용량밖에 없게 되고 무한정 task의 수를 늘릴 수는 없다. 적절한 갯수의 task만을 생성할 수 있도록 설계하는 것이 매우 중요하다고 할 수 있다.

Interrupt Service Routine 내에서 위의 OSTaskCreateExt 함수를 부르게 되면 **OS_ERR_TASK_CREATE_ISR** 에러가 발생하게 된다. ISR 내에서는 OS task를 만드는 등의 행동을 해서는 안된다. 이에 대한 보완 코드를 가지고 있는 것이다.

OSTaskCreateExt 함수 내에서는 OSTaskStkInit을 통해서 task stack 초기화 작업을 한 이후에 OS_TCBInit를 수행해서 TCB (TASK CONTROL BLOCK)을 생성하게 된다. 만약 이 과정에서 문제가 발생할 경우는 **OS_ERR_TASK_NO_MORE_TCB** 에러가 생성된다. 모든 task는 TCB를 가지고 있다. 이 내용에 대해서도 자세히 알 필요가 있다.

```
OS_EXT   OS_TCB            *OSTCBPrioTbl[OS_LOWEST_PRIO + 1];
                                  /* Table of pointers to created TCBs          */
```

위에 정의했던 OS_LOWEST_PRIO + 1로 priority에 대한 배열을 내부적으로 가지고 있다. OSTaskCreateExt 함수에 넘겨져 온 priority가 이미 이곳에 정의가 되어 있으면 **OS_ERR_PRIO_EXIST** 에러가 발생하게 된다. 모든 task는 unique한 priority를 가져야 한다. 그러므로 이미 사용했던 priority와 같은 값이 전달되면 이와 같은 에러가 발생하는 것이다.

<void (*task)(void *p_arg) & void *p_arg>

task의 주된 함수 부분이 이곳에 포인터로 들어가게 된다.

```
void Task (void *p_arg) {
    for (;;) {
        Task code;
    }
}
```

전형적인 task 함수의 본체는 위와 같이 정의가 된다. 우리의 경우에도 위와 비슷한 구조를 가진 함수를 사용하게 된다. void * p_arg가 선언되어 있지만 사용하지 않게 된다면 이 부분은 나중에 넘겨줄 때 0으로 주어도 된다. 하지만 함수를 선언할 때는 반드시 있어야 한다.

```
static void App_LED1_Task(void *p_arg)
{
    (void)p_arg;
..... ..... ..... ..... ..... .....
```

우리의 경우 위와 같이 선언이 되어 있고, (void)p_arg;와 같이 초기에 적어 놓음으로써 실제로 사용하지 않는 것에 대해서 에러가 발생하지 않도록 만들어 놓았다.

<OS_STK *ptos & OS_STK *pbos>

이 부분은 task에서 사용하게 될 stack의 pointer 부분에 대한 것을 넣어 주어야 한다.

os_cpu.h (₩Micrium_Port₩Software₩uCOS-II₩Ports₩ARM-Cortex-M3₩Generic₩IAR)

```
#define   OS_STK_GROWTH          1     /* Stack grows from HIGH to LOW memory on ARM */
```

우리의 경우 위와 같이 OS_STK_GROWTH 값이 1로 설정되어 있다. 이렇게 정의되어 있는 것은 stack의 방향이 아래 쪽으로 커지게 된다는 것을 의미한다. 즉, memory의 높은 곳에서 낮은 곳을 증가한다는 것을 의미한다. 이 경우 ptos에 전해지는 값은 stack에서 가장 높은 메모리 주소값을 넘겨주어야 한다. 반대로 만약 OS_STK_GROWTH 값이 0으로 설정되어 있다면 stack의 증가 방향이 위쪽으로 커지게 될 것이고, 이 경우에는 ptos 값에 가장 낮은 메모리 주소값을 넘겨주어야 한다.

```
static   OS_STK           App_Task_LED1_Stack[APP_TASK_START_STK_SIZE];
```

LED1 task의 stack은 위와 같이 정의되어 있다. 우리의 경우는 OS_STK_GROWTH 값이 1로 설정되어 있기 때문에 OSTaskCreateExt 함수를 호출할때 ptos에는 (OS_STK *)&App_Task_LED1_Stack[APP_TASK_START_STK_SIZE - 1]와 같이 넣어서 호출하였고, pbos에는 (OS_STK *)&App_Task_LED1_Stack[0]으로 넣어서 호출하였다. 만약 OS_STK_GROWTH 값이 0으로 설

정되어 있었다면 ptos에는 (OS_STK *)&App_Task_LED1_Stack[0]으로, pbos에는 (OS_STK *)&App_Task_LED1_Stack[APP_TASK_START_STK_SIZE - 1]로 서로 반대로 넣어서 호출하여야 할 것이다.

<INT8U prio & INT16U id>

여기에는 만들어질 task의 priority 값과 ID를 넣어주는 곳이다. priority는 만들어진 task마다 반드시 고유한 값을 넣어야 한다. 이 값에 대해서는 위에서 잠시 살펴보았다. 값이 작으면 작을수록 높은 priority를 갖는 것이다. ID는 0부터 65535까지 16 비트 공간이 가질 수 있는 모든 값을 사용할 수 있다.

위 2개의 값은 여러가지로 다르게 사용되는 것이다. 당연히 다른 값을 가져도 문제는 없다. 하지만 우리의 경우는 이 두 개의 값을 같은 값으로 사용하였다. 이렇게 사용할 수 있는 근거는 priority가 task마다 다르게 설정되어야 한다는 uCOS의 특징을 이용하는 것이다. 굳이 ID를 따로 부여할 필요가 없이 이 priority를 ID로 사용할 수 있는 것이다.

<INT32U stk_size>

이것은 task에서 사용할 stack에 대한 크기 부분을 넘겨주는 곳이다. 우리는 위에서 LED1에 대한 stack의 정의 부분을 살펴보았다.

```
static   OS_STK              App_Task_LED1_Stack[APP_TASK_START_STK_SIZE];
```

위와 같이 정의되어 있기 때문에 당연히 stk_size 부분에는 APP_TASK_START_STK_SIZE가 전달될 것이다. (코드에서 128로 정의되어 있다.)

여기서 OS_STK라는 type에 대해서 살펴보아야 할 것이다.

```
typedef unsigned int     OS_STK;                         /* Each stack entry is 32-bit wide   */
```

이것의 크기는 unsigned int로 정의되어 있다. 우리가 stack의 한 단계마다 증가하거나 감소하는 크기로 32 비트의 넓이를 갖는다는 것을 알수 있다. 만약 이 크기가 16 비트라면 16 비트의 폭에 맞는 stack의 크기를 이곳에 정확하게 기술하여야 한다.

<void *pext>

이것은 OSTaskCreateExt 함수 내부에서 호출하는 OS_TCBInit에 넘겨주는 값이 되겠다. TCB extension 에서 사용될 사용자가 지정한 메모리 위치를 넘겨줄 수 있다. 이 사용자 메모리에는 context switch 동안에 floating-point registers의 내용을 보관하고 있을 수도 있고, 각 task가 수행하는데 소모한 시간, switch가 일어난 횟수 등도 보관할 수 있다.

우리의 경우는 이 부분을 사용하지 않는다. 0으로 주면 된다.

<INT16U opt>

이 값은 task의 행동에 대한 추가적인 정보를 담고 있다. 이 부분에 포함될 수 있는 값은 아래의 종류가 있다.

```
#define   OS_TASK_OPT_NONE           0x0000u     /* NO option selected         */
#define   OS_TASK_OPT_STK_CHK        0x0001u     /* Enable stack checking for the task   */
#define   OS_TASK_OPT_STK_CLR        0x0002u     /* Clear the stack when the task is create   */
#define   OS_TASK_OPT_SAVE_FP    0x0004u /* Save the contents of any floating-point registers */
```

여기의 값은 16 비트로 정의 되어 있는데 하위 8 비트는 uC/OS-II에 reserve되어 있는 공간이고, 상위 8 비트는 application에서 나름 정의해서 사용할 수도 있는 공간이 되겠다.

statistic task가 주기적으로 동작을 하게 만들 수 있는데 이 경우 stack에 대해서 검사를 수행할 수 있다. OS_TASK_OPT_STK_CHK이 정의되어 있을 경우 이 검사를 하게 할 것인가를 옵션으로 구분하는 것이고, OS_TASK_OPT_STK_CLR는 task가 생성될 때 stack을 clear할 것인가를 정해주는 옵션이다. OS_TASK_OPT_SAVE_FP는 CPU가 floating-point registers를 가지고 있을 때 이들에 대한 값을 context switch 동안에 저장을 할 것인지를 정할 수 있는 부분이 되겠다.

우리의 경우는 OS_TASK_OPT_STK_CHK | OS_TASK_OPT_STK_CLR와 같이 OR 연산으로 두 개의 옵션만 주어서 task를 생성하도록 할 것이다.

8.2.10. LED task 생성 및 실행 결과

₩Micrium_Port₩Software₩EvalBoards₩ST₩MANGO-Z1₩IAR₩OS-Probe₩app_cfg.h에서 아래와 같이 정의를 해 놓았다.

```
#define   APP_TASK_LED1_PRIO                              7
#define   APP_TASK_LED2_PRIO                              8
#define   APP_TASK_LED3_PRIO                              9
```

우리는 3개의 task를 만들 것이다. 각각 LED1, LED2, LED3로 명명하고, 이들이 하는 일은 단순하게 각각 해당하는 LED를 켜고 끄는 동작 만을 수행할 것이다.

<app.c>

```
int   main (void) {
    CPU_INT08U   os_err;
    BSP_IntDisAll();                    /* Disable all ints until we are ready to accept them.   */
    OSInit();                           /* Initialize "uC/OS-II, The Real-Time Kernel".          */

    os_err = OSTaskCreateExt((void (*)(void *)) App_TaskStart,   /* Create the start task. */
                             (void          * ) 0,
                             (OS_STK        * )&App_TaskStartStk[APP_TASK_START_STK_SIZE - 1],
                             (INT8U           ) APP_TASK_START_PRIO,
                             (INT16U          ) APP_TASK_START_PRIO,
                             (OS_STK        * )&App_TaskStartStk[0],
                             (INT32U          ) APP_TASK_START_STK_SIZE,
                             (void          * )0,
                             (INT16U          )(OS_TASK_OPT_STK_CLR |
OS_TASK_OPT_STK_CHK));
#if (OS_TASK_NAME_SIZE >= 11)
    OSTaskNameSet(APP_TASK_START_PRIO, (CPU_INT08U *)"Start Task", &os_err);
#endif

    OSStart();        /* Start multitasking (i.e. give control to uC/OS-II).   */
    return (0);
}
```

위 함수는 최초의 프로그램 실행 부분인 main 함수의 내용이다. OSInit()이 최초에 불려야 하고, 이후 초기 task와 관련한 모든 설정을 종료한 이후에 OSStart()를 통해서 비로소 OS가 수행을 시작하는 것이다.

App_TaskStart 함수가 주된 application task를 수행하는 함수가 된다.

```
static   void   App_TaskStart (void *p_arg) {
    (void)p_arg;
    CPU_INT08U   os_err;

    BSP_Init();    /* Initialize BSP functions. */
    OS_CPU_SysTickInit();   /* Initialize the SysTick. */

#if (OS_TASK_STAT_EN > 0)
```

```
    OSStatInit();   /* Determine CPU capacity. */
#endif

#if ((APP_PROBE_COM_EN == DEF_ENABLED) || ₩
     (APP_OS_PROBE_EN   == DEF_ENABLED))
    App_InitProbe();
#endif

    App_EventCreate();   /* Create application events. */
    App_TaskCreate();   /* Create application tasks. */

    BSP_LED_Off(0);
    OSTimeDlyHMSM(0, 0, 0, 1000);
    os_err = OSTaskCreateExt((void (*)(void *)) App_LED1_Task,   /* Create led task */
                    (void          * ) 0,
                    (OS_STK        * )&App_Task_LED1_Stack[APP_TASK_START_STK_SIZE - 1],
                    (INT8U           ) APP_TASK_LED1_PRIO,
                    (INT16U          ) APP_TASK_LED1_PRIO,
                    (OS_STK        * )&App_Task_LED1_Stack[0],
                    (INT32U          ) APP_TASK_START_STK_SIZE,
                    (void          * )0,
                    (INT16U          )(OS_TASK_OPT_STK_CLR | OS_TASK_OPT_STK_CHK));

#if (OS_TASK_NAME_SIZE >= 9)
    OSTaskNameSet(APP_TASK_LED1_PRIO, "LED 1", &os_err);
#endif

    OSTimeDlyHMSM(0, 0, 0, 100);
    os_err = OSTaskCreateExt((void (*)(void *)) App_LED2_Task,   /* Create led task */
                    (void          * ) 0,
                    (OS_STK        * )&App_Task_LED2_Stack[APP_TASK_START_STK_SIZE - 1],
                    (INT8U           ) APP_TASK_LED2_PRIO,
                    (INT16U          ) APP_TASK_LED2_PRIO,
                    (OS_STK        * )&App_Task_LED2_Stack[0],
                    (INT32U          ) APP_TASK_START_STK_SIZE,
                    (void          * )0,
                    (INT16U          )(OS_TASK_OPT_STK_CLR | OS_TASK_OPT_STK_CHK));
```

```
#if (OS_TASK_NAME_SIZE >= 9)
    OSTaskNameSet(APP_TASK_LED2_PRIO, "LED 2", &os_err);
#endif

    OSTimeDlyHMSM(0, 0, 0, 100);
    os_err = OSTaskCreateExt((void (*)(void *)) App_LED3_Task,   /* Create led task */
                    (void        * ) 0,
                    (OS_STK      * )&App_Task_LED3_Stack[APP_TASK_START_STK_SIZE - 1],
                    (INT8U         ) APP_TASK_LED3_PRIO,
                    (INT16U        ) APP_TASK_LED3_PRIO,
                    (OS_STK      * )&App_Task_LED3_Stack[0],
                    (INT32U        ) APP_TASK_START_STK_SIZE,
                    (void        * )0,
                    (INT16U        )(OS_TASK_OPT_STK_CLR | OS_TASK_OPT_STK_CHK));

#if (OS_TASK_NAME_SIZE >= 9)
    OSTaskNameSet(APP_TASK_LED3_PRIO, "LED 3", &os_err);
#endif

    while (DEF_TRUE) { /* Task body, always written as an infinite loop. */
        OSTimeDlyHMSM(0, 0, 0, 100);
    }
}
```

위 부분에서 우리는 3개의 LED task를 만들고 있다. 최초 BSP_LED_Off(0)을 통해서 모든 LED를 끈 다음, OSTimeDlyHMSM(0, 0, 0, 1000);로 1초를 쉬고 있다. OSTimeDlyHMSM() 함수를 불러줄 때마다 현재의 task가 가지고 있는 control이 다른 task로 넘어가게 된다. LED task를 하나씩 생성하면서도 역시 OSTimeDlyHMSM() 함수를 불러주고 있다.

```
static  OS_STK        App_Task_LED1_Stack[APP_TASK_START_STK_SIZE];
static  OS_STK        App_Task_LED2_Stack[APP_TASK_START_STK_SIZE];
static  OS_STK        App_Task_LED3_Stack[APP_TASK_START_STK_SIZE];
```

위와 같이 3개의 LED task에 대해서 따로따로 stack을 정의해 주었다. stack의 크기는 모두 동일하게 128 바이트를 잡고 있다. LED를 동작시키는 정도의 간단한 일을 수행하는 task이기 때문에 stack의 크기가 클 이유는 전혀 없다.

```
static void App_LED1_Task(void *p_arg) {
```

```
    (void)p_arg;
    BSP_LED_On(1);
    OSTimeDlyHMSM(0, 0, 0, 2000);
    BSP_LED_Off(1);
    while (DEF_TRUE) {
        BSP_LED_Toggle(1);
        OSTimeDlyHMSM(0, 0, 0, 100);
    }
}
```

LED task에서 수행하는 동작은 3개의 task가 거의 대동소이하다. 각각의 task가 관장하는 LED는 LED1 task는 LED1을 다른 LED task는 다른 LED를 관장한다. 처음 task가 생성되면 LED를 켜주고 2초간 쉰다. 이후 LED를 끄고 이후에는 toggle 함수를 이용해서 계속 toggle 시키는 작업을 수행한다.

```
static void App_LED2_Task(void *p_arg) {
    (void)p_arg;
    BSP_LED_On(2);
    OSTimeDlyHMSM(0, 0, 0, 2000);
    BSP_LED_Off(2);
    while (DEF_TRUE) {
        BSP_LED_Toggle(2);
        OSTimeDlyHMSM(0, 0, 0, 200);
    }
}
```

3개의 LED task에서 다른 점 중의 하나는 main while loop 안에서 delay시에 쉬는 시간이 차이가 있다는 것이다. LED1 task가 가장 짧게 100 msec를 쉬고, LED2는 200 msec, LED3는 300 msec를 쉰다.

```
static void App_LED3_Task(void *p_arg) {
    (void)p_arg;

    BSP_LED_On(3);
    OSTimeDlyHMSM(0, 0, 0, 2000);
    BSP_LED_Off(3);

    while (DEF_TRUE) {
        BSP_LED_Toggle(3);
        OSTimeDlyHMSM(0, 0, 0, 300);
```

```
    }
}
```

이제 보드에 올려서 수행을 시켜보면, 아래와 같이 동작을 수행한다.

1) 최초 보드 수행 시 LED 3개가 모두 켜지게 된다. 이는 초기에 모든 LED 부분으로 GPIO가 Low 상태가 되고 이것이 실제로 LED를 켜는 동작이 되기 때문에 망고 Z1의 경우는 특별한 설정이 없는 상태에서도 LED 3개가 모두 켜지게 된다.
2) 이후 App_TaskStart에서 task들을 생성하기 전에 호출한 BSP_LED_Off(0)로 인해서 모든 LED가 꺼지고, 1초가 쉬게 된다.
3) 다음에 빨간색 LED부터 시작해서 Yellow, Blue LED가 차례로 이 순서대로 켜지게 된다. 이것은 LED task 3개가 각각 생성되는 과정을 보여주고 있는 것이다.
4) 모든 LED가 켜져 있는 상태가 2초간 지속된다. 이것은 각각의 task에서 초반에 LED를 켜고 2초간 delay를 주었기 때문이다.
5) 이후부터는 모든 LED가 켜졌다 꺼졌다를 계속 반복한다. 여기서 빨간색 LED는 가장 빠른 점등 속도를 보이고, 차례로 Yellow LED, Blue LED는 가장 느리게 점등하게 된다.

8.2.11. uC/OS-II 연구 - tick 설정

```
#define OS_TICKS_PER_SEC          1000      /* Set the number of ticks in one second */
```

os_cfg.h (₩Micrium_Port₩Software₩EvalBoards₩ST₩MANGO-Z1₩IAR₩OS-Probe)에 보면 위와 같이 OS_TICKS_PER_SEC가 설정되어 있다. 이것은 1초에 몇 번의 tick count를 하게 할 것인지를 설정하는 것이다.

```
static  void  App_TaskStart (void *p_arg) {
    (void)p_arg;

    CPU_INT08U  os_err;

    BSP_Init();                              /* Initialize BSP functions. */
    OS_CPU_SysTickInit();                    /* Initialize the SysTick. */
..... ..... ..... ..... ..... .....
```

App_TaskStart()에서 OS_CPU_SysTickInit()를 호출하는데 여기서 OS_TICKS_PER_SEC를 사용해서 설정 작업을 하게 된다.

```
void   OS_CPU_SysTickInit (void) {
    INT32U   cnts;
    cnts = OS_CPU_SysTickClkFreq() / OS_TICKS_PER_SEC;
    OS_CPU_CM3_NVIC_ST_RELOAD = (cnts - 1);
                /* Set prio of SysTick handler to min prio.          */
    OS_CPU_CM3_NVIC_PRIO_ST      = OS_CPU_CM3_NVIC_PRIO_MIN;
                  /* Enable timer. */
    OS_CPU_CM3_NVIC_ST_CTRL
            |= OS_CPU_CM3_NVIC_ST_CTRL_CLK_SRC | OS_CPU_CM3_NVIC_ST_CTRL_ENABLE;
                    /* Enable timer interrupt.     */
    OS_CPU_CM3_NVIC_ST_CTRL   |= OS_CPU_CM3_NVIC_ST_CTRL_INTEN;
}
```

여기서는 아래 정의된 것처럼 0xE000Exxx 부분에 존재하는 SysTick과 관련한 부분에 대한 설정 값으로 이용하기 위해서 OS_TICKS_PER_SEC을 이용하고 있는 것이다.

```
#define   OS_CPU_CM3_NVIC_ST_CTRL       (*((volatile INT32U *)0xE000E010))
                    /* SysTick Ctrl & Status Reg. */
#define   OS_CPU_CM3_NVIC_ST_RELOAD   (*((volatile INT32U *)0xE000E014))
                    /* SysTick Reload   Value Reg. */
#define   OS_CPU_CM3_NVIC_ST_CURRENT (*((volatile INT32U *)0xE000E018))
                    /* SysTick Current Value Reg. */
#define   OS_CPU_CM3_NVIC_ST_CAL        (*((volatile INT32U *)0xE000E01C))
                   /* SysTick Cal        Value Reg. */
#define   OS_CPU_CM3_NVIC_PRIO_ST       (*((volatile INT8U   *)0xE000ED23))
                   /* SysTick Handler Prio   Reg. */

#define   OS_CPU_CM3_NVIC_ST_CTRL_COUNT       0x00010000        /* Count flag. */
#define   OS_CPU_CM3_NVIC_ST_CTRL_CLK_SRC     0x00000004        /* Clock Source. */
#define   OS_CPU_CM3_NVIC_ST_CTRL_INTEN         0x00000002        /* Interrupt enable. */
#define   OS_CPU_CM3_NVIC_ST_CTRL_ENABLE        0x00000001        /* Counter mode. */
#define   OS_CPU_CM3_NVIC_PRIO_MIN            0xFF        /* Min handler prio. */
```

OS_CPU_SysTickClkFreq()을 통해서 clock frequency를 읽어서 이것을 OS_TICKS_PER_SEC으로 나누어서 한번에 tick이 동작할 횟수를 지정하고 있다.

OS_CPU_SysTickHandler()가 실제로 SysTick interrupt가 발생되었을 때 호출되는 handler function이고, 여기서 OSTimeTick()을 호출한다. OSTimeTick()에서는 모든 수행되는 task들에 대한 TCB를 검토해서

거기에 설정된 delay 관련 값을 감소시키게 된다. OSTimeDly()에 tick 값을 주어서 호출을 하게 되면, 이 함수에서는 TCB 데이타 중에서 OSTCBDly 부분에 이 tick 값을 저장한다. 이렇게 저장된 tick 값은 OSTimeTick()에서 하나씩 감소가 일어나고, 이 값이 0이 되는 순간에 delay 관련한 사항이 끝나게 되는 것이다.

우리가 위에서 사용하였던 LED task의 함수 내의 OSTimeDlyHMSM (INT8U hours, INT8U minutes, INT8U seconds, INT16U ms) 함수는 시간, 분, 초, milli-second 값을 정해서 줄 수 있도록 되어 있다. 이 함수 내부에서는 시간에 대한 정보를 분석해서 이것을 적절한 OSTimeDly()로 변환해서 불러주게 되는 것이다. 물론 OSTimeDlyHMSM (1, 0, 0, 0)으로 주었다면 이것은 1시간을 의미하는 것이고, 한 시간 동안 delay를 하기 위해서는 OSTimeDly()에 줄 수 있는 tick 값인 16 비트의 데이타 공간을 초과하게 된다. 이것을 적절하게 변환해서 OSTimeDly()를 여러 번 부르도록 구현한 것이다.

8.2.12. uC/OS-II 연구 - Critical Sections

RTOS는 반드시 Critical section에 대한 처리 부분을 포함하고 있어야 한다. 이는 task로 동작하는 거의 모든 OS에서도 공통 사항이라 할 수 있다. 만약 우리가 어떤 global 변수를 선언하고, 이것을 task1과 task2에서 동시에 접근한다면 이를 critical section으로 보호하지 않으면 당연히 문제를 발생시킬 수 있다.

Task A	Task B

{
    if(key == 1)
    {
        key = 0;
        Processing A
        key = 1;
    }
}
	{
	    if(key == 1)
	    {
	        key = 0;
	        Processing B
	        key = 1;
	    }
	}

위와 같은 형태를 생각해보자. key라는 값을 기준으로 모든 task가 동작을 수행하는 것이다. key가 1일 경우 key를 0으로 만든 다음에 Task에 대한 동작을 수행하고, 동작을 마친 다음 다시 key를 1로 만드는 형태의 매우 단순한 구조를 만들어 볼수 있다. 언뜻 보기에는 아무런 문제가 없는 것으로 여겨질 수 있다. 하지만 때에 따라 심각한 문제가 발생할 수 있다.

만약 Task A에서 key가 1인 것을 인지하였다고 가정해보자. 그래서 Processing A를 수행하기 바로 전에 다른 task는 동작을 하지 못하게 만들어야 하기 때문에 key를 0으로 만들려고 하는 그 순간 아직 key를 0으로 만들지 못한 상황에서 task switching이 발생할 수 있다. 이 경우 Task B에서는 아직 key가 바뀌지 않았기 때문에 1이라고 인지하고 이것을 0으로 만든 다음에 Processing B를 수행하게 된다. 이렇게 수행을 하고 있는 중에 다시 task switching이 발생해서 Task A로 돌아오면 Task A는 이미 key가 0으로 바뀌어 있는데 그것을 모르고 key를 다시 0으로 재 설정한 이후에 Processing A를 수행하는 것이다.

위와 같이 Processing A와 Processing B를 key라는 값을 두어서 동시에 수행하지 못하게 만든 것은 이유가 있어서일 것이다. 그러나 위에서 보았던 것처럼 아주 간단하게 위 방어 부분이 뚫려버리게 되는 것이다. 이를 적절하게 방어할 수 있도록 만드는 것이 Critical Section에 대한 부분이고, 결국은 일정 부분에 있어서 task switching이 발생하지 못하도록 막는 것이라고 보면 된다.

Critical Section에 접근하기 위해서 인터럽트를 Disable 시키고, 작업이 끝난 후에는 다시 인터럽트를 Enable 시키는 방법을 많은 OS에서 사용하게 된다. 만약 interrupt를 disable 시키면 어떤 일이 발생하게 될까? 시스템의 대부분의 동작은 interrupt를 통한 exception이 발생하여야 정상적으로 수행되게 된다. RTOS라는 말에서 R이 의미하는 real time이라는 것은 적절한 순간에 interrupt가 발생하도록 만들 수 있다는 의미를 내포하고 있는 것이다. 그런데 인터럽트를 Disable 시키면 이 Real Time의 속성이 무너지게 된다. 그러므로 인터럽트를 Disable 시키는 시간을 최소한으로 줄여야만 한다.

uC/OS-II에서는 인터럽트를 Enable하고 Disable하는 방법으로 ON_ENTER_CRITICAL()과 ON_EXIT_CRITICAL() 매크로를 사용한다. 이 부분은 포팅되는 CPU에 따라서 달라지게 된다. 당연한 말이겠지만 CPU마다 interrupt를 control하는 방법이 다르고 이에 따라 당연히 이 부분은 포팅이 되는 CPU에 맞도록 재 정의가 되어야 하는 부분이다. 이를 통합적으로 하나의 interface를 갖기 위해서 매크로를 정의해서 사용하는 것이다.

```
void   OSTimeDly (INT16U ticks) {
    INT8U          y;
#if OS_CRITICAL_METHOD == 3     /* Allocate storage for CPU status register */
    OS_CPU_SR   cpu_sr = 0;
#endif

    if (OSIntNesting > 0) {   /* See if trying to call from an ISR */
        return;
    }
    if (ticks > 0) {          /* 0 means no delay! */
        OS_ENTER_CRITICAL();
        y       =   OSTCBCur->OSTCBY;            /* Delay current task    */
        OSRdyTbl[y] &= ~OSTCBCur->OSTCBBitX;
        if (OSRdyTbl[y] == 0) {
            OSRdyGrp &= ~OSTCBCur->OSTCBBitY;
        }
```

```
        OSTCBCur->OSTCBDly = ticks; /* Load ticks in TCB    */
        OS_EXIT_CRITICAL();
        OS_Sched();   /* Find next task to run! */
    }
}
```

우리가 잘 알고 있는 단순한 함수인 OSTimeDly를 예로 들어서 설명하도록 한다. 넘겨지는 tick 값이 0보다 클 경우 주요한 작업을 수행하게 되고 이 때 작업의 앞과 뒤에 ON_ENTER_CRITICAL()과 ON_EXIT_CRITICAL() 매크로가 불리는 것을 볼수 있다. 바로 이 부분이 critical section 부분이라는 것을 인지할 수 있다.

우리는 위에서 TCB 항목 중에서 OSTCBDly 부분에 delay를 원하는 tick 값을 저장한다는 것을 알았다. 그리고 이 값은 SysTick interrupt가 발생할 때마다 1씩 감소한다는 것도 알고 있다. 결국 우리가 이 값에 tick 값을 저장하는 것과 SysTick interrupt handler에서의 접근 부분이 동시에 발생할 수 있는 부분이라는 것이다. 당연히 critical section으로 보호하지 않으면 예기치 못하는 문제를 야기할 수 있는 것이다.

위에 코드를 보면 OS_CPU_SR cpu_sr = 0;라고 선언된 부분이 있다.

```
typedef unsigned int    OS_CPU_SR;      /* Define size of CPU status register (PSR = 32 bits) */
```

OS_CPU_SR은 unsigned int로 되어 있는 부분이고 이것은 32 비트 크기를 가진다. 여기에 CPU status register를 저장하기 위한 공간이다. 이 부분은 ON_ENTER_CRITICAL()과 ON_ EXIT_CRITICAL() 매크로를 사용하는 모든 함수에서 반드시 선언되어 있어야 하는 부분이다.

os_cpu.h (Micrium_Port₩Software₩uCOS-II₩Ports₩ARM-Cortex-M3₩Generic₩IAR)

```
#define   OS_CRITICAL_METHOD    3

#if OS_CRITICAL_METHOD == 3
#define   OS_ENTER_CRITICAL()   {cpu_sr = OS_CPU_SR_Save();}
#define   OS_EXIT_CRITICAL()    {OS_CPU_SR_Restore(cpu_sr);}
#endif
```

os_cpu.h에 정의된 ON_ENTER_CRITICAL()과 ON_ EXIT_CRITICAL() 매크로의 내용을 살펴보면 cpu_sr을 이용하고 있는 것을 알 수 있다. cpu_sr에 값을 저장했다가 그 값을 이용해서 복구를 하도록 하고 있는 것이다. 이 매크로에서 사용하고 있는 OS_CPU_SR_Save()와 OS_CPU_SR_Restore()에 대해서 살펴보겠다.

os_cpu_a.asm (Micrium_Port₩Software₩uCOS-II₩Ports₩ARM-Cortex-M3₩Generic₩IAR)

```
OS_CPU_SR_Save
    MRS      R0, PRIMASK      ; Set prio int mask to mask all (except faults)
    CPSID    I
    BX       LR

OS_CPU_SR_Restore
    MSR      PRIMASK, R0
    BX       LR
```

이들 함수들은 모두 어셈블리로 구현되어 있다. 이들에 대해서 자세하게 살펴보도록 한다.

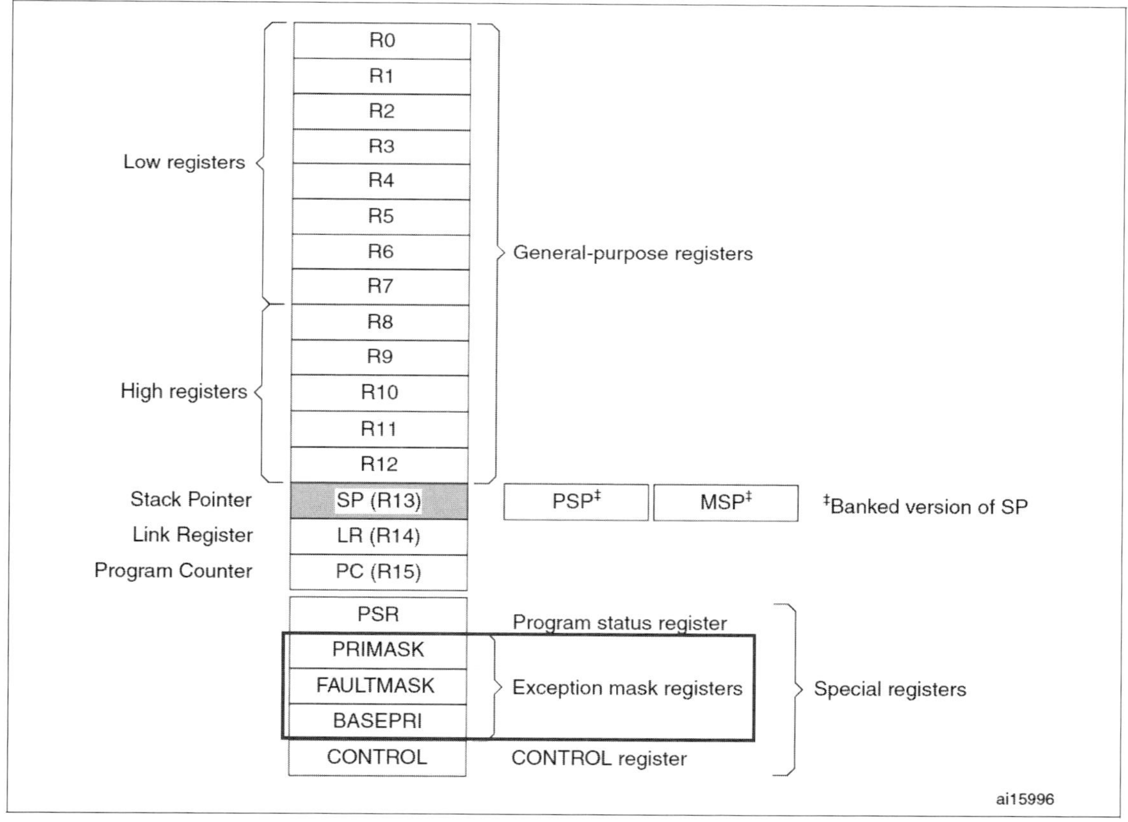

(ST, PM0056, Cortex-M3 programming manual, Figure 2. Processor core registers)

위 그림에서 보면 exception mask register가 세 종류가 있다. 이들에 대해서 먼저 살펴보아야 한다.

간단히만 먼저 보면 아래의 표로 정리할 수 있다.

PRIMASK	**nonmaskable interrupt (NMI)와 HardFault를 제외한 모든 인터럽트가 발생하지 못하도록 만든다.**
FAULTMASK	**nonmaskable interrupt (NMI)를 제외한 모든 인터럽트가 발생하지 못하게 한다.**
BASEPRI	**여기에 적힌 priority level과 같은 것을 포함해서 이보다 큰 값을 가진 모든 인터럽트가 발생하지 못하게 만든다. (큰 값을 가졌다는 것은 더 낮은 우선순위를 갖는 인터럽트이다)**

PRIMASK

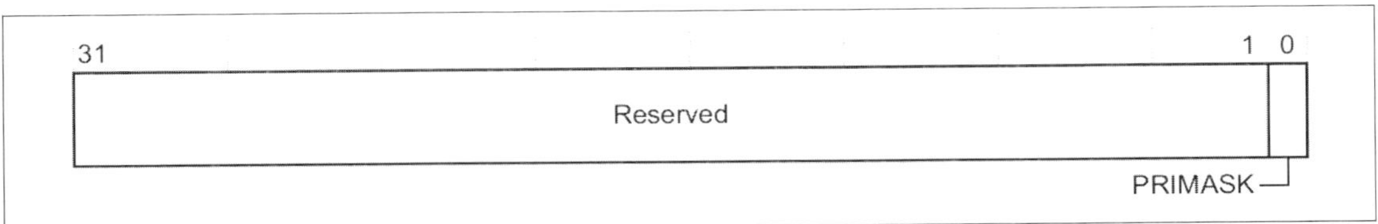

PRIMASK는 위 그림에서 보는 바와 같이 단 하나의 비트의 공간을 가지고 있는 레지스터이다. Bit 0가 0일 경우 아무런 영향이 없고, 1일 경우 우리가 configurable 할수 있는 모든 exceptions을 정지시키는 것이다.

FAULTMASK

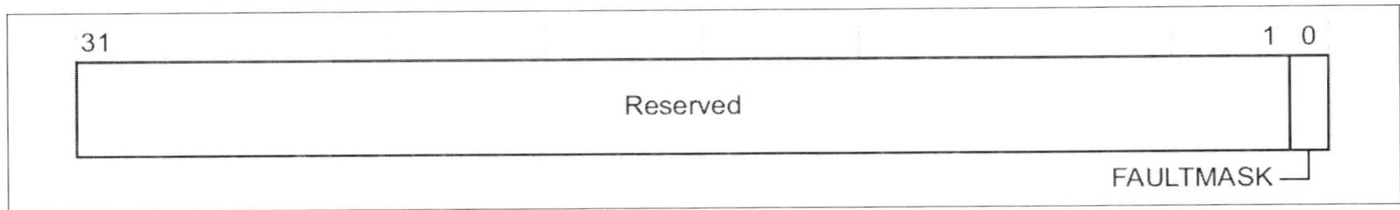

FAULTMASK는 PRIMASK와 거의 비슷하다. 위 그림에서 보는 바와 같이 단 하나의 비트의 공간을 가지고 있는 레지스터이다. 역시 Bit 0가 0일 경우 아무런 영향이 없고, 1일 경우 NMI를 제외한 모든 exceptions을 정지시키는 것이다.

BASEPRI

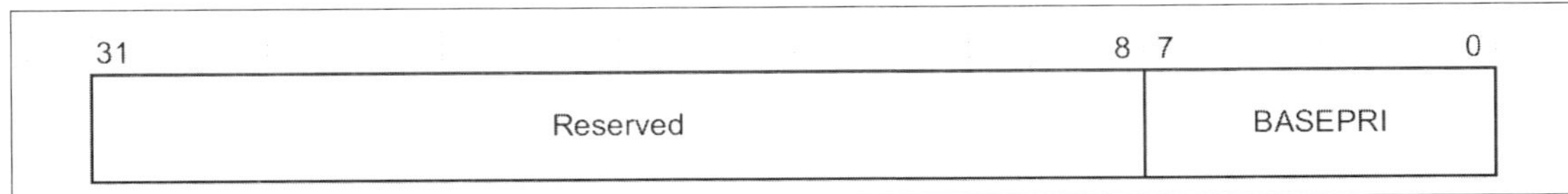

BASEPRI[7:4]는 Priority mask bits로 사용되게 된다. 0일 경우는 아무 영향이 없고, 0이 아닌 값을 가질 경우 CPU는 BASEPRI에 적혀있는 값과 동일하거나 더 높은 priority 값을 가진 exception에 대해

서는 process를 하지 않게 된다.

위 부분에 대해서는 우리가 이전 장에서 다루었던 Priority grouping에 대한 것과 연관이 있다.

PRIGROUP [2:0]	Interrupt priority level value, PRI_N[7:4]			Number of	
	Binary point(1)	Group priority bits	Subpriority bits	Group priorities	Sub priorities
0b011	0bxxxx	[7:4]	None	16	None
0b100	0bxxx.y	[7:5]	[4]	8	2
0b101	0bxx.yy	[7:6]	[5:4]	4	4
0b110	0bx.yyy	[7]	[6:4]	2	8
0b111	0b.yyyy	None	[7:4]	None	16

위 내용에 대한 것과 마찬가지로 Group priority를 사용하지 않는 형태와 동일한 사용 방법을 따르는 것이다. 그러므로 비트 4에서 7까지만 이용하고 있는 것이다.

그럼 위에서 보았던 OS_CPU_SR_Save와 OS_CPU_SR_Restore에 대한 코드를 분석해 보도록 한다.

```
MRS     R0, PRIMASK         ; Set prio int mask to mask all (except faults)
MSR     PRIMASK, R0
```

먼저 위 코드를 살펴보면 MRS 부분은 R0에 PRIMASK 레지스터의 값을 저장하고 있는 것이다. 반대로 MSR 부분은 R0에 있는 값으로 PRIMASK 값을 바꾸고 있다. 두 OS_CPU_SR_Save와 OS_CPU_SR_Restore 부분에서 R0는 OS_CPU_SR_Save에서는 return value로 사용하고 있는 것이고, OS_CPU_SR_Restore 부분에서는 입력으로 받는 argument로 활용되고 있는 것이다.

```
CPSID   I
```

결국 위 부분이 우리가 현재 작업하려는 내용의 핵심이 되겠다.

CPS는 Change Processor State의 의미를 가지는 Cortex-M3에서의 명령어가 되고 이것의 syntax를 살펴보면 아래와 같다.

```
CPS<effect> <iflags>
```

effect 부분은 IE나 ID 중 하나의 값을 가질 수 있다. IE는 special purpose register를 Clear하는 것이

고, ID는 special purpose register를 Set하는 것이다. 즉 1로 설정함으로써 disable을 시키는 것이다. iflags에는 I나 F가 올 수 있다. I는 PRIMASK를 clear하거나 set하는 것이고, F는 FAULTMASK를 clear하거나 set하는 것이다.

결국 위 코드는 PRIMASK에 1을 설정함으로써 인터럽트 발생을 mask하는 동작을 구현해 놓은 것이다.

```
BX      LR
```

BX LR은 이 함수의 부분에서 원래 이것을 호출한 곳으로 control을 넘기기 위해서 LR 레지스터에 저장된 값을 PC 값으로 설정해서 return하는 명령이 된다.

우리는 PRIMASK 레지스터를 이용해서 인터럽트를 막음으로써 ON_ENTER_CRITICAL() 부분을 구현한 것이고, 미리 저장했던 PRIMASK 레지스터를 다시 복구함으로써 ON_ EXIT_CRITICAL() 매크로 부분을 구현한 것이다.

8.2.13. uC/OS-II 연구 - task state

```
#define   OS_STAT_RDY          0x00u    /* Ready to run          */
#define   OS_STAT_SEM          0x01u    /* Pending on semaphore     */
#define   OS_STAT_MBOX         0x02u    /* Pending on mailbox   */
#define   OS_STAT_Q            0x04u    /* Pending on queue        */
#define   OS_STAT_SUSPEND      0x08u    /* Task is suspended       */
#define   OS_STAT_MUTEX        0x10u    /* Pending on mutual exclusion semaphore */
#define   OS_STAT_FLAG         0x20u    /* Pending on event flag group      */
#define   OS_STAT_MULTI        0x80u    /* Pending on multiple events     */

#define   OS_STAT_PEND_ANY       ₩
     (OS_STAT_SEM | OS_STAT_MBOX | OS_STAT_Q | OS_STAT_MUTEX | OS_STAT_FLAG)
```

ucos_ii.h (RTOS.Porting₩Micrium_Port₩Software₩uCOS-II₩Source) 부분에 보면 위와 같이 task status에 대한 define이 정의되어 있다. 이 값들이 각각 task에 대해서 semaphore, mailbox, message queue, suspend, mutex, flag 등의 동작에 대한 상태 정보를 TCB 내에 저장하기 위한 용도의 값이다.

우리는 task의 상태에 대해서 알아볼 필요가 있다. uC/OS-II의 경우 task 상태에 대한 것은 무척 간단한 편이다. 대부분의 경우 어떤 것에 대한 대기 상태가 되는 경우 Waiting이 되고, 그렇지 않을 경우는 Ready 상태에 있다가 scheduling 기능에 따라서 Running 상태로 가게 된다.

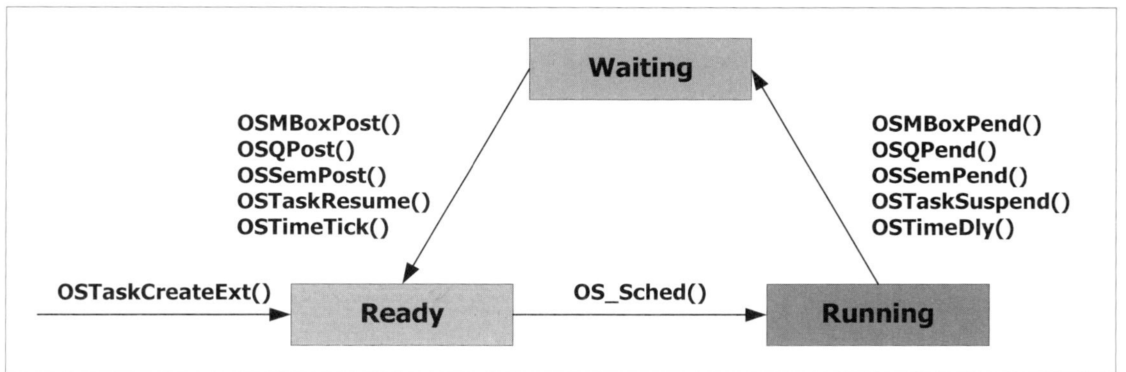

그림 8-5 uC/OS-II task state

8.2.14. uC/OS-II 연구 - Scheduling Lock/Unlock, Task Suspend/Resume

```
OS_EXT   INT8U                    OSLockNesting;
void   OSSchedLock (void)
void   OSSchedUnlock (void)
```

위 두 개의 함수는 반드시 쌍으로 불려야 한다. OSSchedLock()과 OSSchedUnlock()이 한 부분에서 쌍으로 불리지 않고 어긋나게 되면 심각한 문제가 발생할 수 있게 된다. OSLockNesting으로 정의되어 있는 global 변수를 이용해서 이 값을 증가시키거나 감소시키면서 scheduling을 하게 할수도 그렇지 못하게 할수도 있는 것이다. 만약 OSLockNesting이 0이 아닌 값을 가지고 있을 경우는 OS_Sched()이 불렸다 하더라도 scheduling이 일어나지 못하게 된다.

```
INT8U   OSTaskSuspend (INT8U prio)
INT8U   OSTaskResume (INT8U prio)
```

위 2개의 함수는 task를 suspend 시키거나 다시 Ready 상태로 만드는 함수가 되겠다. 이 함수에 전달되는 값은 priority 값이 되는데 특정 priority를 줄 수도 있고, 자기 자신일 경우에는 0xFF로 정의된 OS_PRIO_SELF를 주어도 된다. 이것은 IDLE task에 대해서는 사용할 수 없는 함수들이다. suspend를 시키게 되면 TCB의 OSTCBStat 부분에 OS_STAT_SUSPEND 상태 부분을 추가하게 된다.

8.2.15. uC/OS-II 연구 - Semaphore

```
OS_EVENT   *OSSemCreate (INT16U cnt)
void   OSSemPend (OS_EVENT *pevent, INT16U timeout, INT8U *perr)
INT8U   OSSemPost (OS_EVENT *pevent)
```

역시 OS에 있어서 빼놓을 수 없는 것 중의 하나가 바로 semaphore와 관련한 것이다. uC/OS-II의 경우에도 당연히 지원이 되고 있고, 이에 대한 함수가 위에 정의한 3가지 함수이다.

OSSemCreate는 semaphore를 사용하기 전에 생성을 시켜주는 함수이고, OSSemPend는 semaphore를 사용하기 위해서 task로 하여금 기다리게 만드는 것이고, OSSemPost는 기다리고 있는 task를 다시 ready 상태로 변경하게 해주는 작업을 하게 된다. 이와 비슷한 용도로 OSMutexCreate, OSMutexPend, OSMutexPost를 사용할 수도 있다. 기능적인 면에 있어서는 크게 다르지 않은 기능을 갖고 있다. 물론 세세한 부분에 있어서는 일부 차이가 나는 부분이 있고, 현재 우리가 포팅한 코드에서는 이 mutex 부분은 사용하지 않고 있다.

그럼 여기서 실제로 semaphore에 대해서 사용하고 있는 예제를 살펴봄으로써 보다 더 깊은 이해를 할 수 있도록 해보도록 한다.

App_TaskStart()에서 부르는 함수 중에서 App_InitProbe()가 있고, 여기서 ProbeRS232_Init()을 호출한다. ProbeRS232_Init()에서 ProbeRS232_OS_Init()을 호출하고 여기에서 아래의 코드가 수행되고 있다.

```
void   ProbeRS232_OS_Init (void) {
    CPU_INT08U    err;

#if (OS_SEM_EN > 0)
    ProbeRS232_OS_Sem = OSSemCreate(0);
..... ..... ..... ..... ..... .....
```

ProbeRS232_OS_Sem는 아래와 같이 OS_EVENT pointer로 정의된 global 변수가 되겠다.

```
#if (OS_SEM_EN > 0)
static   OS_EVENT   *ProbeRS232_OS_Sem;   /* Packet receive signal. */
#endif
```

OS_EVENT는 모든 task event에 대해서 사용하는 자료구조이다. 지금 설명하고 있는 semaphore 뿐만 아니라 message box, message queue, mutex, flag에 이르기까지 모든 곳에 사용하고 있는 것이다.

```
typedef struct os_event {
    INT8U      OSEventType; /* Type of event control block (see OS_EVENT_TYPE_xxxx)      */
    void      *OSEventPtr; /* Pointer to message or queue structure       */
    INT16U     OSEventCnt; /* Semaphore Count (not used if other EVENT type) */
#if OS_LOWEST_PRIO <= 63
    INT8U      OSEventGrp; /* Group corresponding to tasks waiting for event to occur */
```

```
    INT8U      OSEventTbl[OS_EVENT_TBL_SIZE];   /* List of tasks waiting for event to occur */
#else
    INT16U     OSEventGrp; /* Group corresponding to tasks waiting for event to occur */
    INT16U     OSEventTbl[OS_EVENT_TBL_SIZE];   /* List of tasks waiting for event to occur   */
#endif
#if OS_EVENT_NAME_SIZE > 1
    INT8U      OSEventName[OS_EVENT_NAME_SIZE];
#endif
} OS_EVENT;
```

OSEventType에 저장될 수 있는 값은 아래의 5가지가 있겠다.

```
#define   OS_EVENT_TYPE_MBOX         1u
#define   OS_EVENT_TYPE_Q            2u
#define   OS_EVENT_TYPE_SEM          3u
#define   OS_EVENT_TYPE_MUTEX        4u
#define   OS_EVENT_TYPE_FLAG         5u
```

task 간의 통신 및 task semaphore, mutex에 이르기까지 모든 곳에서 사용하고 있는 것임을 알수 있다.

```
#if (PROBE_RS232_CFG_PARSE_TASK_EN == DEF_ENABLED)
void   ProbeRS232_OS_Pend (void)
{
#if (OS_SEM_EN > 0)
    CPU_INT08U   err;
    OSSemPend(ProbeRS232_OS_Sem, 0, &err); /* Wait for a packet to be received */
#endif
}
#endif
```

semaphore creation을 통해서 저장한 ProbeRS232_OS_Sem을 이용해서 ProbeRS232_OS_Pend와 ProbeRS232_OS_Post에서 사용하게 된다. ProbeRS232_OS_Pend()에서는 OSSemPend를 이용해서 pending 상태로 만들게 된다.

```
#if (PROBE_RS232_CFG_PARSE_TASK_EN == DEF_ENABLED)
void   ProbeRS232_OS_Post (void) {
#if (OS_SEM_EN > 0)
```

```
    OSSemPost(ProbeRS232_OS_Sem); /* A packet has been received */
#endif
}
#endif
```

ProbeRS232_OS_Post에서는 ProbeRS232_OS_Sem 이용해서 OSSemPost를 불러서 위에서 pending했던 부분을 풀어주게 된다.

ProbeRS232_Task() 부분에서 매 loop마다 ProbeRS232_OS_Pend를 부르게 되고, 이렇게 되면 ProbeRS232_OS_Post가 불릴 때까지 RS232 task를 waiting 상태로 변경시키고 기다리게 되는 것이다.

Interrupt Vector Table에 ProbeRS232_RxTxISRHandler가 등록이 되고, RS232 관련해서 USART1 interrupt가 발생될 때마다 ProbeRS232_RxTxISRHandler가 불리게 된다. ProbeRS232_RxTxISRHandler에서는 RX쪽 부분에서 인터럽트가 발생하였을 경우에 ProbeRS232_RxHandler를 불러주게 되고, ProbeRS232_RxHandler에서 ProbeRS232_RxPkt()를 부르고, ProbeRS232_RxPkt()에서 비로소 ProbeRS232_OS_Post()를 부르게 되는 것이다.

이렇듯 UART쪽으로 interrupt가 발생할 때까지 task를 waiting 상태로 만들어 놓은 상태에서 인터럽트 발생으로 waiting에 있던 task를 살려서 동작을 수행하게 만들기 위해서 semaphore를 활용하고 있는 것이다.

8.2.16. uC/OS-II 연구 - Message Mailbox

이제 uC/OS-II 부분에서 마지막으로 message mailbox에 대해서 살펴보고자 한다.

```
OS_EVENT   *OSMboxCreate (void *pmsg)
void   *OSMboxPend (OS_EVENT *pevent, INT16U timeout, INT8U *perr)
INT8U   OSMboxPost (OS_EVENT *pevent, void *pmsg)
```

semaphore의 경우와 마찬가지로 Create 부분과 Pend, Post의 전형적인 모습을 보이고 있다. 실제적인 예제를 가지고 내용을 이해해 보도록 한다.

```
static   void   App_EventCreate (void) {
#if (OS_EVENT_NAME_SIZE > 12)
    CPU_INT08U   os_err;
#endif
    App_UserIFMbox = OSMboxCreate((void *)0);
                        /* Create MBOX for communication between Kbd and UserIF.*/
```

```
#if (OS_EVENT_NAME_SIZE > 12)
    OSEventNameSet(App_UserIFMbox, "User IF Mbox", &os_err);
#endif
}
```

App_TaskStart()에서 불리는 함수 중에 App_EventCreate()가 있고, 여기서 위 내용과 같이 message mailbox를 정의하고 있다.

App_TaskStart()에서는 우리가 위에서 시험을 통해서 만들었던 LED task 이외에 다른 task들도 생성하고 있는데 App_TaskCreate()가 그것이다.

```
static  void  App_TaskCreate (void) {
    CPU_INT08U   os_err;

    os_err = OSTaskCreateExt((void (*)(void *)) App_TaskUserIF,
                             (void          * ) 0,
                             (OS_STK        * )&App_TaskUserIFStk[APP_TASK_USER_IF_STK_SIZE - 1],
                             (INT8U           ) APP_TASK_USER_IF_PRIO,
                             (INT16U          ) APP_TASK_USER_IF_PRIO,
                             (OS_STK        * )&App_TaskUserIFStk[0],
                             (INT32U          ) APP_TASK_USER_IF_STK_SIZE,
                             (void          * ) 0,
                             (INT16U          )(OS_TASK_OPT_STK_CLR | OS_TASK_OPT_STK_CHK));
#if (OS_TASK_NAME_SIZE >= 9)
    OSTaskNameSet(APP_TASK_USER_IF_PRIO, "User I/F", &os_err);
#endif

    os_err = OSTaskCreateExt((void (*)(void *)) App_TaskKbd,
                             (void          * ) 0,
                             (OS_STK        * )&App_TaskKbdStk[APP_TASK_KBD_STK_SIZE - 1],
                             (INT8U           ) APP_TASK_KBD_PRIO,
                             (INT16U          ) APP_TASK_KBD_PRIO,
                             (OS_STK        * )&App_TaskKbdStk[0],
                             (INT32U          ) APP_TASK_KBD_STK_SIZE,
                             (void          * ) 0,
                             (INT16U          )(OS_TASK_OPT_STK_CLR | OS_TASK_OPT_STK_CHK));
#if (OS_TASK_NAME_SIZE >= 9)
    OSTaskNameSet(APP_TASK_KBD_PRIO, "Keyboard", &os_err);
```

```
#endif
}
```

App_TaskCreate()에서는 2개의 task를 생성하고 있다. App_TaskUserIF와 App_TaskKbd가 그것이다.

```
static   void   App_TaskUserIF (void *p_arg) {
..... ..... ..... ..... ..... .....
     while (DEF_TRUE) {
          msg = (CPU_INT08U *)(OSMboxPend(App_UserIFMbox, OS_TICKS_PER_SEC / 10, &err));
..... ..... ..... ..... ..... .....
     }
}
```

App_TaskUserIF와 App_TaskKbd 각각의 주된 내용에 대해서 여기서 기술할 것은 아니다. 다만 MBox를 이용해서 어떻게 통신을 하고 있는가를 알고자 함이다. App_TaskUserIF에서 main loop의 처음 부분에서 OSMboxPend를 호출하고 waiting 상태에 들어간다. OSMboxPost를 통한 메세지 송신이 이루어질 때까지 계속 waiting 상태에 들어가 있는 것이다.

```
static   void   App_TaskKbd (void *p_arg) {
..... ..... ..... ..... ..... .....
          if ((b1 == DEF_TRUE) && (b1_prev == DEF_FALSE)) {
..... ..... ..... ..... ..... .....
               OSMboxPost(App_UserIFMbox, (void *)key);
          }
..... ..... ..... ..... ..... .....
}
```

App_TaskKbd에서 특정 상황에 대한 조건을 만족했을 때 OSMboxPost를 통해서 message를 전달하게 된다. 여기서 전달되는 메세지는 key가 된다. 여기서 key는 일반적인 integer 변수이다. 그런데 여기에 (void *)를 통해서 type casting을 하고 있는 것을 주의 해야 한다. MBox에서 전달되는 메세지는 반드시 포인터 타입의 변수여야 한다. 하지만 이 예제에서 사용하는 것은 단순한 integer 변수이기 때문에 이와 같은 형태로 구현을 한 것이고, 만약에 복잡한 structure type이라고 하면 memory allocation을 이용해서 메모리를 heap 영역에 잡고 그 주소를 전달하는 형태가 될 수도 있다. 그럴 경우 메세지를 수신하는 쪽에서 allocation 받은 데이타를 de-allocation하는 작업을 수행하도록 구현할 수 있다.

Appendix

참고 문서

ARM Ltd., White Paper, An Introduction to the ARM Cortex-M3 Processor
ARM Ltd., AppsNote179. Cortex™-M3 Embedded Software Development
ARM Ltd., v7-M Architecture Application Level Reference Manual
ARM Ltd., DDI0403C arm architecture v7m reference manual
ARM Ltd., DDI0337G Cortex-M3 Technical Reference Manual r2p0
ARM Ltd., DDI0210B ARM7TDMI Technical Reference Manual r4p1
ARM Ltd., DDI0240A ARM9E-S Core Technical Reference Manual r2p1
ARM Ltd., DDI0244 ARM1026EJ-S Technical Reference Manual r0p2

STM Ltd., 13259 - PM0042. STM32F10xxx Flash programming
STM Ltd., 13587 - Data Shee
STM Ltd., 13675 - AN2586. hardware development. getting started
STM Ltd., 13801 - AN2606. system memory boot mode
STM Ltd., 13902 - RM0008 Reference manual
STM Ltd., 15491 - PM0056. STM32F10xxx Cortex-M3 programming manual
STM Ltd., cortex-m3_training_v0.2
STM Ltd., stm32f10x_technical_training

참고 Sites

http://cafe.naver.com/embeddedcrazyboys
http://www.arm.com/
http://www.st.com/
http://iar.com/
http://www.mcu-raisonance.com/
http://www.choung.net/
http://sourceforge.net/projects/freertos/
http://www.freertos.org/
http://micrium.com/

Mango-M32 회로도 1

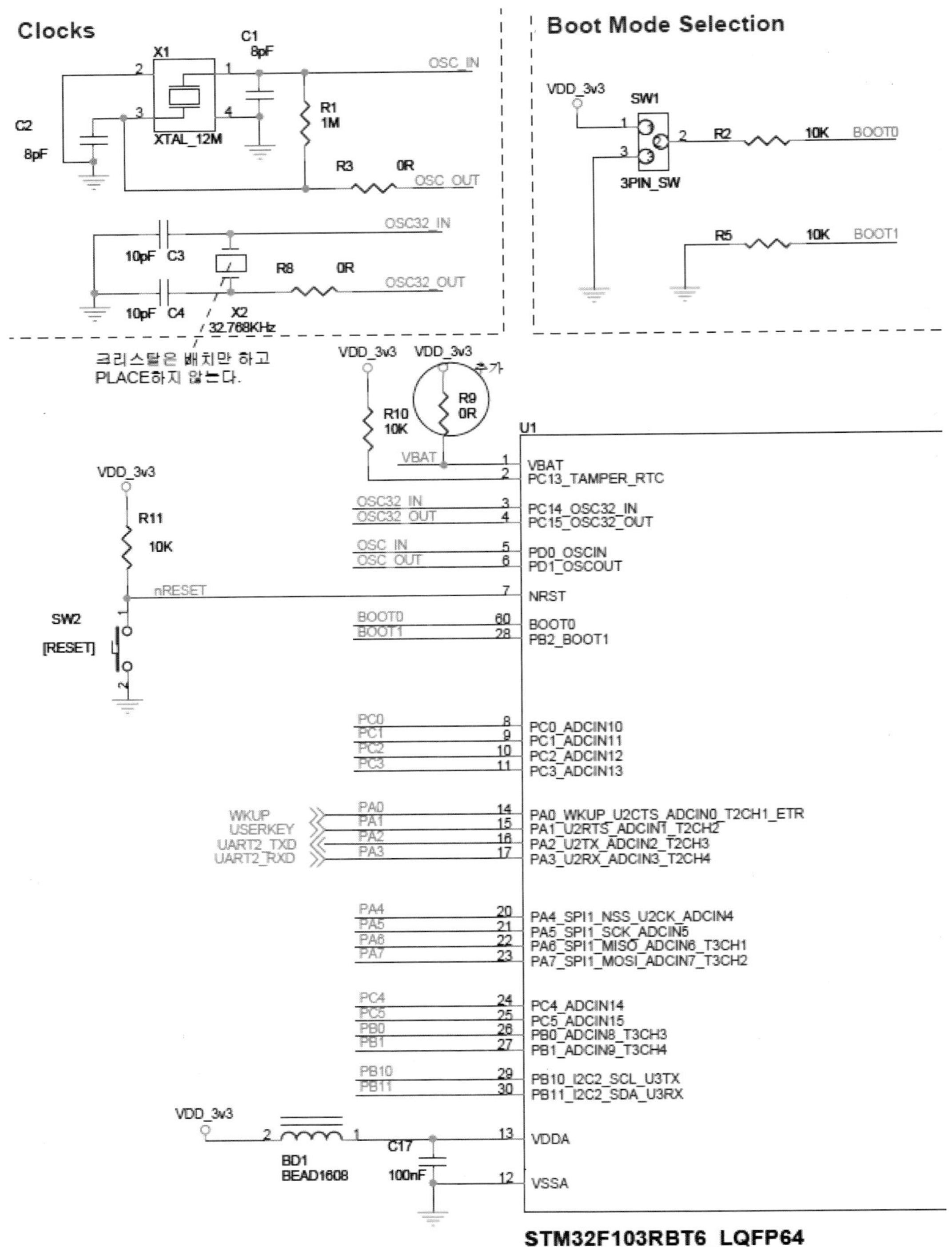

Mango-M32 회로도 2

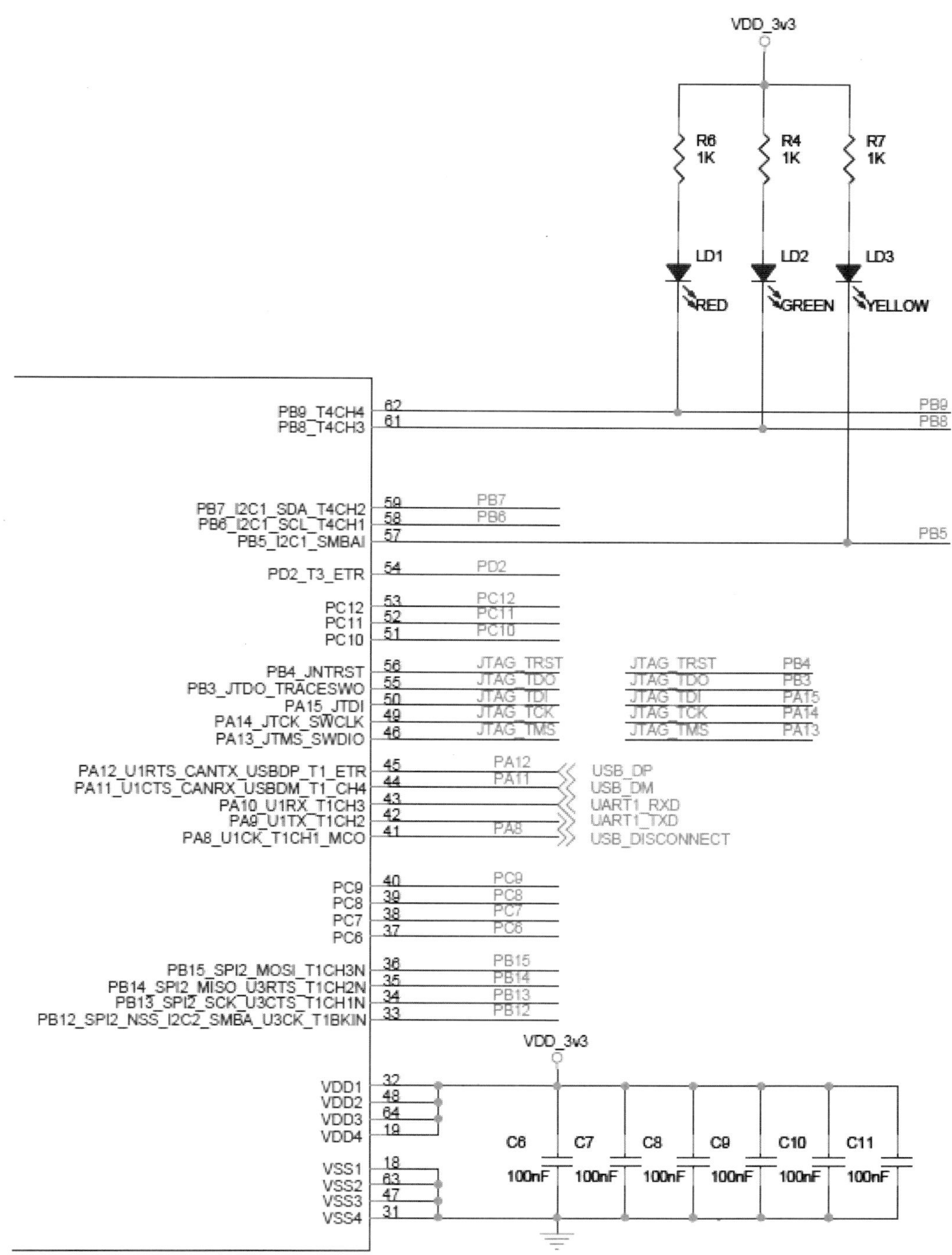

Mango-M32 회로도 3

<Extenstion Connector>

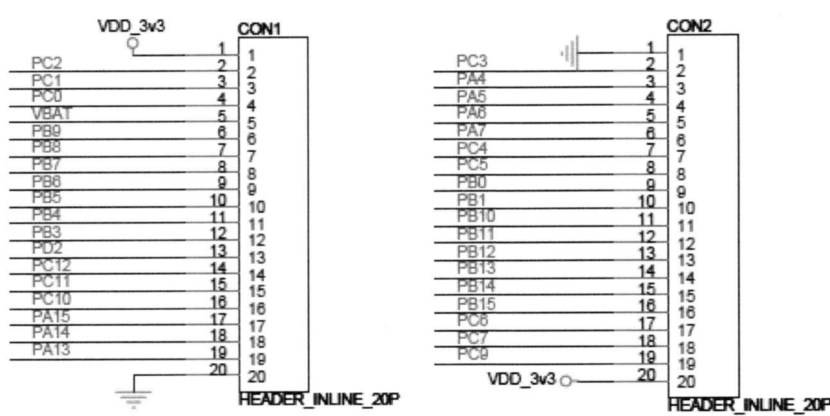

<7-Segment FND>

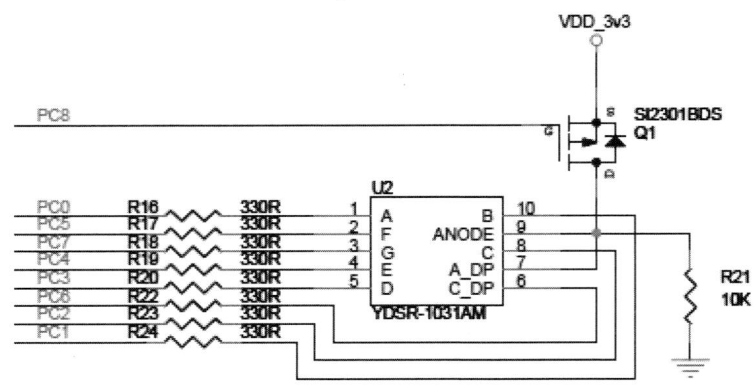

<JTAG>

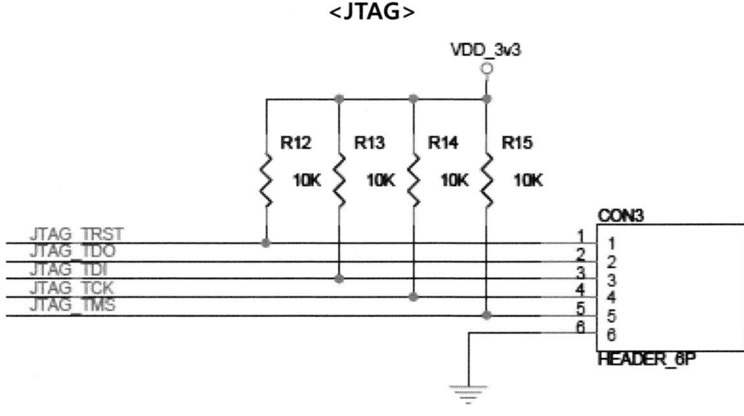

Mango-M32 회로도 4

<Main Power>

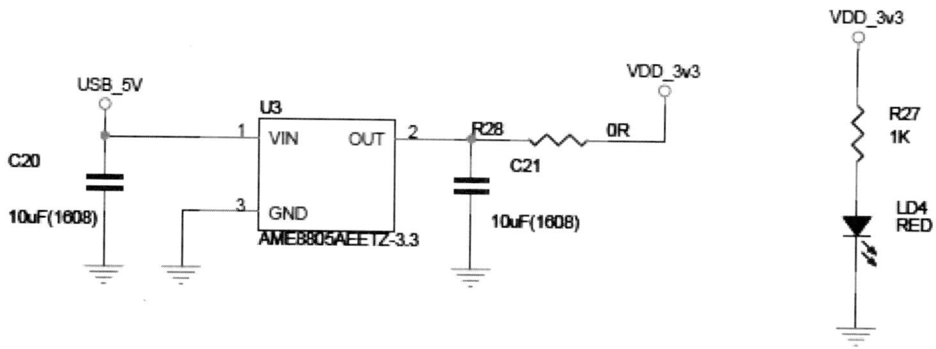

<Keys>

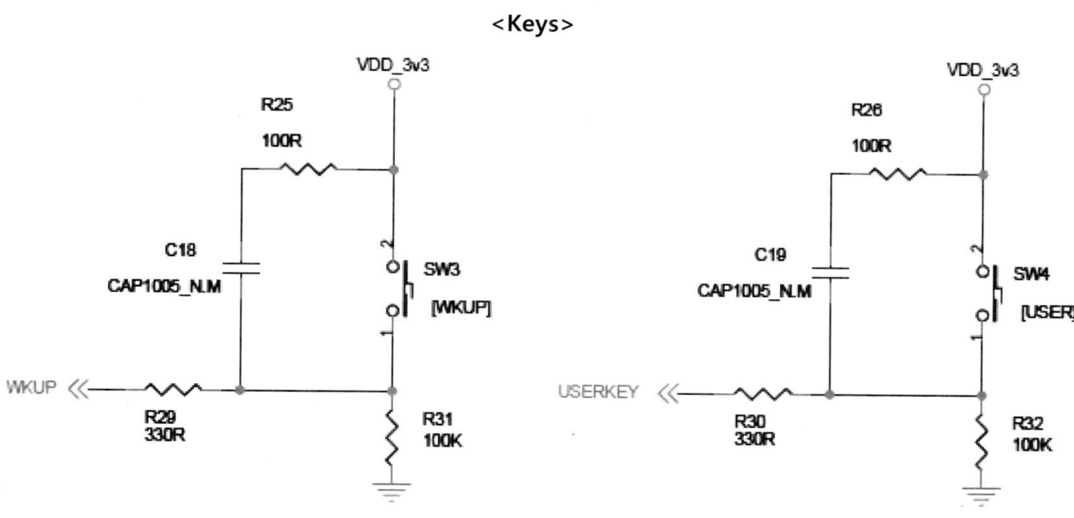

<RS-232C>

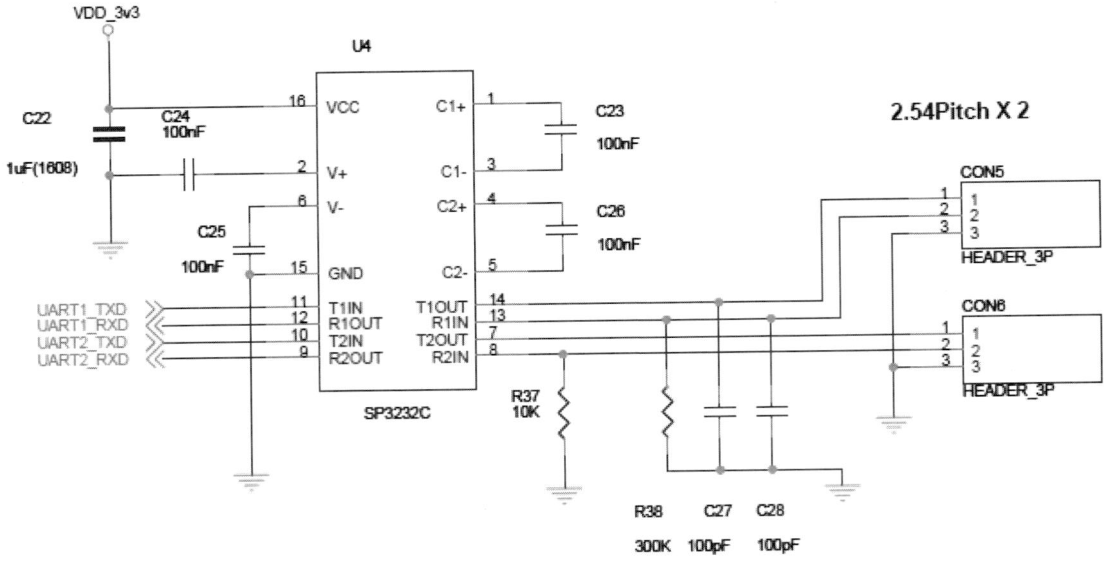

<USB Connector>

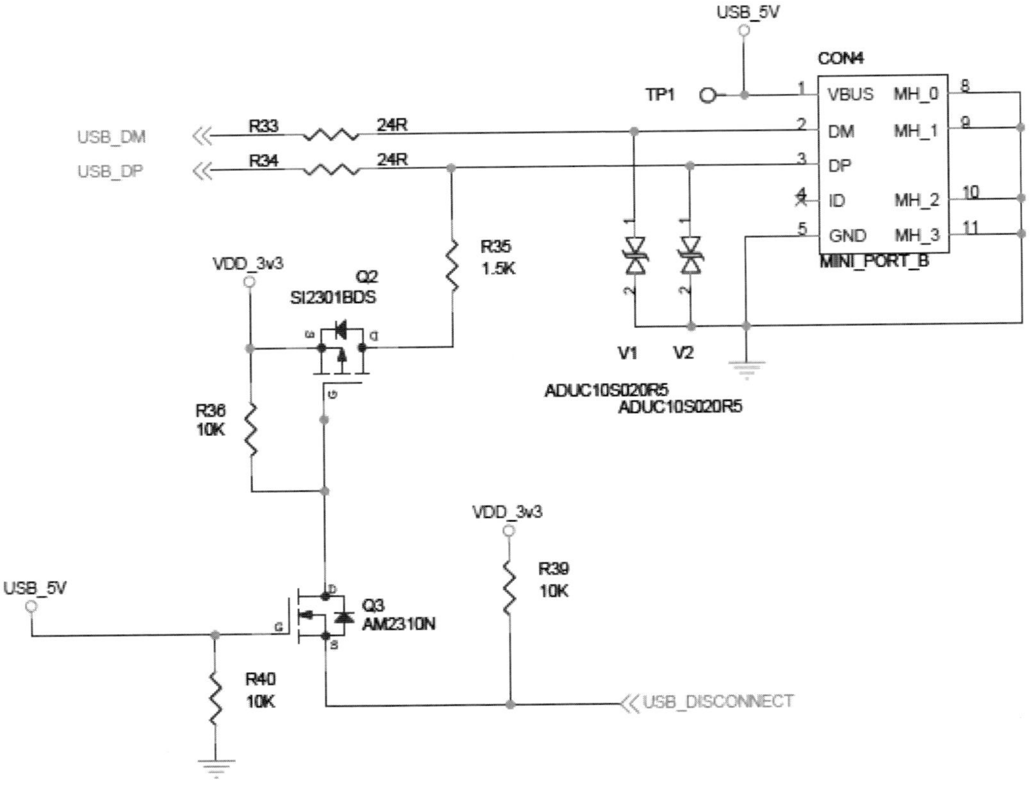

Mango-Z1 회로도 1

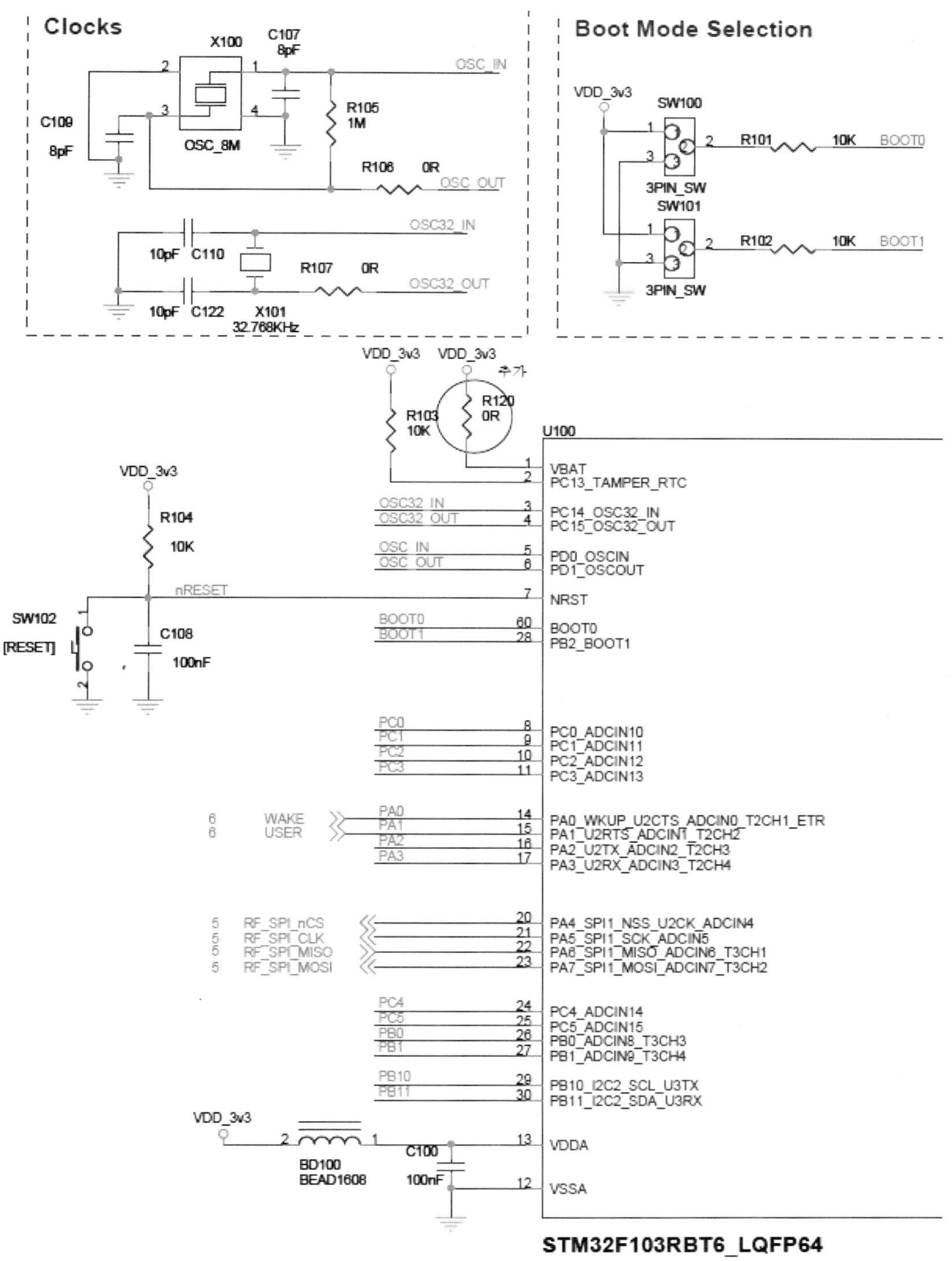

Mango-Z1 회로도 2

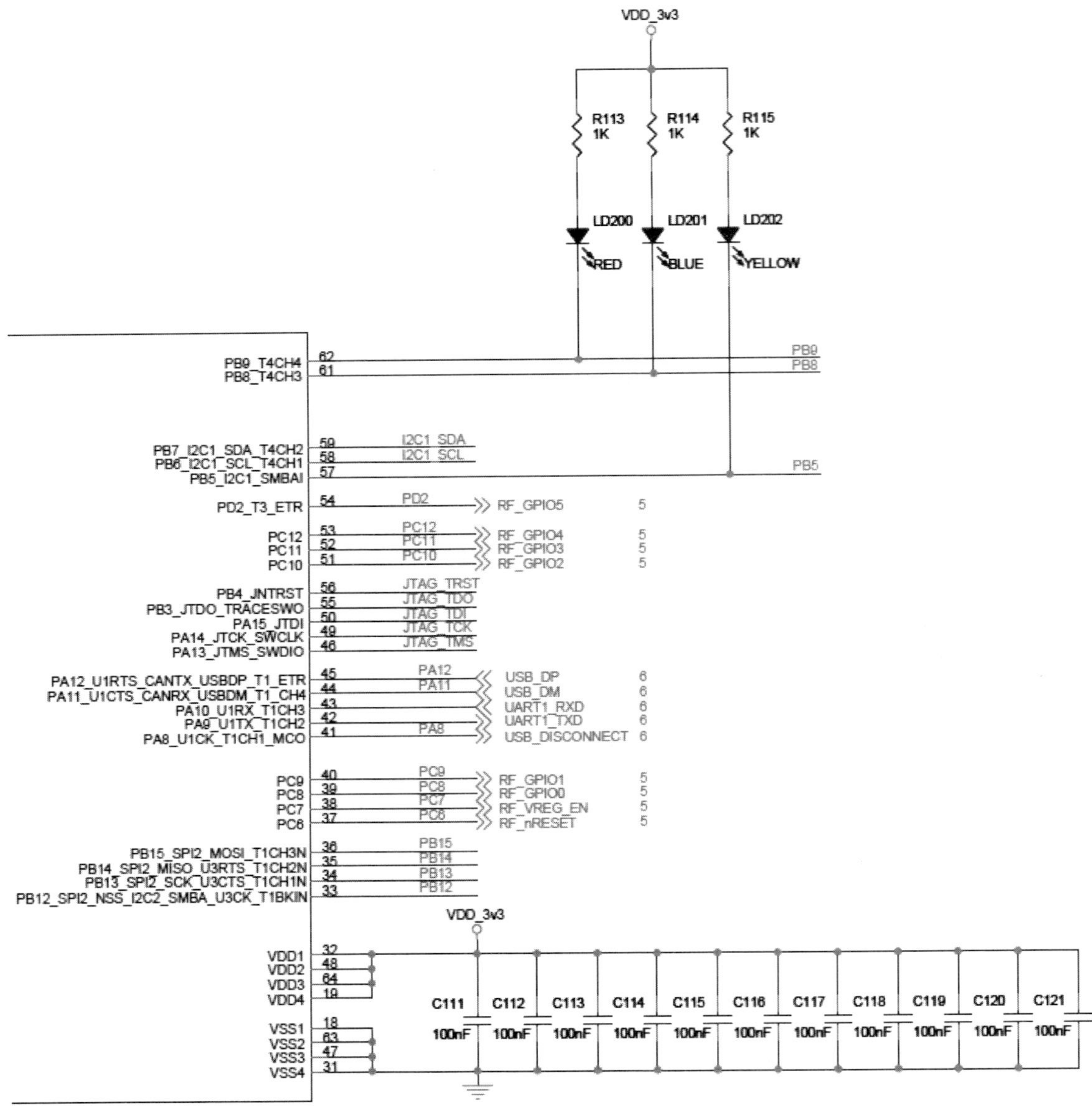

Mango-Z1 회로도 3

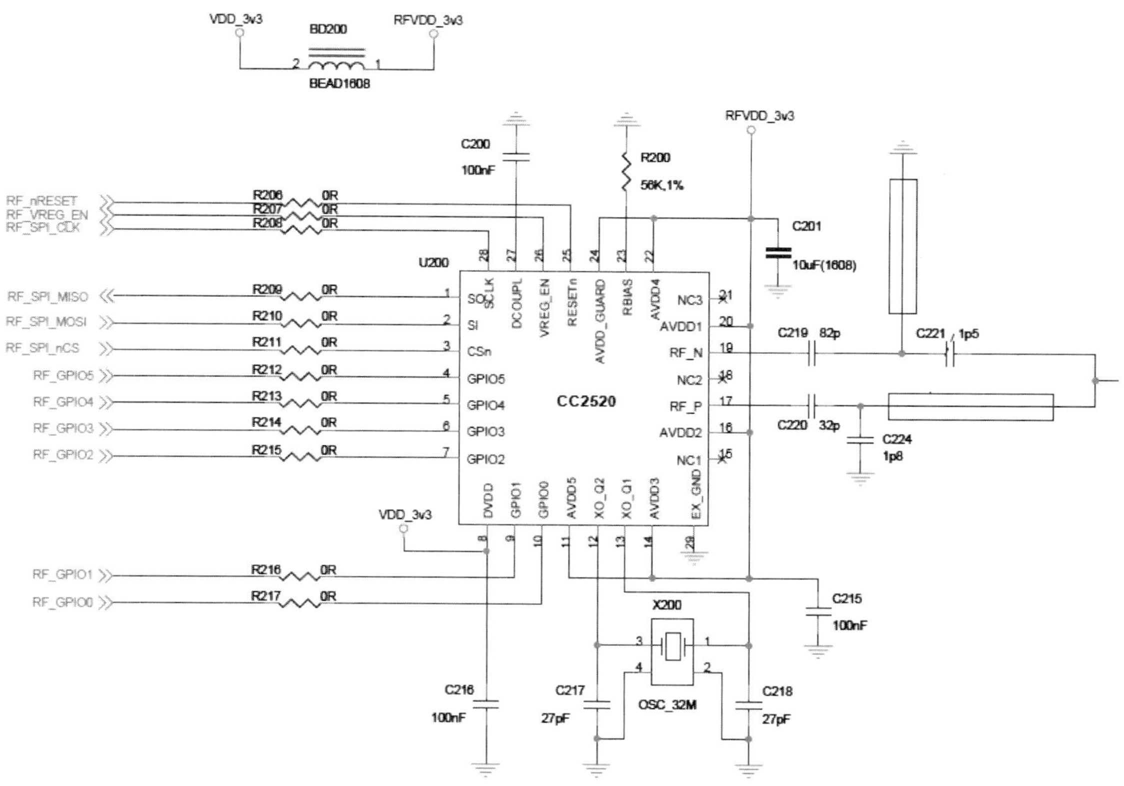

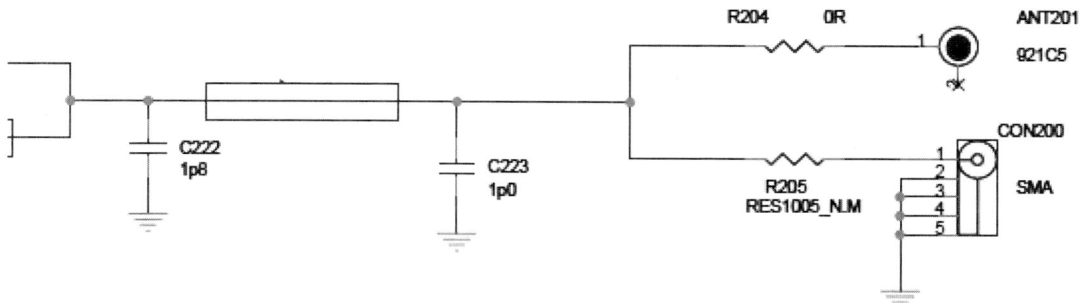

Mango-Z1 회로도 4

<Extenstion Connector>

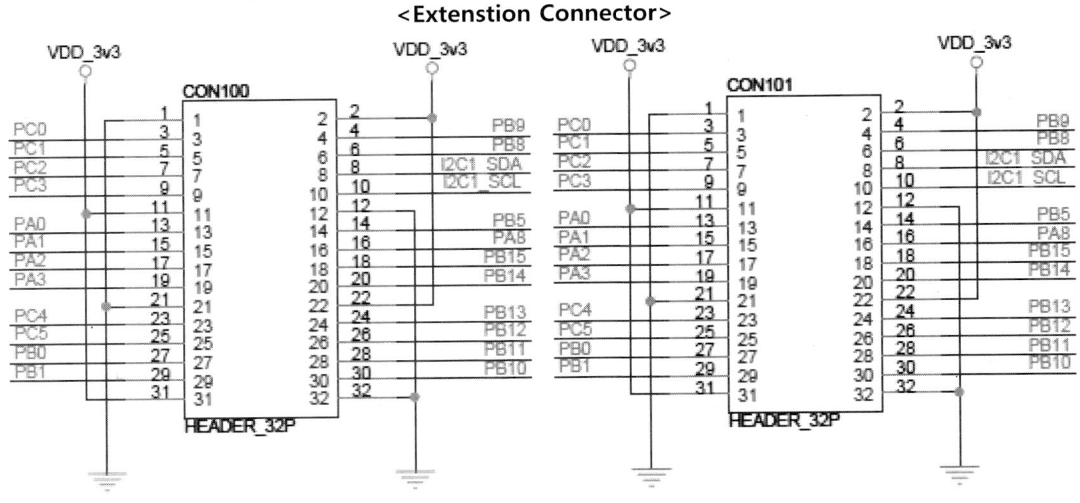

<JTAG>

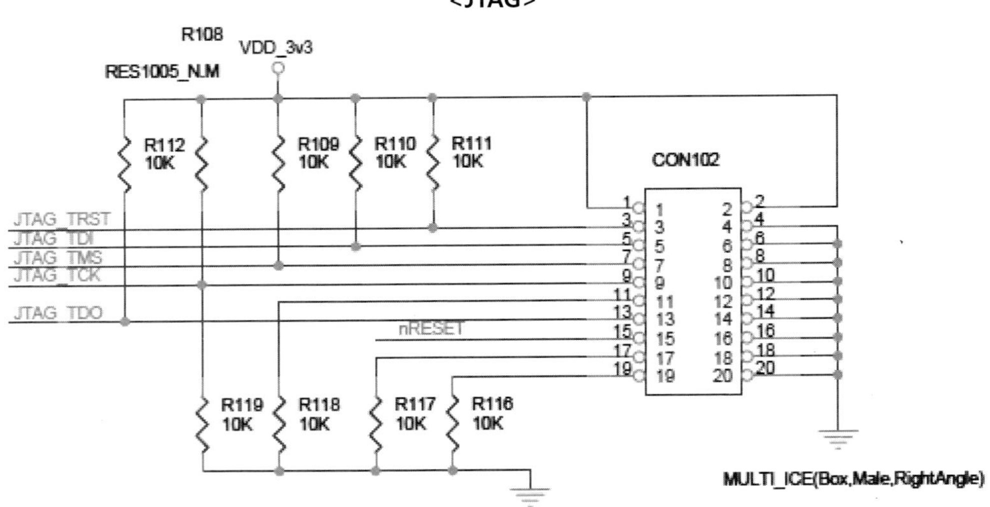

<3.3V Power>

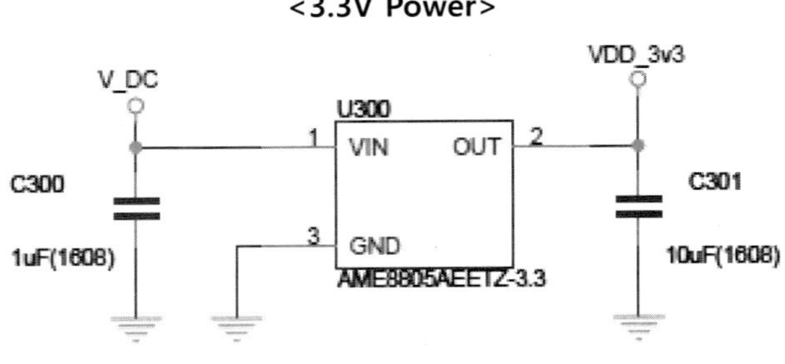

<Main Supply>

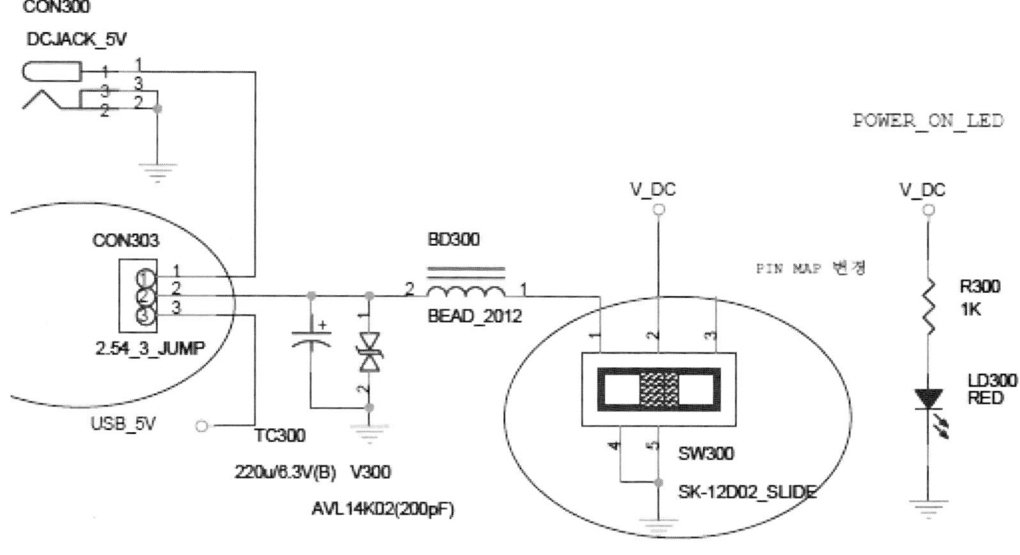

<Keys>

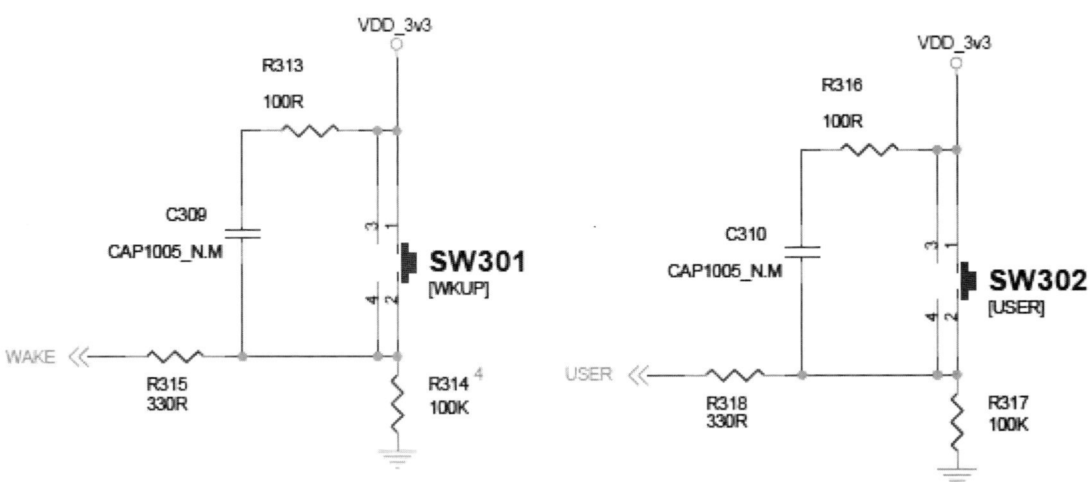

<USB Connector>

USB_5V
CON301
TP300
1 VBUS MH_0 8
2 DM MH_1 9
3 DP
4 ID MH_2 10
5 GND MH_3 11
MINI_POTR_B
4 USB_DM
4 USB_DP
R303 24R
R304 24R
R305 1.5K
VDD_3v3
Q1 SI2301BDS
R310 10K
V301 V302
ADUC10S020R5
ADUC10S020R5
VDD_3v3
R319 10K
USB_5V
R311 10K
Q2 AM2310N
R312 10K
3PIN_SW
SW303
USB_DISCONNECT 4

<RS-232C>

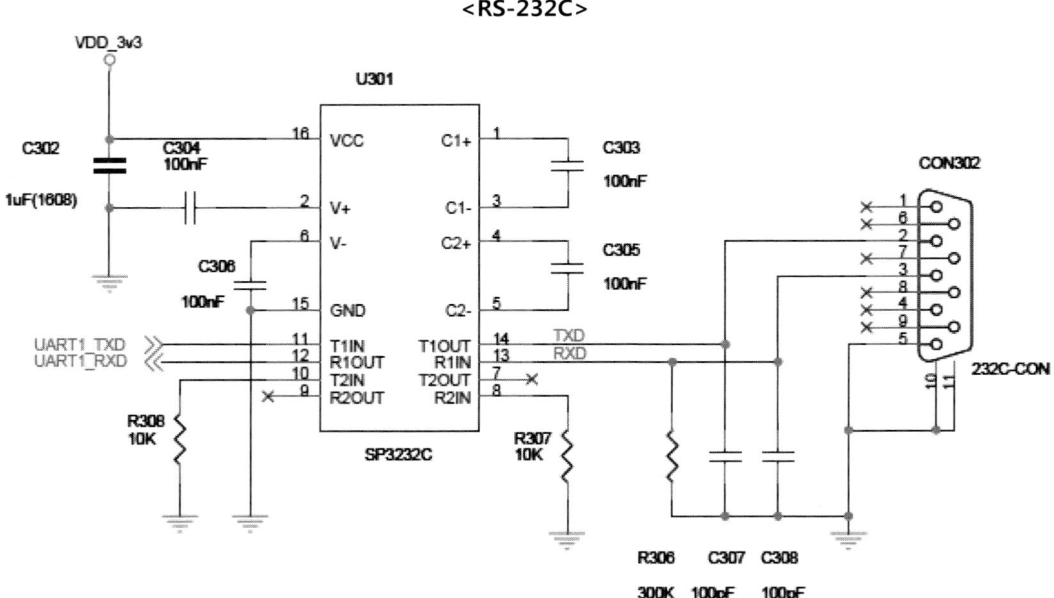

색인

D

E

F

G

N

O

P

Q

R

S

T

U

V

W

X

Y

ㄹ

ㅁ

ㅂ

ㅅ

ㅇ

ㅈ

ㅌ

ㅍ

ㅎ

저자약력

박 선 호

- 서울대학교 컴퓨터공학과 학사
- 서울대학교 컴퓨터공학과 석사
- 현대전자주식회사 중대형컴퓨터 개발
- VK주식회사 GSM 핸드폰 개발
- 코아로직 사업본부장
- 현) 씨알지테크놀러지 대표이사
- 네이버 embeddedcrazyboys 카페 필명 "설렁설렁"

오 영 환

- 고려대학교 전산과학과 학사
- 현대전자주식회사 CDMA 시스템 개발
- 한테크 기지국 RF Test 장비 개발
- 뉴젠텔레콤 GSM 핸드폰 개발
- 코아로직 AP FAE 개발 팀장
- 현) 씨알지테크놀러지 기술이사
- 네이버 embeddedcrazyboys 카페 필명 "푸우"

주요 공저 저술

- **망고스토리** 1. S3C2443/S3C6410/JTAG Embedded Board를 통한 ARM9/ARM11 Embedded 환경 체험
- **망고스토리** 2. 실전! ARM Cortex-M3 시스템 프로그래밍 완전정복 1
- **망고스토리** 3. 실전! ARM Cortex-M3 시스템 프로그래밍 완전정복 2
- **망고스토리** 4. 실전! Windows CE 시스템 프로그래밍 완전정복
- **망고스토리** 5. 실전! 안드로이드(Android) 시스템 프로그래밍 완전정복

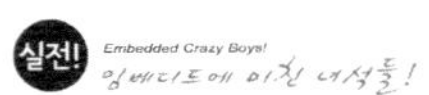

ARM Cortex-M3 시스템 프로그래밍 완전정복 I

- 초　　판　2017년 1월 31일 초판 인쇄
　　　　　　2017년 1월 31일 초판 발행
- 공　　저　박 선 호, 오 영 환
- 발 행 자　박 선 호
- 발 행 처　씨알지테크놀러지 주식회사
- 등록일자　2016년 1월 8일
- 등록번호　제 2016-000004호
- 주　　소　경기도 성남시 분당구 판교로 700 분당테크노파크 D동 905호(야탑동)
- 전　　화　031-701-5057
- 팩　　스　031-701-5024
- 전자메일　help@crz-tech.com
- 홈페이지　http://www.mangoboard.com
- I S B N　979-11-957927-1-9

- 가　　격　28,000원